ISBN 978-0-259-15038-1
PIBN 10693610

1 MONTH OF
FREE
READING

at

www.ForgottenBooks.com

By purchasing this book you are eligible for one month membership to ForgottenBooks.com, giving you unlimited access to our entire collection of over 700,000 titles via our web site and mobile apps.

To claim your free month visit:
www.forgottenbooks.com/free693610

English
Français
Deutsche
Italiano
Español
Português

www.forgottenbooks.com

Mythology Photography **Fiction**
Fishing Christianity **Art** Cooking
Essays Buddhism Freemasonry
Medicine **Biology** Music **Ancient
Egypt** Evolution Carpentry Physics
Dance Geology **Mathematics** Fitness
Shakespeare **Folklore** Yoga Marketing
Confidence Immortality Biographies
Poetry **Psychology** Witchcraft
Electronics Chemistry History **Law**
Accounting **Philosophy** Anthropology
Alchemy Drama Quantum Mechanics
Atheism Sexual Health **Ancient History**
Entrepreneurship Languages Sport
Paleontology Needlework Islam
Metaphysics Investment Archaeology
Parenting Statistics Criminology
Motivational

Zeitschrift

für

Theologie und Kirche

in Verbindung mit

D. A. Harnack, Professor der Theologie in Berlin, D. W. Herrmann, Professor der Theologie in Marburg, D. J. Kaftan, Professor der Theologie in Berlin, D. M. Reischle, Professor der Theologie in Gießen, D. K. Sell, Professor der Theologie in Bonn,

herausgegeben

von

D. J. Gottschick,

Professor der Theologie in Tübingen.

Fünfter Jahrgang.

Freiburg i. B. und Leipzig, 1895.
Akademische Verlagsbuchhandlung von J. C. B. Mohr
(Paul Siebeck).

Druck von C. A. Wagner in Freiburg i. B.

Inhalt.

Die ethische Versöhnungslehre im kirchlichen Unterricht.

Von

K. Ziegler,
Stadtpfarrer in Aalen.

————

Mit dem Ausdruck „ethische Versöhnungslehre" lassen sich
die verschiedenen Versuche zusammenfassen, die seit Schleier=
macher stets aufs neue gemacht worden sind, die evangelische
Kirchenlehre von der Versöhnung durch Christus aus dem Bann
des juristisch gedachten Genugthuungs= und Sühnebegriffs zu
befreien und nach Maßgabe der in unserem Jahrhundert ge=
wonnenen, tieferen Einsicht in den durch und durch ethischen
Charakter des Christentums umzubilden.

An diesen Umbildungsversuchen ist die gesamte neuere
Theologie in allen ihren Richtungen und Strömungen irgendwie
beteiligt, und im Zusammenhang damit sucht auch der kirchliche
Unterricht sich der neuen Lehrauffassung zu bemächtigen. Nur
wenige wird es im wissenschaftlichen oder praktischen Amt unserer
Kirche geben, welche die altorthodoxe Lehre noch unverändert und
vollkommen korrekt vortrügen, und nicht bewußt oder unbewußt
Gebrauch machen würden von der ethischen Vertiefung und Be=
reicherung der theologischen Begriffswelt, die wir der philosophi=
schen und theologischen, insbesondere auch der biblisch theologischen
Arbeit der Neuzeit verdanken. Leider sind wir aber von einer
allgemeinen Klärung und umfassenden Verständigung über die hier
vorgehende dogmatische Wandlung noch weit entfernt, und was

der kirchliche Unterricht als Versöhnungslehre darbietet, ist vielfach eine willkürlich zurechtgemachte Auswahl aus verschiedenen zum Teil einander widersprechenden Anschauungen.

Nicht das geringste Hindernis der Klärung scheint mir die Leidenschaft zu sein, mit welcher von vielen der Kampf gegen Ritschls Versöhnungslehre geführt wird, eine Leidenschaft, über der man oft vergißt, daß man sich sehr ähnliche Theorien von andern Theologen ohne viel Widerspruch gefallen läßt, und daß man gewisse Lücken in Ritschls Darstellung der Sache ganz ruhig ausfüllen könnte, ohne in gereizter Konsequenzmacherei aus seiner Ablehnung mancher in der kirchlichen Praxis besonders beliebten Begriffe und Wendungen auf kirchliche Unbrauchbarkeit des ganzen Systems, wohl gar auf Amtsunfähigkeit seiner Vertreter zu schließen und von prinzipiellem Rationalismus, Moralismus, überhaupt gänzlicher Ausleerung des positiven Inhalts biblischer Offenbarung zu reden.

Doch ist es nicht meine Absicht, hier eine Lanze speziell für Ritschl oder für irgend einen einzelnen Theologen zu brechen. Ich möchte vielmehr versuchen, dem modernen Streben nach ethischer Durchdringung auch der Versöhnungslehre ganz allgemein das Wort zu reden und die Unfruchtbarkeit des Festhaltens an dem orthodoxen Schema zu beleuchten, indem ich den theoretischen Aufbau der Lehre an dem praktischen Zweck alles kirchlichen Unterrichts messe, die in der orthodoxen Lehre wirksamen, religiösen Motive würdige, aber zugleich zeige, daß wir in der neueren Theologie bereits die Mittel haben, jenen Motiven ebenso, ja besser als die alten, kirchlichen Dogmatiker gerecht zu werden. Auf exegetische und dogmengeschichtliche Einzelheiten einzugehen wird dabei nicht nötig sein. Auch auf eine nähere Auseinandersetzung mit den verschiedenen, jetzt im Streit liegenden, dogmatischen Systemen möchte ich mich nicht einlassen, da mir wenig darin liegt, welcher „Schule" ich etwa zugerechnet werden mag. Darum sei nur in Bausch und Bogen gleich hier erwähnt, daß mir neben A. Ritschls Werk über Rechtfertigung und Versöhnung die einschlägigen Abschnitte bei Richard Rothe, C. J. Nitzsch und W. F. Geß, sodann E. Kühls Schrift über die Heilsbedeutung des Todes Christi und Martin Kählers Vortrag über die Versöhnung durch Christum lehrreich geworden sind[1]).

Ich knüpfe an an die Versöhnungslehre der alten lutherischen Dogmatiker, deren Einfluß in dem mir bekannten Kreise in den kirchlichen Lehrbüchern und in der Lehrpraxis allenthalben zu spüren ist. Eine kurze Darstellung ihrer Grundzüge und ihrer religiösen Motive sei vorangestellt. (Nach Schmid, luth. Dogmatik.)

Ihr eigentlicher Nerv ist die Voraussetzung, daß angesichts der Thatsache der menschlichen Sünde in Gott ein Widerspruch bestehe zwischen den göttlichen Eigenschaften der Liebe und Barmherzigkeit einerseits, und der Wahrhaftigkeit und Gerechtigkeit andererseits. Die Liebe und Barmherzigkeit Gottes möchte die Sünde vergeben und die Strafe erlassen; die göttliche Wahrhaftigkeit und Gerechtigkeit dagegen kann nicht abgehen von dem (Gen 2 17) einmal ausgesprochenen Strafurteil über die menschliche Sünde: „du sollst des Todes sterben". So darf die Liebe Gottes nicht in Wirksamkeit und in die Erscheinung treten, ohne daß die göttliche Gerechtigkeit befriedigt wäre durch eine Genugthuung, wie Christus sie in seinem Opfertod, im stellvertretenden Erleiden der Sündenstrafe für die ganze Menschheit geleistet hat. Genugthuung, satisfactio wird dies Opfer seines Lebens genannt, weil Christus dadurch „laesae justitiae divinae satisfecit". Dabei wird zugestanden, daß das Wort satisfactio „non est vox biblica, sed ecclesiastica". Doch gebe es biblische synonyma dafür: ἱλασμός, ἱλαστήριον, καταλλαγή, ἀπολύτρωσις, solutio τοῦ λύτρου. Ἀπολύτρωσις, redemptio, setze voraus eine „solutio pretii, quod satis est, pro captivo". Die καταλλαγή, die reconciliatio könne also nicht geschehen ohne ein λύτρον an die göttliche Gerechtigkeit. Die Liebe Gottes — darin gipfelt die ganze Ausführung — ist nicht absoluta, sondern ordinata, und als ordinata dilectio setzt sie voraus den

---

[1]) Als ich den I. Teil dieses Aufsatzes schon beinahe vollendet hatte, kam mir noch Th. Härings neueste Schrift „Zur Versöhnungslehre" zu. Dieselbe ist mir ein neuer Beweis dafür geworden, daß sich in Bezug auf die zentralen Lehren eine weitgehende Uebereinstimmung zwischen nicht wenigen Vertretern der neueren Theologie anbahnt.

Zorn Gottes, der erst besänftigt sein will, ehe die Liebe ihr Werk thun kann. Desgleichen gilt von der misericordia Dei als Ausfluß der Liebe: „non est absoluta, sed in Christo unice fundata"; nämlich erst das Opfer Christi, als Genugthuung an die göttliche Gerechtigkeit, macht die Barmherzigkeit frei zur Bethätigung. In Gott also, in dem Wesen Gottes als des Gerechten und nicht bloß Barmherzigen ist die Notwendigkeit einer Genugthuung begründet. Das „objectum cui der satisfactio ist „solus Deus unitrinus". Gott selbst ist derjenige, der die Menschheit bis zur Leistung des vollgiltigen Lösegelds gefangen hält durch sein „morte morieris".

Es ist klar, welches wohlberechtigte, religiöse Interesse schon in diesen Voraussetzungen der orthodox lutherischen Versöhnungslehre herrscht. Es soll gezeigt werden, daß die Liebe und Gnade Gottes gegenüber der sündigen Welt nichts natürliches, selbstverständliches, sondern ein Wunder ist. Es soll der Ernst der göttlichen Strafgerechtigkeit betont und der Irrtum abgewehrt werden, als ob Gott in seiner Liebe ein schwacher, nachsichtiger Vater wäre. Und bei alledem ist schon der Blick auf den objektiv geschichtlichen Grund des christlichen Glaubens in der Person und dem Werk Christi gerichtet. Weil das Christentum nicht nur im allgemeinen als die wahre Religion, sondern zugleich speziell als die wahre, positiv geschichtliche Religion geschildert werden soll, darum wird versucht, die Notwendigkeit des geschichtlichen Erlösungs- und Versöhnungswerks als im Wesen Gottes begründet nachzuweisen.

Unsere Frage ist aber, ob dieser Zweck nicht auf andere Weise besser als durch die orthodoxe Lehre vom Widerstreit der göttlichen Eigenschaften erreicht werden kann.

Der Eindruck der Unentbehrlichkeit der Versöhnung durch Christus wird nun noch verstärkt durch den Nachweis, daß es für uns ganz unmöglich gewesen wäre, die von der göttlichen Gerechtigkeit geforderte Genugthuung jemals zu leisten, oder das Lösegeld zu zahlen. Die menschliche Sünde, wird gesagt, sei eine violatio infiniti Dei, ein Deicidium. Dem infinitum bonum aber, das durch die Sünde der Menschheit verletzt sei, entspreche ein infinitum pretium, der zur Genugthuung gefordert werden müsse. Nur der

Gottmensch konnte diese Genugthuung leisten. Denn eine Leistung von unendlichem Wert konnte nur dadurch zustande kommen, daß die göttliche Natur in Christo mit der menschlichen zusammen= wirkte und seinem menschlichen Werk unendlichen Wert verlieh. Indem also Gott den Gottmenschen sandte und ihn die Genug= thuung leisten ließ, hat er selbst nach seiner barmherzigen Weis= heit die Versöhnung m ö g l i ch gemacht.

Hier waltet deutlich das doppelte, religiöse Interesse, einer= seits die S ch w e r e der m e n s ch l i ch e n S ch u l d und die G e = s ch i e d e n h e i t der Sünder von Gott, andererseits die E i n h e i t des Erlösers mit Gott, die wunderbare E i n z i g k e i t seiner gott= menschlichen Leistung und das Wunder des in ihm gegebenen gött= lichen Geschenks zu betonen, wobei sichs freilich wiederum fragt, ob dieses Interesse nicht in anderer Weise besser gewahrt werden könnte.

Endlich folgt der Beweis, daß Christus als Gottmensch w i r k l i ch die Genugthuung geleistet habe, die Gott fordern mußte, und die wir doch nicht leisten konnten. Nach älterer Anschauung ist dies lediglich durch stellvertretendes Strafleiden geschehen. „Derivavit in se iram", heißt es in Melanchthons loci. Bald aber wird hervorgehoben, daß genugthuend die ganze oboedientia Christi sei. So sagt Gerhard, die Betonung des Todes und Blutes Christi in der Schrift sei nicht exclusive zu nehmen. Der Tod Christi sei „velut ultima linea ac complementum, finis et perfectio totius oboedientiae". Bestimmt wird aber der genug= thuende Wert der oboedientia activa erst dadurch hervorgehoben, daß gesagt wird, Christus für sich sei dem Gesetz nicht unter= worfen gewesen. „Nostra causa sponte se legi subjicit" (Kon= kordienformel). So wird von der oboedientia activa dasselbe gelten sollen, was von der passiva ausdrücklich behauptet wird, nämlich deren w i r k l i ch e G l e i ch w e r t i g k e i t mit dem, was w i r eigentlich hätten leisten sollen. Die satisfactio durch das Leiden Christi ist eine v i c a r i a. Es findet eine s u r r o g a t i o, eine t r a n s l a t i o c u l p a e statt, nicht physice zwar, aber mora= liter. Daher ist keine acceptatio von Seiten Gottes nötig. Die Genugthuung gilt „secundum se et ex intrinseco suo infinito

valore". Dies wird zu begründen gesucht durch die Behauptung,
Christus habe in seinem Leiden den sensus dolorum infernalium
gehabt, er habe die Höllenstrafen der Menschheit, wenn nicht ex-
tensive, so doch intensive gefühlt, cruciatuum extremitatem, non
aeternitatem.

Durch die ganze satisfactio aber hat Christus sein Ver=
dienft erworben, nämlich für uns. „Nobis promeruit salutem".
Für sich brauchte er ja nichts zu verdienen. Und dieses sein Ver=
dienst macht er als der erhöhte Hohepriester ewig geltend bei Gott
in der intercessio, in welcher sich auf Grund der satisfactio
sein munus sacerdotale vollendet.

Hier ist die Verdeutlichung des „Für uns" das religiöse
Hauptinteresse. Darum wird so stark hervorgehoben, daß Christus
für sich weder das Gesetz zu erfüllen, noch die Strafe zu leiden
gehabt hätte, und daß die Leistung, die er freiwillig zu unseren
Gunsten auf sich genommen, wirklich dem entsprochen habe, was
wir zu leisten gehabt hätten. Die Begründung des „Für uns"
ist also freilich nur juristisch und zwar nach äußerlich mechani=
schem Rechtsmaßstab gedacht. Der Heilswert der Leistung Christi
beruht lediglich darauf, daß sie stellvertretend ist. Ihre ethische
Wirkung auf uns kommt für den Heilswert gar nicht in Betracht.
Denn ihre Wirkung auf Gott ist ganz abgesehen von ihrer ethi=
schen Wirkung auf uns rechtsgesetzlich gesichert nach dem Recht
der vollwertig abgelösten, sachlichen Leistung und tritt ex opere
operato ein. Darum wird der Gedanke, daß Gott sich das
Opfer Christi bloß gefallen laffe, so angelegentlich abgelehnt.

Daß dieser Aufbau der Versöhnungslehre mit den bibli=
schen Anschauungen von Gottes Liebe und Gerechtigkeit, von Sünde
und Schuld, von Vergebung, Sühne und Versöhnung keineswegs
übereinstimmt, ist schon oft genug von Theologen ganz verschiedener
Richtung gezeigt worden. Hier aber soll vor allem die Frage
behandelt werden, ob es möglich ist, streng auf dem Boden dieser
Lehre im kirchlichen Unterricht den Herzen wirklich das nahe
zu bringen, was in der Versöhnungslehre religiös die Hauptsache
ist, und was, wie bereits hervorgehoben, im Grund auch die ortho=
doxen Väter wollten. Und auf diese Frage müssen wir antworten:

Es gelingt nur das Negative, zu zeigen, daß die Liebe Gottes keine absolute ist, und daß auch seine Gerechtigkeit sich nicht schrankenlos auswirken kann, sondern beide Eigenschaften Gottes sich gegenseitig bedingen und beschränken; aber es kann nicht gelingen, positiv klar zu machen, daß das, was Gott nach der orthodoxen Versöhnungslehre thut, wirklich Liebe und Gerechtigkeit ist. Die formalistische Behandlung der beiden Begriffe wird in kindlichen Gemütern nicht verfangen. Sie werden weder von der Liebe, noch von der Gerechtigkeit Gottes einen vollen Eindruck bekommen. Denn die beiden Vorstellungsreihen, die man nach orthodoxem Schema entwickeln muß, heben ihre praktische Wirkung gegenseitig auf. Und das ist gerade pädagogisch betrachtet überaus bedenklich. Darum gelingt es eigentlich niemand, die orthodoxe Versöhnungslehre im kirchlichen Unterricht ohne wesentliche Umdeutungen zu verwerten. Es soll dies gezeigt werden

I. An den Voraussetzungen der Versöhnungslehre.

Wir fassen zunächst das Lehrstück von der Sünde und Sündenstrafe ins Auge, das ja im Anschluß an die Lehre von Gott (von den göttlichen Eigenschaften und von der ursprünglichen Schöpferordnung Gottes) die Erlösungs- und Versöhnungslehre vorzubereiten hat.

Nehmen wir an, wir hätten im katechetischen Unterricht nach Anleitung eines kirchlichen Lehrbuchs zuerst den hilflosen Zustand der sündigen Menschheit und die Strafgerechtigkeit (Zorn) Gottes zu behandeln, die unverbrüchliche Rechtsordnung des heiligen Gottes zu schildern, nach der jede Uebertretung seines Gesetzes nichts anderes als den Tod, ja die höllische Verdammnis nach sich ziehen muß, der also eigentlich die ganze Menschheit nach strengem Recht verfallen wäre [1] — welche Ergänzungen, Abschwächungen

---

[1] Vgl. z. B. im württembergischen Konfirmationsbüchlein die Fragen 18. Haben wir dieses Ebenbild Gottes noch an uns? — Ach nein, wir haben es verloren durch den ersten Sündenfall. I Mos 3. — 19. Worein sind wir durch den Sündenfall unsrer ersten Eltern geraten? — In die Sünde, und durch die Sünde in den Zorn Gottes und unter die Gewalt des Teu-

und Einschränkungen muß da der einsichtige Lehrer sofort an-
bringen, um nicht Meinungen in den Kindern zu erwecken, die
nichts weniger als christlich wären!

Und diese Zurechtlegungen werden auch, wenn ich nicht irre,
von den meisten versucht.

Schwerlich wird es viele geben, die bei der Lehre von der
der Sünde sich genau nach dem II. Artikel der Augustana mit
der abstrakten Behauptung begnügen, daß die Sünde allen Menschen
von Natur anhafte, und daß diese ererbte Sünde „vere sit
peccatum, damnans et afferens nunc quoque aeternam mortem
his, qui non renascuntur per baptismum et spiritum sanctum".
Vielmehr meine ich zur Ehre unseres Pfarrstandes annehmen zu
dürfen, daß fast allgemein das Lehrstück von der Sünde und
Sündenstrafe individualisierend und lebendig veranschaulichend behandelt wird (wozu auch das oben angeführte württ. Konfirmationsbüchlein in Frage 17—28 schätzenswerte Anleitung giebt).

Wir benützen die Geschichte vom ersten Sündenfall und seinen
Folgen (Frage 18 und 19) nicht, um ganz in abstracto das in der
Menschheit herrschende Todesverhängnis und die menschliche Sündhaftigkeit samt der dadurch verdienten, ewigen Verdammnis auf
das erste Elternpaar zurückzuführen, sondern wir zeigen, daß Mißtrauen gegen Gott, Zweifel an seiner Güte und Wahrhaftigkeit,
also mangelnde Ehrfurcht, mangelndes Vertrauen und sinnlich
selbstisches Begehren, auch in uns Anfang und Wurzel der Sünde
ist, ferner daß zur Strafe Scham, böses Gewissen, Schuldgefühl,
der bösen That auf dem Fuße folgt und daß der Schuldige sich
nicht wundern darf, wenn auch äußere Zeichen seiner inneren Entfremdung von Gott sich einstellen. Wir machen darauf aufmerksam, daß nach der biblischen Erzählung weder der Tod als Strafe

---

fels, des Todes und der Hölle, Röm 5 12. — 28. Was verdienen wir mit
solchen Sünden? — Nichts anderes, denn Gottes Zorn und Ungnade, auch
allerlei zeitliche Strafen und dazu die ewige, höllische Verdammnis, Röm 6 22.
Der Tod ist der Sünden Sold. — Endlich den Uebergang zur Erlösungslehre in Frage 29. Wer hat uns aus solchem kläglichen Zustand herausgeholfen? — Jesus Christus, der sich selbst gegeben hat für alle zur Erlösung. I Tim 2 5 6.

sofort nach dem ersten Sündenfall eingetreten ist, noch die Sünde gleich mit dem ersten Sündenfall schon ihren höchsten Grad erreicht haben kann. Wir führen unter Berufung auf unsere heutige Erfahrung aus, wie eine Sünde aus der andern gekommen sein wird, wie es die Kinder ärger machten als die Väter, wie die Frommen in die Minderzahl kamen und die überhandnehmende Bosheit auf Erden das göttliche Strafgericht herausforderte, wie also das Böse stärker wurde als das Gute, zu dem der Mensch angelegt war, und die Menschheit ihre göttliche Bestimmung (Gottes Ebenbild), der die ursprüngliche Anlage des Menschen entspricht, ganz zu verfehlen drohte. Diese thatsächliche Entwicklung schildern wir mit Ernst, ohne sie spekulativ zu erklären, und stellen sie gegenüber dem Ideal[1]), das die Menschen nach Gottes uranfänglicher und noch immer giltiger Schöpferordnung erreichen sollen (vollkommene Gerechtigkeit in allmählich gereifter religiös sittlicher Erkenntnis und geprüftem Willen — ewiges, seliges Leben in ungetrübter Gemeinschaft mit Gott). Endlich legen wir dar, wie sich am heutigen Geschlecht die Folgen dieser sündigen Entwicklung der Menschheit offenbaren, wie nicht nur natürliche Sinnlichkeit und natürliche Selbstliebe überhaupt, sondern abnorm vorherrschende Sinnlichkeit und krankhafte (wohl zu unterscheiden von bewußt bösartiger) Selbstsucht schon an kleinen Kindern und ebenso in dem thatsächlichen Verlauf der wohlgemeintesten Unternehmungen und der idealsten Geistesbewegungen der Menschheit (Reformation) hervortreten und auf eine Vererbung der durch die Sünde allmählich eingetretenen Verderbnis menschlicher Natur schließen lassen. Dabei betonen wir, daß Sinnlichkeit und Selbstsucht zwar nicht bei allen gleich

---

[1]) Den klaren Begriff des Ideals und der göttlichen Bestimmung setzen heute die meisten an die Stelle der unklaren und phantastischen Vorstellungen von einem Urstand vollkommener Gerechtigkeit und Seligkeit. Das Ideal wäre erreichbar gewesen, wenn die Sünde nicht eingetreten wäre. Aber erreicht war es keineswegs von Anfang an. Die biblische Erzählung zeichnet auch deutlich genug die ersten Menschen als Kinder im Wollen und Verstehen. Ueberdies reichen die herrlichen Gleichnisse vom Baume der Erkenntnis und Baume des Lebens schon dem Schülerverständnis in unübertrefflicher Weise den Begriff der gottgewollten organischen Entwicklung dar.

stark sind, aber doch offenbar stark genug um Ausnahmen von der
allgemeinen Sündhaftigkeit schlechterdings nicht aufkommen zu lassen.
Wir heben warnend hervor, daß sie zur unwiderstehlichen, knechten=
den Macht im Menschen werden können, wenn sie nicht beständig
bewacht und bekämpft werden, ja daß sie auch frommen Christen
lebenslang beständig zu schaffen machen, daß also jedenfalls auch
wir in bringender Gefahr sind, der Sündenmacht zu unterliegen
und in der Sünde unterzugehen (unter „die Gewalt des Teufels,
des Todes und der Hölle" zu kommen).

Allein diese ganze Ausführung, wiewohl sie von den meisten
so oder ähnlich gegeben wird, und obgleich man ihr kaum den
Vorwurf wird machen können, daß sie den Ernst der Sünde ver=
kenne, ist nach orthodoxem System (und nach dem Wortlaut
des württ. Konfirmationsbüchleins) durchaus nicht korrekt. Nach
ihm dürfen wir die Kinder nicht bloß ernstlich warnen vor einer
ihnen wie der ganzen Menschheit drohenden, schrecklichen Mög=
lichkeit, sondern wir müßten, streng genommen, den Kindern
deutlich machen, daß sie wirklich samt und sonders schon von Ge=
burt an zur Hölle verdammt gewesen sind, und daß, abgesehen
von Christo (ohne Taufe und Glauben), alle Menschen als solche
unter der Gewalt des Teufels stehen. Denn nur diese Gestaltung
der Lehre von der Sünde giebt den richtigen Unterbau für die
orthodoxe Erlösungs= und Versöhnungslehre. Nur wenn die ganze
Sündenschuld und Sündenstrafe der Menschheit
sozusagen als kompakte, gleichartige Masse auf jedem Einzelnen
liegt, kann sie als etwas rein sachlich Gegebenes durch eine
für alle zugleich stellvertretende, sachliche Leistung Christi ab=
gelöst werden. Nur dann kann behauptet werden, daß der Zorn
Gottes aktuell gegen alle Menschen ohne Unterschied wirksam
gewesen sei, bis er durch das Versöhnungswerk Christi gestillt
worden und erst infolge davon die Liebe Gottes in Thätigkeit ge=
treten sei.

Allein, wer will das Kindern beibringen? Wer kann es auch
nur für sich selbst religiös verstehen?

Machen wir uns doch klar, daß unsere Denkweise allgemein
eine völlig andere geworden ist! Die lutherische Scholastik hat

sich abgemüht, mit Hilfe ihrer formalen Logik die geniale Intuition des Apostels Paulus in Röm 5 12—19 zu zergliedern und herauszuklügeln, inwiefern[1]) die Sünde Adams den Nachkommen zugerechnet werden könne. Jetzt wissen wir, daß die Römerstelle, zusammengehalten mit I Kor 15 45—49, den Keim einer großartigen, christlichen Geschichtsphilosophie darbietet, für deren gedankenmäßige Entwickelung eigentlich erst in unserem Jahrhundert das nötige Material erarbeitet worden ist. Statt also uns den Kopf darüber zu zerbrechen, wie die erste Schuld allen Nachkommen zugerechnet werden könne, suchen wir den Begriff des geschichtlichen Zusammenhangs der Menschheit nach allen seinen Seiten zu erfassen und glauben dadurch dem wesentlichen Gehalt der paulinischen Idee gerecht zu werden. Haben wir aber einmal den Begriff der Menschheitsgeschichte im modernen Sinn — und auch die Altgläubigen von heutzutage haben und verwenden ihn — so ist es aus mit den scholastischen Abtraktionen und wir können nicht mehr anders, als auch in der Lehre von der Sünde und Sündenstrafe Rücksicht nehmen auf die lebendige, geschichtliche Wirklichkeit. Für den kirchlichen Unterricht werden wir dabei nichts verlieren, wohl aber vieles gewinnen. Denn an der Hand der biblischen Geschichte und der im Volksschulunterricht verwendbaren Abschnitte der deutschen Geschichte läßt sich schon Kindern im Konfirmandenalter recht wohl anschaulich machen, welches die Haupttypen des fürs Gottesreich bedeutsamen Geschehens im Einzelleben und im Völkerleben sind und wie sichs im ganzen Verlauf der Menschheitsgeschichte überall um denselben Kampf zwischen Licht und Finsternis handelt.

---

[1]) Die an sich brauchbaren Gedanken, daß Adam einerseits das principium naturale oder seminale der Menschheit, andererseits das principium morale et repraesentativum, der interpres voluntatum omnium sei, werden nicht weiter verwertet. Es läuft doch schließlich alles auf den abstrakten Gedanken hinaus, daß alle Nachkommen in den ersten Eltern realiter enthalten gewesen seien und insofern an der ersten culpa actualis partizipieren. Denn um die Zurechnung des ersten Sündenfalls handelt es sich in der Theorie der alten lutherischen Dogmatiker; die imputatio bezieht sich auf die transgressio circa arborem vetitam (Quenstedt).

Wir müssen also die S ü n d e des Einzelnen und der Menschheit anschauen lehren als ein Stück L e b e n s g e s c h i c h t e und W e l t g e s c h i c h t e. Und ebenso haben wir auch die Sündenstrafe in ihrer mannigfaltig abgestuften E n t w i c k l u n g aufzufassen. Nur so ergiebt sich im Unterricht ungezwungen die Anwendung auf uns Heutige und auf das persönliche Leben der Schüler.

Dem Ernst in der Beurteilung der Sünde thut diese Betrachtungsweise so wenig Eintrag, daß sie ihn sogar erhöht und zwar speziell für das Verständnis der Kinder erhöht. Denn der in der orthodoxen Lehre schroff hingestellte Satz, daß alle Menschen als g e b o r e n e Sünder dem Zorn Gottes und der ewigen Verdammnis verfallen seien, kann zwar die Kinder erschrecken, wenn sie ihn zum ersten Mal hören. Weil er aber in ihren konkreten Erlebnissen und Anschauungen keine Anknüpfung findet, so kann er nur in eintöniger Wiederholung eingeprägt werden und stumpft dann notwendig das Gefühl ab, wie jede unwahre Uebertreibung bald abstumpfend wirkt. Und je unverständlicher den Kindern die schreckende Vorstellung ist, desto leichter gewöhnen sie sich daran, sich den Schrecken gleich von vornherein durch den Gedanken an das Versöhnungswerk Christi zu ersparen. Fast unabwendbar setzt sich also bei ihnen die tröstliche Meinung fest, daß Gottes Zorn und Ungnade eigentlich nur im Buch stehen oder doch der grauen Vergangenheit angehören, da ja Christus Schuld und Strafe der ganzen Menschheit längst abgebüßt habe. Und so hören sie mit vergnügten Mienen erzählen von Gottes Zorn, ohne sich ernstlich vor demselben zu fürchten. Natürlich merkt das der Katechet und nimmt sich vor, den faulen Frieden bei nächster Gelegenheit wieder zu stören und sofort nach dem Lehrstück von der Sünde und Sündenstrafe die Erlösungslehre so zu gestalten, daß Gleichgiltigkeit oder Trotz gegenüber der unverdienten Gnade Gottes als strafwürdigster Undank und gerechte Ursache der Verdammnis erscheint. Allein, wäre es nicht besser gewesen, er hätte die falsche Sicherheit gar nicht erzeugt? Und wie will er sie wirksam zerstören, wie will er bewirken, daß die Hörer sich zu speziellem Dank für die Erlösung verpflichtet fühlen, wenn die Erlösung keine ihnen verständliche Beziehung zu ihren individuellen Sünden hat? Denn nichts anderes ist die natürliche Folge einer abstrakt unpersönlichen Lehre von der Sünde und Sündenstrafe, als daß ganz dem entsprechend auch die Erlösung und Versöhnung abstrakt unpersönlich aufgefaßt wird.

Doch es möchte vielleicht jemand sagen: Das heiße gegen Windmühlen streiten; keinem wenn auch noch so orthodoxen Katecheten falle es ein, abstrakt unpersönlich zu lehren, weder in dem Lehrstück von der Sünde, noch in dem von der Erlösung.

Das eben ists, was ich auch sage. Niemand vergißt ganz den praktischen Zweck des Unterrichts. Aber die Frage ist, ob das d o g m a t i s c h e S y s t e m, das dem Unterricht zu Grunde gelegt wird, denselben f ö r d e r t, oder e r s c h w e r t; denn ganz verhindern kann ja Gott sei Dank selbst das abstruseste Dogma nicht, daß durch dasselbe nebenbei auch Religion, wirklicher Glaube fortgepflanzt wird. Und daß nun das o r t h o d o x e Schema der Versöhnungslehre die praktisch richtige Behandlung des katechetischen Unterrichts von vornherein, gleich bei der Lehre von den Eigenschaften Gottes und von der Sünde, erschwert, dürfte wohl jeder schon empfunden haben, der sich über sein Verhältnis zum Dogma überhaupt Rechenschaft zu geben sucht.

Es mag dies an einem unserer besten kirchlichen Lehrmittel, dem schon oben angeführten w ü r t t e m b e r g i s c h e n K o n f i r m a t i o n s b ü c h l e i n, noch näher gezeigt werden. Dasselbe enthält die gewiß nicht aus dem recht verstandenen Zusammenhang b i b l i s c h e r Lehre, sondern aus der orthodoxen D o g m a t i k geborenen Worte, wir hätten „das Ebenbild Gottes verloren durch den ersten Sündenfall" und wir seien „durch den Sündenfall unserer ersten Eltern hineingeraten in die Sünde und durch die Sünde in den Zorn Gottes und unter die Gewalt des Teufels, des Todes und der Hölle". Ich glaube sagen zu können, daß fast niemand mehr diese Worte so auslegt, wie sie ursprünglich gemeint sind, daß also fast jeder hier in die Lage kommt, umdeuten und zurechtlegen zu müssen.

Ist das Ebenbild Gottes nicht als ein fertiger, religiös-sittlicher Vollkommenheitszustand, sondern als die vernünftig-geistige

Art oder Anlage des Menschen und als seine göttliche Be=
stimmung, als der göttliche Gedanke oder Ratschluß über das
Ziel seiner religiös=sittlichen Entwicklung zu fassen, so kann ein=
fach nicht mehr gesagt werden, das Ebenbild Gottes sei „verloren“.
Denn die göttliche Bestimmung des Menschen ist nicht aufgehoben,
das Ziel nicht verrückt, die Anlage nicht zerstört. Auch wenn man
den Urstand als einen Zustand kindlicher Unschuld beschreibt, kann
man nicht so ins allgemeine sagen, die Unschuld sei uns ver=
loren gegangen; denn die Unschuld wird ja in jedem Kind wieder
geboren und geht stets aufs neue verloren in ganz ähnlicher Weise,
wie die biblische Erzählung vom ersten Sündenfall es darstellt.
Es muß zwar natürlich ein bestimmter geschichtlicher oder vielmehr
vorgeschichtlicher Moment vorausgesetzt werden, wo die Unschuld
verloren ging, wo böses Gewissen entstand. Diese Wandlung muß
eingetreten sein mit der ersten bewußt gottwidrigen Willensentschei=
dung des Menschen. Aber sie trat ein zunächst eben für die be=
treffenden Menschen, die zuerst in dieser Weise sündigten. Was
wir, was alle Menschen durch diesen ersten Sündenfall verloren
haben, ist noch die Frage. Jedenfalls nicht das Ebenbild Gottes
im oben bezeichneten Sinn. Verloren ist uns nur die Mög=
lichkeit, das von Gott gesteckte Ziel auf dem Wege geradliniger,
natürlich menschlicher Entwickelung zu erreichen. Das
etwa ists, was die meisten im Hinblick auf die berechtigten reli=
giösen Motive der orthodoxen Lehre vom Urstand und von der
Sünde festhalten.

Die Lehre von der Erlösung muß ja im Lehrstück von der
Sünde so vorbereitet werden, daß alle Menschen unbedingt
als erlösungsbedürftig erscheinen. Dies wird aber ohne
Anwendung des orthodoxen Schemas erreicht, wenn nicht nur die
thatsächliche Allgemeinheit und wesentliche Gleich=
artigkeit der Sünde in der ganzen Menschheit an Beispielen
aus dem Leben des einzelnen und der Völker veranschaulicht, son=
dern auch gezeigt wird, welche Störung, welch tiefen Riß
oder Bruch in dem gottgewollten Gemeinschaftsverhältnis zwischen
Gott und den Menschen die Sünde notwendig ihrer eigenen Natur
nach und gemäß dem heiligen Wesen Gottes in sich schließt. Hier

ist auszuführen, daß Gott seinen Willen kundgethan hat im Ge=
setz[1]) (Gewissen und Offenbarung) und ihn behauptet in seiner
Weltregierung. Der menschliche Wille wird daher, wenn er
dem Gesetz Gottes widerstrebt, notwendig zu dem (bewußten oder
unbewußten) Wunsch, es möchte kein göttliches Gesetz, keine Ver=
antwortung und Rechenschaft, keine sittliche Weltordnung, kurz,
keinen Gott geben. Er kommt also durch die Sünde auf den
Weg der Feindschaft wider Gott. Gott aber, der ja
den Menschen nicht zwingen will, kann dann nicht anders, als
ihn der folgerichtigen Entwickelung seines gottentfremdeten Willens
überlassen und sich von ihm zurückziehen, d. h. er muß ihm die
Sünde als Schuld zurechnen und ihn als Sünder, als Urheber
und Inhaber seiner Sünde behandeln. Wenn aber Gott den
Menschen sich selbst und seiner Sünde überläßt, so wächst not=
wendig die Sünde, und es kommt eine Sünde aus der anderen,
es kommt zu sündigen Gewohnheiten und zur Sün=
denknechtschaft. Denn da es von Gott auf eine Ent=
wickelung des Menschen zur Vollkommenheit abgesehen ist, auf
eine Entwickelung, für deren normalen Verlauf die Gemeinschaft
mit Gott wesentlich ist, so kann die einzelne Sünde als teilweise
oder völlige Entfremdung von Gott nicht etwa nur augenblickliche
Bedeutung haben und isoliert betrachtet werden, sondern sie ist
etwas, das, wenn es einmal geschehen ist, in der gesamten, ferneren
Entwickelung störend und das gesunde Wachstum beeinträchtigend
fortwirkt. Dies läßt sich an dem schon in Gen 3 und überdies
in bekannten Herrnworten dargebotenen Baumgleichnis (ein fauler
Baum kann nicht gute Früchte bringen) schon Kindern beibringen.
Und in Anknüpfung daran kann dann auch noch die große Wahr=
scheinlichkeit einer Rückwirkung der Sünde auf die mensch=
liche Natur nnd einer Vererbung der einmal naturhaft
gewordenen Verderbnis der menschlichen Natur („was vom Fleisch
geboren wird, das ist Fleisch", Joh 3 6) hervorgehoben und dar=
gelegt werden, wie nahe die Befürchtung liegt, es möchte mit dem

---

[1]) Vgl. die 20. Frage im württ. Konfirmationsbüchlein: „Was ist
die Sünde? — Die Sünde ist das Unrecht oder die Uebertretung des Ge=
setzes. I Joh 3 4."

Menschengeschlecht immer mehr abwärts gehen, und wie gar nicht selbstverständlich es ist, wenn es besser, oder wenigstens nicht schlimmer wird.

Mit alledem kommen wir jedoch nicht weiter als zu dem Satz, daß die Unversehrtheit oder Unverdorbenheit der ursprünglichen Anlage des Menschen, die ursprüng= liche Harmonie der menschlichen Triebe und Kräfte und die unbegrenzte Entwicklungsfähigkeit des Göttlichen im Menschen durch die Sünde, prinzipiell schon durch den ersten Sündenfall, verloren gegangen ist. Und daß dieser Satz das= selbe besage, wie der orthodoxe Lehrsatz vom gänzlichen Verlust des göttlichen Ebenbilds, wird niemand behaupten wollen. Ebensowenig geht es an, vom modernen Begriff des göttlichen Ebenbilds aus zu sagen, der Mensch sei nach seiner ursprünglichen, noch unverdorbenen Beschaffenheit Gottes Ebenbild gewesen, jetzt aber sei er es nicht mehr. Denn die Möglichkeit der Sünde war von Anfang an in den Schöpfungsplan eingeschlossen. Unter dem Ebenbild Gottes ist also gerade die jedenfalls in Gil= tigkeit bleibende, unverlierbare göttliche Bestimmung des Menschen zu verstehen. Mithin bleibt dem Katecheten, wenn er die Unbrauchbarkeit der orthodoxen Lehre vom Urstand fühlt, nichts anderes übrig, als an dem Satz vom verlorenen Gottesebenbild irgendwie vorbeizusteuern und im Anschluß an die biblische Er= zählung vom ersten Sündenfall, die ja auch im Konfirmations= büchlein, Frage 18, zitiert wird, die abweichende Anschauung zu entwickeln. Ich wenigstens wußte nie einen anderen Rat, als sofort bei der Erwähnung des göttlichen Ebenbilds (Frage 17) auszuführen, wozu der Mensch von Gott bestimmt sei und dann bei dem folgenden Satz vom Verlust des Gottesebenbilds zu sagen, man dürfe denselben nicht falsch verstehen. Gott wolle auch jetzt noch, daß der Mensch das ihm bestimmte Ziel erreiche. Aber da nun die Sünde einmal da sei, könne dies nicht mehr auf dem natürlichen Wege des Wachstums und des allmählichen Fort= schreitens durch die eigene anerschaffene Kraft des Menschen ge= schehen und ohne ein Wunder der göttlichen Gnade sei es über= haupt nicht mehr möglich. An populären Anschauungen und Bildern für .diese Gedanken fehlt es durchaus nicht. Wir brauchen nur auf die Vorstellung des verlorenen Gottesebenbilds zu verzichten und die des v e r l o r e n e n P a r a d i e s e s aus Gen 3 dafür einzusetzen. In der biblischen Vorstellung des Paradieses ist der ideale Entwickelungsgang der Menschheit gezeichnet, nach welchem die Menschen in beständigem, unmittelbarem Verkehr mit Gott ohne Sünde zu vollkommener, religiös=sittlicher Erkenntnis gelangen, die Erde füllen und sich unterthan machen und zu unvergänglichem Leben durchdringen sollten. Dieser ideale Entwickelungsgang ist nicht wirklich geworden. Dafür wurde der uns allen aus der thatsächlichen Wirklichkeit bekannte Weg eingeschlagen, der nur durch Sünde, Schuld, Strafe, Vergebung, Erlösung, Bekehrung, Wieder= geburt hindurch zum Ziele führen kann. Nicht das Ebenbild Gottes also ist verloren, sondern das Paradies, der paradiesische Zustand und die paradiesische Entwickelung, welcher der Zugang zum Baum des Lebens winkte.

Das ists, worauf hier die unvermeidliche Umdeutung der orthodoxen Lehre im kirchlichen Unterricht wohl bei den meisten hinausläuft.

Aber freilich es ist damit noch nicht geholfen. Der Konflikt mit dem orthodoxen System kehrt alsbald wieder in der 19. Frage, in der gesagt ist, wir seien durch den Sündenfall unserer ersten Eltern hineingeraten in die Sünde und durch die Sünde in den Zorn Gottes und unter die Gewalt des Teufels, des Todes und der Hölle. Hier ist uns zwar zunächst die Aussage willkommen, daß S ü n d e a u s S ü n d e entsteht und daß dies seit dem ersten Sündenfall der natürliche Gang der Entwickelung gewesen ist. Ebenso, daß die Sünden st r a f e in einem einzigen großen Zu= sammenhang mit der allgemeinen Sünde steht, daß der Gemein= schaft des Sündigens eine Gemeinschaft des Strafleidens entspricht, ist ein fruchtbarer Gedanke, der sich in diese Worte leicht hinein= legen läßt, wenn er auch nicht ursprünglich in denselben liegen sollte. Wer aber möchte sich den e r z ä h l e n d e n S t i l aneig= nen, in welchem hier behauptet wird, „w i r" alle „s e i e n" be= reits dem ä u ß e r s t e n G r a d d e r S t r a f e, der Gewalt des Teufels und der höllischen Verdammnis verfallen, wir seien also

auch alle bereits des äußersten Grades der Sünde schul=
dig geworden, und dieses furchtbare Ereignis sei strenggenommen
schon durch den Sündenfall unserer ersten Eltern eingetreten. Nur
die Gewöhnung an den treuherzigen, zur erbaulichen Auslegung
einladenden Ton des Konfirmandenbüchleins verbirgt uns die ge=
waltsame Kur, die wir gegenüber dem dogmatischen Sinn dieser
19. Frage anzuwenden pflegen. Die Kur besteht hauptsächlich darin,
daß wir an die Stelle des erzählenden Stils den ermahnenden
und warnenden setzen oder aus dem erzählenden in den mahnenden
übergehen. Wir weisen hin auf die verhängnisvolle Entwicklung
zu unbedingter Erlösungsbedürftigkeit, die thatsächlich eingetreten
ist (in allmählicher, geschichtlicher Entwickelung — auch dies ist
eine Abweichung vom eigentlichen Sinn der Worte der 19. Frage)
und schildern die Gefahr der Sündenknechtschaft, ja der endgiltigen
Verdammnis, die jedem von uns droht. Es ist aber doch ein ge=
waltiger Unterschied, ob man die Verdammnis als das schildert,
was jedem droht und was bei bewußtem Verharren in irgend
einer Sünde jeder verdient, oder ob man einen fertigen, abge=
schlossenen Zustand gänzlicher Verlorenheit als seit dem ersten
Sündenfall bereits vorhandenes, von allen ohne Unterschied längst
verdientes Strafverhängnis bezeichnet.

„Was verdienen wir mit solchen Sünden? Nichts anderes,
denn Gottes Zorn und Ungnade, auch allerlei zeitliche Strafen und
dazu die ewige höllische Verdammnis, Röm 6 23. Der Tod ist der
Sünde Sold." Diese Frage war dem Verfasser des württ. Kon=
firmationsbüchleins am Schluß des ganzen Abschnitts, der von der
Sünde handelt, doch noch Bedürfnis, obwohl er schon im Anfang
des Lehrstücks, gleich bei der Erwähnung des ersten Sündenfalls,
betont hatte, daß durch die Sünde wir alle in den Zorn Gottes
und unter die Gewalt des Teufels, des Todes und der Hölle ge=
raten seien. Es soll aber damit nicht gesagt sein, es müsse erst
noch gefragt werden, ob wir denn wirklich alle alles das ver=
dienen. Vielmehr soll nur noch einmal hervorgehoben werden, daß
es längst ausgemacht ist, was wir alle verdienen. Nach der in
Frage 23—27 gegebenen, praktisch=erbaulichen Ausführung über
die „wirklichen Sünden" im Unterschied von der „Erbsünde" soll

die Meinung abgewehrt werden, als ob nun auch in der Strafe und Strafwürdigkeit Unterschiede vorauszusetzen wären, ebenso wie ein Unterschied ist zwischen sündhaften, „innerlichen Gedanken und Begierden" und sündhaften, „äußerlichen Geberden, Worten und Werken", zwischen Begehungssünde und Unterlassungssünde, Schwachheitssünde und Bosheitssünde. Es war eine kleine Abschweifung vom Gedankengang des orthodoxen Systems, ein Zugeständnis an den praktischen Zweck des Unterrichts, daß die verschiedenen Arten der Sünde überhaupt erwähnt wurden. Darum kehrt am Schluß des Lehrstücks die s u m m a r i s c h e Behandlung der Sünde zurück: trotz aller Unterschiede und Abstufungen der Sünde reicht es doch bei allen zur höllischen Verdammnis. D i e a b s t r a k t e T h e o r i e d e r S ü n d e n s t r a f e, nach welcher a l l e S ü n d e r als s o l c h e, schon um der Erbsünde willen, und schon seit dem e r s t e n S ü n d e n f a l l im voraus verdammt sind, ist nicht umsonst vorangestellt worden. Sie bildet auch den Refrain des ganzen Lehrstücks und u m f a ß t so die g a n z e L e h r e von der Sünde, um auf dem anscheinend einfachsten und kürzesten Wege den Eindruck zu erzielen, daß alle Menschen in einem kläglichem Zustande seien, aus welchem nur Christus ihnen heraushelfen kann.

Diese Begründung der menschlichen Erlösungsbedürftigkeit — w i e u n ä h n l i c h ist sie der g a n z e n A r t J e s u und überhaupt der h e i l i g e n S c h r i f t! Hier wird das Wort Verdammnis und Hölle nie anders als in Bezug auf konkrete Sünden, auf einen bestimmten Grad der Bosheit, auf bestimmte Menschen, Menschenklassen oder Menschengruppen einer bestimmten Zeit und Situation, und ebendarum nie anders als im höchsten Affekt heiligen Zorns, heiliger Betrübnis, Angst und Bekümmerung um die Seelen gebraucht (vgl. z. B. Matth 5 22 u. 25 f. 29 f. 7 15—23 8 12 10 28 33 11 20 ff. 12 31 f. 18 23 ff. — Auch Röm 1—3 ist das Urteil über Heiden und Juden auf eine konkrete Kenntnis und Schilberung ihrer den Zorn Gottes herausfordernden Sünden gegründet), im orthodoxen System dagegen ist die Verdammnis aller die kalte Konsequenz einer abstrakten Theorie. Was Wunder, daß die Erlösungs- und Versöhnungslehre in demselben auch nichts anderes

2*

ist, als der Ausdruck derselben Theorie von Gott und den gött=
lichen Eigenschaften, vom Menschen und seiner Sünde und vom
Gottmenschen und seiner satisfaktorischen Leistung.

Darum läuft unser Nachdenken über den Aufbau des Lehr=
stücks von der Sünde und Sündenstrafe im württ. Konfirmations=
büchlein schließlich aus in den wehmütigen Wunsch, es möchte
einmal eine Zeit kommen, wo uns dieses ganze Lehrstück
erspart[1]) und dafür vergönnt wäre, zu der ursprünglichen
Anordnung von Luthers kleinen Katechismus zu=
rückzukehren. Derselbe enthält ja glücklicherweise weder ein Lehr=
stück von Gott und den göttlichen Eigenschaften im allgemeinen,
noch ein solches von der Sünde und Sündenstrafe im allgemeinen.
Dagegen giebt das erste Hauptstück von den zehn Ge=
boten vortreffliche Gelegenheit, von Gott als dem Urheber und
Hüter des religiös=sittlichen Ideals zu reden, ihn als den Heiligen
und vollkommen Guten (Gerechten), als Gesetzgeber und Vergelter,
als Herrn, der zu fürchten und als unsern Gott (höchstes Gut),
der zu lieben ist, den Kindern zu zeigen. Was Sünde ist und
welchen Fluch sie nach sich zieht, welcher Segen dagegen der Er=
füllung des Gesetzes innewohnt, läßt sich hier an den einzelnen
Geboten und gemäß dem Fingerzeig des bei jedem Gebot so
majestätisch wiederkehrenden: „Wir sollen Gott fürchten und
lieben", ganz konkret ausführen. Die schließliche Zusammenfassung
aller Gebote in die zwei Hauptgebote der Gottesliebe und der
Nächstenliebe (im württ. Konfirmationsbüchlein Frage 50, 51, 52)
wird sich dabei jedem Katecheten, der die Anweisung Luthers zu
neutestamentlicher Auslegung der zehn Gebote befolgt, von selbst
ergeben. Der so nötige Hinweis darauf, daß auch Versäumnisse,
Unterlassungssünden, dem Wille Gottes zuwiderlaufen, die Auf=
zeigung der Wurzeln der Sünde im Menschenherzen, die Warnung

---

[1]) Ich betone ausdrücklich noch einmal, daß ich eine praktisch frucht=
bringende Behandlung der betreffenden Abschnitte im württ. Konfirmations=
büchlein nicht überhaupt für unmöglich erklären will. Ich möchte nur das
zeigen, daß sie mit erheblichen Schwierigkeiten verknüpft ist, und zwar mit
solchen, die bei Zugrundlegung des unbearbeiteten, kleinen Katechismus
Luthers wegfallen würden.

vor der Schwachheit des Fleisches auch bei frommen Christen und
die Bedrohung verstockter Bosheit ziehen sich naturgemäß durch
die Auslegung aller Gebote hindurch und gipfeln in der Auslegung des „9. und 10. Gebots", in welchem auch das böse Ge-
lüsten des Herzens verboten ist. (Luther hat dies allerdings in
seiner Erklärung zum 9. und 10. Gebot nicht hervorgehoben.
Doch ist der Wortlaut des Gebotes selbst schon ein genügender
Anknüpfungspunkt.) Was sodann, in Würdigung des religiösen
Motivs der orthodoxen Erbsündenlehre, von dem allgemeinen geschichtlichen Zusammenhang der Sünde und Sündenstrafe in der
Menschheit zu sagen ist, läßt sich sehr wohl anknüpfen an Luthers
Frage: „Was sagt nun Gott von diesen Geboten allen?", d. h.
an den alttestamentlichen Spruch von der Heimsuchung der Sünde
der Väter an den Kindern, und hat hier überdies an dem Satz
vom göttlichen Wohlthun bis ins tausendste Glied ein willkomme-
nes Korrektiv gegenüber einer etwaigen Geneigtheit des Katecheten
zu pessimistischer Uebertreibung. Endlich die gewaltige Auslegung
Luthers zu diesem Spruch giebt Gelegenheit, das bei den einzelnen Geboten über die göttliche Vergeltung Gesagte wirksam
zusammenzufassen und das ganze Hauptstück in einer dem Beginn
und dem ganzen Geist desselben (den Herrn fürchten — deinen
Gott lieben) entsprechenden Weise ausklingen zu lassen in das
Wort: „Gott dräuet zu strafen alle, die diese Gebote übertreten",
es bedroht uns „sein Zorn", d. h. im äußersten Fall endgiltiges
Verderben — und er „verheißt Gnade und alles Gute allen, die
solche Gebote halten", d. h. er verspricht als schließlichen Lohn
sich selbst als höchstes Gut, als ewiges Heil der Menschen. Also:
Entweder — Oder! — Und wie schön schließt sich hieran der
1. Hauptartikel des 2. Hauptstücks „Von dem christ-
lichen Glauben!" Gott seinerseits, den wir im 1. Hauptstück als
Gesetzgeber und Vergelter kennen gelernt haben, will natürlich das
Heil, das höchste Gut in der Gemeinschaft mit ihm selber, verwirklichen. Denn er ist der Vater. Er hat uns zwar eine
Wahl, ein Entweder — Oder vorgelegt, weil er Geist ist[1]) und sich

---

[1]) Auch ein besonderes Lehrstück von der Geistigkeit Gottes ist über-

als Geist an unsern Geist wendet mit seinen Anforderungen, aber
er verzichtet nicht darauf, seinen Vaterwillen durch positive Ein=
wirkung auf das Menschenherz geltend zu machen und auch gegen=
über der menschlichen Sünde zu behaupten. Er wirkt auf den
Menschen nicht nur als Gesetzgeber und Vergelter, sondern auch
in noch viel umfassenderer Weise a l s S c h ö p f e r durch seine
Gaben, durch die ganze natürliche Ausrüstung des Menschen und
durch Anweisung seines besonderen Platzes unter den übrigen
Kreaturen, als E r h a l t e r durch Darbietung des Lebensunter=
halts im weitesten Sinn und durch väterliche Leitung alles Menschen=
schicksals. Bei allem dem aber verfolgt er als Vater den E r =
z i e h e r z w e c k, die Menschen zu dankbaren und gehorsamen
Kindern zu machen, oder in ein Bundesverhältnis zu ihnen zu
treten. Daß er dies aus reiner väterlicher G ü t e thut und auch
gegenüber der menschlichen Sünde b a r m h e r z i g (und getreu)
fortfährt, seinen uranfänglichen und ewigen Vaterwillen zu ver=
wirklichen und also die Menschheit trotz aller Sünde ihrer ur=
sprünglichen Bestimmung zu e r h a l t e n und entgegenzuführen
— dieser von Luther in seiner Erklärung zum 1. Hauptartikel
so schön ausgesprochene Gedanke bildet den Uebergang zum 2.
Hauptartikel. Denn der Erhalter wird gegenüber der alles
störenden nnd zerstörenden Sünde notwendig zum Erlöser.

So läßt sich der gesamte Unterbau für die Erlösungs= und
Versöhnungslehre im Anschluß an den kleinen Katechismus auf=
führen. Bei dessen ausschließlicher Benützung würde uns ferner
auch das nicht entgehen, was das württ. Konfirmations=
büchlein und andere schulgerecht orthodoxe Lehrmittel unter dem
Titel der Lehre von Gottes Eigenschaften zu bieten suchen.
Während aber dieser Gegenstand als gesondertes Lehrstück im
Unterricht ganz erhebliche Schwierigkeiten macht und leicht ent=
weder zu planloser, breit erbaulicher Behandlung der einzelnen
Eigenschaften Gottes, oder zu systematischen Künsteleien führt,

---

flüssig, da die drei ersten Gebote, unter Beiziehung des Bilderverbots, und
dann wieder das 9. u. 10. Gebot und Luthers Schlußfragen den besten
konkreten Anlaß geben, von der Anbetung Gottes im Geist und von Gott als
dem allwissenden Herzenskündiger und allgegenwärtigen Vergelter zu reden.

leitet der kleine Katechismus dazu an, die Eigenschaften Gottes
an seinem konkreten Thun als Gesetzgeber und Vergelter, als
Schöpfer und Erhalter ganz gelegentlich und doch so einheitlich
zu veranschaulichen, daß der organische Zusammenhang aller in
der h. Schrift erwähnten Eigenschaften Gottes erhellt, und das
letzte Ziel des Einen Gotteswillens uns nie aus den Augen kommt.
Natürlich kann es dem Katecheten, der dies erkennt, nicht in den
Sinn kommen, den Unterbau für die Erlösungs= und Versöhnungs=
lehre dadurch liefern zu wollen, daß er die göttlichen Eigenschaften
der Gerechtigkeit und der Barmherzigkeit in einen schroffen, nur
durch fremdes Thun lösbaren Gegensatz bringt und den Zorn
Gottes als ein nicht bloß den Menschen drohendes, sondern auch
Gott selbst beherrschendes und die Entschlüsse seines ursprünglichen
Vaterwillens lähmendes Verhängnis darstellt.   Denn in Luthers
Katechismus ist der ganze Unterrichtsgang von vornherein darauf
angelegt daß des Einen Gottes einheitliches Thun in allen Haupt=
stücken geschildert werden muß.

Dasselbe erstreben im Grund auch die orthodoxen Dogma=
tiker und die ihrer Schule folgenden katechetischen Lehrbücher,
nur daß mit Hilfe der letzteren das Ziel um so weniger erreicht
wird, je korrekter der Katechet den Sinn des orthodoxen Systems
zum Ausdruck bringt.   Darum versuchen im kirchlichen Unter=
richt die meisten schon beim Lokus von Gott und den Eigen=
schaften Gottes und nicht erst beim zweiten Hauptartikel die
sämtlichen Eigenschaften Gottes als miteinander im Einklang be=
findlich und als organisches Ganze darzustellen, wobei es freilich
nicht jedem zum Bewußtsein kommt, daß er dadurch die orthodoxe
Versöhnungslehre ins Unrecht setzt, die er vielleicht selbst nachher
vorzutragen gedenkt.   In der näheren Ausführung gehen hier die
einen mit Vorliebe von den metaphysischen Eigenschaften Gottes
aus und suchen z. B. aus dem Begriff des überweltlichen, er=
habenen Lebens der Gottheit alles Uebrige abzuleiten, also alle
Eigenschaften Gottes unter den Begriff der Selbstmitteilung des
lebendigen Gottes zu bringen, der sich einerseits in heiligem, ge=
rechtem Zorn abschließen und seine Lebensmitteilung entziehen, d. h.
mit dem Tode strafen muß, wenn der kreatürliche Wille ihm

widerstrebt, andererseits doch Mittel und Wege sucht und findet,
sich auch der abgefallenen Welt barmherzig mitzuteilen und ihr so
das Leben zu retten. Andere stellen absichtlich die **ethischen**
Eigenschaften Gottes in den Vordergrund, in der Ueberzeugung,
daß eine vorausgehende Besprechung der metaphysischen Eigen=
schaften entweder nur formalen Wert habe, oder die ethischen
Eigenschaften in unklarer Weise doch gleich mithereinziehe. Zu
diesen rechne ich mich selbst. Im Konfirmandenunterricht pflege
ich nach einer ganz kurzen Worterklärung der im württ. Konfir=
mationsbüchlein [1]) an die Spitze gestellten metaphysischen Eigen=
schaften Gottes den Hauptnachdruck darauf zu legen, daß **Gott**
g u t ist, Urheber des guten, heiligen Gesetzes, der selbst das Gute
will als der **H e i l i g e und G e r e c h t e**, und auch **u n s ge=**
r e c h t und h e i l i g m a c h e n will, also unser **H e i l** will aus
lauter **G ü t e**. Weiter führe ich aus, daß die Sünde dem Heili=
gen ein Gräuel ist: er straft, richtet und vernichtet sie. Aber die
Sünder sucht er, wenn irgend möglich, zu retten. Nur die end=
giltig Verstockten vernichtet sein Zorn; nie ist es ihm um die
Strafe als solche zu thun, sie ist ihm immer nur Mittel, seinen
Heilswillen bei möglichst vielen durchzusetzen. Diesem seinem Heils=
willen bleibt er t r e u. Er ist w a h r h a f t i g in seinen Bundes=
verheißungen und übt daher **B a r m h e r z i g k e i t** gegen die
Bußfertigen, Langmut gegen alle. Und das alles in Weisheit
und **L i e b e**, mit Einem Wort, als **V a t e r**. Und dieser Vater
ist der ewige, allmächtige, allgegenwärtige, allwissende Gott! Die
höchste, heilige Weisheit und Liebe hat die Welt geschaffen und
regiert sie [2])! So bekommen jetzt die metaphysischen Eigenschaften

---

[1]) Frage 13 lautet: „Wer ist Gott, an den man glauben soll? —
Gott ist ein unerschaffenes, geistiges Wesen, ewig, allmächtig, allgegenwärtig,
allwissend, weise, gerecht, heilig, wahrhaftig, gütig und barmherzig." —
Die Zusammenstellung ist gewiß brauchbar, abgesehen davon, daß die Weis=
heit, bloß wegen ihrer Analogie mit der Allwissenheit neben diese gestellt
und so höchst ungeschickt den übrigen ethischen Eigenschaften vorangestellt ist.

[2]) Nicht vergessen wollen wir, daß dieser nun einmal bei uns vor=
geschriebenen gesonderten Behandlung der Lehre von Gott und den gött=
lichen Eigenschaften im allgemeinen der Unterricht nach Luthers kleinem
Katechismus vorausgeht und zur Seite geht. Insofern hat die 13. Frage

Gottes ihren konkreten Inhalt, und ihre Besprechung wird von selbst zu einer Lobpreisung des bekannten Gottes, statt zu einer abstrakten Erörterung oder phantasievollen Betrachtung über den noch unbekannten.

Derartige Versuche, die Gotteslehre im kirchlichen Unterricht einheitlich und organisch zu gestalten, werden, wie ich glaube, von den meisten gemacht, einfach weil dies dem theologisch Gebildeten, sei es mehr wegen seiner metaphysischen, oder mehr wegen seiner ethischen Gesamtanschauung von Gott Bedürfnis ist, weil also — wir könnens ohne persönliches Selbstlob sagen — unsere protestantische Theologie gegen früher doch einige Fortschritte gemacht hat.

————

Es bleibt mir daher nur noch übrig, des näheren nachzuweisen, wie infolge davon speziell die Lehre von Gottes S t r a f - g e r e c h t i g k e i t und Gottes Z o r n eine vom orthodoxen System abweichende Gestalt bekommt und mithin die entscheidenden Voraussetzungen der Versöhnungslehre anders bestimmt werden.

Wenn es anerkannter Hauptgrundsatz ist, daß Gott in allen seinen Angelegenheiten a k t i v, nie p a s s i v ist, so kann auch sein S t r a f e n u n d Z ü r n e n nicht etwas sein, in das er hineinkommt oder das ihn übermannt, ohne daß sein eigentlicher bleibender Wille darin zur Bethätigung käme. Nicht nur sein erziehendes Strafen der Frommen und der noch rettbaren Verlorenen, sondern auch sein v e r n i c h t e n d e s, a u s r o t t e n d e s S t r a - f e n der Verstockten muß als M i t t e l zur Verfolgung seines ewigen, unabänderlichen H a u p t z w e c k s, als Mittel zur schließlichen V e r w i r k l i c h u n g d e s H e i l s aufgefaßt werden. G o t t s t r a f t n i c h t, u m z u s t r a f e n, und die Sünder müssen

————

des Konfirmationsbüchleins auch ihre gute Seite, da sie als zusammenfassende Repetition dessen betrachtet werden kann, was bei der Auslegung des Katechismus ausführlicher und in konkreterer Form dargeboten worden ist. Ja es muß speziell uns württembergischen Katecheten willkommen sein, im Konfirmandenunterricht Gelegenheit zu haben zur Herstellung des einheitlichen Zusammenhangs in der Gotteslehre, der durch die unglückselige Brenzische Umstellung der Hauptstücke des kleinen Katechismus gestört ist.

ihre Sünde büßen, nicht damit sie eben abgebüßt sei. Sie kann
ja gar nicht abgebüßt werden. Die Weltordnung ist von
Gott weder ursprünglich, noch nachträglich auf Abbüßung der
Sünde eingerichtet worden, sondern sie dient der Verwirklichung des
Heils, scheidet also einfach das aus, was hiezu in keinem zweck=
mäßigen Verhältnis mehr steht. Es kann in ihr nicht der Fall
eintreten, daß das verselbständigt und verewigt wird, was Gott
nur als unselbständiges Mittel zum Zweck gewollt hat. Das
Mittel kann nur als Mittel gebraucht werden, und wenn es keinen
Zweck mehr erfüllt, so ist es verbraucht. Verfehlt die Strafe bei
einem Menschen ihren Zweck, und kann derselbe auch nicht unter
der Mitwirkung oder Nachwirkung der Strafe auf andere Weise zum
Heil geführt werden, so hat es keinen Sinn mehr, daß er fort
und fort gestraft werde. Es könnte nur noch einen Sinn haben,
wenn etwa durch seine Bestrafung andere zum Heil geführt
würden. Denken wir uns aber, es hätten alle, die überhaupt noch
rettbar sind, das Ziel erreicht, so wären die unrettbar Verlorenen
bloß noch um der Strafe willen da, und zwar um einer Strafe
willen, die keinen Heilszweck mehr hat, weder bei ihnen selbst,
noch bei andern. Sie selbst sind samt ihrer Strafe für Gott
zwecklos geworden. Ihre Strafe wird also aufhören, indem
sie selbst aufhören müssen zu existieren, d. h. sie werden in der
Strafe zu Grund gehen, durch die Strafe vernichtet[1]) werden.
Einen anderu Sinn des biblischen Begriffs der ἀπώλεια wüßte ich
mir von christlich=religiösen Voraussetzungen aus nicht anzueignen.
Das höllische Feuer ist ewig, nicht sofern es der Zeitdauer nach
endlos ist, sondern sofern es bis zur qualvollen Vernichtung des
Sünders fortwährt, und sofern diese seine Wirkung dann ewig
gilt, vor Gott endgiltig ist. Müßten wir uns eine endlos
andauernde Qual der Verdammten neben der ewigen Seligkeit

---

[1]) Den Menschen oder seine unsterbliche Seele als Selbstzweck zu be=
zeichnen und daraus die Unmöglichkeit einer Vernichtung und die Ewigkeit
der Höllenstrafen abzuleiten, heißt nicht die christliche Weltanschauung ver=
treten, sondern heidnische Philosophie in die Dogmatik herein bringen. Von
Gott und durch Gott und zu Gott sind alle Dinge Was für ihn keinen
Zweck mehr hat, muß zu nichte werden.

der Auserwählten denken, so hätten wir entweder einen doppelten Gott, einen Gerichtsgott und einen Heilsgott, oder in dem Einen Gott einen ewigen, unlösbaren Widerstreit seiner Eigenschaften der Strafgerechtigkeit und der Barmherzigkeit, oder neben dem Gott der Liebe ein unpersönliches Gerichtsfatum, das ohne bleibende, persönliche Beteiligung Gottes — ohne daß Gottes Herz ewig darum wüßte — die Verdammten gefangen hielte.

Kann also die Strafe für Gott niemals Selbstzweck sein oder werden, so müssen wir stets klar im Auge behalten, zu welchem Zweck sie das Mittel ist. Gott straft, d. h. Gott fügt im näheren oder entfernteren Zusammenhang mit der allgemeinen oder individuellen Sünde allerlei Uebel zu, um die noch Besserungsfähigen zu bessern, um die Leichtsinnigen, Trägen und Sicheren zu wecken und zu schrecken, um die Frommen auf die Probe zu stellen und zu läutern, um die Verführungskraft des Bösen zu schwächen und zu brechen, die Scheidung von Gut und Böse zu fördern und durchzuführen, die Entscheidung für und wider herbeizuführen und jedenfalls alle zur Erkenntnis der Unverbrüchlichkeit der sittlichen Weltordnung zu bringen. Hierher gehört darum auch der Sühnezweck der Strafe: Gott straft, um geschehenes Unrecht zu sühnen, d. h. um die verletzte Majestät seines Gesetzes in den Augen des Uebertreters oder doch der Gemeinschaft, in welcher das Unrecht geschehen ist, wiederherzustellen und so die verwischte Grenzlinie zwischen Gut und Böse wieder schärfer hervortreten zu lassen. Kurz, es liegt all seinem Strafen der ursprüngliche und ewige Gotteswille zu Grund, die Menschheit ihrer göttlichen Bestimmung entgegenzuführen. Er straft nicht, weil sich überhaupt seine Gesinnung gegen die Menschheit infolge der Sünde geändert hätte, sondern weil sie sich trotz der eingetretenen Sünde gleich geblieben ist. Strafgerechtigkeit und Zorn sind nicht an die Stelle des ursprünglichen Vaterwillens getreten, als hätte der göttliche Wille, der uns zur Gottähnlichkeit bestimmt und geschaffen hat, einmal zu wirken aufgehört, um erst nach vollbrachtem Versöhnungswerk Christi wieder in Wirksamkeit zu treten. Auch was Gott in seinem Zorn thut, dient nur dazu, jenen Gotteswillen trotz der dazwischen-

getretenen Thatsache der menschlichen Sünde dennoch durchzusetzen,
bezw. seine schließliche Durchführung vorzubereiten. Gott bleibt
auch im Zorn stets Herr seines Zornes, das dürfte allgemein zu=
gestanden sein; er wird mitten im Zorn die Strafe mäßigen, wenn
es der letzte, höchste Zweck seines Thuns erfordert. Es steht nicht
so, daß eine bestimmte Strafe auf ein bestimmtes Maß von Sünde
hin jedenfalls eintreten und ganz entsprechend dem vollen Maß
der einmal geschehenen Uebertretung sich auswirken müßte, sondern
in dem Maße, in welchem jedesmal der Z w e c k der Strafe, sei
es durch die Strafe selbst, oder auf andere Weise e r r e i c h t
wird, ä n d e r t Gott sein Verhalten. Vollends kann keine
R e d e davon sein, daß ein dem G e s a m t m a ß d e r S ü n d e
der ganzen M e n s c h h e i t entsprechendes G e s a m t m a ß d e r
S t r a f e unter allen Umständen an allen, oder stellvertretend für
alle an Einem v o l l z o g e n werden müßte. Das Gesamtmaß der
Strafe, die allerdings, so gemessen, in nichts anderem als in der
ἀπώλεια aller gipfeln könnte, ist nur etwas, das allen d r o h t,
nicht etwas, das wirklich schon allen z u e r k a n n t ist. Das
Urteil über alle einzelnen ist keineswegs schon ausgesprochen, noch
nicht einmal in Gottes Ratschluß gedacht; denn Gott denkt nichts
Unwirkliches, er hat es — menschlich zu reden — nicht nötig, das
zu thun, da er Zeit hat und warten kann. Gottes Ratschluß ist,
daß das ewige Schicksal aller sich erst an Christus endgiltig ent=
scheiden soll. Damit denkt er nichts Unwirkliches; denn er war
und ist in Wirklichkeit beständig daran, Christus zu dem Maße zu
machen, an dem jeder gemessen wird. Hingegen kann man nicht
sagen, Gott sei beständig daran, oder daran gewesen, alle ins ewige
Verderben hineingeraten zu lassen und sei nur durch das Versöh=
nungswerk Christi abgehalten worden, die Strafe an allen zu voll=
ziehen. Gott hat ja vielmehr beständig alles gethan, um es n i c h t
so weit kommen zu lassen. Er ist gewiß — das können wir schon im
voraus sagen — auch an dem Versöhnungswerk Christi a k t i v mit
seinem p o s i t i v e n H e i l s w i l l e n beteiligt, und was er noch o h n e
Christus that, muß in o r g a n i s c h e m Z u s a m m e n h a n g stehen mit
dem, was er i n Christus thut. Es ist also zu voller Aktualität
des göttlichen Zornes bis jetzt überhaupt nie gekommen.

Dies zuzugeben werden die meisten geneigt sein, schon deshalb, weil man doch der im a l t e n T e s t a m e n t bezeugten
Gnadenoffenbarung Gottes nicht zugunsten der Einzigartigkeit neutestamentlicher Offenbarung alle Realität absprechen und nicht einen
durch alle Jahrhunderte vor Christus ununterbrochen fortgehenden
Zorn Gottes gegen alle Menschen annehmen will.

————————

Dagegen wird nun von vielen desto entschiedener festgehalten,
daß alle Sünder ohne Unterschied den v o l l e n Z o r n G o t t e s
und also die sämtlichen Strafen Gottes, zeitliche und ewige, bis
zur höllischen Verdammnis w o h l v e r d i e n t hätten, wenn gleich
Gott nach seiner Langmut den Zorn bisher beständig zurückgehalten
habe und den teilweisen, vorübergehenden Offenbarungen seines
Zornes allemal wieder Gnadenoffenbarungen folgen lasse. Nur
durch diesen Satz scheint deutlich gemacht werden zu können, v o n
w a s uns C h r i s t u s e r l ö s t hat, oder w i e g r o ß d i e E n t =
z w e i u n g i s t, die durch d i e V e r s ö h n u n g aufgehoben wird.
Die i d e a l e G e l t u n g des Todesurteils der Verdammnis über
alle soll festgehalten werden, wenn auch zugestanden wird, daß
seine wirkliche V o l l s t r e c k u n g an allen für Gott niemals ernstlich in Betracht kommen könne. Und die ideale Entfernung der
Sünder von Gott scheint als m ö g l i c h s t g r o ß, ja sie scheint
als u n e n d l i c h bezeichnet werden zu müssen, da jede, auch die
unbedeutendste Sünde dem absolut guten Gott absolut zuwider ist.
    Hier ist ein richtiger Gedanke in Gefahr, durch schlimme
Begriffsverwechslungen verfälscht zu werden.
    Wahr ist, daß jede, auch die kleinste Sünde v e r d i e n t,
als S c h u l d demjenigen angerechnet zu werden, der dafür verantwortlich ist, und zwar genau nach dem Maße seiner Verant-
wortlichkeit. Und richtig ist, daß jede Schuld ein entsprechendes
Maß der Scheidung oder Entfernung von Gott, sagen wir: ein
entsprechendes Maß der S t r a f e, des Preisgegebenseins an die
gottgeordneten Folgen der Sünde v e r d i e n t. Richtig ist auch,
daß die göttliche Zurechnung der Sünde als Schuld a b s o l u t e
G i l t i g k e i t hat und durch kein menschliches Thun oder Ver-

halten, sondern nur durch göttliche Vergebung aufgehoben werden
kann, daß also ein gewisses Strafmaß für den schuldigen, noch
unbegnadigten Sünder ebenso unabwendbar ist, wie die göttliche
Zurechnung. Aber falsch ist es, so zu reden, als ob das Straf=
maß für jede Sünde uns bekannt, als unendlich bekannt
wäre. Im Handumdrehen macht man da aus der absoluten Gil=
tigkeit der göttlichen Zurechnung und aus der daraus folgenden,
absoluten Notwendigkeit einer entsprechenden Strafe — eine abso=
lute Strafe, eine unendliche Strafe. Man will an Ernst in der
Beurteilung der Sünde nicht zurückbleiben hinter der Behauptung
der alten lutherischen Dogmatiker, daß jede Sünde ein „Gottes=
mord" sei und also in unendlichen Abstand von Gott bringe, un=
endliche Strafe verdiene. Unwahre Uebertreibung macht aber den
Ernst zu Spott. Man sollte sein Nichtwissen in Betreff
des Strafmaßes offen eingestehen und es dafür um
so ernster damit nehmen, daß überhaupt Schuld und
Strafe da ist. Wenn man sich einer abstrakten Theorie zu lieb
gewöhnt, seinen Abstand von Gott stets als unendlich zu denken,
so ist man in Gefahr, zu vergessen, daß auch der geringste Ab=
stand schwer genug zu nehmen ist und unabsehbare Folgen nach sich
ziehen kann. Der Ernst der Sache liegt darin, daß man mit einer
wenn auch nur kleinen Schuld auf dem Gewissen weiterleben
muß und in einer gewissen, wenn auch noch so geringen Ent=
fernung von Gott Aufgaben zu lösen, Schwierigkeiten und
Versuchungen entgegenzugehen hat, denen man nur gewachsen ist,
wenn man in jeder Beziehung mit Gott lebt. Jede unver=
gebene Schuld läßt also erwarten, daß Sünde auf Sünde und
Strafe auf Strafe folgen wird, kurz, daß es mit dem schuldigen
Sünder abwärts gehen wird, weil mindestens Eine unerläßliche
Bedingung des Aufsteigens fehlt. Wie weit es aber abwärts gehen
wird und ob es nicht wieder aufwärts gehen wird, ist noch keines=
wegs ausgemacht. Die Strafe ist kein notwendiges Naturprodukt,
auch nicht das Ergebnis eines einfachen logischen Schlusses aus
der Größe der Schuld und aus den Bestimmungen eines im vor=
aus festgestellten Strafgesetzbuchs. Die Strafe ist persön=
liches Thun des persönlichen Gottes an der Person

des Sünders. Es kommt daher bei Bemessung der Strafe
einerseits die göttliche zuvorkommende Liebe mit ihren tausend
Wunderwegen, andererseits die bereits vorhandene oder nachfolgende
Bußfertigkeit oder Unbußfertigkeit des Sünders mit in Betracht.
Allerdings, die einmal vorhandene S ch u l d wird durch nachfolgende
Reue nicht kleiner; sie kann überhaupt weder kleiner noch größer
werden. Es kann neue Schuld hinzukommen oder nicht hinzu=
kommen; sie selber bleibt sich gleich. Sie kann nur entweder da
sein oder nicht da sein. Sie ist da, wenn Gott die verantwort=
liche Vergangenheit des Sünders als Realität behandelt. Sie ist
nicht da, wenn Gott sie ins Meer wirft, d. h. sie als nichtseiend
behandelt. Die u n v e r g e b e n e S ch u l d ist also, so lang sie
da ist, u n v e r ä n d e r l i ch. Die entsprechende S t r a f e dagegen
ist etwas beständig erst W e r d e n d e s, sich E n t w i ck e l n d e s,
und zwar entwickelt sie sich unter bestimmten geistigen B e d i n =
g u n g e n, die teils auf seiten des Menschen, teils auf seiten
Gottes liegen. Das göttliche Straferkenntnis fällt mithin nicht
einfach zusammen mit der Zurechnung der Sünde als Schuld.
Das Maß der Strafe ist mit der Zurechnung noch keineswegs
entschieden. Das gesteht auch die o r t h o b o x e L e h r e im
Grund wider Willen zu, indem sie a l l e n das g l e i ch e Straf=
maß zuerkennt, schon wegen der Schuld A d a m s, also in Wahr=
heit darauf verzichtet, die Strafe des einzelnen nach dessen persön=
licher Schuld zu bemessen. Gott braucht aber nicht so summarisch
zu verfahren, da er nicht an eine abstrakte Theorie von der Sünde
und Sündenstrafe gebunden ist. Er braucht nicht vorschnell über
alle miteinander das Urteil zu sprechen. Er urteilt von Fall zu
Fall und spricht über keinen das Verdammungsurteil, ehe sein Fall
wirklich entschieden ist. Gott sagt nicht: jeder Sünder hat die
Verdammnis verdient, weil er ein Sünder ist; Gott sagt auch
nicht: jeder, der das und das thut, oder denkt und begehrt, hat
genau die gleiche Strafe verdient; sondern Gott sagt: dieser be=
stimmte Sünder hat jetzt, soweit er schuldig ist, die nächste Konse=
quenz seiner Schuld, das entsprechende Maß der Entfernung von
Gott und die seiner Situation und dem göttlichen Heilszweck ent=
sprechenden äußeren Zeichen seiner Gottesferne zu leiden. Das hat

er jetzt verdient. Was er noch weiter verdienen wird, das wird sich zeigen. Es drohen ihm aber alle möglichen Strafen bis zur endgiltigen Verstoßung.

In diesem Sinne broht auch Christus im Namen Gottes mit dem höllischen Feuer und mit dem Hinausgestoßen- werden in die Finsternis als mit dem Aeußersten; es ist ihm dies nicht das natürliche und eigentlich selbstverständliche Schicksal aller Sünder, sondern das Unnatürlichste, das Aeußerste, das der Sünder vermeiden kann und soll. Der leichtsinnigen Meinung freilich, daß dieses Aeußerste nicht für jeden ernstlich in Betracht komme, tritt Jesus mit aller Entschiedenheit entgegen. Es soll niemand wähnen, daß die bloße Vermeidung groben Frevels, wie Mord und Ehebruch, ihn sicherstelle vor dem göttlichen Gericht, ebenso wie vor einem menschlichen. Es giebt ein göttliches Gericht sogar für den Zorn, der nur im Herzen sich regt. Es giebt einen hohen Rat, vor dem man zur Verantwortung gezogen wird auch für irgend eines der oftgehörten leichteren Scheltworte, mit denen man in zorniger Aufwallung seinem Bruder verächtlich begegnet, nämlich den höchsten Rat Gottes. Und wenn man vollends in seinem Zorn das giftigste Wort sucht, mit dem man dem Bruder allen Wert vor Gott und Menschen absprechen möchte, so ist man selbst seines Wertes vor Gott verlustig gegangen und hat das höllische Feuer verdient, wird es auch erleiden, wenn man nicht umkehrt und sich mit dem Bruder versöhnt, so lange es noch Zeit ist. Ebenso steht dem, der nicht das rechte Auge anreißt, das ihn ärgert, als Aergstes das in Aussicht, daß „der ganze Leib in die Hölle geworfen werde". Solches predigt der Herr, aber es fällt ihm nicht ein, zu sagen, daß man mit jeder noch so un- bedeutenden Sünde das höllische Feuer verdient habe. Er rech- net alle, außer sich selbst, auch seine Getreuen, zu benen, die arg sind, aber es fällt ihm nicht ein, ihnen zu sagen, daß sie deshalb die Verdammnis bereits verdient hätten. Die Zurechnung jeder Sünde an den Schuldigen betont er mit der größten Strenge, aber die Strafe ist ihm eine mannigfaltig abgestufte (Lc 12 47 f.): er sagt nicht, daß jeder Sünder ihren höchsten Grad verdient habe, sondern warnt jeden davor, daß er nicht

in Zukunft den höheren und höchsten Grad der Strafe ver=
dienen möge, nicht Glied für Glied dem Verderben anheimfalle,
bis der ganze Leib, d. h. die ganze Person die Hölle verdient. Er
predigt mit gewaltigem Ernst, daß man es wegen jeder, auch der
geringsten Sünde, auch wegen der nur im Herzen sich regenden
bösen Lust oder Leidenschaft mit Gott zu thun habe, feines
Gerichts schuldig sei und den abschüssigen Weg betreten habe, der,
wenn man ihn weiter verfolgt, ins höllische Feuer führt. Und er
betont aufs stärkste, daß der Grad von Sünde, durch den man
dieser Verstoßung wert wird, oft¹) früher erreicht sein kann, als
man nur denkt oder zu glauben geneigt ist. Aber er verfällt nie=
mals in die unwahren Verallgemeinerungen, welche lediglich die
kirchliche Dogmatik verschuldet hat, da sie auch den Aposteln des
Herrn und dem ganzen neuen Testament fremd sind.

Wir haben uns daher auch im kirchlichen Unterricht
vor diesen Verallgemeinerungen zu hüten. Von schlimmen prak=
tischen Folgen ist es, wenn man z. B. bei der 28. Frage des
württ. Konfirmationsbüchleins („Was verdienen wir
mit solchen Sünden?" f. o. S. 8) die verschiedenerlei Uebel, durch
welche Gott straft, nacheinander aufzählt bis zur höllischen Ver=
dammnis und dann aus der allgemeinen Verbreitung der Sünde
den logischen Schluß ziehen läßt, daß wir alle alles das
verdient hätten. Diese Lehre geht freilich glatt ein; denn sie ist
so unpersönlich als möglich und läßt den einzelnen einfach wie er
ist. Sie kann auf den, der um die Erlösung weiß, nur beruhigend
wirken, und das kann doch wahrlich nicht der praktische Zweck des
Lehrstücks von der Sünde und Sündenstrafe sein, den Sünder
über die göttlichen Strafen zu beruhigen mit der Versicherung,
daß jedenfalls alle alles verdient haben und keiner sich beklagen
kann, wenn ihm etwas davon widerfährt. Der praktische Erfolg
derartiger Belehrungen ist die Bestätigung jenes so weit verbrei=
teten, stumpfen Fatalismus des natürlichen Menschen,

---

¹) Jesus veranschaulicht Matth 5 22—26 nach seiner Weise an einem
bestimmten Fall oder Beispiel eine allgemeine Wahrheit. Darum muß man
aber die allgemeine Lehre (wie oben angedeutet) auch wirklich dem Beispiel
entnehmen und darf nicht aus dem Beispiel selbst ein Dogma machen.

der bei eintretender Heimsuchung spricht: „ich kann nichts machen",
oder auch scheinbar christlich: „ich bins schuldig zu leiden" — das
heißt aber im Munde der meisten nicht: ich speziell bins schuldig,
sondern: ich bins schuldig, weil es jeder schuldig ist und weil
niemand, den es trifft, etwas dagegen machen oder sagen darf.
So ist die Frage: was will Gott m i r mit dieser Heimsuchung
sagen? im voraus zum Schweigen gebracht. Es läßt sich nicht
leugnen, daß an dieser bequemen Praxis die im orthodoxen System
begründete und in unseren kirchlichen Lehrbüchern vertretene (im
württ. Konfirmationsbüchlein nur allzu deutlich vorgeschriebene)
summarische Behandlung der Sünde und Sündenstrafe keinen geringen Teil der Mitschuld trägt. Nur durch Eintragung der richtigen biblischen Gedanken in das falsche Schema vermögen wir
den Schaden abzuwehren, indem wir unsere Schüler nicht zu einem
logischen Schluß aus ihrer allgemeinen Sündhaftigkeit anleiten,
sondern den Unterricht so zu gestalten suchen, daß j e d e r p e r -
s ö n l i c h sich vor dem drohenden Zorngericht fürchten lernt. Statt
also zu sagen: wir verdienen alle den Zorn Gottes und seine
sämtlichen Strafen, sagen wir vielmehr: hütet euch, daß ihr nicht
einmal das Aeußerste, nämlich den Zorn Gottes, verdienet und euch
zuziehet, bedenkt wie viel ihr schon gesündigt habt wider besseres
Wissen und Gewissen, beachtet alle göttlichen Mahnungen, alle
Vorboten des Gerichts, fraget euch bei jeder Strafe, die euch innerlich oder äußerlich trifft: wo sind wir? wohin fahren wir? dann
werdet ihr auch die Gnadenzüge Gottes nicht gleichgiltig hinnehmen,
sondern die Gotteshand ergreifen, die euch durch Christus vor dem
drohenden Zorn erretten will.

So gelangen wir durch eine nach innerer Wahrheit strebende,
den praktischen Zweck des Unterrichts im Auge behaltende Behandlung dieses Lehrstücks ganz von selbst zu der g e s c h i c h t l i c h e n
und e s c h a t o l o g i s c h e n Fassung des Zornes Gottes, welche ja
auch das unbestreitbare Ergebnis unbefangener Exegese und biblisch
theologischer Forschung ist. Den Zorn Gottes erkennen wir r e -
l a t i v in allen deutlich mit der Sünde zusammenhängenden K a t a -
s t r o p h e n des menschlichen Einzellebens, wie der gesamten Mensch-
heitsentwickelung. Eine abschließende und e n d g ü l t i g e Zornes-

offenbarung erwarten und fürchten wir im Hinblick auf die zur
Schlußkatastrophe hindrängende Entwickelung des Bösen in
der Welt. Wir reden daher von Gerichtszeiten und vom jüngsten
Gericht, von Tagen oder Jahren des Zorns und vom zukünftigen
Zorn. Zorn nennen wirs, weil das Thun Gottes in Gerichtszeiten sich mit nichts besser vergleichen läßt, als mit dem Thun
eines Vaters, der in heiligem Eifer, in lang zurückgehaltener
(während die Bösen sich den Zorn häuften auf den Tag des Zorns),
endlich aber ausbrechender Entrüstung rasch in einem Zuge
die Strafe vollzieht. Zorn Gottes ist also nur wo Strafvollzug stattfindet. So kann es längere Zeiträume geben,
in denen sich der Zorn Gottes fast ununterbrochen offenbart, sofern es längere Zeit andauernde Strafgerichte und Verkettungen
von Strafgerichten giebt. Aber eine durch die ganze vorchristliche
Zeit anhaltende Zornesgesinnung Gottes gegen alle Sünder überhaupt hat es nicht gegeben, wie man auch jetzt nicht sagen kann,
daß alle Nichtchristen andauernd unter dem Zorne Gottes stehen.
Es hat überhaupt bis jetzt nur relative, wenn auch zum Teil
langdauernde Offenbarungen des göttlichen Zorns gegeben. Niemals aber bezogen sie sich auf die menschliche Sündhaftigkeit im allgemeinen, sondern stets auf gesteigerte Bosheit
und unerträgliche, den Heilsplan Gottes durchkreuzende Verkettungen
der Sünde, und stets waren sie nur Vorboten einer möglichen, absoluten Vernichtung, vor der sie warnen und die sie
zurückhalten sollten.

————

Der allgemeinen, menschlichen Sündhaftigkeit entspricht freilich die Thatsache, daß das Heer der natürlichen und geselligen Uebel über das ganze Menschengeschlecht,
über Gerechte und Ungerechte, andauernd verbreitet ist, und so
scheinen alle Menschen, indem sie dauernd gestraft werden, auch
dauernd unter Gottes Zorn zu stehen.

Allein diese Uebel lassen sich nicht so ohne weiteres in Bausch
und Bogen als Strafvollzug und als (relative) Zornesoffenbarung
über alle Menschen bezeichnen. Sie sind ja teils an sich von unendlich abgestufter Mannigfaltigkeit, teils werden sie verschieden

empfunden und sind auch in der That verschiedener Deutung fähig. Auch der leibliche Tod hat nicht nur sehr verschiedene Gestalten, sondern kann in jeder Gestalt wieder sehr verschieden gedeutet werden. Er wird daher auch von den Frommen des alten Bundes keineswegs so schlechtweg als Zeichen des göttlichen Zornes aufgefaßt, wie man vom Standpunkt der orthodoxen Lehre aus erwarten sollte. Wenn von den Erzvätern berichtet wird, sie seien gestorben „alt und lebenssatt", so erscheint ihr Tod in freundlichem Lichte, und zwar obgleich der Gedanke an ein Leben nach dem Tod dem alten Israel gänzlich fremd war. Wenn Elias in Schwermut spricht: „so nimm nun, Herr, meine Seele! Ich bin nicht besser, denn meine Väter", (I Kön 19 4), so gedenkt er zwar der menschlichen Minderwertigkeit im Vergleich mit Gott und göttlichen Wesen, aber er denkt dabei mehr an die menschliche Schwachheit als an die Sünde, er denkt an die Entbehrlichkeit des einzelnen Menschen, an den geringen Wert, den sein weiteres Fortleben für Gott, für das Volk und unter so hoffnungslosen Umständen auch für ihn selber hat, und er betrachtet den Tod, den er herbeiwünscht, nicht als Strafe, sondern als Ruheport. Dagegen wird bekanntlich vorzeitiger und gewaltsamer Tod, Ermordung durch Feinde, Wegsterben in bitterer Armut, Gefangenschaft, Schmach· oder schwerer Krankheit in den Psalmen und im Buch Hiob sehr stark als Strafe, ja es wird das Umkommen in solchen Nöten als gleichbedeutend mit Vernichtung durch den Zorn Gottes empfunden und daher angesichts dieser Gefahr entweder die Schuld in Zerknirschung bekannt, oder die Unschuld leidenschaftlich betheuert. Ebenso ein allgemeines rasches Sterben durch Seuche und das Hinsterben ganzer Generationen in dauerndem nationalen Unglück wird als Zorngericht aufgefaßt. Der Zorn ist aber vorübergehend; Gott läßt sich erbitten und das Sterben, oder überhaupt die Unglückszeit hört auf[1]). Das Zorngericht wäre nur dann ein end-

---

[1]) Vgl. namentlich Psalm 90, wo gewöhnlich V. 7 nach Luthers ungenauer Uebersetzung ganz mit Unrecht abstrakt auf das allgemeine Todesschicksal aller Menschen bezogen wird, während doch V. 13—15 und bei genauer Uebersetzung schon vorher deutlich erhellt, daß der Psalm die Stimmung

gültiges, wenn das Unglück zur hoffnungslosen **Vernichtung
der Nation** führen würde. Das Sterben der **einzelnen**
jedenfalls ist an sich noch kein Zorngericht; es wird nur durch
besondere Umstände ein solches. Gerade weil der vorzeitige und
gewaltsame, oder überhaupt den Umständen nach schreckliche Tod
einzelner als ein durch Buße und Gebet abwendbares Zorngericht
erscheint, ist klar, daß der schließlich unabwendbar eintretende
natürliche Tod des einzelnen **nicht** für eine ihn treffende
Strafe göttlichen Zornes gehalten wird.

Dennoch bleibt auch der **natürliche Tod** ein **Uebel** und
wird als solches empfunden. Er kann daher, sobald der Glaube
auf die abstrakte Möglichkeit einer idealen, sündlosen Entwickelung
der ganzen Menschheit reflektirt, nicht zu der uranfänglichen Schöpferordnung Gottes gerechnet werden, sondern muß aus der Sünde
abgeleitet und als **allgemeine Sündenstrafe** für die **allgemeine Sündhaftigkeit** aufgefaßt werden, wie dies Gen. 3
auch geschieht. Und bis heute ist dies die einleuchtendste, popu-
lärste Beurteilung des Todes. Der Tod erinnert ja am eindring-
lichsten immer wieder an den **Verlust des Paradieses**
(in dem S. 17 dargelegten Sinn). Er ist der Cherub mit dem
bloßen, hauenden Schwert, der dem Menschen den Zugang zum
Baum des Lebens verwehrt, d. h. ihm verwehrt, auf dem Wege
natürlicher Entwicklung zu unvergänglich-göttlicher Daseinsform
zu gelangen. Aber er ist nicht **mehr** als das; er verwehrt nicht
den Zugang zu Gott und zu Gottes Gnade überhaupt. Er ist,
seitdem das Todesverhängnis einmal allgemein geworden ist, für
den einzelnen nicht mehr unter allen Umständen ein unzweideutiges
Zeichen göttlichen **Zorns**, auch nicht im **relativen** Sinn,

---

einer besonderen Unglückszeit ausdrückt. Die Kürze des menschlichen Lebens
wird nicht nur so im allgemeinen, sondern ganz speziell deshalb beklagt,
weil bei der langen Dauer der Unglückszeit so mancher 70- oder 80-Jährige
im Unglück und in vergeblicher Mühsal dahinstirbt, ohne die Wiederkehr
besserer Zeiten erlebt zu haben Die Kürze des menschlichen Lebens, die
unverrückbar feststeht, wird, wie auch in andern Psalmen und im Buch
Hiob, als Motiv für Gott angeführt, die Gnadensonne recht bald, womöglich noch bei Lebzeiten der Bittenden, wieder scheinen zu lassen.

da es in jedem einzelnen Fall von besonderen Umständen abhängt, ob angenommen werden muß, daß Strafvollzug stattfindet. Und im absoluten Sinne ein Zorngericht war der Tod noch nie, auch nicht als er zum ersten Mal eintrat. Denn er ließ es von Anfang an ungewiß, ob die den Sinnen erscheinende Lebensvernichtung eine völlige und endgiltige sei, und er ließ auch für diesen schlimmsten Fall noch die Frage offen, ob das dem Tod vorausgehende Leben des einzelnen und das nachher oder daneben blühende Leben anderer nicht dennoch der göttlichen Gnade teilhaftig sei. (Gäste und Beisassen Gottes.)

Auch in der paulinischen Theologie ist keineswegs, wie gewöhnlich angenommen wird, das Todesurteil in Gen 3 gleichbedeutend mit der Verurteilung zur höllischen Verdammnis. Die orthodoxe Zusammenstellung von „Zorn Gottes, Gewalt des Teufels, des Todes und der Hölle", wie auch das in der orthodoxen Lehre von der Sündenstrafe gebräuchliche, unvermittelte Ueberspringen vom leiblichen zum geistlichen und ewigen Tod, von der Hölle als Hades oder Scheol zur Hölle als Gehenna oder Ort des endgiltigen Verderbens ist dem Apostel Paulus völlig fremd. Gewiß sagt er Röm 6 23 der Tod sei „der Sünde Sold", und er meint damit dem ganzen Zusammenhang der Stelle nach den ewigen Tod. Aber aus demselben Zusammenhang geht dort wahrlich klar genug hervor, daß er den „ewigen Tod", das gerade Gegenteil des „ewigen Lebens", nicht für das natürliche, schon seit Adams Fall entschiedene Schicksal aller Sünder hält, sondern für das Aeußerste, was ein Mensch durch die Sünde sich zuziehen kann, nämlich für das erst am jüngsten Tage sich offenbarende, wohlverdiente Endergebnis der Sündenknechtschaft derer, welche sich dafür entschieden haben, trotz der Erlösung in der Sünde zu beharren. Dieses Endergebnis ist die Verurteilung zum ewigen Tod, zur ἀπώλεια, während bei allen wahren Christen, die nicht in den Sündendienst zurückgefallen, sondern „Gehorsamsknechte" in ihrem Glauben gewesen sind, das Endergebnis die δικαιοσύνη, d. h. die beim letzten Gericht im αἰὼν μέλλων ihnen zuerkannte Rechtbeschaffenheit (δίκαιοι κατασταθήσονται 5 19) sein wird, der das ewige Leben zukommt. Hier also wäre es aller-

bings ganz berechtigt, den „Tod" mit dem „Zorn Gottes" in un=
mittelbaren Zusammenhang zu bringen, nämlich mit dem z u k ü n f =
t i g e n Zorn, der alle, auch der Erlösungsgnade gegenüber un=
bußfertig bleibenden Sünder mit dem e w i g e n T o d e bedroht.
Ganz anders dagegen verhält es sich an allen denjenigen Stellen,
wo Paulus vom l e i b l i c h e n Tod redet.   Gerade als hätte er
das Mißverständnis vorausgesehen, das an die verschiedenen Be=
deutungen des Wortes „Tod" sich hängen konnte, hat er Röm 5 12 ff.
ausdrücklich das eigentümliche Verhältnis besprochen, in welchem
der l e i b l i c h e Tod zu der Sünde steht, und sehr stark betont,
daß er durchaus nicht gleichgesetzt werden darf mit dem, wovon
der sündige Mensch durch die Erlösung und Versöhnung errettet
wird.   Wie sollte auch Gott mit der Erlösung gewartet haben,
bis das Verderben gänzlich entschieden gewesen wäre? Das Un=
heil, daß die Sünde A d a m s angerichtet hat, indem sie den Tod
aller Menschen verursachte, ist durchaus nicht das einfache Korrelat
des Heils.   Es ist bei weitem nicht so groß wie das Heil, das
Christus bringt.   Christus errettet uns von viel größerem Unheil,
nämlich von dem zukünftigen Zorn (5 9), er macht, daß das
Aeußerste, das uns droht, nicht über uns kommt, sondern daß wir
sogar beim letzten Gericht als Gerechte hingestellt werden.   Adams
Sünde dagegen konnte nichts über uns bringen als den leiblichen
Tod.   Daß dieser kein endgiltiges Verdammungsurteil über alle
Sünder bedeutet, ist schon dadurch angezeigt, daß er herrschen
durfte auch über diejenigen, welche „nicht gesündigt haben mit
gleicher Uebertretung wie Adam", nämlich auch über die Menschen
vor Mose, die ohne Gesetz gesündigt haben (noch schlagender wäre
die Anführung der kleinen Kinder, welche sterben, bevor sie irgend
ein äußeres oder inneres Gesetz kennen), denen also ihre Sünde
nicht zugerechnet werden konnte.   Die individuellen Sünden der
Nachkommen Adams kommen mithin bei dem göttlichen Richter=
spruch in Gen. 3 (dieser ist Röm 5 16 18 gemeint) gar nicht in
Betracht.   Es kann daher auch nicht auf Grund dieser Stelle von
einem Zorn Gottes gegen Adams Nachkommen die Rede sein.   In
Adam haben alle Menschen gesündigt und in Adam müssen sie
alle sterben (vgl. I Kor 15 22). d. h. einfach: Adam ist in seiner

Sünde und in dem was daraus folgt, der Vertreter des ganzen
Menschengeschlechts. Was die heilige Schrift über ihn sagt, und
was Gott über ihn urteilt, das gilt von allen Menschen. Der
Beweis dafür ist die thatsächliche, allgemeine Verbreitung des
Todes. Gott redet die Sprache der Thatsachen. Gen 3 ist bloß
eine prophetische Auslegung dieser Sprache. Indem Gott den Tod
über alle Menschen seit Adam kommen läßt, will er in seiner
Sprache sagen, Adam habe durch seinen Fall die an sich mögliche,
ideale Entwickelung der Menschheit unmöglich gemacht und darum
sei hinfort ein direkter, natürlicher Uebergang der Menschheit in
die unvergängliche Daseinsform der himmlischen Welt unmöglich.
Nicht als ob nach der Ansicht des Paulus Adam unsterblich wäre
geschaffen worden, oder als ob der Apostel der phantastischen
Meinung huldigte, daß der Tod auch in die Tier- und Pflanzen-
welt, überhaupt in die ganze Schöpfung erst infolge von Adams
Fall eingedrungen sei. Adam war ἐκ γῆς χοϊκός (I Kor 15 47)
geschaffen. Auch die von Gott ursprünglich geplante, ideale Entwickelung der Menschheit sollte auf dem Grunde der irdisch-mate-
riellen Schöpfung erwachsen, die zwar einen Widerwillen gegen
den Tod oder ein dunkles Verlangen nach Unvergänglichkeit
(Röm. 8 19), aber durchaus nicht ursprünglich die Kraft zu unvergänglichem Dasein hatte. Der Mensch war also nach Paulus nicht
von Natur unsterblich, aber er hätte es werden können, wenn er
in sündloser Entwicklung zu bewußt freier Uebereinstimmung mit
Gottes Willen herangewachsen und in die von Gott schon vorge-
sehene (Gott pflanzte den Baum des Lebens), höhere, himmlische
Lebensform hineingewachsen wäre. Die Sinnenwelt wäre dann
schließlich verschwunden, d. h. die irdische Welt in die himmlische
verwandelt worden, wie sie ja durch die Erlösung zuletzt in der
That wird verwandelt werden (I Kor 15 50 ff.). Diese ideale Entwicklung war an sich möglich. Das göttliche Urteil aber, daß
sie jetzt infolge der dazwischengetretenen Thatsache der menschlichen
Sünde unmöglich geworden sei, drückt sich aus in der allgemeinen
Verbreitung des Todes über die ganze Menschheit des αἰὼν οὗτος,
auch über diejenigen, welche nicht wie Adam gegen ein ausdrück-
liches Gebot, sondern in Unwissenheit gesündigt haben. So sind

infolge von Adams Ungehorſam vor Gottes Urteil alle als Sün=
der hingeſtellt worden (5 19), ſofern ſie thatſächlich ſeither alle
ſterben müſſen, und ſofern dieſe gemeinſame Strafe aller nicht in
den individuellen Sünden der einzelnen ihren Grund haben kann,
da ja Gott den Unwiſſenden ihre Sünde nicht zurechnet und ſie
alſo auch nicht dafür ſtraft. Kurz, der Tod iſt an und für
ſich überhaupt nicht individuelle Sündenſtrafe, ſon=
dern bezeichnet nur die Art, wie Gott, unter der Konſequenz der
einmal eingetretenen Thatſache der Sünde, in der Sündenſtrafe
zugleich die Einheit und Zuſammengehörigkeit des Menſchengeſchlechts
zum Ausdruck bringt. Ebendarum darf der Tod nicht aus dem
Zorn Gottes abgeleitet werden, der ja nur die Gottloſen treffen
kann, ſondern muß ſeinen Grund haben in einem Verhalten
Gottes, das allen Menſchen gleichermaßen gewid=
met iſt, nämlich in dem Verhalten des Erziehers, der nach
ſeiner Langmut keinen im Zorne ganz verſtößt und doch
allen den Ernſt zeigt durch ein Zuchtmittel, das mit der end=
giltigen Verwerfung droht (indem es dieſelbe vorbildet), aber doch
keineswegs mit ihr identiſch iſt, ſondern der Gnade noch Raum
übrig läßt. Sofern nämlich der Tod, wie überhaupt das in
ihm gipfelnde Naturübel in irgendwelcher Geſtalt alle trifft,
ohne Rückſicht auf ihre individuellen Sünden, werden Gerechte
und Ungerechte in Eine Gemeinſchaft allgemeinen Straf=
leidens zuſammengefaßt. Die Gerechten (Frommen) werden da=
durch bezeichnet als ebenfalls in Gefahr des zukünftigen Zornes
befindlich, mithin als ebenfalls erlöſungsbedürftig; die
Ungerechten (Gottloſen) werden dadurch charakteriſiert als eben=
falls erlöſungsfähig, ſofern ſie bis jetzt ebenſo wie die Ge=
rechten nur zeitlichen Strafen unterworfen waren. So bleibt ja gewiß
der Tod eine tiefernſte Thatſache, und zufällig oder willkürlich iſt es
durchaus nicht, daß Paulus mit dem Worte „Tod“ anderwärts auch
die hölliſche Verdammnis bezeichnet. Er thut dies offenbar deshalb,
weil die leibliche Lebensvernichtung mit all ihrer Angſt und Qual
die geiſtige drohend vorbildet. Aber ebenſo gewiß bleibt, daß der
Zorn Gottes bei Paulus etwas ganz anderes iſt, als das infolge von
Adams Fall eingetretene Verhalten Gottes gegen alle Menſchen.

In der That hat auch der Mensch sich praktisch nie und nirgends dazu verstanden, lediglich wegen der Unvermeidlichkeit des Todes sich schlechthin als ein Kind des Zornes zu beurteilen. Vielmehr kam es bei der Beurteilung des Todesgeschicks von jeher und überall teils auf die begleitenden, äußeren Umstände des Todes, teils auf den inneren, ethischen Stand des einzelnen und der Völker, der Generationen und Religionsgenossen an. Ebenso ist überhaupt die Beurteilung alles Uebels subjektiv bedingt.

––––––––––

Dies führt uns auf unsern letzten Beweis für das ausschließliche Recht der eschatologischen Fassung des Zornes Gottes, auf den Beweis aus der subjektiven Erfahrung.

Der dogmatischen Behauptung, daß der Zorn Gottes ganz allgemein auf alle unerlösten Sünder ohne Unterschied gerichtet sei, entspricht keineswegs die subjektive Erfahrung. Es können die gleichen Uebel zwei unerlösten Sündern widerfahren, und der eine empfindet sie als Zeichen des „göttlichen Zorns", der andere nicht. Je frömmer und bußfertiger nämlich der einzelne ist, desto eher ist er bereit, sich, d. h. entweder sich allein persönlich, oder sich samt anderen unter dem „Zorn Gottes" zu fühlen. Dagegen kommen die Gottlosen, die Gleichgiltigen und Trotzigen, schwer[1]) dazu, diese innere Erfahrung zu machen, und in der Regel, wenn sie dieselbe machen, sind sie schon auf dem Weg der Umkehr. Nun dürfen wir uns doch den Zorn Gottes nicht als einen ohnmächtigen Zorn denken, weder im allgemeinen noch im einzelnen Fall. Wenn Gott wirklich zürnt, so ist er auch im Stande, jeden, auch den Gottlosen seinen Zorn als Zorn fühlen zu lassen. Darum eben stellt die heilige Schrift einen Tag des Zorns als zukünftig in Aussicht, an welchem sich der Zorn Gottes in unverkennbarer Weise über alle Gottlosigkeit und Ungerechtigkeit wirksam offenbaren wird, so daß dann auch die Verstockten nicht mehr

––––––––––

[1]) „Wer glaubts aber, daß Du so sehr zürnest?" (wörtlich: wer erkennt die Gewalt Deines Zorns?) so ruft der Sänger des 90. Psalms aus, der das Sterben Vieler in den Drangsalen seiner Zeit als Zornesoffenbarung empfindet. (V. 7 u. 9).

anders können, als sich von dem in seiner ganzen Majestät offen=
bar geworbenen Gott verstoßen fühlen. Ist aber erst am jüngsten
Tage die eigentliche und unzweideutige Zornesoffenbarung zu er=
warten, so ist alles, was vorher von Erfahrungen des göttlichen
Zorns gesagt wird, cum grano salis zu verstehen. Es kann
vorher nicht mehr erfahren werden und wird auch that=
sächlich, dem rechtverstandenen Zeugnis der Frommen zufolge,
nicht mehr erfahren als Furcht vor dem Zorne Gottes,
angstvoller Hinblick aller irgendwie an Gott glaubenden Sünder
auf die ihnen selbst und andern drohende Möglichkeit gänzlicher
und endgiltiger Verstoßung. Wir wandeln auch in dieser Hin=
sicht im Glauben und noch nicht im Schauen. Ohne jeglichen
Glauben kann der Zorn Gottes in der jetzigen Weltzeit überhaupt
nicht erfahren werden, ebensowenig wie auf der andern Seite die
Gnade Gottes. Es ist daher falsch, in der Dogmatik das sub=
jektive Moment des Glaubens aus der Begriffsbestimmung
des göttlichen Zornes auszuschließen. Nur eine derzeit weit ver=
breitete Gespensterfurcht vor dem „Subjektivismus" hindert viele
noch, hierüber zur Klarheit zu gelangen. Man hält Gottes Un=
abhängigkeit nicht für hinreichend gewahrt, wenn man nicht, ganz
abgesehen von der subjektiven Empfindung des Menschen, genau zu
sagen weiß, welche Ereignisse oder Zustände als göttliche Strafen
und als Offenbarungen des göttlichen Zorns zu betrachten seien.
Man sagt, es herrsche in der „Modetheologie" die Tendenz, die
„objektiven Realitäten" der Bibel und der Kirchenlehre in lauter
subjektive Erfahrungen und Bewußtseinsphänomene zu verflüchtigen:
darum wolle man von einem objektiv beständig vorhandenen Zorne
Gottes und von objektiv erkennbaren göttlichen Strafen nichts
wissen. Wir fürchten uns nicht vor dem Schlagwort „Subjek=
tivismus", sondern sind der wohlbegründeten Ueberzeugung, daß
es noch kein Subjektivismus (einseitige Betonung der Subjektivi=
tät) ist, wenn man bei allen Glaubensaussagen — und wer vom
Zorn Gottes und göttlichen Strafen redet, der macht eine Glaubens=
aussage — das konkrete religiöse Subjekt mit in Betracht zieht
und es ablehnt, aus abstrakten Begriffen oder Theorien „objektive
Realitäten" spekulativ zu erschließen. Ja wir behaupten, daß

niemand im αἰὼν οὗτος eine rein objektive Realität des göttlichen Zorns und der göttlichen Strafen aufzeigen kann. Auch die ortho=doxe Lehre kann das göttliche Strafgesetzbuch und dessen Hand=habung nicht vorweisen, sondern muß sich, da sie die Rücksicht auf die Mannigfaltigkeit der subjektiven Erfahrungen verschmäht, mit dem summarischen Urteil begnügen, daß alle Uebel Strafen für alle Sünder seien, und daß alle Sünder als solche unter dem Zorn Gottes stehen. Sollte aber wirklich der Zorn Gottes nur dann etwas Reales sein, wenn er ohne Rücksicht auf das wandel=bare, persönliche Verhältnis zwischen Gott und dem einzelnen Menschen als eine unveränderliche, über allen Sündern ohne Unter=schied schwebende und auch dem ursprünglichen Vaterwillen Gottes gegenüber sich naturnotwendig durchsetzende, die Wirksamkeit der göttlichen Gnade verhindernde Unheilsmacht objektiviert oder hypo=stasiert wird? Wir meinen im Gegenteil, daß gerade diese nur ver=meintlich realistische Betrachtungsweise mit einem Gedankending statt mit der Wirklichkeit umgehe. Denn daß alle Sünder wirk=lich den ganzen Zorn Gottes erleiden und zu fühlen bekommen, behauptet auch die orthodoxe Lehre nicht. Erst in dem Lehrstück von der Versöhnung durch Christus macht sie den mißglückten Versuch, die Auswirkung des vollen Gotteszorns an dem Kreuzes=tod Christi nachzuweisen. So schwankt ihr Begriff vom Zorn Gottes zwischen der Vorstellung einer persönlichen Eigenschaft oder Gesinnung Gottes, die sich, obwohl sie seit dem ersten Sündenfall stets vorhanden ist, doch nicht auswirken kann, sondern beständig ganz oder teilweise verhalten wird — und zwischen der Vor=stellung einer unpersönlich wirkenden Macht, oder eines unpersön=lichen Naturgesetzes in der Gottheit, mit dem sich der eigentliche, persönliche Wille Gottes irgendwie abzufinden hätte. Wenn wir dagegen sagen: der Zorn Gottes ist nur da, wo er wirkt und gefühlt wird, so achten wir ja gerade auf das, was wirklich zwischen Gott und den Menschen vorgeht.

Es ist Gottes durchaus nicht unwürdig, seinen Zorn vorerst bloß im Gefühl und Glauben der für seine Offenbarung irgendwie Empfänglichen präexistieren zu lassen und seine volle Bethätigung auch an den Gleichgiltigen und Verstockten für die

Zukunft aufzusparen. Mit andern Worten: es steht dem gött=
lichen Erzieher sehr wohl an, vorerst nur zu drohen, in
Liebe und Langmut durch Zufügung von allerei Uebeln zu
drohen und es den Menschen zu überlassen, ob sie seine Sprache
verstehen und sein Drohen beachten wollen oder nicht.

So stellen sich nicht nur die verschiedenen Uebel, von denen
alle Menschen mehr oder weniger betroffen werden, sondern auch
die sämtlichen, eigentlichen Strafgerichte der jetzigen Weltzeit,
die Katastrophen im Völkerleben wie im Einzelleben, die wir oben
(S. 34) relative Zornesoffenbarungen genannt haben, als eine
Reihe von göttlichen Versuchen dar, die Sünder zu ernstlicher
Furcht vor völliger und endgiltiger Verstoßung und dadurch zur
Umkehr zu bewegen.

Aber soll es denn vom Menschen abhängen, ob Gott
mit seiner Strafe etwas erreicht oder nicht? Das scheint freilich
ein anstößiger Gedanke. Doch ist er auch der Bibel durchaus
nicht fremd. In der Sintfluterzählung Gen 8 21 ff. ist aus=
gesprochen, daß Gott auf eine der menschlichen Sünde entsprechende
Strafe (Ausrottung der Menschheit) verzichtet, weil das Dichten
des menschlichen Herzens nun einmal doch böse ist von Jugend
auf. Und nach Ps 103 14 ist die menschliche Schwachheit und
Hinfälligkeit ein Beweggrund für Gott, „nicht immer zu habern,
noch ewiglich Zorn zu halten", sondern auch wieder „seine Gnade
walten" zu lassen über den Frommen. Beidemal ist der Gedanke
der, daß Gott seinen Heilszweck verfehlen würde, wenn er be=
ständig mit uns handeln wollte „nach unsern Sünden" und uns
vergelten „nach unserer Missethat". Gott versucht es also zwar
mit der Strafe, aber sofern es sich herausstellt, daß er damit bei
den Menschen, wie sie einmal sind, seinen Zweck nicht erreicht,
steht er wieder davon ab und besteht nicht darauf, gerade auf
dem Weg der Strafe alle Menschen entweder vernichten oder zur
Buße bewegen zu wollen (vgl. Jes 28 24 27 f.). Er läßt überhaupt
die Strafe in der jetzigen Weltzeit nur versuchsweise eintreten;
er reckt seinen Arm aus und schlägt, ohne beim Beginn der
Züchtigung über die Zahl und Art der Schläge schon unabänder=
lich verfügt zu haben. Seine Strafen, wie seine Drohungen sind

nur bedingungsweise gemeint. Das ist ja auch von den alt=
testamentlichen Propheten deutlich ausgesprochen, und die neu=
testamentliche, aus dem alten Testament organisch hervorgewachsene
Idee der göttlichen Langmut und des erst zukünftigen Zorns kann
nichts anderes bedeuten, als daß vor der endgiltigen Entscheidung,
die erst durch Christus herbeigeführt wird, die Strafen Gottes
nur relative und vorübergehende Bedeutung haben und sich
beständig nach dem wechselnden Zustand der immer noch besserungs=
fähigen Sünder richten. Das ist Gottes nicht unwürdig; denn
sofern er selbst sich in seinem Strafen vom Menschen abhängig
gemacht hat und also relativ abhängig sein will, ist er in Wahr=
heit als Persönlichkeit unabhängig. Er wäre gerade dann wirk=
lich abhängig, wenn er an ein starres Rechtsgesetz gebunden und
dadurch verhindert wäre, der lebendigen Wirklichkeit gerecht zu
werden. Den Menschen aber erhält Gott in Abhängigkeit oder
Heilsbedürftigkeit eben durch sein wechselndes, erzieherisches
Verhalten, indem er ihn (abgesehen von der Erlösung) beständig
zwischen Furcht und Hoffnung schweben läßt. Bald läßt er
Katastrophen eintreten, in denen der Zusammenhang zwischen Sünde
und Uebel ganz besonders deutlich wird, so daß die Furcht vor
seinem Zorn im Menschen die Oberhand gewinnen muß; bald
läßt er den Druck des Uebels wieder weichen, thut uns wohl und
belebt unsere Hoffnung wieder. Aber er giebt (abgesehen von
Christus) kein immerwährendes, für alle Fälle giltiges Zeichen
oder Unterpfand seiner Gnade, wie er auch nicht unzweifelhaft
auf immer verstößt. Er bleibt dabei, Verheißungen und
Drohungen auszusprechen in seinem Thun, was auch allein
dem natürlichen Verhältniß zwischen Gott und Menschen entspricht
und sich nach Luthers kleinem Katechismus am Schluß des ersten
Hauptstücks („Gott dräuet zu strafen — darum sollen wir uns
fürchten vor seinem Zorn. — Er verheißt aber Gnade und alles
Gute u. s. w.") leicht populär ausführen läßt.

Dies Drohen und Verheißen Gottes muß aber als ein
beständiges, persönliches Thun des göttlichen Erziehers
geschildert werden, nicht etwa nur als die Summe vorzeiten ge=
sprochener und in der hl. Schrift kodifizierter Worte. Das einzelne

Uebel darf nicht bezeichnet werden. als bloße Erfüllung irgend eines einzelnen in der Bibel aufgezeichneten Drohworts. Dies wäre eine ganz unpsychologische und in mißverstandenem Sinn „objektive" oder „biblisch positive" Betrachtungsweise. Vielmehr ist das betreffende Uebel selbst ein neues Drohwort an den, welchem es widerfährt und an die, welche es mitansehen. Gott will damit sagen: Ich thue dir das und kann dir noch Aehnliches und Aergeres thun und kann euch allen solches thun (vgl. hierzu auch Lc 13 1—5). Die biblischen Drohworte aber sind einer= seits Zeugnisse dafür, daß und wie Gottes Thun vorzeiten von den Menschen verstanden worden ist, andererseits, sofern sie zur Offenbarungsgeschichte gehören, mit göttlicher Autorität bekleidete Anleitungen und Anregungen zum Verständnis der jetzt und immer wieder ergehenden Drohungen Gottes. Aus jedem Uebel, das uns widerfährt, können wir eine göttliche Drohung für andere, ähnliche Fälle heraushören. Das ist keine Heruntersetzung der alttestament= lichen Gottesworte, sondern eine Befolgung und Anwendung der= selben. Wir treten den Propheten nicht zu nahe, wenn wir hören lernen, was sie hörten, und ihre Worte betrachten als Auslegung der Sprache der Thatsachen, die Gott heute noch, wie zu jenen Zeiten redet. Nur diese Anwendung der geschichtlichen Offenbarung auf die Gegenwart macht die Schriftbetrachtung praktisch fruchtbar und die Betrachtung der Jetztzeit schriftgemäß. Und diese ganze Art, die unendlich mannigfaltigen und doch im wesentlichen Grunde immer gleichen, psychologischen und ethischen Bedingungen der subjektiven Glaubenserfahrung beim dogmatischen Nachdenken in Betracht zu ziehen, führt von selbst auf die eschatologische Fassung des Zornes Gottes, die sich auch für die kirchliche Praxis in Predigt und Unter= richt von selbst empfiehlt. Denn wer in praktisch anfassender Weise vom Zorn Gottes reden will, der muß den Leuten zeigen, wie sie selbst die in Rede stehenden frommen Erfahrungen machen können, die in der heiligen Schrift von anderen bezeugt sind. Er wird daher nicht eine abstrakte Deduktion des Zornes Gottes aus der göttlichen Heiligkeit und der menschlichen Sündhaftigkeit im allgemeinen geben, woraus ja freilich die Idee eines immerwähren=

den, unauslöschlichen Zornes folgen würde; er wird sich auch nicht
begnügen mit einer Aufzählung oder Zusammenstellung der biblischen Sprüche vom Zorn Gottes als dicta probantia für seine
dogmatische Theorie; sondern er wird zu zeigen suchen, wie der
lebendige Gott in seinem herrlichen und schrecklichen Thun
beständig drohend und verheißend durch die Geschichte
der Völker wie des einzelnen einherschreitet und so die Furcht
vor dem zukünftigen Zorn, d. h. vor endgiltiger Verstoßung
und das Verlangen nach einer gewissen und endgiltigen Zu-
sicherung seiner Gnade in allen für seine Einwirkung empfänglichen Gemütern wach erhält.

Das was Gott auf diese Weise beständig thut, kann
unmöglich Ausfluß seines Zornes sein. Ein durch lange Zeiträume
anhaltender Zorn wäre, wie A. Ritschl mit Recht betont hat,
eigentlich Haß zu nennen. Will man die göttliche Gemüts-
verfassung richtig beschreiben, die jenem göttlichen Thun zu
Grunde liegt, so ist offenbar die väterliche Liebe zu schildern,
die dem Sünder zeitweilig ein entrüstetes, dauernd ein ernstes Angesicht zeigt, die also beständig mit ihrem Zorne broht, ohne jemals wirklich vom Zorn beherrscht zu sein.

Dieser Sachverhalt spiegelt sich trotz des an manchen Stellen
entgegenstehenden Scheins deutlich genug in den Psalmen.
Nirgends finden wir eine Spur von der dogmatischen Folgerung, daß wegen der Sünde dauernd der Zorn Gottes auf
allen Menschen ruhe. Vielmehr wird da, wo der Zorn Gottes
als gegenwärtige Erfahrung der Frommen erscheint, stets sehr stark
betont, daß er entweder dem Frommen nur brohe und durch Gebet noch abgewendet werben könne oder doch unmöglich länger
anbauern, unmöglich bis zur Vernichtung führen köune (vgl. besonders Pf 38 74 1 77 8—10 79 5f. 85 88), kurz, daß das Verhalten
Gottes zwar von dem Frommen in Furcht und Zittern schon als
„Zorn" empfunden werde, aber doch noch kein eigentlicher, wirklicher Zorn sein köune, wie der Zorn Gottes über die Gottlosen.
Wo dagegen Gottes Zorn über die Frevler geschildert wird, da
finden wir durchweg das Postulat des Glaubens, daß das Thun
Gottes ein endgiltig vernichtendes sein müsse, d. h. es wird teils

der jetzt vor Augen liegende oder sonst schon beobachtete schmäh=
liche Untergang der Gottlosen (in vielen Fällen wohl irrtümlich)
als endgiltige Vernichtung aufgefaßt, teils von der Zukunft eine
solche endgiltige Vernichtung aller Gottlosen erwartet; kurz es wird
für die Verstockten eine Art der Strafe postuliert, die auch ihnen
den Zorn Gottes als solchen fühlbar machen würde. Hieraus
folgt, daß wenn man dogmatisch genau reden will, nach den
Psalmen[1]) der Zorn Gottes eigentlich und vollständig
nur von den Gottlosen in ihrer endgiltigen Vernichtung
erfahren wird, alle andern Erfahrungen göttlicher Strafe dagegen
nur als Furcht vor diesem göttlichen Zorn auszulegen sind,
und daß das gerechte Thun des strafenden Gottes den Heilszweck
hat, diese Furcht zu erregen und dadurch die Buße zu fördern.

Der früher aufgestellte Satz, daß Gottes Zorn nur ist, wo
Strafvollzug stattfindet, läßt sich also nicht umkehren und verall=
gemeinern zu der Behauptung: überall, wo Strafvollzug stattfinde,
offenbare sich Gottes Zorn. Nur das vernichtende, ausrottende
Strafen Gottes, d. h. vom Standpunkt des Neuen Testaments
aus geredet nur die endgiltige, qualvolle Vernichtung des verstockten
Sünders geschieht durch den Zorn Gottes (vgl. besonders Ps 38 2).
Alles andere Strafen Gottes ist erzieherisches Wirken seiner
väterlichen Liebe wenn es gleich nicht immer als Liebe em=
pfunden wird, und fällt unter das Wort des bekannten Gotter=
schen Lieds: „Bald mit Lieben, bald mit Leiden kamst du, Herr
mein Gott, zu mir." Natürlich geht es dabei ohne Schwankungen
des menschlichen Glaubens nicht ab. Man hat oft kein
Gefühl der göttlichen Gnade, sondern glaubt völlig unter Gottes
Zorn und Ungnade zu stehen. In Wirklichkeit kann dies aber
nicht der Fall sein, so lang man überhaupt noch so viel Glauben
und Hoffnung hat, um zu seinem Gott schreien und ihn fragen
zu können: warum hast du mich verlassen? Dies ist in unserer
gesammten, an das Vorbild der Psalmen sich anlehnenden Erbau=
ungslitteratur hundertfältig bezeugt, während der kirchliche Unter=

---

[1]) Daß poetische (und prophetische) Herzensergießungen nicht ohne
vorausgegangene, ernste Reflexionsarbeit für die Dogmatik verwertbar sind,
dürfte allgemein zugestanden sein.

richt burch das orthodoxe Schema der Lehre verſucht iſt, an dieſen
praktiſchen Fragen vorbeizugehen, d. h. ſie im voraus falſch bahin
zu beantworten, daß jeder unerlöſte Sünder ganz ſelbſtverſtändlich
ſich als unter dem Zorn Gottes ſtehend zu betrachten habe.

Es handelt ſich hier um das praktiſche Problem des
Uebels im weiteſten Sinn, d. h. um die Frage, wie wir uns
religiös in unſerem Glauben mit der Thatſache des Uebels
abfinden wollen und können. Wie in dieſer Hinſicht unſere Sache
ſteht, vermag jeder zu ſagen, der überhaupt zu chriſtlicher Sünden=
erkenntnis gelangt iſt und gelernt hat, ſich an dem Ideal chriſt=
licher Vollkommenheit zu meſſen. Wir ſind als ſchuldbewußte
Sünder unfähig, die Gewißheit der Gnade Gottes gegen=
über der Erfahrung des Uebels und insbeſondere des Todes
unbeirrt feſtzuhalten. Wir können auch durch aufrichtige Rene
und durch ernſtliches Beſſerungsſtreben uns dieſe Gewißheit nicht
geben, da die Schuld hiedurch nicht aufgehoben wird, und das
ſubjektive Gefühl wiederkehrender Gnade Gottes, ohne eine objek=
tive Bürgſchaft für ſeine Wahrheit, der niederſchlagenden und er=
drückenden Macht des Uebels nicht gewachſen iſt. In Ermange=
lung einer inwendigen Bürgſchaft haben wir das Bedürf=
nis äußerer Zuſicherungen der göttlichen Gnade. Wir be=
gehren den göttlichen Segen in dem Erfolg unſerer Arbeit, in dem
Beſtande deſſen, was unſer irdiſches Glück ausmacht, in der Teil=
nahme an einem von Gott geſegneten Ganzen, einer von Gott
geſegneten Gemeinſchaft (Familie, Volk, Vaterland, Kirche) zu ver=
ſpüren. Wo nun dieſe äußeren Verſicherungen fehlen oder aus=
bleiben, und ſtatt derſelben uns Uebel widerfährt, da gerät das
Zutrauen, das wir aus natürlichen Gründen zu Gott haben
möchten, ins Schwanken; wir geraten in Zweifel, ja in die
Gefahr der Verzweiflung, die ſich entweder als verzagt=
ſchwermütige, oder als trotzige Verzweiflung äußern kann. Das
könnte nicht ſein, wenn die ethiſchen Bedingungen dazu vor=
handen wären, daß wir innerlich unſeres Gottes ſtets gewiß
zu ſein vermöchten, d. h. wenn keine Sündenſchuld uns mit Gott
und ſeiner ſittlichen Weltordnung entzweite, und wenn wir nicht
in Gemeinſchaft mit anderen Sündern zu leben hätten. An unſerer

inneren Ratlosigkeit und religiösen Hilflosigkeit gegenüber dem
Uebel, dem natürlichen und geselligen, wie gegenüber der Ver=
bindung beider offenbart sich also unwillkürlich unsere Sünde als
Gottesferne, als Hindernis der von uns angestrebten Ge=
meinschaft mit Gott, als Hindernis des Glaubens. So=
fern dies und in welchem Maße dies geschieht, müssen wir not=
wendig das Uebel als göttliche Zornesandrohung empfinden,
d. h. wir müssen unterm Druck des Uebels eine unserem Ge=
fühl der Gottesferne entsprechende, reale Abwendung
Gottes von uns voraussetzen, die möglicherweise zu völliger Ab=
kehr werden könnte. Das heißt aber nichts anderes, als: wir
müssen uns mit gänzlicher Verstoßung und schließlicher Vernich=
tung, also vom Zorn Gottes bedroht fühlen, wir glauben,
menschlich geredet, den Zorn Gottes aufsteigen zu sehen, der
schließlich in einem „Tag des Zorns" zum Ausbruch kommen
könnte. Denn es giebt nun einmal thatsächlich in unserem Leben
und im Leben anderer Erfahrungen des Uebels, denen gegenüber
die aufrichtige Reue über alle Sünden, die Bitte um Vergebung
und der ernstliche, angestrengte Wille der Umkehr nichts fruchtet,
und weder das Uebel abwendet, noch die innere Gewißheit der
Gnade Gottes verschafft. Dieser Abgrund muß am rechten Ort
auch im kirchlichen Unterricht gezeigt werden, jedoch der schlichten
Wahrheit gemäß als Abgrund, nicht in unwahrer Uebertreibung
als gewöhnlicher und natürlicher Aufenthalt aller von Christus
noch nicht erlösten Sünder, also nicht unter Verschweigung der
Thatsache, daß diesen subjektiven Erfahrungen des Zorns
vielfache subjektive Erfahrungen der Güte und Gnade
Gottes auch in der vorchristlichen und außerchristlichen Menschheit
gegenüberstehen, wie denn auch im Christenleben, sofern es noch
nicht durch und durch christlich ist, subjektive Gnadenerfahrungen
vorkommen, die der Christ nicht mit innerer Wahrheit direkt auf
die Vermittlung Christi zurückzuführen vermag, oder die er viel=
leicht vorschnell und darum fälschlich hierauf zurückführt. Um so
deutlicher muß nachgewiesen werden, wie unsicher es ist, sich
auf solche subjektive Gnadenerfahrungen zu verlassen, wie leicht
unser Gefühl ins Gegenteil umschlägt, und wie wenig die Erinne=

4*

rung an frühere Gnadenerfahrungen Stich hält, wenn ein gegen=
wärtiges, schweres Uebel uns niederdrückt.

Das praktische Problem des Uebels ist ernstlich als solches
im rein religiösen Sinne zu behandeln. Unsere Ungewißheit
in Betreff dieses schweren Lebensrätsels und die furchtbare Gefahr
der Verzweiflung, die in dieser Ungewißheit liegt, unsere Un=
fähigkeit, von uns aus das Rätsel zu lösen oder aus der
Welt zu schaffen, ist klar zu machen und aus der Sünde
abzuleiten. Unser im Schuldbewußtsein begründetes Un=
vermögen, die Furcht vor dem Zorn Gottes zu
überwinden, mit Einem Worte das ungelöste Schuld=
gefühl des Sünders, muß als die eigentliche, jetzt auf
allen Unerlösten lastende Strafe der Sünde bezeichnet werden.

Gott straft, d. h. eigentlich: Gott will und Gott richtet
seine Weltregierung so ein, daß wir uns, so lang wir noch un=
erlöst sind, schuldig fühlen und von seinem Zorne be=
droht fühlen müssen, falls wir überhaupt für Gottes Kund=
gebungen empfänglich und nicht schon ganz verstockt sind. Gott
sucht, indem er die inneren und äußeren Konsequenzen der Sünde,
seiner sittlichen Weltordnung gemäß, eintreten läßt, zu bewirken,
daß Schuldgefühl und Furcht vor seinem Zorn in uns bleiben,
oder stets aufs neue in uns entstehen, so lange als wir nicht eine
unzweifelhafte Versicherung seiner Gnade empfangen. Mit anderen
Worten: Gott sucht durch seine Strafen in uns das Verlangen
nach einer das Schuldgefühl und die Furcht wirklich aufhebenden
Gnadenoffenbarung zu wecken, weil sie und unser Ein=
gehen auf dieselbe der einzige Weg ist, uns vor dem drohenden
Zorn zu erretten.

Indem wir diese religiös=sittliche Wirkung des göttlichen
Strafverfahrens in Betracht ziehen, erkennen wir die eigentümliche
ethische Bedingtheit dieser Wirkung, die eigentümliche
Abhängigkeit derselben vom guten oder bösen Willen des einzelnen
Menschen, wie der dem Strafgericht unterliegenden Gemeinschaften
und insofern die Vorläufigkeit, die bloß relative Bedeutung und
die Unzulänglichkeit des gesamten Strafverfahrens für den
göttlichen Weltzweck. Diese Unzulänglichkeit ist natürlich dem

strafenden, göttlichen Erzieher noch viel beffer bewußt als uns, weshalb er auch von Anfang an sein Strafen gar nicht auf eine endgiltig entscheidende, sondern nur auf eine vor= bereitende und unterstützende Wirkung angelegt und die ent= scheidende Wirkung vielmehr der Erlösung und ihrem geschicht= lichen Siegeslaufe vorbehalten hat. Sie erst kann und wird die endgiltige Rettung der einen und die endgiltige Verstockung der anderen, die endgiltige Scheidung und Entscheidung, den Tag des vollendeten Heils für die Frommen und den Tag des Zornes für die Gottlosen herbeiführen. Auch hieraus ergiebt sich die Not= wendigkeit, den Zorn Gottes eschatologisch zu fassen und sein ganzes dem Tag des Zorns vorausgehendes Strafverfahren aus der auf die Rettung möglichst vieler abzielenden Liebes= gesinnung Gottes gegen alle Menschen abzuleiten.

Die Lehre vom Zorn Gottes, von der Sünde und Sündenstrafe kann also überhaupt erst im Zusam= menhang mit der Erlösungslehre zum Abschluß gebracht werden. Wer dem Zorn Gottes verfalle und worin die „Gewalt des Teufels", d. h. des Bösen in seiner gesteigertsten Entwicklung bestehe, kann nur aus der Heilslehre erschlossen werden, wird auch thatsächlich nur von solchen erkannt, welche mit der Person Christi irgendwie in entscheidende Berührung kommen. Darum ist es ein schwerer, methodischer Fehler des orthodoxen Systems, daß in demselben versucht wird, eine abgeschlossene Lehre vom Zorn Gottes und von der Gewalt des Teufels noch ab= gesehen von der Erlösungslehre, schon im Zusammenhang mit der Lehre von der allgemeinen Sündhaftigkeit zu geben, ein Fehler, der auch pädagogisch im katechetischen Unterricht sehr nachteilig wirkt[1]).

---

[1]) Dies hat auch Zezschwitz erkannt, den gewiß niemand zu den Anhängern der „Modetheologie" wird rechnen wollen. Er verlangt, daß die Lehre vom Teufel nicht im erften Hauptartikel, sondern im zweiten be= handelt werde (die Christenlehre im Zusammenhang, Einleitung S. 12), wo auch Luthers Erklärung den Teufel zum erstenmal erwähnt. Durch seinen unkritischen Biblicismus wird freilich Z. verhindert, den vollen Ertrag dieser überaus fruchtbaren Erkenntnis zu ernten und glaubt z. B. bei der Ver= wertung von Gen. 3 im ersten Hauptartikel doch schon den Teufel („vor= läufig") beiziehen zu müssen.

Wieder springt hier die methodische und pädagogische Ueber=
legenheit des kleinen Katechismus Luthers über alle kateche=
tischen Unterrichtsmittel der orthodoxen Schultheologie in die Augen.

Die Fehler, zu deren Vermeidung man beim Gebrauch des württ.
Konfirmationsbüchleins und ähnlicher Lehrmittel (namentlich auch der
württembergischen „Kinderlehre") viel Zeit, Mühe und Umdeutungs=
kunst aufwenden muß, werden ganz von selbst vermieden, wenn man
dem großen Gedankenzug des Katechismus folgt und ohne die üblichen
schulgerechten Eintragungen einfach die Erklärungen Luthers Wort
für Wort (natürlich nicht gerade der Wortfolge nach) ausnützt.

Das erste Hauptstück (von den 10 Geboten) leitet dazu
an, die Lehre von der Sündenstrafe in den Grenzen gesunder
Nüchternheit zu halten, die göttliche Vergeltung und die unheil=
vollen, individuellen und allgemeinen Konsequenzen des Bösen an
Beispielen aus dem Leben und der Geschichte zu veranschaulichen
und schließlich auf die hierin liegende, göttliche Androhung ähn=
licher, noch strengerer und allgemeinerer Gerichte hinzuweisen, die
allerletzten Konsequenzen des Bösen aber und das Aeußerste von
göttlicher Strafe nur vorläufig anzudeuten und etwa zu sagen: die
Sünde als Uebertretung des Gesetzes bringt die Menschen in Gefahr,
sich samt der engeren und weiteren Gemeinschaft, in der sie leben, zu
Grunde zu richten, ja sie bringt die Gefahr mit sich, daß es mit der
ganzen Menschheit abwärts geht, einem allgemeinen Zorngericht ent=
gegen, während doch Gott seine Gebote zum Heil gegeben hat, und
Gnade und alles Gute verheißt benen, die seine Gebote halten.

Der so gewonnene Standpunkt wird nun verstärkt, indem
der 1. Hauptartikel des zweiten Hauptstücks weiter ausholend
bis auf die Schöpfung zurückgeht und zeigt, wie von Gott über=
haupt alles Gute, namentlich unsere höchste geistige Bestimmung
und die ihr entsprechende Anlage („Leib und Seele" — „Ver=
nunft und alle Sinne") kommt und wie es Gottes Wille ist, uns
all dieses Gute zu erhalten und uns „vor allem Uebel zu
behüten und zu bewahren" durch seine väterliche Vorsehung,
Führung und Regierung. — Das alles aus lauter „väterlicher,
göttlicher Güte und Barmherzigkeit ohn' all mein Verdienst und
Würdigkeit." Hier kommt zum ersten Mal das Wort „Uebel"

vor, charakteristisch begleitet von dem noch subjektiver gefärbten
Wort „Fährlichkeit." Es handelt sich hier um alles das,
wovon der gottgeschaffene Mensch thatsächlich in der Integrität
seines Lebens und seiner Entwicklung äußerlich und innerlich be=
droht ist und sich bedroht fühlt. Es wird dies jedoch dem
ganzen Zusammenhang nach unter einen völlig anderen Gesichts=
punkt gestellt, als in dem gewöhnlich hier eingeschalteten, ortho=
doxen Lokus vom Urstand, Sündenfall, Sünde und Sündenstrafe.
Luthers Erklärung zum 1. Hauptartikel ist ganz unschuldig
daran, daß die meisten Katecheten an dieser Stelle schildern, wie
infolge des Sündenfalles in der Menschheit eine von Gott ver=
lassene Entwicklung zum heillosen Verderben Platz gegriffen habe.
Im Sinne Luthers wäre hier vielmehr auszuführen, wie Gott
nach seiner unveränderlichen (vgl. oben S. 22), väterlichen Güte
und Barmherzigkeit das erhält, was er geschaffen hat und darum
unser Leben durch alle Gefahren und Uebel so hindurchrettet, daß
es sein im ursprünglichen Schöpfungsplan vorgesehenes Ziel trotz
aller Hindernisse doch nicht zu verfehlen braucht, sondern für die
Erfüllung der am Schluß von Luthers Erklärung so wirksam
hervorgehobenen Dankespflicht („das alles ich ihm zu danken und
zu loben und dafür zu dienen und Gehorsam zu sein schuldig
bin") Raum behält. Nun ist ja natürlich hier der Ort auch für
die Frage, woher das Uebel komme, wozu es da sei und inwie=
fern Gott uns wirklich, trotz der täglich fühlbaren Herrschaft des
Uebels (namentlich des Todes) in der Welt, „vor allem Uebel
behüte und bewahre". Jedoch kann die Antwort auf diese Frage
im ersten Hauptartikel nur vorbereitet, nicht abschließend gegeben
werden. Vor allem wird gesagt werden (in Form der Behaup=
tung ohne die christologische Begründung), daß Gott „nicht von
Herzen die Menschenkinder betrübe und plage", d. h. daß das Plagen
nicht seine eigentliche und letzte Absicht sei, weder ursprünglich,
noch nachträglich infolge der eingetretenen Sünde. Vieles, was
der Mensch zunächst als Uebel empfinde, sei in Wahrheit eine
notwendige und heilsame Probe, ein Anlaß und Sporn zur Ent=
faltung der höchsten, menschlichen Kräfte. Die allerdings jetzt vor=
handene Häufung und Steigerung der Uebel sei eine Folge und

Strafe der menschlichen Sünde; Gott sei aber jedenfalls willens, auch das Aergste, so viel an ihm liegt, uns zum besten dienen zu lassen. Das alles gehört hierher; und zwar läßt sich für diese Darlegung gerade an diesem Ort, im ersten Hauptartikel, keine bessere Anknüpfung finden, als die auch im orthodoxen System hierher gezogene, biblische Erzählung von der Schöpfung des Menschen, vom Paradies und vom ersten Sündenfall. Aber das Lehrziel darf hiebei nicht das negative und verfrühte sein, die Verlorenheit des natürlichen, sündigen Menschen klar zu machen, die doch erst an der Person Christi klar werden kann. Der Katechet sollte sich hüten, daß er nicht in der „Anthropologie" sich verliere und in einseitiger Weise vom Menschen rede, wo doch von Gott dem Vater, von seiner ursprünglichen und trotz der Sünde nicht aufgegebenen, sondern fort und fort aufrecht erhaltenen Schöpferordnung, und nur unter diesem Gesichtspunkt vom Menschen und seiner Sünde die Rede sein soll. Nicht das übliche Theologumenon vom Urstand, vom Sündenfall und seinen Folgen, sondern einfach der christliche Vorsehungsglaube („ich glaube, daß mich Gott geschaffen hat — und noch erhält") ist hier als Ideal und Aufgabe soweit darzulegen, als er sich aus dem Gedanken der göttlichen Bestimmung des Menschen entwickeln läßt. Die Begründung dieses Glaubens bleibt dem 2. Hauptartikel, die Anleitung zur subjektiven Aneignung desselben, sowie auch die der christlichen Erfahrung zu entnehmende, ausführlichere Schilderung seiner Art und seines Inhalts dem 3. Hauptartikel und 3. Hauptstück (vom Gebet des Herru, besonders 4. und 7. Bitte) vorbehalten. Ausdrücklich aber sei noch einmal das Mißverständnis abgewehrt, als wollten wir dazu anleiten, daß der Katechet im 1. Hauptartikel die Thatsache der menschlichen Sünde ignoriere und mit Stillschweigen übergehe. Aus Anlaß der Besprechung des Uebels ist vielmehr ein kurz zusammenfassender Rückblick auf das im 1. Hauptstück Gelehrte zu geben und hieran das Neue anzuknüpfen, das der Begriff Gottes als des Schöpfers und Erhalters im Vergleich mit dem des Gesetzgebers und Vergelters enthält[1]). Nur dagegen streite ich, daß die ganze

---

[1]) Die Verwendung von Gen. 3 schon im ersten Hauptstück beim 9.

Lehre von der Sünde und Sündenstrafe dem 1. Hauptartikel ein=
gepfropft wird. Vom Ursprung der Sünde und Sündenstrafe ist
hier zu reden, jedoch so, daß das Hauptgewicht auf die trotz
Sünde und Sündenstrafe in Giltigkeit bleibende göttliche Bestim=
mung des Menschen fällt und das Ideal des christlichen Gottes=
glaubens in seinen allgemeinen Grundzügen positiv dargestellt wird,
überhaupt die positiven Voraussetzungen der Heilslehre im christ=
lichen Gottesbegriff zu ihrem Recht kommen.

Erst am Schluß dieser Ausführungen, beim Uebergang
zum 2. Hauptartikel ist dann der rechte Ort, das Uebel
als praktisches Problem (vgl. S. 50) zu behandeln und
dem geschilderten Ideal des christlichen Vorsehungsglaubens das
Zugeständnis an die Seite zu stellen, daß es für uns als
schuldbewußte Sünder bei dem jetzigen Zustand der Welt überaus
schwer ist, den christlichen Vorsehungsglauben in jeder Lebens=
lage festzuhalten, ja daß es uns ganz unmöglich wäre, dies
zu leisten, wenn Gott, der Schöpfer und Erhalter, nicht auch der
Erlöser und Tröster wäre. Ganz kann jedoch unsere sittlich=reli=
giöse Impotenz erst im 2. Hauptartikel durch Vergleichung unseres
Glaubenslebens mit dem Innenleben Jesu klar gemacht werden,
wie denn auch Luther erst dort die Verlorenheit („mich ver=
lorenen und verdammten Menschen") des natürlichen Menschen
und die „Gewalt des Teufels" erwähnt.

Doch hiemit greifen wir schon in den zweiten Teil dieser
Abhandlung, in den Zusammenhang der Versöhnungslehre selbst
hinüber. Für jetzt sollte nur gezeigt werden, wie die Voraus=
setzungen der ethischen Versöhnungslehre sich nach Luthers
kleinem Katechismus in klar abgestufter, auch der kindlichen Fassungs=
kraft angepaßter Entwicklung vorführen lassen, während die nach
orthodoxem System entworfenen Lehrbücher den methodisch rich=
tigen Gang des Unterrichts sehr erschweren.

---

und 10. Gebot und am Schluß (vgl. Zezschwitz) scheint mir weniger rat=
sam, da durch diese Vorwegnahme die Wirkung der späteren Verwendung
beeinträchtigt, und der Katechet versucht wird, sich die Aufsuchung der fürs
erste Hauptstück passenden Beispiele zu ersparen.

Die dogmatische Bedeutung und der religiöse Werth der übernatürlichen Geburt Christi.

Von

A. Hering,
Pfarrer in Straßburg i. Elf.

„Empfangen vom Heiligen Geiste, geboren von der Jungfrau Maria", das ist der Satz, um welchen sich im letzten Grunde der Apostolikumsstreit bewegt hat. Unter den in der „Christlichen Welt" [1]) veröffentlichten Thesen Prof. Harnack's ist es vornehmlich die achte, welche den Sturm hervorgerufen und die kirchliche Leidenschaft entfesselt hat, mit welcher der Streit von konservativer Seite geführt worden ist. Und das läßt sich wohl begreifen. Handelte es sich doch nach Vieler Ueberzeugung um die Wahrung eines religiösen Interesses, ja eines Interesses ersten Ranges, welches man durch Harnack's Kritik gefährdet glaubte. Der Angriff auf jenen Satz des Apostolikums wurde empfunden als ein Angriff auf die Person Jesu, als eine Bestreitung seiner Gottheit, mithin als ein Angriff auf das Centrum und das Heiligthum des christlichen Glaubens. Am deutlichsten ist dies zum Ausdruck gekommen in der Erklärung des Vorstands der ev.-luth. Pastoralkonferenz in Preußen: „daß der Sohn Gottes empfangen ist vom Heiligen Geist, geboren von der Jungfrau Maria, das ist das Fundament des Christenthums; es ist der Eckstein, an welchem alle Weisheit dieser Welt zerschellen wird."

---

[1]) 1892, No. 84.

Umgekehrt urtheilte man von der anderen Seite. Eben jene Behauptung wird in der „Eisenacher Erklärung der Freunde der Christl. Welt" bezeichnet als „eine betrübende Verwirrung der Gewissen" und als „eine Verkehrung des Glaubens". Man leugnet, daß der wunderbaren Zeugung Jesu ein solcher Werth zukomme, behauptet vielmehr, daß das religiöse Interesse, um welches es den Gegnern zu thun ist, nicht an jener Thatsache hängt, sondern auch ganz unabhängig von ihr sehr wohl gewahrt werden kann. Der einzigartigen Würde Christi wollten auch Harnack und seine Gesinnungsgenossen nicht zu nahe treten.

Eine objektiv begründete Entscheidung jener zwei einander widersprechenden Werthurtheile ist nur möglich an der Hand der Geschichte. Sie allein gibt uns einen Maßstab an die Hand, der uns frei macht von den subjektiven Meinungen und Voraussetzungen, Sympathien und Antipathien. Es wird also darauf ankommen **aus der Geschichte des christlichen Dogmas festzustellen, welche Bedeutung der Gedanke der übernatürlichen Geburt Jesu im Zusammenhang der christlichen Lehre thatsächlich erlangt hat** und andererseits **aus der praktisch-kirchlichen Verwerthung dieses Gedankens zurückzuschließen auf seinen wirklichen religiösen Werth.** Predigt, Katechismus und Kirchenlied werden für diesen zweiten Theil unserer Betrachtung unsere Quelle bilden.

Von einer historisch-kritischen Untersuchung über die Thatsache selbst sehe ich vollständig ab, und zwar deswegen, weil unsere specielle Aufgabe in keinem direkten Zusammenhang steht mit dem Urtheil über den geschichtlichen Werth der Kindheitsevangelien. Man kann in Bezug auf jene Frage verschiedener Meinung sein und doch zu demselben Urtheil gelangen über den dogmatischen und religiösen Werth der übernatürlichen Geburt Christi. Was uns die Geschichte lehrt über die thatsächliche Verwerthung derselben im Dogma und in der asketischen Literatur, das gilt für Jeden wie er auch im Einzelnen von der Glaubwürdigkeit der betreffenden evangelischen Berichte denken mag. So ist uns gerade durch diese Stellung der Frage ein Mittel der

Einigung und der Verständigung zwischen den streitenden Parteien gegeben.

Noch sei im Voraus ausdrücklich anerkannt, was sich uns auch im Folgenden bestätigen wird, daß mit der übernatürlichen Geburt Christi sehr werthvolle religiöse Gedanken verknüpft worden sind. Ich denke nicht daran die Wahrheit und ewige Gültigkeit dieser Gedanken zu bestreiten, wenn es sich zeigen sollte, daß die= selben mit jener geschichtlichen Thatsache nur sehr lose zusammen= hängen, ja vielleicht irriger Weise damit verknüpft werden.

I.

Um die dogmatische Bedeutung unseres Lehr= stücks festzustellen, müssen wir die Stellung desselben in der Entwicklung der kirchlichen Lehre, speciell der Chri= stologie ins Auge fassen. Seine Wurzeln liegen in der ur= christlichen Ueberlieferung, welche in Matth 1 und Luc 1 ihren Niederschlag gefunden hat. Mit der geschichtlichen Kritik dieser Texte haben wir hier nichts zu thun, sondern nur zu fragen, welche Bedeutung der wunderbaren Zeugung Jesu im Zusammen= hang dieser Erzählungen und der darin ausgeprägten religiösen Anschauung zukommt. Um die ursprünglichen Gesichtspunkte scharf zu erfassen, ist eine gesonderte Betrachtung der beiden Berichte nothwendig.

1. Der Gedanke, auf welchen es dem ersten Evangelisten ankommt, ist ausgesprochen Matth 1 22: τοῦτο δὲ ὅλον γέγονεν, ἵνα πληρωθῇ τὸ ῥηθὲν ὑπὸ κυρίου λέγοντος . . . Die Erfüllung des — nach LXX citirten — Schriftworts Jesaj 7 14 ist der eigent= liche Grund für die jungfräuliche Empfängniß Jesu. Die Be= deutung dieses Ereignisses erschöpft sich in der Erfül= lung eines alttestamentlichen Orakels. Es fehlt jede Reflexion über den inneren Zusammenhang zwischen der specifischen Würde dieses Kindes und seinem außerordentlichen Lebensanfang. Es handelt sich um ein Stück Weissagungsbeweis und weiter nichts.

Auf derselben Linie liegt die merkwürdige Stelle der Apo= logie des Justin[1]), in welcher die griechische Mythologie als

---

[1]) Apol. 22.

Stütze der evangelischen Ueberlieferung verwerthet wird. Durch die vaterlose Geburt gleicht Jesus den griechischen Heroen, spec. dem Perseus. Aehnlich nimmt auch Origenes[1] einmal Bezug auf die Geburt Plato's als Sohn des Apollo und der Amphiktyone oder auf die Geburt des Geiers.

Eine innere Verwandschaft mit dieser Anschauung hat auch diejenige, welche in der fraglichen Thatsache nur das Wunder sieht, d. h. den Akt übernatürlicher aber im Grunde willkürlicher göttlicher Allmacht. Wunder- und Weissagungsbeweis sind ja überhaupt Zwillingsbrüder. Charakteristisch hiefür ist die Stelle bei Anselm (Cur Deus homo II 8): „Quatuor modis potest Deus facere hominem: videlicet aut de viro et femina, sicut assiduus usus monstrat; aut nec de viro nec de femina, sicut creavit Adam; aut de viro sine femina, sicut fecit Evam; aut de femina sine viro, quod nondum fecit. Ut igitur hunc quoque modum probet suae subicere potestati et ad hoc ipsum opus dilatum esse, nihil convenientius quam ut de femina sine viro assumat illum hominem quem quaerimus. Utrum autem de virgine aut de non virgine dignius hoc fiat, non est opus disputare, sed sine omni dubio asserendum est, quia de virgine hominem nasci oportet."

Auch heutzutage begegnet man häufig ähnlichen Gedanken in Betreff der übernatürlichen Geburt Christi. Sie soll als Gegenstand des Glaubens erwiesen sein, dadurch, daß sie in der Heiligen Schrift bezeugt ist als Weissagung und als wunderbare Thatsache. Ich will hier die Frage nicht aufwerfen, ob der hiebei vorausgesetzte Glaubensbegriff und die zu Grunde liegende Anschauung von der Heiligen Schrift wirklich evangelisch sind, sondern nur darauf hinweisen, daß damit über die Bedeutung der Thatsache und ihre Wichtigkeit für den Glauben noch gar nichts ausgesagt ist. Es bleibt uns unbenommen, derselben keine größere Bedeutung zuzumessen, als etwa dem Wunder von dem auf Elisas Gebot schwimmenden Eisen (II Kön 6 6) oder der Geburt Jesu in Bethlehem, die zwar nicht als Wunder, aber doch als Erfüllung einer Weissagung verglichen werden kann.

[1] c. Celf 1 37 32.

2. Zu einer anderu fruchtbareren Betrachtungsweise führt uns
der dritte Evangelist. Lne 1 35 spricht der Engel zu
Maria: πνεῦμα ἅγιον ἐπελεύσεται ἐπὶ σέ, καὶ δύναμις ὑψίστου ἐπι-
κιάσει σοι· διὸ καὶ τὸ γενιώμενον ἅγιον κληθήσεται υἱὸς θεοῦ. Also
die übernatürliche Erzeugung Jesu bildet den
Realgrund für seine Gottessohnschaft. Der Ausdruck υἱὸς θεοῦ wird in der allernächsten Bedeutung des Wortes
gefaßt; die göttliche Vaterschaft wird in physischer Weise verstanden und schließt eben deswegen jede menschliche Vaterschaft aus.
Sie vollzieht sich als schöpferische Wirksamkeit Gottes im Schoße
der Jungfrau und ist vermittelt gedacht durch das πνεῦμα ἅγιον
oder die δύναμις ὑψίστου. Beide Ausdrücke sind vollständig synonym: πνεῦμα ἅγιον ist durchaus alttestamentlich zu verstehen als
der schöpferische Gottesgeist (Pf 104 30) und hat durchaus nicht
die ethisch-religiöse Bedeutung, welche es in der paulinischen Theologie erhalten hat. Es ist eine Eintragung in unsere Stelle, wenn
manche Exegeten darin die Rücksicht auf die Sündlosigkeit Jesu
finden wollen[1]). Aber eben so fremd ist ihr der Gedanke eines
präexistirenden und in Jesu mit der Menschheit sich verbindenden
göttlichen Princips. Es handelt sich vielmehr im Sinne des
Lucas um eine in sich durchaus vollständige und selbständige Erklärung der Gottessohnschaft Jesu: er ist Gottes Sohn, weil er
nicht von einem menschlichen Vater, sondern durch unmittelbare
göttliche Wirksamkeit erzeugt ist. Hier liegt die eigentliche Wurzel
der dogmatischen Verwerthung der übernatürlichen Geburt Jesu.
Wir haben es mit einem durchaus populären aber
in sich geschlossenen und selbständig gemeinten
Erklärungsversuch der göttlichen Würde Jesu
zu thun. Im Unterschied von den in der paulinischen und johanneischen Christologie vorliegenden metaphysischen Spekulationen
bietet uns die Kindheitsgeschichte des 3. Evangeliums eine naiv-
populäre christologische Anschauung wesentlich physischer Kategorie.
Genau derselbe Gedanke findet sich im altrömischen
Symbol, dem Ur-Apostolikum: πιστεύω εἰς Χριστὸν Ἰησοῦν υἱὸν

---

[1]) Vgl. B. Weiß, Das Leben Jesu, I 219.

αὐτοῦ τὸν μονογενῆ, τὸν κύριον ἡμῶν, τὸν γεννηθέντα ἐκ πνεύματος ἁγίου καὶ Μαρίας τῆς παρθένου. Die einzigartige Würde Jesu als Gottessohn wird durch die Einzigartigkeit seiner Geburt begründet und erklärt. Es fehlt jede Bezugnahme auf die Präexistenz, die auch durch das μονογενής nicht zum Ausdruck kommt. Die Gottes= sohnschaft Jesu ist also eine geschichtlich — nicht von Ewigkeit her — begründete. „Die theologische Reflexion über das Wesen der Gottessohnschaft ist noch völlig unentwickelt; das Problem der Person Christi wird noch in ganz primitiver Weise vergegenwärtigt — das Wort „Sohn" im landläufigsten Sinne führte auf die Spur: die Erzählung des Lucas gab die einleuchtende Erklärung." (Kattenbusch, Zur Würdigung des Apostolikums S. 21.) Auch hier fehlt, wie bei Lucas, jede Beziehung auf die Sündlosigkeit Jesu. Das Symbol ist natürlich späterhin nach der Logos= Christologie ausgelegt, resp. dieselbe hineingelegt worden, während der Wortlaut davon nichts weiß. Die vollständig zureichende Grundlage der Christologie ist die wunderbare Zeugung. Diese erscheint daher — hier sowohl wie bei Lucas — als „Heils= thatsache", ja als die eigentlich grundlegende Heilsthatsache.

Dieselbe Gedankenverbindung begegnet uns wieder bei Igna= tius (ad Ephes 18 19) und besonders bei Tertullian. „Non competebat ex semine humano nasci dei filium ne, si totus esset filius hominis, non esset et dei filius nihilque haberet am= plius Salomone. Ergo iam dei filius ex patris dei semine, id est spiritu, ut esset et hominis filius, caro ei sola competebat ex hominis carne sumenda sine virili semine. Vacabat enim semen viri apud habentem dei semen." (De carne Christi 18.) Es ist kein Wunder, daß gerade dieser Gedanke in seiner populären Anschaulichkeit auch bis auf den heutigen Tag populär geblieben ist. Es gibt gewiß unter unseren Gemeindegliedern viele, die im Namen „Gottes= sohn", der Jesu beigelegt wird, vorzugsweise, wo nicht gar aus= schließlich, eine Beziehung auf die besondere Art seines Lebens= anfangs sehen. So ist ihnen auch die jungfräuliche Geburt eine „Heilsthatsache"[1]), und der Apostolikumsstreit hat mit wünschens=

---

[1]) Vgl. Sell, Der Wunderglaube der Gemeinden und das Gewissen

werther Deutlichkeit gezeigt, daß jeder Angriff auf diesen Punkt
in weiten Kreisen als sacrilegium empfunden wird. Leider ist es
nicht blos in Laien=, sondern vielfach auch in Pastorenkreisen so
und doch sollte jeder, der Theologie studirt hat, zum mindesten
wissen, daß der Ausdruck „Sohn Gottes" aus dem Alten Testa=
ment zu erklären ist, was uns auf ein ganz anderes Gebiet weist
als das der physischen Abstammung. Heutzutage freilich kommt
der Gedanke von Luc 1 ₃₅ nicht mehr in seiner Selbständigkeit
und Reinheit zur Geltung, sondern wird immer — bewußt oder
unbewußt — mit dem Präexistenzgedanken combinirt, gegen den
er von Haus aus gleichgültig ist. Von der Unfähigkeit, diese zwei
Gedankenreihen zu unterscheiden und auseinanderzuhalten, zeugt der
ganze apologetische Theil der Apostolikumsliteratur[1]).

Eine bewußte Combination derselben findet sich in der
modernen Kenosistheorie. Sie rekurrirt auf die jung=
fräuliche Empfängniß, um eine unpersönliche menschliche Natur
Christi zu konstruiren, mit welcher sich dann der entäußerte Logos
als das personbildende Princip verbindet. Es geht dabei nicht
ab ohne eine Beeinträchtigung der Integrität der Menschheit
Christi[2]). Dagegen aber muß sich die Christenheit aufs Ent=

---

des evangel. Geistlichen. In dieser Zeitschrift 1892, S. 487 f. — Unter
den akadem. Theologen steht wohl Philippi allein mit seiner Behauptung,
daß mit der jungfräulichen Geburt die Idee des Gottmenschen stehe und
falle (Dogm. IV 1 ₁₆₈). Gegen dieses unrichtige und gefährliche Dilemma hat
gelegentlich auch B. Weiß protestirt (Meyer=Weiß, Matthäus, 52. A.).

[1]) Der Streit um die übernatürliche Geburt wird einfach auf das
Gebiet der Präexistenz hinübergespielt, als ob Beides ohne Weiteres soli=
darisch oder sogar gleichbedeutend wäre. Eine Begründung für das Recht
dieser Combination ist mir nirgends begegnet, ja man scheint die Noth=
wendigkeit eines solchen Beweises gar nicht gefühlt zu haben. — Vgl.
Wohlenberg, „Empfangen vom heil. Geiste, geboren von der Jungfrau
Maria". 1893, S. 12: „Uns ist darum nicht gleichgiltig, ob Jesus vor
seiner Geburt wirklich gewesen oder nicht und im Lichte dieses
Interesses behaupten wir allerdings: es ist für den Glauben nicht einerlei,
ob Jesus von einer Jungfrau durch die Machtthat des Vaters
geboren ist oder nicht". — Derselben Verwirrung macht sich sogar Cremer
schuldig.

[2]) cf. H. Schultz, Die Gottheit Christi, S. 391—394.

schiedenste wehren, denn wenn ihr die wahre Menschheit Christi ver=
loren geht, so hat sie auch nichts mehr von seiner Gottheit. Die
gefährlichste christologische Ketzerei ist der Doketismus.

3. Nachdem wir so die Gedankenverbindungen, in welchen
die wunderbare Zeugung Jesu bei Matthäus und Lucas erscheint,
kennen gelernt und etwas weiter verfolgt haben, muß noch die
Stellung derselben im Ganzen des Neuen Testa=
ments kurz besprochen werden. Daß in den Reden Jesu
keinerlei Verwerthung dieser Thatsache, ja nicht einmal die ge=
ringste Anspielung darauf sich findet, ist allgemein zugestanden und
aus persönlichem Zartgefühl hinreichend zu erklären. Immerhin
wird man doch aus diesem Stillschweigen Jesu
schließen dürfen, daß nach seiner Ansicht die Kenntniß
seines wunderbaren Lebensanfangs keinen noth=
wendigen Bestandtheil des Glaubens an ihn und
seine Sendung ausmachte. Sonst hätte er seine Jünger
darauf hinweisen müssen, wollte er sie nicht der Gefahr aus=
setzen, daß ihr Glaube und ihr Verständniß seiner Person beständ=
dig unvollkommen bleibe. Was aber Jesus als das eigentliche
Fundament des Glaubens an ihn ansah, das kann wohl im Hin=
blick auf Worte wie Matth 8 10 15 28 16 15—17 Joh 6 63 14 10f.
nicht zweifelhaft erscheinen.

In den paulinischen Schriften hat man Andeu=
tungen der übernatürlichen Geburt Christi finden wollen in Rm
1 3f. und Gal 4 4. Was die erste Stelle betrifft, so kann ὁριο-
θέντος υἱοῦ θεοῦ ἐν δυνάμει κατὰ πνεῦμα ἁγιωσύνης jene Thatsache
nicht ausdrücken, besonders wenn man bedenkt, daß Gal 4 29
Isaak direkt als γεννηθεὶς κατὰ πνεῦμα bezeichnet wird, womit der
natürliche Hergang bei seiner physischen Lebensentstehung nicht im
mindesten bestritten werden soll. Zu dem Ausdruck γενόμενον ἐκ
γυναικός Gal 4 4 ist zu vergleichen die Anwendung desselben Wortes
Mtt 11 11 in Bezug auf Johannes den Täufer. Aber selbst, wenn
jene Stellen wirklich besagten, was man darin finden will, wären
sie doch im Zusammenhang des paulinischen Lehrbegriffs ohne
wesentliche Bedeutung. Die Christologie des Paulus
ruht auf der Thatsache der Auferstehung und

Erhöhung Christi, nicht auf seinem wunder=
baren Lebensanfang; von dort aus schreitet sie fort zum
Gedanken des präexistenten himmlichen Menschen.

In gleicher Weise verhält es sich bei Johannes.

Die einzigartige religiöse Stellung Jesu ist darin begründet,
daß der göttliche Logos in ihm Fleisch geworden
ist. Auf die übernatürliche Geburt wird aber durchaus keine
Rücksicht genommen, dieselbe findet nicht einmal als Hülfslinie
Verwendung in der Christologie des vierten Evangeliums. An
einer Stelle (1 13) ist allerdings ausdrücklich die Rede von solchen,
die οὐκ ἐξ αἱμάτων οὐδὲ ἐκ θελήματος σαρκὸς οὐδὲ ἐκ θελήματος
ἀνδρὸς ἀλλ' ἐκ θεοῦ ἐγεννήθησαν. Als solche werden alle Gläubigen
bezeichnet, sofern ihr inneres geistiges Leben nicht irdisch=mensch=
lichen Ursprungs ist, sondern unmittelbar aus Gott stammt. Da=
von wird natürlich ihre physische Lebensentstehung durchaus nicht
berührt. Mit welchem Recht will man aus dieser Stelle folgern,
daß was der Evangelist von dem geistigen Leben der Gläubigen
sagt, von dem physischen Leben Christi gelten müsse?

Wir stehen also vor der gewiß sehr bedeutsamen Thatsache,
daß — von den beiden Kindheitsevangelien abgesehen — das
ganze Neue Testament die wunderbare Geburt
Jesu ignorirt. Jesus selbst nimmt nirgends auf dieselbe
Bezug und die beiden theologisch bedeutendsten Schriftsteller des
Neuen Testaments haben dieser Thatsache in ihren Systemen keine
irgendwie erkennbare Stellung gegeben. Die paulinische und
johanneische Christologie, welche die Grundlage für die spätere
Entwicklung dieses Dogmas bildet, ruht auf einer ganz anderen
Basis als der in Mtth 1 und Lc 1 enthaltenen Anschauung. Mag
es nun auch vielleicht zu weit gegangen sein, wenn man aus diesem
Stillschweigen des Neuen Testaments erschließen wollte, daß mit
Ausnahme zweier Evangelisten kein neutestamentlicher Schriftsteller
von einer solchen Thatsache etwas gewußt, mithin diese selbst der
geschichtlichen Wirklichkeit entbehre, so ergibt sich doch mit völliger
Sicherheit, daß die durch das Neue Testament repräsentirte ur=
christliche Tradition — von zwei Stellen abgesehen — jenem Ge=
danken keinen selbständigen Werth zuerkennt, ja denselben nicht

einmal in untergeordneter Weise in der christologischen Construc=
tion verwendet.

4. Dem entspricht nun die weitere eben so un=
zweifelhafte und charakteristische Thatsache,
daß die übernatürliche Geburt Jesu bei der
Begründung und Ausbildung der kirchlichen
Christologie durchaus keine Rolle gespielt
und keine Bedeutung erlangt hat. Dennoch ist
sie ein constantes und — man darf wohl sagen — all=
gemein anerkanntes Moment in der Lehrüberliefe=
rung der nachapostolischen Zeit, denn von einem
irgendwie bedeutsamen oder erfolgreichen Widerspruch dagegen
weiß die Dogmengeschichte nichts. Derselbe war vielmehr be=
schränkt auf den engen Kreis der ebionitischen Judenchristen. Schon
um dieses seines Ursprungs willen konnte er nur von geringem
Einfluß auf die wesentlich heidenchristliche Entwicklung der christ=
lichen Lehre sein. Und selbst in den Kreisen des Judenchristen=
thums war der Widerspruch nicht allgemein, denn die Nazaräer
bekannten sich zu der jungfräulichen Geburt des Messias und in
späterer Zeit scheinen auch die Ueberreste der alten ebionitischen
Gemeinden diese Anschauung getheilt zu haben. Die Leugnung
der übernatürlichen Zeugung Jesu bildete nach Irenäus einen der
fünf Unterscheidungspunkte zwischen der Kirche und den Ebioniten.
Seit Ausgang des zweiten Jahrhunderts gilt dieselbe als die
ebionitische Häresie κατ' ἐξοχήν [1]). Thatsächlich ist aber diese
Häresie ganz bedeutungslos geblieben und man darf von der
jungfräulichen Geburt Jesu als von einem einhellig anerkannten,
unveräußerlichen Stück christlicher Lehrüberlieferung sprechen. Erst
die moderne Bearbeitung des Lebens Jesu hat dasselbe ernstlich
beanstandet.

Freilich ist dieses Lehrstück nie in Fluß gekommen. Es hat,
wie schon bemerkt, bei der Ausbildung des christologischen Dogmas
keinen irgendwie nennenswerthen Antheil gehabt, weder im Kampf
um die Gottheit Christi noch bei der Feststellung d r Zweinaturen=

---

[1]) Harnack, Dogmengesch. I, S. 255 f.

lehre. So wird es auch im Nicänum nur im Vorübergehen er=
wähnt, im Chalcedonense, im sog. Athanasianum ist es vollständig
übergegangen. Von einer Geschichte dieses Lehrstücks kann daher
nicht gesprochen werden. Seine Eingliederung in das christliche
Lehrganze, resp. in die Christologie ist ziemlich schwankend. Die
altprotestantische Orthodoxie hat die wunderbare
Zeugung Christi in Beziehung gesetzt zu den praerogativae seiner
menschlichen Natur, deren Hollaz brei aufzählt: 1) ἀνυποστασία,
i. e. carentia propriae subsistentiae divina filii hypostasi com-
pensata; 2) ἀναμαρτησία inhaesiva; 3) singularis animi et corporis
excellentia. Die zwei ersten Punkte laufen doch wieder darauf
hinaus die Gleichartigkeit der Menschheit Christi mit unserer
menschlichen Natur in Abrede zu stellen. In der neueren
Dogmatik sind wesentlich zwei Gesichtspunkte geltend
gemacht worden zur Deutung und Verwerthung jener Thatsache:
sie wird bezogen einerseits auf die Sündlosigkeit Christi,
andererseits auf seine Geltung als Universalmensch.
Es gilt diese beiden Anschauungen etwas näher in's Auge zu
fassen und dabei auch die Vorläufer dieser zwei Gedankenreihen
in der alten Kirche kurz zu erwähnen.

A. Die älteste Combination zwischen der Sündlosigkeit Jesu
und seiner Geburt aus der Jungfrau findet sich, meines Wissens,
bei Justin: Christus ist geboren nicht als Mensch von Menschen,
sondern δίχα ἁμαρτίας von der Jungfrau Maria aus Abrahams
Samen (c. Tryph. 23 54). Aehnlich im pseudo=justinischen Frag=
ment „de resurrectione" wo zugleich der Gesichtspunkt des Wunders
wie in der oben citirten Stelle aus Anselm enthalten ist.

Dem Irenäus und Tertullian war — nach Harnack
(S. 508 A. 1) diese Gedankenverbindung fremd. Dagegen findet
sie sich, wie nicht anders zu erwarten, bei Augustin. In seiner
Erklärung des Symbols (Enchir. ad Laurentium 33 34) hebt er
hervor, daß nicht die libido matris sondern die fides den Mittler
empfangen hat. Bei der Erklärung von Lc 1 urgirt er in dem
Ausdruck ἐπισκιάσει (Lc 1 35) den Begriff der Kühle im Gegensatz
zu aller fleischlich=wollüstigen Erregung. Gerade in seiner Theorie
von der Erbsünde hat dieser Kirchenvater die nothwendige dog=

matische Voraussetzung jener Combination geschaffen. Die Ansicht,
daß die Sündlosigkeit Jesu auf seiner jungfräulichen Empfängniß
beruht, ist nun stereotyp geworden. L u t h e r hat sie sehr häufig
vorgetragen. Doch ist sie, wenn ich nicht irre, in den symboli=
schen Büchern der lutherischen Kirche nur einmal erwähnt, näm=
lich im Großen Katechismus, am Schluß des zweiten Artikels und
auch da nur beiläufig. Christus homo factus et a Spiritu sancto
ac Maria virgine sine omni labe peccati conceptus et natus . . .
ut esset peccati dominus. . . .

Oefters und ausführlicher kommen die reformirten Be=
kenntnißschriften auf diesen Punkt zu sprechen[1]).

Bei näherer Betrachtung dieser Gedankenverbindung kann
man sich freilich der Einsicht nicht verschließen, daß die Bedeu=
tung derselben wesentlich einzuschränken ist. Schon die
Reformatoren haben gelegentlich erkannt und ausgesprochen, daß
die bloße jungfräuliche Empfängniß Jesu noch keine ausreichende
Grundlage oder Erklärung seiner Sündlosigkeit bietet. So schreibt
C a l v i n[2]): neque enim immunem ab omni labe facimus
Christum quia tantum ex matre sit genitus absque viri concubitu,
sed quia sanctificatus est a spiritu, ut pura esset generatio ac
integra qualis futura erat ante Adae lapsum. Luther spricht
denselben Gedanken aus in einer Predigt auf Mariä Verkündi=
gung, wo er entschieden die Nothwendigkeit einer besonderen Reini=
gung der Maria durch göttliche Wirkung anerkennt[3]). Noch viel
entschiedener wird diese Einschränkung vollzogen von den modernen
Dogmatikern dieser Richtung. G e ß erklärt unumwunden: „Es
ist in ihr (der jungfräul. Empfängniß) noch gar nichts als die
M ö g l i c h k e i t d e r s ü n d l o s e n E n t w i c k l u n g J e s u
enthalten, noch nicht einmal die Wirklichkeit seiner Sündlosigkeit,

---

[1]) Conf. helv. I II, § 11. Ueber den Genfer und Heidelb. Katech.
f. unten.

[2]) Institutio (1559) II 13 4.

[3]) Vermischte Predigten, Frankf., Bd. XX, I 1880, S. 117, vgl. XIX,
S. 30. Im Widerspruch damit steht die Behauptung, daß wenn ein Weib
ohne männlichen Samen gebären könnte, eine solche Geburt rein wäre.
XV S. 200 f.

noch viel weniger seine göttliche Wesenheit [1])." Das Wunder aber
ist nothwendig eben um jene Möglichkeit zu schaffen, denn die
Erfahrung lehrt: von sündigen Eltern nur sündige Kinder. Die
Fortpflanzung der Sünde aber geschieht durch das Geblüt, aus
dem wir stammen und durch den von sinnlicher Lust begleiteten
und die Sinnlichkeit aufregenden Zeugungsact. Diese letztere verderbliche Einwirkung mußte von Maria und dem in ihrem Schooß
entstehenden menschlichen Organismus ferngehalten werden, damit
die im Augenblick der Empfängniß von Gott gehauchte Seele,
welche während des embryonischen Lebens in die Leiblichkeit ver-
senkt ist, dadurch nicht beeinflußt werde. Nach Geß liegt nämlich der Keim des Menschenlebens vollständig im Weibe und wird
durch die Geschlechtsthätigkeit des Mannes nur zur Entwicklung
angeregt. Freilich der in Maria liegende Keim war selbst nicht
rein und mußte durch die heiligenden Einflüsse des göttlichen Geistes
von der ihm anhaftenden Unreinigkeit befreit werden, denn von
einer Sündlosigkeit der Maria will Geß natürlich nichts wissen [2]).

Der Hauptfactor der Sündlosigkeit Jesu
ist also die heiligende Wirkung des göttlichen
Geistes. Die Ausschließung des männlichen Factors bei der
Erzeugung Jesu führt nur zu einer kleinen Reduction des von
den Eltern auf die Kinder sich fortpflanzenden sündigen Hanges:
also, genau genommen, nur eine halbe Möglichkeit einer sündlosen
Entwicklung. Und dies um den Preis eines — nach Beyschlag's
treffendem Ausdruck — "unziemlichen Wühlens in dem Ent-
stehungsgeheimniß des Menschenlebens" und mit Hülfe eines sehr
problematischen physiologischen Arguments. Theologica non est
haec disputatio bemerkt Calvin sehr richtig in Bezug auf die,
allerdings entgegengesetzte, Behauptung der novi Marcionitae qui
ut Christum de nihilo corpus sumsisse evincant, mulieres con-

---

[1]) Geß, Die Lehre von der Person Christi, 1856, § 47 48. — So
spricht auch Godet in seinem Lucas-Commentar von der wunderb. Geburt
als von der condition négative de la sainteté de Jésus, S. 215 f.

[2]) Auch die Ausführungen anderer Theologen über diesen Punkt
bringen nichts wesentlich Neues. Vgl. Rothe, Theol. Ethik III, § 534,
Frank, Christl. Wahrheit II, S. 107 ff.

tendunt esse ἀσπόρους. Wäre es nicht klüger die evangeliſche
Dogmatik lieber auf anberen feſtern Boden zu gründen als auf
eine — um nicht zu viel zu ſagen — unbeweisbare phyſiologiſche
Theorie, mit deren Richtigkeit die Beweiskraft der ganzen Ar=
gumentation ſteht und fällt? Wäre es nicht auch des hohen Gegen=
ſtandes, um den es ſich handelt, würdiger, die Glaubensausſagen
nicht zu verquicken mit Erörterungen, die einem ganz anbern als
dem ethiſch=religiöſen Gebiete angehören. Wenn die Geburt Chriſti
aus der Jungfrau eine Erklärung ſeiner Sündloſigkeit bieten ſoll,
ſo muß dieſelbe als ſehr wenig befriedigend beurtheilt werden.
Wenn nun doch einmal die Sündloſigkeit Jeſu
der heiligenden — nicht bloß ſchöpferiſchen — Wirkung
des Heiligen Geiſtes zuzuſchreiben iſt, wäre es
vielleicht richtiger überhaupt nicht den modus
dieſer Einwirkung feſtſtellen zu wollen, nicht
über poſitive ober negative, ganze ober halbe Möglichkeiten zur
Sündloſigkeit zu reflectiren, ſondern einfach im Glauben
ſich auf den Standpunkt der Wirklichkeit zu
ſtellen und alle Fragen nach dem Wie? dieſer doch unerklär=
baren Thatſache einfach abzuweiſen. Oder ſollte es vielleicht weniger
gläubig ſein anzunehmen, daß der Heilige Geiſt, welcher das
ſündige Erbtheil, das Jeſus von ſeiner Mutter empfing, hat be=
ſeitigen müſſen und können, auch die etwa von väterlicher Seite
auf ihn einwirkende ſündhafte Beſtimmung neutraliſiren konnte?

B. Ein neuer Geſichtspunkt tritt uns entgegen bei den Theo=
logen, welche in der vaterloſen Geburt Jeſu die
Vorausſetzung erblicken für den Charakter
Jeſu als Neuſchöpfung Gottes und ſeine Be=
deutung als Univerſalmenſch und Begründer einer
neuen Menſchheit.

Dieſer Gedanke läßt ſich zurückführen bis auf Jrenäus,
reſp. Juſtin und knüpft an das pauliniſche Theologumenon von
Chriſtus als dem zweiten Adam an. Die Chriſtologie des
Jrenäus hat ihre Grundlage an der Logostheorie. Auf der
weſentlichen Einheit der Gottheit und Menſchheit in Chriſto be=
ruht ſeine Bedeutung als Erlöſer, denn ſein Werk geht auf Ver=

gottung der Menschheit. Was durch Adam's Fall verloren wurde, hat Christus wiedergebracht und das verwirklicht was Adam's Bestimmung war. So ist **Christus das Gegenbild Adam's** und in diesem Zusammenhang findet die Geburt aus der Jungfrau ihre Verwendung. „Wie jener erstgebildete Adam aus ungeackerter und noch jungfräulicher Erde gebildet wurde durch die Hand, d. h. durch das Wort Gottes, so erhielt der den Adam in sich Zusammenfassende, als der selber das Wort ist, mit Recht aus der noch jungfräulichen Maria die Erzeugung des Adam recapitulationis". Gott aber hat ihn nicht wiederum aus Erde, sondern aus Maria entstehen lassen, um den Zusammenhang mit der ersten Schöpfung zu wahren (III 20 21). **Maria** erscheint **als Gegenbild der — noch jungfräulichen — Eva:** „Der Ungehorsamsknoten der Eva erhielt seine Lösung durch den Gehorsam der Maria; denn was verknüpft hat die Jungfrau Eva durch Ungehorsam, das hat die Jungfrau Maria gelöst durch den Glauben" (III 22 4, vgl. auch V 19 1 21 2). Diese Behandlung der Geburt Christi gliedert sich ein in das Bestreben des Irenäus, das ganze Leben Jesu als ein erlösendes anzuschauen und die einzelnen Züge desselben demgemäß zu verwenden und als Heilsthatsachen zu deuten. Dazu dient ihm namentlich seine Recapitulationstheorie von Christus als dem zweiten Adam [1]. Immerhin aber ist **die Ausführung dieses Gedankens in Bezug auf die jungfräuliche Geburt doch nicht mehr als eine typologische Spielerei.** Für die Christologie dieses — gerade für die Entwicklung des christologischen Dogmas sehr bedeutenden — Kirchenvaters hat sie so gut wie gar keine Bedeutung. Zugleich aber zeigt sich schon hier, daß die wunderbare Geburt nicht bloß in Bezug auf Jesus von Bedeutung ist, sondern auch, und vielleicht noch mehr, in Bezug auf Maria. Gerade die Parallele Eva-Maria ist nach Harnack's Urtheil eine der Wurzeln der späteren Marienverehrung [2].

---

[1] cf. Harnack I, S. 507 f.

[2] Vgl. auch Tertullian, De carne Christi 17 20: uti virgo esset

Die moderne bogmatische Ausführung dieses Gesichtspunktes findet sich besonders bei Dorner, Rothe und Frank[1]. Die vaterlose Geburt Jesu ist nothwendig, damit dieser nicht bloß ein Einzelmensch sei wie alle andern Glieder der Gattung, sondern der das ganze Geschlecht in sich zusammenfassende zweite Adam oder Universalmensch. Durch die natürliche Propagation, meint Frank, tritt das lediglich individuelle Glied der Menschheit in's Dasein, dessen Persönlichkeit und Existenz überhaupt Wirkung der elterlichen Factoren, unter göttlichem concursus, ist. Dem Protevangelium gemäß soll aber der Weibessame nicht bloß individueller Mensch sein, sondern die in einer Einzelpersönlichkeit sich zusammenfassende Menschheit. Andrerseits ist Maria die Verkörperung der schlechthinigen Empfänglichkeit der Menschheit für die Wirkungen des Heilsgottes, der sie zum siegreichen Kampf wider den Versucher befähigen will. „Der Heilige Geist als das ausgestaltende Princip des schöpfungsmäßig Werdenden zur Realisirung der Schöpferidee in dem Substrat des Geschaffenen wirkt in der Jungfrau das Menschengebilde des andern Adam."

Dieser Argumentation wäre Folgendes zu entgegen. Entweder wird jene Universalität Jesu so verstanden, daß dieser keinerlei individuelle Bestimmtheit und Beschränkung an sich getragen hätte: kein bestimmtes Temperament, keinen irgendwie ausgeprägten nationalen Charakter, dann ist er überhaupt keine wahrhaft menschliche Individualität, kein Mensch wie wir, dann stimmt dieses Bild Christi nicht überein mit demjenigen, welches die Evangelien von ihm gezeichnet haben. Oder aber die universell menschliche Bedeutung Christi kommt zur Darstellung im Rahmen einer bestimmten Individualität mit ausgeprägtem Charakter, dann fällt der Grund weg, eine ausnahmsweise Entstehung für ihn zu postuliren. Aber auch bei Entscheidung für die erste Alternative ist der Beweis nicht er-

---

regeneratio nostra spiritualiter ab omnibus inquinamentis sanctificata per Christum.

[1] Rothe a. a. O. III, § 533. Frank a. a. O., II S. 106 f.

bracht, daß die individuellen Beschränkungen, denen Jesus ent=
nommen werden sollte, nicht durch den mütterlichen Antheil an
seiner Erzeugung doch auf ihn einwirken mußten. Ein solcher
Beweis ist nicht möglich ohne wiederum das Gebiet der Physio=
logie zu betreten und selbst mit solchen Hülfsmitteln wird er wohl
nicht gelingen.

Selbstverständlich stehen die beiden Gesichtspunkte, unter
welchen die dogmatische Behandlung der wunder=
baren Geburt Christi von Seiten der neueren
Theologie versucht worden ist, in der Wirklichkeit nicht streng
von einander geschieden, sondern werden combinirt. Aber dadurch
wird das Unbefriedigende und Ungenügende, das jedem dieser
beiden Gedankengänge an und für sich anhaftet, nicht aufgehoben.
Für eine Dogmatik, die es als ihre Aufgabe ansieht, nicht ab=
stracte Möglichkeiten zu construiren, sondern die Wirklichkeiten,
die der Glaube erfaßt, organisch zusammenzufügen und wissen=
schaftlich zu formuliren, für eine solche Dogmatik ist die über=
natürliche Erzeugung Jesu wohl entbehrlich, mag man auch von
der geschichtlichen Wirklichkeit der Thatsache noch so fest überzeugt
sein. Aber selbst in der Dogmatik, welche es für unerläßlich er=
achtet, die Realitäten des Glaubens mit einem Gerüst von ver=
nünftigen, logischen und metaphysischen Möglichkeiten zu stützen,
selbst da hat die jungfräuliche Geburt doch nur eine ganz unter=
geordnete Bedeutung und kann nicht als Grundpfeiler des Christen=
glaubens beurtheilt werden. Als Hülfslinie mag sie Verwendung
fluden bei der Zeichnung des Christusbildes, aber ich kann mich
von der Unentbehrlichkeit dieser Hülfslinie nicht überzeugen und
noch viel weniger zugeben, daß ihre Abwesenheit das Christus=
bild zur Carrikatur mache oder seiner göttlichen Würde beraube.
Wer die angeführten Thatsachen aus dem Neuen Testament und
der Dogmengeschichte ruhig überlegt, der kann m. E. darin nicht
anders urtheilen.

Der Widerspruch gegen jene Thatsache
wäre zwar zu allen Zeiten als Ketzerei be=
urtheilt worden, aber ihre positive Verwerthung
ist sehr gering. Wenn man sich daher zu der Ansicht be=

kennt, daß die Geburt Jesu von der Jungfrau das Fundament des Christenthums sei, so muß dies von einem verhüllten und mit Stillschweigen bedeckten Fundament verstanden werden. Das paßt nun wohl auf das Fundament eines Hauses, aber nicht auf das eines Gedankengebäudes. Sonst dürfte ja auch die Person und das Werk Christi überhaupt — was ja doch unzweifelhaft die Grundlage des Christenthums ist — mit Stillschweigen über= gangen werden. Auch die moderne dogmatische Be= arbeitung unseres Gegenstandes hat zu keinem fruchtbaren Ergebniß geführt und es ist ihr nicht gelungen die Wichtigkeit oder Unentbehr= lichkeit dieses Lehrstücks für die Christologie darzuthun.

5. Bevor wir jedoch diesen ersten Theil unserer Untersuchung beschließen, haben wir noch eine andere Beziehung der über= natürlichen Geburt Jesu in's Auge zu fassen, nämlich ihre Ver= werthung im Interesse der Marienverehrung, worauf bereits oben im Vorübergehen hingewiesen wurde. Der Mariencult ruht auf zwei Säulen: 1) die Eigenschaft der Maria als Mutter des Erlösers und — nach der späteren Anschauung — als Gottesgebärerin; 2) ihre Jungfrauschaft. Dadurch wird Maria hoch erhoben über alle Weiber zumal in den Augen einer Zeit, welche die Virginität als die christliche Tugend κατ' ἐξοχήν betrachtet, wie dies in der alten Kirche seit dem 3. Jahrhundert immer mehr der Fall wurde. Damals schritt man fort von der Annahme der virginitas der Maria ante partum zur Behauptung ihrer virginitas in partu und post partum. Der Ursprung des Gedankens von der unverletzten Jungfrauschaft der Maria liegt in den doketischen Vorstellungen des Gnosticismus über die Geburt Christi[1] und ist, wie so vieles Gnostische, später von der officiellen Kirche recipirt worden.

Schon Clemens Alexandr. spricht von der auch nach der Geburt Christi unversehrten Virginität der Maria. Ihre

---

[1] Christus ist durch Maria hindurchgegangen wie durch einen Kanal, ὡς διὰ σωλῆνος. — Harnack a. a. O. S. 220.

Ehe mit Joseph, deren Realität noch Tertullian unbefangen an=
erkannte, wird bald als bloße Scheinehe aufgefaßt: Basilius
findet die ältere Ansicht für das fromme Gefühl anstößig und
Epiphanius beurtheilt sie geradezu als Ketzerei. Hieronymus
nennt den Helvidius einen Herostrat, weil er den Tempel des
Heiligen Geistes, den jungfräulichen Mutterschooß der Maria zer=
störe. Gerade dieser Kirchenvater hat eine besondere Vorliebe für
detaillirte Erörterungen über diesen Gegenstand, wie sie allerdings
eher in den Hörsaal einer gynäkologischen Klinik als in das
Heiligthum der christlichen Theologie passen. Den Gipfel des Ab=
geschmackten sowohl wie des Unanständigen in dieser Sache bildet
der Streit zwischen Radbertus und Ratramnus. Es handelt
sich hierbei um die Frage ob der Geburtsvorgang auf dem natür=
lichen Weg, wiewohl vulva clausa, geschehen sei (Ratramnus)
oder ob Christus die Mutter auf einem andern Wege verlassen
habe. Während Hieronymus noch daran festhielt, daß Maria
unter allen contumeliis naturae — freilich clauso utero — ge=
boren habe, vertritt Johannes Damascenus die entgegengesetzte
Ansicht einer wehelosen Geburt und hat derselben in der
katholischen Tradition zur Geltung verholfen. Luther ist in
diesem Punkt correcter Katholik geblieben: in seinen Predigten [1]
spricht er wiederholt von der unversehrten Jungfrauschaft der
Maria und ihrer zwar wirklichen und natürlichen aber schmerz=
losen Geburt. Das erstere ist auch in unsern symbolischen Büchern [2]
ausgesprochen und daher officielle lutherische Kirchenlehre.

Wie sehr der Gedanke von der Virginität der Maria die
Phantasie der katholischen Theologen und Mönche beschäftigt hat,
ergibt sich auch aus der Fülle der Symbole, welche man dafür
ausfindig gemacht hat: der feurige Busch, Aarons blühende
Mandelruthe, Gibeon mit dem Widderfell, die verschlossene Pforte
vor der ein Mann kniet. Auch die Stelle Ez 44 1—3 von dem
östlichen Thor am Tempel, das verschlossen bleiben soll, wird auf
Maria gedeutet.

---

[1] Frankf. Ausgabe, 2. Aufl. XIX S. 32 444 ff., XX 530.
[2] Art. Smalc. I 4, Form. conc. VIII S. 24.

Die katholischen Predigten liefern manche Belege für die Werthschätzung der jungfräulichen Geburt mit Rücksicht auf Maria und ihre Verehrung. Namentlich an den Festen der Maria wird die jungfräuliche Mutter verherrlicht, aber auch in Weihnachtspredigten. Luther sagt hierüber in einer Christtagspredigt: „Vor dem, wenn man auf dieses Fest predigte, ward am meisten als das fürnehmst erfordert, daß man viel Rühmens machte von der Jungfrauschaft Mariä. Nun das ist nicht übel gethan, aber es ist zu viel gethan; denn man solle vielmehr handeln, daß Christus geboren ist“ [1]). Doch ist dieses Urtheil natürlich nicht ohne Einschränkung auf alle katholischen Prediger anzuwenden. Bei Bourdaloue z. B. habe ich ausführlichere Bezugnahme auf die Jungfrauengeburt nicht in den Weihnachtspredigten, sondern nur in den speciellen Marienfestpredigten gefunden [2]).

In einer Rede am Vorabend des heil. Weihnachtsfestes ruft Bernhard von Clairvaux aus: „O Geburt, von Heiligkeit umflossen, der Welt zur Verherrlichung, den Menschen zum Wohlgefallen durch die Größe der gespendeten Gnade, den Engeln unerforschlich ob der Tiefe heiliger Geheimnisse, und in dem Allem wunderbar durch den Glanz ihrer Neuheit, da etwas Aehnliches weder vorher noch nachher gesehen ward! O einzig schmerzlose Geburt, Geburt sonder Scham und Sünde, den Tempel der Jungfräulichkeit nicht verletzend sondern heiligend! Geburt über die Natur und doch für die Natur, über sie gestellt durch die Herrlichkeit des Wunders aber sie erneuernd durch die Kraft des Geheimnisses. Brüder, wer wird das Geheimniß dieser Zeugung aussagen? Ein Engel verkündet's, die Kraft des Höchsten überschattet, der Heilige Geist kommt herab, die Jungfrau glaubt, empfängt durch den Glauben und bleibt Jungfrau. Wer sollte nicht staunen? Geboren wird der Sohn des Höchsten, Gott von Gott, gezeugt vor aller Zeit, das Wort wird als unmündiges Kind

---

[1]) Frankf. Ausgabe 1878, XVII S. 463.

[2]) Vgl. Bourdaloue, Oeuvres complètes. Strasbourg 1864 ff., I S. 103, IV S. 370 393 ff., 410 ff.

geboren"[1]). Viel charakteristischer ist aber folgende Stelle aus einer Predigt Tauler's auf das Fest der Verkündigung Mariä[2]). „Darnach, als sie gesagt: „Siehe ich bin des Herrn Magd .." hat der Heilige Geist von dem reinsten Geblüt ihres jungfräulichen Herzens, welches von der Liebe Gottes heftig brannte, einen vollkommen reinen Leib erschaffen mit allen seinen Gliedern und hat ihm eine reine Seele eingehaucht . . . Und dieses ist nun die dritte Geburt, welche geschehen ist in dem Leibe der Jungfrau Maria ohne alle Verletzung der jungfräulichen Reinigkeit, durch welche sie ward eine Tochter des Vaters, eine Mutter des Sohnes, eine Braut des Heiligen Geistes, eine Himmelskönigin, eine Frau der Welt und aller Creaturen, ein Vorbild aller Menschen, die sie anschauen und ein Tempel Gottes . . . Ueberhaupt was unsere erste Mutter Eva im Paradiese verdorben, das hat diese heilige Jungfrau mit ihrem Sohne wieder alles gut gemacht. Sie ist der edelste Stern aus Jakob, der die ganze Welt erleuchtet".

Hier liegt in der That eine — von evangelischer Seite oft unbeachtete — aber sehr beachtenswerthe dogmatische und religiöse Verwerthung der übernatürlichen Geburt Jesu vor. Und wir dürfen nicht sagen, daß dieselbe verkehrt und unberechtigt sei. Im Gegentheil: sie ergibt sich ganz von selbst und ganz nothwendig, wo man einmal nicht mehr die innere religiöse Thatsache der heiligen und heiligenden Geisteswirkung, sondern die äußere physiologische Thasache der vaterlosen Erzeugung Jesu als das eigentlich Wichtige und Entscheidende ins Auge faßt. Diese katholischen Gedanken werden wohl von der großen Majorität der Evangelischen abgelehnt werden sammt der in unsern symbolischen Büchern behaupteten virginitas perpetua der Maria. Je entschiedener wir in solcher Ablehnung sind, um so mehr müssen wir uns auch dadurch warnen lassen vor dem Ausgangspunkt, aus welchem jene katholische Superstition mit innerer Nothwendigkeit hervorgewachsen ist.

---

[1]) Die Predigt der Kirche, VI S. 16 f.
[2]) Tauler's Predigten nach der Ausgabe von Arndt und Spener, Berlin 1841, III S. 67 ff. Maria hat in dreierlei Weise Gott empfangen und geboren: im Geist, in der Seele und im Leibe. S. besonders S. 72.

Diejenigen also, welche glauben an der Thatsache der jung=
fräulichen Geburt Jesu festhalten zu müssen, werden wohl daran
thun die hierüber bereits von Schleiermacher aufgestellten
Schranken ernstlich zu beachten[1]). 1) Jesus darf nicht als ein
Urmensch wie Adam betrachtet werden, von dem alle Volksthüm=
lichkeit weggewischt wäre, sondern die Volksthümlichkeit gehört zu
der vollständigen Geschichtlichkeit Christi. 2) Auszuschließen ist
die Beurtheilung des Geschlechtstriebes und seiner Befriedigung
als etwas an und für sich Sündiges und Sünde.Hervorbringendes;
das widerstreitet unserer Lehre von der vollkommenen Gottgefällig=
keit des ehelichen Lebens. 3) Man darf die Grenzen der evan=
gelischen Berichte, auf welchen jene Vorstellung ruht, nicht über=
schreiten und alle Behauptungen von einer Jungfräulichkeit der
Maria nach der Geburt Jesu sind vollständig abzuweisen. 4) Man
muß sich vor allem hüten zu glauben, „daß die Vaterlosigkeit
Jesu, d. h. die physiologische Uebernatürlichkeit seiner Erzeugung,
dasjenige erschöpft, was der Begriff des Erlösers als unmittelbare
göttliche Wirkung fordert"[2]).

Der religiöse Gedanke, welcher in und mit der über=
natürlichen Geburt Jesu in der Geschichte zur Ausprägung ge=
kommen ist, läßt sich in Kürze dahin formuliren: Jesus Christus

---

[1]) Der christliche Glaube, II 186 f.

[2]) Wo dies — namentlich das letzte — beachtet wird, da wird man
es nicht wagen, den als Ungläubigen zu beurtheilen, der über diesen spe=
ciellen Punkt historische oder dogmatische Bedenken hat, dabei aber sich zu
Jesus Christus als seinem Herrn und Erlöser bekennt. Es sei gestattet, in
diesem Zusammenhang an das in der Apostolikumsliteratur mehrfach citirte
Wort Julius Müller's bei Gelegenheit der Generalsynode von 1847
zu erinnern: „Wenn Jemand wahrhaft verstünde, was Buße und Glaube ist
und so das Evangelium vom Heiland der Welt, dem Sohne Gottes und
des Menschen aus lebendiger Erfahrung seines Herzens predigte, also auch
unfehlbar an der fleckenlosen Herrlichkeit Christi festhielte und doch dabei
verriethe, daß nach seiner Ansicht die göttliche Wirksamkeit in dem Anfang
des menschlichen Lebens Jesu das natürliche Medium nicht ausschließe —,
nun, so hoffen wir zu Gott, daß Er die evangelische Kirche nimmer so tief
sinken lassen wird, einen solchen heterodoxen Prediger, der ihr hundertmal
mehr nütze ist als ein Amtsgenosse von der reinsten aber seelenlosen Ortho=
doxie, aus ihrem Dienste entfernen zu wollen".

ist nicht das Product der natürlichen Entwicklung der
Menschheit, sondern eine Gabe Gottes, eine Neuschöpfung
Gottes in ihrem Schooße. Die Menschheit hat ihn nicht aus
sich selbst erzeugt, sondern vom Heiligen Geist, d. h. von der
schöpferischen Kraft Gottes empfangen. Das innere religiös-sitt-
liche Leben Christi stammt nicht aus der Welt, sondern von
Gott. Es ist rein von aller Befleckung der Sünde eben kraft
dieser Abstammung und weil die verunreinigenden Wirkungen der
Welt auf ihn aufgehoben und unkräftig gemacht sind durch die
Macht des in ihm waltenden heiligen Gottesgeistes und seiner
vollkommenen Gottesgemeinschaft.

Das sind Urtheile des Glaubens, welche nicht an eine bestimmte Theorie über die Entstehung des physischen Organismus
Jesu gebunden werden dürfen. War die natürliche Erzeugung
unzureichend, um aus der sündigen Gattung heraus den hervorzubringen, der vollkommen rein und heilig und die Vollendung
der Schöpfung des Menschen ist, so auch die theilweise Aufhebung
jener natürlichen Erzeugung[1]). Denn die an ihre Stelle gesetzte
allmächtige göttliche Wirksamkeit konnte denselben Einfluß haben
auf den väterlichen wie auf den mütterlichen Antheil bei der Entstehung des menschlichen Organismus Jesu. Nur aus einer unmittelbaren göttlichen Einwirkung, d. h. nur als ein Wunder
können wir vom Standpunkt des christlichen Glaubens die Geburt
Christi verstehen. Sie bleibt für uns eine übernatürliche Erzeugung, selbst wenn wir durch historische Argumente uns gezwungen sehen die historische Wirklichkeit der in den Kindheitsevangelien überlieferten Thatsachen preiszugeben. Die geschichtliche Kritik kann unsern Glauben nicht zerstören und unsern Christus
uns nicht nehmen. Dieser Glaube aber hat es nicht mit vernünftigen Möglichkeiten, sondern mit göttlichen Realitäten zu thun,
Realitäten die dadurch nichts einbüßen, daß wir sie nicht erklären
können und auch nicht zu erklären versuchen.

---

[1]) Vgl. Schleiermacher, Der christl. Glaube, II S. 180 ff.

II.

Unfere bisherige Unterfuchung über die dogmatifche Bebeu=
tung der übernatürlichen Geburt Chrifti hat uns fchon gelegent=
lich in die Erörterung des religiöfen Werthes berfelben hinein=
geführt. Beides hängt auf's Engfte zufammen, denn das Dogma
foll ja überhaupt nichts anberes fein als ber wiffenfchaftliche, be=
grifflich fixirte Ausbruck des Glaubens. Der eigentliche Jnhalt
ift auf beiden Seiten der gleiche, nur die Form, in welcher der
Gebanke zur Darftellung kommt, ift verfchieden. Und auch hin=
fichtlich der Form läßt fich die Grenze zwifchen dogmatifcher und
rein religiöfer Ausfage nicht fo genau beftimmen. So war es
wohl nicht zu umgehen fchon im erften Theil auch Stoff wefent=
lich religiöfer Art herbeizuziehen. Nun aber gilt es die Frage
nach der praktifch=religiöfen Verwerthbarkeit der jung=
fräulichen Geburt für fich ins Auge zu faffen und aus ihrer
thatfächlichen praktifch=religiöfen Verwerthung zu beant=
worten. Predigt, Kirchenlied und Katechismus find die brei
Haupterfcheinungen kirchlich=religiöfen Lebens, auf welche wir der
Reihe nach unfern Blick zu richten haben. Das Refultat läßt fich
freilich mit ziemlicher Sicherheit vorausfehen: ein verhältnißmäßig
ftarkes Zurücktreten der übernatürlichen Geburt im Vergleich zu
den andern fog. Heilsthatfachen des Lebens Jefu.

1. Jn Bezug auf die Predigt erkennt Geß — einer der
überzeugteften Verfechter des dogmatifchen Werthes der Jungfrauen=
geburt — dies rückhaltlos an. „Auch heute noch, fchreibt er,
pflegt in der evangelifchen Predigt die Thatfache der Erzeugung
Jefu aus dem Heiligen Geifte zurückzutreten, ob auch der Prediger
noch fo ficher von ihr überzeugt ift und noch fo klare Einficht
barein hat, daß ein Sohn Jofephs nicht hätte fündlos, alfo auch
nicht hätte der Heiland fein können. . . . Die übernatürliche Em=
pfängniß ift nur erft eine entfernte Vorbereitung zu Jefu Heilands=
beruf" [1]).

Die thatfächliche Verwendung derfelben in der evangelifchen
Predigt will ich nur an einem Prediger unterfuchen und zwar

---

[1]) Geß, Chrifti Perfon und Werk, § 48.

bei demjenigen, der — nach allgemeiner evangelischer Ansicht — die christliche Wahrheit in ihrem ganzen Umfang und ihrer ganzen Tiefe gerade in der Predigt fruchtbar zu machen gewußt hat, bei Luther.

Wir finden in Luther's Predigten zwei Reihen von Stellen, die uns hier interessiren: A) solche, in denen die Thatsache selbst betont und zugleich religiös verwendet wird; B) solche Stellen, in denen der Werth der Thatsache als solcher aus= drücklich beschränkt wird.

A) Luther erwähnt die Thatsache der jungfräulichen Ge= burt sehr häufig im Vorübergehen, nicht selten geht er auch näher darauf ein, namentlich in den Weihnachts= und Marienfestpredigten; gelegentlich betont er sehr stark die Nothwendigkeit des Glaubens an diesen Artikel[1]).

Immer wieder verknüpft er mit der übernatür= lichen Geburt die Sündlosigkeit Jesu: eine solche reine Geburt war unbedingt nothwendig für den, der uns von der Sünde erlösen sollte; sonst bedürfte er wohl selbst eines Erlösers. In welcher Weise Beides zusammenhängt, darüber findet sich keine eigentliche Erklärung: Beides wird einfach als solidarisch dar= gestellt. Luther erkennt einmal auch der Maria Freiheit von der Erbsünde zu (freilich mit allerhand scholastischen Distinctionen) ohne deswegen eine außergewöhnliche Art ihrer Geburt zu postu= liren[2]). Dann aber darf auch in Bezug auf Christus die über= natürliche Geburt nicht als conditio sine qua non der Sünd= losigkeit dargestellt werden. Trotzdem hält er durchweg jene Ge= dankenverbindung fest. Aber er weiß dieselbe nun auch wirklich religiös zu verwerthen. Durch seine reine Geburt hilft Christus unserer unreinen Geburt, denn durch den Glauben ist er ja ganz und gar unser. „Ein Christenmensch soll also glauben Christi Geburt sei so wohl sein als sie des Herrn Christi selber ist; und wie er von einer Jungfrau rein Fleisch und Blut hat, also sei er auch rein; und diese Jungfrau sei seine

---

[1]) Frankf. Ausg. XIX S. 30, XX 1 S. 118.
[2]) XV S. 56—59.

Mutter geistlich wie sie des Herrn Christi Mutter leiblich ist gewesen. .... Wenn nun seine Geburt mein ist, von einer Jungfrau und ohne Sünde, voll des Heiligen Geistes, so muß meine Geburt auch sein von der Jungfrau ohne Sünde. Da ist die Eva, die erste Mutter, nimmer meine Mutter, denn dieselbige Geburt muß gar sterben und vergehen, daß nicht mehr Sünde da ist; da muß ich wider die Mutter, von welcher ich bin in Sünden geboren, diese Mutter Maria setzen" [1]).

Ein andermal verfährt er allegorisirend und faßt Maria als Bild des Glaubens und der geistlichen Jungfrauschaft, „die sich auf den Glauben in Christum gründet und das Gesetz frei, ungezwungen, mit Liebe, Gott zu Gefallen thut". Dagegen der Mensch unter dem Gesetz ist gleich dem Weibe, das seine Frucht vom Manne hat: er hat seine Frucht nicht von Gott durch den Glauben sondern vom Gesetz.

B. Aber interessanter sind die Aussprüche, in welchen L u t h e r mehr oder weniger entschieden d i e T h a t s a c h e d e r j u n g = f r ä u l i c h e n E m p f ä n g n i ß a l s e t w a s v e r h ä l t n i ß = m ä ß i g U n w e s e n t l i c h e s in den Hintergrund stellt.

Er hat zuweilen ausdrücklich anerkannt, daß die Geburt ohne Zuthun des Mannes nicht ausreiche zur Begründung der Sündlosigkeit Jesu. Maria selbst habe der Reinigung durch den Heiligen Geist bedurft und dieser habe es auch bewirken können wie er ja am Ende der Tage alle Gläubigen vollkommen rein darstellen werde [2]). — Nicht selten begegnen uns solche Stellen, in denen L u t h e r rundweg erklärt, die Anerkennung der Geburt Jesu aus der Jungfrau sei noch gar nicht der christliche Glaube an den Heiland. „Der Papst hält's wohl dafür, daß Christus von einer Jungfrau geboren sei, und hält's dafür, daß eine Jungfrau könne eine Mutter sein und dennoch Jungfrau bleiben. Darum hält er die Historien für ein Geschicht, die vor langer Zeit geschrieben und nun todt ist ... Aber die Christen sollen's nicht allein annehmen als ein Geschicht, sondern als ein Geschenk und Schatz, der dir gegeben sei ... Er soll mir empfangen sein

---

[1]) XV S. 123—126.
[2]) XX S. 117 f. Vgl. auch Erl. Ausg.[1] I S. 197.

und geboren" [1]). „Der Türk bekenut Christus sei geboren von der Jungfrau, geht aber ihn nicht an, denn er läßt ihn nur der Marien bleiben ... aber das „uns" macht mich und den Türken von einander" [2]). Dasselbe evangelische Glaubensinteresse kommt auch zum Ausdruck in einer Predigt über Joh 1 1—14. „Darum sicht man, daß die lieben Apostel Paulus, Johannes, Petrus und Christus selbst schier mit keinem Wort gewähnen der Mutter, der Jungfrau; denn es liegt nicht die größte Macht daran, daß sie Jungfrau ist, sondern da liegts alles an, daß wir wissen wie das Kind um unsertwillen da ist ... Wo man die Mutter alleine preiset und des schweiget, richtet man eitel Abgötterei an. Sie ist nicht um ihretwillen da, sondern nur um seinetwillen, daß sie nur biene und mir das Kind gebe: sie ist ja aller Ehren werth, aber lasse das noch Kupfer sein gegen diesem Golde" [3]). Ganz ähnlich eine Predigt über Gal 4 1—8: „Es ist dem Apostel an dieser Geburt Christi mehr gelegen, denn an der Jungfrauschaft Mariä; darum schweigt er der Jungfrauschaft, die nur eine persönliche eigene Zierde ist und zeucht an die Weibschaft ... Derhalben ob die heilige Jungfrau Maria wohl hoch zu ehren ist ihrer Jungfrauschaft halber, ist doch ihrer Weibschaft Ehre unmäßlich größer, daß ihre weiblichen Gliedmaßen dazu kommen sind, daß Gottes Testament durch sie erfüllt würde ..., dazu nicht genug gewesen, ja gar kein nütze die Jungfrauschaft allein" [4]). Ja in einer Predigt über den Ehestand wird unter den Ehren desselben aufgezählt: „Unser Herr Christus ist nach dem Gesetz von Maria seiner Mutter, als sie Joseph ihrem Manne vertraut war, im Ehestand geboren worden und hat den mit seiner Geburt geehrt" [5]).

Sehr energisch betont L u t h e r den wahrhaft menschlichen Charakter der Geburt Christi — im Gegensatz zu allen doketischen Anwandlungen — als Voraussetzung seiner Erlöserbedeutung für uns. „Daß er von einer Jungfrau ist geboren, da liegt uns an, nicht daß sie Jungfrau ist, sondern fürnehmlich, daß er geboren

---

[1]) XX, 1. Abtheil. S. 112 f.

[2]) Predigt über Jesaja 9 2—7, Bd. XX, 2. Abtheil. 274 f. Vgl. Erl. Ausg. VI S. 53.   [3]) XV S. 155.

[4]) Erl. Ausg.¹, VII S. 264 f.   [5]) Frankf. Ausg. XVII S. 121.

ist und dieser Jungfrau Sohn sei meines Wesens und Natur. Er ist nicht mein Schwager worden und hat nicht etwa meine Schwester zum Weib genommen, sondern unser menschlich Fleisch und Blut. Das ist unsere Herrlichkeit und soll uns fröhlich machen" [1]. Eine höchst interessante Wendung von der jungfräulichen Geburt zur wahrhaft menschlichen liegt in folgender Stelle: „Solches — nämlich, nach dem Vorhergehenden: die Geburt Christi vom Heiligen Geist aus der Jungfrau — ist unser Glaube und wenn wir das verlieren, so ist's mit unsrer Seelen Heil und Seligkeit aus. Denn, so Christus nicht mein Fleisch und Blut an sich genommen hat, so hilft er mir nichts, und er mag dann helfen Geistern und Gespenstern" [2].

Endlich in einer Weihnachtspredigt der Kirchenpostille hebt er hervor, daß der Maria bei der Geburt Christi geschehen sei wie sonst einem gebärenden Weibe geschieht, freilich ohne Schmerzen und Versehrung. Dann fügt er folgenden sehr bedeutsamen Gedanken bei, der über Luther's Standpunkt hinausgreift und eben so gut, ja noch viel besser auf eine in allen Stücken menschlich-natürliche Lebensentstehung paßt: „denn die Gnade zerbricht nicht, hindert auch nicht die Natur noch ihre Werke, ja sie bessert und fördert sie ... Natur ist an ihm und seiner Mutter [3] rein gewesen in allen Gliedern, in allen Werken der Glieder ... Wir könnten Christum nicht so tief in die Natur und Fleisch ziehen, es ist uns noch tröstlicher ... Wie hätte Gott seine Güte größer mögen erzeigen, denn daß er sich so tief in Fleisch und Blut senket, daß er auch die natürliche Heimlichkeit nicht verachtet und die Natur an dem Ort auf's allerhöchst ehret, da sie in Adam und Eva ist am allerhöchsten zu Schanden geworden, daß hinfort nun auch das göttlich, ehrlich und rein ist, das in allen Menschen das ungöttlichste, schamlichste und unreinste ist. Das sind rechte Gottes Wunderwerke" [1].

[1] XVII S. 463.
[2] XX, 1. Abtheil., S. 118.
[3] Warum dann nicht eben so gut auch beim Vater?
[4] Erl. Ausg.¹, X 131 f.

Die von Luther mit der jungfräulichen Empfängniß Jesu
verknüpften religiösen Gedanken lassen sich sammt und sonders
von jener Thatsache ablösen und auch so festhalten. Im Uebrigen
ist aber auch klar, daß eine Sprache wie sie Luther in diesen
Dingen geführt hat, heutzutage auf der Kanzel unmöglich wäre.
Die Natur des Gegenstandes verbietet dem
Prediger ein näheres Eingehen auf denselben.
Während die Charfreitags= und Ostertatsache im Vordergrund
der jeweiligen Festpredigt steht und den Nerv ihrer Wirksamkeit
bildet, muß vielmehr das, was man die Weihnachtsthatsache nennen
könnte, im Hintergrund bleiben. Oder, richtiger gesagt: die eigent=
liche Weihnachtsthatsache ist nicht die wunderbare Zeugung Jesu
sondern vielmehr die Krippe in Bethlehem. Es ist nicht möglich
eine evangelische Weihnachtspredigt zu halten, ohne den Gedanken
von Christus als der Gabe Gottes an die Menschheit und der
Neuschöpfung im Schooße der Menschheit zum Ausdruck zu bringen:
wird aber die wunderbare Erzeugung Jesu mit Stillschweigen
übergangen, so dürfte dies kaum von irgend Jemand als Mangel
der Predigt empfunden werden. So sind denn auch in modernen
Weihnachtspredigten die Beziehungen darauf äußerst selten. Ist
dies nicht auch ein Urtheil über den religiösen Werth der That=
sache und darf man zu den Grundlehren des Christenthums etwas
rechnen, wovon im christlichen Gottesdienst kaum je die Rede ist
und worüber kaum gepredigt werden kann?[1])

2. Eben so wenig wie in der Predigt tritt die übernatürliche
Geburt im evangelischen Kirchenlied hervor. Wenn
sie wirklich „das Fundament des Christenthums" wäre, müßte sie
sich nicht auch einen Ausdruck geschaffen haben in den Liebern,
in welchen die gottbegnadeten Sänger der christlichen Gemeinde
die großen Thaten Gottes zur Erlösung seines Volkes verherrlicht
haben? Auch aus Gesangbüchern, die von jeder rationalistischen
Tendenz frei sind, ja vielmehr ein ausgesprochen orthodox=confessio=

---

[1]) So geht z. B. auch Tholuck stillschweigend über die Art der
Geburt Christi hinweg in seinen Predigten über das Apostolikum. Predigten
über Hauptstücke des christl. Glaubens u. Lebens. Hamburg 1838, Bd. II,
S. 140—162, bes. S. 152 ff.

nelles Gepräge haben, läßt sich nur eine ziemlich magere Sammlung von Strophen zusammenstellen, in denen überhaupt auf die
betreffende Thatsache Bezug genommen wird. Meistentheils geschieht dies nur durch einfache Erwähnung.

So in Luther's Weihnachtslied:

> Gelobet seist du, Jesus Christ,
> Der du Mensch geboren bist,
> Von einer Jungfrau, das ist wahr,
> Des freuet sich der Engel Schaar.

So Paul Gerhardt:

> Wir singen dir, Immanuel,
> Du Lebensfürst und Gnadenquell,
> Du Himmelsblum und Morgenstern,
> Du Jungfrau'n Sohn, Herr aller Herrn.

In diesen und ähnlichen Strophen bleibt völlig unbestimmt,
welchen religiösen Gedanken der Dichter damit verknüpft hat.
Nicht selten hat man den Eindruck, daß die Thatsache als vorwiegend, wenn nicht rein ästhetisches Motiv zur Verwendung kommt. So z. B. in Luther's „Vom Himmel hoch":

> Euch ist ein Kindlein heut geborn
> Von einer Jungfrau auserkorn,
> Ein Kindelein so zart und fein,
> Das soll eur' Freud' und Wonne sein.

Oder in „Es ist ein Ros entsprungen" die Bezeichnung der
Mutter als „Marie, die reine Magd".

Als Beispiele bestimmt religiöser bzw. dogmatischer Gedanken
mögen folgende Strophen genügen.

Aus Luther's „Christum wir sollen loben schon":

> Die göttlich Gnad vom Himmel groß,
> Sich in die keusche Mutter goß;
> Ein Mägdlein trug ein himmlisch Pfand,
> Das der Natur war unbekannt.
> Das züchtig Haus des Herzens zart
> Gar bald ein Tempel Gottes ward;
> Die kein Mann jemals hat erkannt,
> Von Gottes Wort man Mutter fand.

Endlich das alte Weihnachtslied „Der Tag, der ist so
freudenreich":

> Ein Kindelein so wunderbar
> Ist uns geboren heute,
> Von einer Jungfrau, das ist wahr,
> Zu Trost uns armen Leuten.
> Wär' uns das Kindlein nicht geborn,
> So wär'n wir allzumal verlorn.

> Als wie durch Glas das Sonnenlicht
> Durchscheint mit hellem Scheine,
> Es nicht versehret noch zerbricht,
> So merket allgemeine:
> In gleicher Weis' geboren ward,
> Von einer Jungfrau rein und zart
> Gottes Sohn der Werthe . . . . .

Klingt das nicht fast doketisch und wird etwa eine solche Strophe zur Erhöhung der Weihnachtsfeier viel beitragen? Nein, was im evangelischen Kirchenlied kaum besungen worden ist, was die christliche Gemeinde in ihrem Gottesdienst nicht singt und nicht singen kann, das darf auch nicht als ein unentbehrliches Stück des evangelischen Glaubens beurtheilt werden.

3. Wenden wir uns endlich zum Katechismus und fassen wir zunächst die Hauptkatechismen der Reformationszeit ins Auge! Dieselben sind schon durch das zu erklärende Apostolikum genöthigt die Thatsache der jungfräulichen Geburt Christi zu berühren.

Luther begnügt sich im kleinen Katechismus bekanntlich mit dem Satze: „Jesus Christus, wahrhaftiger Gott vom Vater in Ewigkeit geboren und auch wahrhaftiger Mensch von der Jung= frau Maria geboren", ein Zeichen seines seinen pädagogischen Taktes, worin ihm seine Ausleger leider nicht immer gefolgt sind. Ganz richtig gibt Nissen Luther's Gedanken wieder mit den Worten: „Der Sohn Gottes ist also wahrhaftiger Mensch und als Hauptbeweis führt Luther an: von der Jungfrau Maria geboren. Was nämlich von einer menschlichen Mutter geboren wird, das ist menschlich, ein wahrhaftiger Mensch." Er geht dann dazu über aus den von Luther nicht besonders ge= deuteten Worten „empfangen vom heil. Geiste" die Sündlosigkeit Jesu abzuleiten, auf welchen Gedanken ja auch Luther im großen Katechismus am Schluß des 2. Artikels hinweist.

Ausführlicher ist die Behandlung in den Katechismen der reformirten Kirche. Der Genfer Katechismus in folgender, m. E. recht unglücklichen Weise:

„Wie verstehst du die beiden Sätze: empfangen vom heil. Geiste, geboren von der Jungfrau Maria? Er sei gebildet worden im Leibe der Jungfrau aus seinem Wesen, damit er der wahre Sohn David's sei ...; das sei aber durch die wunderbare und geheimnißvolle Kraft des heil. Geistes bewirkt, ohne Hinzukommen eines Mannes. — Warum ist dies durch den heil. Geist geschehen und nicht lieber auf die gewöhnliche und gebräuchliche Weise der Erzeugung? Weil das menschliche Geschlecht ganz und gar verdorben war, geziemte es sich bei der Zeugung des Sohnes Gottes, daß der heil. Geist dazwischen kam, damit jener von Ansteckung frei bliebe und mit der vollkommensten Reinheit begabt wäre."

Viel besser der Heidelberger Katechismus: „Was heißt das, wenn du sprichst: Christus ist empfangen vom heil. Geiste, geboren aus der Jungfrau Maria? Daß der Sohn Gottes, der wahrer und ewiger Gott ist und bleibt, wahre menschliche Natur aus dem Fleisch und Blut der Jungfrau Maria durch die Wirkung des heil. Geistes angenommen hat, damit er zugleich der wahre Nachkomme David's sei, seinen Brüdern in Allem gleich, die Sünde ausgenommen. — Welchen Nutzen hat die heilige Empfängniß Jesu Christi für dich? Daß er unser Mittler ist und mit seiner Unschuld und vollkommenen Heiligkeit meine Sünden, darin ich empfangen bin, zudecke, daß sie nicht vor Gottes Angesicht kommen."

Eine wirkliche Erklärung dieses Lehrstücks vor Kindern verbietet sich m. E. von selbst, denn sie ist nicht möglich ohne Dinge zu berühren, von denen das Kind noch nichts wissen soll. In dieser Beziehung scheint mir auch die im Allgemeinen recht zarte und keusche Behandlung des Gegenstandes bei Zezschwitz[1]) zu weit zu gehen. Die Schwierigkeit, welche die Sätze „empfangen vom heil. Geiste, geboren von der Jungfrau Maria" dem Katecheten bereiten, wird sich wohl nicht anders heben lassen als durch bewußte und absichtliche Umdeutung derselben. Bornemann

---

[1]) Die Christenlehre im Zusammenhang, 1880 ff., S. 247—59.

z. B. gibt folgenden Weg als den von ihm gebrauchten an. Die
alttestamentlichen Propheten sind nur vorübergehend vom Geiste
Gottes berührt, die Apostel und echten Christen haben den Geist
nicht in vollkommenem Maß; aber die Person Jesu, das Wesen
Jesu ist ganz und gar aus dem Geiste Gottes als seinem eigensten
Ursprung zu erklären und zu verstehen. Er fügt hinzu: „Ich bin
mir wohl bewußt, daß ich so nicht von der Jungfrauengeburt
sondern von der Gottessohnschaft Jesu rede und dem genauen
Wortlaut des Symbols nicht gerecht werde, aber ich bitte jeden
mir einen anderen korrekteren Weg zu zeigen" [1]).

Daß eine Erörterung der übernatürlichen Geburt nöthig sei,
um den Kindern einen lebendigen, anschaulichen Eindruck von
Christi göttlicher Heiligkeit und Herrlichkeit zu geben, wird wohl
Niemand im Ernst behaupten wollen.

Wie kurz und fragmentarisch unsere Untersuchung auch ge=
wesen, sie hat doch wohl genügt, um zu zeigen, daß die Rolle,
welche die Thatsache der wunderbaren Geburt Christi gespielt hat,
sowohl in der Ausprägung der christlichen Lehre wie in der Er=
bauung der christlichen Gemeinde, eine sehr geringe und unter=
geordnete ist. Wie in dogmatischer so steht auch in praktisch
religiöser Beziehung ihre Verwerthung und ihre Verwendbarkeit
weit zurück hinter derjenigen der centralen Glaubensgedanken des
Evangeliums. Die religiösen Gedanken aber, welche meist an diese
Thatsache geknüpft werden, laffen sich sehr wohl davon ablösen,
ohne irgend etwas von ihrem Gehalt und ihrer Eindrucksfähigkeit
zu verlieren. Christi Gottessohnschaft und Sündlosigkeit sowie
seine universal menschliche Bedeutung sind mit der äußerlichen
physiologischen Thatsache der vaterlosen Erzeugung Jesu keines=
wegs solidarisch.

Zum Schluß noch eine Frage. Wie sollen wir uns
jener Vorstellung gegenüber verhalten, die uns
als ein festes Stück der dogmatischen Tradition entgegentritt, ja
noch mehr: als ein Gedanke, der gewiß im Bewußtsein unseres
christlichen Volkes noch tiefe Wurzeln hat, während er freilich auf

---

[1]) Der Streit um das Apostolikum, S. 48. Vgl. einen andern Vor=
schlag bei Dörries, Der Glaube 1891, S. 201 ff.

der anderen Seite für Viele — Gebildete und Ungebildete und wohl namentlich für die große Menge der Halbgebildeten — in unseren Tagen ein Stein des Anstoßes geworden ist?

1. Wer mit der traditionellen Anschauung übereinstimmt, muß sich hüten die Anerkennung der Thatsache irgend Jemandem aufzudrängen oder sie als ein wesentliches, unentbehrliches Stück des Glaubens an Christus darzustellen. Er hat vielmehr darauf zu achten, wie er Verständniß wecke für die ächt christlichen Gedanken, welche durch die Tradition an jene Thatsache geknüpft worden sind.

2. Wer sich selbst jenem Lehrstück gegenüber ablehnend verhält, ist nicht ohne Weiteres berechtigt, Andere, welche daran festhalten, durch historische oder dogmatische Kritik in ihrer Ueberzeugung zu erschüttern. Denn ihr Glaube könnte dadurch wirklich Schaden leiden, so lange sie in jener Thatsache noch ein Fundament des göttlichen Heilswerkes sehen.

3. Wir haben immer wieder und mit allen uns zu Gebote stehenden Mitteln in Predigt, Unterricht und Seelsorge d i e Gemeinde dazu anzuleiten ihren Glauben an Christus auf die rechte evangelische Basis zu gründen: nicht auf eine geheimnißvolle, physische oder metaphysische, Theorie über die Entstehung seiner Person, sondern auf die in seinem geschichtlichen Leben und Wirken sich kundgebende göttliche Liebe. Wo dieses Verständniß der Person Jesu vorhanden, und nur so weit als dies der Fall ist, wird die christliche Gemeinde die Vorstellung von der übernatürlichen Erzeugung Jesu als einer geschichtlichen Thatsache physiologischer Natur entbehren können. Für diesen scheinbaren Verlust wird sie reichlichen Ersatz finden in den darin beschlossenen religiösen Gedanken, daß Jesus Christus in Wahrheit, seinem innersten Wesen nach, göttlichen Ursprungs ist, nicht ein Erzeugniß der sündigen Menschheit, sondern eine Neuschöpfung in ihrem Schooße durch die Kraft des heiligen Geistes, darum auch das Haupt der neuen Menschheit und der Mittler des ewigen Lebens.

Julian's des Apostaten Beurtheilung des johanneischen Prologs.

Von

Adolf Harnack.

Julian, c. Christ. p. 213 B (rec. Neumann): „. . . Jesus aber, der den Geistern befahl und auf dem Meere wandelte und die Dämonen austrieb, der, wie ihr wenigstens behauptet, den Himmel und die Erde geschaffen hat — denn von seinen Schülern hat fürwahr keiner gewagt, so etwas von ihm auszusagen, mit einziger Ausnahme des Johannes, aber auch er weder deutlich noch bestimmt; doch zugestanden, er habe es gesagt — dieser Jesus wäre also nicht im Stande gewesen, seine Freunde und Stammesgenossen zu ihrem Heile umzustimmen?"

C. Christ. p. 253 sq. sucht Julian nachzuweisen, daß Moses den strengsten Monotheismus gelehrt habe und daß die von den Christen angeführten messianischen Weissagungen des Moses größtentheils überhaupt nicht auf einen Messias gehen, überall aber von einem zweiten Gott nichts wissen. In diesem Zusammenhang schreibt er (p. 261 E sq.): „Man mag auch noch den Herrscher aus Juda zugestehen, nicht aber das „Gott aus Gott" nach euerer Redeweise, noch das „Alles ist durch ihn geworden und ohne ihn ist auch nicht Eines geworden" . . . . Aber Jene (die Christen) werden vielleicht sagen: „Auch wir sprechen nicht von Zweien oder von Dreien". Nun, ich werde zeigen, daß sie gerade so sprechen, indem ich den Johannes zum Zeugen aufrufe,

der sagt: „Im Anfang war der Logos und der Logos war bei
Gott, und Gott war der Logos". Du siehst, ein „bei Gott sein"
wird behauptet. Ob dies der aus Maria Geborene oder irgend
ein Anderer ist — um zugleich auch dem Photin zu antworten —
das ist hier ganz gleichgiltig, den Streit hierüber überlasse ich
euch: daß es aber heißt „bei Gott" und „im Anfang", das an=
zuführen genügt. Wie stimmt das mit den Worten des Moses?
Aber mit den Worten des Jesajas, behaupten sie, stimmt es;
denn Jesajas sage: „Siehe die Jungfrau wird schwanger werden
und einen Sohn gebären". Nun, angenommen es sei dies von
einer Jungfrau[1]) ausgesagt — obschon es so nicht gesagt ist;
denn eine Verheirathete, die bei ihrem Manne gelegen, bevor sie
geboren, war keine Jungfrau mehr; doch sei die Jungfrau zu=
gestanden — sagt Jesajas etwa, aus der Jungfrau werde ein
Gott geboren werden? Werdet ihr nicht aufhören, die Maria
„Gottesgebärerin" zu nennen, da doch Jesajas nirgends den aus
der Jungfrau Geborenen „Eingeborenen Sohn Gottes" noch
„Erstgeborenen vor jeglicher Creatur" nennt? oder kann etwa
Jemand die Worte des Johannes „Alles ist durch ihr geworden
und ohne ihr ist auch nicht Eines geworden" unter den Sprüchen
der Propheten aufweisen? Aber was wir aufweisen (scil. den
Monotheismus), das könnt ihr eben von Jenen in einer Folge
hören (folgen Jes. 26 13 37 16). Hier läßt Hiskia doch nicht für
den zweiten (Gott) Raum? Weiter — wenn der Logos nach
euerer Lehre „Gott aus Gott" und „aus dem Wesen des Vaters"
hervorgesproßt ist, wie könnt ihr da behaupten, die Jungfrau sei
„Gottesgebärerin", wie kann sie denn, da sie nach euerer Meinung
doch ein Mensch ist, einen Gott gebären? Und weiter — wenn
Gott deutlich sagt: „Ich bin es und nicht ist außer mir ein
Heiland", wie habt ihr euch unterstanden, ihren Sohn „Heiland"
zu nennen".

C. Christ. p. 327 333: „So heillos seid ihr, daß ihr nicht
einmal bei dem, was euch die Apostel überliefert haben, stehen
geblieben seid; auch dies ist von den Späteren zum Schlimmeren

---

[1]) Ὑπὲρ ϑεοῦ ist schwerlich richtig; ὑπὲρ (περὶ) παρϑένου ist zu lesen.

und Gottloseren ausgebildet worden. Jesum wenigstens hat sich weder Paulus noch Matthäus noch Lucas noch Marcus Gott zu nennen erkühnt, sondern der wackre Johannes hat es zuerst gewagt, als er bemerkte, daß bereits eine große Menge in vielen hellenischen und italischen Städten von dieser Krankheit ergriffen sei, und als er, so vermuthe ich, hörte, daß selbst die Gräber des Petrus und Paulus verehrt würden, zwar heimlich, aber er hörte doch davon. Nachdem er einiges Weuige von Johannes dem Täufer erzählt, lenkt er wieder zurück auf den von ihm verkündeten Logos; „und der Logos", sagt er, „wurde Fleisch und wohnte unter uns"; wie das aber zuging, verschweigt er aus Scheu (αἰσχυνόμενος, vielleicht aus Scham). Nirgends aber nennt er ihn Jesus oder Christus, so lange er ihn Gott und Logos nennt. Gleichsam leise und heimlich (ὥσπερ ἠρέμα καὶ λάθρᾳ) sich unser Ohr stehlend, sagt er, Johannes der Täufer habe dieses Zeugniß von Jesus Christus abgelegt, daß eben dieser es sei, den man für den Gott=Logos halten müsse. Daß aber Johannes (scil. der Evangelist) dies (wirklich) über Jesus Christus sagt, dem widerspreche auch ich nicht, obschon Einige der Gottlosen (der Christen) der Meinung sind, ein anderer sei Jesus Christus, ein anderer der von Johannes verkündete Logos. So aber verhält sichs nicht; denn (der Evangelist) sagt, daß der, den er selbst für den Gott=Logos erklärt, von Johannes dem Täufer erkannt worden sei, daß er Christus Jesus sei. Beachtet wohl, wie vorsichtig, leise und heimlich er dem Drama die Spitze der Gottlosig= keit aufsetzt, dabei aber zugeich so listig und trügerisch ist, daß er das Gesagte wiederum zurücknimmt, indem er hinzufügt: „Gott hat Niemand je gesehen; der ein= geborene Sohn, der in dem Schoß des Vaters ist, der hat es verkündet (σκοπεῖτε οὖν, ὅπως εὐλαβῶς, ἠρέμα καὶ λεληθότως ἐπεισάγει τῷ δράματι τὸν κολοφῶνα τῆς ἀσεβείας οὕτω τέ ἐστι πανοῦργος καὶ ἀπατεών, ὥστε αὖθις ἀναδύεται προστιθείς· Θεὸν οὐδεὶς ἑώρακε κτλ.). Ist nun jener Fleisch geworbene Gott= Logos der eingeborene Sohn, der in dem Schoß des Vaters ist?

und wenn er es ist, den ich meine, dann habt auch ihr offenbar
Gott gesehen. Denn „er wohnte unter euch und ihr sahet seine
Herrlichkeit". Was fügst Du nun hinzu: „Gott hat Niemand je
gesehen"? Denn ihr habt ihn ja gesehen, wenn auch nicht den
Vater=Gott, so doch den Gott=Logos. Ist aber der eingeborene
Sohn ein anderer, der Gott=Logos ein anderer, wie ich Einige
aus euerer Secte habe sagen hören, so hätte auch Johannes jene
Aussage nicht wagen dürfen. — Dieses Uebel nun hat von Jo=
hannes seinen Ursprung empfangen. Wer aber vermöchte es,
gebührend seinen Abscheu zu äußern vor alle dem, was ihr hierzu
erfunden habt, indem ihr zu dem alten todten Menschen (scil.
Jesus) neue Todte hinzufügtet (scil. um sie zu verehren). Alles
habt ihr mit Gräbern und Grabmälern erfüllt u. s. w."

Diese Kritik Julian's ist in mehr als einer Hinsicht lehr=
reich. Ihre wesentlichen Momente seien hier zusammengestellt:

1) Julian lehnt das modalistische und das photinische Ver=
ständniß des Logos im johanneischen Prologe mit Recht ab. Er
erkennt, daß der Logos von Johannes nicht als Allegorie ein=
geführt ist[1]), sondern als distincte Person und zwar als ewige
Person, daher als zweiter Gott, und er erkennt ferner an, daß
im Prolog die vollkommene Identität von Gott=Logos, ein=
geborener Sohn und Jesus Christus ausgesprochen ist, und daß
Gott den Logos sehen ebensoviel ist, als Gott den Vater sehen.
Wenn er an einer Stelle zu sagen scheint, daß er den Streit der
Kirche und des Photin über die Auslegung auf sich beruhen
lassen wolle, so ist das nur Schein. An jener Stelle hat er eine
Entscheidung darüber nicht nöthig. Wo er Stellung nehmen
muß, da tritt er für das kirchliche Verständniß bestimmt ein.
Die Schlußbemerkung: „Ist aber der eingeborene Sohn ein
anderer, der Gott=Logos ein anderer, wie ich Einige aus euerer

---

[1]) Wie z. B. die Noëtianer behaupteten; s. Hippol. c. Noët. 15:
ἀλλ' ἐρεῖ μοι τις · Ξένον μοι φέρεις λόγον λέγων υἱόν. Ἰωάννης μὲν γὰρ λέγει
λόγον, ἀλλ' ἄλλως ἀλληγορεῖ.

Secte habe sagen hören u. s. w.", liegt nicht mehr im Rahmen
der Exegese, sondern in dem der Dogmatik.

2) Julian erkennt implicite und ausdrücklich an, daß die
nicänische Lehre mit der des Prologs stimmt. Er geht deshalb
so weit, die nicänischen Stichworte und die des Prologs promiscue
zu gebrauchen, zu vermischen und zu vertauschen[1]). Auch nach
dem Prolog ist Jesus Christus „Gott von Gott", „aus dem
Wesen des Vaters", vermittelndes Princip der Weltschöpfung.
Nur zwei Unterschiede walten hier ob: 1) die Aussage, daß ohne
Jesus Christus nichts geworden sei — nach Julian, dem kosmo=
logisch interessirten heidnischen Dogmatiker, der exorbitanteste
und anstößigste Lehrsatz der Christen[2]) — findet er im Prolog
nicht deutlich und bestimmt ausgesprochen[3]), 2) für den Aus=
druck „Gottesgebärerin", den die Christen schon damals nach
seinem Zeugniß häufig gebrauchten, sieht er im Prolog keinen
Raum, ja er findet ihn durch den Prolog ausgeschlossen; denn,
so folgert er nicht ohne Grund, ist der Logos Gott aus Gott und
aus dem Wesen des Vaters hervorgesprossen, so kann ein mensch=
liches Weib nicht die Gottesmutter sein.

3) Julian erkennt nicht nur die Identität der orthodoxen
Christologie mit der des johanneischen Prologs an, sondern er
macht sogar Johannes ausschließlich für sie verantwortlich.
„Dieses Uebel hat von Johannes seinen Ursprung empfangen."
Die Späteren haben es freilich noch zum Schlimmeren und Gott=
loseren ausgebildet. Dabei denkt Julian jedoch nicht, oder höch=
stens nebensächlich, an eine weitere Ausbildung der Christologie[4]),
sondern an den Unfug, daß man sich an der göttlichen Verehrung
des einen todten Menschen nicht mehr genügen ließ, sondern

---

[1]) Es ist lehrreich, daß Julian i. J. 362/63 nicht die arianische Doc=
trin, sondern die nicänische als die Kirchenlehre nimmt. Vom Arianismus
schweigt er überhaupt! Das ist ein starkes Zeugniß für die Macht der nicä=
nischen Formel und für die Energie ihrer Vertreter.

[2]) Dreimal hebt er ihn hervor.

[3]) Inwiefern hier Johannes sich nicht deutlich und bestimmt aus=
gedrückt haben soll, ist auf den ersten Blick nicht klar. Doch s. unten.

[4]) Höchstens an die „Gottesmutter" und an die bestimmtere
Fassung des Worts „durch ihn ist Alles geworden".

„neue Todte" — Märtyrer und Heilige — dazu erfunden hat. Von dem „Uebel", Jesum als Gott vorgestellt zu haben, spricht Julian die Synoptiker und Paulus ausdrücklich frei. Es ist sehr beachtenswerth, daß er Paulus als Christologen mit den Synoptikern zusammenstellt, obgleich e·; doch sehr schlecht auf ihn zu sprechen ist (p. 100 A: τὸν πάντας Ἀνταχοῦ τοὺς πώποτε γόητας καὶ ἀπατεῶνας ὑπερβαλλόμενον Παῦλον). Eine theologia Christi im stricten Sinn hat Julian also in den Briefen des Paulus nicht gefunden.

4) Julian giebt uns in seinen Ausführungen Aufschluß sowohl über den Ursprung und das Motiv des johanneischen Prologs als über seinen Aufbau. Was das Erstere betrifft, so nimmt er an, daß der Prolog für Heidenchristen geschrieben sei[1]) und zwar in einer Zeit, als diese schon zahlreich geworden waren. Absicht des Johannes sei gewesen a) im Allgemeinen ihnen eine entsprechende Unterweisung zu geben[2]) und b) durch dieselbe einer Verdrängung resp. Beeinträchtigung der Verehrung Jesu durch die Verehrung anderer Todter (wie Julian anzunehmen geneigt ist, der Märtyrer=Apostel Petrus und Paulus) vorzubeugen. Johannes sah — das muß Julian's Meinung sein —, den all= gemeinen Zug der Heidenchristen zum Cultus ihrer verstorbenen Heroen; um die einzigartige Verehrung Jesu sicher zu stellen, hat er ihn als fleischgewordenen Gott=Logos vorgestellt. Diese Er= klärung erscheint zunächst falsch und absurd; doch ist sie nicht ganz von aller Geschichte verlassen, und jedenfalls bleibt als bedeutungs= voll bestehen, daß Julian den Prolog aus der Rücksicht auf heidenchristliche Leser ableitet. Was aber das specielle Moment betrifft, so hat man sich einerseits zu erinnern, wie schon im zweiten Jahrhundert die Heiden immer wieder die Vermuthung resp. Befürchtung ausgesprochen haben, die Christen würden Jesum verlassen und ihre Märtyrer=Heroen anbeten oder doch ihren Cult mit dem Cult Jesu verbinden. Man lese den Smyrnäerbrief über das Martyrium Polykarp's, das Schreiben aus Lyon und Vienne,

---

[1]) Zwischen dem A. T. und dem Prolog waltet nach Julian der denkbar größte Gegensatz ob.

[2]) So darf man seine Worte wohl ergänzen.

Lucian's Peregrinus Proteus u. A. Andererseits ist darauf auf=
merksam zu machen, daß Phlegon=Hadrian in seiner Chronik nach
dem Zeugniß des Origenes (c. Cels. II, 14) in seinen Erzählungen
Jesus und Petrus verwechselt hat. Das hätte er schwerlich ge=
konnt, wenn ihm nicht aus christlichem Mund der Name des
Petrus immer wieder entgegengebracht worden wäre. Das be=
sondere Motiv für die Abfassung des Prologs, welches Julian
angiebt — geschichtlich gewiß unrichtig ¹) — bezeichnet mithin einen
Fehler, den nicht erst ein heidnischer Schriftsteller des vierten
Jahrhunderts begehen konnte, sondern der schon im zweiten Jahr=
hundert nahe lag.

Lehrreicher noch als die Einsicht Julian's, der Prolog
sei auf heidenchristliche Leser berechnet und aus dieser Absicht zu
erklären, ist, was er, freilich in mißgünstigster Weise, über seinen
Aufbau verräth. Als ich meinen Aufsatz über den Prolog in
dieser Zeitschrift Bd. II, S. 189 ff. schrieb, waren mir die Aus=
führungen Julian's gänzlich aus dem Gedächtniß entschwunden.
Um so mehr freue ich mich der Bestätigung meiner Auffassung
von einer Seite, von der ich sie am wenigsten erwartete, der man
aber die Competenz, schriftstellerische Absicht zu ermitteln, das
Gefüge einer griechischen, philosophisch=theologischen Ausführung
zu verstehen und Hellenisches und Jüdisches zu unterscheiden, nicht
absprechen wird²). Julian bezeichnet 1) den Prolog als ein
Drama, ein Schauspiel, also als eine fortschreitende Handlung,
die in einem Höhepunkt abschließt, 2) diesen Höhepunkt sieht er in
dem „Jesus Christus" des 17. Verses, also darin, daß der Gott=
Logos als Jesus Christus enthüllt wird, 3) der Höhepunkt ist von

---

¹) Das, was Julian von „heimlicher" Verehrung der Apostelgräber
angiebt, ist wohl nur Phantasie. Julian denkt sich eben, daß der jetzt offen=
kundige Todtencultus sich anfangs heimlich in die Christenheit eingeschlichen
habe, weil die biblischen Schriften ihn nicht enthalten.

²) Auch Holtzmann (Zeitschr. f. wissensch. Theol., Bd. 36 [1],
S. 385 ff. und Handcommentar, IV. Bd., 2. Aufl.), dem ich für seine aus=
führliche Kritik dankbar bin, hat meine Nachweisungen über die Composition
und die Absicht des Prologs in wesentlichen Stücken anerkannt, so bedeutende
Differenzen auch sonst noch nachgeblieben sind.

Johannes sorgfältig vorbereitet; er führt erst den Gott=Logos ein und „nirgends nennt er ihn Jesus oder Christus, so lange er ihn Gott und Logos nennt". Die erste Stufe der Enthüllung, nachdem er bisher nur vom Gott=Logos ge= sprochen, ist, daß er einen Augenzeur en einführt, Johannes den Täufer, und ihn „einiges Wenige" ..gen läßt, d. h. über den Gott=Logos, aber zugleich doch schon über den noch nicht ge= nannten Jesus Christus. Dieses Wenige bereitet die Aussage: „Der Logos wurde Fleisch" — die Mitte des zu enthüllenden Dramas — vor. Nun „stiehlt er sich vorsichtig, leise und heimlich in unser Ohr". Denn er läßt den Augenzeugen, Johannes den Täufer, nun offen sagen, daß man eben Jesus Christus für den Gott=Logos halten müsse[1]). Die „Spitze der Gottlosigkeit" ist die Proclamirung des geschichtlichen Jesus Christus als Gott=Logos. Aber — das ist Julian's Meinung — Johannes selbst hat noch nicht gewagt, die „Blasphemie" rücksichtslos zu vollziehen. Wie er die Consequenz nicht ausdrücklich ausgesprochen hat: „Durch Jesus ist die Welt geschaffen"[2]), so hat er „listig und trügerisch" alles Gesagte durch den Satz wieder in Frage gestellt, den er um des A. T.s, um der Würde der Religion willen, nicht verleugnen durfte: „Θεὸν οὐδεὶς ἑώρακεν πώποτε". Läßt man diese letztere Erklärung als handgreiflich unrichtig auf sich beruhen — obschon Julian darin Recht hat, daß die Anknüpfung des 18. Verses an den 17. paradox ist und den Gedanken einer gewissen Limitation des vorher Ausgeführten wohl aufkommen läßt —, und streift man die Mißgunst Julian's ab, als handle es sich um List und Heimlichkeit, wo doch nur die sicherste Ueberzeugung mit schrift= stellerischen Mitteln verständlich gemacht werden soll, so ist an der Analyse nichts auszusetzen. Ich glaube, in jenem oben citirten Aufsatz gezeigt zu haben, daß sie richtig ist. Und auch

---

[1]) Julian nimmt die VV. 15—17 für das Zeugniß des Johannes, weist aber den 18. dem Evangelisten zu, erklärt also wie Herakleon, während Origenes auch den 18. Vers dem Täufer beilegt.

[2]) Weil diese Consequenz nicht ausgesprochen ist, findet Julian die Weltschöpfung durch Jesus bei Johannes noch nicht „deutlich und be= stimmt" behauptet.

das ist wichtig, daß Julian den Finger auf das Fehlen der irdi=
schen Geburt im Prolog legt. —

Ist diese Analyse des Prologs Julian's geistiges Eigen=
thum? Ich glaube nicht. Ich vermuthe, daß sie um ein Jahr=
hundert höher hinaufzurücken ist. Wenn man erwägt, wie ab=
hängig Julian überhaupt von der älteren neuplatonischen Kritik
des Christenthums und der christlichen Urkunden gewesen ist, wenn
man die identischen Urtheile des Heiden (Porphyrius?) bei Maka=
rius Magnes über Gott=Logos, Paulus, Johannes vergleicht
(s. Macar. Magn., Apocrit. edid. Blondel I. III c. 3, 15, 30
bis 36), so muß man es für wahrscheinlich halten, daß Julian
sein Verständniß und seine Kritik des johanneischen Prologs von
Neuplatonikern des dritten Jahrhunderts überkommen hat. Die
nachweisbare Hochschätzung der ersten Verse des Prologs bei den
Neuplatonikern (s. außer dem Zeugniß des Augustin auch des
Basilius 15. Rede — über Joh 1 1) ist kein Gegenargument.

Julian's Auffassung des Prologs bestätigt nur, was ein
christlicher Schriftsteller generell über die Anfänge der Evangelien
geäußert hat: „Evangelistis curae fuit eo uti prooemio, quod
unusquisque iudicabat auditoribus expedire" (Fragm. III. a
Victore Capuano Polycarpo adscriptum).

Die neuesten Forschungen über die urchristliche Abendmahlsfeier [1]).

Von

Professor D. E. Grafe
in Bonn.

Wenn in Ihrer Mitte der Wunsch laut geworden ist, bei dem diesjährigen Ferienkurse in die neuesten Forschungen von Harnack, Th. Zahn, Jülicher und Spitta über die ur= christliche Abendmahlsfeier eingeführt zu werden, so haben Sie damit ein Problem gewählt, das seit einigen Jahren zu den eifrigst diskutirten gehört, ein Problem, das zugleich wegen seiner engen Beziehungen zur kirchlichen Praxis grade auch die im Pfarr= amte Stehenden zu beschäftigen in hervorragendem Maße ge= eignet ist. Zugleich aber haben Sie mir mit dieser Wahl eine Aufgabe gestellt, die sich in drei knappen Stunden kaum erledigen läßt. Doch soll wenigstens versucht werden, die wichtigeren Fragen Ihnen zu entwickeln. Nach Weizsäcker, dessen „Apostolisches Zeitalter" 1886 [1], 1892 [2] auch auf diesem Gebiete neue Anregungen gegeben hatte, brachte vor Allem Lobstein durch seine feine und gediegene, die geschichtlichen Fragen mit größter Gründlichkeit erörternde, als essai dogmatique bezeichnete Abhandlung über das Abendmahl (1889) die Frage neu in Fluß. In ganz origineller Weise griff dann Harnack (Texte und Untersuchungen VII, 2

---

[1]) Die folgenden Ausführungen wurden bei dem Bonner theologischen Ferienkurs im Oktober 1894 vorgetragen.

S. 117—144: Brob und Wasser: Die urchristlichen Elemente bei
Justin. 1891) einen einzelnen Punkt der urchristlichen Abend=
mahlsfeier heraus, um an ihn weitere allgemeine Folgerungen zu
knüpfen. Seine Aufstellungen erfuhren lebhaften Widerspruch von
den verschiedensten Standpunkten aus, so in eingehenden Unter=
suchungen durch Zahn (Brot und Wein im Abendmahl der alten
Kirche 1892), Funk (Theol. Quartalschr. 1892 S. 643—659:
Die Abendmahlselemente bei Justin) und Jülicher (Theol. Abh.,
C. v. Weizsäcker gewidmet 1892 S. 217—250: Zur Geschichte
der Abendmahlsfeier in der ältesten Kirche). Letzterer dehnte seine
kritischen Bemerkungen auch noch auf weitere von Harnack theils
nur gestreifte, theils gar nicht erörterte Schwierigkeiten aus und
bildet in dieser Richtung den Uebergang zu Spitta (Zur Ge=
schichte und Litteratur des Urchristenthums I S. 207—337: Die
urchristlichen Traditionen über Ursprung und Sinn des Abend=
mahls 1893), der in weitestem Rahmen die urchristlichen Tradi=
tionen über Ursprung und Sinn des Abendmahls einer einschnei=
denden Untersuchung unterwarf. In demselben Jahre veröffent=
lichte Mensinga einen kleinen Aufsatz: Zur Geschichte des Abend=
mahls (Z. f. w. Th. 1893 II S. 267—274). Auch der Franzose
L. Monod (Revue chrétienne 1893 S. 258—266: étude
évangélique) und der Engländer P. Gardner (The origin of
the lord's supper 1893) betheiligten sich mit gleichzeitigen Publi=
kationen an der Arbeit auf diesem Gebiet. Endlich ist vor kurzem
ein Programm von E. Haupt (Ueber die ursprüngliche Form und
Bedeutung der Abendmahlsworte) erschienen, das zu den Unter=
suchungen von Harnack, Jülicher und Spitta Stellung nimmt.

Harnack versucht in seiner Abhandlung den Nachweis
zu führen, daß Justin der Märtyrer bei seiner Schilderung der
Abendmahlsfeier lediglich Brob und Wasser als die eucha=
ristischen Elemente bezeichnet habe. Um den Leser auf diese zunächst
sehr paradox erscheinende Behauptung einigermaßen vorzubereiten,
beginnt Verfasser mit einer längeren Einleitung. Diese weist zu=
nächst darauf hin, wie die Gewohnheit, bei dem Abendmahl nur
Brob und Wasser darzubieten und zu genießen, in weiten Kreisen
der ältesten Christenheit verbreitet gewesen sei. Nicht nur Gnostiker,

sondern auch so verschiedene Gemeinschaften wie Ebioniten und Enkratiten hätten sie geübt, letztere sogar schon einen Schriftbeweis für ihre Sitte zu führen unternommen. Daß eine solche Ver-änderung der Stiftung Christi möglich gewesen sei, erklärt sich Harnack aus der Thatsache, daß weder Paulus noch Jesus selbst bei den Einsetzungsworten klar vom Wein gesprochen habe. Dafür aber, daß nicht nur häretische Kreise, sondern auch katholische Kirchen Wasser und nicht Wein beim Abendmahl verwendet haben, ist ein entscheidendes Zeugniß nach Harnack's Ansicht in dem Mart. Pionii (Cap. 3) und in dem 63. Brief Cyprian's gegeben. Nach dem letzteren, an Caecilius gerichteten Schreiben müßten mehrere nordafrikanische Bischöfe bei dem Abendmahl Brod und Wasser dargeboten und sich für solche Praxis 1) auf einen sorgfältigen Schriftbeweis, 2) auf die Opportunität, 3) auf die Tradition berufen haben. Aus Inhalt und Ton des zwar sehr nachsichtig und milde in der Form, aber entschieden in der Sache gehaltenen Briefes erkenne man, daß es sich um eine in der ganzen Kirchenprovinz verbreitete verkehrte Gewohnheit gehan-delt habe. Dieser gegenüber erklärt Cyprian das Darbieten von Wasser allein für ebenso unstatthaft wie das von Wein allein. Die Aquarii sollen sich zum Schriftbeweis auf alle die Stellen im Alten Testament berufen haben, in denen ein Wasser verheißen wird, das getrunken werden soll. Insbesondere Jes 33 16 sei geradezu für sie ein locus classicus gewesen. Das eigentliche Motiv für solches, natürlich erst nachträglich durch Schriftbeweis gestützte Verfahren erblickt Harnack nicht in asketischen oder enthusiastischen Stimmungen, sondern in Opportunitätsrücksichten. Die Christen, besonders die Frauen, waren besorgt, sich durch Weingenuß am frühen Morgen zu verrathen und konnten sich darauf berufen, daß der Herr nicht am Morgen das Abendmahl gefeiert habe. Die Feier mit Wein und Wasser dürfe man daher dem Abend vorbehalten. Daß aber diese nordafrikanische Ge-wohnheit in einer wirklichen Tradition wurzele, müsse selbst Cyprian zugeben, da er von Antecessores spreche, welche mit Wasser zu communiciren pflegten. Diese von Cyprian nachdrück-lich bekämpfte Sitte sei aber auch für Asien durch das Mart.

Pionii bezeugt und weiſe, weil in beiden Fällen von asketiſchen Beweggründen keine Rede ſein könne, auf die älteſte Zeit zurück. Mit dieſen einleitenden Darlegungen hat ſich nun Harnack in günſtigſter Weiſe den Boden für die Aufnahme ſeiner Hauptunter= ſuchung zubereitet: welches ſind die Elemente bei der Abendmahls= feier nach Juſtin? Die Beantwortung dieſer Frage ſei um ſo wichtiger, als Apol. I, 65—67 das wichtigſte Zeugniß für Abend= mahlslehre und =praxis in der älteſten Kirche enthalten. Bevor er dieſes unterſucht, werden die übrigen neun Stellen bei Juſtin (ſieben in dem Dialog und zwei in der Apologie) geprüft. Das Ergebniß iſt ein negatives, das Harnack in folgende vier Sätze zuſammenfaßt:

1. Juſtin hat niemals vom Wein im Abendmahl geſprochen.

2. An der einzigen Stelle (Dial. 40), wo er die im Myſte= rium verwendete Flüſſigkeit nennt, ſpricht er von Waſſer, indem er ſagt, daß das „ὕδωρ πιστόν“ des Propheten — es iſt Jeſ 33 16 gemeint — der euchariſtiſche Kelch ſei.

3. An den ſechs Stellen, wo er die Worte im Segen über Juda (vom Weinſtock, Wein und Traubenblut) erklärt oder heran= zieht, hat er nie an das Abendmahl gedacht, ſondern an Anderes, und ſelbſt dort, wo er Chriſtus und Dionyſus vergleicht, findet er das tertium comparationis im Weinſtock und im Eſel, bezieht aber jenen nicht auf das Abendmahl.

4. In dem Text des Juſtin iſt an zwei Stellen (Apol. I, 54 und Dial. 69) οἶνος (für ὄνος) eingeſetzt d. h. gefälſcht worden, und damit iſt nun allerdings eine Parallele zwiſchen dem Abend= mahl und den Dionyſusmyſterien hergeſtellt. Dieſem negativen Re= ſultate tritt nun nach Harnack folgendes poſitive, jeden weiteren Zweifel ausſchließende zur Seite. Apol. 65 heißt es ποτήριον ὕδατος καὶ κράματος, ebendort ἄρτου καὶ οἶνου καὶ ὕδατος, cap. 67: ἄρτος προσφέρεται καὶ οἶνος καὶ ὕδωρ. An erſterer Stelle iſt „καὶ κράματος“ ſpätere, das anſtößige ὕδατος corrigirende Gloſſe. Dieſe Vermuthung wird beſtätigt durch eine zweite der Juſtin'ſchen Handſchriften, den Ottobonianus, in dem dieſe beiden Worte feh= len. Bei den übrigen beiden Stellen aber wird ebenſo wie Apol I, 54 und Dial 69 οἶνος eingeſchmuggelt worden ſein. Auch

da, wo c. 66 eine Parallele zwischen dem Abendmahl und dem Mithrascult gezogen wird, finden sich nur Brod und ein Becher Wasser erwähnt. Aus dem Allen ergiebt sich: Justin hat einen christlichen Gottesdienst beschrieben, bei welchem im Abendmahl Brod und Wasser, nicht Brod, Wasser und Wein gebraucht wurden.

Die Bedeutung dieser Entdeckung sucht Harnack in einem Schlußabschnitte ihrem vollen Umfange nach zu würdigen. Zu diesem Zwecke stellt er das gesammte Quellenmaterial bis zu den altkatholischen Vätern zusammen und gruppirt es unter folgenden vier Gesichtspunkten: 1. werden solche Stellen aufgezählt, welche den Wein oder Wasser und Wein ausdrücklich erwähnen, 2. solche, die nur von einem Kelche oder Trunke sprechen, 3. solche, die Wasser nennen, 4. solche, die nur von einem Brechen des Brodes handeln und über den Kelch schweigen. Dieser Ueberblick zeigt nach Harnack deutlich genug, daß die alte Kirche bis in's 3. Jahrhundert hinein den Segen der Stiftung des Herrn nicht in gesetzlicher Weise an Brod und Wein, sondern an das Essen und Trinken, d. h. an die einfache Mahlzeit gebunden gedacht habe. Das Feststehende sei allein das Brod. Es würden in der ältesten Kirche auch Abendmahlsfeiern ohne Getränk vorgekommen sein. Schlagend sollen dies bereits die paulinischen Zeugnisse I Kor 10 16 11 23—28, auch 10 3 zeigen. Eine „nichtswürdige Ausflucht" sei es, zu behaupten, daß der Apostel bei seinem Worte Rm 14 21 καλὸν τὸ μὴ πιεῖν οἶνον den Abendmahlswein ausgenommen habe. Harnack geht aber noch einen Schritt weiter, indem er, vor Allem aus Justin, schließt, daß die schon durch Paulus und das Joh.-Ev. bezeugte Freiheit später eine Sitte geworden sei. Indem er diese räthselhafte Entwicklung einigermaßen zu erklären versucht, kommt Harnack auch auf die eigentliche Bedeutung und den tiefsten Sinn des Abendmahls zu sprechen. Nach ihm hat der Herr ein Gedächtnißmahl seines Todes eingesetzt oder vielmehr, er hat die leibliche Nahrung als die Nahrung der Seele bezeichnet (durch die Sündenvergebung), wenn sie mit Danksagung in Erinnerung seines Todes genossen wird. In diesem Sinne hätten die ersten Jünger das Mahl als wirkliche Mahlzeit wieder-

holt und gewiß in der Regel Brod und Wein genossen. Aus
ökonomischen oder asketischen Gründen habe man dann später
häufig statt Wein Wasser genommen. Und dieses Verfahren habe
sich bis zur Zeit Justin's hin geradezu als Sitte eingebürgert.
Dagegen sei nun bald nach 150 eine scharfe Reaktion der Kirche
erfolgt, die sich vor Allem gegen die asketischen, den Weingenuß als diabolisch verwerfenden Parteien wandte. Im Zusammenhange mit dieser Bewegung habe man auch die heilige Nahrung auf das Brod beschränkt und andere Speise ausgeschlossen.
Trotz des Widerspruchs habe sich die katholische Praxis allmählich
durchgesetzt und zuletzt auch die Erinnerung an eine frühere Zeit
freierer Uebung getilgt. Diese Geschichte des Abendmahls enthält
nach Harnack besonders zwei höchst bedeutsame Lehren: Die
Handlung ist das Entscheidende, und auf die Elemente kommt es
nicht an. Zum Anderen: Jesus hat sich mit seiner Stiftung für
die Seinen auf immer mitten hineingestellt in ihr natürliches Leben
und sie angewiesen, die Erhaltung und das Wachsthum dieses
natürlichen Lebens zur Kraft des Wachsthums des geistlichen
Lebens zu machen. —

Absichtlich ist im Vorangehenden die Untersuchung Harnack's nach der von ihm selbst gewählten Gedankenfolge im Zusammenhange dargestellt worden. Denn so allein läßt sich ein
Eindruck von dem Scharfsinn und der Gelehrsamkeit, durch die
auch diese Abhandlung des geistvollen Kirchenhistorikers ausgezeichnet ist, gewinnen. Einen solchen zu ermöglichen, ist um so
mehr angezeigt, als Th. Zahn in seiner scharfen Gegenschrift Alles
gethan hat, um von vornherein eine derartige Würdigung nicht
aufkommen zu lassen. Seine selbst verletzende Bezeichnungen nicht
verschmähende Art der Polemik war denn auch am wenigsten
geeignet, Harnack in seiner Ansicht zu erschüttern. In einer
Besprechung der Broschüre Zahn's (Th. L.-Z. 1892 Sp. 376 ff.)
hat er alle seine Behauptungen aufrecht erhalten, ohne übrigens
eigentlich neues Material beizubringen. In durchaus sachlicher
Weise zum Theil auch in sehr anerkennender Form sind dann
Funk und Jülicher in der Bekämpfung der Harnack'schen Ansicht Zahn zur Seite getreten. Während Zahn und Jülicher

alle wichtigeren Aufstellungen Harnack's einer gründlichen Prü=
fung unterziehen, hat sich Funk im Wesentlichen darauf beschränkt,
Harnack's Stellung zu Justin anzugreifen, indem er hierbei von
Harnack (1892) zwar abweichend, aber doch wohl nicht ohne
Grund, in diesem Punkte die eigentliche Entscheidung der ganzen
Frage erblickt. Um die genannten drei Kritiker würdigen und zu=
gleich selbst ein Urtheil in der Streitfrage gewinnen zu können,
muß man näher auf die Beweisstellen, besonders bei Justin, ein=
gehen. Da aber die verschiedenen Gegner vielfach in ihren Argu=
menten gegen Harnack übereinstimmen, empfiehlt es sich, die vor=
gebrachten Gründe zusammenzufassen. In den folgenden gegen Har=
nack gerichteten Bemerkungen reproducire ich also hauptsächlich die
von den genannten drei Gegnern schon erhobenen Einwendungen.

Was zunächst den Justin betrifft, so dürfen füglich die Stellen
(Dial. 41. 117) übergangen werden, denen auch Harnack keine
Beweiskraft zuspricht. Eine gewisse Bedeutung mißt dieser aller=
dings schon Dial. 70 bei. Hier wird Jes 33 16 citirt: ἄρτος
δοθήσεται αὐτῷ καὶ τὸ ὕδωρ αὐτοῦ πιστόν und auf das Abend=
mahl bezogen. Das Wasser, ohne jede weitere Erläuterung, sei
also eine Weissagung auf das Abendmahl. Dem gegenüber konnte
mit Recht darauf hingewiesen werden, daß offenbar für Justin
der erste Satz die Veranlassung zu seiner Deutung auf die Eucha=
ristie bot. Den zweiten aber auf das andere Element des
Abendmahls zu beziehen, brauchte Justin bei der damaligen
typologischen Erklärung nicht im Mindesten Bedenken zu tragen.
Auch bei anderer Gelegenheit wird sich zeigen, daß Harnack
in übertriebener Weise eine absolute Identität der verglichenen
Punkte fordert. Dem Justin wie den meisten Typologen der
Kirche genügte es, wenn nur einigermaßen die herbeigezogenen
alttestamentlichen Worte für die Gleichung paßten. Uebrigens
spricht auch Justin in diesem Zusammenhang wohl vom Brod
nicht aber vom Wasser beim Abendmahl, sondern erwähnt da nur
ποτήριον ohne nähere Bestimmung des Inhaltes. — Ferner ist es
Harnack durchaus unverständlich, wie Justin an sechs Stellen
(Apol. I, 32 54, Dial. 52—54 63 69 76) den Segen Jacob's
über Juda heranziehen kann, ohne auf die in späterer Zeit ein=

stimmig von den Kirchenvätern vertretene Beziehung auf das
Abendmahl zu kommen. Justin versteht bei Gen 49 11 das Bin=
den des Füllens an den Weinstock von dem Einzuge des Herrn
in Jerusalem, das Gewand von den gläubigen Menschen, in denen
der Logos wohnt, das Waschen des Gewandes von der Erlösung
durch Christi Blut und sieht in der Bezeichnung Traubenblut,
das nicht von Menschen sondern von Gott gemacht ist, eine Hin=
deutung auf das aus der Kraft Gottes d. h. aus wunderbarer
Erzeugung stammende Blut Christi. Angesichts dieser wunder=
lichen Erklärung mag man gerne Harnack darin beistimmen, daß
es auf den ersten Blick überraschen kann, daß hier eine naheliegende
Beziehung auf das Abendmahl fehlt. Ein solches Befremden muß
aber bei weiterer Ueberlegung weichen. Denn, wie bereits die
drei Gegner Harnack's einander ergänzend nachgewiesen haben,
erklären eine Reihe von Kirchenschriftstellern diese Stelle, ohne des
Abendmahls zu gedenken, z. B. Clemens v. Alexandria,
Hippolyt, Novatian, Eusebius, Augustin. In Wirk=
lichkeit liegt diese Beziehung auch gar nicht so nahe. Denn
im alttestamentlichen Texte ist ja von Brod gar keine Rede.
Und doch würde nur eine gleichzeitige Nennung von Brod und
Wein den Christen die Deutung auf das Abendmahl unbedingt
nahe gelegt haben; dem Justin jedoch immer noch nicht, wenn
er so enkratitisch gesinnt war, wie Harnack glaubt. Dagegen
ließ sich der Anfang des Citats in der That ohne Zwang auf
den Einzug Jesu in Jerusalem beziehen. Dann aber war es nur
natürlich, das Weitere auf die an diesen Einzug sich anschließenden
Leiden zu deuten. — Für noch wichtiger als die bereits erörter=
ten Stellen hält Harnack Apol. I, 54 und Dial 69. Hier stellt
Justin auf Grund von Gen 49 Christus und Dionysus in
Parallele, von der Annahme ausgehend, daß die bösen Dämonen
im Voraus die christlichen Dinge nachgeäfft hätten, um die Men=
schen zu verführen, indem sie die christlichen Glaubenssätze ebenso
hinfällig wollten erscheinen lassen, wie die heidnischen Vorstellungen.
Das tertium comparationis bei dieser Vergleichung sind für Justin
der Weinstock und das Eselsfüllen. Wie wunderbar — meint
Harnack — daß der von Christus in seinem Mysterium ver=

wendete Wein trotz seiner Nennung im Citat und trotz seiner Be=
deutung im Dionysuskultus wieder nicht erwähnt wird? Diesem
begründeten Befremden hätte auch ein späterer Abschreiber Aus=
druck gegeben, indem er absichtlich das ὄνος des Verfassers in οἶνος
verwandelt und so die Beziehung auf das Abendmahl her=
gestellt hätte. Was zunächst diese Textcorrectur betrifft, so geht,
wie auch ziemlich allgemein anerkannt ist, aus dem weiteren
Context mit Sicherheit hervor, daß ὄνος an beiden Stellen ur=
sprünglich gestanden hat. Sehr anfechtbar aber sind die Schluß=
folgerungen, die Harnack an diesen Umstand knüpft. Zu=
nächst ist es schon zu weit gegangen, wenn Harnack sagt, der
Abendmahlswein sei durch einen Abschreiber eingesetzt worden.
Eine deutliche Vorstellung über die christliche Feier mit Weingenuß
war auch durch diese Textveränderung dem Leser noch nicht ver=
mittelt. Sodann liegt ein anderes Motiv, als hier eine klare Be=
ziehung zum christlichen Herrenmahl durch Aenderung des Textes
herzustellen, viel näher. Einem einfachen Abschreiber konnte sehr
wohl unbekannt sein, daß der Esel in den Dionysusmysterien eine
Rolle spielt. Darum mußte er mit dem ὄνος nichts Rechtes an=
zufangen. Dagegen mochte er wohl wissen, daß Dionysus Gott
des Weines sei und, da zudem in dem Zusammenhang vom Wein=
stock die Rede war, stellte er durch Zusetzung eines einzigen Buch=
stabens die ihm richtig erscheinende Verbesserung her. Bei Wieder=
holung desselben Gedankens empfahl sich dann die gleiche Correctur.
Daß die Aenderung des Abschreibers so zu erklären ist, dafür
spricht auch der Umstand, daß an andern Stellen ebenderselbe
Abschreiber in dem gleichen Zusammenhang die Nichterwähnung
des Abendmahls harmlos hingenommen hat. Ein Zweites ist die
Frage, ob hier Justin das Abendmahl hätte erwähnen müssen.
Daß er es nach unserm heutigen Geschmack vielleicht gekonnt
hätte, mag Harnack gerne zugegeben werden. Aber Justin
hat die Gen.=Stelle nicht, wie Harnack ungenau sich ausdrückt,
als tertium comp. sondern nur als Ausgangspunkt benutzt. In
der zweiten Stelle (Dial. 69) ist von dem Citate das Traubenblut
nicht ein Mal erwähnt. Justin's Gedanken blieben bei dem
Weinstock und dem Esel stehen, die er beide einerseits in einer

Weissagung auf die Geschichte Jesu anbrerseits im Dionysuskultus
vorfand. Da der Wein in der ganzen Vergleichung keine Rolle
spielt, kann man auch keine Erwähnung des Abendmahlweins
erwarten.

Die bisher erwähnten neun Stellen liefern demnach keinen
Beitrag zur Entscheidung der von Harnack aufgeworfenen Frage.
Eine solche kann nur der Abschnitt Apol I, 65—67, wo drei
Mal die Elemente ausdrücklich genannt werden, herbeiführen. Diese
Ausführungen enthalten ja auch für Harnack den eigentlichen
possitiven Beweis für seine These. Allein auch hier sind seine
Argumente mit guten Gründen von Zahn, Funk und Jülicher
angefochten worden. Zunächst ist Cap. 65 die Streichung von
καὶ κράματος wider das Zeugniß des Ottobonianus zu bean=
standen und erklärt sich bei dieser Handschrift viel besser als Ver=
sehen. Denn trotz des Widerspruchs von Harnack ist es sehr
gut denkbar, daß hinter ὕδ-ατος in Folge der gleichen Endung
καὶ κράμ-ατος ausfiel. Zu einer solchen Annahme ist man um
so mehr berechtigt, als der Ottobonianus überhaupt reich an
Fehlern ist und an keiner Stelle der andern Handschrift vorzu=
ziehen sein dürfte. Gesetzt nun aber ein Mal den von Harnack
angenommenen Fall, daß ein späterer Interpolator das anstößige
ὕδατος verbessern wollte und darum καὶ κράματος hinzufügte, wie
wunderlich wäre jener Mann verfahren, indem er einen so dunklen
Ausdruck wie κράματος statt des klaren οἴνου wählte! Dazu
kommt, daß jener Ottobonianus, der an der ersten Stelle aller=
dings nur vom Wasser spricht, an den beiden andern ebenso wie
die Haupthandschrift (A) neben ὕδωρ auch οἶνος hat. Da nun
nach Harnack's eigener Meinung Ottobonianus von A unab=
hängig ist, sprechen an den beideu, gleich noch zu erörternden
Stellen zwei von einander unabhängige Zeugen für οἶνος. Schwierig
bleibt allerdings der Ausdruck κρᾶμα, mit Wasser gemischter Wein,
neben ὕδωρ. Aber eben darum auch wird er ursprünglich sein. Und
schlechterdings unverständlich ist er doch nicht. Will man nicht
καὶ epexegetisch fassen: Wasser und zwar mit Wein gemischtes
Wasser, so kann man sich wohl mit Funk auf eine Bemerkung
von Duchesne berufen, nach der κρασί in der griechischen Vulgär=

fprache einfach Wein bedeutet. In diefem Sinne könnte dann
Juftin auch das fprachverwandte κρᾶμα gebraucht haben. —

Mit der Tilgung von καὶ κράματος ift die Ausfcheidung
von οἶνος an zwei Stellen deffelben Zufammenhangs auf das
Engfte verbunden. Hätte Harnack im erfteren Falle Recht, fo
müßte auch οἶνος fallen als fpätere Zuthat. Doch wurde fchon
betont, daß hier beide Handfchriften οἶνος haben. Eine Berufung
aber auf Dial. 69 und Apol. I, 54, wo ftatt ὄνος eingefetzt wurde
οἶνος, um auch in Cap. 65 und 67 letzteres als „eingefchmuggelt"
erfcheinen zu laffen, ift durchaus unftatthaft, da der Zufammenhang ein durchaus verfchiedener und die von Harnack an jenen
beiden erften Stellen angenommene „Fälfchung" unwahrfcheinlich
ift, jedenfalls die kleine Correctur fich viel harmlofer und einfacher erklären läßt, wie bereits dargelegt wurde. —

Mit einem letzten Hinweis auf eine Stelle deffelben Zufammenhangs glaubt nun aber Harnack auch den verbiffenften
Skeptiker überzeugen zu können: Apol. 66. Daß hier das chriftliche Abendmahl in Parallele zu dem Mithraskult gefetzt wird,
behauptet Harnack mit vollem Recht und hätte nicht geleugnet
werden follen. Zu weit aber geht Harnack wiederum, wenn er
daraus, daß bei den Mithrasmyfterien Brod, Wafferbecher und
Gebet genannt werden, folgert, daß demgemäß auch beim Abendmahl diefe drei Stücke hätten vorkommen müffen. Abgefehen davon, daß der dritte Vergleichungspunkt ohnehin problematifch ift
— fchwerlich bezeichnen ἐπίλογοι Gebete — muß auch hier darauf hingewiefen werden, daß eine genaue Uebereinftimmung in
allen Punkten der Parallele gar nicht gefordert werden kann. Im
Gegentheil: Juftin fagt ausdrücklich, daß es den Dämonen mit
ihrer Nachäffung chriftlicher Gebräuche nur fehr mangelhaft ge-
glückt fei. — Zum Schluffe ift hier kurz noch eine Thatfache zu
würdigen, auf deren eigenthümliche Bedeutung hingewiefen zu haben,
doch ein Verdienft Harnack's bleiben wird. Auch wenn der unveränderte Text Apol. 65—67 beibehalten wird, muß es zunächft
befremden, daß ftets bei den Elementen auch ausdrücklich Waffer
neben dem Wein genannt wird, um fo mehr, als die Sitte, den
Wein in der Regel nur mit Waffer gemifcht zu genießen, herr-

schend und allgemein bekannt war. Hier hat Zahn aber eine
völlig befriedigende Erklärung gegeben. Justin konnte der oft
gegen die Christen erhobenen Verläumbung, daß sie durch Schwel-
gerei und übermäßigen Weingenuß ihre Läste anstachelten, nicht
besser begegnen, als wenn er so nachdrücklich als möglich die beinahe dürftige Einfachheit der gottesdienstlichen Mahls hervorhob.
        Wenn nun aber auch hinsichtlich Justin's Harnack gegen-
über seinen Gegnern, denen sich in dieser Beziehung auch Spitta
zugesellt, schwerlich Recht behalten wird, so ist damit noch nicht
seine Stellung überhaupt: die alte Kirche sei gegen den Inhalt
des Kelches gleichgültig gewesen und habe nur auf die einfache
Mahlzeit, sogar ohne Getränk, Werth gelegt, völlig erschüttert.
Darum haben Zahn und Jülicher auch sein weiteres Beweis-
verfahren einer kritischen Prüfung unterzogen. Nach Harnack
haben nicht nur zahlreiche Sekten das Abendmahl mit Wasser gefeiert, sondern auch weite Kreise innerhalb der Großkirche, vor
Allem fast 100 Jahre lang bis Cyprian ein Theil der nordafri-
kanischen Kirche. Und diese Aquarier mußten sich für ihr Verfahren eines starken Schriftbeweises zu bedienen. Für diese von
Zahn wie Jülicher gleich energisch bestrittene Behauptung fallen
vor Allem drei Zeugnisse in's Gewicht: die Stellung des Apostels
Paulus, des Mart. Pionii und der 63. Brief Cyprian's.
Schon Paulus hat im ersten Korintherbrief nach Harnack alle
die Elemente, welche die spätere Praxis und Ausdrucksweise erklären. An der entscheidenden Stelle 1 Kor 10 16 vgl. auch B. 21
und 11 23—28 spricht er nur von dem Brod und dem Becher. Unbefangen vergleicht er den Trunk mit dem Wassertrunk der Israeliten in der Wüste 1 Kor 10 4 und sagt ohne alle Einschränkung:
χαλὸν τὸ μὴ φαγεῖν χρέα μηδὲ πεῖν οἴνον. Rm 14 21. Eine solche
Verwerthung der paulinischen Aussagen ist schon von Zahn und
Jülicher mit schlagenden Gründen als unmöglich dargethan
worden. Daß neben dem Brote der Becher und nicht der Trank
erwähnt wird, erklärt sich sehr einfach aus der Erinnerung an das
erste Mahl, bei dem der Herr Brod und Becher in die Hand nahm.
Um den Trank seinen Jüngern zu bieten, mußte er den Becher
ergreifen. Aus der Vergleichung serner des Tranks beim Herren-

mahl mit dem Wassertrunk der Israeliten in der Wüste kann
schon darum nichts für die vorliegende Frage erschlossen werden,
weil gerade der nächste Zusammenhang 10 1—8 zeigt, wie wenig
peinlich auch Paulus in seinen Vergleichungen ist. Denn während
bei der Taufe die Berührung mit Wasser die Hauptsache ist,
gingen die Israeliten bei ihrem Marsche, der vom Apostel zur
Parallele verwendet wird, im Gegentheil trocken durch das Meer
und blieben auch von der sie schützenden Wolke unbenetzt. Wie
endlich Rm 14 21 mit solcher Lebhaftigkeit von Harnack in's Feld
geführt werden kann, erscheint geradezu räthselhaft. An einem
besonders einleuchtenden Beispiel veranschaulicht der Apostel ähnlich
wie I Kor 8 die Pflicht des Christen, der Rücksichtnahme auf die
Schwäche des Bruders unter Umständen die zweifellosesten persönlichen Rechte zu opfern. Vom Abendmahl ist in dem ganzen
Zusammenhang keine Rede. Der Gedanke daran war durch nichts
nahe gelegt. Es ist ausgeschlossen, daß selbst ein Schwacher damals den Abendmahlswein als κοινόν, als etwas Anstößiges ansehen konnte. Und der Apostel spricht nur von der an den Einzelnen zu stellenden Verpflichtung, nicht etwa von einer Vorschrift
für die Praxis einer ganzen Gemeinde. Man muß die ganze
impulsive Art des Apostels, der gerne mit einer gewissen Einseitigkeit den unmittelbar vorliegenden Fall in's Auge faßt, ohne
an etwa mögliche pedantische Folgerungen zu denken, verkennen,
um an solche Stellen weittragende principielle Schlüsse knüpfen zu
können. Uebrigens kann auch Harnack angesichts von I Kor 11 21
nicht leugnen, daß beim κυριακόν δεῖπνον, das er freilich als Agape
auffaßt, in Korinth Wein getrunken wurde. — In den Akten des
Märtyrers Pionius kommt es auf die Deutung der von Harnack
betonten Worte Cap. 3 an: προσενεγξαμένων αὐτῶν καὶ λαβόντων ἄρτον
ἅγιον καὶ ὕδωρ. Daß hier durch den Zusatz ἅγιον das Brot als Abendmahlsbrod bezeichnet wird, braucht nicht bezweifelt zu werden. Dieses
charakteristische Attribut fehlt aber gerade beim Wasser. Aus dem
Zusammenhang erhellt, daß Pionius mit einem Christen und
einer Christin den Tag vor seiner Verhaftung gefastet hat. Am
andern Morgen nahmen sie nach vorangegangenem Gebet heiliges
Brod und Wasser zu sich. Der Ort wird nicht näher angegeben.

Doch iſt höchſt wahrſcheinlich nicht an die Kirche ſondern die
Wohnung des Pionius zu denken. Jedenfalls kommt bei dem ganz
kleinen Kreiſe nicht eine kirchliche Gemeindefeier in Betracht.
Und das heilige Brob erklärt ſich aus der auch ſonſt be=
zeugten Sitte, etwas Abendmahlsbrod mit nach Hauſe zu nehmen.
Es ſoll demnach wohl betont werden, daß die Chriſten nur ſo
mangelhaft körperlich geſtärkt den nachfolgenden ſchweren Stunden
entgegengingen. Demnach läßt ſich für die kirchliche Abendmahls=
feier auch aus dieſer Stelle nichts folgern. Es bleibt nur noch
als Hauptzeugniß der erwähnte Brief des Cyprian.

Nach dieſem kann kein Zweifel darüber ſein, daß es in
Nordafrika damals kirchliche Kreiſe gegeben hat, welche das Abend=
mahl mit Waſſer feierten und ſich für ſolche Praxis auf Biſchöfe
früherer Zeit (antecessores nostri c. 17) zu berufen vermochten.
Zu viel aber ſagt Harnack ſchon, wenn er aus dem Umſtande,
daß Cyprian ſeinen gegen dieſe Unſitte gerichteten Brief zu den
Kollegen geſandt ſehen will, ſofort ſchließt: das gerügte Verfahren
ſei in der ganzen Kirchenprovinz verbreitet geweſen. Vielmehr
redet Cyprian nur von quidam und nennt auch bei den maß=
gebenden Autoritäten keine Namen. Allein, weil ihm die Sache
ſo wichtig iſt, trägt er Sorge dafür, daß man überall gegen die
falſche Praxis Stellung nimmt. Was ferner den von Harnack
als zweifellos angenommenen Schriftbeweis der Aquarii betrifft,
ſo wird doch die Möglichkeit nicht beſtritten werden können, daß
die Verwerthung von Jeſ 43 18—21 48 21 33 16 und beſonders von
Joh 7 37—39 4 13 f. erſt von Cyprian herſtammt. Nirgendwo findet
ſich bei Cyprian eine Aeußerung, welche zweifellos darthut, daß
dieſe Stellen ſchon von den Gegnern für ihre Sitte ſeien geltend
gemacht worden. Möglich iſt das ja an ſich. Und Harnack
hat in ſcharfſinniger Begründung in dieſem Zuſammenhang c. 8
auf zwei Stellen noch aufmerkſam gemacht: adque ut magis posset
esse manifestum, quia non de calice sed de baptismo illic loqui-
tur deus und neminem autem moveat etc. Aber auch dieſe
Stellen werden vollkommen verſtändlich, wenn ſie einen ſelbſt=
ſtändigen Verſuch des Cyprian vorausſetzen, den Gegnern jede
Möglichkeit des Schriftbeweiſes von vornherein zu benehmen. Daß

aber jene Vertreter der Wassercommunion kaum zur Führung eines
eingehenden Schriftbeweises im Stande gewesen sein werden, dürfte
mit Recht daraus zu erschließen sein, daß Cyprian wiederholt ihre
ignorantia und simplicitas zur Entschuldigung anführt. Wenn
endlich Harnack die Entstehung der Aquarii aus Opportunitätsrücksichten vor Allem erklären möchte, so will dazu nicht recht
passen, daß er schon um 160 ihre Existenz annimmt, während doch
Cyprian sagt: sic ergo incipit et a passione Christi in perse-
cutionibus fraternitas retardari etc. Ueberhaupt aber ist eine so
weit verbreitete Aengstlichkeit der Christen, sich Morgens durch
Weingeruch zu verrathen, nicht gerade wahrscheinlich. Aber auch
die von Zahn angenommenen asketischen Motive sind darum
wohl ausgeschlossen, weil, wie schon Jülicher richtig betont hat,
die Aquarii nicht den Weingenuß überhaupt, sondern nur Morgens verwarfen (c. 16: cum ad cenandum venimus, mixtum
calicem offerimus). Und für solches Verfahren liegt als Erklä-
rungsgrund die Vermuthung Jülicher's am nächsten: der Genuß
von Wein am frühen Morgen galt für unanständig, wider die
gute Sitte verstoßend. Clemens Al. und Novatian haben
das zur Genüge bezeugt. Zur Rechtfertigung konnte man sich sehr
einfach darauf berufen, daß der Herr selbst das Abendmahl nicht
am Morgen gefeiert habe. Mit der Verlegung vom Abend auf
den Morgen ergebe sich das Getränk des Morgens: Wasser ganz
von selbst. Am Abend aber haben auch die Aquarier Wasser
und Wein genossen. Daß diese abendliche Feier — offenbar
nur Kleriker sind hier gemeint — keine Sakramentsfeier gewesen
sei, hat Harnack nicht nachweisen können. Ausdrücke wie: in
sacrificiis omnibus und quotiescumque calicem offerimus
widersprechen dieser Ansicht vielmehr.

Wenn sich auch uns in den voraufgehenden Darlegungen die
Hauptinstanzen der Harnack'schen Beweisführung nicht als stich-
haltig bewährt haben, demgemäß seine These von der allgemein
in der Kirche verbreiteten Sitte, das Abendmahl mit Brod und
Wasser zu genießen, sehr wesentlich einzuschränken ist und in Folge
dessen sein Bild von der Entwicklung der urchristlichen Abendmahlsfeier zu den Quellen nicht stimmen will, so wird er doch mit

Grund das Verdienst beanspruchen können, nicht nur die
bisherigen Anschauungen auf diesem Gebiete bereichert und er=
gänzt zu haben. Wie so oft, hat er auch hier wieder für
die weitere Forschung fruchtbare Anregung geboten. Letzteres
darum vor Allem, weil Harnack sich nicht auf den Ver=
such der Korrektur in dem einzelnen Punkte der Elementen=
frage beschränkt, sondern auch den Sinn und die Bedeutung
der ganzen Feier neu zu fassen sich bemüht hat. Auf diesem
Punkte macht sich freilich eine gewisse Unbestimmtheit der For=
mulirung bemerkbar. Denn weisen die meisten seiner Aeuße=
rungen darauf hin, daß ursprünglich eine Beziehung speziell
auf den Tod Jesu nicht stattgefunden hat, so redet Har=
nack doch auch wieder von der Einsetzung eines „Gedächtniß=
mahles seines Todes" durch den Herrn. Die erstere Auffassung
liegt jedenfalls mehr in der Linie der sonstigen Ausführungen.
Allein dieser Gedanke, daß die Jünger die Erhaltung und das
Wachsthum des natürlichen Lebens zur Kraft des Wachsthums des
geistlichen Lebens machen sollten, ist nicht mit einem Worte beim
Abendmahl angedeutet. Die Annahme Harnack's entbehrt völlig
der Begründung. Denn der Hinweis darauf, daß so oft nur das
Mahl, das einfache Essen, in der gesammten urchristlichen Litera=
tur erwähnt wird, wird für Niemanden ein Beweis sein. Reden
doch auch wir bis heute nur von dem Abendmahl und laden
im profanen Leben zum Essen ein, ohne daß des Trinkens ver=
gessen wird.

  Die allgemeineren Aufstellungen Harnack's sind denn auch
von Jülicher eingehend bestritten worden. Seine Polemik
richtet sich zum Theil auch gegen Zahn, da an zwei wichtigen
Punkten Harnack und Zahn im Wesentlichen übereinstimmen.
Sie vertreten nämlich die herkömmliche Meinung, der Herr selbst
habe das Abendmahl förmlich gestiftet zu seinem Gedächtniß, mit
der Absicht seiner regelmäßigen Wiederholung im Jüngerkreise.
Ebenso wollen Beide schon bei Paulus eine Unterscheidung
finden zwischen Herrenmahl und Agape. Deutlicher noch als
Harnack spricht sich in letzterer Beziehung Zahn aus, wenn er
für die apostolische und erste nachapostolische Zeit die Eucharistie

der Heidenchristen für den Höhepunkt und Abschluß der Agape hält, bei der man seinen Hunger und Durst befriedigte. Dieser These gegenüber weist Jülicher mit Recht darauf hin, daß Paulus ja grade gegen diejenigen empört sich wendet, welche das Herrenmahl als eine Gelegenheit zum Sattessen und Trinken benutzen wollen. Er verlangt, daß sie in ihren Häusern ihren Hunger stillen sollen I Kor 11 ₂₂ ₃₄. Der ißt nach dem Apostel das Herrenmahl unwürdig, der es als eine gewöhnliche Mahlzeit, als einen Gegenstand des Genusses betrachtet 11 ₂₉. Von einer Agape und einer daran sich anschließenden Eucharistie weiß Paulus nichts. Nicht darum tadelt er, daß ἕκαστος τὸ ἴδιον δεῖπνον προλαμβάνει, weil dadurch der Zweck der Unterstützung der Bedürftigen vereitelt, sondern weil so der Charakter des Herrenmahls, als eines Mahls, bei dem die Gemeinde in brüderlicher Eintracht und Herzlichkeit sich um den Herrn versammelt, aufgehoben wird. Statt hier die Alles gleichmachende Liebe zu voller Auswirkung kommen zu lassen, machte man die sozialen Unterschiede recht fühlbar und ließ die Armen ihre Bedürftigkeit und Abhängigkeit schmerzlich empfinden. — Viel bedeutsamer noch ist aber die andere Frage: hat Jesus ein Gedächtnißmahl seines Todes eingesetzt? beruht die Abendmahlsfeier auf einer Verfügung des Herrn selbst? Bis auf die jüngste Zeit hin wurde diese Frage allgemein bejaht, selbst von so unbefangenen Forschern wie Weizsäcker und Harnack. Jülicher wagt es, die herrschende Auffassung zu bestreiten. So kühn sein, übrigens auch schon von Wittichen (vgl. B. Weiß, Mc.-Ev. 1872, S. 451) geäußerter, Zweifel auf den ersten Blick in Anbetracht der alten, bis auf das Neue Testament zurückgehenden Tradition erscheinen mag, so einfach und einleuchtend ist doch seine Beweisführung. Unter den vier Berichten über das Herrenmahl stehen auf der einen Seite Marcus und Matthäus, auf der andern Paulus. Lucas nämlich, bei dem Jülicher die wohl mit Grund angezweifelten Verse 22, 19ᵇ. 20 nicht streichen will, sei zugestandener Maßen von Paulus abhängig. Bei einer weiteren Vergleichung ergiebt sich, daß Marcus und Paulus die einfachste Textform bieten. Aus inneren Gründen aber verdiene ersterer den Vorzug vor letzterem.

Befonders die „verzwickte" paulinifche Wendung: τοῦτο τὸ ποτήριον
ἡ καινὴ διαθήκη ἐστὶν ἐν τῷ ἐμῷ αἵματι, verglichen mit den ein=
fachen Marcus=Worten τοῦτό ἐστιν τὸ αἷμά μου τῆς διαθήκης
beweife dies und zeige deutlich, daß der Apoftel nicht mit fklavifcher
Buchftäblichkeit, fondern im Geifte apoftolifcher Freiheit das Ueber=
lieferte fortgepflanzt habe.   Der für die vorliegende Frage wich=
tigfte Unterfchied ift aber, daß Marcus nur λάβετε, Paulus da=
gegen τοῦτο ποιεῖτε εἰς τὴν ἐμὴν ἀνάμνησιν hat. Nach Marcus
allein würde kein Lefer auf den Gedanken kommen können, daß
eine Wiederholung der Handlung beabfichtigt fei. Nichts aber
kounte Marcus beftimmen, diefe Worte, wenn fie ihm überliefert
waren, auszulaffen.   Denn in der Kirche war ja längft die pau=
linifche Auffaffung die herrfchende geworden. Andrerfeits lag es
fehr nahe, der Erzählung Worte einzufügen, in denen der Herr
das ausdrücklich fagte, was die Gemeinde für feine ausgefprochene
Willenserklärung anzufehen fich längft gewöhnt hatte. Auch wird
fich nicht leugnen laffen, daß die Verbindung der paulinifchen
Stiftungs=Worte mit dem Vorhergehenden eine recht harte ift.
Nach Paulus hat Niemand mehr die Stiftungsformel geftrichen.
In Matthäus, der hier mit dem zweiten Evangeliften ftimmt, und
Marcus liegt demnach die ältefte Ueberlieferung vor. Und diefe
deutet durch nichts an, daß Jefus feinen Jüngern eine Wieder=
holung der finnvollen Handlung aufträgt. Ueberhaupt hat der,
welcher Mt 26 ₂₉ fprechen konnte, auf eine lange Trennung von
feinen Jüngern nicht gerechnet. In diefen Schlußfolgerungen
läßt fich Jülicher auch durch die neuerdings wieder von Weiz=
fäcker betonte allgemeine und fchnelle Verbreitung der Feier nicht
irre machen. Denn mit der Taufe verhalte es fich ebenfo; trotz=
dem halte man Mt 28 ₁₉ nicht für ein gefchichtliches Zeugniß.
Nachdem fo Jülicher an zwei bedeutfamen Punkten die her=
kömmliche Auffaffung beftritten hat, geht er zur Entwicklung feiner
eigenen Anficht von Sinn und Zweck des letzten Mahles über.
Zunächft erledigt er kurz zwei Vorfragen. Ob Jefus felbft Brob
und Wein bei der feierlichen Handlung genoffen habe, will er
dahingeftellt fein laffen. Nach Paulus ift es nicht wahrfcheinlich,
während der Spruch von dem Trinken des Weinftockgewächfes die

Vorstellung nahe legt, daß der Redner eben erst in alter Weise den Trank zu sich genommen hat. In der gleichen Weise will sich Jülicher zu der weiteren Frage stellen, ob an einen Tage lang vorher überlegten oder erst in der Stimmung des Augenblicks gefaßten Entschluß zu denken ist. Daß für ihn das letztere das Wahrscheinlichere ist, könnte man wohl schon aus seiner Leugnung einer Stiftung erschließen. Er sagt aber auch ausdrücklich, daß die Handlung, als prämeditirte, für ihn das Beste verlieren würde. — Für eine anerkannte Thatsache hält dann Jülicher, daß eine sinnbildliche Handlung vorliegt, welche von Weizsäcker sehr tref= fend als eine Parabel gekennzeichnet sei. Demgemäß kann das viel umstrittene Wörtchen ἐστί vor τὸ σῶμά μου und τὸ αἷμά μου nicht eine reale Identität von Subjekt und Prädikat bezeichnen. Im Gegensatz zu Weizsäcker hält aber Jülicher sowohl wegen seiner Gesammtauffassung vom Wesen der Parabeln Jesu als insbe= sondere um der Lage willen, in der sich der Herr beim Sprechen dieser Worte befand, das Stellen einer Aufgabe an die Jünger mit dieser Parabel für undenkbar. „Was aus einem von Rüh= rung, Besorgniß und Liebe erfüllten Herzen kommt, wird immer schlicht und einfach sein; was erst einer Auflösung bedarf, kann auch nicht zu Herzen gehen. — Was Jesus bei jenem Mahle zuletzt, so besonders feierlich sagte, muß für jeden Anwesenden unmittelbar verständlich gewesen sein." Aus diesem Grunde weist auch Jülicher die Deutung Harnack's ab, bei der, von andern Bedenken abgesehen, Hörer und Leser den nach Harnack ent= scheidenden Vergleichungspunkt erst hinzuzudenken hätten. Der von Jesus veranschaulichte Gedanke sei vielmehr ohne Weiteres klar: wie dieser Wein alsbald verschwunden sein wird, so wird alsbald mein Blut vergossen sein und zwar nicht umsonst, sondern ὑπὲρ πολλῶν und als Bundesblut. Letzterer Ausdruck sei durch den Gedankenkreis des Passahtages gegeben. Im Gegensatze zu Weizsäcker, der dies wohl bei Lucas, nicht aber für den Stifter selbst und für Paulus zugiebt, will Jülicher auch den ersten Theil der Feier in dem gleichen Sinne verstehen. Mit vollem Recht weist er zur Begründung darauf hin, daß auch I Kor 11 25 bei αἷμα der Zusatz τὸ ἐκχυννόμενον fehle, und daß ἔκλασεν in

allen vier Berichten sich finde. Das zerstückelte Brod stellte
das bevorstehende ähnliche Schicksal seines Leibes dar. Außerdem
verwendet Jülicher in seiner Weise hier eine auch sonst bei den
Parabeln zu machende Beobachtung, daß Jesus es liebt, Gleichniß=
paare zu bilden, welche nur eine Spitze und den gleichen Sinn
haben. (Vgl. z. B. Sauerteig und Senfkorn; verlorenes Schaf
und verlorener Groschen.) So wird auch hier durch Brod und
Wein ein und derselbe Gedanke illustrirt. Wie schon angedeutet
wurde, will übrigens Jülicher die Vergleichung nicht durchaus
auf den Gedanken der Vernichtung beschränken, sondern hält eine
Erweiterung, als im ursprünglichen Sinne Jesu gelegen, wenig=
stens für möglich: wie das Brod nur, wenn es verzehrt wird,
Stärkung und Genuß wirkt, so muß auch mein Leib von den
Menschen zerstört werden, um ihnen Heil zu bringen. So weit
glaubt Jülicher zur Noth mit Harnack in der Betonung der
Handlung des Essens und Trinkens gehen zu können. — Zum
Schlusse seiner Abhandlung sucht Jülicher noch zu zeigen, wie
schnell und aus welchen Gründen die Urkirche dazu kommen
mußte, aus dem letzten Mahl eine zu steter Wiederholung von
Jesus bestimmte Handlung zu machen und diese von einer eigent=
lichen Mahlzeit zu trennen. Bei dieser Gelegenheit wendet er sich
noch ein Mal gegen den Versuch, mit Hülfe von Vorstellungen
des 2. Jahrhunderts den ursprünglichen Sinn des Herrenmahls
aufzuklären. So sei es auch unrichtig, wenn Weizsäcker in
Anknüpfung an spätere Vorstellungen I Kor 11 24 mit 10 17 in
Verbindung bringen und so die beiden in der paulinischen Theo=
logie gegebenen, von einander weit abliegenden Begriffe von
σῶμα χριστοῦ combiniren wolle.

Auch auf die Jülicher'schen Ausführungen konnte Spitta,
zu dem wir uns nunmehr wenden, Bezug nehmen. Er sieht sich
zu einer Meinungsäußerung in dieser Frage schon dadurch ge=
nöthigt, daß er die historischen Voraussetzungen seiner früheren
praktisch theologischen, in weiten Kreisen freundlichst aufgenom=
menen Darlegungen im Verlaufe weiterer Studien gänzlich auf=
geben mußte. Früher nämlich hatte Spitta (3. f. pr. Theol.
1886; Zur Reform des evang. Kultus 1891) in Uebereinstim=

mung mit neuerdings wieder z. B. von Zahn ausgesprochenen
Sätzen das christliche Abendmahl für eine Vertiefung des jüdischen
Passahmahls gehalten, das zunächst nur jährlich wiederholt, auf
heidnischem Boden mit der Agape verbunden und in Folge dessen
häufiger gefeiert wurde. Grade gegen diese frühere Anschauung
richtet sich der erste Haupttheil der neuen Abhandlung desselben
Verfassers. Mit außergewöhnlichem Geschick versteht es auch
Spitta, seiner Gedankenentwicklung eine solche Anlage zu geben,
daß der Leser von vornherein in die denkbar günstigste Stimmung
versetzt wird, um ohne viel Widerstreben dem kühnen Führer zu
folgen. Zu diesem Zwecke untersucht er zunächst Zeit und
Anlaß der Einsetzungsworte. Hier wird nach kurzer
Zusammenstellung des dem vierten Evangelium mit den Synoptikern Gemeinsamen noch ein Mal ausführlich und sorgfältig nachgewiesen, daß Johannes nach allen seinen Aussagen die Entstehung des Abendmahls auf den 13. Nisan, also nicht in die
Passahmahlzeit verlege. Auch Cap. 6, in dem mit Recht Anspielungen an das Abendmahl gefunden, die Verse 51—59 aber mit
weniger einleuchtenden Argumenten[1]) als ein späterer Zusatz aus-
geschieden werden, enthält keine Anspielung auf die Passahmahlzeit. Von dieser johanneischen Tradition sollen sich nun aber auch
bei Marcus noch deutliche Spuren finden, die in der späteren
Tradition, schon bei Matthäus und erst recht bei Lucas, vermischt
worden wären. Wie die Worte μετὰ δύο ἡμέρας 14ı, γάρ V. 2
εὐκαίρως V. 11 deutlich zeigten, hätten die Gegner die Absicht
gehabt, Jesum noch vor dem Feste in ihre Gewalt zu bekommen.
In „schreiendem Widerspruch" hierzu stünde der Abschnitt 14 12—16,
der auch mit V. 17 keine Verbindung habe. Denn hier erscheint
Jesus mit den Zwölfen, obwohl eben erst zwei seiner Jünger
vorausgesandt sind. Demnach seien 14 12—16, auch abgesehen von
dem geschichtlichen Bedenken gegen ihren Inhalt, als ein dem Ur-

---

¹) Die ganze Beweisführung wird nur auf den einen gewissen Eindruck
machen, der wie Spitta von der bis in das Einzelne gehenden Glaubwürdigkeit der Reden Jesu im 4. Ev. überzeugt ist. Aber auch dann noch
dürfte seine Ausscheidung von V. 51—59 nicht nöthig sein. Der von ihm
vermißte Zusammenhang läßt sich recht wohl aufweisen.

texte später eingefügtes Stück anzusehen. Und es legt sich die
Vermuthung nahe, daß Marcus auf eine Tradition zurückgehe,
die wie Johannes als den Tag des ersten Abendmahls nicht den
14. sondern 13. Nisan gekannt habe. Dagegen vertrete Lucas
entschieden den 14. Nisan und für diesen Tag spreche auch Matthäus,
obwohl bei letzterem noch charakteristische Spuren der Marcus=
Tradition wahrnehmbar seien. Fragt man nun weiter nach dem
Charakter des letzten Mahls, so tritt hier zu den synoptischen
der paulinische Bericht hinzu. Mit Bezug auf ihn betont Spitta
von vornherein richtig, daß wir keinen Grund haben, den Mit=
theilungen des Apostels weniger kritisch gegenüber zu stehen als
den übrigen Erzählungen. Eine Prüfung und Vergleichung der
sämmtlichen Berichte liefert nach Spitta das Ergebniß: einerseits
enthält die Tradition Marcus=Matthäus nichts, was dem Passah=
mahle, gegen das vor Allem die Behandlung der Judas=Parthie
spreche, charakteristisch wäre, sondern erweckt nur den Eindruck
einer gewöhnlichen Mahlzeit, bei der Jesus in Anknüpfung an
Brod und Wein bedeutsame Worte gesprochen hat. Andrerseits
berichtet die Ueberlieferung Paulus=Lucas von einer Stiftung des
Herrn, welche an das Passahmahl anknüpft und dem Andenken
des Todes Jesu geweiht ist. Doch glaubt Spitta auch bei letz=
terer eine Reihe von Zügen entdecken zu können, so das Voran=
gehen des Segens vor dem Brechen des Brods und die Verwen=
dung des letzteren als Symbols statt des näher liegenden Passah=
lamms, welche zu einer Passahmahlzeit nicht stimmen wollen. Zur
Bekräftigung seiner Behauptung hinsichtlich der ursprünglichen
Marcus=Tradition weist Spitta noch darauf hin, daß alle über
den Todestag mitgetheilten einzelnen Notizen dagegen sprächen,
daß dieser ein sabbatgleicher höchster Festtag gewesen sei. Für
bemerkenswerth hält er auch, daß die apokryphischen Evangelien
des Petrus und der Didaskalia den Todestag Jesu auf den
14. Nisan verlegen, und daß das Didaskalia=Evangelium von
einem auf Dienstag zurückdatirten Passah berichtet. Zum Schlusse
dieses ersten Hauptabschnittes wird die urchristliche Abendmahls=
liturgie einer eingehenden Prüfung unterworfen. Dies erscheint
dem Verfasser um so wichtiger, als die Cultusformen der Um=

bildung weniger zugänglich ſind, als die Ueberlieferung religiös
bedeutſamer Vorgänge. Daher ſei es ſehr gut möglich, daß ſich
in der zur pauliniſchen Zeit geltenden Abendmahlsliturgie noch
Zäge des Urſprünglichen ſänden, die der Bericht über den geſchicht=
lichen Hergang vermiſſen laſſe. Dieſe Vermuthung beſtätigt ſich
für Spitta vollauf. Schon in I Kor 11 ſpricht gegen den engen
Anſchluß der Feier an das Paſſah ſowohl die häufigere, nicht
bloß jährliche Wiederholung als auch die Möglichkeit von Aus=
ſchreitungen, wie ſie Paulus zu rügen hat. Bei ſolchen an voran=
gegangene Agapen zu denken, ſei unbegründet. Sodann ſei
Cap. 10 16 ff. ſehr bedeutſam die offenbar ältere Voranſtellung des
Kelches 10 16 21. Zwar beginnt auch das Paſſahmahl mit einem
Dankgebet für den Kelch; aber nicht allein dieſes, ſondern die
jüdiſchen Mahlzeiten, beſonders die ſabattlichen überhaupt. Einen
ſcheinbaren Anklang an das Paſſahmahl enthalte zwar der Aus=
druck τὸ ποτήριον τῆς εὐλογίας, ὃ εὐλογοῦμεν als mögliche Ueber=
ſetzung von כּוֹס הַבְּרָכָה. Allein der letztere iſt der dritte unter
vieren, jener dagegen der Eingangsbecher und zwar der einzige.
Dagegen hat auch das gewöhnliche jüdiſche Mahl nur einen Becher,
über dem das Dankgebet für die Speiſe geſprochen wird (בִּרְכַּת
הַמָּזוֹן). Dieſer habe leicht die Uebertragung der Bezeichnung
כּוֹס הַבְּרָכָה auf den Abendmahlsbecher veranlaſſen können. Auch
im Uebrigen trage das κυριακὸν δεῖπνον bei Paulus die Zäge der
jüdiſchen Mahlzeiten. Mit der pauliniſchen Abendmahlsordnung
ſtimme nun aber im Weſentlichen die Lebre der 12 Apoſtel in
Cap. 9 und 10. Auch .die Abendmahlsgebete der Διδαχή ſollen
keine Beziehung zum Paſſahmahl und zum Opfertode Chriſti ent=
halten, vielmehr denjenigen bei den religiöſen Mahlzeiten der
Juden entſprechen. Aus dieſer Uebereinſtimmung der Liturgie der
Διδαχή mit der pauliniſchen, welche letztere kein Erzeugniß der
pauliniſchen Theologie ſei, folgert Spitta, daß beide an die ur=
kirchliche paläſtinenſiſche Gewohnheit ſich anſchließen. Auch hält
er das pauliniſche κυριακὸν δεῖπνον für identiſch mit den bekannten
altchriſtlichen Brudermahlen, welche Jud 12 II Pt 2 13 als ἀγάπαι
bezeichnet und in der Apoſtelgeſchichte (2 42 46) mit ἡ κλάσις τοῦ
ἄρτου charakteriſirt werden. —

Nach dieſer gründlichen Vorarbeit ſucht nun Spitta in einem zweiten Hauptabſchnitte den Sinn der Einſetzungsworte klar zu ſtellen. Hierbei ſei auszugehen von Marcus, der ſich ſchon als den zuverläſſigſten Berichterſtatter über Zeit und Anlaß er= wieſen habe. Als Grundvorſtellung bei der ganzen Handlung er= ſcheine hier die eines Mahles; aber nicht etwa die eines Paſſah= mahles. Letzterem widerſpreche das bei dieſem nicht vorkommende Vertheilen: λάβετε, ebenſo die Erwähnung des Brodes, ſtatt deſſen man das Paſſahlamm erwarten würde. Auch wurde das Blut des Paſſahopfers nicht zum Trinken ſondern zum Beſtreichen der Thürſchwellen und Pfoſten verwandt. Einen beſtimmteren An= haltspunkt gebe dann der Ausdruck τὸ αἷμά μου τῆς διαθήκης τὸ ἐκχυννόμενον ὑπὲρ πολλῶν. Dieſe Worte erinnern zunächſt unver= kenubar an den Ex 24 8 erwähnten moſaiſchen Bund. Wie der von Jeſus gemeinte aber ſich ſchon in Einzelheiten, wie in dem Ausgießen und Trinken — nicht Ausſprengen — des Weins und nicht des Blutes von dem moſaiſchen unterſcheide, ſo ſei er dieſem überhaupt gegenübergeſtellt. Und zwar habe man offenbar an den dem moſaiſchen ſo oft entgegengeſetzten davidiſch=meſſianiſchen Bund zu denken. Seine Vollziehung werde häufig unter dem Bilde eines großen üppigen Mahles geſchildert Jeſ 55 3 Pſ 132 15 Pſ 23 Jeſ 25 6—8. Dieſer Gedanke eines großen Gottesmahles finde ſich ja auch wiederholt in den Reden Jeſu, ſo unter den Seligpreiſungen Mt 5 6 Lc 6 21, in der Parabel von den zehn Jungfrauen Mt 25 1 ff. und von dem großen Abendmahl Mt 22 2 ff. Lc 14 16 ff. Unter den Genüſſen hätten eine Hauptſtelle immer Brod und Wein vgl. Lc 14 15 Mc 14 25. Dieſe leiblichen Genüſſe ſeien nun aber, wie beſonders Jeſ 55 1 44 3 Jer 31 31 ff. Ez 36 25 ff., die Weisheitslitteratur (Prov 9 5 Sir 24 17—21 Sap 16 20), zahlreiche Stellen bei den Rabbinen und Philo, ſogar im Neuen Teſtament (I Kor 10 3 f. Joh 6 48—50) zeigten, durchweg Bild für Segnungen geiſtiger Art, ja für den Meſſias ſelbſt, der als Weinſtock der Endzeit die Seinen ſättige. So ſagt man ge= radezu: „den Meſſias eſſen." Angeſichts von Mc 14 25 Mt 26 29 Lc 22 29 f. könne kein Zweifel obwalten, daß Jeſus bei ſeinem letzten irdiſchen Mahle auf jenes Mahl der Vollendung hingewieſen

habe. Selbst in I Kor 11 ₂₆ klinge noch vernehmlich die escha=
tologische Stimmung nach. Sie werde auch durch das vierte Evan=
gelium bestätigt. In charakteristischer Weise entspräche ferner die
nachdrückliche Aufforderung zu Genuß (λάβετε φάγετε πίετε) dem
Messiasmahle vgl. Jes 55 ₁–₃. Und ganz in derselben Richtung
bewegten sich die Abendmahlsgebete der Διδαχή. Sie ließen auch
auf eine reichere Tradition vom Ursprung des Abendmahls zu=
rückschließen, als die sei, welche die knappen Worte bei Mc böten.
— Es bleibt nun noch die Frage zu beantworten, in welchem
Sinne und zu welchem Zwecke Jesus bei dem letzten Mahle mit
seinen Jüngern des herrlichen Gottesmahls gedacht habe? Spitta
meint, aus Mc 14 ₂₅ Lc 22 ₃₀ erhelle als Antwort: Jesus ver=
setze sich in die Situation des Messiasmahles. „Er sieht die Jünger
essen und trinken an seinem Tisch, in seinem Reiche und fordert
sie auf, die Gaben zu nehmen, die nur er ihnen bieten kann."
Hatte er eben noch mit seinem Worte an den Verräther auf die
scheinbare Erfolglosigkeit seines Werkes hingewiesen, so erlebt er
im Gegentheil jetzt in sieghafter, den Schrecken des Todes über=
windender Stimmung die ewige Vollendung, als sei sie bereits
eingetreten. So seien die Einsetzungsworte „das Siegel unter das
Leben und Berufswerk Jesu". Nach dieser seiner Auffassung
vermag Spitta die, wie er selbst zugeben muß, schon in der apo=
stolischen Zeit begegnende Beziehung der Einsetzungsworte auf den
Tod Jesu nur für ein, wenn auch begreifliches, folgenschweres
Mißverständniß des ursprünglichen Sinnes zu halten. Zur Be=
gründung dieses Urtheils führt er an: wenn auch Abschiedsgedanken
Jesum bewegt hätten, so zeige doch der Gethsemanekampf, daß er sich
über die Nothwendigkeit seines Todes noch nicht ganz klar gewesen
sei. Vor Allem aber seien die angewendeten Symbole durchaus
ungeeignet, um seinen bevorstehenden Tod zu veranschaulichen. Das
gebrochene Brot habe keine Aehnlichkeit mit den in Betracht kom=
menden Todesarten. Vollends das Essen seines getödteten Leibes,
das Trinken seines Blutes seien ebenso schaurige wie für ein israe=
litisches Bewußtsein unerträgliche Gedanken. Handle es sich ja
doch nicht um Symbole zum Anschauen, sondern zum Genuß.
Außerdem konnten nach Spitta die Jünger ihren Herrn in diesem

Falle unmöglich verstehen. Wie sollten sie bei ihm, den sie noch
in voller Lebenskraft in ihrer Mitte hatten, an Sterben denken!
Dagegen hätten ihnen jene apokalyptischen Gedanken, die uns mehr
fremd sind, im Gegensatz zu den uns sehr geläufigen von der
Heilswirkung des Todes Jesu sehr nahe gelegen. Ebenso wenig
könne der, meint Spitta, welcher sich lebendig in die besondere
Situation und in die ganze großartige Sorglosigkeit Jesu gegen=
über festen Formen hineinzuversetzen verstehe, an die Stiftung eines
Ritus in jener hohen Weihestunde denken. — Wenn man trotzdem
in der ältesten Kirche jenes Mahl wiederholt habe, so glaubte man
damit weder einen Befehl Jesu auszuführen noch eine Feier seines
Todes zu halten. Vielmehr seierte man ἐν ἀγαλλιάσει Act 2 46
und wird nicht nur Brod und Wein, sondern auch andere Speisen
und Wasser genossen haben, dabei des Herru gedenkend, der als
Messias ausdrücklich als frische Wasserquelle bezeichnet werde.
Von der weiteren Entwicklung der Feier entwirft dann Spitta,
dem sich auf diese Weise alle Räthsel der Geschichte des Abend=
mahls lösen, folgendes Bild: die Jünger, welche mit ihrem Herrn
das Passahmahl nicht mehr feiern konnten, haben dies gewiß nicht
allein in den schrecklichen, verzweifelten Stunden des Freitags ge=
than. Als gesetzestreue Männer aber werden sie sich gemäß der
Verordnung Num 9 10 ff.: „wenn irgend jemand von euch oder
von euren Nachkommen unrein sein sollte durch eine Leiche oder
sich auf einer weiten Reise befinden sollte, so soll er (doch) Jahwe
Passah feiern. Im zweiten Monat, am vierzehnten Tage gegen
Abend sollen sie es feiern" einen Monat nach dem Todestag Jesu, am
14 Ijjar in Jerusalem zur Feier des Nachpassah versammelt haben.
Dieser Umstand erklärt auch zur Genüge die räthselhafte Thatsache,
daß die Jünger so schnell von Galiläa nach Jerusalem zurück=
gekehrt sind. Dies im Lichte der Ostererfahrungen gefeierte
Passahmahl mußte sich für die Jünger mit neuem Inhalte füllen,
wie eine neue Stiftung ihnen erscheinen. Und das um so mehr,
wenn etwa bei dieser Gelegenheit, welche zu visionären Zuständen
besonders disponirt, ihnen der Herr erschien. Dann war dieses
Abschiedsmahl, nach dem er im Schatten der Nacht und in dem
Dunkel einer Wolke verschwindet, wirklich ein Passahmahl. Jeden=

falls hat sich schon in frühester Zeit das Paffahmahl zu einer
Feier des Opfertodes Christi ausgebildet, und das mußte auch den
Sinn der Abendmahlsfeier beeinflußen. Besonders leicht konnte
sich den Späteren beim Hören der Worte σῶμα und αἷμα Χριστοῦ
die Feier des Abendmahls zu einer Feier des Gedächtnisses des
Todes Jesu umbilden vgl. Ex 12 14. Und dies wirkte natürlich
zurück auf die Erzählungen vom Ursprunge des Abendmahls, das
nun Jesus an Stelle des Paffahmahls am 14 Nisan gestiftet
haben mußte. Die Vermuthung solchen Ganges der Dinge wird
bestätigt durch unsre Quellen und zwar zunächst durch Lucas,
wenn man erst dessen ursprünglichen Text hergestellt hat. Zu
diesem Zwecke braucht man nur V. 20, der offenbar aus der Ueber=
lieferung des Marcus und Paulus zusammengeflossen ist, zu tilgen,
und der Charakter der Handlung als eines Paffah= und Gedächt=
nißmahls tritt deutlich hervor, vor Allem in der Voranstellung
des Kelches und in den Schlußworten von V. 19. Bei aller Ver=
wandtschaft mit Lucas zeigt Paulus schon ein weiteres Abweichen
von der bei Marcus=Matthäus noch erkennbaren urapostolischen
Form. Durch die Ermahnung des Apostels an die Korinthier
wird an die Stelle der frohen Agape das Todesmahl gestellt, das
noch ernsteren Charakter trägt als das wehmüthige Erinnerungs=
mahl bei Lucas. Die Aufforderung zum Genuß ist fortgefallen
wie bei Lucas. Brod und Becher sind zunächst Symbole, in denen
man etwas anschaut. Außerdem aber erhält die von Paulus be=
nutzte Abendmahlstradition einen bei Lucas noch nicht bemerkbaren
antijüdischen Zug durch die Worte vom neuen Bund vgl. Jer
31 31 ff. Andrerseits hat aber auch die paulinische Rezension auf
die spätere Bearbeitung der apostolischen Tradition eingewirkt, wie
deutlich der matthäische Zusatz εἰς ἄφεσιν ἁμαρτιῶν beweist. Neben der
in Cap. 11 enthaltenen geht nun aber Cap. 10 vgl. 12 13 eine andere
Anschauung bei Paulus her, bei welcher die Gedanken an Tod,
Opfer und Paffahmahl ganz zurücktreten, dagegen die Bilder der
Mahlzeiten hervor vgl. 10 1—4. Können wir darin eine Berührung
mit der apostolischen Tradition, ihrer Deutung im vierten Evan=
gelium und liturgischen Ausgestaltung in den Gebeten der Διδαχή
finden, so sind doch in sofern die Gedanken bei Paulus anders

vermittelt, als er den Empfang einer geistlichen Gabe und die
Gemeinschaft mit dem erhöhten Christus an den Genuß von Brot
und Wein knüpft. Leib und Blut sind dem Apostel nur ver=
schiedener Ausdruck für das pneumatische Leben Christi, das im
Abendmahl mitgetheilt wird. So tritt, sagt Spitta, „auch hier
eine gewisse Unruhe und Buntheit der Anschauungen des großen
Heidenapostels in merkwürdig tiefen Kontrast zu der crystallenen
Einfachheit und Größe Christi". Auf Grund der gegebenen Unter=
suchungen stellt der Verfasser schließlich in sechs Formen den Ori=
ginaltext und die späteren Recensionen nach ihrer geschichtlichen
Folge fest.

Auch aus andern Schriften des neuen Testaments vermag
Spitta noch theils direkte Hindeutungen theils Anspielungen auf
die Abendmahlsvorstellungen zu entnehmen, so aus II Pt 2 13
Jud 12 ff. Apoc 3 bef. V. 20 22 9 ff. Eph 5 25—32 Hbr 13 10 ff.
I Pt 2 1—10. Im Schluß der Untersuchung nimmt er noch theils
zustimmend theils und vornehmlich polemisch zu den Harnack'schen
Auslassungen Stellung. — Endlich weiß er sich hinsichtlich der
praktischen Consequenzen seiner jetzigen Anschauung, die durch
ihre Leugnung einer Stiftung Jesu zur Feier des Gedächtnisses
seines Todes sich ja von der kirchlichen Auffassung des Abend=
mahls in allen Confessionen weit entfernt, zu trösten damit, daß
seine positive Erklärung sich vielfach berührt mit den Aeußerungen
christlicher und besonders evangelischer Frömmigkeit in den Kirchen=
liedern. Für letztere Behauptung werden dann eine Reihe bekannter
und beliebter Abendmahlsgesänge angeführt, in denen Lebenstrank,
Liebesmahl, Gnadensaal, Seelenwein, Himmelsspeise 2c. die Schlag=
wörter sind. Nicht unerwähnt soll bleiben, daß Spitta sich in
seinen originellen Gedanken vielfach mit der um die gleiche Zeit
erschienenen Schrift von W. Brandt („Die evangelische Geschichte
und der Ursprung des Christenthums." Vgl. Holtzmann Theol.
Jahresber. 1894 S. 127) berührt.

Fassen wir nun kurz Spitta's Verhältniß zu seinen
Vorgängern in den Hauptpunkten zusammen, so kann er Har=
nack nicht beipflichten in dessen Verwerthung von Paulus
und Justin. Dagegen betone Harnack mit Recht, daß

Essen und Trinken beim Abendmahl die Hauptsache sei. Dies werde von Jülicher wieder verkannt, der ebenso unrichtig das Moment des Brechens des Brotes hervorhebe. Irrthümlicher Weise halte dieser auch noch an der Beziehung auf den Tod fest. In anderen wichtigen Punkten weiß sich dagegen Spitta eins mit Jülicher: so in der Abweisung der Weizsäcker'schen Hypothese von einer Räthselaufgabe, die Jesus seinen Jüngern beim Abschiedsmahl gestellt habe, und der Betonung des Parallelismus zwischen Brod und Wein, ferner in der Unterscheidung einer doppelten Tradition, des Marcus-Matthäus einerseits, des Paulus-Lucas andrerseits; vor Allem aber in der Negirung der bisher allgemein geltenden Behauptung, daß es sich beim Abendmahl um eine seit lange von Jesus überlegte Stiftung handle.

Ueber den Spitta'schen Aufsatz hat sich dann Harnack (DG³ S. 64f. Anm. 1) noch einmal in dem Sinne geäußert, daß er um I Kor 11₂₃ willen zögere, die Auslegung Spitta's, welche unendlich vieles bisher Dunkle erkläre, rund anzuerkennen. Das Bedenken Harnack's, das sich an I Kor 11₂₃ knüpft, scheint mir so schwerwiegend doch nicht zu sein. Denn die Ueberlieferung, von der Paulus spricht, war ihm doch vor Allem in der Gemeindepraxis gegeben. Dieser zur Folge wurde ein Gedächtnißmahl gefeiert, bei dem man gewiß war, im Sinne des Herrn zu handeln. Da es nun dem Apostel in jenem Zusammenhang darauf ankam, die einzigartige Bedeutung des Herrenmahls im Unterschied von gewöhnlichen Mahlzeiten zu betonen, hob er den durch die Uebung der Gemeinde längst gesicherten und unwillkürlich auf Jesus selbst zurückgeführten Gedanken hervor, der seinem Zwecke am besten diente. Meint ferner Harnack, daß unendlich viele Dunkelheiten in der urchristlichen Geschichte durch Annahme der Hypothese Spitta's beseitigt werden würden, so dürften kaum weniger zahlreiche und schwierige Räthsel an deren Stelle treten. Im Uebrigen würde sich noch der von Haupt gemachte Vorschlag als Ausweg bieten, ὅτι mit „denn" zu übersetzen und als den Inhalt der Ueberlieferung nicht die Geschichte der Einsetzung sondern die Bedeutung des Mahls, welche in V. ₂₆ zusammengefaßt wird, anzusehn. Diese Uebersetzung von ὅτι dürfte jedoch kaum richtig sein. Jedenfalls spricht

die Parallele I Kor 15 s, wo ὅτι zweifelsohne mit „daß" zu über=
setzen ist, dagegen.

Kritischer als Harnack stellt sich E. Haupt zu Spitta,
den er neben Harnack und Jülicher würdigt. Haupt be=
schränkt im Wesentlichen seine Prüfung auf die beiden Hauptfragen,
ob es sich um eine Stiftung handle, und welches der Sinn der
von Jesus vollzogenen symbolischen Handlung sei. Im Unter=
schiede von Spitta, der auch seine kühnsten Behauptungen mit
großer Zuversichtlichkeit aufstellt, hat Haupt mit Recht ein starkes
Gefühl für die nur relative Zuverlässigkeit unserer Quellen und
die dadurch bedingte relative Sicherheit der Forschungsergebnisse.
Schon bei einer Vorfrage in der Beurtheilung des Textes bei
Lucas weicht Haupt von Spitta wie auch von Jülicher ab.
Während letzterer V. 19 u. 20 ohne Abzug dem Verfasser des Evan=
geliums, Spitta V. 20 einer späteren Bearbeitung zuschreibt,
streicht Haupt mit manchen heutigen Kritikern nicht nur V. 20
sondern auch V. 19 die Worte von τὸ ὑπὲρ ὑμῶν an, weil so sich
die übrigen Lesarten am einfachsten erklärten. Auf diese Weise
gewinnt er eine von den anderen Referenten völlig unabhängige
Ueberlieferung, deren Eigenthümlichkeit die Voranstellung des Kelches
ist. Letztere findet er mit guten Gründen gegen Spitta auch
I Kor 10 bei Paulus nicht. Denn dort könne es rein zufällig
sein, daß zuerst der Kelch genannt werde. Andrerseits habe auch
Paulus eine begreifliche Veranlassung dazu gehabt, indem er bei
der Vergleichung mit jüdischen und heidnischen Cultmahlzeiten den
Punkt voranstellte, in dem die Parallele am schlagendsten war.
Die Sonder=Tradition des Lucas verdient nun aber nach Haupt
keineswegs den Vorzug vor den andern. Denn sie beruht auf
einem Mißverständniß des Verfassers, der den Kelch, bei welchem
Jesus das Wort Lc 22 18 sprach, mit dem Abendmahlskelch ver=
wechselte, aus dem Jesus ja unmöglich habe trinken können. Dar=
um ließ Lucas den Abendmahlskelch weiterhin an der richtigen
Stelle fort. Aus der sekundären Voranstellung des Kelches bei
Lucas würde sich dann auch in der Διδαχή dasselbe Verfahren
genügend erklären, falls es sich dort überhaupt um den Abend=
mahlskelch handeln sollte, was Haupt indeß bestreitet. Auch der

Text des Paulus erscheint Letzterem nicht als geeigneter Ausgangspunkt. Vielmehr betont Haupt, und zwar unter Hinweis
auf die Stellung der Worte im Zusammenhang von Cap. 11, der
die Stiftungsgeschichte gar nicht als Mittelpunkt sondern nur als
Ausgangspunkt der Darlegung erkennen läßt, fast noch nachdrücklicher als Jülicher und Spitta, daß gerade der paulinische
Bericht für erläuternde Zusätze den weitesten Spielraum bot. Für
den allein sicheren und methodisch richtigen Weg hält Haupt es,
das allen Berichten Gemeinsame zur Grundlage zu nehmen: das
Dankgebet über der Speise und dem Brechen des Brodes, das
Wort τοῦτό ἐστιν τὸ σῶμά μου und entsprechend beim Wein die Erwähnung des Blutes mit Beziehung auf eine Bundstiftung. Ebenso
sei allen Erzählungen gemeinsam der Zug, daß alle Jünger das
Brot gegessen und den Wein getrunken hätten. Letzteres sei von
Jülicher mit Unrecht geleugnet worden. So weit, mit der nachdrücklichen Behauptung, daß nach allen Berichten Jesus seinen
Jüngern Brot und Wein zum Genuß dargereicht hat, befindet
sich Haupt im besten Einvernehmen mit Harnack und Spitta.
Nicht befriedigt ihn dagegen bei Beiden die Deutung der symbolischen Handlung. Nicht ohne Grund wirft er Harnack eine
Vermischung disparater Gedanken vor und findet die von Jesus
gebrauchten Worte sehr ungeeignet zur Erläuterung des von Harnack angenommenen Gedankens, wie auch die symbolische Handlung herausfallend aus dem Zusammenhang mit der Stimmung
des letzten Mahls. Mit dieser hält nach Haupt die Deutung
Spitta's zwar engere Fühlung. Aber von dessen Gegengründen
gegen die Beziehung auf den Tod ist er ebenso wenig überzeugt wie
von der positiven Entwicklung Spitta's. Daß die Jünger vielleicht den Herrn mißverstanden oder überhaupt nicht verstanden,
konnte diesen nicht abhalten, von den tiefsten Gedanken, die ihn
bewegten, Mittheilung zu machen. Ferner in den Bedenken, welche
sich für Spitta aus der Unähnlichkeit des gebrochenen Brotes
mit irgend einer in Betracht kommenden Todesart, dem Essen des
getödteten Leibes Christi und dem Trinken von animalischem Blut
ergeben, erkennt Haupt nicht nur einen gewissen Widerspruch des
Verfassers mit sich selbst, sondern auch eine unberechtigte „buch

ſtäbiſche" Auffaſſung. Gegen die poſitive Deutung Spitta's
erhebt Haupt den doppelten Einwand, einerſeits, daß in den
evangeliſchen Berichten grade der Unterſchied zwiſchen dem gegen=
wärtigen und dem zukünftigen Mahle ſcharf hervorgehoben werde,
andrerſeits daß der die ganze Darſtellung beherrſchende trübe Ge=
danke des Abſchieds völlig bei Seite geſetzt ſei. Dagegen will
auch Haupt von einer Beziehung zur Paſſahfeier nichts wiſſen
und hält den Beweis, daß das letzte Mahl einen Tag vor dem
Paſſah ſtattfand, für völlig erbracht.

In den erwähnten kritiſchen Bemerkungen dürfte das
Hauptverdienſt der Ausführungen von Haupt beſtehn. Seine
poſitiven Darlegungen ſtimmen im Weſentlichen mit der herr=
ſchenden Auffaſſungsweiſe überein, die er hauptſächlich durch
phychologiſche Erwägungen zu ſtützen ſucht. So erklärt er
die ganze Handlung vor Allem aus einem perſönlichen, ihm
durch die innere Gewalt der Lage aufgenöthigten Bedürfniß
Jeſn. Sehr frei und allgemein, ſowie in der voraufgegangenen
Ausführung nicht begründet erſcheint die Umſchreibung des Sinns
der Abendmahlsworte: „meine Perſon iſt Träger der Kräfte
eines höheren Lebens, welches ſo angeeignet werden und ſo
zu einem Beſtandtheil eurer Perſonen werden will, wie dies bei
der irdiſchen Nahrung der Fall iſt. Dies gilt aber ganz beſonders
auch von meinem bevorſtehenden Tode." Wenig überzeugend ſind
auch die Gründe, mit denen Haupt im Gegenſatz zu Jülicher
und Spitta den Stiftungscharakter des Abendmahls feſtzuhalten
ſucht. Er meint, die Worte, welche den Jüngern eine Wieder=
holung zum Zwecke des Gedächtniſſes Jeſu anempfehlen, könnten
leichter ſpäter weggelaſſen als zugeſetzt ſein, da ja jede Feier eine
Erfüllung des betreffenden Gebotes war. Dieſer Erwägung gegen=
über kommt die einmüthige Tradition von Marcus und Matthäus
gar nicht zur Würdigung bei Haupt. Und dieſe Evangeliſten
wollten doch den urſprünglichen Hergang möglichſt treu berichten.
Was konnte ſie beſtimmen, ein weſentliches Stück fortzulaſſen?
Andrerſeits hat ſchon Jülicher einleuchtend genug ausgeführt,
wie ſtark das Bedürfniß ſein mußte, die herrſchend gewordene
Praxis auf eine ausdrückliche Willenserklärung Jeſu zurückzuführen.

Ebenfo kann die immerhin beftreitbare pfychologifche Erwägung, der Widerholungsbefehl paffe vortrefflich in jene Abfchiedsfituation, gegenüber der burch Marcus=Matthäus boppelt bezeugten Ueber= lieferung nicht auffommen. Auch brauchte der Herr wirklich nicht zu beforgen, daß feine Jünger in der furzen Spanne Zeit, nach Ablauf beren er wieder mit ihnen vereint zu fein zuverfichtlich er= wartete, ihn und die einzigartigen Eindrücke jener Abfchiedsftunden vergeffen würden. —

Meine Berichterftattung über die neueften Unterfuchungen zur Abendmahlsfrage wäre hiermit im Wefentlichen erledigt. Die eigene Kritif fonnte mit um fo mehr Recht bei diefem Referat zurücktreten, als die beleuchteten Arbeiten felbft eine immanente Kritif an einander vollzogen haben. Nur zu Spitta, der bei Haupt doch nicht eingehend genug gewürdigt fein dürfte, möge man mir noch einige Bemerkungen geftatten. Niemand wohl wird fich bei der Lektüre des Spitta'fchen Auf= fatzes dem blendenden Eindrucke feiner originellen Gedanken, feiner geiftreichen Combinationen und der Gefchloffenheit feiner Gefammt= auffaffung entziehen können. Ebenfo wenig aber dürfen die ge= wichtigen Bedenken, die feinen neuen kühnen Aufftellungen ent= gegenftehn, verfchwiegen werden. Neben den treffenden Ein= wendungen, die fchon Haupt erhoben hat, fei hier in Kürze nur noch Folgendes zur Erwägung gegeben. Die erwähnten Vorzüge, welche faft fämmtliche Schriften Spitta's auszeichnen, insbefon= dere fein ungewöhnlicher Scharffinn, bringen ihn nicht felten in die Gefahr, mehr wiffen und Beftimmteres ausfagen zu wollen, als der mangelhafte fragmentarifche Beftand des Unterfuchungs= materials geftattet. Auch die vorliegende Abhandlung erweckt wiederholt den Eindruck, daß der Forfcher die Quellen in geradezu gewaltthätiger Weife zum Reden bringt; fo z. B. bei dem Ver= fahren, vermöge deffen in Mc 14 1 ff. aus dem Berichte felbft eine Tradition des Nichtpaffahmahls erfchloffen wird. Einen allgemeinen Fehler erblicke ich auch in dem immer wieder ge= machten Verfuche, fo gut wie alle wichtigeren Gedanken und Vorgänge aus dem Alten Teftament und Judenthum abzuleiten. Insbefondere will es mir nicht einleuchten, daß Jefus mit den

spezifisch apokalyptischen Anschauungen, die doch mehr das Lieb=
lingsgebiet rabbinischer Reflexionen und Phantasien ausmachen,
genauer vertraut gewesen sein und von daher Anregung empfangen
haben sollte. Und das führt mich auf das Hauptbedenken, welches
sich gegen die eigentlich neue Auffassung von Spitta richtet.
Diese konnte er nur dadurch gewinnen, daß er eine Fülle von
Vorstellungen mit zu dem Texte hinzubringt, die dieser an sich
gar nicht enthält. Ein Theil von dem, was Spitta ihm ent=
nimmt, steht da. Aber die Hauptsache, das Entscheidende wird
hinzu ergänzt. Welcher Leser, der sich nicht vorher ganz erfüllt
hat mit apokalyptischen Anschauungen, sollte angesichts z. B. unse=
res schlichten Marcus=Textes auf den Gedanken kommen, daß
Jesus jetzt ganz beschäftigt ist „mit jener seligen Aussicht, wo
Gott sein Königreich zum Siege gebracht haben wird, und wo
von ihm, dem von Gott gesandten Messias, die Kräfte der Er=
kenntniß und des ewigen Lebens ungehindert in seine Jünger
überströmen werden, als die Gaben des Mahles, das Gott seinen
Getreuen bereitet"? Und doch wirkt selbst auf denjenigen, der sich
gerne von dem geschickten Verfasser in die richtige Empfänglich=
keitsstimmung hat versetzen lassen, eine solche Texterklärung und
=verwendung geradezu verblüffend. Alles wird hier herausgelesen
aus dem einen Wort Mc 14 25 = Mt 26 29. Denn Lc 22 30
durfte keineswegs ohne Weiteres herbeigezogen werden. Und ist
jenes Wort nicht mindestens ebenso sehr aus wehmüthiger Ab=
schiedsstimmung heraus gesprochen wie aus ungebeugtem Glauben
an den endlichen glänzenden Ausgang? Wo findet sich aber sonst
in irgend einem Bericht etwas von so siegesgewissen, über alle
Schrecken des Todes triumphirenden Empfindungen? Freilich,
wenn Jesus selbst noch nicht mit sich über die Nothwendigkeit
des Sterbens im Reinen war, konnte er auch nicht mit solcher
Bestimmtheit davon reden, wie gemeinhin angenommen wird. Die
Gethsemaneszene beweist für diese Spitta'sche Voraussetzung doch
wirklich kaum etwas. Jesus müßte kein echter Mensch gewesen
sein, wenn ihn die Schrecken des unmittelbar nahen Todes nicht
wenigstens für Augenblicke erschüttert und ihm das Gebet ent=
preßt hätten, ob nicht allen widersprechenden Mächten zum Trotz

Gott ihm die bängſte Stunde erſparen könnte. Außerdem kann
Spitta gegenüber darauf hingewieſen werden, daß Jeſus die
ſchlimmſte Wendung doch wohl vorausſehen mußte. Er kannte
den Wankelmuth und die Unbeſtändigkeit ſeiner Volksgenoſſen
nicht nur aus ihrer ganzen Geſchichte. Die bitteren Erfahrungen
der Propheten hatte er ſelbſt durchkoſten müſſen. Es iſt darum
faſt undenkbar, daß ſeinem Scharfblick hätte verborgen bleiben
können, wie es für ihn angeſichts des durch die Volksleiter ſyſte-
matiſch geſchürten Haſſes nur noch einen Weg gab, den des Todes.
Und das um ſo mehr, als er eben erſt wieder durch ſeinen Friedens-
einzug in Jeruſalem den geſpannten äußerlichen Erwartungen des
Volkes die herbſte Enttäuſchung hatte bereiten müſſen. Doch wir
ſind auf ſolche Reflexionen nicht angewieſen. Auch Spitta muß
in der von ihm angenommenen älteſten, urapoſtoliſchen Form die
Worte: τοῦτό ἐστιν τὸ αἷμά μου τῆς διαθήκης τὸ ἐκχυννόμενον ὑπὲρ
πολλῶν ſtehen laſſen. Mag nun auch die Frage unentſchieden
bleiben, die Haupt unbedingt bejaht, ob ſchon der eigenthümliche
Ausdruck Bundesblut vgl. Ex 24 8 keine andere Deutung zuläßt
als die auf das vergoſſene Blut Chriſti, jedenfalls ſchließt der
Ausdruck ἐκχυννόμενον allen Zweifel aus. Denn was ſoll man
dazu ſagen, wenn Spitta wegen des Zuſatzes εἰς ἄφεσιν ἁμαρτιῶν
bei Matthäus nun bei Marcus bloß von Ausſchenken von
Weinbeerblut redet, während er ganz denſelben Ausdruck in dem
gleichen Zuſammenhang bei Matthäus richtig mit „ausgegoſſe-
nem Blut" überſetzt? Hier iſt gewiß keine abſichtliche Verdrehung des Textesinhaltes anzunehmen. Aber dieſes Beiſpiel
zeigt beſonders deutlich, wie der Verfaſſer von der Richtigkeit
ſeiner Auffaſſung ſo unbedingt überzeugt iſt, daß er den Text nur
im Lichte dieſer Anſchauung zu leſen vermag. Neben den angeführten Worten dürfte auch dem in allen Berichten ſtehenden Aus-
drucke ἔκλασεν eine ähnliche Bedeutung zuzuſchreiben ſein. Denn
wenn dieſes Wort oder das Compoſitum κατέκλασεν auch in den
Speiſungsgeſchichten Mt 14 19 u. Par. angewendet wird, ſo läßt ſich
doch nicht leugnen, daß grade dieſe Handlung des Brechens ſich ganz
beſonders zur Veranſchaulichung des von Jeſus ausgeſprochenen
Gedankens eignete. So bleiben denn nur noch die Abendmahls-

10*

gebete der Διδαχή. als Beweis für Spitta's Tilgung des Todes=
gedankens übrig. Sie enthalten allerdings von letzterem nichts.
Und ich vermag dieser Instanz nicht so auszuweichen, daß ich mit
Weizsäcker, Zahn, Haupt diese Gebete Cap. 9 gar nicht auf
das Abendmahl beziehe. Allein wenn auch das hohe Alter dieser
Gebete anerkannt wird, eine zuverlässigere Quelle als die evan=
gelischen Beweise können sie für uns nicht bedeuten. Sie sind
uns ein interessantes Zeugniß dafür, wie schnell man die Schrecken
jener Nacht, in die sich zu vertiefen man sehr bald kein Bedürf=
niß mehr empfand, vergessen hat über dem später erlebten Triumph
und allen Gütern, die er der Kirche gebracht hatte.

Zum Schluße sei mir noch gestattet, in möglichster Knapp=
heit ein Bild der Entwicklung zu entwerfen, wie es nach meinem
Dafürhalten unsern Quellen wahrscheinlich oder nur vielleicht am
meisten gerecht werden dürfte. Die Frage, wann Jesus das letzte
Mahl mit seinen Jüngern eingenommen hat, ist für die Ent=
scheidung über den Sinn der Abendmahlsworte ziemlich gleich=
gültig. Denn das dürfte gerade die neueste Forschung in Ab=
weichung von Lobstein, Wendt u. A. zur Genüge festgestellt
haben, daß von dem Passahmahl aus kein Licht auf die Bedeu=
tung jener symbolischen Handlung fällt. Höchstens der Ausdruck
„Bundesblut" wird leichter verständlich. Die Handlung ist aber auch
in sich klar genug. Jesus veranschaulicht durch sie seinen Jüngern
die Nähe seines Todes, nicht ohne hinzuzufügen, daß derselbe zu ihrem
Besten geschieht, daß er als Opfer für sie einen Bund mit Gott be=
gründet vgl. Jerem 31 31—33, wodurch der schmerzlichen Nothwendig=
keit der bittere Stachel genommen wird. Indem die Jünger die
Symbole zu sich nehmen, sollen sie sich zugleich innerlich den durch sie
ausgedrückten Gedanken aneignen. Harnack, Spitta uud Haupt
dürften mit dieser Betonung des Genießens soweit gegen Jü=
licher Recht haben. Nachdem sich die Jünger wieder gesammelt
hatten, war es ihnen ein Bedürfniß, sich immer wieder in die
unvergeßlichen Stunden des Abschiedsmahles mit ihrem Herrn zu
vertiefen und über die einzigartigen Worte und Eindrücke mit
einander zu unterhalten, indem sie zugleich in möglichster Treue
auch die äußerlichen Vorgänge wiederholten. Das konnte, auch

ohne daß ein ausdrücklicher Befehl von ihm vorlag, nur im Sinne
ihres verklärten Meisters sein, mit dem sie während seiner kurzen
Trennung von ihnen innigst verbunden bleiben sollten. Sollte
der Herr ein dahin zielendes Wort wirklich gesprochen haben, so war
solches sicherlich nicht im Sinne der Stiftung eines Ritus gemeint.

Diese nicht nur hauptsächlich, sondern ausschließlich dem
Gedächtnisse ihres Meisters geweihten Mahlzeiten wird man wie
das erste Mal in der Regel mit Brod und Wein gefeiert haben.
Darauf, daß genau die Reihenfolge von Brod und Wein einge-
halten wurde, legte man schwerlich großen Werth. Dies ist um
so wahrscheinlicher, weil die Annahme sehr nahe liegt, daß die in
ihren Mitteln höchst beschränkte jerusalemische Gemeinde, welche
bei ihrer geringen Mitgliederzahl einen weitgehenden freiwilligen
Austausch der Besitzthümer und Einkünfte durchführen konnte,
jene Gedächtnißmahle an eine vorangegangene gemeinsame, der
physischen Sättigung dienende Mahlzeit anschlossen. Demgemäß
wird man auch den Kelch häufiger haben kreisen lassen. Es liegt
kein entscheidender Grund vor, zu bestreiten, daß die urapostolische
Sitte der Herrenmahlsfeier (abgesehen von dem vorausgehenden
Mahl) ohne wesentliche Aenderung auch in den übrigen allmählich
entstehenden Christengemeinden schnell sich einbürgerte. Hatte man
doch sowohl auf heidnischem wie jüdischem Boden in den Opfer-
mahlzeiten für diese Sitte eine nahe liegende Analogie. Zwar
daß auch außerhalb Jerusalems Gütergemeinschaft unter den
Christen gepflegt wurde, ist wenig wahrscheinlich und uns auch
nicht bezeugt. Dann aber werden auch in den übrigen Gemeinden
die gemeinsamen Sättigungsmahlzeiten weggefallen sein. Sie
mußten ohnehin auf große Schwierigkeiten stoßen, sobald die Gemeinden eine etwas größere Mitgliederzahl gewonnen hatten.
Dieser Vermuthung scheint nun freilich im Wege zu stehen, was
die paulinischen Ausführungen I Kor 11 in der korinthischen Gemeinde als Voraussetzung errathen lassen. Hiernach ist ja ein
μεσθειν, ein προλαμβάνειν der eigenen Mahlzeit möglich gewesen.
Weist das nicht mit Nothwendigkeit auf eine wirkliche Mahlzeit
hin? Allerdings darf wohl die Möglichkeit nicht ausgeschlossen
werden, daß man in Korinth das Gedächtnißmahl zugleich zur

Befriedigung des natürlichen Hungers und Durſtes benutzte.
Immerhin hätte man ſich ja für ſolches Verhalten auf das letzte
Mahl Jeſu mit ſeinen Jüngern berufen können, bei dem man ſich,
auch wenn es kein Paſſahmahl war, doch geſättigt hat. Allein
Paulus ſelbſt ſteht ſicherlich anders zu der Sache. Entweder
wollte er — und das würde unter der eben angedeuteten Voraus=
ſetzung der Fall ſein — eine neue Ordnung in Korinth einführen
oder einen allmählich erſt eingeriſſenen Mißbrauch abſtellen. Das
Letztere dürfte doch das Wahrſcheinlichere ſein. Denn die Aus=
ſchließung natürlicher Sättigung ſtellt ja der Apoſtel 11 22 34 als
etwas ganz Selbſtverſtändliches hin. Wie ſoll man dann aber
die Wendungen von V. 21: ἕκαστος τὸ ἴδιον δεῖπνον προλαμβάνει
ἐν τῷ φαγεῖν, καὶ ὃς μὲν πεινᾷ, ὃς δὲ μεθύει verſtehen? Da Pau=
lus hier die ſozialen Unterſchiede in's Auge faßt, haben wir ein
Recht, ſie auch zur Erklärung herbeizuziehen. Nun wiſſen wir,
daß die korinthiſche Gemeinde zwar einige Reiche beſaß, zum
größten Theil aber aus kleinen und geringen Leuten beſtand
I Kor 1 26 f. Alſo viele Sklaven werden zu ihr gehört haben.
Dieſe aber mußten zunächſt ihren irdiſchen Herren beim δεῖπνον auf=
warten. Eilten ſie dann zum κυριακὸν δεῖπνον, ſo kamen ſie häufig
zu ihrer Beſchämung vor leere Becher: ὃς μὲν πεινᾷ. Das πεινᾶν
bildet hier den Gegenſatz zum μεθύειν. Die Reichen, beſſer Situirten
ſcheinen ſich alſo in Korinth, weil ſie eher und leichter zur Stelle ſein
konnten, ſo weit vergeſſen zu haben, daß ſie die vorhandenen Speiſen
und Getränke nicht bloß zu ihrem eigentlichen Zwecke, ſondern zur
Stillung eines gewöhnlichen phyſiſchen Bedürfniſſes verwendeten und
ſo die Gedächtnißfeier mit den ſpäter ankommenden Brübern ver=
eitelten. — Die weitere Entwicklung dieſer Feier muß ich hier über=
gehen und ſchließe meine Berichterſtattung, indem ich Ihnen auch
gegenüber dieſen jüngſten und neuen, von Manchem wohl als un=
annehmbar empfundenen Gedanken und Combinationen das Wort
des Apoſtels empfehle: πάντα δοκιμάζετε, τὸ καλὸν κατέχετε.

Die Bedeutung der Persönlichkeit im christlich-religiösen Gemeinschaftsleben.

Von

Carl Stuckert, Lic. theol.

———

Im Mittelpunkt der christlichen Weltanschauung steht die Persönlichkeit Jesu. Sein Personleben ist für seine Gemeinde die Offenbarung Gottes. Zu ihm kehrt der Einzelne immer wieder zurück in allen Anfechtungen und Nöten, um seines Glaubens wieder gewiß zu werden. In ihm vergegenwärtigt er sich immer wieder den objektiven Grund seines Glaubens. Die christliche Religion läßt sich nicht denken ohne die Persönlichkeit Jesu. In dieser Persönlichkeit ist ihr Leben beschlossen. Sie verhält sich hierin anders als andere Religionen. Sie ist mehr auf die Persönlichkeit ihres Stifters gestellt als alle andern Religionen. Diese lassen sich auch denken ohne Glauben an den Stifter. Selbst die zwei Weltreligionen Buddhismus und Islam, welche sogleich in ihrem Grundbekenntniß den Stifter nennen, sind nicht so sehr auf die Stifter angewiesen, wie es den Anschein haben könnte. Der Buddhismus kann derselbe bleiben, auch wenn der Begriff des Buddha weggedacht wird; und Muhammed hat sich selbst nur als Wegweiser betrachtet, der seinen Zeitgenossen eine Zurechtleitung wieder gebe, welche die Menschen schon vor ihm gehabt hätten[1]. Nur das Christenthum ist unlösbar an seinen Stifter gebunden.

———

[1] Vgl. „Christus und andere Meister", S. 10, Basel 1893.

Nie werden eine Reihe allgemeiner Vernunftwahrheiten und ein=
leuchtender Ideen seine belebende Persönlichkeit ersetzen können.
Allein von seiner Person aus fließen seiner Gemeinde Ströme
lebendigen Wassers zu. Jesus hat aber verheißen, daß auch von
denjenigen, die an ihn glauben, Ströme lebendigen Wassers fließen
sollen. Daß dem so ist, können wir in der Kirchengeschichte beob=
achten. Wohl haben Veränderungen der Lehre weittragende Wir=
kungen gehabt; neue Ideen, die sich Bahn brachen, haben Jahr=
hunderte lang die Welt in Aufregung gehalten. Aber Ströme
lebendigen Wassers sind nur von dem persönlichen Glauben der
Jünger Jesu ausgeflossen. Auch bei den großen Erneuerern der
Kirche, bei einem Augustin oder einem Luther, war es nicht die
Lehre, die Segen brachte über die Folgezeit, sondern die gläubige
Persönlichkeit, welche die Lehre erzeugte. Das innere Glaubens=
leben jener großen Männer war der Quell, von dem aus sich
Ströme des Glaubens und der Liebe über Jahrhunderte ergossen
haben. Nur weil sie in ihrer Theologie das aussprachen, was sie
innerlich tief empfunden und durchlebt hatten, war sie von so
hoher Bedeutung. Nicht ihre Lehre, sondern das innere Leben
ihrer gläubigen Seele, welches sie über ihre Nachkommen aus=
geschüttet haben, hat Früchte getragen und wieder Leben gezeugt.
Ihre Persönlichkeit war das Belebende. Wenn wir auf die Kirchen=
geschichte blicken, so scheint die durch Christus belebte Persönlich=
keit für die Fortpflanzung und das Wachsthum des christlichen
Glaubens von eminenter Bedeutung zu sein. Es ist festzustellen,
wie weit diese Bedeutung der Persönlichkeit im religiösen Gemein=
schaftsleben reicht.

Nicht jeden Menschen bezeichnet man als Persönlichkeit. Die
Persönlichkeit wird konstituirt durch Selbstbestimmung und Selbst=
bewußtsein. Diese aber eignen nicht jedem Menschen. Persön=
lichkeiten sind Menschen, welche sich selbst von dem unterscheiden,
was die Natur aus ihnen gemacht hat, als etwas über die Natur
unvergleichlich Erhabenes und welche durch die von ihnen erworbene
Kraft des Willens und die von ihnen gewonnene Erkenntniß eine
größere Einwirkung auf andere ausüben. Es sind Menschen,
welche Vieles von der äußern Welt in ihre innere Welt umgesetzt

haben und auf diefe Weife die Welt beherrfchen, indem fie von
der äußern Welt eine gewiffe Unabhängigkeit erlangt haben. Das
Ideal der Perfönlichkeit ift zu benken als ein Wefen, deffen Selbft=
beftimmung fo groß ift, daß es von allem außer ihm Liegenden
vollkommen unabhängig ift, und welches alle Dinge beherrfcht durch
feine allumfaffende Erkenntniß und die aller Dinge mächtige Kraft
des Willens. Diefes Wefen ift Gott. Menfchen find keine vollendeten Perfönlichkeiten, fie find nur werdende Perfönlichkeiten,
weil bei ihnen die Freiheit durch die Natur außer ihnen und in
ihnen gehemmt wird und fie nie vollendete Erkenntniß und die
Vollendung des Charakters auf Erden erreichen. Aber Menfchen,
welche eine gewiffe Stufe darin erreicht haben, bezeichnen wir auch
fchon als Perfönlichkeiten und fchreiben ihnen damit eine einfluß=
reiche Stellung innerhalb ihrer Umgebung zu.

Welche Bedeutung die Perfönlichkeit im religiöfen Gemein=
fchaftsleben hat, fehen wir fortwährend bei der Fortpflanzung
chriftlichen Glaubenslebens. Hier beobachten wir, daß kein Menfch
durch bloße Belehrung gläubig wird, fondern allein durch den
Einfluß anderer, fchon gläubiger Perfönlichkeiten. Die Religion
ift eigenes, perfönliches, inneres Leben. Sie kann nicht wie eine
Sache von dem einen an einen anbern weitergegeben werden. So=
gar bei der Mitteilung des Wiffens täufchen wir uns leicht. Wir
fagen, es werde mitgeteilt. So lange aber der Schüler das Wiffen
nicht felbft erzeugt, ift es bloßer Gedächtnißkram. Man kann
einem gut memorirenden Schüler fchon Manches beibringen, aber
zum Wiffen kommt es nicht, bevor er nicht felbft die Notwendig=
keit der Gedankenverbindung, die Deutlichkeit und Klarheit des
Vorgetragenen eingefehen hat. Ein Wiffen ift es erft, wenn er den
Gedanken felbft nachgebildet und das Urteil felbft gefällt hat.
Bei der Religion vollends ift es ein grober Irrtum zu meinen,
man könne fie wie eine Sache einem andern „mitteilen“. Der=
jenige, welcher unfere Glaubensfätze begriffen und verftanden hat,
welcher glaubt fie inne zu haben, ift noch nicht religiös. Es mag
fich Jemand einer lückenlofen Erkenntniß der chriftlichen Lehre
erfreuen, fo lange aber die Glaubensgedanken, die er ausfpricht,
nicht Aeußerungen feines eigenen Gefühls find, fo lange fie nicht

in ihm selbst ursprünglich entstanden sind, ist er kein Frommer.
Seine Gedanken sind nicht sein eigen, es sind nur untergeschobene
Kinder, Erzeugnisse anderer Seelen, die er im heimlichen Gefühl
eigener Schwäche adoptirt hat. Seine Frömmigkeit ist nicht von
innen heraus in ihrer ursprünglichen eigentümlichen Gestalt er=
wachsen[1]). Es ist daher ein verhängnißvoller Irrtum zu meinen,
man verhelfe Andern zur Religion, indem man ihnen eine Summe
von religiösen Gedanken mitteilt. Das zu thun ist nicht schwer,
dazu braucht es nur Worte von der einen und auffassende Ver=
standeskraft von der andern Seite. Aber daran hat man dann
auch nur den Schatten religiösen Lebens. Aber nicht den Schatten
der Sache, sondern die Sache selbst, die darnach den Schatten
wirft, sollte der Schüler bekommen. Auf jene Weise kann man
niemals die Religion von außen überkommen. Die Wahrheit kann
nicht einfach von einem Menschen auf den andern übertragen
werden. Wir können wohl unsere Belehrungen durch Worte ver=
mitteln, aber die Worte sind nur die Münzen im geistigen Umsatz.
Die Münze ist dem Nahrungsmittel nicht ähnlich, eben so wenig
Aehnlichkeit ist zwischen dem Wort und dem Wesen, das wir mit
dem Wort bezeichnen. Das Wort kann uns keinen Begriff geben
von dem Gegenstand, den man damit bezeichnet, wenn wir jenen
nicht schon kennen. Keine Mitteilung durch Worte kann uns eine
Idee geben von etwas, das nicht schon in uns ist. Die Vor=
stellungen, die wir uns auf Grund der Worte Anderer bilden,
gestalten sich nach dem Wesen des geistigen Besitzes, den wir schon
haben. Die Wahrheit, die Andere uns mitteilen, kann nur unser
Eigentum werden, wenn etwas davon schon in uns lebt. Alle
religiöse Belehrung muß, wenn sie etwas mehr erzeugen soll, als
ein bloßes Fürwahrhalten, schon einen religiösen Besitz voraus=
setzen, der nicht durch Belehrung zu Stand gekommen ist. Es
sind andere Mächte als die Worte, welche uns den ersten Besitz
religiösen Lebens vermitteln. Die Religion kann nicht Personen
mitgeteilt werden, wie eine Farbe auf einen Gegenstand aufgetragen
wird. Möglich ist nur das Eine: man kann den Versuch machen,

---

[1]) Vgl. Schleiermacher, Reden, Gesammelte Werke, S. 55.

der Religion in Andern zum Leben zu verhelfen durch die Dar=
ftellung des eigenen religiöfen Lebens. Eine andere religiöfe Ein=
wirkung auf Andere als die Selbftdarftellung in Wort und Werk
giebt es nicht. Indem die fromme Perfönlichkeit ihr eigenes von
Gott bewegtes Inneres darftellt, kann fie einem Andern zum
Priefter werden. Sie kann hoffen ihn zu gewinnen, wie Orpheus
durch feine himmlifchen Töne feine Zuhörer gewann. Die Wahr=
nehmung des Heiligen und Göttlichen regt vielleicht in dem Andern
etwas Aehnliches auf [1]).

Die Atome der anorganifchen Welt vermögen nicht aus fich
zu Teilen der organifchen Welt zu werden. Sie find durch un=
zerftörbare Schranken davon abgefondert. Nur wenn eine der
höherftehenden organifchen Lebensformen dem tieferftehenden Atom
die Hand reicht, vermag es aus feinem Tod zu erwachen und zum
Leben zu kommen. Leben kann nur durch Berührung mit vor=
handenem Leben entftehen. Diefer Satz gilt auch vom religiöfen
Leben [2]). Der Menfch kann aus dem irdifchen Wefen nur heraus=
gehoben werden, wenn eine über ihm ftehende religiös belebte
Perfon ihm dazu hilft. Etwas Belebtes muß fich zu ihm herab=
laffen. Durch eine Gemeinfchaft von Perfon zu Perfon wird er
zu höherem Leben gelangen. Es find nicht die Gedanken, nicht
die religiöfen Ideen, an welchen fich perfönliches Leben entzündet,
fondern es find Perfönlichkeiten, in welchen die Frömmigkeit eine
gegenwärtige Macht ift. Ueberall in der Gefchichte pflanzen fich
geiftige und ethifche Kräfte nur fort durch perfönliche Vermittlung.
Auch die Religion pflanzt fich nur fort durch perfönliche Anziehung.
Wenn wir die Lebensgefchichten der gefegnetften Menfchen in der
Welt überblicken, fo finden wir, daß ihnen die mächtigften An=
triebe, Anregungen, Erleuchtungen und Stärkungen ihres innern
Lebens durch Menfchen vermittelt wurden, von den frommen,
milden, betenden Müttern an bis zu dem Manne, deffen Worte
wie Pfeile in ihr Gewiffen flogen. Und auch wir haben diefelbe
Erfahrung gemacht. Wir müffen uns nur auf die Wendepunkte

[1]) Schleiermacher, Reden 185, Gefammelte Werke, S. 327.
[2]) Vgl. Drummond, Das Naturgefetz in der Geifteswelt, Deutfch.
1892, S. 53.

unseres Lebens besinnen, und wir werden finden, daß es in der
Regel Personen waren, deren Wort oder Beispiel im Leiden und
im Wirken sich Gott bediente, um wichtige Entscheidungen in uns
hervorzubringen. Darum ist das Gefühl der Achtung, welches
wir vor Personen haben, die uns in ihrem inneren Leben überlegen sind, ein heiliges Gefühl. Kingsley sagt: „Wenn es
ein edles, heiliges Gefühl im Menschen giebt, so ist es das Gefühl, welches ihn lehrt, sich zu beugen vor denen, die größer,
weiser und heiliger sind, als er selbst. Das Gefühl der Achtung
vor dem Edeln ist ein himmlisches Gefühl. Ein Mensch, welcher
es verloren hat, welcher keine Achtung mehr fühlt für die, welche
über ihm stehen an Alter, Weisheit, Kenntnissen, Herzensgüte, der
wird nicht in das Himmelreich kommen" [1]. Dies darum, weil er
diejenigen, welche die Erzeuger und Förderer seines ewigen Lebens
sein könnten, von sich stößt. Wir müssen werden wie die Kinder,
die im Gefühl der Ehrfurcht durch ihnen übergeordnete Personen
sich bestimmen und zu höherer Reife emporziehen lassen. .

Schon Plato sagt, daß wir nicht durch Lehre oder unsere
eigene Natur, sondern durch den Einfluß der Götter zur Tugend
gelangen, und daß der Umgang und die bloße Nähe eines göttlich
gesinnten Mannes uns Kraft zum Guten gebe, wie man in der
Nähe eines mutigen Kriegers selber mutig werde. Dem ist wirklich so. Es giebt Personen, — ihre Gesellschaft flößt uns sogleich
Lust zum Guten ein. Durch ihren Umgang kommen unwillkürlich
die besseren Seiten unseres Wesens zur Geltung. Ihre im täglichen Wandel kräftig zu Tage tretende Menschenliebe und Demut,
ihr Gottvertrauen, ihr Eifer für das Gute bringt die entsprechenden Saiten unserer Seele in Schwingung. Ihr Thun und Lassen
in den alltäglichen Verhältnissen des Lebens, ihre Art Großes
und Kleines zu beurteilen und zu behandeln macht sie uns zu
Priestern, die uns zu Gott hinzuführen. Jeder wiedergeborene
Christ wird das aus seiner Erfahrung bestätigen können. Es
waren Persönlichkeiten, die durch ihr tieferes und kräftigeres religiöses Leben uns zur Offenbarung Gottes geworden sind. Viel-

---

[1] Dorfpredigten. Deutsch. Gotha 1884, S. 139.

leicht waren es die Eltern. Ich bin der Gott deines Vaters
Abraham, spricht der Herr zu Ifaak. Durch Abraham war er
feinem Sohn offenbar geworden. So lernen heute noch die
Kinder den Gott ihrer Eltern kennen, wenn die Eltern wahre
Chriften find. Es ift nicht die bloße Belehrung der Eltern in
den Dingen der Religion, welche uns den Himmel aufthut und
uns zu Gott führt, fondern das religiöfe Leben, welches in und
mit der Belehrung auf uns einbringt. Dorther ftammen die
Keime der Frömmigkeit. Es kann auch gar nicht anders fein.
Durch die Belehrung wird der Verftand und das Gedächtniß in
Anfpruch genommen. Soll es aber zu einem neuen in Gott ge-
heiligten Leben kommen, fo ift es notwendig, daß das Gefühl und
der Wille in Bewegung gefetzt werden. Es handelt fich bei der
Erweckung chriftlichen Lebens um eine fchärfere Beurteilung deffen,
was gut und böfe ift, um die Verurteilung des eigenen alten
Wefens, um den glaubensvollen Anfchluß an das abfolute fittliche
Ideal und um die Veränderung des Zieles, das der Einzelne und
die gefammte Menfchheit haben follen. Dazu muß Gefühl und
Wille in Bewegung gefetzt werden. Belehrung thut das nur in
geringem Maaß. Dagegen werden durch das Lebensgefühl, durch
die ganze Stimmung, die fich in einer andern Perfönlichkeit ausdrückt, Gefühl und Wille in Mitleidenfchaft gezogen. Die Freiheit, Kraft, Seligkeit, Ruhe und der Friede, welche aus erlöften
Perfönlichkeiten hervorleuchten, können nicht ohne Wirkung bleiben.
Jeder Menfch fehnt fich nach diefen Gütern. Wenn fie ihm in
einer lebendigen Perfönlichkeit entgegentreten, wird ihm nicht nur
der hohe Wert derfelben erft recht klar, fondern auch die Möglichkeit nahe gelegt, daß Menfchen in ihren Befitz gelangen können.
Er wird aufmerkfam auf folche Perfonen. Ihre Seligkeit in Gott
zieht ihn an, bringt fein Gefühlsleben in Wallung, lenkt feinen
Willen auf diefelben Ziele. Er möchte ihre Güter, ihr Glück auch
befitzen. Er fieht, daß ihre Gebundenheit an Gott ihnen die freie
Bewegung im Guten und die ftille Zufriedenheit der Seele gewährt. Jene Perfonen werden ihm zum Ideal, nach dem er fich
felbft zu bilden trachtet. Sie werden ihm zu Prieftern, von
denen er erwartet, die Deutung der Welt und feines eigenen Innern

zu vernehmen. Oft sind wir auch nach Zusammenkünften mit uns
überlegenen Christen innerlich niedergeschlagen. Ihr edles Wesen
hat uns gedemütigt. Wir fühlen, daß wir nicht sind, wie wir sein
sollen. Und doch ist uns das Gute lieber geworden und es keimt
in uns ein stärkeres Verlangen nach aller Fülle des ewigen
Lebens als zuvor. Solche Demütigung und Erhebung kennzeichnen
jede Berührung durch das Göttliche. Aber die Belehrung hat
nicht solche Wirkung, sondern allein die in Gott befreite und selige
Persönlichkeit.

Die ersten, bei welchen christliches Leben erwachte, waren die
Jünger Jesu. Auch bei ihnen kam es zu Stande durch die Ein=
wirkung von Jesu ganzer Persönlichkeit. Seine Worte haben sie
oft nicht verstanden, bis zuletzt oft nicht. Mit Erklärungen über
das Geheimniß seiner Person war er zurückhaltend. Oft brachten
ihnen auch seine Belehrungen nichts Neues, da das Alte Testament
und Schriftgelehrte es schon vor ihm gesagt hatten. Was sie zu
neuem Leben erhob war seine Person, die Wunderbarkeit seines
Charakters. In der Gemeinschaft mit ihm wurden sie andere
Menschen, entfaltete sich ihr inneres Leben von Tag zu Tag
reicher, begannen sie die sündige Lust zu hassen und fing ein
Leben der Selbstlosigkeit und Heiligung, wie sie es bei ihm sahen,
in ihnen Gestalt zu gewinnen an. Die ganze Selbstdarstellung
Jesu, zu der allerdings auch sein Wort gehörte, bewirkt in ihnen
dies neue Leben des Glaubens. Und durch diesen Einfluß ist
ihnen ohne besondere Belehrung dann hie und da plötzlich eine
Wahrheit aufgeleuchtet, ist plötzlich in ihnen ein Entschluß gereift,
wie die Belehrung es nicht hätte bewirken können.

Auch für unsere Zeit genügt das im Neuen Testament über=
lieferte Wort Christi nicht zur Erweckung christlichen Glaubens.
Auch die Verkündigung seiner Lehre durch Predigtwort genügt
nicht. Es braucht dazu von Christi Geist belebte Persönlichkeit.
Dies sind seine Jünger. Christi Einwirkung auf die Menschheit
ist vermittelt durch die Thätigkeit seiner Gläubigen. Wenn auch
vermittelt, ist es darum nicht weniger Christi Thätigkeit. Denn
Alles, was sie von christlichem Leben in sich haben, haben sie von
ihm empfangen und als von ihm Gezeugte wirken sie auf Andere

ein. Durch die Jahrhunderte reihen sich solche christliche Persön=
lichkeiten an einander. Jede in ihrem Glaubensleben entzündet
durch das sichtbare und greifbare Leben der andern. Jede ein
Organ, durch welches Christus, d. h. die Kraft seiner Persönlich=
keit, sein persönliches Leben, Andere ergreift als eine gegenwärtige
Wirklichkeit. Alle Gläubigen sind so Werkzeuge Christi, die einen
gemeinsamen Dienst am Wort haben. Durch die Anregungen,
die der Einzelne empfängt aus dem Verkehr mit ihnen, erlangt er
eine neue religiöse Persönlichkeit. An Personen von hervorragen=
der Frömmigkeit schließt sich leicht ein Kreis von Freunden und
Schülern an, welche ihnen Förderung ihres inneren Zustandes
verdanken. Wie künstlerische Meister ziehen solche Personen eine
Anzahl gleichartiger Schüler an sich und prägen ihnen ihre Eigen=
art auf. In dem Mangel an wahrhaft gläubigen Persönlichkeiten
liegt auch ein Grund, warum so Viele nicht zum Glauben kommen.
Die Religion wird ihnen nirgends lebendig dargestellt. Es fehlen
in ihrem Umgang machtvolle Persönlichkeiten, die in der Religion
ihres Lebens Kraft und Trost finden; daher bleibt für sie die
bloß gepredigte Religion eindruckslos. Die wahre Lehre und das
gute Beispiel Christi überliefert durch das Wort genügen nicht,
wie der Rationalismus meinte, um sie zum Glauben zu bringen.
Es braucht Nachwirkungen Christi, es braucht durch den Glauben
beseligte und geheiligte Persönlichkeiten.

Ebensowenig kommen wir mit einer unmittelbaren Einwir=
kung Christi auf die Seelen aus, bei welcher von seinem in der
Schrift überlieferten Wort und der durch ihn gestifteten Gemein=
schaft der Gläubigen soll abgesehen werden. Eine solche haben
die Quäker angenommen. Es ist die innere Offenbarung, der
innere Christus, das wahre Licht, welches ohne äußere Zeichen
oder ohne das Wort des Evangeliums kommt und den Menschen
unmittelbar erleuchtet. Allein der Geist ist es, der in alle Wahr=
heit führt. Er schließt die Schrift erst auf und ist die erste
Quelle der Wahrheit. Alle andern Vermittlungen: die geschicht=
liche That Jesu, die Schrift, die Predigt, sind allenfalls entbehr=
lich. Eine solche Lehrweise ist begreiflich als Reaktion gegen eine
Zeit, wo man sich mit dem Fürwahrhalten der in der h. Schrift

und dem kirchlichen Symbol bezeugten Thatsachen und Glaubens=
sätze begnügte. Aber sie hat die Bedingungen, unter denen christ=
liches Leben gedeiht, nicht genügend beachtet. Die zeitweisen Reak=
tionen innerhalb der quäkerischen Gemeinschaft selbst zu den ob=
jektiven Faktoren, ohne welche ihr Glaube sich gänzlich in dog=
matischen Indifferentismus und phantastische Schwärmereien
auflösen würde, bezeugen den begangenen Fehler genugsam. Wäre
das innere Licht Alles, was es braucht zur Rettung der Seelen,
so wäre die Erscheinung Christi überflüssig gewesen. Paulus be=
zeugt, daß der Glaube aus der Predigt kommt. Ohne das Wort,
ohne Zusammenhang mit dem geschichtlichen Wirken Christi giebt
es keine göttlichen Gnadenwirkungen. Allerdings tritt die mensch=
liche Zwischenwirkung vor dem durch dieselbe empfangenen Gött=
lichen zurück im Bewußtsein dessen, der von Christus ergriffen
wird. In den Momenten des Ergriffenseins hat der Mensch nur
mit seinem Erlöser zu thun und das Menschliche an den ver=
mittelnden Organen verschwindet ihm. Die Dankbarkeit gegen die
menschlichen Werkzeuge wird überwogen durch den Dank gegen
den, der sich durch jene zu dem Verlorenen geneigt und ihm Teil
an seinem göttlichen Leben verliehen hat.

  Wenn wir so bei der Erweckung christlichen Lebens vor
Allem auf die Einwirkung gläubiger Persönlichkeiten Acht geben,
verstehen wir auch die Wahrheit in dem Satz, daß die Kirche die
Mutter der Gläubigen sei. Das lebendige Wort Gottes ist der
Same, aus welchem Gottes Kinder geboren werden. Die Mutter
aber ist die Kirche, nämlich in dem Sinn als sie Gemeinschaft der
Gläubigen, ein christlich heilig Volk ist. „In dem Zusammen=
leben mit Christen wird der Sinn für den durch Christus wirken=
den Gott geweckt und das keimende Verständniß genährt. Haben
wir selbst unsern Gott gefunden und sind dadurch neue Menschen
geworden, so sind wir mit christlicher Gemeinschaft nicht nur durch
unsere Freude an ihr verbunden, sondern auch durch das Leben,
das wir aus ihr haben. Diese unser neues Leben begründende
Macht verleiht der christlichen Gemeinde den Mutternamen" [1].

---

[1] Herrmann, Verkehr mit Gott. 2. Aufl. S. 153.

Wohl ift die Kirche auch ein Organismus, der für die regelmäßige
Zudienung des gepredigten Wortes und der Sakramente forgt;
aber das Evangelium wird nicht nur zugedient durch Predigt und
Sakrament, fondern auch durch die mannigfaltigen Erfcheinungen
des chriftlichen Lebens in den lebendigen Perfönlichkeiten der
Gläubigen. Die Gewiffenhaftigkeit und Freundlichkeit, der Friede
und der Eifer der Jünger Jefu vermittelt dem, der unter ihnen
wandelt, das Leben der Erlöfung. Durch fie wird ihm Chriftus
lebendig. Aus einer Größe der Vergangenheit wird er eine in
der Gegenwart wirkende und immer weiter in der Menfchheit
Geftalt gewinnende Perfon.

Unter den Gläubigen, die durch ihre Erkenntniß und ihr
chriftliches Leben auf Andere eine religiöfe Einwirkung ausüben,
nehmen die Familienglieder den erften Rang ein. Sie find die
erften Perfonen, die dem Kinde Chriftus nahe bringen. Die Kirche
ift die Mutter der Gläubigen; aber zuerft ift die gläubige Mutter
auch die Kirche. Sie erzieht ihre Kinder zur Frömmigkeit, wenn
fie diefelben fühlen läßt, daß fie für ihre eigene Perfon in ihrem
Erlöfer Leben und volle Genüge gefunden hat und daß es ihres
Herzens Freude ift feinen Willen zu thun. Wenn das Kind fieht,
daß an die Frömmigkeit feiner Eltern fich Glück und Freude
knüpft, daß fogar Selbftverleugnung, Opfer, Hingabe um Chrifti
willen ihnen leicht und füß wird, bekommt es eine Ahnung davon,
daß durch ein folches Leben in Chriftus auch fein inneres Leben
bereichert und gefördert würde. Wenn es fieht, daß feine Eltern
über ihre eigenen und des Kindes Fehler Reue tragen und nieder-
gefchlagen find, fo wird in feiner Seele ein Abfcheu gegen jene
erweckt. Durch die Freude und Freiheit im Dienft des Herrn,
in denen fie wandeln, fowie durch das Leid und auch Mitleid
über alles Böfe, welches die Eltern kund thun, werden die Kinder
inne, daß der Dienft des Herrn allein wahrhaftiges Leben und
Freiheit ift. Das Andere, was Eltern thun können, um den chriftlichen Sinn ihrer Kinder zu wecken, ift die Gewöhnung an den
Dienft des Herrn im Sittlich Guten. Diefes Beides fällt auch
dem Religionslehrer und Pfarrer zu. Er muß verfuchen dem
Kinde gute, chriftliche Gewohnheiten einzupflanzen und muß ihm

durch Darstellung der in Christus seligen und guten Persönlich=
keit, welche er sein sollte, das Leben des Glaubens anziehend
machen. Was aber den Lehrstoff angeht, so muß beim Religions=
unterricht das innere persönliche Leben derer, von welchen er redet,
sein Erziehungsmittel sein. Auch bei der Behandlung biblischer
Personen muß der Schüler fühlen, welches Glück für sie in der
glaubensvollen Hingabe an Gott lag und welches Elend es für
sie war, wenn sie sich ihrem Gott entfremdeten.

Ist es nun aber die so verstandene Kirche, welche durch das
Wort und ihr christliches Leben bei dem unter ihr Aufwachsenden
den Glauben weckt, wie steht es dann mit der Bedeutung der
h. Schrift in dieser Hinsicht? Verdankt nicht alles christliche
Leben des Einzelnen in der Gegenwart seine Entstehung und Ver=
tiefung der h. Schrift und muß es nicht immer wieder an ihr
seine Norm und sein Ideal finden? Ist nicht sie die Quelle aus
der immer wieder Ströme des Trostes und der Mahnung fließen
und die durstigen Seelen erquicken und die Irrenden zurecht=
bringen? Was zuerst die Weckung des christlichen Lebens betrifft,
so trägt in der Regel die Schrift wohl weniger dazu bei als man
vermuten möchte. Gewöhnlich empfangen wir in der Kindheit die
ersten religiösen Eindrücke. Das was in der Jugend gepflanzt
wird, Frömmigkeit oder Gottentfremdung, ist bei Vielen für ihr
Leben entscheidend. Allein lange bevor nun in der Jugend der
Einzelne die Belehrung der Schrift kann auf sich wirken lassen,
ist sein religiöser Glaube und das Verständniß desselben schon in
eine gewisse Bahn geleitet. Mit den Dingen, von welchen er in
der Schrift lesen wird, ist er schon vorher bekannt gemacht worden
durch Eltern oder Lehrer. Gott, von welchem er lesen wird, der
Erlöser, das Kreuz, die Sünde, der Himmel, alle diese Begriffe
sind schon gebildet durch das, was er vorher darüber gehört hat.
Wir sind in unserer Jugend weit davon entfernt, die Schrift
vorurteilsfrei zu lesen. Wir lesen sie mit den Augen derer, die
uns zuerst in religiöse Dinge eingeführt haben. Mit andern Ge=
fühlen wird das katholische Kind am Krenz Jesu stehen, mit an=
dern das protestantische. Anders wird der Methodist, anders der
Pietist einen Bußpsalm lesen. Die Eindrücke und Ueberzeugungen,

welche man aus dem erſten Verkehr mit gläubigen Chriſten gewonnen hat, werden als Schlüſſel für das Verſtändniß der Schrift
gehandhabt. Die Kirche und die Tradition ſchreiten bei der Jugend
dem Verſtändniß der Schrift voran. Jene kommen baher auch
für die Erweckung chriſtlichen Glaubens in erſter Linie in Betracht.
Auch die Erwachſenen ſind bei der Lektüre der Schrift nicht ſo
unabhängig, wie ſie oft meinen. Von jeher hat Jeder ſeine eigene
Dogmatik in der Schrift beſtätigt gefunden. Nur mühſam gelingt
es der theologiſchen Arbeit wichtige Begriffe genauer und richtiger
nach dem wirklichen Schriftſinn zu beſtimmen. Die Laien ſind
von den Ueberſetzungen abhängig. Wie verſchieden wird durch die
Ueberſetzungen die Beleuchtung, welche auf eine große Zahl von
Stellen fällt! Vieles könnten ſie ohne Erklärung gar nicht verſtehen. Die Erklärung aber ſtammt aus der Tradition. Ober
wenn man ſich ſelbſt die Sache ſucht zurechtzulegen, nimmt man
die Hilfsmittel aus der anderweitig gebildeten chriſtlichen Erfahrung.
Was man gehört und erlebt hat, wird nach Analogieſchlüſſen und
Wahrſcheinlichkeit verwendet, den Sinn der Schrift zu treffen.

Offenbar hat die Schrift viel mehr Bedeutung für die För-
berung als für die Erweckung des inneren Lebens, iſt ſie doch
das Erbauungsbuch par excellence, wenigſtens für evangeliſche
Chriſten. Indeſſen kann ſie auch in dieſer Hinſicht überſchätzt
werden. Es hat verſprengte evangeliſche Gemeinſchaften gegeben,
die ohne Beſitz einer Bibelüberſetzung ihren Beſtand durch Generationen gefriſtet haben. Der Chriſt wird in dem Umgang mit
Brübern in Chriſtus nicht weniger Erkenntniß ſeiner Mängel und
Antrieb zur Heiligung empfangen als bei der Lektüre der Schrift.
Gereifte, durch Chriſtus veredelte Perſönlichkeiten werden bleibende
Eindrücke auf ihn machen. Bald iſt es ihr ſtillſeliges, vom Geiſt
Gottes geweihtes Weſen, bald ihr Rufen und Schreien zu Gott
aus der Tiefe des Elendes, bald ihre glaubensmutige Kühnheit,
ihr tapferer Heldenſinn, bald ihr ſtilles Lelben und Tragen des
Kreuzes, welches ſeine Seele ergreift und in Gottes Gegenwart
ſtellt. Und was iſt es, das in der Schrift am mächtigſten zu
unſeren Herzen redet? Es ſind nicht ihre Belehrungen, nicht ihre
Erzählungen, kurz nicht das was ſie zur „Schrift" im ſtrengen

Sinn des Wortes macht, sondern es sind die Spuren von göttlich
gesinnten Menschen, die uns in ihr noch überliefert sind. Aus
dem Alten Testament haben von jeher die Psalmen allen frommen
Männern zur Nahrung und Erquickung gedient. Warum? Weil
wir dort den Herzschlag der heiligen Sänger vernehmen, wenn
sie bald in Jubel bald in Wehmut, in Klage und Verzweiflung, in
Sehnsucht und Buße, in Ratlosigkeit und Verzagtheit, in An=
betung und Vertiefung, in Staunen und Schrecken ihrem vollen
Herzen Luft machen, wenn sie alle Saiten, deren das menschliche
Herz fähig ist, erklingen lassen. Die von Gott bewegte Persön=
lichkeit ist es, von der wir noch einen Nachklang vernehmen in der
Schrift und die uns bewegt und erbaut. Nicht anders im Neuen
Testament. Die Briefe sind nicht als heilige Schrift entstanden,
sondern es sind meistens Ergüsse eines von Gottes Sache be=
wegten Herzens; vornehmlich bei Paulus. Und nichts geht uns
mehr darin zu Herzen, als wo wir so recht in's Innere dieses
Apostels schauen und sein Ringen und Kämpfen, seine Sehnsucht
nach Vollendung, seinen Eifer, der ihn verzehrt und dann doch
wieder das stille Sichbergen in der Gnade seines Herrn ver=
nehmen. Es sind die Stellen, wo er seine Erfahrungen, sein
eigenes inneres Leben in Worte zu fassen versucht und wo man
den Herzschlag der sehnenden und zugleich seligen Seele fühlt und
nicht zweifeln kann, daß es wahres innerstes Erlebniß ist, was er
sagt von der Fülle und von der Kraft, von dem Sieg über den
Tod und der jubelnden Freude, die er in Jesus gefunden hat.
Es ist die Persönlichkeit, welche an solchen Stellen zu uns redet,
über der wir die „Schrift" vergessen und lesen, wie wenn wir den
Brief eines in der Gegenwart in Christus sieghaften Freundes
empfangen hätten, zu dessen Größe wir beschämt und gedemütigt
aufblicken. Wenn wir die Evangelien betrachten, so sind sie auch
nicht Schrift im strengen Sinn des Wortes. Was darin von
Geschichte enthalten ist, ist vorzüglich da, um das Charakterbild
Jesu verständlich und lebendig zu erhalten. Dieses ist unverkenn=
bar das eigentlich Erhabene und Ergreifende, zu welchem das
Andere nur den Hintergrund bildet. Das innere Leben des Herrn,
das uns bei den vielgestaltigen Situationen entgegenstrahlt, ist es,

was uns im Innerſten erfaßt und eines Gottes gewiß macht.
Und für Viele muß auch das noch in mündliche Rede umgeſetzt
und erklärt werden, bevor ſie etwas empfangen, was ihnen zur
Erbauung des inwendigen Menſchen gereicht. Je geförderter ein
Chriſt iſt, um ſo wertvoller wird ihm die Schrift, um ſo eher
vermag er aus ihr allein Nahrung für ſeine Seele zu ziehen. Je
weniger vom chriſtlichen Geiſt ein Menſch berührt iſt, um ſo
weniger vermag Geleſenes über ihn, um ſo notwendiger ſind ihm,
wie Luther ſagt, gegenwärtige, ſichtbare Beiſpiele des Guten,
welche ſeine Reue und ſeinen Glauben erwecken ſollen. Beim
Werden der chriſtlichen Perſönlichkeit ſind es Kräfte, welche von
Perſon zu Perſon gehen, die da entſcheidend in's Gewicht fallen.
So ſchöpfte der h. Auguſtin ſeine Reue aus der Anſchauung
guter Beiſpiele. So bewegen uns die unmündigen Kinder durch
ihre Unſchuld zur Buße[1]).

Die Schrift iſt ja auch nicht das Einzige, was man als
Mittel zur religiöſen Weckung und Förderung anzuwenden pflegt.
Wir haben auch noch unſere Erbauungsſchriften, alte und neue.
Auch ſie haben eine bedeutende Wirkſamkeit. Doch hat auch im
Vergleich mit ihnen das lebendige Wort und die belebte Perſön=
lichkeit mehr Kraft. Die Wirkung der Erbauungsſchriften im Ver=
gleich mit der hl. Schrift beruht eher darauf, daß ſie der modernen
Anſchauungs= und Vorſtellungswelt mehr angenähert ſind in der
Art zu ſprechen und zu denken, und daß ſie auf dieſe Weiſe mehr
religiöſe Erinnerungen auffriſchen und unſere Welt in das Licht
der göttlichen Wahrheit ſtellen. Aber nie werden ſie die münd=
liche Rede überflüſſig machen und nie wird der Tag kommen, wo
der geleſene Buchſtabe mehr wirken wird als der Geiſt, der von
lebendigen, durch Chriſtus erlöſten Perſönlichkeiten aus auf uns
eindringt[2]). Aus Lehrbüchern, oder wie Schleiermacher ſagt,

---

[1]) Erlangerausgabe von Luther's Werken. Op. lat. vol. I, de in-
dulg. et poen., p. 322 ff.

[2]) Vgl. Eliſabeth Prentiß, Leben, Baſel 1888, S. 161:
Meine Sehnſucht, ihn immer beſſer kennen zu lernen und immer inniger zu
lieben, iſt ſo groß, daß ich hungernd und dürſtend nach der Gemeinſchaft
mit Gleichempfindenden einhergehe, und daß ich ſie, wenn ich ſie finde,

aus den Leihbibliotheken geht das religiöse Leben nicht hervor. Das gesprochene Wort, die Predigt wird immer das wichtigste Mittel zur Ausbreitung des Glaubens bleiben. Aber auch das Wort ist nur so viel wert, wie die Persönlichkeit, welche dahinter steht.

Im Neuen Testament wird uns Christus vor Augen geführt mit Allem, was den Inhalt seines Lebens ausmachte; nicht nur mit seinen Schicksalen, sondern auch mit den Zielen, denen sein Wille zustrebte, mit den Beweggründen des Handels, mit seiner ganzen Art zu fühlen und zu denken. Wenn wir meinen, daß uns dieser innere Gehalt seiner Person von selbst verständlich sei, irren wir uns. Jedem Christen bietet das religiöse Leben der Frommen, die auf ihn einen Eindruck machen, den Schlüssel zum Verständniß der Person Christi. Was uns von den Regungen der Seele Jesu erzählt wird, deuten wir uns vermittelst derjenigen ähnlichen Regungen, die wir heute bei seinen Jüngern beobachten. Allein durch den Verkehr mit seinen Gläubigen bekommt das in den Evangelien dargebotene Bild Jesu für uns Farbe und Leben. Wenn wir keine historische Ueberlieferung von Jesu Person und Lebensgang hätten, würden wir unzweifelhaft sein Bild uns so rekonstruiren, wie uns die Persönlichkeiten seiner Jünger dazu anleiten würden. An Hand der Ueberreste der assyrischen Tempel und Königspaläste versucht man sich ein Bild zu machen, wie sie wohl früher mögen ausgesehen haben. Aus den Wirkungen der Person Christi bei seinen Gläubigen würden wir uns ein Bild machen, wie Christus selbst möchte gewesen sein. Das ist nun nicht notwendig, weil wir eine historische Ueberlieferung haben. Aber die Gemeinde der Gläubigen ist doch der notwendige Commentar zu dieser Ueberlieferung. Durch sie werden wir zum Glauben an das Evangelium vorbereitet, also auch zum Verständ=

---

meine „Wohlthäter" nenne. Nach der Gemeinschaft mit dem Herrn ist mir die Genossenschaft mit denen am liebsten, die seinen Geist haben und sich sehnen ihm ähnlich zu werden. S. 160: Nichts gleicht dem Einfluß, den eine lebende Seele auf eine andere hat. Warum sollten wir darum nicht ganz naturgemäß zu allen, die es hören wollen, von dem sprechen, was unser Denken beschäftigt, — von unserem Heilande? . . . Ich meine ein volles Herz kann es nicht vermeiden, daß es überfließt.

niß der Perſon Chriſti. Die Ueberlieferung bekommt nur Leben
und innere Wahrheit für den, welcher etwas ihr Aehnliches ſelbſt
erlebt hat, welchem in der Gegenwart durch perſönliche Geiſtes-
berührung die Vergangenheit ausgelegt wird. Der innere Gehalt
der Perſon Jeſu würde uns eben ſo fremd anmuthen wie das,
was uns über das Seelenleben eines Buddha oder Muhammed berichtet wird, wenn uns nicht in dem Seelenleben ſeiner Jünger,
die uns umgeben, von vornherein der Schlüſſel für ſein Verſtändniß in die Hand gegeben wäre. Nur indem wir in unſerem Verkehr Menſchen antreffen, die etwas Jeſusähnliches an ſich haben,
werden wir geſchickt die Wunderbarkeit des Charakters Jeſu zu
verſtehen. Indem wir in dieſer Welt der Sünde Menſchen antreffen, die im Leide fröhlich, in troſtloſer Lage unverzagt, unter
Schmerzen geduldig, unter Widerſachern ſicher und klar und gegen
Verſuchungen gewaffnet ſind, wird uns der Schleier weggezogen und
wir lernen die Vollkommenheit des Charakters Jeſu erkennen.

Aber allerdings was uns zuerſt Hilfsmittel geweſen iſt, muß
nachher zurücktreten vor der Perſon Jeſu ſelbſt, wenn uns einmal
ihr Verſtändniß aufgegangen iſt. Wenn wir dem Fingerzeig
Anderer folgend einmal den Stern der Weiſen erblickt haben,
brauchen wir ſie nicht mehr, um ihn ſchön zu finden. Als Philippus den Nathanael zu Jeſus gebracht hatte, brauchte dieſer keinen
Philippus mehr, um Jeſu Jünger zu werden. Wir ſind und bleiben
denen dankbar, welche uns zu Jeſus geführt haben; aber ſie haben
nur die Schlüſſel, ſie ſind nicht die Pforte des Himmelreiches.
Gerade durch Chriſtus können wir bewahrt werden vor einer
ſklaviſchen Abhängigkeit von Menſchen, die unſer religiöſes Leben
gefördert haben. Wenn wir die Einwirkungen der Sonne erfahren haben, werden wir den Mond nicht mehr für die Sonne
halten. Für das Kind, für den Anfänger ſtehen die Perſonen,
welche ihm den Weg zu Gott weiſen, in einem Glanz da, welchen
ſie nachher nicht mehr haben können. So lieb die Mutter dem
Kinde iſt, kann ſie doch nicht ſeine einzige Autorität bleiben. Aus
dem Kinde wird ein Mann und der will feſtere Grundlagen ſeiner
Ueberzeugung. Das iſt gerade das Wunderbare, daß je ſelbſt-
bewußter und tiefer die durch chriſtliche Perſönlichkeiten angeregte

Frömmigkeit wird, um so mehr löst sie sich von jenen Persönlich=
keiten los. Darin liegt gerade der Beweis, daß die Religion per=
sönlich geworden ist, daß der Schüler von seinem menschlichen
Lehrmeister frei geworden ist. Sobald die Religion in dem Schüler
wirklich zum Leben gekommen ist, habe ich sie nicht mehr in meiner
Gewalt. Sein Glaube ist frei, sobald er lebt. Eine Kirche, welche
ihre Gläubigen in beständiger Vormundschaft erhalten will, ver=
hindert persönliche Frömmigkeit. Die Kindheit mag lange dauern,
aber das Ziel muß die Freiheit sein. Wer die Gestaltung des
Lebens, das er angeregt hat, immer in seiner Gewalt behalten
will, dem ist es mehr um eigenen Ruhm zu thun, als daß der
Name des Herrn geheiligt werde. Je tiefer die Frömmigkeit wird,
um so weniger kann sie in dem, was die Mitbrüder uns bieten,
ihr Fundament finden. Nicht als sollte jetzt der fortdauernde gute
Einfluß, der uns durch den Umgang mit wahrhaft Gläubigen zu
Theil wird, geleugnet werden. Nein, bis an's Ende brauchen wir
die Brüder und empfangen wir im Zusammensein mit ihnen An=
regung, Förderung, Mahnung und Erbauung. An dem Leib,
welcher die Gemeinde ist, bedarf jedes Glied der andern; und
wenn wir sie nicht brauchten, so brauchen sie uns. Aber der Grund
unseres Glaubens in allen Zweifeln und Unsicherheiten können sie
uns nicht sein. Dazu bedarf es einer stärkeren Macht. Wir
brauchen einen besseren Priester, der uns der Gnade Gottes ver=
sichert als den christlichen Bruder. Was dem zum Manne Ge=
wordenen allein allezeit festen Halt geben kann, sind nicht mehr
unvollendete Persönlichkeiten, sondern allein die vollendete Persön=
lichkeit Jesu.

Derjenige, welcher durch Vermittlung von Jüngern Jesu
bekehrt wurde und sich in seinem religiösen Leben an sie angelehnt
hat, kann im weiteren Verlauf nicht umhin zu bemerken, daß diese
Personen mangelhaft sind. Er sieht an ihnen Sünden und Fehl=
tritte, welche nicht ohne Einfluß auf ihn bleiben. Auf der einen
Seite kann er sich dadurch zur Leichtfertigkeit aufgefordert fühlen.
Schwere Vergehen oder der Abfall einer bisher hervorragenden
christlichen Person haben auf weite Kreise eine erschütternde Wir=
kung. Manche werden dadurch abgeschreckt vom christlichen Leben.

Bisher glaubten ſie, dieſe Perſonen ſeien ernſt geweſen, ihr innerſtes Lebensintereſſe ſei mit ihrer Frömmigkeit verknüpft geweſen, Gott habe in ihnen gelebt und geherrſcht, und nun müſſen ſie bemerken, daß auch die Säulen der Gemeinde wanken. Das kann bei ihnen zu dem Eindruck führen: „Es kann doch nichts Wahres an der Sache ſolcher Leute ſein. Hätte Gott in ihnen regiert, ſo wäre es nicht dazu gekommen. Die Herrſchaft Gottes iſt vielleicht doch nur eine Einbildung. Es iſt ein Wahn zu denken, daß die Macht des Guten das Recht habe uns voll und ganz in Anſpruch zu nehmen; es iſt ein Irrthum anzunehmen, daß die Innigkeit der Verknüpfung mit ihr für uns das Mehr oder Weniger von wahrem Leben ausmacht. Dem ſelbſtiſchen Trieb zu gehorchen iſt doch im Grund die alleinige Klugheit, welcher der Menſch folgt, der ſeinen Vorteil wahrnimmt.“ Den Leuten jedenfalls, welche dem Glauben ferne ſtehen, iſt das Straucheln von wahren Chriſten eine be= ſtändige Ermunterung zu ſolchen Gedanken. Sie beuten es aus zu Gunſten ihrer Leichtfertigkeit; es iſt ihnen ein willkommener Vorwand der Welt und ihrer Luſt zu dienen und ſich des Ein= drucks, welchen die Wahrheit auf ſie macht, zu erwehren. Aber auch die, in welchen der Glaube Wurzel geſchlagen hat, werden leicht durch ſolche Vorkommniſſe irregemacht. Der Glaube an das unbedingte Recht des Sittlichguten zur Herrſchaft in der Menſchenſeele droht erſchüttert zu werden, weil er ſich an un= vollkommene religiöſe Perſönlichkeiten angelehnt hat. In ſolcher Lage lernen wir einen beſſeren Grund unſeres Glaubens ſuchen und finden bei Jeſus. Sein ſittlich vollendetes Charakterbild läßt den Zweifel nicht mehr aufkommen, ob Gott die Macht ſei über die Welt. Es iſt keine Frage, daß bei ihm das Gute vollkommen die Herrſchaft hat. Keinen Augenblick läßt uns Jeſus im Zweifel darüber, daß Gott vollkommene Heiligkeit iſt und daß das Gute allein Anrecht auf Verwirklichung hat. Wir finden bei ihm keinen Makel, der dem Verlangen entgegenkäme von der Höhe des ſitt= lichen Ideals, das wir bei ihm kennen lernen, etwas abbrechen zu können. Durch ſein inneres Leben erhält er nicht nur alle Forderungen des Sittlichguten, die wir gekannt haben aufrecht, ſondern verſchärft dieſelben noch. Alles was wir von ſittlichen

Idealen kennen, wird uns bei ihm deutlicher. Das Schuldgefühl, welches angesichts frommer Jünger Jesu über uns kam, indem ihr Leben und ihr Wesen uns richtete, wird durch ihn vertieft. Unter dem strahlenden Licht seines Wesens wird unser beflecktes Wesen so gerichtet, wie es vorher nicht geschah. Das Sonnenlicht erzeugt von einem Gegenstand einen dunkleren Schatten, als ein Talglicht. Die Buße kommt durch Jesus erst zu ihrer vollen Kraft. Er vertieft das Schuldgefühl auf wunderbare Weise. Die Erfahrungen, welche wir im sittlichen Verkehr mit Anderen gemacht haben, werden durch ihn vollendet. Es ist ein absolutes Ideal, welches nun richtend und strafend in unser inneres Leben eingreift.

Auf der andern Seite können wir, wenn wir durch Anderer Hilfe belebt worden sind und uns nun auf sie stützen, in die gefährlichste Unsicherheit geraten. Indem wir bei ihnen Fehler und Unvollkommenheit bemerken, verlieren sie für uns ihren ersten Glanz. Wir bemerken, daß ihr sittliches Urtheil nicht immer ungetrübt ist und ihr Gewissen nicht in allen Beziehungen eine Schärfe und Reinheit aufweist, wie wir erwartet hatten. Diese Menschen haben uns als Kinder mit unseren Sünden getragen und trotz Allem uns geliebt und uns vergeben, und wir haben darin die Versöhnung mit der Macht des Guten selbst empfunden, für welche sie uns Stellvertreter gewesen sind. In ihrer Liebe erfuhren wir Gottes Liebe, in ihrer Verzeihung Gottes Verzeihung. Weil sie trotz unserer Schwachheit sich nicht von uns abwandten, glaubten wir, daß auch Gott uns nicht verwerfe. Aber wie, wenn nun diese Personen zu relativen Autoritäten herabsinken? Wenn ihr sittliches Urteil getrübt ist und ihre Liebe von unreinen Trieben verfälscht, welche Garantie haben wir dann, daß wir uns über das Urtheil Gottes nicht täuschen, daß dennoch trotz Allem die reine, ungetrübte Macht des Guten an uns festhält und mit uns ist? Wer versichert uns, daß wir dennoch glauben dürfen, daß Gott sich unserer Seele annimmt und den Fluch der Schuld von uns wegnimmt? Die menschlichen Stützen brechen hier zusammen. Ihre Liebe kann uns nicht mehr gründlich trösten. Wenn sie uns trösten wollen, müssen sie uns auf die Liebe Jesu hinweisen. Nur seine

vollendete Perfönlichfeit, welche eben so wirflich ist wie alle Anderen,
fann uns hier helfen. Während er unfer Schuldgefühl vertieft
und verschärft, vermag uns Jefus zugleich von der Wirflichkeit
eines Gottes, der sich unfer erbarmt, zu überzeugen. Wenn er sich
zu den Sändern neigt, ist die Ausflucht des bösen Gewiffens nicht
möglich, daß damit über Gottes Verhalten nichts ausgemacht sei.
Es ist feine relative Autorität, welche in dem Benehmen Jefu den
Sündern gegenüber sich fundgiebt. Indem der Sohn, welcher
den Charafter Gottes wiederspiegelt, feinen, der reuevoll zu ihm
fommt, verstößt, wendet uns Gott selbst sein Angesicht zu. Jefus
vermag unferen Glauben zu begründen und gegen die Zweifel
eines schuldbeladenen Herzens zu sichern. Wir finden in ihm ein
befferes Fundament unferes Glaubens als feine Jünger uns haben
sein fönnen. Er war durch sie der Anfänger unferes Glaubens,
aber er wird der Vollender deffelben ohne sie.

An Perfonen, an die sich jugendlicher Glaube angelehnt hat,
machen wir auch oft die Erfahrung, daß sie in der Trübfal er=
matten. Es fommen Stunden der Dunfelheit über sie. Die frohe
Zuversicht, in ihrem Gott geborgen zu sein, verläßt sie. Die bange
Seele fragt sich, ob sie wirflich das beffere Teil erwählt habe, als
sie Gott gehorfam wurde. Ihre Not läßt sie die Frage aufwerfen,
ob es Gott wirflich gut mit ihnen meine. Die Wirrfale der Zeit=
geschichte verdunfeln ihren Blick und machen ihnen Angst, ob der
Herr wirflich sein Volf zum Sieg hinausführen fönne. Im Tod,
den sie durchfoften müffen, verlieren sie den sichern Staub und das
Angesicht des Vaters verschwindet ihnen. Wenn wir durch die
Vermittlung solcher Perfonen Jefus gefunden haben, vermag Jefus
uns über die Zweifel, welche derartige Erfahrungen bei uns wach=
rufen, hinwegzuhelfen, indem er uns frei macht von ihnen und an
sich lettet. Er hat die Trübfal der Welt auch durchfoften müffen,
aber er hat nie gesprochen: So nimm nun Herr meine Seele. Er
hat das Elend feiner Zeitgenoffen tiefer empfunden als alle Andern;
aber er war vor feinem Tod, als feine Sache die hoffnungslofefte
schien, fest überzeugt, daß sein Werf zum Sieg fommen werde in
der Menschheit. Er hat die Bitterfeit des Todes auch schmecken
müffen, aber er hat auch im schwersten Augenblick Gott als den

seinen angerufen und im Bewußtsein, sein Werk vollbracht zu
haben, sein Haupt geneigt. Durch sein Leben zieht sich ein Zug
stiller Siegesgewißheit und ruhiger Seligkeit, der von der Fülle der
Leiden nicht kann überwunden werden. Sein Leiden wird uns die
vollkommene Bestätigung des Glaubens an die Seligkeit, welche er
erlebte in seinem Gott. Durch diesen Eindruck, den wir von ihm
empfangen, wird unser Glaube an den Sieg des Reiches Gottes
und die Zuversicht, daß Gott es nur gut mit uns meint und in
aller Trübsal nur Segen auf uns wartet, befestigt und gegen Zweifel
sicher gestellt. Jesus vollendet das, was er durch andere Persönlichkeiten in uns angefangen hat, indem er sich als das feste Fundament unseres Glaubens darbietet.

Christus vermag die Zweifel, welche in der Abhängigkeit von
Menschen in uns aufsteigen, zu überwinden und uns unseres Verkehrs mit Gott zu vergewissern. Er verschafft uns für das, was
anregende Persönlichkeiten in uns gebildet haben, die feste Basis.
In ihm können wir immer wieder die Gewißheit finden, daß es
in der Welt eine Gottesherrschaft giebt. Wenn die Andern uns
nur zur Hoffnung bringen, daß es ein Reich Gottes giebt, wenn
wir an ihnen immer wieder Erfahrungen machen, welche diese
Hoffnung in's Reich der Ideale verweisen, giebt uns seine Person
die Gewißheit von der Wirklichkeit der Gottesherrschaft, indem sie
uns auf solche Weise demüthigt und erhebt, daß der Zweifel keinen
Raum mehr hat. So wird uns die Persönlichkeit Christi zur
vollendeten Offenbarung Gottes und seines Reiches, zu einer Offenbarung, die einen festen Grund unseres Glaubens abgiebt.

Kommen wir so dazu, den Grund unseres Glaubens nicht
mehr in Personen, die uns zur inneren Förderung gereicht haben,
zu finden, sondern allein in der Persönlichkeit Jesu, so sind wir
auch noch vor einer andern Gefahr bewahrt. Jede Persönlichkeit,
die uns zur Weckung und Förderung unseres inneren Lebens ver-
hilft, thut dies durch die überwältigende Macht ihres inneren Lebens.
Indem wir die Kraft ihres Glaubens und ihrer Liebe auf uns einbringen lassen, werden ähnliche Kräfte in uns wachgerufen. Die
Gefahr aber liegt darin, daß diese Personen uns sinnlich gegenwärtig sind. Statt die Ehrfurcht, die wir ihnen schuldig sind, so

kund zu geben, daß wir dem Leben, welches sie in der Gemein=
schaft mit Gott führen, immer mehr Raum in uns schaffen, bleiben
wir leicht an Aeußerlichkeiten hängen. Oft kann man die Erfah=
rung machen, daß die Jugend Leuten gegenüber, welche sie um
ihres Charakters willen ehrt, ihre Hochachtung auf die Weise zum
Ausdruck bringt, daß sie Aeußerlichkeiten derselben annimmt. Nicht
der Charakter, nicht der Friede, die Seligkeit, der Glaube, die Liebe,
die von Gottes Geist durchhauchte Seele sind es, denen man sich
oft hingiebt, sondern man begnügt sich mit der Nachahmung einer
in die Augen fallenden Schablone; man bleibt am Menschlichen
hängen, an einer zufälligen Form, in der sich der geistige Gehalt
bewegt. Diese Gefahr liegt nahe, weil die belebende Persönlichkeit
ihren Schatz noch in irdenem Gefäß trägt und dieses dem sinn=
lichen Menschen faßbarer ist als der innere geistige Charaktergehalt,
welcher allein uns etwas Neues verleiht und uns beleben und
fördern kann. In solcher Verirrung werden wir dann oft durch
das Haften am Menschlichen daran gehindert, daß uns das innere
Leben einer solchen Persönlichkeit das ist, was es uns ohne jenes
Haften sein könnte. Es hindert uns, den Gewinn an ihr zu machen,
der möglich wäre.

Vor dieser Gefahr sind wir bei Christus bewahrt. Er hat
seinen Jüngern gesagt, daß sie durch seinen Weggang nicht ver=
lieren, sondern gewinnen; daß er dann erst die Fülle seines Geistes
über sie ausschütten könne. Er ist uns nicht mehr sinnlich gegen=
wärtig. Wir werden durch nichts Menschliches mehr abgezogen.
Der innere Gehalt seiner Person kann jetzt nach seiner Erhöhung
voll und ganz auf uns einwirken. Seit die christliche Gemeinde
verlernt hat, in der mönchischen Besitzlosigkeit das christliche Lebens=
ideal zu sehen, die Nachfolge des armen Lebens Jesu ins Aeußer=
liche zu verlegen ober in den Rührungen menschlichen Mitgefühls
mit dem Gekreuzigten die Hingabe an ihn zu erblicken, kann das
innere Leben Jesu seine volle Macht zur Begründung und Be=
festigung unseres Glaubens auf uns ausüben. Die Wirkung der
Persönlichkeit Christi ist ja dabei mannigfach geschichtlich vermittelt.
Das Bild seines inneren Lebens, welches aus den Evangelien her=
vorstrahlt, ist uns durch belebte Persönlichkeiten seiner Gemeinde

ingeführt und lebendig gemacht worden. Seine Jünger, die unter uns wandeln, haben uns gezeigt, was das heißt, ewiges Leben haben und in dem Verkehr mit Gott sein, welchen Christus uns eröffnet hat. Es sind der Mittel viele, durch die uns die Persön= lichkeit Jesu nach und nach enthüllt wird in ihrer seelenerlösenden, messianischen Machtvollkommenheit. Aber sie alle tragen nur dazu bei, uns immer deutlicher auf den wahren Grund hinzuweisen, auf dem allein die Zuversicht unseres Glaubens sich auferbauen kann.

Nun treffen wir aber in der Theologie eine Anschauung, welche diese Bedeutung der Persönlichkeit Christi in Zweifel zieht und in einem Prinzip oder einer Idee, welche über den Menschen Macht gewinnt, dasjenige sieht, was ihn erlöst. Es wird zu= gegeben, daß dies Prinzip in der Person Jesu in die Menschheits= geschichte eingetreten ist. Aber dasselbe religiöse Verhältniß, welches zuerst in der Person Jesu wirklich war, muß in jedem Gläubigen wiederaufleben. Es ist dies das Verhältniß der Gotteskindschaft. Die Idee, daß der Mensch ein Kind Gottes ist, ergreift im Ver= lauf der Entwicklung des Selbstbewußtseins den Menschen und eignet ihn sich an. So lebt das Prinzip auch in ihm wieder auf. Er weiß sich als Kind Gottes. Ausdrücklich wird die Wirksam= keit dem Prinzip zugeschrieben und nicht der Person, welche zu= fällig Träger derselben ist. Fragt man, worauf sich die Gewiß= heit, in der Kindschaft Gottes zu stehen, stütze, so lautet die Aut= wort: Auf die Offenbarung. Denn die Offenbarung ist das Cor= relat des Glaubens. Sie erzeugt die subjektive Gewißheit. Die Offenbarung aber ist wiederum lediglich ein innerer Vorgang im Menschengeist. Indem sich in uns der religöse Vorgang des Kind= schaftsverhältnisses vollzieht, sollen wir darin die Selbstbethätigung des göttlichen Geistes sehen. Diese direkte Manifestation des un= endlichen Geistes ist das grundlegende Ereigniß. Fragt man aber: Woran kann ich erkennen, daß der religiöse Vorgang, den ich er= lebte, Wahrheit ist, d. h. eine wirkliche Zuwendung Gottes zu mir, so werden wir auf den unmittelbaren Eindruck, den dieser Vor= gang auf uns macht, verwiesen. Das Wiederaufleben jener Idee in unserem Geist bezeugt an sich selbst, es sei unzweifelhaft eine Bethätigung des unendlichen Geistes selbst; der damit gesetzte In=

halt fei alfo Wahrheit. Es foll völlig vermieden werden, daß die
Wahrheit jener religiöfen Vorgänge auf etwas Gefchichtliches, wie
die Perfon Chrifti, geftützt wird. Wer fich dem Eindruck der
religiöfen Vorgänge hingiebt, foll nicht mehr nötig haben, einem
äußeren gefchichtlichen Ereigniß grundlegende religiöfe Bedeutung
zuzufchreiben [1]). Auch nach A. S ch w e i z e r [2]) giebt es keine Perfon,
welche das Prinzip felbft wäre. Die Erlöfungsreligion trägt ihre
Wahrheit ohne Chriftus in fich. Darnach fcheint S ch w e i z e r die
Wahrheit der Erlöfungsreligion von allem Hiftorifchen unabhängig
machen zu wollen und die religiöfe Gewißheit allein dem Walten
des Geiftes zufchreiben zu wollen, der da weht, wo er will.
Dennoch fagt er, nur abftrakt könne man die Wirkfamkeit des
Prinzips und der Perfon auseinanderhalten, in Wahrheit hätten
fie ihre volle Kraft nur ineinander. Im gefchichtlichen Chriftus
war die Idee verwirklicht. Seine Idee ift nicht ohne ihn und er
nicht ohne fie wirkfam. Die Heilsmacht des Chriftentums, fagt
er, liegt in der Menfchwerdung des Prinzips. Nicht die Wahr=
heit und Berechtigung des Chriftentums hängt von der Perfon ab,
in welcher es offenbar wurde, wohl aber fein Gang durch die
Menfchenwelt und feine Wirkfamkeit auf uns. — Allein, wenn
doch die Wirkfamkeit von Idee und Perfon nicht zu trennen ift,
fo ift ihre Unterfcheidung auch gegenftandslos. Und was foll das
heißen: Die Wahrheit des Chriftentums hänge nicht von der Perfon
ab, aber feine Wirkfamkeit auf uns? Eine Wahrheit, welche nicht
wirkfam wird auf uns, können wir nicht unterfcheiden von einer
Einbildung. Was wir brauchen, ift eine Religion, die auf uns
wirkfam ift, d. h. eine folche, von deren Wahrheit wir ergriffen
und getragen werden. Und da müffen wir eben fragen, welche
Thatfache uns die Gewißheit gewährt, daß wir ein ewiges Leben
in der Gemeinfchaft mit Gott haben; ob wir auf Grund einer in
unferem Geift auftauchenden Idee oder auf Grund der hiftorifchen
Perfon Chrifti zu einer den Zweifel überwindenden Gewißheit ge=
langen können. Diefe Frage beantwortet S ch w e i z e r felbft dahin,

---

[1]) So B i e b e r m a n n, Dogmatik, § 148, 158ff.
[2]) A. S ch w e i z e r, Glaubenslehre, § 137.

daß die Wirksamkeit der Erlösungsreligion auf uns von der Person
Christi abhänge. Er sagt auch selbst: Die Erlösungsreligion be=
darf der Person Christi, weil die Belebung der Lehre nur von der
Person ausgeht. Eine solche Centralpersönlichkeit sei unentbehr=
lich. Leben theile sich nur von Person zu Person mit, ausgehend
von der Person Christi. Um die Belebung der Lehre handelt es
sich aber bei wahrer Frömmigkeit gerade. Es fragt sich, wo wir
den Mut hernehmen, zu glauben, wir seien Gottes Kinder. Ent=
weder stützen wir diese Gewißheit auf Gemütszustände, welche uns
den Eindruck machen, sie seien eine direkte Offenbarung des gött=
lichen Geistes an uns, oder aber wir stützen sie auf das, was wir
an der geschichtlichen Person Christi erkennen. Im letzteren Fall
ist seine Person das Fundament unseres Glaubens und ist eine
objektive, äußere, geschichtliche Offenbarung an uns. Wenn im
praktisch=religiösen Verhalten des Christen die Person Christi not=
wendig ist, so taugt es nichts, ihr in der Theologie eine Idee zu
substituieren. Wenn eine Centralpersönlichkeit notwendig ist, um
mit dem geistigen Gehalt ihres inneren Lebens Leben erweckend auf
uns zu wirken, so sieht man nicht ein, zu welchem Zweck die ab=
strakte Idee der Kindschaft aus ihr herausgeschält werden soll.
Wenn die Idee nicht wirksam ist im Gang durch die Menschen=
welt ohne die Person, in welcher sie nicht nur zum ersten Mal
„offenbar" wurde, sondern Fleisch und Blut gewann und eine das
ganze Leben und Sein bestimmende Gewalt hatte, so kann man
die Person nicht als historische Antiquität bei Seite setzen. Es
giebt die Idee nicht abgelöst von der Person. Die Person Christi
ist nicht mehr diese Person, wenn nicht dieser bestimmte ideale
Gehalt ihres inneren Lebens immerfort von ihr ausstrahlt. Darum
taugt jene Unterscheidung nichts. Die lebensvolle Person muß das
Fundament unseres Glaubens bilden.

Will man aber von der Person gänzlich absehen bei der
Begründung des Glaubens, sie nur als theoretisches Erklärungs=
mittel für gewisse Seelenvorgänge in der Menschheit gelten lassen,
die religiöse Gewißheit aber auf subjektive religiöse Vorgänge selbst
stützen, so hat man einen dreifachen Einwurf zu gewärtigen. Ein=
mal ist es mißlich, die religiöse Gewißheit auf einen subjektiven

Vorgang zu ftützen, weil man den Eindruck hat, derfelbe fei eine
Offenbarung Gottes an den menfchlichen Geift. Allerdings ift die
Meinung nicht die, daß diefer Vorgang ein lediglich fubjektiver
fei; vielmehr foll er ja eine Manifeftation des unendlichen Geiftes
im endlichen fein. Das Bewußtfein der Gotteskindfchaft im eigenen
Leben des Subjektes wird als eine Betätigung des unendlichen
Geiftes beurteilt. Der Grund, weshalb man darin eine objektive
göttliche Einwirkung erkennt, ift der nicht näher zu definirende
Eindruck, den diefer Vorgang macht, daß eben Gott felbft fich
uns darin auffchließe. Der innere Wert diefer höchften religiöfen
Idee der Gotteskindfchaft foll den Beweis ihrer Wahrheit bilden.
Diefer Beweis ift aber wieder eine fubjektive Beurteilung, über
die Niemand mit mir ftreiten, worin Niemand mich beftärken
kann, da er ja den Eindruck, den ich von diefem Vorgang habe,
nicht kennen kann. Wir kommen alfo über das Subjektive nicht
hinaus. Und das ift, wo es fich um den Grund des Heilsglaubens handelt, eine mißliche Sache. Ganz anders verhält es
fich damit, wenn der gefchichtliche Chriftus den Grund des Glaubens bildet. Hier ift es eine für Jedermann faßbare hiftorifche
Erfcheinung, welche als Grund des Glaubens hingeftellt wird.
Will man aber etwa einwenden, auch das fei eine fubjektive Beurteilung, wenn einem diefe hiftorifche Erfcheinung den Eindruck
mache, daß dadurch Gott mit uns verkehre; wenn der innere Wert
diefer Perfon auf uns den Eindruck mache, daß Gott fich dadurch
uns zuwende, fo komme man ebenfowenig über das Subjektive
hinaus, — fo ift doch zu bemerken, daß es ein Unterfchied ift, ob
man einem religiöfen Gedanken wie dem der Gotteskindfchaft
einen innern Wert zufchreibt, der der Beweis für feine Wahrheit
und Wirklichkeit fein foll, oder ob man einer objektiven gefchichtlichen Erfcheinung den Wert zufchreibt, Gottes Offenbarung zu fein. Denn diefe gefchichtliche Erfcheinung ift eine Perfönlichkeit, welche auf Jeden, der überhaupt Sinn für das fittliche
Leben hat, den Eindruck machen muß, daß das Sittlichgute in ihr
eine bleibende Wohnftätte hatte, und von welcher feftfteht, daß fie
im Lauf der Jahrhunderte Taufende, welche trotz dem inneren
Wert, den fie ihren Idealen und Gedankengebäuden beimaßen,

nicht zur Gewißheit von der Wirklichkeit derselben gelangen konnten,
zur felsenfesten Gewißheit von dem Vorhandensein einer Gottes=
herrschaft gebracht hat und ihnen den Mut schenkte, für Gottes
Sache einzustehen.

Sodann ist der religiöse Vorgang, auf welchen man die
Gewißheit eines Verkehrs Gottes mit uns stützen will, eine Größe,
die uns nicht immer gegenwärtig ist. Denn wenn man auch für
den Moment der Gefühlserregung glaubt, der Berührung durch
den allmächtigen Gott gewiß zu sein, so folgt auf solche Momente
die Ermattung. Und dann hilft es nichts auf solche frühere Zu=
stände zurückzugreifen. Dann sagen wir uns, das Frühere sei
vielleicht Einbildung gewesen. Die Gegenwart, in der wir uns
von Gott verlassen fühlen, trägt kein solches subjektives Zeichen
des Verkehrs Gottes mit uns an sich. Die innere Thatsache, auf
welche wir unsern Glauben gründen wollen, ist versunken in einem
Meer innerer Unruhe. Sie war nicht stark genug, Grund des
Glaubens zu sein. Die religiösen Erlebnisse, welche wir machen,
haben nie diejenige Kraft, Fülle und Beständigkeit, welche sie be=
dürften, um die religiöse Gewißheit in letzter Linie darauf zu
gründen. Dagegen ruht in Christus die Fülle alles Reichtums.
Er ist eine Thatsache, die nicht versinken kann wie eine Gefühls=
erregung, weil er ein bleibendes Faktum der Geschichte ist. Ihm
gegenüber sind wir nicht in der mißlichen Lage, daß das, was
den Grund des Glaubens bilden soll, jeden Augenblick verschwin=
den und versinken kann.

Endlich, ist die Offenbarung ein subjektiver religiöser Vor=
gang, so hat jeder Einzelne wieder eine besondere Offenbarung,
also unter Umständen auch eine andere Offenbarung; denn das
Subjektive hat Jeder für sich selbst. Und doch ist dieser Vorgang
nicht so unvermittelt und ursprünglich, wie man es für eine Offen=
barung erwarten sollte, weil er bei jedem Einzelnen nachweisbar
wieder auf mannigfaltigen geschichtlichen Vermittlungen beruht.
Das Christentum dagegen weiß nur von einer Offenbarung. Es
hält nur dasjenige dieses Namens wert, was den Grund des
Glaubens bildet für alle in der Gemeinde. Dies ist ihm das ge=
schichtliche Personleben Christi. Wer an Stelle dieser objektiven

Offenbarung Offenbarungen setzt, die er in sich erfährt, tritt damit aus dem Rahmen der christlichen Gemeinde und müßte selbst als Träger der Offenbarung auftreten. Eine Offenbarung, die für Alle dieselbe ist, kann nur eine geschichtliche sein.

Immer werden wir der Persönlichkeit Christi bedürfen, um zur Vollendung des Glaubens zu gelangen und um eine Gewiß= heit der Kindschaft zu besitzen, welche uns nicht in Seelenunruhe im Stich läßt. Je mehr wir lernen uns auf diesen Fels stellen und dem Einfluß seiner Persönlichkeit uns hingeben, werden wir auch selbst zu Persönlichkeiten werden, die von seinem Geist erfüllt sind. Dann können wir auch Andern zu Organen Christi werden, welche ihnen die erlösende Macht, die in dem Personleben Christi liegt, klar machen und dazu helfen, daß auch ihnen seine Persön= lichkeit zum Ankergrund ihres Glaubens wird.

Die ethische Versöhnungslehre im kirchlichen Unterricht.

Von

K. Ziegler,
Stadtpfarrer in Aalen.

II.

Daß das orthodoxe System durch die siegreich vordringende Erkenntnis des ethischen Charakters der christlichen Religion in der Praxis des kirchlichen Unterrichts vielfach durchbrochen wird und durchbrochen werden muß, ist zuerst an den **Voraus=** **setzungen** der Versöhnungslehre gezeigt worden und soll jetzt gezeigt werden

an der Versöhnungslehre selbst.

Die ganze Ansicht von der Lage der Dinge, in welche die Versöhnung durch Christus eingreift, ist für uns eine andere, als für die orthodoxen Väter. Es handelt sich nach unsern Voraus= setzungen bei der Versöhnung nicht um die Befriedigung eines unerbittlichen Richters, der ohne Rücksicht auf die noch gar nicht abgeschlossene Entwicklung der Menschheit und der einzelnen Men= schen das Strafurteil der ewigen Verdammnis über alle Sünder bereits im voraus endgiltig gefällt hätte und also nur durch wirk= lichen Vollzug der Höllenstrafe, sei es an den Sündern selbst, oder (nach der orthodoxen Theorie) an einem vollgiltigen Stellvertreter, zu befriedigen wäre. Es handelt sich **durchaus nicht um** **Vollzug,** auch nicht um stellvertretenden Vollzug des Aeußersten von Strafe, vielmehr gerade um **Abwendung** dieses Aeußer=

sten von möglichst vielen, und um **Einstellung des Strafverfahrens** im Hinblick darauf, daß ein Heilsweg eröffnet
wird, der viel besser als jede Art von Strafe zum Ziele führt.
Gott hat nie etwas anderes gewollt, als das Heil aller Menschen.
Auch durch seine Strafen und relativen Zornesoffenbarungen verfolgte er kein anderes Ziel, als die Errettung möglichst vieler von
dem zukünftigen Zorn.   Darum ist für die Versöhnung, die diese
Errettung ermöglicht, **keine Umstimmung Gottes** er-
forderlich. **Nicht Gott wird versöhnt, sondern Gott von
sich aus „versöhnt die Welt mit ihm selber"**, das muß
allem Bisherigen zufolge und nach II Korinth 5 19 ff. der **leitende
Grundgedanke der Versöhnungslehre sein. Gott thut
das Hindernis hinweg**, das dem normalen Verhältnis
zwischen ihm und den Menschen entgegensteht und die gottgewollte
Entwicklung der Menschheit unmöglich macht.

Welches ist nun dieses Hindernis? — Natürlich
die **Sünde**. Aber diese Antwort genügt nicht, weil sie viel zu
unbestimmt ist. Darum hat schon die **orthodoxe Versöhnungslehre** näher zu bestimmen versucht, **inwiefern** die Sünde das
Hindernis sei, und gesagt, die Sünde sei eine Beleidigung Gottes,
ja ein „Gottesmord" und mache dem Heiligen und Gerechten den
ferneren Verkehr oder die Gemeinschaft mit den Säubern mora-
lisch unmöglich, weshalb diese sich, so lang sie nicht erlöst seien,
als unter dem Zorn Gottes stehend zu betrachten hätten. — Wir
haben gezeigt, daß der **Gottesbegriff**, der diesem Satze zu
Grund liegt, **falsch** ist, daß Gott thatsächlich durch die Sünde
sich niemals hat verhindern lassen, beständig auf das Heil aller
Menschen hinzuwirken, und daß er dies stets **von Herzen** gethan hat, daß er nie und nirgends abläßt, sich als **Erzieher**
liebevoll bis ins einzelne um den inneren und äußeren Zustand
jedes Sünders zu kümmern. Wir haben aber auch schon angedeutet, daß dieses erzieherische Thun Gottes in der **ganzen
vorchristlichen und außerchristlichen Welt** einen nur
vorläufigen und vorbereitenden Charakter und Erfolg hat, daß es die eigentliche, letzte Entscheidung im
Leben des einzelnen Menschen und im Völkerleben weder herbei-

führen kann noch soll, sondern im großen und ganzen betrachtet, abgesehen von den hervorragenden Lichtpunkten der alttestament= lichen Offenbarungsgeschichte und von den dunkelsten Schatten verkehrt gottwidriger Lebensgestaltungen, den Menschen beständig zwischen F u r c h t und H o f f n u n g s c h w e b e n läßt.

Dies ist sofort auf die Versöhnungslehre anzuwenden. Denn die V e r s ö h n u n g, von der jetzt die Rede sein soll, ist eben das der vorchristlichen und außerchristlichen Welt noch fehlende, e n t s c h e i d e n d e G o t t e s w e r k, das erst die F u r c h t auf e t h i s c h r i c h t i g e Weise austreibt und die H o f f n u n g oder den Glauben ein für allemal auf einen f e s t e n, o b j e k t i v e n G r u n d stellt. Die unüberwindliche Furcht und die Hoffnungs= losigkeit, der unwillkürliche U n g l a u b e oder das M i ß t r a u e n d e s s c h u l d i g e n S ü n d e r s gegen Gott, genauer: die für ihn bestehende, subjektive und objektive Unmöglichkeit, von der Furcht auf ethisch richtige Art loszukommen und für die Hoffnung oder den Glauben einen festen, objektiven Grund zu finden, ist das H i n d e r n i s, das in der ganzen vorchristlichen und außer= christlichen Welt den Erfolg der göttlichen Erzieherthätigkeit be= einträchtigt, und erst durch die Versöhnung beseitigt wird.

Unter der „F u r c h t" verstehe ich die in dem ungelösten S c h u l d g e f ü h l wurzelnde, durch die mancherlei Erfahrungen des U e b e l s genährte Furcht vor allerlei Aeußerungen der gött= lichen Ungnade, in letzter Hinsicht vor dem zukünftigen Z o r n, d. h. vor endgiltiger Verstoßung. Dieser Furcht hält die H o f f = n u n g oder der G l a u b e a n G o t t e s G n a d e insoweit die Wage, als den Erfahrungen des Uebels wohlthuende, ermutigende, beglückende Erfahrungen gegenüberstehen, und das Schuldgefühl, das Bewußtsein schon begangener Sünden, begleitet sein kann von dem Gefühl, daß für die Zukunft noch Kraft zur Besserung da sei, und manches Böse wieder gut gemacht werden könne. Den e n t s c h e i d e n d e n S i e g könnte aber die H o f f n u n g nur dann davontragen, wenn sie sich auf eine Erfahrung zu gründen vermöchte, durch die das S c h u l d g e f ü h l w i r k l i c h u n d a u f d i e D a u e r g e l ö s t, d. h. so gelöst würde, daß es der Sünder fortan in der Hand hätte, dasselbe nie mehr zur ausschlaggeben=

ben, lähmenden Macht über sein religiös=sittliches Leben werden
zu lassen. Nur so könnte die Hoffnung zu einem festen Ver=
trauen auf Gottes Gnade werben, das dem immer wieder sich
regenden Zweifel und Mißtrauen gewachsen wäre.

Daß nun aber eine ethisch richtige Lösung des Schuld=
gefühls abgesehen von Christus weder wirklich noch möglich ist,
muß aus der Versöhnungslehre erhellen. Sie muß von
vornherein so angelegt sein, daß der Unterschied zwischen
Christus, der kein Schuldgefühl, sondern das ungetrübte Be=
wußtsein der innigsten Gemeinschaft mit Gott hat, und zwischen
uns, die wir ohne ihn aus dem Schuldgefühl nicht heraus=
zukommen vermögen, klar wird, und die Unwahrheit aller ethisch
unrichtigen, die Unzulänglichkeit aller bloß relativ richtigen Lösungen
des Schuldgefühls an der in Christus dargebotenen, vollkommenen
Lösung zur Anschauung kommt. Dabei darf die Unzulänglichkeit
auch der alttestamentlichen Begründung des Glaubens
an die Gnade Gottes nicht unaufgedeckt bleiben.

Der nur scheinbaren, unwahren Lösungen kann es an
sich unzählige geben, so viele, als es auf religiös=sittlichem Gebiet
menschliche Irrungen giebt. Jedoch brauchen wir weder alle ein=
zeln zu besprechen, noch aufs Geratewohl nur einige willkürlich
herauszugreifen, da über die beiden Hauptgesichtspunkte
ihrer Beurteilung unter protestantischen Theologen nachgerade all=
gemeines Einverständnis herrscht. Wir werden vom evangelisch
christlichen Standpunkt aus erstens keine Lösung gelten lassen,
die hinter dem durch und durch ethischen Charakter der
christlichen Religion zurückbliebe, d. h. des engen Bundes
vergäße, in welchem die wahre Religion mit der wahren Sittlich=
keit steht, also keine, die irgend welchen ästhetischen, oder äußer=
lich juristischen Maßstab an die Stelle des ethischen setzen wollte.
Wir werden uns aber zweitens auch nicht begnügen mit einer
rein subjektiven Lösung, da wir sonst den positiv ge=
schichtlichen Charakter des Christentums für gleichgiltig
erklären würden, d. h. wir werden es nicht für eine Lösung des
Schuldgefühls halten, wenn dasselbe in eigenmächtiger Weise durch
subjektive Gnadenempfindungen verdrängt, oder durch moralische

(philosophische oder unphilosophische) Reflexionen wegbisputiert werden will. — Von der Uebertäubung des Schuldgefühls durch sinnlichen Genuß, oder durch rastlose, zerstreuende Beschäftigung, oder durch beides im Wechsel, zu reden wird hier nicht nötig sein, da selbst abgesehen von der Frage nach dem ethisch Richtigen kaum jemand behaupten wird, daß auf diesem Weg eine eigentliche „Lösung“ des Schuldgefühls zu erreichen sei.

Relative Giltigkeit dagegen müssen wir der vorläufigen Lösung des Schuldgefühls zugestehen, die wir auf dem Boden des alten Testaments finden. Denn einer noch unreifen Sünden- und Gotteserkenntnis muß man ihre eigentümliche Lösung des Schuldgefühls unter Umständen als ethisch relativ richtig und zeitgeschichtlich oder volksgeschichtlich positiv begründet gelten lassen, auch wenn sie der gereisten, christlichen Erkenntnis als unzulänglich erscheint. So lang sich Religion und Sittlichkeit noch in den Schranken der Nationalität entwickeln, kann in der nationalen Geschichte das Gotteswerk gesucht und gefunden werden, das einem Volke als Ganzem die Furcht vor dem göttlichen Zorn, d. h. hier im schlimmsten Fall vor dem Untergang der Nation, benimmt und die nationale Hoffnung auf einen festen, objektiven (geschichtlichen) Grund stellt. Sofern dann nur, wie in einzigartiger Weise bei den Propheten Israels, Furcht und Hoffnung vom sittlichen Ideal (in Israel vom heiligen Geist der Offenbarung) beherrscht sind, kann je nach dem Maß der Reinheit dieses Ideals (nach dem Maß des Geistes) auch die dazu gehörige Vorstellung von dem Thun Gottes (der Götter) für relativ wahr und für eine positive Vorbereitung der christlichen Wahrheit gelten. Ebenso wenn im Lebensgebiet einer so gearteten Religion der einzelne Fromme für sich persönlich die Lösung des Schuldgefühls und die Gewißheit der göttlichen Gnade teils im Anschauen der geschichtlichen Gnadenerweisungen Gottes an seinem Volk und im Bewußtsein der Zugehörigkeit zu demselben, teils in seinen individuellen Lebenserfahrungen (irdischem Wohlergehen, Lebens- und Ehrenrettung u. dgl. nach vorausgegangener Bedrängnis) findet, so haben seine Vorstellungen vom Verhältnis Gottes zu ihm ihre relative Wahrheit, wiederum nach dem Maß der Trene, mit der er dem im Glauben seiner Väter herrschenden, sittlichen Ideal die Herrschaft auch über sein indi= viduelles Glaubensleben einräumt. Die Giltigkeit aller dieser alt= testamentlichen, religiösen Vorstellungen hat aber ihre S ch r a n k e daran, daß das ihnen zu Grund liegende, sittliche Ideal weder die Stufe der vollen Universalität, noch die der vollen Innerlich= keit erreicht. Und derselbe Mangel läßt sich an jeder außerchrist= lichen, religiösen Weltanschauung nachweisen, sobald man die darin angestrebte Lösung des Schuldgefühls kritisch betrachtet. Immer wieder wird die Kritik darauf hinauslaufen, daß die Lösung e t h i s ch n i ch t r i ch t i g ist, weil einerseits die R e l i g i o n, der sie angehört, den durch und durch ethischen Charakter des Christentums vermissen läßt, andererseits das S i t t l i ch k e i t s= ideal, das sie voraussetzt, hinter dem christlichen zurückbleibt.

Es ist nicht überflüssig, in diesem Zusammenhang auch auf vorchristliche und außerchristliche Erscheinungen hinzuweisen. Denn die Versöhnung durch Christus als a b s o l u t e Lösung des Schuldgefühls werden wir nur verstehen, wenn wir auch das r e l a t i v e R e ch t u n d U n r e ch t anderer Lösungen und nament= die eben festgestellte relative, aber auch n u r relative Giltigkeit der a l t t e s t a m e n t l i ch e n Lösung begreifen.

Zudem erwächst uns aus diesem Verständnis eine nicht zu unterschätzende Frucht für die kirchliche Praxis und den k i r ch= l i ch e n U n t e r r i ch t.

Es wird im allgemeinen zu wenig beachtet, daß U n z ä h l i g e i n d e r C h r i s t e n h e i t auffallend lang oder gar zeitlebens auf einem u n t e r ch r i s t l i ch e n Standpunkt stehen bleiben, der ihnen gestattet, sich auch mit einer unterchristlichen Lösung ihres Schuldgefühls zu begnügen. Bürgerliche Rechtschaffenheit und Enthaltung von groben, namentlich bürgerlich entehrenden Ver= gehungen betrachten viele sowohl kirchliche wie unkirchliche Leute als genügenden Grund für den Anspruch, sich jederzeit nach Be= dürfnis und ohne Furcht Gott nahen zu dürfen, dabei halten sie es für Gottes Pflicht, daß er sie segne; und wenn ihnen Mißerfolg und Uebel in den Weg tritt, so fragen sie gekränkt oder erstaunt: womit habe ich das verschuldet? Dieselbe Betrachtungsweise wen=

den dann viele, in denen der Gemeinsinn rege ist, auch auf die
Gemeinschaft an, in der sie leben, namentlich auf die Güter,
die man unter dem Namen Vaterland zusammenfaßt. Sie
halten die Zukunft des Vaterlandes für gesichert und glauben
ihre optimistische, patriotische Hoffnung getrost auch bis zu religiöser Begeisterung steigern zu dürfen, wenn nur im allgemeinen
die Regierungen und Obrigkeiten die bürgerliche Rechtschaffenheit
vertreten und schützen. Und in der That scheint ja die Erfahrung diesen Optimismus oft lange Zeit zu bestätigen, sofern allerdings die bürgerliche Rechtschaffenheit die erste und unerläßlichste
Bedingung für den Bestand eines Gemeinwesens ist. Ihr Nicht-
vorhandensein rächt sich am schnellsten und handgreiflichsten. Wo
sie dagegen noch in beträchtlichem Umfang vorhanden ist, da kann
die Staatsmaschine anscheinend ohne Störung noch lange weiter
gehen, auch wenn tiefer liegende Schäden bereits den eigentlichen
Organismus der Gemeinschaft ergriffen haben, Schäden, die ihren
Grund in der Verständnislosigkeit der Zeit für den Faktor der
sittlich-religiösen Innerlichkeit, in der Mißachtung des spezifisch
Christlichen haben und natürlich verhältnismäßig langsam, aber
um so sicherer und unheilvoller ihre Gefährlichkeit offenbaren.
Weil aber demnach selbst gehäufte Versündigungen und Versäumnisse in Bezug auf die durchs Evangelium ermöglichte, wahrhaft
innerliche, christliche Volkserziehung nur sehr langsam durch äußerlich fühlbare Strafgerichte sich am Gemeinwesen rächen, und
weil die äußere Legalität, die ja noch in weiten Kreisen herrscht,
wirklich eine bedeutende, staatserhaltende (auch kirchenerhaltende)
Kraft hat, so lassen sich durch diese beruhigende Wahrnehmung
viele immer wieder bestärken in der oben geschilderten, unterchristlichen Beurteilung ihres persönlichen Lebens. Viele Gebildeten
namentlich meinen, wenn sie in gemeinnütziger Arbeit für ein
großes, anscheinend gedeihliches, also gesegnetes Ganze stehen, einer
Versöhnung mit Gott durchaus nicht bedürftig zu sein, sagen auch
gelegentlich ganz offen, daß ihnen das Wort „Sünde" zuwider
sei, und die Rede vom „Schuldgefühl" eine weibische Rede. Sie
wittern „Pietismus", sobald man hieran rührt und tragen im
bewußten Gegensatz zu solcher „Kopfhängerei" eine gewisse, früher

gern als hellenisch, neuerdings lieber als germanisch
bezeichnete Weltfreudigkeit zur Schau, können sich auch
auf zahlreiche Erzeugnisse unserer schönen Litteratur und Popular=
philosophie berufen, in der diese Anschauungen recht eigentlich die
herrschenden sind. Und das Bedenklichste ist noch das, daß nicht
bloß die sittliche Oberflächlichkeit des Bildungsphilisters sich in
diesem vom Mittelpunkt der christlichen Religion so weit entfernten
Ideenkreis bewegt, sondern daß auch wahrhaft edle Geister von
verehrungswürdigem, sittlichem Streben, Pflichtgefühl und Wandel
die christliche Anschauung von Sünde, Schuld, Vergebung, Recht=
fertigung und Versöhnung sich nicht anzueignen vermögen, son=
dern innerlich beruhigt sind, wenn nur im allgemeinen der Gang
der Weltgeschichte und nationalen Geschichte ihrem selbstverständ=
lich unvollkommenen, sittlichen Streben Erfolg und Segen zu ver=
heißen scheint.

Natürlich hilft es nichts, die verschiedenen Vertreter eines
teils weltlichen, teils zwar ernsten, aber einseitig moralischen
Christentums bekehren, d. h. in dem von ihnen verabscheuten, oder
vornehm abgelehnten, pietistischen bzw. methodistischen Sinn auf
sie einwirken zu wollen. Denn wenn auch einzelne, merkwürdige
Wandlungen vorkommen, so geben diese doch kein Recht, die weite
Verbreitung eines versöhnungsscheuen Christentums in allen
Schichten unseres Volkes lediglich aus dem Mangel an Bekehrungs=
eifer einerseits und aus der Verderbtheit der menschlichen Natur
andererseits zu erklären. Gewiß werden gerade die zentralen Lehren
des Christentums dem natürlichen Menschen niemals genehm
werden. Aber ebendarum ist es unabweisbare Liebespflicht, stets
aufs neue zu prüfen, ob in der Darbietung dieser Lehren auch
alles geschieht, was von seiten der kirchlichen Verkündigung und
des kirchlichen Unterrichts für Vorbereitung und Weckung des
christlichen Versöhnungsglaubens geschehen kann, d. h. ob wirklich
die ethisch unrichtigen Lösungen des Schuldgefühls, zu denen der
natürliche Mensch sich immer wieder unbewußt hingezogen fühlt,
auch recht gewürdigt und wirksam widerlegt werden, und ob die
statt derselben dargebotene Lösung von den Mängeln jener wahr=
haft frei ist.

Es scheint uns aber der Aufbau der orthodoxen Versöhnungslehre und die bereits mehrfach beleuchtete Anlage der gebrauchte-
sten, kirchlichen Lehrmittel zum mindesten mitschuldig daran
zu sein, daß das Hauptproblem, um das es sich eigentlich handelt,
im kirchlichen Unterricht meist nur in ungenügender Weise zur
Sprache kommt. Die Schwierigkeit, die es angeblich für Gott
hat, den Sündern gnädig zu sein, wird nach bekanntem Schema
dargelegt; dagegen die Schwierigkeit, die es für den schuldigen
Sünder hat, an Gottes Gnade zu glauben, die Schwierigkeit,
die der natürliche Mensch so gerne viel zu leicht nimmt, und die
darum energisch ins Licht gestellt werden dürfte, wird nicht von
vornherein beachtet, wie sie es verdient. Nur gelegentlich,
in praktischen Exkursen, die den zentralen Lehrabschnitten
hinzugefügt oder nachgetragen werden, reden die meisten Katecheten
davon, wie schwer es ist, in jeder Lebenslage die Hoffnung im
Gegensatz zur Furcht (in dem S. 171 Mitte entwickelten Sinn), oder
den Glauben an Gottes Gnade festzuhalten. Der praktische
Zweifel hat, prinzipiell betrachtet, keinen Raum im
orthodoxen Lehrsystem selbst. Dasselbe kann mitgeteilt werden,
auch ohne daß der Schüler vor das eigentliche, schwerste Rätsel
des Lebens gestellt wird. Und das ist mißlich; denn die gelegentliche (vielleicht sehr ernstliche) Besprechung desselben kann zwar
wohl auf manchen Eindruck machen, aber weil sie keinen unveräußerlichen Bestandteil dessen bildet, was dauernd und im Zusammenhang eingeprägt worden ist, so wird sie bald vergessen,
wenn nicht ganz besondere Erlebnisse sie im Andenken erhalten
oder wieder auffrischen. So kommt es, daß der praktische Zweifel
nur wenigen, und diesen zumeist nur durch schwere Schicksale zu
dem Rätsel wird, das im Christentum seine Lösung findet. Er-
bauungsbücher, und die nähere Bekanntschaft mit den Psalmen,
dem Buch Hiob, überhaupt den betreffenden Stellen des alten
Testaments vermögen wohl auch manchen aufzuwecken. Allein im
alten Testament ist sowohl die Fragestellung als die Antwort eben
noch nicht die christliche, und in den Erbauungsbüchern spielt zumeist auch die intellektualistische Auffassung des Glaubens, nach
der das Fürwahrhalten biblischer Geschichten und Lehren, ins-

besondere der orthodoxen Versöhnungslehre die erste, für den Gut=
willigen ganz l e i ch t e Leistung wäre, und der praktische Zweifel
e r st n a ch h e r in Betracht käme, mehr oder weniger mit herein.
Doch wie? Wird denn nicht in den o r t h o d o x e n Lehr=
b ü ch e r n der p r a k t i s ch e Z w e i f e l an zwei scharf markirten
Orten ausdrücklich zur Sprache gebracht? Im dritten Hauptartikel
teils bei den Worten „nicht aus eigener Vernunft noch Kraft",
teils aus Anlaß der Erwähnung der „Sünde wider den heiligen
Geist", und noch geflissentlicher im fünften Hauptstück vom hl.
Abendmahl? (auch bei der sechsten Bitte giebt Luthers Erklärung
Gelegenheit). Es soll nicht bestritten werden, daß hier Gelegenheit
geboten ist und gewiß von jedem Katecheten auch genommen wird,
auszuführen, wie der Glaube „bald groß und stark" ist „voll Zu=
versicht und Freudigkeit, bald klein und schwach, da viel Zweifel, Furcht
und Kleinmütigkeit mit unterläuft" (württ. Konfirm. Frage 57).
Allein diese paränetisch=erbauliche Ausführung wird eben doch
einen n u r b e i l ä u f i g e n, z u f ä l l i g e n und n a ch t r ä g=
l i ch e n Charakter haben, wenn nicht schon im ersten und zweiten
Hauptartikel p r i n z i p i e l l der Glaube als etwas Schweres,
dem natürlichen Menschen Unmögliches, als Gottes Wunderwerk
dargestellt worden ist. Läßt man insbesondere in der Versöhnungs=
lehre das subjektive Moment des Glaubens außer Acht und be=
wegt sich mehr oder weniger in den Bahnen der Anselm'schen
Satisfaktionstheorie, so entsteht fast unvermeidlich der Schein, als
ob es zunächst ein Leichtes wäre, die zentralen, christlichen Wahr=
heiten, die ja in jener Theorie dem Verstand so plausibel gemacht
werden, sich anzueignen, und als ob nur hintendrein der böse
Zweifel wieder dazwischentreten könnte, der dann durch besondere,
nicht von vornherein gegebene oder erforderliche Kräfte (Geistes=
gaben) und Gnadenmittel (Sakramente) zu bekämpfen wäre.

Wie sollen denn aber nach u n s e r e r Ansicht die auf=
gestellten Forderungen im kirchlichen Unterricht erfüllt werden, und
wo bietet sich im K a t e ch i s m u s die Gelegenheit dazu?
Es wurde bereits angedeutet, daß beim Uebergang vom ersten
zum zweiten Hauptartikel der Ort sei, von den S ch w i e r i g=

keiten des Glaubens zu reden, die uns bewegen müssen, nach
der Erlösung auszuschauen. Doch können dieselben hier zunächst
nur vorläufig genannt, keineswegs schon gelöst werden. Der
eigentliche Ort für die prinzipielle Erledigung des
praktischen Zweifels, von der ich seine seelsorgerliche,
paränetisch-erbauliche Behandlung wohl unterschieden wissen möchte,
scheint mir die Versöhnungslehre und darum in gewissem
Sinn der ganze zweite Hauptartikel. Nicht als wollte
ich in die Erklärung desselben einen Locus vom praktischen Zweifel
eingeschaltet sehen. Vielmehr meine ich, der ganze zweite Hauptartikel sollte in den sämtlichen, ihm eigentümlichen Stufen des
Unterrichtsgangs so behandelt werden, daß der praktische Zweifel
dadurch berücksichtigt, christlich vertieft und prinzipiell erledigt wird.

Den speziellen Anknüpfungspunkt im Katechismus bilden
die Worte in Luthers Erklärung: „mich verlornen und
verdammten Menschen“ und die damit zusammengehörigen:
„von allen Sünden, vom Tod und von der Gewalt des
Teufels“; denn sie bezeichnen den Zustand, aus welchem uns Christus erlöst hat (vgl. Bornemann, der
zweite Artikel im Lutherschen kleinen Katechismus, Fragen und
Vorschläge), schließen also auch das in sich, was wir das Hindernis nannten, das durch die Versöhnung beseitigt wird, nämlich
die im Schuldgefühl begründete Angst, der Macht und den
Folgen des Bösen preisgegeben, „verloren und verdammt“ zu sein
oder zu werden. Auch hier halte ichs nicht für die Aufgabe des
Katecheten, die Verdammnis als allgemeines Urteil über alle Sünder
aus der allgemeinen Sündhaftigkeit abzuleiten, sondern vielmehr
an dem konkreten, geschichtlichen Werk Christi
und an seiner konkreten, geschichtlichen Person den
einzelnen, dich und mich (Luther: „mich, verlornen und
verdammten Menschen“) zu dem Bekenntnis zu bringen, daß wir
ohne Christus verloren, der furchtbaren Macht des Bösen rettungs-
los verfallen wären, die gerade an der geschichtlichen Erscheinung
Christi uns erst recht zum Bewußtsein kommt. Denn
was vorher von Sünde und Sündenstrafe gesagt worden ist,
kann erst hier im zweiten Hauptartikel vollends auf die Stufe

spezifisch christlicher Erkenntnis erhoben werden. Namentlich giebt die erstmalige Erwähnung der „Gewalt des Teufels" Gelegenheit, die Sünde an den bekannten Verwicklungen des Lebens Jesu als das gottwidrige, gottfeindliche Verhalten und als das eigentliche, schwerste Hindernis des Glaubens zu charakterisieren, zu welchem Gott die Menschen erziehen will.

Viele freilich wissen im zweiten Hauptartikel über Sünde und Sündenstrafe, Tod, Hölle und Teufel eigentlich nichts Neues mehr zu sagen, sondern nur zu erinnern an das, was sie des langen und breiten schon im ersten Hauptartikel in einem dort ein= geschalteten, dogmatischen Locus über Engel und Teufel und über des Menschen Urstand, Sündenfall und die allgemeine Verderbnis des Menschengeschlechts gelehrt haben. Zezschwitz spart mit Recht wenigstens die Lehre vom Teufel für diesen Ort auf und glaubt hier eine vollständige „Geschichte des Teufels" geben zu sollen, was ihm natürlich in dieser Weise die nicht nachthun können, welche es für religiös gleichgiltig halten, ob die Macht des Bösen in einem persönlichen Teufel gipfelt oder nicht. Die von Zezschwitz hier verwertete, neutestamentliche Idee eines ent= scheidenden, geschichtlichen Zusammenstoßes zwischen dem Reich Gottes und dem Reiche des Bösen gehört aber sicherlich in den zweiten Hauptartikel und paßt auch zu unseren Voraussetzungen vortrefflich. Obgleich wir daher die Vorstellung eines persönlichen Teufels nur für den zeitgeschicht= lichen Ausdruck jenes Gedankes halten, so werden wir doch um so weniger stillschweigend an ihr vorbeigehen können, als sie ja nicht nur von Luther im Katechismus mehrfach verwendet, son= dern zweifellos auch von Jesus selbst aus der Denkweise seiner Zeit übernommen worden ist. Wir werden sie vielmehr benützen, um an ihr, unter gleichzeitiger Darreichung der entsprechenden, unpersönlichen Vorstellungsart und unter Berichtigung grob sinn= licher Volksvorstellungen, zu zeigen, wie der vollendeten Erschei= nung des Guten gegenüber das Böse erst in seiner ganzen Bos= heit sich offenbart, und zwar so offenbart, daß wir in der Gewalt, die es einst Jesus gegenüber bewies, die Macht erkennen, die es noch heute unter uns ausübt, indem es uns den Glauben ebenso schwer macht wie den Zeitgenossen Jesu und wie in besonderem Sinne auch dem Herrn selber.

Die nicht zu verhehlende, sondern geflissentlich aufzudeckende Schwierigkeit des Glaubens an die Gnade Gottes hat ihren Grund teils in der Sündhaftigkeit, Schuldverhaftung und Strafverfallenheit des einzelnen Sünders selbst, teils in demselben schlimmen Zustand seiner Umgebung, oder der Gemeinschaft, der er angehört.

Es ist schwer, für sich selbst als schuldiger und mannigfach gestrafter Sünder an die Gnade Gottes zu glauben; und es ist doppelt schwer, unter Sündern daran zu glauben, als Glied einer Gemeinschaft, die alle Grade von Bosheit und alles mögliche Strafelend in sich beherbergt. Es ist schwer, ja auf die Dauer unmöglich, weil man ebenso als einzelner Sünder, wie als sündiges Glied einer sündigen Gemeinschaft weder in seiner äußeren Lage, noch in seinem inneren, religiös-sittlichen Erleben einen unzweifelhaften, geschweige denn einen für immer stichhaltigen Beweis der Gnade Gottes zu finden vermag, vielmehr nach beiden Seiten hin, äußerlich und innerlich, immer wieder genug Anlaß hat, den Zorn Gottes für sich und die Gemeinschaft zu fürchten, sich mit andern den sämtlichen Folgen der Sünde und der ganzen Macht des Bösen (der „Gewalt des Teufels") preisgegeben zu fühlen.

Die Lösung der Schwierigkeit nun muß natürlich da einsetzen, wo der Grund der Schwierigkeit liegt.

Die Befreiung von der Furcht und die ersehnte Offenbarung der Gnade Gottes an die schuldigen Sünder kann daher teils in einer Verbesserung der schlimmen, äußeren Lage des Sünders, des sündigen Volks oder der sündigen Menschheit gesucht werden, teils in einer inwendigen, in den Herzen sich anbahnenden, religiös-sittlichen Erneuerung, oder in beidem zugleich und in der Wechselwirkung von beidem. Innerhalb dieser Möglichkeiten bewegt sich die religiöse Hoffnung der gesamten Menschheit, auch die Hoffnung Israels.

Das Eigentümliche und Einzigartige der christlichen Lösung aber ist, daß die Hilfe zwar von außen, oder besser

gesagt von oben, also nicht aus den natürlichen Kräften des
Sünders oder der sündigen Menschheit kommt, aber doch nicht
zuerst eine äußerliche Veränderung, sondern bei sich gleich blei=
bender, äußerer Lage der Menschheit eine innerliche, religiös=
sittliche Erneuerung derselben und erst dadurch zuletzt auch eine
Umschaffung der Sinnenwelt bringen will. Alle anderen Lösungs=
versuche stellen entweder den Menschen auf seine eigene Kraft, wie
der Buddhismus, der sich aber genöthigt sieht, auf das sittliche
Verhältnis des Menschen zur Welt zu verzichten, wie auch der
moderne Pantheismus, der das persönliche Verhältnis zu Gott
aufgiebt, um sich mit dem thatsächlichen Zustand der Welt aus=
söhnen zu können — oder vermischen und verwechseln sie in un=
klarer Weise das Natürliche mit dem Sittlichen, das Aeußerliche
mit dem Innerlichen.

An der zuletzt genannten Trübung nimmt auch die Reli=
gion Israels teil, jedoch so, daß sie wie keine andere über sich
selbst hinausweist und die christliche Religion, somit auch die
christliche Lösung des Rätsels, positiv vorbereitet. Die alttesta=
mentliche Weissagung zeigt ahnend den Weg, auf welchem
das Verlangen des sündigen Menschen (Volks) nach einer un=
zweifelhaften und abschließenden Gnadenoffenbarung gestillt werden
könnte. Sie bekämpft und berichtigt die verkehrte Volksmeinung,
nach der man durch kultische Leistungen ohne sittliche Umkehr sich
selbst der Gnade Gottes zu versichern suchte. Sie predigt dem
sündigen Volke die Wiederkehr der göttlichen Gnade nach dem
Zorn, des nationalen Glücks nach dem Unglück nur unter der
Bedingung wahrer Herzensbekehrung und thatkräftiger Wegschaf=
fung grober, öffentlicher Aergernisse. Weil aber die verlangte
Bekehrung trotz aller Drohungen und Verheißungen nie in nach=
haltiger Weise und nie in dem erforderlichen Umfang zustande
kommt, so getröstet sich die Weissagung auf ihrem Höhepunkt der
Zuversicht, daß Gott selbst zuletzt von sich aus ohne Rücksicht auf
den sündigen Zustand des Volkes das gestörte Verhältnis wieder=
herstellen und den gebrochenen Bund wiederaufrichten werde durch
allgemeine Geistesausgießung, durch Sendung eines geistgesalbten,
gerechten und weisen Königs und Aufrichtung eines gesegneten

Friedensreichs. Diese von den Propheten erhoffte, letzte und ent=
scheidende Gnadenthat Gottes hat deutlich zwei Seiten: einmal
die Herstellung eines besseren, religiös=sittlichen Zustands im öffent=
lichen Volksleben und im Innern der einzelnen Frommen; sodann
im Zusammenhang damit die Darreichung auch der äußeren Güter,
die zu einer nationalen Glücks= und Blütezeit des so zubereiteten
Gottesvolks gehören. So sucht die Weissagung den praktischen
Zweifel nach seinen beiden, oben bezeichneten Seiten zu stillen.
Sie kann es aber eben nur thun als Weissagung, durch ver=
heißungsvolle Bilder der Zukunft. Sie löst nicht die Schwierig=
keit des Glaubens, sie postulirt nur die Lösung nach ihren beiden
wesentlichen Seiten, ohne das Wie derselben näher angeben zu
können. Darum kann zwar aus ihr die falsche Sicherheit und
Selbstzufriedenheit derer widerlegt werden, die bei ihrem gegen=
wärtigen, sündigen Zustande und bei der gegenwärtigen, äußeren
Lage der Dinge es nicht schwierig finden wollen, an Gottes Gnade
zu glauben. Aber auf der anderen Seite entstehen gerade bei
Betrachtung des prophetischen Zukunftsbildes wieder eine Reihe
von Fragen, für welche die Weissagung keine Antwort oder nur
eine schwache Ahnung der Antwort hat. Wie soll denn Gott eine
wahrhafte Herzensbekehrung in dem sündigen Volke bewirken?
Etwa durch eine plötzliche, zauberhafte Verwandlung der Gott=
losen und Ungerechten in Fromme und Gerechte? Oder wird der
verheißene König die Umwandlung zustande bringen? Werden
ihm denn alle gehorchen? Was kann er durch seine Macht,
Weisheit und Gerechtigkeit mehr zustande bringen, als eine starke,
weise und gerechte, äußere Ordnung? — Wie denn also wird
Gott die Herzen bekehren? Werden göttliche Züchtigungen und
Wohlthaten im Wechsel das Gottesvolk der Zukunft hervor=
bringen? Haben sie doch bisher nichts derart zustande gebracht!
Was wirds helfen, sie noch um einige Grade zu steigern? —
Oder liegt die Bürgschaft für die religiös=sittliche Erneuerung der
Zukunft und für das ganze messianische Heil in dem, was Gott
früher gethan hat, in den Gnadenoffenbarungen der nationalen
Vergangenheit? oder in dem individuellen Erlebnis der Propheten,
die im Bewußtsein unmittelbaren, göttlichen Auftrags mit ihrer

Botschaft vor das Volk treten? ober in dem, was Gott bis setzt
durch seine heilsamen Züchtigungen wenigstens an den wahrhaft
Frommen erreicht hat, in der demütigen Beugung der verhältnis=
mäßig Unschuldigen unter die gemeinsame Strafe des Volks
(II Jes.) und in der zu erwartenden Fortpflanzung dieses from=
men Sinnes auf die folgenden Geschlechter?

Wir sehen, die alttestamentliche Weissagung kommt, wie es
auch der Natur dieser Weissagung entspricht, über ein national=
geschichtlich begründetes, religiös=sittliches P o st u l a t nicht hinaus.

Der gläubige Rückblick auf die „vorigen Zeiten“ läßt das
Herz schwellen von der Zuversicht, daß es wirklich Gott gewesen
sei, der alles das an diesem Einen Volke gethan hat, und daß
darum alles, was der bis jetzt eingestandenermaßen (Jer. 31)
noch unvollkommenen Offenbarung fehlt, sicherlich in Zukunft sich
erfüllen werde. Es muß zuletzt — das ist der Inhalt des Postu=
lats — eine entscheidende und abschließende Gnadenoffenbarung
Gottes kommen, durch welche ebenso die innere Herzensbekehrung
eines großen Volkes verbürgt und bewirkt, wie die entsprechende,
glückliche Umgestaltung der äußeren Verhältnisse angebahnt und
herbeigeführt würde. Es wird nicht klar und kann auch vor der
Erfüllung nicht klar werden, wie beides zustande kommen soll.
Aber bewundernswert ist die gleichmäßige, religiös=sittliche Kraft,
mit der beides in Glauben und Hoffnung festgehalten wird, wäh=
rend der natürliche Mensch geneigt ist, vorwiegend oder ausschließ=
lich nur die Besserung seiner äußeren Lage zu begehren.

Für den kirchlichen Unterricht nun ergiebt sich
aus alledem eine dreifache Verwendung des alten
Testaments und speziell der messianischen Hoffnung
zu dem praktischen Zweck, den wir beständig im Auge haben.
Erstens kann dadurch die natürliche Trägheit und Gleichgiltig=
keit beschämt werden, die ohne religiöse Hoffnung und ohne Inter=
esse an einer besseren Zukunft dahinleben möchte. Zweitens
kann daran die Hilfsbedürftigkeit auch der Besten und Begabtesten,
mithin aller Menschen, anschaulich gemacht werden, sofern ja
gerade die größten Propheten im Bewußtsein ihrer und ihres
Volkes Sünde darauf hinauskommen, alle wirkliche Hilfe von

Gottes Gnade allein zu erwarten. Drittens können daran
die Abwege gezeigt werden, auf welche die religiöse Hoffnung ge=
raten kann und auch in Israel wirklich geraten ist und immer
aufs neue gerät (Katholicismus, Jesuitismus, Chiliasmus — in
gewissem Sinn auch die Sozialdemokratie trotz ihres Atheismus),
wenn das innerliche, ethische Moment in ihr mit dem sinnlich
weltlichen (nationalen, politischen, sozialen) vermischt, oder gar
dadurch in den Hintergrund gedrängt, und so der Ernst oder der
Umfang der sittlichen Forderung beeinträchtigt wird.

So haben wir nun an der Hand des alten Testaments er=
kannt, einmal daß eine wahrhaft versöhnende, d. h. den
Glauben an Gottes Gnade allgemein und dauernd begründende,
die Schwierigkeiten dieses Glaubens lösende, das natürliche Miß=
trauen des schuldigen Sünders gegen Gott besiegende Offen=
barung unabweisbares Bedürfnis der sündigen Menschheit
ist. Sodann ist uns vorläufig in abstracto (in concreto kann es
natürlich nur an der Person und dem Werk Christi selbst ge=
schehen) daran deutlich geworden, welche Lösung der Schwie=
rigkeit die ethisch richtige wäre und mit welcher Frage=
stellung wir daher an die christliche Versöhnungslehre heran=
treten müssen.

Die Frage ist: Wie kann Gott den schuldigen Sündern
als einzelnen und als Gliedern einer sündigen Gemeinschaft seine
Gnade so offenbaren, daß sie hinfort ohne Aufhebung oder Herab=
minderung der ethischen Forderung Gottes an sie, und vorläufig
ohne Aenderung ihrer äußeren Lage, trotz ihrer einmal vorhan=
denen Sündenschuld dauernd an seine Gnade glauben können?

Wird die Frage so gestellt, so ist klar: Gott kann nicht
durch eine zauberhafte Verwandlung die Sünder innerlich er=
neuern, so daß sie hinfort der Macht des Bösen entrückt wären
und in ihren Herzen ein beständiges, beseligendes Gefühl der gött=
lichen Gnade hätten. Eine solche Verwandlung wäre ethisch wert=
los, ja sie käme einer Aufhebung der ethischen Forderung Gottes
gleich, ist also für Gott unmöglich. Gott kann aber auch nicht

durch eine Veränderung der ä u ß e r e n Lage der sündigen Mensch=
heit jene innere Wandlung bewirken wollen. Denn entweder
müßte diese Wirkung auch wiederum als eine zauberhafte, ethisch
unvermittelte gedacht werden, oder wäre vorauszusehen, daß der
Erfolg durchaus kein entscheidender, durchschlagender, vielmehr
größtenteils der göttlichen Absicht entgegengesetzter sein würde, da
ein das bisher erhörte Maß überschreitendes Strafen Gottes sub=
jektiv zur Verzweiflung und objektiv schließlich zur Vernichtung
der Menschheit führen, ein ununterbrochener, paradiesischer Segens=
strom dagegen alle Geister des Leichtsinns, des Uebermuts und
der Wollust entfesseln würde.

So kann denn weder von einer willkürlichen und vorzeitigen,
vernichtenden Zornesoffenbarung die Rede sein, noch von einer
wesentlichen Verschärfung der göttlichen Strafgerichte, noch von
einer zeitweiligen oder gänzlichen Wegnahme der das Schuldgefühl
und die Furcht erweckenden Verkettungen des Uebels mit der Sünde,
noch überhaupt von irgend einem äußeren, durch Lust oder Furcht
auszuübenden Zwang. Ebensowenig von einer magischen Ver=
wandlung des Schuldgefühls in ein seliges Kindschaftsbewußtsein,
noch endlich von einem Nachlaß an dem Ernst oder dem Umfang
der ethischen Anforderungen Gottes.

Vielmehr fragt es sich, ob es eine alle diese ethisch unrich=
tigen Wege verschmähende, ausdrückliche und authentische
Kundgebung Gottes giebt, durch welche er es den schuldigen
Sündern glaublich macht, daß er ihnen trotz aller bisherigen
Sünden gnädig sein und ihre mangelhafte Erfüllung seines Willens
(Gesetzes) nicht als Grund der Verwerfung ansehen, sondern ihnen
aus allen Sünden (aus ihrer Schuld und aus ihrer Macht) heraus=
helfen wolle.   .

· „Ausdrücklich und authentisch" verstehe ich aber hier nicht
als gleichbedeutend mit verstandesmäßig belehrend, logisch und
theoretisch beweisend oder klarmachend, denke dabei überhaupt nicht
an eine durchs bloße Wort vermittelte Kundgebung, sondern an
eine persönliche That Gottes, die wirklich unser Schuldgefühl
lösen und uns von der Furcht befreien würde, obgleich die er=
wähnten Verkettungen von Sünde und Uebel in der Welt bis

heute durchaus nicht aufgehoben sind, und obwohl die göttliche Forderung in ihrem ganzen Ernst und Umfang noch immer gilt.

Treten wir mit dieser Fragestellung an die christliche Ver= söhnungslehre heran, so ziehen wir im geraden Gegensatz zur or= thodoxen Lehre das Subjekt des Glaubens an die Versöhnung gleich von vornherein mit in Betracht, sofern wir nicht zuerst er= gründen möchten, wie Gott gnädig sein und vergeben kann, sondern wie der gnädige Gott den Sündern die Vergebung trotz des Fortbestehens aller Ursachen des Schuldgefühls glaublich macht.

Erst in zweiter Linie steht uns dann der Gedanke, daß Gott allerdings nicht wirklich vergeben kann, ohne die Vergebung den Sündern auch glaublich zu machen.

Die Erkenntnis des ethischen Charakters der christlichen Religion läßt uns aber den Schluß ziehen, daß Gott dies nur auf ethisch richtigem Wege gethan haben kann, also jedenfalls nicht so, wie die orthodoxe Versöhnungslehre es darstellt, nicht durch mechanische Uebertragung von Schuld oder Verdienst, nicht durch äußerlich juristische Ablösung der Strafe, die doch das Herz des Sünders unverändert ließe und die ästhetische Weltanschauung des natürlichen [1]) Menschen begünstigen würde, sondern durch eine allen psychologischen und ethischen Bedingungen auf seiten des Sünders gerecht werdende Offenbarung der heiligen Liebe Gottes, die dem Sünder in der Gnade den Ernst und im Ernst die Gnade zeigt, und so erst alles auf eine letzte Entscheidung hinaus= treibt.

Doch es möchte aus diesen vorerst noch abstrakten Andeu= tungen der Eindruck entstanden sein, daß der Gedankengang, den wir in der Versöhnungslehre befolgt wissen möchten, ein schwieriger und im Jugendunterricht kaum anwendbarer sei.

Es ist daher Zeit, in concreto am kleinen Katechis= mus Luthers und entsprechend dem 1. Teil dieses Aufsatzes am württembergischen Konfirmationsbüchlein zu zeigen, wie sich uns gemäß den eben gezogenen Richtlinien die

---

[1]) Deshalb hat Luther mit richtigem Glaubensinstinkt die Satis= faktionslehre zu den Lehren gerechnet, die „der Teufel wohl leiden kann“.

· 14*

katechetische Behandlung des zweiten Hauptartikels und in demselben der ethischen Versöhnungslehre in dogmatischer Hinsicht gestaltet. Und zwar schicken wir die positive Darlegung unserer Ansicht voraus, da wir erst auf Grund dieser Ausführung ihr Verhältnis zur orthodoxen Lehre vollends klarstellen und die angesponnenen Fäden der Kritik miteinander werben verknüpfen können. Jedoch möge man hier nicht etwa völlig ausgearbeitete Katechesen über den zweiten Hauptartikel, sondern nur die dogmatische Vorbereitung dazu und eine Ueberleitung der dogmatischen Gedanken in die Sprache des kirchlichen Unterrichts erwarten.

Zuerst ein Wort über das Verhältnis der auf den zweiten Hauptartikel bezüglichen Fragen des württ. Konf. zu Luthers Erklärung desselben.

Es wird sich kaum leugnen lassen, daß das Konf. die Erklärung Luthers beinahe vollständig ignoriert, indem es an die Stelle seines mächtigen Gedankenzugs, der in einem einzigen Satz unaufhaltsam auf das eine praktische Ziel der Erlösungslehre losschreitet, das bekannte Schema der orthodoxen Christologie und Versöhnungslehre setzt. Nachdem der ganze auf den zweiten Hauptartikel bezügliche Abschnitt in Frage 29 und 30[1]) eine orientierende Ueberschrift bekommen hat (— anders können diese zwei

---

[1]) 29. Wer hat uns aus solchem kläglichen Zustand herausgeholfen? — Jesus Christus, der sich selbst gegeben hat für alle zur Erlösung, I Tim 2₆. — 30. Wer ist denn Jesus Christus? — Er ist der Sohn Gottes, wahrer Gott und wahrer Mensch in einer unzertrennten Person. — 31. Wie lautet dein Glaubensbekenntnis von Jesu Christo? — Folgt der 2. Hauptartikel. — 32. Womit beweisest du, daß Jesus Christus sei wahrhaftiger Gott, vom Vater in Ewigkeit geboren? — Aus den klaren Zeugnissen der heiligen Schrift, darin er nicht nur der eigene und eingeborene Sohn Gottes heißt, Röm 8₃₂, Joh 3₁₆, sondern auch Gott über alles gelobet in Ewigkeit, Röm 9₅, der wahrhaftige Gott und das ewige Leben, I Joh 5₂₀. — 33. Was hat dieser Sohn Gottes, Jesus Christus, für dich gethan oder erlitten, daß du ihn deinen Erlöser nennst? — Erstlich hat er das ganze Gesetz mir zu gut erfüllt. hernach hat er für mich Tod und Marter am Kreuz gelitten; er ist, wie St. Paulus schreibt, um unsrer Sünde willen dahingegeben und um unsrer Gerechtigkeit willen auferwecket, Röm 4₂₅.

kurzen Fragen doch wohl nicht verstanden werden. Denn wenn
man an sie bereits eine ausführliche Erklärung der darin vor=
kommenden Begriffe knüpfen wollte, so würde man den Inhalt
der folgenden Fragen vorwegnehmen und sich nachher unvermeid=
lich wiederholen —), und der Text des „Glaubensbekenntnisses
von Jesu Christo" in F r a g e 31 eingerückt worden ist, folgt in
F r a g e 32 zuerst, v o r der Besprechung des Werkes Christi, der
„Schriftbeweis" für die Gottheit Christi. Die Worte in Luthers
Erklärung: „und auch wahrhaftiger Mensch" und in Frage 30:
„wahrer Mensch" werden keines Schriftbeweises gewürdigt. Viel=
mehr scheint das Konf. dazu anleiten zu wollen, die „Menschheit"
Christi aus dem in Frage 33 beschriebenen Erlöserwerk Christi
zu entnehmen, aus dem doch gerade die Gottheit i n der allerdings
nicht weiter zu beweisenden Menschheit erhellen sollte. Wer sich
hierdn verführen läßt, ist dann versucht, in Frage 34 noch einmal
auf die Gottheit Christi zurückzukommen, d. h. ganz nach ortho=
doxem System den unendlichen Wert des in Frage 34 genannten
„Verdienstes Christi" aus der Kommunikation seiner göttlichen
Natur mit der menschlichen herzuleiten. In F r a g e 33 wird
das Erlösungswerk als uns zu gut kommende (stellvertretende)
Gesetzeserfüllung und uns zu gut kommendes (stellvertretendes)
Todesleiden beschrieben. Die Auferweckung wird nur dnfällig mit
genannt, weil sie Röm. 4 25 erwähnt ist. Doch bietet diese Er=
wähnnng wenigstens Gelegenheit, auszuführen, wie das Todes=
leiden Christi erst durch die Auferweckung vollends in das rechte
Licht gestellt wird. Dagegen wäre es in dem einmal so gestalte=
ten Zusammenhang eine die Schüler verwirrende Eintragung, hier
aus L u t h e r s Erklärung die Worte „gleichwie er ist auferstan=
den 2c." samt ihrer so hervorragend praktischen Anwendung („unter
ihm lebe — gleichwie er — lebet") herbeizuziehen. F r a g e 34 [1])

---

[1]) 34. Was hat dir Christus mit seinem Gehorsam und Leiden v e r =
d i e n t? — Das hat er mir verdient, daß mir aus Gnaden und um seinet=
willen alle meine Sünden verziehen werden und mich Gott für fromm und
gerecht und für sein liebes Kind will halten und mich ewig selig machen.
— 35. Wodurch machst du dich dieses Verdienstes Christi t e i l h a f t i g? —
Durch einen wahren und lebendigen Glauben. — 36. Was heißt oder ist

will sobann hervorheben, daß der thätige und leidende Gehorsam
Christi die Bedentung hat, Gott (als Objekt) mit uns zu ver=
söhnen, Gott die Sündenvergebung möglich zu machen. Endlich
nachdem so die Versöhnung als etwas rein objektiv zunächst bloß
für Gott Vorhandenes (— bei Gott hat er mir eine gewisse
Sache verdient — nicht mich hat er erworben und gewonnen —)
ohne alle Rücksicht auf das Subjekt des Glaubens an die Ver=
söhnung beschrieben ist, wird in Frage 35 und 36 nachträglich
noch der Glaube genannt, durch den man sich „des Verdienstes
Christi teilhaftig" macht (— ich soll nun „glauben", daß Christus
mir eine gewisse Sache verdient hat —), der Glaube, den am
Schluß noch zu nennen eigentlich nicht nötig sein sollte! den auch
Luther in seiner Erklärung zum zweiten Hauptartikel nicht nennt,
außer gleich am Anfang; denn nicht der menschliche Glanbe ists,
der als etwas nachträglich Dazukommendes das Werk Christi am
einzelnen erst wirksam machen muß, sondern das Werk Christi ists,
das den Glauben wirkt, das darum auch von vornherein als ein
glaubenwirkendes geschildert werden muß, von dem man überhaupt
bloß dann recht reden kann, wenn man wie Luther beginnt mit
den Worten: „Ich glaube", d. h. wenn man sich bekennt als einen,
der erst durch die Person und das Werk Christi innerlich über=
wunden zum Glauben gekommen ist.

Wie machen wirs nun, um den aus den Geleisen der ur=
sprünglichen, reformatorischen Anschauung gewichenen Gedanken=
gang wieder einzurenken? Ich weiß keinen besseren Weg, als die
mißachtete Erklärung Luthers gleich bei der 31. Frage ein=
zurücken und die eigentliche Lehrentwicklung an sie anzuknüpfen,
hingegen die Fragen 32—36 als Repetitionsfragen zu ver=
wenden, deren dogmatische Mängel durch diese Behandlung
um so leichter unschädlich gemacht werden können, als ja die

---

ein solcher wahrer Glaube? — Er ist ein herzliches Vertrauen zu Gott,
daß er aus Gnaden und um des Verdienstes Christi willen sich meiner er=
barmen, mich an Kindes Statt aufnehmen und mich ewig selig machen
werde, nach dem Spruch Christi, Joh 3 16. Also hat Gott die Welt ge=
liebt, daß er seinen eingebornen Sohn gab, auf daß alle, die an ihn glauben,
nicht verloren werden, sondern das ewige Leben haben.

Ausdrucksweise darin viel mehr eine erbauliche als eine scharf begriffliche ist.

Was glaubst Du? so pflege ich zu fragen, wenn Luthers Erklärung zum zweiten Hauptartikel aus dem Gedächtnis aufgesagt ist — und verhelfe sofort dem Gefragten zu klarem Verständnis der Satzkonstruktion: „Ich glaube, daß Jesus Christus — mein Herr sei" (vgl. Bornemann, Der 2. Artikel im Lutherschen kleinen Katechismus). Dann mache ich auf die dazwischengestellten Appositionen aufmerksam: „wahrhaftiger Gott, vom Vater in Ewigkeit geboren, und auch wahrhaftiger Mensch, von der Jungfrau Maria geboren", und frage, welche Worte des Apostolikums hier erklärt werden, nämlich die Worte: „den eingeborenen Sohn Gottes, empfangen vom heiligen Geist, geboren aus Maria der Jungfrau". Diese Worte, so füge ich gleich hinzu, werden wir erst später recht verstehen, wenn wir zuvor verstanden haben, was Christus gethan und gelitten hat; denn die Person Christi können wir nur aus seinem Werk recht kennen lernen.

Nun wird das im ersten Satzglied von Luthers Erklärung Gesagte vorgenommen, die einzelnen Worte vorläufig erklärt unter Beiziehung der biblischen Synonyma, uud so das Thema gewonnen für die folgende Lehrentwicklung.

Jesus (Eigenname), der Christus (Amtsname), der von den Propheten geweissagte Messias, der geistgesalbte, vollkomme Mittler zwischen Gott und den Menschen, der mehr ist als die alttestamentlichen Mittelspersonen, der als Prophet Gottes Offenbarung bringt und Gottes Vertreter ist bei den Menschen — der als Hohepriester uns den Zugang zu Gott verschafft oder vermittelt und uns bei Gott vertritt — beides in vollkommener Weise als Messias, als messianischer, königlicher Prophet und Hohepriester. Er steht Gott so nahe wie niemand sonst, er heißt der „Eingeborne Gottessohn", der einzige, der es schon von Geburt an ist, ein „göttlich Kind", „empfangen vom heiligen Geist". Sein ganzes Leben lang eins mit Gott, wird er in der heiligen Schrift sogar selbst Gott genannt. Dennoch ist er unser Bruder, ein Mensch, vom Weibe, von Maria geboren und darum der einzige rechte Mittler zwischen Gott und den Menschen

(I Tim 2 ₅ ₆), der uns retten kann — der Heiland, der Erlöser.

Dieser Jesus also, der Christus, d. h. der Heiland und der eingeborne Gottessohn, ist unser Herr. Das ist das Thema.

Nun folgt die Frage: Ist er auch dein Herr? Was bekennst du, daß er auch Dir gethan habe? Die Antwort: daß er mich erlöst hat, giebt Gelegenheit, vollends die ganze Erklärung Luthers zum zweiten Hauptartikel in ihrem Gedankengang vorläufig zu erläutern durch die Fragen: von was erlöst? — wie und wodurch? — und endlich wozu? was hat er eigentlich damit gewollt? — „Daß ich sein eigen sei und ihm biene". Er ist also durch das, was er gethan und gelitten hat, mein Herr geworden.

Wie er sich zu unserem Herrn gemacht hat, das ist die Frage, die uns hier besonders beschäftigen muß. Die Antwort auf dieselbe muß auch die Versöhnungslehre[1]) in sich

─────────

[1]) Ich bin hier anscheinend mit Bornemann nicht ganz einig, so wertvoll mir sonst die Andeutungen seiner schon oben angeführten Schrift gewesen sind. Ich meine, daß er die Aufgabe des Katechismusunterrichts doch etwas zu eng begrenzt, wenn er verlangt, es solle in demselben nur das eine in Luthers Erklärung dargereichte Bild als Schlüssel zum Verständnis der Person Christi verwendet werden. Ich gebe zu, daß dieses Bild (des „Herrn, der uns aus der Knechtschaft anderer Herren losgemacht und uns um den höchsten Preis zu seinem Eigentum und sich zu unsrem Herrn gemacht hat, so daß wir ihm dienen und er über uns herrscht") nicht nur da, wo einzig der kleine Katechismus dem Unterricht zu Grund gelegt wird, sondern auch beim Gebrauch anderer Lehrmittel der alles beherrschende Mittelpunkt zu sein verdient. Aber von diesem Mittelpunkt aus und mit Hilfe dieses Hauptschlüssels sollte doch auch das Verständnis für die übrigen Bilder, die das neue Testament darbietet, aufgeschlossen, und so die verschiedenen biblischen Vorstellungen als Glieder Eines Leibes anschaulich gemacht werden. Die nur gelegentliche Besprechung von Begriffen wie „Versöhnung" — „Opfertod" — „Sühne" u. dgl. aus Anlaß des biblischen Unterrichts scheint mir deshalb nicht auf die Dauer zu genügen, weil so der Zusammenhang dieser Begriffe den Schülern schwerlich je klar werden kann. Ein Kompendium der Dogmatik möchte ich freilich im Katechismusunterricht auch nicht bieten, wohl aber auf der leider zur Zeit höchsten Stufe desselben, im Konfirmandenunterricht, den Schlüssel zum zusammenhängenden Verständnis der religiös wichtigsten, biblischen Begriffe,

schließen. Mit dem Schwert, mit Gewalt hat ers nicht gethan, das können wir gleich im voraus sagen. Aber wie denn sonst hat ers gemacht, daß wir ihm bienen müssen und in diesem Dienst sogar selig sind?

Wir finden die Antwort in v i e r stufenmäßig fortschreiten= den, dem geschichtlichen Gang des Lebens Jesu folgenden und an L u t h e r s Erklärung leicht anzuknüpfenden L e h r a b s c h n i t t e n.

1. Das Gottesreich.

Der Herr, dem in einem Land alle bienen müssen, heißt auch der K ö n i g; das Land und das Volk heißt sein R e i c h. Christus ist gekommen als ein König ohne Land und Volk, der sich beides erst zum Eigentum e r w e r b e n u n d g e w i n n e n mußte. U n s M e n s c h e n will er zu U n t e r t h a n e n in seinem König= reich, auch mich und dich. Darum sagt L u t h e r, es sei alles, was er gethan und gelitten hat, geschehen, um mich so weit zu bringen, daß ich „in seinem Reich unter ihm lebe und ihm biene." Er nannte sein Reich das R e i c h G o t t e s oder das H i m m e l= reich. Gleich im Anfang seines Auftretens redete er davon, daß das Himmelreich jetzt n a h e h e r b e i g e k o m m e n sei, d. h. daß es jetzt im Begriff sei, vom Himmel auf die Erde hernieder= zukommen und daß darum nun nicht mehr bloß die Engel im Himmel, sondern auch die Menschen auf Erden (3. Bitte im Vater= unser) in diesem Reich unter Gottes Herrschaft leben sollten. Gerade dazu ist er gekommen, um die Menschen für sein Reich und da= durch für Gottes Reich zu gewinnen. Weil aber das Reich Christi eigentlich Gottes Reich ist, so können wir uns schon denken, wie es in diesem Reich zugehen muß: Christus will, daß wir darin unter ihm, dem König, leben und ihm dienen „i n e w i g e r G e= r e c h t i g k e i t, U n s c h u l d u n d S e l i g k e i t."

die ja in der kirchlichen Verkündigung, in Sonntagspredigt und Bibel= stunden, immer wieder vorkommen. — Ganz einverstanden wäre ich aber, wenn B o r n e m a n n etwa sagen wollte, daß zuerst, bei e r s t m a l i g e m Katechismusunterricht nur jenes Eine Bild zu verwerten sei, das Uebrige erst später in stufenmäßig fortschreitendem Unterrichtsgang und stets unter dem beherrschenden Gesichtspunkt des Einen Hauptgedankens angegliedert werden dürfe.

So beginnen wir mit dem, womit Luthers Erklärung schließt, was aber der deutliche Haupt- und Grundgedanke ist, auf den der ganze Satz zustrebt, aus dem sich auch die Erklärung der einzelnen Begriffe, namentlich des von Luther als Thema vorangestellten Begriffes „Herr" erst ergeben muß. Wir beginnen mit dem, womit auch Jesus seine Predigt begonnen hat. Jedermann preist ja die pädagogische Weisheit, die darin liegt, daß Jesus nicht mit der Selbstbezeugung als Messias und Gottessohn begonnen hat, sondern mit der Predigt vom Himmelreich. Sollte es darum nicht auch im katechetischen Unterricht ratsam sein, diesen Weg einzuschlagen, statt nach Anleitung des orthodoxen Systems und unter Mißachtung bekannter Aussprüche Luthers mit der dogmatischen Lehre von der Person Christi, mit den höchsten und für das Verständnis schwierigsten Aussagen über seine Gottheit zu beginnen? Auch die appositionelle Stellung der Worte „wahrhaftiger Gott — geboren" in Luthers Erklärung zwingt ja beinahe dazu, dieselben zuerst nur zu vorläufiger Skizzierung des Themas zu verwenden und erst nachträglich wieder auf sie zurückzukommen, wenn die Voraussetzungen für ihr Verständnis gewonnen sind. Endlich speziell für unsern Zweck gewinnen wir durch diese Anordnung den Vorteil, dem natürlichen und geschichtlichen Gang des glaubenweckenden, versöhnenden Lebenswerks Christi folgen zu können und nicht durch Voranstellung des Dogmas von seiner Person den Eindruck hervorrufen zu müssen, als könne an seine Person geglaubt, oder das Dogma von seiner Person angenommen worden, bevor man, also ohne daß man durch sein Werk mit Gott versöhnt ist.

Die Art des von Jesus verkündigten Gottesreichs, oder das Leben der Bürger des Gottesreichs beschreiben wir nun als ein Leben in „ewiger Gerechtigkeit, Unschuld und Seligkeit", jedoch nicht indem wir die Begriffe Gerechtigkeit, Unschuld, Seligkeit abstrakt definieren, sondern indem wir in engem Anschluß an die bekannten Herrnsprüche namentlich aus der Bergpredigt ein anschauliches Bild zu entwerfen suchen von der Gesinnung und dem Wandel derer, welche „den Willen thun des Vaters im Himmel." Wir beschreiben gemäß

dem Wort und Wandel Christi die erbarmende, sanftmütige,
demütige, suchende und rettende, freudig dienende, selbstverleugnende
und aufopfernde, keusche, ungefärbte, um Gottes Ehre eifernde,
gegen alle Heuchelei und Bosheit mutig kämpfende, an den Sieg
kindlich glaubende Liebe und bezeichnen, wiederum nach bekannten
Herrnsprüchen (vgl. z. B. das Gleichnis von viererlei Ackerfeld,
zusammen mit Mark 3 ₈₄f. und Luc 10 ₂₀), die Entstehung und das
Wachstum solchen Sinnes unter den Menschen als den Beginn
des w a h r e n u n d e w i g e n L e b e n s schon auf Erden, als
ein Herabkommen des Himmelreichs mit seiner ewigen Gerechtig=
keit, Unschuld und Seligkeit, und Jesus als den, der solches neue
Glaubens= und Liebesleben in uns erwecken, uns für solchen seligen
Dienst in seinem Reich gewinnen und tüchtig machen will. (Gleich=
nis von den Arbeitern im Weinberg und von den anvertrauten
Talenten.)

Ganz von selbst und in fortwährender Verwertung des ge=
schichtlichen Lebens Jesu ergiebt sich uns hiebei und hieraus auch
die Schilderung des G e g e n s a t z e s , des R e i c h s d e r S ü n d e
u n d d e s T o d e s und der „G e w a l t d e s T e u f e l s ", oder
die Beschreibung des „Zustandes aus dem mich Christus erlöst
hat" (Bornemann). Diese Schilderung empfängt also ihre
lebendige Farbe und ihr praktisches Ziel von der vorausgehenden,
positiven Darstellung des Gegenteils. Nur so können die schon
im I. Teil dieses Aufsatzes gekennzeichneten, anscheinend fast un=
ausrottbaren, methodischen Fehler der orthodoxen Schultheologie
im katechetischen Unterricht vermieden werden. Stellt man, wie
auch B o r n e m a n n vorschlägt, die Beschreibung des Verloren=
heitszustandes der sündigen Menschheit voran, so kommt man trotz
aller Bemühung um Popularität und Anschaulichkeit über die alten,
pädagogisch unwirksamen, ja schädlichen Gemeinplätze schwerlich
weit hinaus. Auch das von B o r n e m a n n vorgeschlagene, in
L u t h e r s Erklärung dargebotene, schöne Bild des Verirrt= oder
Verlorengegangenseins, überhaupt selbst die packendsten Vergleiche
helfen hiegegen nicht gründlich. Andererseits wieder kann, wenn
der Katechet die Macht des Bösen nur an beliebigen Einzel=
beispielen zu zeigen sucht, das gewiß auch notwendige Moment

der Allgemeingiltigkeit verloren gehen. Beide Erfordernisse, kon=
krete Anschaulichkeit und zugleich Allgemeingiltigkeit der Schilderung
werden nur erreicht, wenn der für alle Zeiten typische, ge=
schichtliche Kampf Jesu mit den widergöttlichen Mächten
zum Ausgangspunkte dient. An den Schwierigkeiten, Mißverständ=
nissen und Aergernissen, mit denen die Botschaft Jesu vom Gottes=
reich zu kämpfen hatte, veranschaulichen wir die Höhe des
christlichen Ideals und den Abstand der natürlichen
Menschheit von demselben, sofern auch die Besten und Frömm=
sten in dem bevorzugten Volk der Religion hier offenbar nur
hinaufzuschauen und zu lernen hatten. Und daran knüpfen wir
das die Ergebnisse zusammenfassende Bekenntnis, daß es
heute nicht anders ist als zur Zeit Jesu. Auch dir
und mir ist die von Jesus gepredigte Liebe, die alles glaubt, hofft
und duldet, nicht das Natürliche und Selbstverständliche. Viel=
mehr ist heute wie damals die Selbstsucht und der Unglaube eine
furchtbare Macht in uns und um uns her. Licht und Finsternis
kämpfen mit einander, so lange die Erde steht. Ein ganzes
Reich des Bösen oder der Finsternis (— diesen un=
persönlichen Ausdruck bevorzugen wir absichtlich und reden vom
Teufel erst bei der Versuchungsgeschichte ausdrücklich) steht dem
Reich Gottes entgegen und knechtet jeden, der sich nicht von
Christus befreien läßt, unter seine verderbliche Herrschaft durch
Gewöhnung an allerlei Ungerechtigkeit (Lieblosigkeit), durch
den Bann und Fluch der Schuld (Gottentfremdung, Unglaube,
Aberglaube, religiös=sittliche Irrtümer), der persönlichen wie der
gemeinsamen, und durch die innere Unseligkeit oder Fried=
losigkeit aus der die Welt nicht herauskommen kann. Darin ist
es heute noch wie zur Zeit Jesu. Warum glaubten die Obersten
und Schriftgelehrten seiner Predigt nicht? Was für abergläubische
Erwartungen hegte das Volk von ihm! Aenderung des alten,
selbstsüchtigen, lieblosen, selbstgerechten und bequemen Wesens
wollten die wenigsten. Das Glück sollte ohne Sinnesänderung
vom Himmel fallen (Zeichenforderung der Pharisäer, Wundersucht
des Volks), oder doch der Sinnesänderung möglichst rasch auf dem
Fuße folgen. Auch die Frömmsten waren darin ungeduldig und

kleingläubig; man denke nur an die Mißverständnisse und den Kleinglauben der Jünger, an die zweifelnde Anfrage des gefangenen Täufers und in unserer Zeit an die Begehrlichkeit und Unzufrieden= heit der meisten Leute, die es gut haben oder bekommen wollen, ohne ernstliche Opfer zu bringen, und die auch, wie die Juden, meinen, das Glück müsse von außen kommen, eine innere Er= neuerung sei nicht nötig oder werde sich dann schon von selbst finden. Auch wir müssen gestehen, daß uns der bequemste und leichteste Weg oft der liebste wäre, d. h. daß wir auch zum Un= glauben, Kleinglauben, Wahnglauben und zur Lieblosigkeit geneigt sind, geneigt uns selbst zu leben in Ungerechtigkeit, Schuld und Unseligkeit, statt unserem Herrn im Reiche Gottes in Gerechtigkeit, Unschuld und Seligkeit.

Jesus will das alles anders machen. Er zeigt uns etwas Besseres, ja das Allerbeste in der Welt, er sucht ein Verlangen darnach in uns zu erwecken und verheißt es zu stillen. Vgl. die Seligpreisung der geistlich Armen, Leidtragenden, Sanft= mütigen, Hungernden und Dürstenden, Barmherzigen, Herzens= reinen und Friedfertigen. Daß diesen „Armen" das Evan= gelium gepredigt wird, ist ein genügender Anfang des Gottes= reichs auf Erden. Selig, wer sich an diesem geringen Anfang nicht stößt! Selig, wer es faßt, daß das Reich Gottes schon da ist inmitten des Reichs der Finsternis! Selig, wer es im Vertrauen auf den himmlischen Vater einfach versucht nach dem Wort Jesu zu leben (Joh 7 17)! Jesus verheißt, daß es ihm gelingen wird, daß er auch Berge versetzen wird, ja daß das so durch die Predigt vom Reich entstehende neue Leben von innen heraus die ganze Welt umgestalten und durchdringen wird (Same — Senfkorn — Sauerteig).

Indem Jesus diese frohe Botschaft (Evangelium) im Namen Gottes verkündigt, erweist er sich als Prophet, als geist= gesalbter Vertreter Gottes bei den Menschen.

So ist das Reich Christi, von dem Luthers Er= klärung redet, hier darzustellen als das von Jesus gepredigte Gottesreich auf Erden, seine Predigt, also seine prophetische Thätigkeit als Weckruf, an das Kommen des Gottesreichs auf

Erben zu glauben, und der G l a u b e an solche Predigt als eine zwar einladende, aber s ch w e r e , ohne gründliche Sinnesänderung unlösbare A u f g a b e.

2. Der Gottessohn.

Wir haben gehört, daß es nicht leicht ist, an das Kommen des Gottesreichs auf Erden zu glauben. Wenn es alle glauben würden, daß man auf die Art, wie Jesus sagt, schon auf Erden selig werden, schon auf Erden das ewige Leben anfangen kann, so würde es viel mehr barmherzige, sanftmütige, friedfertige Leute, viel mehr uneigennützige, selbstverleugnende Liebe geben in der Welt. Aber im Grund ihres Herzens glauben eben die meisten, daß man auf Erden selig, oder wie man sagt „glücklich" werde, wenn man recht stark, gesund, schön, reich, geehrt und klug sei. Daher kommts, daß die, welche das nicht sind, oder welche trotz alledem nicht glücklich werden, mit Gott und Welt hadern, und daß viele sagen: in einer Welt, wo es so zugehe, könne man überhaupt nicht glauben, daß ein Gott im Himmel sei, und nicht hoffen, daß es noch einmal besser werde, oder daß gar der Himmel auf die Erde herabkomme. Auch den Frommen wirds oft bang, wenn sie sehen, wie viel gottlose und lieblose Leute es giebt und wie viel auch ihnen selber noch fehlt zur vollkommenen Gerechtigkeit, Unschuld und Seligkeit, und wie es äußerlich den Gottlosen oft wohl, den Frommen übel geht. Manchmal möchten sie denken: wir könnens nicht machen, daß der Himmel auf die Erde kommt, habens auch gar nicht verdient, und die Gottlosen thun ja alles, um den Himmel, wenn er je kommen wollte, wieder zu vertreiben.

Darum wird wohl das Reich Gottes nie kommen auf Erden. Gott wird eben nicht wollen, daß es kommt. (Unversöhntes Miß= trauen gegen Gott.)

Woher mußte denn aber Jesus so gewiß, daß es kommt?

Er hatte den Himmel in seinem Herzen. Er war in= wendig voll Gerechtigkeit, Unschuld und Seligkeit.

Hier kommen wir also auf das Geheimnis des inneren Lebens Jesu, auf seine Gottessohnschaft im ethischen Sinn.

Der Unterschied zwischen Christus und uns ist hier aufs schärfste zu betonen. Es ist nicht schwer, diesen Unterschied schon Konfirmanden an dem Selbstzeugnis Jesu deutlich zu machen. Er sagt stets „mein" Vater, wo er von sich, „euer" Vater, wo er von den Jüngern redet, nie „unser" Vater (das Vaterunser kein Gebet, das er mit seinen Jüngern betete). „Ihr, die ihr arg seid," so redete er seine Jünger an, die doch fromm waren. Nur er allein war sich keiner Sünde bewußt und bedurfte für sich keiner Vergebung. Er konnte seine Feinde fragen: „Welcher unter euch kann mich einer Sünde zeihen?" Er fand auch in seiner Erinnerung keine Spur von Sünde. Von Jugend auf war er rein. Schon von Kind auf hatte er darum auch einen besonderen Zug zu Gott (der Zwölfjährige im Tempel). Ja er muß von Geburt an ein „göttlich Kind" gewesen sein.

So verstehen wir jetzt schon besser, was im Glaubensbekenntnis die Worte bedeuten: „Empfangen vom h. Geist." Christi Geburt und überhaupt seine ganze Person ist ein Wunder. Gott hat durch die Kraft seines h. Geistes bewirkt, daß dieses Eine Kind von der allgemeinen, menschlichen Sündhaftigkeit gar nichts an sich hatte, obgleich doch sein Vater und auch seine Mutter (gegen die katholische Lehre von der „heiligen Jungfrau") sündige Menschen waren. Christus ist der einzige, der nicht erst Gottes Kind werden muß durch Vergebung seiner Sünden, sondern überhaupt nie eine Sünde gethan hat und darum der eingeborene Sohn Gottes genannt wird, obgleich er ein Mensch war, wie wir.

Aber was hilft das uns? — Wenn Jesus rein war, so sind wir doch immer noch unrein.

Antwort: Es erweckt doch wieder eine Hoffnung in uns, daß überhaupt einmal hier auf Erden ein vollkommen·gerechter gelebt hat. Schon das ist eine Gnade von Gott, und wir sind begierig, zu hören, was Gott durch diesen Einen Gerechten für uns thun wollte. — Gewiß wollte er uns durch ihn aus der Sünde heraushelfen; gewiß will er durch ihn sein Reich auf Erden kommen lassen.

So ist es auch. — Das sieht man an dem ganzen Leben Jesu von seiner Taufe an.

Wir machen also zunächst die Bedeutung des Tauferleb=
nisses klar, als der Berufung und Ausrüstung Jesu zum Messias
(Heiland). Wir fragen: Wer war Johannes der Täufer? (kurze
Charakteristik der alttestamentlichen Prophetie und ihrer messianischen
Weissagung. Was konnten die Propheten? was konnten sie nicht,
auch der Täufer nicht?) Warum kam Jesus zu ihm? — Auch
Jesus wartete zuerst in der Stille auf das Reich Gottes, wie
andere fromme Israeliten (Simeon), wie auch seine Eltern und
seine Brüder. Er mußte die Stunde nicht, wann es anfangen
sollte. — Wenn er nun immer in der Stille geblieben wäre als
Zimmermann in Nazaret, so wäre das Reich Gottes bis heute
noch nicht gekommen auf Erden, und es hätte der Welt nichts
geholfen, daß der Eine Jesus ohne Sünde und Gottes eingeborener
Sohn war. Der Himmel wäre dann im Herzen Jesu verborgen
geblieben und von allen andern Menschen so weit weg wie vor=
her. — Darum sandte Gott den Johannes und ließ verkündigen,
daß die Zeit der Erfüllung nahe sei (die Taufe Johannis als
prophetisches Sinnbild). Jesus hörte die Botschaft und kam an
den Jordan, um weiteren Auftrag von Gott durch den Mund
des neuen Propheten zu empfangen. Denn daß Gott auch durch
ihn dem Volke Israel etwas zu sagen habe, war Jesu gewiß
schon lang im Stillen klar geworden. Johannes erkennt ihn als
den Stärkeren, von dem er geweissagt hatte, daß er nach ihm
kommen sollte: „Ich bedarf wohl, daß ich von Dir getauft werde,
und Du kommst zu mir?" Und Jesus hat gleich die demütig=
majestätische Antwort bereit; er will „alle Gerechtigkeit erfüllen",
d. h. als Glied des sündigen Volkes alles ebenfalls auf sich nehmen,
was Gott jetzt durch den Täufer von allen auf das Gottesreich
Wartenden fordert als die der großen Entscheidungsstunde ent=
sprechende Bethätigung der Gerechtigkeit (Frömmigkeit). Jesus
läßt sich also taufen, er gelobt, sich bereit zu halten auf die
Ankunft des Gottesreichs und auch andere dafür bereiten zu helfen
und empfängt das Zeichen der Weihe als Mitarbeiter bei die=
sem Vorbereitungswerk. Während aber Johannes ihn tauft
mit Wasser, empfängt er von Gott die Geistestaufe zu einem
viel höheren Beruf. Er empfängt innerlich die göttliche Zu=

ſicherung, daß er ſelbſt von Gott erwählt ſei, als Meſſias
das im alten Teſtament Verheißene und Angefangene zu erfüllen
und zu vollenden.

Alſo der ſündloſe Gottesſohn wird von Gott berufen zum
Heiland, wozu er auch von Anfang an beſtimmt war, noch ehe
er ſelbſt es wußte. Dadurch iſts ihm auch erſt vollends beſiegelt,
daß er Gottes Sohn iſt, daß er Gott ſo nahe ſteht, wie ſonſt
keiner, und daß dieſe ſeine Stellung den beſonderen Zweck hat,
Iſrael und der ganzen Welt zu helfen. Das iſt die Bedeutung
des offenen Himmels und der Himmelsſtimme: Du biſt mein
lieber Sohn, an dir habe ich Wohlgefallen gefunden (ſo daß ich
dir dieſen meſſianiſchen Beruf anvertrauen konnte) — oder: in
dir habe ichs beſchloſſen (die Sünder zu retten).

Welche Aufgabe war damit dem Glauben Jeſu geſtellt!

Innerlich war er ſeit der Taufe gewiß, daß Gott durch ihn
ſein Reich auf Erden aufrichten wolle. Aber wie das ¿ngehen
ſollte, wie die furchtbaren, in der ſündigen Menſchheit liegenden
Hinderniſſe und das ganze Reich der Finſternis überwunden werden ſollten, war ihm noch nicht geoffenbart. Nur ſo viel war
von vornherein klar, daß es einen ſchweren Kampf koſten und nur
durch Gottes Wundermacht ans Ziel kommen werde.

Hier iſt der Ort, auch die Bedeutung des Verſuchungs-
kampfs in der Wüſte zu erklären, wobei es für die ethiſche Auffaſſung der Erlöſungs- und Verſöhnungslehre ein Lebensintereſſe
iſt, die im Kindergemüt ſo leicht haftende, mythologiſche Vorſtellung vom Reich der Finſternis unſchädlich zu machen. Es iſt dies
aber nicht ſo ſchwer, wie manche meinen. Jedes Kind verſteht,
ſobald es darauf aufmerkſam gemacht wird, daß eine wirkliche
Erſcheinung des leibhaftigen Teufels und ein wirkliches durch die
Luft Geführtwerden Jeſu keine ernſthafte Verſuchung für ihn geweſen wäre. Die von manchen noch nachgeführte Vorſtellung,
daß der Teufel in Geſtalt eines Lichtengels [1]) zu Jeſu gekommen

---

[1]) II Korinth 11 14 wird ſich allerdings auf rabbiniſche Vorſtellungen von ſataniſchen Trugviſionen, vielleicht ſogar auf die Verſuchungs-
geſchichte Jeſu ſelbſt beziehen. Die Anwendung auf die ψευδαπόστολοι, die
Paulus macht, giebt ja aber die chriſtliche Korrektur dieſer jüdiſchen Zeit-

sei, pflege ich ausdrücklich abzuweisen und bei diesem Anlaß über=
haupt alle Teufelserscheinungen als Aberglauben zu bezeichnen.
Dagegen halte ichs derzeit für unmöglich, Kindern ohne Aergerniß
den Unterschied zwischen der persönlichen und der unpersönlichen
Vorstellung der Macht des Bösen verständlich zu machen. Es
genügt aber auch für diese Altersstufe, burch Abweisung der grob=
sinnlichen Vorstellungsart und durch Darreichung der unpersön=
lichen Ausdrücke (Macht der Sünde, der Lüge, der Finsternis)
neben den persönlichen (Teufel, Satan) den in reiseren Jahren
gewiß bei vielen von selbst folgenden, weiteren Schritt so vorzu=
bereiten, daß von dem religiösen Gehalt der mitgeteilten, neu=
testamentlichen Gedanken nicht notwendig etwas verloren zu gehen
braucht. — Die Versuchungen also, sagen wir, sind Gedanken und
Bilder, die dem Herrn unwillkürlich vor die Seele treten mußten,
weil sie damals unter den Juden allgemein verbreitet waren und
gleichsam in der Luft lagen. Man hielt einen armen, niedrigen
Messias nicht für möglich, man erwartete vom Messias, daß er
burch ganz unerhörte Schauwunder sich beglaubigen und daß er
alle Reiche der Welt sich im äußerlich weltlichen Sinn unterwerfen
werbe. — Jesus erkannte, daß diese jüdischen Meinungen satanisch
waren, daß sie im Dienste des Reichs der Finsterniß standen,
d. h. die Hauptschuld an der Unbußfertigkeit und Selbstverblen=
bung Israels trugen und auch ihn, den Messias, auf ungöttliche
Wege zu locken drohten. Er überwand die Versuchung, die für
ihn darin lag, daß auch er nach seinem menschlich natürlichen
Willen lieber einen leichteren Weg gegangen wäre, und wählte
den schweren Weg, d. h. er entschloß sich, als Armer sich an die
Armen zu wenden und sich mit ihnen an dem inneren Reichtum
der ihm zu teil werdenden Gottesoffenbarung (jedes Wort, das
aus dem Munde Gottes geht) zu sättigen. Er nahm sich vor,
in allem gebuldig auf den Wink des himmlischen Vaters zu warten
und um raschen äußeren Erfolges willen nie in vorschneller, eigen=

---

meinung jedem an die Hand, der nicht die dogmatische Begehrlichkeit hat,
gerade aus dem beiläufig sich verratenden Rest rabbinischer Vorstellungs=
weise des Apostels eine für die Christenheit verbindliche Lehre entnehmen
zu wollen.

mächtiger Weise einen Gottes Wunderhilfe herausfordernden Schritt
zu thun — Gott nicht zu versuchen. Er beschloß überhaupt den
mühsamen, demütigen, opfervollen Weg von innen nach außen,
von unten nach oben, mit peinlicher Genauigkeit einzuhalten, da
er sah, daß er mit jeder Abweichung von diesem Weg sich unter
die Lügenmacht des Bösen beugen — vor dem Satan niederfallen
und ihn anbeten würde. Mit diesem Entschluß hatte er gleich
beim Antritt seines Berufs die Hauptschlacht gegen den Satan
gewonnen (Mtth 4 11 12 29 Lukas 10 18).

Und diesem Entschluß entspricht auch sein ganzes ferneres
Verhalten und Auftreten. Er weigerte sich stets, auf die Wunder=
sucht des Volkes einzugehen und warnte seine Jünger vor Ueber=
schätzung der wunderbaren Heilungen, die auch ihnen gelangen
(Luk 10 20). Er nannte sich vorerst nicht „Messias" und entzog
sich dem Volk, da es ihn zum König machen wollte. Er sammelte
nur eine kleine Jüngergemeinde und verlangte, daß man nicht
bloß um seiner Werke willen, sondern um seines Worts willen an
ihn glauben, d. h. ihm (seiner Person, die solches redete) und dem
Vater (den er offenbarte) 3ntrauen solle, er werde aus diesem
kleinen Anfang Großes, ja alles machen, was zur Aufrichtung
des Gottesreichs auf Erden gehört. Sein Wort hatte aber auch
wirklich eine wunderbare Kraft. Er redete als einer, der göttliche
Vollmacht hat, und nicht wie die Schriftgelehrten, d. h. man konnte
es ihm anmerken, daß er das Himmelreich, dessen Kommen er
verkündigte, inwendig schon besaß. Er war seiner Sache ganz
gewiß und bedurfte für sich keiner Wunder und Zeichen, um seines
Glaubens gewiß zu werden. Das brauchten nur die Jünger und
das Volk. Das forderten die Pharisäer und Schriftgelehrten.
Ueberhaupt die Juden warteten immer noch auf neue, besondere
Zeichen des messianischen Reichs. Er aber konnte sagen: „Das
Reich Gottes ist schon da mitten unter euch" (Luk 17 21). Er
hatte es in seinem Herzen gewiß und sah es bei den Gläubigen
beständig kommen. Wer sich an ihn hielt und ihm ganz vertraute,
dem sprach er auch das Himmelreich zu, und zwar zuerst dasjenige
Gut des Himmelreichs, das sündige Menschen zuerst brauchen und
ohne das sie die andern himmlischen Güter auf keinen Fall be=

15*

kommen können: Die Vergebung der Sünden. Er, der Ge-
rechte, nahm sich der Sünder an und aß mit ihnen, er suchte das
Verlorene und hielt die einzelne Seele für wertvoller als die ganze
Welt. In suchender, rettender, tröstender, dienender Liebe, in der
Sorge um die Seelen der Sünder, war er gewiß, von Gott ge-
liebt zu sein nnd den Willen des Vaters zu thun. War aber das
der Wille des Vaters, daß sein eingeborner Sohn, der einzig
Gerechte und Heilige, als Heiland komme, so ist ja durch seine
Ankunft den Sündern, die sich an ihn anschließen, die Vergebung
zugesichert. Daß er da ist und in Wort und That sich der
Sünder annimmt, das eben ist göttliche Vergebung, so gewiß als
er im Namen und Auftrag Gottes redet und handelt.

Das kann jeder an sich selbst erfahren, der sich von der
dienenden Liebe Christi das Herz abgewinnen läßt zur Nachfolge.
Wer unter dem Eindruck des Worts Jesu anfängt, das Leben
ernst zu nehmen, als einer von den „Leidtragenden“, denen der
Jammer der Menschheit zu Herzen geht, und als einer von den
„Mühseligen und Beladenen“, die schwer tragen an den Folgen
eigener und fremder Sünde; wer dann von Jesus lernt, nicht
nur den natürlichen Druck alles Uebels, sondern auch das freiwillige Joch aller derjenigen Mühe und Gefahr, welche der
selbstverleugnende Seelsorgerdienst der Liebe und das Zeugnis für
die Wahrheit mit sich bringt, sanftmütig und demütig zu tragen,
der wird bei Jesus Erquickung finden für seine Seele, d. h.
innerlich gewiß werden, daß auf dieser Mühe und Arbeit, auch
wenn sie von Sündern gethan wird, Gottes Wohlgefallen ruht,
weil Christus, der eingeborene Sohn Gottes in Gottes Namen
dieses Werk begonnen und die Sünder zur Mitarbeit berufen hat.
Denn das ist Gnade, das ist Vergebung von Gott, daß der
Sohn Gottes uns wahrhaftig zu Mitarbeitern haben will.
Wer dem Rufe Jesu folgt und aufhört, sich selbst zu leben, der
erfährt's an seiner eigenen Seele. Wer das nicht will, der geht
fehl und gehört noch zu den verirrten, verlorenen Schafen,
die keinen Hirten haben. Denn es giebt keinen Gott außer dem
Vater Jesu Christi und keine Gerechtigkeit, Unschuld noch Seligkeit, außer auf dem Wege, den Jesus zeigt.

Er war und blieb ein s mit Gott, weil er die Liebe übte; und weil er eins war mit Gott, so konnte er nicht anders als die göttliche Liebe üben. Seine Speise war die, daß er thue den Willen seines Vaters und vollende sein Werk (Joh 4 ₃₄). An dem, was Jesus that, erkennen wir Gottes guten, gnädigen Willen. „Niemand kennt den Vater, denn nur der Sohn, und wem es der Sohn will offenbaren" (Matth 11 ₂₇). Er ist der königliche (messianische) Prophet, der Zeuge der ganzen, göttlichen Wahrheit oder der König der Wahrheit, der vollkommene Offenbarer Gottes und des Reiches Gottes, das nicht von dieser Welt ist. Das Geheimnis dieses Reichs will er aber offenbaren, und Gott will es durch ihn offenbaren nicht den Weisen und Klugen, die alle möglichen Ausflüchte suchen, um sich selbst leben zu können, sondern den Unmündigen, Einfältigen, die da werden wie die Kinder vor lauter Freude über den seligen Dienst der Liebe, zu dem Jesus sie beruft, und ihm und dem himmlischen Vater kindlich vertrauen, daß gerade dieses Evangelium die rechte Offenbarung ist, wenn sich auch der Stolz und die Eigenliebe noch so sehr dagegen sträubt.

Nun wissen wir, wo der Himmel auf die Erde kommt.

Wo man sich von Jesus dafür gewinnen läßt, den Dienst der Liebe sanftmütig und von Herzen demütig auf sich zu nehmen, da lebt man unter ihm als dem König und bient in seinem Reich in ewiger Gerechtigkeit, Unschuld und Seligkeit. Denn das ewige Leben fängt auf Erden an mit der Gewißheit der göttlichen Gnade und Vergebung (Unschuld) und mit der ernstlichen und freudigen Nachfolge Christi (Gerechtigkeit und Seligkeit).

Wodurch denn aber will uns Christus zu solcher Arbeit im Reiche Gottes bringen? Nicht mit Gewalt, sondern durch lauter Liebe und Gnade, indem er, der Gottessohn, selber zuerst mit Wort und That uns als Wahrheitszeuge gedient hat. Ein solcher König ist er und ein solcher Herr, also wahrhaftig der königliche Prophet, d. h. der Prophet, welcher zugleich der von Gott verheißene Messias, der von Gott gesalbte König und Heiland ist.

3. Das Kreuz.

Man möchte denken, einem ſolchen Herrn ſollte jedermann mit Freuden bienen. Aber der Dienſt der Eigenliebe iſt dem Menſchen, wie er von Natur iſt, lieber; der Dienſt der Liebe ſcheint ihm zu ſchwer. — So auch die meiſten Juden liebten die Finſternis mehr als das Licht. Jeſus muß ſeinem Volk znrufen: „Jeruſalem, Jeruſalem, wie oft — und ihr habt n i ch t ge = w o l l t."

Nnn hätte Jeſus denken können: dann will ich auch nicht mehr. Oder Gott hätte denken können: dann will ich meinen lieben Sohn wegnehmen aus der argen Welt und die Sünder dahinfahren laſſen in ihren Sünden.

Statt deſſen ließ G o t t ihn alles leiden, was die Sünder in ihrer Verblendung und Bosheit ihm anthaten. Und C h r i ſt u s blieb ſeinem Beruf als Wahrheitszeuge und Heiland t r e u , trotz aller Leiden, die er ſich dadurch zuzog, und die er wohl voraus= ſah. Er war dem Willen des Vaters g e h o r ſ a m bis zum Tod, ja zum Tode am Kreuz.

Warum brachten ihn denn aber die J u d e n „unter Pontius Pilatus" ans Kreuz? — Sie wollten in Sachen der Religion (der Gerechtigkeit oder Frömmigkeit) durchaus nicht, was er wollte. Und er that ihnen gerade hierin durchaus den Willen nicht. Gott auch nicht. Sie wollten, der Meſſias ſolle ihnen ein weltliches Königreich bringen, dazu überhaupt Erlöſung von allem Uebel, vom Tod und allen Strafen der Sünde. Indem Jeſus das nicht brachte, und doch der Meſſias ſein wollte, erſchien er den Juden als ein Vaterlandsverächter und Gotteslästerer. Denn für das inwendige, unſichtbare Kommen des Gottesreichs hatten ſie keinen Sinn. Sie wollten nicht ihren eigennützigen Sinn von Grund aus ändern, nicht den Weg der dienenden, ſanftmütigen und be= mütigen Liebe gehen, nicht geduldige Mitarbeiter Jeſu werben in dem Gottesreich, das er auf Erden angefangen hatte. Kurz, ſie wollten nicht durch wahre Herzensbekehrung das ewige Leben ſchon auf Erden anfangen, ſondern lieber wie ſie waren, ſamt ihren Sünden in den Himmel kommen.

Iſt das nicht h e u t e n o ch der Sünder Begehr? — Das
beweiſt die ſich ſtets gleich bleibende, geheime Arbeitsſcheu und
Leidensſcheu des natürlichen Menſchen, die den Kindern leicht an
ihren eigenen, jugendlichen Träumen und Wünſchen gezeigt werden
kann, und noch mehr an den damit übereinſtimmenden, ſinnlichen
Idealen unſerer materialiſtiſchen Zeit, die darum mit Chriſtus und
dem Chriſtentum ſo unzufrieden iſt.

Jeſus wurde i m m e r e i n ſ a m e r; ſeiner Freunde wurden
immer weniger, ſeiner Feinde immer mehr, und der Haß der
Feinde immer tötlicher, weil er ihnen ihre Verlorenheit, ihre Gott=
entfremdung und Weltlichkeit aufdeckte. — Hat er aber darum
ſeinen Glauben und ſeine Liebe aufgegeben, ſich nicht mehr für
den Sohn Gottes und für den Heiland gehalten, oder es nicht
mehr ſein wollen? — Gerade jetzt erſt recht. Vgl. die Sprüche
von der Niedrigkeit des M e n ſ ch e n ſ o h n e s, der gleichwohl
nach Daniel 7 13 f. (Erklärung der Stelle und der Anwendung,
die Jeſus von derſelben machte) ſeine Herrlichkeit hat (die Füchſe
haben Gruben 2c. Die Leidens= und Todesverkündigungen und
ihre Verbindung mit der Weisſagung der herrlichen Wiederkunft).

W a r u m l i e ß denn nun G o t t es zum A e u ß e r ſ t e n
k o m m e n? d. h. warum machte er nicht die Feinde zu Schanden
durch ein allgemeines Strafgericht und ließ für die Gutwilligen
die verheißene Herrlichkeit erſcheinen? Damit hätte er doch nur
vollendet, was durch die Wunder Jeſu ſchon angefangen war.
Antwort: Gott hatte, wie wir an Chriſtus erkennen, G e d u l d
mit den Sündern bis zum Aeußerſten, und wollte jebes, auch das
l e t z t e M i t t e l der zuvorkommenden L i e b e u n d G n a d e
an ihnen verſuchen. Zugleich aber wollte er allen, auch den
Frömmſten und Beſten, ſeinen heiligen E r n ſ t zeigen. Darum
konnte er weder das ſchon vorhandene Elend der Sünde, das aus
Sünde erwachſene, natürliche und geſellige Uebel oder die Macht
der „Finſternis“ in der Welt plötzlich wegſchaffen, noch auch die
letzte und ſtrengſte Strafe der Sünde durch die endgiltige Scheidung
der Gottloſen von den Frommen (das jüngſte Gericht) ſchon jetzt
kommen laſſen. Vielmehr galt es, mitten in die ſündige und gott=
loſe Welt, wie ſie damals war und wie ſie überall, wo keine

wahren Christen sind, heute noch ist, den größten und voll=
kommensten Beweis der göttlichen Liebe und Gnade so hinein=
zustellen, daß die ernstgemeinte **Absicht der Vergebung**
ebenso deutlich wurde, wie der Ernst der ungeschwächt fortbestehen=
den göttlichen **Forderung** der Bekehrung zu selbstlos dienender
Nächstenliebe, und daß durch diese höchste Offenbarung der heiligen
Liebe Gottes alle zur **Entscheidung** für oder wider Gott ge=
bracht werden können.

Hier ist also zuerst auszuführen, wie die menschliche **Sünde**
an dem Kreuz Christi ihre **ganze Gottwidrigkeit offen=
baren muß**, und wie **Gott** dieses Schreckliche nicht nur ge=
schehen läßt, sondern absichtlich und gemäß seinem längst vor=
bereiteten Ratschluß auf die äußerste Spitze treibt, um so die
wahre Natur der Sünde dauernd an den Pranger zu stellen.
Namentlich ist das **Dämonische** zu betonen, das darin liegt,
daß im Namen der göttlichen Wahrheit oder des göttlichen Ge=
setzes, im Namen der Religion (der Frömmigkeit oder „Gerechtig=
keit") der König der Wahrheit, der Heilige Gottes gekreuzigt wird,
daß seine entschlossenen Feinde, die nun einmal auf die Gnade
und den Ernst Gottes nicht eingehen wollen, sich in den Lügen=
schein der Religions= und Sittenwächter hüllen müssen, und daß
alle Halbherzigen, ohne es zu wollen, Mitschuldige an dem heuch=
lerischen Justizmord werden.   Denn sachlich ist es eben diese auf
Unwissenheit, Sinnlichkeit und Rohheit der Massen, auf Unent=
schiedenheit, Schwachheit, Kleinglauben und Feigheit der Frommen,
auf Verblendung und verstockter Bosheit einiger weniger aufgebaute,
zu grauenvollen Thaten führende, und auch die Besten oft be=
irrende **Macht der Lüge** (Gegensatz der religiösen Wahr=
heit), welche das Neue Testament und der Herr selbst als **satanisch**
bezeichnen.   Dabei kommt es aber darauf an, zu zeigen, daß die
verschiedenen Arten des Widerstrebens gegen die göttliche Wahr=
heit und der Nachgiebigkeit gegen das Böse, die in der Leidens=
geschichte zu Tage treten, **für alle Zeiten typisch** sind,
und daß Worte des Herrn wie Matth 23 29—32 (die Gräber der
Propheten — machet das Maß eurer Väter voll) und Luk 22 53
(das ist eure Stunde und die Macht der Finsternis) sich immer

wieder erfüllen. Auch in uns ist etwas, das die heutigen Feinde der göttlichen Wahrheit nur zu benützen brauchen, um zeitweise die Macht zu Gräuelthaten zu bekommen. Die finstern Stunden, wo in unserer Umgebung, im großen oder im kleinen, das Böse triumphieren darf, kommen auch heute nicht ohne die Mitschuld eines jeden von uns (Beispiele!). Das ist h e u t e n o c h die „G e w a l t d e s T e u f e l s", oder die Macht, welche Gott dem Bösen unter uns sündigen Menschen eingeräumt hat, um dadurch die nicht ganz Verstockten allemal wieder zu nötigen, dem darin liegenden, göttlichen Verdammungsurteil über alle Sünden beizu- stimmen und mit Furcht und Zittern zu bekennen: ja, dazu führt die Sünde, die auch in mir wohnt und mich schon oft Dinge hat denken, reden und thun lassen, die ich mir nicht zugetraut hätte; auch ich habe nichts besseres verdient, als in einer Welt zu leben, in der die Finsternis Macht hat, und wenn Gott mir nichts anderes zu sehen giebt, als mich selbst und die sündige Welt um mich her, so muß ich mich samt der Welt für v e r l o r e n halten, kann nicht hoffen, oder gar den Anspruch erheben, daß Gott die Welt aus ihrem Verderben, oder mich aus der Welt herausrette.

So ergiebt sich uns, einfach aus der Anwendung des Typi- schen in den Beweggründen der Feinde und Freunde Jesu auf uns und unsere Zeit mit voller, innerer Wahrheit das Bekennt- nis, das in den Katechismusworten vom „verlorenen und ver- dammten Menschen" und vom Gefangenschaftszustand unter der Sünde, dem Tod und der „Gewalt des Teufels" liegt.

Der in Gottes Weltordnung begründete Zusammenhang der Sünde mit dem Tod und dem gesamten Gebiet des Naturübels, sowie der fließende Uebergang vom Naturübel zum geselligen Uebel kommt nun aber noch besonders zur Anschauung in dem von Gott zugelassenen L e i b e n C h r i s t i. Die Bedeutung der Thatsache, daß ohne göttliches Eingreifen der grausige Vorgang der äußersten, leiblichen und seelischen Marter an Jesu sich vollziehen durfte, ist mit aller Wucht einzuprägen. Und es wird dies am besten ge- lingen, wenn wir das i n n e r e E r l e b e n des leidenden Heilands aus den bekannten Herrnworten der Leidensgeschichte uns verständlich zu machen suchen.

Die Hoffnung auf eine vielleicht doch noch mögliche Ab=
wendung des Aeußersten stand dem Herrn wiederholt vor der
Seele; ebenso aber — was gewöhnlich übersehen wird — der
Schrecken einer Vereitlung des angefangenen Gotteswerks in dem
doch auch möglichen Falle, daß sich die menschliche Verlorenheit,
entgegen der alles glaubenden und hoffenden Liebe des Men=
schen Jesus, vor Gott als eine rettungslose herausstellen würde.
Das Schweben zwischen dieser Furcht und jener Hoff=
nung blieb dem Herrn so wenig erspart, daß es vielmehr den
eigentlichen Kern der Leidensgeschichte, den Grund seiner Seelen=
marter bildet.

Dies läßt sich an den zwei Hauptwendepunkten (Krisen) der
Leidensgeschichte zeigen: an dem Zittern und Zagen in Geth=
semane und an dem Angstruf vom Kreuz.

Als Ueberschrift dieser Ausführung mag das Wort schwer=
mütigen Zweifels dienen, das uns Luk 18 8 überliefert ist: „Doch
wenn des Menschen Sohn kommt, wird er wohl den Glauben
finden auf Erden?" (den zu erwartenden und von Gott zu for=
bernden Glauben vorfinden bei seiner Wiederkunft zum Gericht),
in Verbindung mit den Sprüchen vom Gerettetwerden nur weniger.
Jesus trauert über die Unempfänglichkeit und Unbeständigkeit der
Mehrzahl in seinem Volk, und seine Trauer wird zur Angst, je
teuflischer die Bosheit der Feinde wird und je weniger der Glaube
der Jünger sich als keimkräftiges Samenkorn der Zukunft zu be=
währen scheint. Denn um so näher wird der furchtbare Gedanke
gerückt, daß Israel, ja daß die Menschheit im großen und ganzen
unrettbar verloren, d. h. der weiteren Entwicklung der Macht der
Finsternis preisgegeben sei, und daß also die Wiederkunft des
Herrn nur ein allgemeines, vernichtendes Zorngericht bringen könne.
Darum bringt Jesus in Zittern und Zagen nicht bloß um sein
eigenes Schicksal, das freilich seine Seele auch mit Grausen er=
füllt, sondern um die fernere Zukunft seines Volkes und der ganzen
sündigen Menschheit in Gethsemane die Bitte vor Gott, den
Kelch des Leidens und Sterbens doch, wenn es irgend möglich
wäre, vorübergehen zu lassen, d. h. mit göttlicher Wundermacht
einen Weg zu eröffnen, auf welchem ein wahrhaft frommes, buß=

fertiges und gläubiges Gottesvolk geschaffen werden könnte, ohne daß zuvor das trostlose Elend der Sünde oder die Uebermacht der Finsternis sich so schrecklich offenbaren dürfte. Aber er muß sich darein ergeben, daß es nicht möglich, auch vor Gott nicht möglich ist. („Nicht wie ich will, sondern wie du willst". — „Es geschehe dein Wille".)

Und noch einmal erhub sich der Kampf in seiner Seele, als er von den irregewordenen Jüngern verlassen, von den Obersten seines Volks verdammt, von der Bosheit der Feinde noch ver= spottet am K r e u z e hieng und allein war mit seiner Qual und seinem Gott. Noch einmal war sein Glaube bedroht von der Frage: soll denn alles vergeblich sein? zeigt sich nirgends ein Lichtstrahl, nirgends ein schwaches Anzeichen davon, daß Gott dem messiasmörderischen Volk und der verlorenen Welt noch gnädig ist? — Jesus bleibt allein mit seinem Gott, und Gott schweigt zu allem, was geschieht. Denn die letzte Bitte des sterbenden Schächers konnte zwar dem Herzen Jesu ein Wort des Glaubens und der Liebe entlocken, aber keinen die nächste Zukunft der Welt aufhellenden Trost gewähren. Und ebenso der wortlose Schmerz der wenigen Getreuen, die unter dem Kreuze standen, kann ihm zwar ein letztes Wort der Fürsorge für die Mutter abgewinnen, aber kein verheißungsvolles Bild der gläubigen Jüngergemeinde vor Augen stellen. Jesus bleibt allein mit seinem Gott, d. h. seine Seele ist von jedem Trost verlassen, den sie nicht innerlich schon besitzt, und ihr letzter Angstschrei findet keine Antwort, als die, welche sie sich selber zu geben vermag, indem sie zu dem Gott, der sie scheinbar verlassen hat, dennoch sich flüchtet und ihren letzten Atemzug in die Hände des Vaters befiehlt.

Damit ist das fernere Schicksal der Welt bis zum Ende der gesamten Weltzeit besiegelt.

Entsetzliches wird auch fernerhin und immer wieder geschehen, und Gott wird dazu schweigen (Beispiele!). Die Sünde, der Tod und die Macht der Finsternis werden sich auswirken dürfen in der Welt, und die Frommen werden diesem schrecklichen Zusammen= hang äußerlich so wenig entnommen sein, daß sie vielmehr in hervorragendem Maß darunter zu leiden haben. Das ist der

Ernst des göttlichen Richters, daß die allgemeinen Folgen
der allgemeinen Sünde nicht aufgehoben werden um der Frommen
willen, nicht einmal um des eingeborenen Sohnes willen. Die
Strafe, d. h. das, was für alle unvergebene Sünde als Strafe
da ist, lag auch auf ihm, dem Schuldlosen. Das Strafübel wird
auf allen liegen bleiben, so lang die Erde steht und wird alle
Sünder immer wieder an ihre Verlorenheit erinnern.

Aber in diesem furchtbaren Ernst zeigt sich zugleich die
Gnade Gottes.

Daß überhaupt unter den verlornen und verdammten Menschen ein Gerechter, der eingeborene Sohn Gottes, da ist, haben
wir bereits als Thatbeweis der göttlichen Gnade bezeichnet. Und
noch unverkennbarer zeigt sich die Gnade Gottes darin, daß er
seinen Sohn, den einzig Gerechten zum Heiland gemacht hat
(2. Abschnitt). Weil nun aber dieser Heiland sich gläubig in
sein Leiden und Sterben ergiebt und seinen Anteil an der
Sündenstrafe als das von Gottes Liebe gewollte, letzte Rettungsmittel für die Sünder erkennt, so offenbart sich darin jedem, der
an Christus glaubt, die Unveränderlichkeit der Gnadenabsicht
Gottes, die trotz aller noch so sehr gesteigerten, menschlichen Bosheit fortbesteht — mit Einem Wort, die Treue Gottes.

Jesus ist im Glauben gewiß, seinen Vater bitten zu können,
daß er ihm „zusende mehr denn zwölf Legionen Engel", d. h.
er hält fest an dem Glauben, daß die ganze Allmacht des lebendigen Gottes trotz alles entgegenstehenden Scheines noch immer zu
ihm und zu seinem Heilandswerke steht. Aber sein mit Gott
einiges Herz sagt ihm auch, welches der Gottes würdige Weg
sei, dieses Werk hinauszuführen gemäß dem göttlichen Plan, der
schon im alten Bund für den Tieferblickenden geoffenbart ist.
„Die Schrift muß erfüllt werden". Aus der alttestamentlichen
Offenbarung hat Jesus, entsprechend der Eigenart seines Sohnes-
und Heilandsbewußtseins als Grundton das herausgehört, daß
das Leiden der Frommen dem Heilswillen Gottes dienen
muß (der leidende Gottesknecht im II. Jesajah). Die Frommen
dürfen sich nicht scheiden von dem sündigen Volk, auch von Gott
nicht verlangen oder erwarten, daß er sie den Folgen der gemein-

samen Sünde entziehe, vielmehr müssen sie durch ihren Eifer um
Gottes Sache und durch ihre seelsorgerlichen Bemühungen um
andere sich sogar ein zwiefältiges Teil derselben, nämlich außer
den natürlichen Uebeln noch die Verfolgungsleiden und die Last
der Liebesmühe aufladen und diese Last erst noch gerne tragen,
damit inmitten der scheinbaren Siege der Finsternis die gnaden=
volle Nähe Gottes den Auserwählten offenkundig bleibe und alle
noch irgend Empfänglichen zur Buße bewogen werden durch das
erschütternde Zusammentreffen dieser Offenbarung der gött=
lichen Gnadenmacht mit jenen scheinbaren Triumphen der Sün=
denmacht.

So will auch Jesus sich nicht scheiden von den Sündern,
sondern freiwillig, d. h. im Glauben, sich in ein Schicksal ergeben,
durch das er „unter die Uebelthäter gerechnet" wird. Da=
mit krönt er ja nur den selbstverleugnenden, aufopfernden Dienst
der sanftmütigen und von Herzen demütigen Liebe, den er schon
bisher als den Kern seines Heilandswerks angesehen hat. Er
ist nicht gekommen, daß er sich dienen lasse, sondern daß er diene
und in solchem Dienst sein Leben hingebe — als Lösegeld
anstatt vieler. Denn das ist der Preis, den die Loskaufung der
vielen, verlorenen und verdammten Sünder, ihre innerliche Be=
freiung „von allen Sünden, vom Tod und von der Gewalt des
Teufels" kostet. Er hat mich innerlich davon erlöst „nicht mit
Gold oder Silber, sondern mit seinem heiligen, theuren
Blut und mit seinem unschuldigen Leiden und Sterben". Wäre
nämlich Christus dem Leiden und Sterben ausgewichen, oder hätte
Gott ihm irgendwie die Marter erspart, hingegen auf den Sün=
dern die Sündenstrafe liegen lassen, wie sie thatsächlich noch immer
liegt, so müßte teils der Ernst der göttlichen Forderung (die Heilig=
keit Gottes und seines Sohnes), teils der Ernst seiner Vergebungs=
absicht (die Gnade und Treue Gottes und seines Sohnes), den
Sündern zweifelhaft, bleiben. Die Sünder müßten also
zum Glauben an die heilige Liebe Gottes unfähig bleiben,
innerlich gefangen oder gebunden durch die Macht der
Thatsachen des Reichs der Finsternis, denen dann eben nicht die
übermächtige Heilsthatsache der mitten in der Finsternis herr=

schenden und siegenden Liebe Gottes und seines Sohnes gegen=
überständen.

Die Loskaufung besteht darin, daß der Sohn Gottes
in Einigkeit mit dem Willen des Vaters (indem er alle
Versuchungen des Satans überwindend das erwählt und durch=
führt, was „göttlich" und nicht „menschlich" war) die für ihn so
martervolle und tötliche (ihn aus Kreuz bringende) Gemein=
schaft mit den Sündern trotz allem auf ihrer Seite sich offen=
barenden Haß in Liebe festhält und bis zu den äußersten
Konsequenzen, bis zur völligen Selbstverleugnung und Aufopferung
vollzieht.

Damit ist das Gotteswerk der Erlösung vollendet, auf
Grund dessen allein die Sünder glauben können, mit
voller religiös=sittlicher Wahrheit glauben können, daß Gott ihnen
gnädig sei, daß also Gott, indem er durch das Erlösungswerk
in den Sündern den Glauben an seine Gnade erweckt, nicht bloß
die Sündenschuld wegnehme, sondern auch die noch fortwährende
Sündenstrafe und Sündenmacht jetzt schon innerlich für den
Glauben aufhebe und dereinst auch äußerlich aufheben werde.

So lang die Sünder das nicht glauben können, d. h. so
lang sie keinen vollkommen stichhaltigen Grund haben, das zu
glauben, haben sie auch wirklich keine Vergebung. Denn
Gott kann den Menschen die Vergebung im Himmel nicht zu=
sprechen ohne sie ihnen auf Erden zu offenbaren, d. h.
glaublich zu machen. Er kann sie aber, wie oben gezeigt, nicht
offenbaren, d. h. die Sünder nicht zum Glauben daran bringen,
außer durch das Blut Christi. Nur das Blut Christi redet
noch deutlich von der Liebe und Gnade Gottes auch da, wo die
Schuld und das Elend der Sünde in ihrer ganzen Blöße vor
uns liegen. Der Tod Christi ist die höchste und vollkom=
mene Offenbarung der Liebe Gottes. Denn hier wird
uns die Liebe Gottes nicht mit Worten gepredigt oder verheißen,
sondern mit der That bewiesen, indem Gott seinen eingebornen
Sohn nicht herausnimmt aus der Gemeinschaft der Sünder, son=
dern ihn in dieselbe und in ihre äußersten Folgen hineingibt und
preisgibt (er „gab" seinen eingeborenen Sohn), und indem ebenso

der Sohn Gottes sich nicht weigert, das alles zu leiden, sondern
freiwillig, d. h. im Glauben an die göttliche Notwendigkeit dieses
Wegs, in freier, wenn auch schwer erkämpfter Uebereinstimmung
mit dem göttlichen Willen sich dazu hergiebt („der sich selbst gegeben hat") und lieber durch die Gemeinschaft mit den Sündern
den Tod am Kreuz sich zuziehen, als Gott bitten will um Scheidung von den Sündern, lieber am Kreuz ein für allemal unser
Bruder, als in Herrlichkeit vor der Zeit unser Richter
sein will.

So, indem der leidende und sterbende Gottessohn sich weder
von Gott, noch von den Sündern lossagt, sondern ebenso die
Liebe gegen die Sünder, wie den Glauben an Gott
festhält, ist die im Leben Jesu offenbare Gnadenabsicht Gottes
endgiltig besiegelt. Es ist also mit dem Tod Christi die Erlösungsthat des neuen Bundes vollbracht. Jesus selbst
bezeichnet daher in der Einsetzung des h. Abendmahls, als
seiner letzten, testamentarischen Willenserklärung, sein nun alsbald
zu vergießendes Blut im voraus als das „Blut des neuen
Bundes", seinen Tod also als das Bundesopfer des neuen
Testaments.

Dieses Opfer ist, dem ganzen, bereits geschilderten Zusammenhang der Sache nach ein Sühnopfer. Denn ohne Sühne
konnte der Gnadenbund nicht geschlossen werden, d. h. Gott konnte
den Säubern seine Gnade nicht offenbaren (ethisch glaubhaft
machen), ohne zugleich seinen heiligen Ernst zu zeigen.

Sühne ist nötig, wo durch geschehenes Unrecht die Majestät
des göttlichen Gesetzes oder der göttlichen Weltordnung verletzt ist.
Das Unrecht wird aber gesühnt dadurch, daß öffentlich gezeigt
wird, wie es sich straft oder rächt, vollständiger noch dadurch,
daß auch die rechte Erfüllung des Gesetzes der Uebertretung
öffentlich in persönlichem und geschichtlichem Entscheidungskampf
gegenüber gestellt wird.

Beides ist im Leben und Sterben Christi der Fall.

Eine Sühne für die Sünde der Menschheit liegt schon
darin, daß der öffentlich in ihre geistige und geschichtliche
Mitte gestellte Vertreter Gottes der sündlos Heilige war

und zum ersten Mal zeigte, was Erfüllung des göttlichen Willens ist; zugleich aber darin, daß die S ü n d e n s t r a f e um seinet= willen nicht aufgehoben wird, sondern auch ihn, den Unschuldigen, und gerade um seiner Gerechtigkeit willen trifft, wodurch die Ver= werflichkeit der Sünde auf die wirksamste Art kundgemacht ist.

Diese Sühne verdient aber ein O p f e r , ein von Christus Gott selbst dargebrachtes Opfer genannt zu werden, sofern seine Lebenshingabe um Gottes willen eine f ü r G o t t w e r t v o l l e G a b e a n G o t t war. Denn Gott hätte ohne diese Gabe des Sohnes den Sündern seine Gnade nicht offenbaren, also ihnen auch nicht (wirksam) vergeben können. Es h i e n g aber v o n C h r i s t u s a b , ob das Opfer in der Weise wie Gott es wollte und fordern mußte, zustande kommen sollte.

Hier tritt also eine der bisher geschilderten entgegengesetzte, jedoch keineswegs widersprechende, sondern sie ergänzende Betrach= tungsweise ein. Das Erlösungswerk kann und muß von der einen Seite als G o t t e s That, von der andern Seite als die That des M e n s c h e n J e s u s betrachtet werden. Jesus vollbrachte, was Gott bei den Menschen suchen mußte, aber in der ganzen vorchristlichen Zeit nicht fand; er leistete, was die Frommen vorher schon zu leisten versuchten, aber nicht leisten konnten. So ist er zwar einerseits als von Gott gesandt, erweckt, berufen, beauftragt, ausgerüstet, geführt, erzogen und vollbereitet (Hebr. 5 8 f.), der V e r t r e t e r G o t t e s bei den M e n s c h e n , der vollkommene Offenbarer Gottes, andererseits aber durch sein Suchen, Ringen, Beten und Gehorchen der V e r t r e t e r d e r M e n s c h e n b e i G o t t , der die Frömmigkeit oder Gerechtigkeit aller Frommen und Gerechten, die je gewesen sind, in seiner Person und speziell in seinem Tod vollendet, zusammenfaßt und s o als Gabe Gott darbringt. Das Erste kann er vollständig nur sein, sofern er auch das Zweite ist, und das Zweite wiederum setzt das Erste voraus.

So ist der Begriff des p r o p h e t i s c h e n Mittlers durch den des h o h e p r i e s t e r l i c h e n M i t t l e r s zu ergän= zen und zu vollenden. Und durch die Ueberleitung des p a s = s i v e n Begriffs des Opfers in den a k t i v e n des Hohepriesters, die ja im Hebräerbrief klar vollzogen, aber auch bei Paulus und

Johannes angebahnt ist, wird zugleich das ethische[1]) Verständnis der Sühne wie des Opfers ausgedrückt. Von hier aus vermag ich nun die mir wertvoll gewordenen Gedanken von W. F. Geß und E. Kühl mit dem Sühnopferbegriff zu kombinieren. Die ethischen Eigenschaften der Person und des Werkes Christi sind es, die ihn zum rechten Hohepriester und sein Opfer zu einem Gott wohlgefälligen Sühnopfer machen. Nicht die Quantität des Leidens, nicht die Dauer und der Grad seiner leiblichen und seelischen Schmerzen ist das für Gott Wertvolle (denn Hunderte haben quantitativ mehr als Christus gelitten), sondern auf die Art und Weise kommt es an, wie Christus sich das Leiden zuzog und wie er es dann trug. In diesem Wie des Leidens und Sterbens ist ja auch allein die Gesinnung Christi (heilige Liebe) und ebendarin die Gesinnung Gottes gegen uns offenbar. Und nur dieses Offenbarwerden der Gesinnung Gottes und seines Sohnes kann diejenige Bürgschaft für die Sinnesänderung („Buße und Glauben") der noch rettbaren Sünder gewähren, ohne welche der göttliche Gnadenwille (Wille zur Vergebung) nicht wirksam werden kann. Darum ist auch im kirchlichen Unterricht bei der Schilderung des hohepriesterlichen Wirkens Christi alles Gewicht darauf zu legen, daß die göttliche Absicht in diesem Wirken und der von Gott beabsichtigte Eindruck desselben auf die noch empfänglichen Gemüter mit zur Darstellung komme. Nur so vermeiden wir die Klippe, die der Begriff der Stellvertretung in sich birgt, d. h. wir vermeiden den Schein, als ob das, was Christus für uns und an unsrer Stelle gethan und gelitten hat, uns die Sinnesänderung ersparen, statt dieselbe in uns bewirken sollte. Dieser Schein entsteht, wenn die Begriffe „Sühne" und „Opfer" nicht in organischem Zusammenhang mit dem richtigen Begriff der Offenbarung als der Glauben bewirkenden Thätigkeit Gottes behandelt werden. Uns drücken aber jene Worte

---

[1]) Ich kann hier auf das verweisen, was ich im 1. Jahrgang dieser Zeitschrift im 5. Heft in einem Aufsatz über das Verhältnis der Begriffe „Opfer" und „Sakrament" (besonders S. 471—475) ausgeführt habe. Vgl. dort namentlich, was über das Kultusopfer zu sagen ist und hier nicht beigezogen werden kann.

einfach in zusammenfassender und abschließender Weise dasselbe
aus, was wir schon unter dem Begriff der Offenbarung des gött=
lichen Ernstes in der Gnade und der Gnade in dem Ernst aus=
geführt haben. Und zwar können sie, wofern man nur den Be=
griff der Sühne statt an die alte Satisfaktionstheorie vielmehr
an die auch den Schülern zugänglichen Erfahrungen des
gegenwärtigen, religiös=sittlichen Lebens, namentlich an die
Erfahrung der Solidarität der ethischen Gemein=
schaften anknüpft, sogar der weiteren Veranschaulichung des
früher Gesagten dienen.

Ein Versuch hiezu sei hier noch gemacht.

Wenn irgendwo schweres Unrecht geschehen ist, so sagt man:
das schreit zum Himmel, oder: das fordert eine „Sühne". Durch
das geschehene Unrecht ist ja das göttliche Gesetz oder Recht über=
treten. Wenn das fort und fort geschehen dürfte, so würde das
Ansehen, die Geltung des göttlichen Gesetzes unter den
Menschen immer schwächer werden. Die Ungerechten würden
immer frecher, die Gerechten immer kleinlauter werden. Darum
fordert man, daß das Unrecht „gesühnt" werde. Das geschieht
1) wenn es öffentlich gestraft, und zwar womöglich so
gestraft wird, daß der, welcher gesündigt hat, sein Unrecht ein=
sieht und bereut. Dies trifft z. B. zu, wenn etwa ein
Mörder hingerichtet wird und vorher noch selbst bekennt, daß er
diese Strafe verdient habe. Wenn er aber auch verstockt bleibt,
so erkennens wenigstens andere, daß man nicht ungestraft sün=
digen kann; und bei denen, die das mit Ehrfurcht erkennen,
ist dann das Unrecht gesühnt, d. h. das in ihren Augen erschüt=
terte Ansehen des Gesetzes wieder hergestellt. 2) Noch vollstän=
diger aber ist die Sühne, wenn das Unrecht auch wieder gut
gemacht wird, wenn z. B. ein wegen Trägheit bestrafter Schüler
nachher durch Fleiß das Versäumte hereinholt, wenn ein Dieb,
Betrüger oder Wucherer später ehrliche Arbeit leistet, das unrecht=
mäßig Erworbene zurückerstattet und noch den Dürftigen mitteilt
von dem, was er hat (vgl. Zacchäus). Denn hier ist die Aner=
kennung des Gesetzes vonseiten des Sünders eine thatsächliche
und wird auch nicht ohne Eindruck auf andere bleiben.

So sollten eigentlich wir alle jegliche Strafe unserer Sünden in Demut und Reue als gerecht anerkennen und alles
Unrecht, das wir gethan haben, wieder gut zu machen suchen.
Das wäre eine Sühne, die Gott gefallen könnte, denn dadurch käme
sein oft mißachtetes Gesetz und Recht wieder zu Ehren in der Welt.

Da ist nun aber leicht zu sehen, daß wenn die Sühnung
eines Unrechts allein von dem abhienge, der es begangen hat, das
meiste Unrecht ungesühnt bleiben würde. Denn viele wollen ihr
Unrecht nicht wieder gut machen, viele könnens gar nicht und viele
beugen sich auch dann, wenn sie wider ihren Willen gestraft werden, nicht demütig unter die gerechte Strafe.

Darum sorgt Gott in seiner Weise für die rechte Sühne
und zwar dadurch, daß er die Menschen nicht bloß als einzelne, sondern
auch als zusammengehörige Gemeinschaft behandelt. Wenn
er straft, so straft er nicht einen allein, sondern läßt andere mit
leiden, auch weniger Schuldige und sogar Unschuldige (die Familie
eines Lasterhaften); ja oft zeigt er sein Mißfallen an der Sünde
hauptsächlich dadurch, daß er ihre schlimmen Folgen auf Unschuldige hinleitet, damit wenigstens die noch nicht ganz Verstockten
einen Abscheu gegen die Sünde bekommen und sie bei sich selbst
wie bei andern desto strenger verurteilen. So sind jedenfalls, wenn
Gott straft, immer etliche da, an denen die Strafe nicht vergeblich
ist, sondern ihren Sühnezweck ganz oder teilweise erreicht. Ebenso
auch das Wiedergutmachen geschehenen Unrechts überläßt Gott
nicht dem betreffenden Sünder allein, sondern treibt durch Auf-
deckung der gemeinsamen Schuld auch noch andere dazu an, das
geschädigte Ansehen des göttlichen Gesetzes durch ihr Verhalten
wieder zur Geltung zu bringen. Wo es am Tage liegt, daß ein
Unrecht die gemeinsame Schuld vieler ist, da wird es nie an
solchen fehlen, die an ihrem Teil das Unrecht gut zu machen, zu
„sühnen" suchen. Z. B. wenn ein auf Unrecht beruhender sozialer
Mißstand so lang geduldet worden ist, bis er „gen Himmel schreit",
dann thut Gott oft auf einmal viele Herzen auf und setzt viele
Hände in Bewegung um den Schaden zu heilen. Gott sorgt also
nach der Weisheit seiner Weltregierung dafür, daß die Menschen
allemal wieder gemeinsam die Strafe ihrer Sünden zu fühlen be-

kommen und darum auch Veranlassung haben, ihre gemeinsame
Schuld und die gemeinsame Pflicht des Wiedergutmachens zu erkennen. Gott sorgt dafür, daß nichts vergeblich ist, was er thut;
darum thut er alles, was er thut, für viele, nicht bloß für einen
oder für wenige. So ist die Strafe, die bei Verstockten nichts
hilft, doch zu etwas gut für die nicht Verstockten derselben Gemeinschaft, und was die Gottlosen in derselben nicht wieder gut
machen wollen, das läßt Gott gut machen und „sühnen" durch
die Frommen. Er läßt einen für den andern oder für mehrere
andere arbeiten, leiden und beten, und den Frommen mutet er
davon am meisten zu.

Einen aber wissen wir, dessen ganzes Leben, Leiden und
Sterben nach Gottes Rathschluß nichts als Arbeit, Gebet und
Aufopferung für andere, für viele, ja für alle war. Sollte also
das, was er gethan und gelitten hat, nicht eine sühnende, die
Geltung des göttlichen Gesetzes bei den Menschen wiederherstellende
Kraft haben?

Er wurde von Gott in die Gemeinschaft der Sünder,
in die eigentliche Mitte des Kampfes zwischen Licht und Finsternis hineingestellt, um im Kampf mit der Sünde und mit
der Macht der Finsternis den Ernst und die Gnade Gottes zu
offenbaren. Und indem er nun in Glauben und Liebe auf dem
wichtigsten, entscheidenden Gebiet (dem religiös-sittlichen) und im
Mittelpunkt der Weltgeschichte durch Wort und That alles gut
zu machen suchte, was die Sünder böse gemacht haben und
noch immer böse machen, brachte ihm der hieraus entstehende,
typische Kampf zwischen Licht und Finsternis ein Maß des Leidens,
durch das er jedem Leidenden als Bruder zugesellt ist. Er hat
aber auch des äußersten Leidens, das seine Gemeinschaft mit den
Sündern zur Folge hatte, sich nicht geweigert, sondern es in
Glauben und Liebe sanftmütig und demütig auf sich genommen und so die Sünde anderer, d. h. die furchtbaren Folgen
fremder Sünde getragen. Sein Gutmachen der Sünden anderer
vollendete sich also im geduldigen Erleiden fremder Sündenstrafe. So vollzog er die Gemeinschaft mit den Sündern
bis zu der letzten Konsequenz des äußerlichen Unterliegens unter

der von ihnen verschuldeten Gewalt der Finsternis, und war dabei gewiß, gerade dadurch den Willen des Vaters zu erfüllen.

Der ethische Eindruck davon kann neben dem der Liebe und Gnade des Gottessohns kein anderer sein, als daß das Gut= machen des Bösen eine unbedingte göttliche Notwendig= keit, und die Verkettung jedes äußersten Strafübels der Mensch= heit mit der allgemeinen Sünde eine unzertrennliche, auch der reinsten Unschuld zulieb nicht lösbare ist. Und dieser Ein= druck muß jedes dafür noch empfängliche Herz zur bußfertigen Erkenntniß der Verwerflichkeit der Sünde und zu dem ernstlichen Entschluß bringen, eigene wie fremde Sünde nach Möglichkeit wieder gut zu machen. Der Schluß a majori ad minus, von der Stellung Christi zu Sünde und Strafübel auf unsre Stellung dazu ist hier unausweichlich und kann seine ethische Wirkung nicht verfehlen. Hat Christus, der Unschuldige und Gerechte, in Glauben und Liebe sein Leiden hingenommen, weil er es für unmöglich vor Gott erkannte, daß die Strafe von den Sündern sollte ge= nommen, oder er von ihnen und ihrer Strafe geschieden werden, so sind wir durch den darin offenbaren Ernst Gottes um so mehr verbunden, die göttliche Notwendigkeit oder Gerechtig= keit jedes uns und unsere Mitmenschen treffenden Strafübels demütig und bußfertig anzuerkennen. Und war für Christus, den Unschuldigen und Gerechten, die einmal vorhandene Sünde der Menschheit nur der Anlaß, alle seine Kraft an die Heilung des durch die Sünde entstandenen, religiös=sittlichen Schadens zu setzen, so muß um so mehr uns Schuldige und Mitschuldige die hieraus entspringende Erkenntnis des göttlichen Ernstes antreiben zu angestrengter Arbeit an der religiös=sittlichen Er= neuerung unsrer selbst und unsrer Mitmenschen. Und der be= sondere Umstand, daß mit dieser so einzig wirksamen Offenbarung des göttlichen Ernstes im Kreuze Christi die vollkommene Offen= barung der göttlichen Gnade unmittelbar eins ist, wird die durch nichts anderes erreichbare Folge haben, daß wir uns in der tiefsten Demütigung zugleich in den Himmel erhoben, in der größten Anspannung der eigenen Kraft zugleich unbedingt von Gott ge= tragen fühlen.

Der durchs Kreuz Christi bewirkte Antrieb zur Sinnesänderung ist der stärkste, der sich denken läßt. Und gerade mit
dem geschichtlichen Vorhandensein und lebendigen
Fortwirken dieses stärksten Antriebs ist die innerhalb der
sündigen Welt einzig mögliche Wiederherstellung der durch die
Sünde verletzten Majestät des göttlichen Gesetzes, mit einem Wort,
die ethische Sühne gegeben. So gewinnen wir durch die Rücksicht auf die ethische Wirkung der Sühne erst den vollen Begriff
derselben. Ethische Sühne ist geschichtliche (man kann hier
sowohl an die Lebensgeschichte des einzelnen, wie an die Geschichte
einer Gemeinschaft, eines Volkes oder der ganzen Menschheit denken)
Einverleibung eines wirksamen Antriebs zur Sinnesänderung in ein Menschenleben, oder in eine ethische Gemeinschaft. Denn eben durch diese Einverleibung ist die Geltung des göttlichen Gesetzes bei dem betreffenden Menschen, oder
in der betreffenden Gemeinschaft prinzipiell wiederhergestellt.
In diesem Sinn ist das Blut Christi oder der gekreuzigte
Christus die Sühne für die Sünden derer, welchen er zum
stärksten Antrieb der Sinnesänderung geworden ist, prinzipiell also,
von der Seite Gottes, oder mit Glaubensaugen betrachtet, die
Sühne für die Sünden der ganzen Welt, da nach Gottes
Absicht die Wirkung seines Todes auf alle berechnet ist und an
allen versucht werden soll (I Joh 2 1 f. u. 4 10).

Will man nun hier noch die kirchlich uns besonders geläufigen Gedankengänge der paulinischen Lehre von der Rechtfertigung und Versöhnung angliedern, so kann ganz im
Anschluß an das Bisherige gesagt werden: Die Rechtfertigung oder Sündenvergebung geschieht nicht ohne eine
Sühne d. h. nicht ohne wirksame Geltendmachung des göttlichen
Ernstes, nicht ohne Wiederherstellung der durch die Sünde verletzten Majestät des göttlichen Gesetzes, denn sie geschieht ja so,
daß das Offenbarungsmittel der sündenvergebenden, recht-
fertigenden Gnade zugleich eine Bürgschaft für die Sinnesänderung, ein wirksames Mittel der Bekehrung ist für
die, welche gerechtfertigt werden. Diese Bürgschaft liegt in der
Person und dem Werk Christi, besonders in seinem Tod, d. h. in

der Art und Weise, wie er seinen Glauben und seine Liebe im
geschichtlichen Zusammenstoß mit der Macht der Finsternis bethä=
tigt und in Geduld und Treue bewährt hat. Sein Tod, der die
heilige Liebe Gottes wirksam offenbart, kann nicht ohne die ent=
sprechende ethische Wirkung auf die Empfänglichen gedacht werden.
Gott kann daher diese Empfänglichen schon im Voraus für gerecht
erklären, ihnen die vollkommene Gerechtigkeit Christi zurechnen,
oder ihnen die Gerechtigkeit von Gott (Luther: „Die vor Gott
gilt") schenken, also ihnen um Christi willen oder um des Blutes
Christi willen ihre Sünden vergeben. So dient die Dahingabe
Christi in den Tod, dieses scheinbare Unrecht der göttlichen Welt=
regierung, dem Heilszweck der Rechtfertigung vieler. „Gott hat
den, der von keiner Sünde wußte, für uns zur Sünde gemacht
(als Sünder behandelt), auf daß wir würden in ihm die Gerech=
tigkeit, die vor Gott gilt" (II Kor 5 21). Der Grund der gött=
lichen Vergebung ist daher nicht die menschliche Sinnesänderung
(die Buße und der Glaube), etwa gar die aus einem Willens=
entschluß des natürlichen Menschen hervorgehende Sinnesänderung,
sondern der Grund ist einfach die freie, göttliche Gnade. Aber
die göttliche Gnade, die Vergebungsabsicht Gottes wird nicht offen=
bar (glaublich) ohne das Blut Christi, und das Blut Christi kann
nicht anders als zugleich Sinnesänderung (Glauben) wirken bei
denen, die Vergebung empfangen. (Ueber den Begriff der „Ver=
söhnung" vgl. den folgenden und übernächsten Abschnitt.)

So mündet hier das, was wir von dem Wert des Er=
lösungswerks Christi für Gott gesagt haben und unsrer Gottes=
idee gemäß sagen mußten, wieder ein in die Beantwortung der
Hauptfrage des zweiten Hauptartikels: Was
will und kann Christus mit dieser ganzen, in seinem hohepriester=
lichen Sühnopfertod gipfelnden Offenbarung der heiligen Liebe
Gottes bei uns und in uns bewirken?

Denn der besondere Wert des Werkes Christi für Gott
besteht eben darin, daß es eine besondere Wirkung auf uns
auszuüben vermag.

Die Antwort auf jene Hauptfrage aber lautet kurz: Christus
will und kann machen, ja als gläubige Christen bekennen wir:

er hat gemacht, daß wir trotz unsrer Sündenschuld und trotz aller Not unsres Lebens glauben können an die Gnade der Sündenvergebung, und daß wir in solchem Glauben des göttlichen Wohlgefallens und Beistandes gewiß mit Freuden den schweren Dienst der Liebe in der Nachfolge Jesu zu thun vermögen. Christus hat uns also, so viel an ihm liegt, innerlich erlöst „von allen Sünden, vom Tod und von der Gewalt des Teufels", „erworben und gewonnen" zu seinem Eigentum für den Dienst Gottes in seinem Reich. Er ist durch seine göttliche, heilige Liebe der Herr über unser inneres Leben, er hat — wenn wir anders wirklich an ihn glauben — uns das Herz abgewonnen für Gott und Gottes Reich.

4. Die Auferstehung.

Ist denn aber Christus heute noch der Herr, zu dem er sich einst gemacht hat durch sein Leiden und Sterben? Vor allem: Ist er noch ebenso gegen uns gesinnt, wie einst gegen das sündige Israel? Und gilt das, was er damals gethan und gelitten hat, heute noch vor Gott? Offenbart Gott heute noch den Sündern seine Liebe und Gnade durch ihn?

So gewiß er Gottes Sohn und sein Werk auf Erben Gottes Werk war, so gewiß kann er und sein Werk mit dem Kreuzestod nicht aufgehört haben. Darum hat er selbst im voraus mit seinem Leiden und Sterben immer zugleich seine Wiederbelebung und Wiederkehr zu den Jüngern, d. h. die Fortsetzung und Vollendung seines Heilandswerks durch seine Person verkündigt. Und zwar in ganz kurzer Frist („am dritten Tage") verhieß er seine Auferweckung, und seine Zeitgenossen solltens erleben, wie durch ihn, den Lebendigen, das Reich Gottes kommt „in Kraft".

Das Zeugnis der Apostel von den Erscheinungen des Auferstandenen, die Geistesausgießung über die Gemeinden, der Siegeslauf des Evangeliums zeigt, daß seine Weissagung in Erfüllung gegangen ist. Die Bluttaufe, auf die ihm so bange war, ist nicht vergeblich gewesen, das Feuer, das er entzünden wollte auf Erden, es brennt in hellen Flammen, das Weizenkorn, das begraben wurde, es ist lebendig geworden.

Hätte er sich nicht als lebendig erwiesen nach dem Kreuzes= tod, wäre er nicht selbst persönlich wieder auf den Plan getreten als das lebendige Haupt der Gemeinde, so müßten seine Jünger bis heute darauf warten. Denn niemand, kein sündiger Mensch vermag sein Werk fortzusetzen. Dann würde es aber auch schon längst niemand mehr geben, der an ihn glaubte, dann wäre schon längst keine Christenheit mehr auf Erden. Gleich die ersten Jünger hätten denken müssen: das Gnadenjahr ist vorbei; es hat nur so lang gewährt, als er, der Bräutigam, bei uns war. Nun hat Gott ihn zu sich genommen in den Himmel, uns aber zurück= gelassen in der argen Welt, und es ist hinfort die alte Kluft zwischen Himmel und Erde. Da haben wir nichts weiter zu er= warten als den zukünftigen Zorn.

Also, es wäre unmöglich gewesen, noch länger an Gottes Gnade zu glauben. Unser ganzer christliche Glaube an Gottes Gnade stützt sich darauf, daß der Gekreuzigte von Gott auser= weckt ist und „kräftiglich eingesetzt zum Sohne Gottes", erhöht zur Rechten Gottes, „lebet und regieret in Ewigkeit". Alle Apostel predigen den Gekreuzigten und Auferstandenen. Und daß dieser Glaube der Apostel bis heute nicht ausgestorben ist, sondern sich immer weiter ausbreitet, ist der stärkste Beweis dafür, daß Christus lebt und sein Werk fortführt. (Näher ist dies im britten Hauptartikel auszuführen.) Denn keine menschliche Macht könnte den christlichen Glauben an Gottes Liebe und Gnade erzeugen oder erhalten, wenn wir nicht für immer einen lebendig fortwirkenden Heiland hätten.

So reden denn auch die Apostel und alle rechten Prediger des Evangeliums in der Christenheit bis heute nicht in ihrem eigenen Namen, sondern im Namen Christi als des einzigen und voll= kommenen Mittlers zwischen Gott und den Menschen. In Christus, in seinem Leben, Leiden und Sterben, gieng Gott daran, die Welt zu versöhnen mit ihm selber, indem er ihnen ihre Sünden nicht zurechnete, und das Wort von der Ver= söhnung unter uns (in unsrer Mitte) aufrichtete (hinstellte). Gott

kann das so angefangene Versöhnungswerk nicht unvollendet lassen.
Durch das Leben, Leiden und Sterben Christi war das Hindernis der Offenbarung der göttlichen Gnade und des Glaubens
an die göttliche Gnade aus dem Wege geräumt. Christus und
sein geschichtliches Lebenswerk war der vollgiltige Beweis dafür,
daß Gott den Sündern ihre Sünde nicht anrechnete. Ihn und
sein Werk predigt bis heute „das Wort von der Versöhnung".
Alle rechten Prediger des Evangeliums sind „Botschafter an
Christi statt" und werben Unterthanen für diesen Einen Herrn.
Und Gott ist es, der sie sendet, wie er ihn gesandt hat. Gott
läßt durch sie jedermann bitten: „Lasset euch versöhnen mit Gott!"
(II Kor 5 19—21) d. h. erkennet Christus als euren Herrn an,
glaubet an die Gnade Gottes, die in Christus und seinem
Opfertod offenbar ist, und lebet dieses Glaubens, indem ihr ihm
als eurem Herrn in seinem Reiche dienet „in ewiger Gerechtigkeit, Unschuld und Seligkeit, gleichwie er ist auferstanden vom
Tod, lebet und regieret in Ewigkeit." Nur wenn dieser Glaube
und dieses neue Leben in euch begonnen hat, seid ihr wirklich
„versöhnt" mit Gott.

Indem wir also nach dem Opfertod Christi seine Auferstehung bekennen, wollen wir die Ueberzeugung aussprechen,
daß Gott in Christus seinen Gnadenwillen ein für
allemal endgiltig erklärt hat. Gott hat das Opfer Christi
angenommen und ist in allem einig mit dem, was Christus in
seinem ganzen Lebenswerk gewollt hat. Christi Gnade ist Gottes
Gnade, das Evangelium von Christus ist Gottes Wort
an uns, die Predigt von Christus ist eine fortwährende Bitte
Gottes an uns: glaubet doch an meine Gnade und miß-
trauet mir nicht mehr. Wer diesem Evangelium glaubt, für
den ist natürlich auch die Gesinnung des erhöhten Christus
gegen die Sünder dieselbe wie die des leidenden und gekreuzigten.
Christus will heute noch ihr Freund und Bruder sein, wiewohl
er Gottes Sohn und zur Rechten Gottes ist. So ist er der ewige,
der königliche Hohepriester.

Weil aber das, so muß sich an ihm das Schicksal jedes
Menschen endgiltig entscheiden. Das Evangelium von

ihm muß allen, auch den Toten („niedergefahren zur Hölle")
offenbar werden, und er wird zuletzt kommen als Richter
der Lebendigen und der Toten, um sein Reich zu vollenden.

Jetzt verstehen wir endlich auch, warum dieser Mensch, Jesus,
„wahrhaftiger Gott" heißt, „vom Vater in Ewigkeit ge=
boren". Es ist an diesem Menschen etwas einzig Geheimnisvolles,
das kein Mensch fassen kann, das ihm selber ein Geheimnis war,
so lang er als Mensch auf Erden wandelte. „Niemand kennt
den Sohn, denn nur der Vater", niemand weiß, was alles in
diesem Menschen liegt und wie er alles das ausrichten wird, was
Gott durch ihn ausrichten will (vgl. auch Mark 13 32). Das Werk
Christi, von dem wir auf Erden nur einen schwachen Anfang
sehen, ist Gottes Werk. Es reicht nach vorwärts wie nach rück=
wärts hinein in die Ewigkeit. Ein bloßer Mensch kann nicht
durch die ganze Schöpfung hin wirken. Das kann nur der Eine
Mensch, der eins ist mit Gott selber, der von Gott aus=
gegangen ist als Gottes Sohn, und zu Gott geht, indem er alle
die Seinen mit sich führt — zu Gott.

Und darum glauben wir an ihn als unsern Herrn, weil
wir in ihm unsern Gott finden.

Nachdem wir so den zweiten Hauptartikel und Luthers Er=
klärung dazu im Sinn der ethischen Versöhnungslehre ausgelegt
haben, genügen wenige Striche, um anzudeuten, wie wir uns die
S. 190 ff. vorgeschlagene, repetitionsweise Verwendung der Fragen
32—36 des württ. Konf. denken. (Den Wortlaut der Fragen
vgl. S. 188—190.)

Frage 32 (von der Gottheit der Person Christi) schließt sich
unmittelbar an die soeben am Schluß des zweiten Hauptartikels
gegebene Erklärung über die „Gottheit Christi" an und
fügt nur den „Schriftbeweis" hinzu, über dessen exegetische
Richtigkeit oder Unrichtigkeit wir im kirchlichen Unterricht nicht zu
verhandeln haben, da wir uns mit dem unzweifelhaften Satz be=
gnügen können, daß Christus in der heiligen Schrift Gottes „eige=
ner" und „eingeborener Sohn", ja sogar „Gott" genannt wird.
Die orthodoxe Lehre von der Gottheit Christi wird an diese

Schriftstellen natürlich nur der knüpfen, der von ihrer Schrift=
gemäßheit und Wahrheit überzeugt ist. Daß sie nicht die unum=
gängliche Voraussetzung einer positiven Versöhnungslehre ist, dürfte
aus dem Bisherigen erhellen.

Frage 33 (vom Werk Christi) giebt Gelegenheit, noch
einmal einzuprägen, daß die Erlösung eine ethisch vermit=
telte ist. Innerlich frei von der Schuld und Macht der Sünde
können wir uns nur deshalb fühlen, weil der Sohn Gottes „das
ganze Gesetz erfüllt" hat als der Gerechte und Heilige, und doch
von uns nicht geschieden sein wollte, sondern alles „uns zu gut"
gethan hat, um uns aus der Sünde herauszuhelfen, ja weil er
sogar „Tod und Marter am Kreuz gelitten" hat uns zu gut, d. h.
nur damit wirs glauben könnten, daß er mit uns, auch mit unsrer
Strafe, Gemeinschaft haben und halten will bis zum Tod. — Und
das ist von Gott geschehen, Röm 4 25. Gott hat ihn dazu her=
gegeben und sogar in den Tod dahingegeben um unsrer Sünden
willen, d. h. um mit der That zu zeigen, daß er trotz unsrer
Sünden uns gnädig ist und doch die Sünde nicht leicht, sondern
ernst nimmt, sofern er nicht ohne eine Sühne vergiebt. — Endlich
ist es gewiß, daß das auch heute noch und für immer gilt. Denn
Gott hat ihn „um unserer Gerechtigkeit willen auferweckt", also
ihn uns für immer zum Mittler und Fürsprecher gegeben, der
dafür einsteht, daß weder die Schuld noch die Macht der Sünde
uns hindern kann, die Gerechtigkeit zu erlangen, die vor Gott gilt.

Bei Frage 34 (vom „Verdienst" Christi) wiederholen wir,
daß Christi Tod ein Opfertod, die von ihm geleistete Sühne ein
Sühnopfer, d. h. eine für Gott wertvolle Gabe ist, und
daß Gott diese Gabe annimmt, indem er „mir aus Gnaden und
um Christi willen alle meine Sünden verzeiht und mich für fromm
und gerecht und für sein liebes Kind will halten und mich ewig
selig machen." Das hat Christus „verdient" — das ist er
wert)[1], daß Gott wirklich das thut, was Christus mit seinem
ganzen Leben, Leiden und Sterben gewollt hat. — Und Gott

---

[1] Ich bin mir der hier vollzogenen Umdeutung der orthodoxen Lehre
vom Verdienst Christi wohl bewußt.

thut es gerne, denn er selbst hat ja aus Gnaden uns seinen ein=
geborenen Sohn gesandt, geschenkt, ihn in den Tod gegeben und
auferweckt, das alles zu unserem Heil oder zu unserer Erlösung.

Endlich Frage 35 und 36 (vom Versöhnungsglauben)
pflege ich zu benützen, um noch einmal zu betonen, daß der Er=
folg des Werkes Christi bei den Gläubigen die „Versöh=
nung" ist. Die nämlich, welche das alles zu Herzen nehmen,
was Christus für uns gethan und gelitten hat, oder welche sich
durch die Liebe des Gekreuzigten und Auferstandenen das Herz
abgewinnen lassen, die lassen sich ebendadurch auch „versöhnen
mit Gott", die Sühne und überhaupt die gesamte Offenbarung
des Ernstes wie der Gnade Gottes hat bei ihnen den gottgewollten
Erfolg der Wegschaffung des Mißtrauens und der Erweckung
des Glaubens, und sie haben nun ein mit Gott versöhntes Ge=
wissen, Frieden mit Gott, Freudigkeit zur schweren Arbeit der
Liebe und gewisse Hoffnung des ewigen Lebens, sind also durch
den Versöhnungsglauben Priester geworden, die allezeit den Zu=
gang zu Gott haben, und Könige, die von Herzen gern dienend
über alles herrschen, denen alles, auch die Trübsale, zu ihrem
Besten dienen muß. Kurz sie alle miteinander leben und dienen
in einem Priesterkönigreich in ewiger Gerechtigkeit, Unschuld
und Seligkeit unter ihrem König, Christus, und haben also den
eingebornen Sohn Gottes zum Herrn.

Ob es nun wirklich praktisch ist, in der beschriebenen Weise
die eigentliche Ausführung der Erlösungs= und Versöhnungslehre
an Luthers Erklärung zum zweiten Hauptartikel anzuknüpfen
und nachher die Fragen des württ. Konf. oder anderer orthodoxer
Lehrmittel zur Repetition zu verwenden, darüber werden andere
anderer Ansicht sein.

Ich will nicht bestreiten, daß sich die ethische Versöhnungs=
lehre auch an diese Fragen selbst anknüpfen ließe. Immerhin
aber scheint es mir sehr schwierig, eine das wirkliche Leben des
geschichtlichen Christus verwertende Ausführung in die 33. Frage
und ihre scholastische Unterscheidung des thätigen und leidenden
Gehorsams hineinzupfropfen, und die Hindernisse zu überwinden,
die in der Voranstellung der abstracten Lehre von der Gottheit

und Gottessohnschaft Christi in der 32. Frage liegen. Die meisten werden eben doch zuerst die im Apostolikum zwischen Geburt und Tod Christi gelassene Lücke benützen, um über die Reichspredigt Jesu das Nötige mitzuteilen und die Lehre von seiner Gottes=sohnschaft vorzubereiten. Und wenn diese Ausführung nicht dürftig ausfallen soll, so muß auch gleich die offenbarende und versöhnende Bedeutung seines Lebens im bewußten Vorausblick auf den das Werk krönenden Opfertod klar gemacht werden. Geschieht aber das, so bekommt nachher die 33. Frage ganz von selbst keine andere Aufgabe als die der nochmaligen Einprägung der wichtig=sten Gesichtspunkte, unter denen das Werk Christi zu betrachten ist.

Doch nun dürfte es zweckdienlich sein, das Verhältnis dieser unsrer Darstellung der „ethischen Versöhnungslehre" zur orthodoxen in zusammenfassender Weise ans Licht zu stellen.

Vielleicht werden manche, die sich im wesentlichen für „alt=gläubig" halten, geneigt sein zu sagen, daß sie sich unter der „ethischen Versöhnungslehre" der „modernen Theologie" etwas ganz anderes vorgestellt hätten, und daß sie mit vielem von dem hier Ausgeführten zu sehr einverstanden seien, als daß sie es wirk=lich der ihnen so verdächtigen „modernen Theologie", oder gar der „Schule Ritschls" zutrauen möchten.

Ich will es mir gefallen lassen, als ein nach der Seite der Tradition hin hinkender Moderner angesehen zu werden, wenn ich dafür manchen „Altgläubigen" einige Neologie in die Schuhe schieben darf. Ich bin nämlich im Ernste der Meinung, daß die geschilderte Auffassung der Versöhnung durch Christus dank den gründlicheren, biblischen Studien der neueren Zeit sich bereits in viel weiterem Umfang durchgesetzt hat, als manche glauben wollen. Nur der tiefeingewurzelte Verdacht des Rationalismus und Pela=gianismus, den man gegen die „moderne Theologie" im allge=meinen hegt, legt vielen noch eine gewisse Zurückhaltung auf. Sollte mirs aber gelungen sein, diesen Verdacht bei etlichen zu überwinden und ihnen ein besseres Zutrauen zu der Richtung

einzuflößen, in der jetzt gearbeitet wird, ſo wäre der Zweck dieſes
Aufſatzes erreicht.

Die ausſchlaggebende Abweichung unſrer Lehre von der
orthodoxen iſt, wie gleich anfangs hervorgehoben, die, daß wir
n i ch t von einer Verſöhnung G o t t e s, nicht von einer U m ‑
ſ t i m m u n g des beleidigten, zornigen Geſetzgebers und Richters
reden, ſondern die V e r ſ ö h n u n g als O f f e n b a r u n g s ‑
t h a t der i m m e r g l e i ch e n, h e i l i g e n L i e b e G o t t e s
faſſen. Daraus folgt eigentlich alles andere von ſelbſt.

Der Begriff der O f f e n b a r u n g der Liebe Gottes iſt ja un‑
leugbar im Neuen Teſtament den vom orthodoxen Syſtem bevorzugten
Begriffen des Löſegelds, der Sühne, des Opfers und der Verſöhnung,
mit einem Wort, dem Begriff der V e r t r e t u n g der Sünder bei Gott
u n b e d i n g t ü b e r g e o r d n e t. Dies wird gemäß den unabweis‑
baren Ergebniſſen der bibliſch‑theologiſchen Arbeit von immer
mehreren anerkannt und iſt neueſtens auch dogmatiſch wieder von
T h. H ä r i n g in überzeugender Weiſe nachgewieſen worden.

Die Verſöhnung iſt nur die unter beſtimmten Geſichtspunk‑
ten betrachtete Offenbarung der heiligen Liebe Gottes.

Indem wir daher zu zeigen verſuchten, inwiefern Chriſtus
der vollkommene Offenbarer der heiligen Liebe Gottes iſt in ſeinem
Leben wie in ſeinem Sterben, iſt uns gerade im Nachdenken über
dieſe Offenbarung klar geworden, daß dieſelbe eine verſöhnende
iſt, und daß das Objekt der Verſöhnung die Menſchen ſind, ſo
gewiß als die Offenbarung ſich an die Menſchen wendet. Die
Offenbarung der Liebe Gottes verſöhnt die Sünder mit Gott,
einfach ſofern ſie wirkliche, d. h. wirkſame, erfolgreiche Offen‑
barung iſt, ſofern es wirklich gelingt, die Sünder auf einem Gottes
würdigen, nämlich auf ethiſch richtigem Wege zum Glauben an
die Gnade Gottes zu bringen. Und ſofern das Lebenswerk Chriſti
und insbeſondere ſein Tod dieſen ethiſch richtigen Weg der ver‑
ſöhnenden Offenbarung eröffnet, leiſtet Chriſtus für Gott etwas, das
wir leiſten ſollten, aber als Sünder nicht leiſten können. Chriſtus,
der vollkommene Offenbarer Gottes, der Vertreter Gottes bei den
Menſchen, iſt alſo zugleich unſer Vertreter bei Gott.

Doch ich höre ſchon die bekannten Einwände.

Die ganze Versöhnung, sagt man, bestände nach unsrer Lehre eben doch nur darin, daß den Sündern gesagt wird, Gott sei ihnen gnädig trotz ihrer Sündenschuld, und daß sie ermahnt werden, dies zu glauben. Christus sei uns nur der erste, der darauf gekommen sei, daß Gott gnädig ist, nur der Offenbarer dieses Geheimnisses. Verräterisches „nur"! Es verrät, daß die, welche es im Munde führen, einen völlig intellektualistischen Begriff von der Offenbarung voraussetzen, einen Begriff, der ihnen gestattet, die „Offenbarung" als etwas Geringeres der „Versöhnung" gegenüberzustellen. Ist es denn wirklich nur eine Kleinigkeit, daß Christus zuerst in der sündigen Welt die volle, rein ethisch begründete Gewißheit der Gnade Gottes gegen die Sünder innerlich erlebte? Und hatte es für ihn wirklich gar keine Schwierigkeit, dies entdeckte Geheimnis andern mitzuteilen? Freilich nicht, wenn ihm das Geheimnis durch einen göttlichen Schluß der formalen, natürlichen Vernunft, oder durch „übernatürliche", lehrhafte Mitteilung, durch „Eingebung" im Sinn der orthodoxen Inspirationslehre „geoffenbart" wurde, und wenn er dann keine andere Aufgabe hatte, als diese Lehre weiterzugeben und allenfalls noch durch Wunder und Zeichen als eine göttliche zu erweisen. Wäre dies unsere Ansicht von der Offenbarung, so wäre es allerdings eine höchst bedenkliche Verwässerung des Christentums, den Begriff der Versöhnung dem der Offenbarung unterzuordnen. Nun es aber offenkundig ist, daß die „Schule Ritschls" und überhaupt die gesamte moderne Theologie (auch die „positive") jenen intellektualistischen Offenbarungsbegriff aufs entschiedenste ablehnt, so ist es ein unbilliges Verfahren, durch Unterschiebung dieses überwundenen Standpunkts die ethische Versöhnungslehre als rationalistisch und pelagianisch zu verdächtigen.

A. Ritschl hat allerdings in seinen rein wissenschaftlich gehaltenen Darlegungen die psychologischen und ethischen Vermittlungen, welche die abstracten Sätze der Dogmatik erst praktisch verwendbar machen und daher den Männern des praktischen Amts mit Recht besonders wichtig sind, zu wenig berücksichtigt und insofern den mannigfachsten Mißdeutungen einen beträchtlichen Spielraum gelassen. Jedoch sollte man wenigstens so ausdrückliche und präzise Erklärungen, wie sie im „Unterricht in der christlichen Religion" §§ 39 40 41[1]) gegeben sind, nicht einfach ignorieren. Aus denselben geht für jeden, der sehen will, mit Sicherheit hervor, daß A. Ritschl sich die christliche Offenbarung nicht als die von Christus herrührende Belehrung über eine auch abgesehen von Christus ohnehin wirksame Gnade der Sündenvergebung denkt, sondern daß er die Person und das Werk Christi selber als die einzig wirksame Gnadenoffenbarung, als die für die Gemeinde Christi Vergebung oder Gerechterklärung in sich schließende, göttliche Erlösungsthat selbst auffaßt, und diese allein vollkommene Offenbarung von allen vorausgehenden, menschlichen Ahnungen oder göttlichen Verheißungen der Gnade scharf unterscheidet. Und daß zu dieser Thatoffenbarung der göttlichen Gnade auch der Opfertod Christi notwendig gehöre, hat er ebenfalls aufs stärkste betont, wenn er gleich unseres Erachtens das Warum dieser Notwendigkeit nicht deutlich genug gemacht und dem exegetisch-historischen Nachweis des „Daß" zu viel Kraft zugetraut hat. Darum wird ihm ja von links her „Positivismus" vorgeworfen, und dieser Vorwurf hat in der That

---

[1]) Vgl. § 39: „Die Sündenvergebung ist aus keinem von selbst allgemein feststehenden Begriff von Gott als notwendig abzuleiten, vielmehr als positive Grundbedingung der christlichen Gemeinde aus dem positiv christlichen Gottesbegriff zu verstehen. Deshalb ist auch ihre Geltung an das eigentümliche Wirken Christi geknüpft". — „Nachsicht mit der Unvollkommenheit der menschlichen Leistungen bezeichnet nicht den Sinn der im Christentum verbürgten Sündenvergebung. Solche Nachsicht würde als göttliches Surrogat der zugestandenen, menschlichen Schwäche nur den Ernst der sittlichen Verpflichtung preisgeben und nichts weniger als eine Gemeinschaft der Menschen mit Gott gewährleisten, in welcher gerade die Aufgabe des Reiches Gottes die regelmäßige Anstrengung des Willens herausfordert". — Und § 40: „Die Erlösung oder Sündenvergebung ist der christlichen Gemeinde durch Christus nicht schon dadurch sicher gestellt, daß er gemäß seinem Prophetenberuf, also als Offenbarer Gottes eine allgemeine Verheißung jenes Inhalts ausgesprochen hätte, was er eben nicht gethan hat. Vielmehr knüpft er selbst im voraus, und nach ihm die ältesten Zeugen, jenen Erfolg an die Thatsache seines Todes. Und zwar geschieht dieses insofern, als derselbe den alttestamentlichen Opfern vergleichbar ist".

mehr wirklichen Grund, als die von rechts erhobene Anklage auf
„Rationalismus". Ich hoffe aber durch die eingehende Schilde-
rung der S ch w i e r i g k e i t d e s G l a u b e n s an die G n a d e
Gottes, welche Schwierigkeit zugleich das nur durch den Opfertod
Christi zu beseitigende H i n d e r n i s der O f f e n b a r u n g der
Gnade ist, einen Beitrag zur Ausfüllung der von A. R i t s ch l
gelassenen Lücke geliefert zu haben.

Was jedoch die Anklage auf Rationalismus und Pelagianis-
mus betrifft, so müssen wir dieselbe vielmehr gegen die a l t -
o r t h o d o x e Versöhnungslehre erheben, welche den aus der
Geschichte bekannten Umschlag vom supranaturalistischen zum vulgären Rationalismus nur allzubegreiflich macht.

Der a l t o r t h o d o x e Begriff der O f f e n b a r u n g als
mündlicher und schriftlicher Mitteilung übernatürlicher Wahrheiten
an die bereits im Besitz einer natürlichen Theologie befindlichen
Sünder ist schuld daran, daß der Zusammenhang der beiden im
Neuen Testament so nahe verwandten Begriffe Offenbarung und
Versöhnung (oder Vertretung vor Gott überhaupt) im orthodoxen
System gar nicht zu seinem Recht kommt. Christus wird als
Prophet, als Offenbarer Gottes nur im f o r m a l e n Sinn bezeichnet, wegen seiner Thätigkeit als Lehrer oder Prediger über-
natürlicher, durch Wunder und Zeichen beglaubigter Wahrheiten.
Was er geoffenbart hat, und ob das, was er offenbarte, über-
haupt auf dem Weg der wunderbar beglaubigten Lehre wirklich
offenbar werden konnte, wird nicht gefragt. Vielmehr wird der
Begriff des Offenbarers Gottes oder Propheten, als für Christus
überhaupt ganz ungenügend, sofort wieder völlig verlassen, und
in der Erlösungslehre alles Gewicht auf seine g e n u g t h u e n d e
S t e l l v e r t r e t u n g gelegt. An der genugthuenden Leistung
Christi aber wird nur der Wert beachtet, den sie f ü r G o t t hat,
indem sie seinen Zorn besänftigt und die Forderung der Strafgerechtigkeit befriedigt. Welchen Wert sie f ü r d e n M e n s ch e n
und für den menschlichen G l a u b e n hat, und ob dem Menschen
durch den Opfertod Christi etwas offenbar wird, scheint gleichgiltig zu sein. Das ganze Werk Christi und insbesondere sein
Opfertod ist zunächst nur dazu da, Gott umzustimmen, nicht im

Menschen Glauben zu erzeugen. So wird der Glaube, der dann das Erlösungswerk sich aneignet, trotz aller gegenteiligen Versicherungen der alten Dogmatiker, eine menschliche Leistung, und zwar in erster Linie eine Leistung des menschlichen Verstandes. Denn der Vollzug des Versöhnungswerks und die ebendamit geschehene Umstimmung Gottes wird dem Menschen auf dem Weg autoritativer Belehrung mitgeteilt. Nicht die Versöhnung wirkt etwas beim Menschen, sondern die Versöhnungslehre wird dem Menschen mitgetheilt wie andere spezifisch christliche Lehren, z. B. die Trinitätslehre oder die Lehre von der Gottheit Christi auch. Gegenüber dieser göttlich beglaubigten Mitteilung — „Offenbarung" genannt — ist es die Aufgabe des Menschen, zu „glauben", d. h. zuvörderst die mitgeteilten Lehren mit Anstrengung und Eifer für wahr zu halten. Wie er dadurch zugleich zu der unzweifelhaften inneren Erfahrung der Vergebung und zum Frieden mit Gott kommt, wird nicht klar, obwohl angelegentlich behauptet wird, daß es geschehe. Aus diesem Mangel erklärt es sich, weshalb im Herrschaftsgebiet der orthodoxen Versöhnungslehre immer wieder die im Grund pelagianische und katholische Meinung sich erzeugt hat, die Vergebung könne und müsse von jedem einzelnen, bereits gläubigen Christen erst noch besonders durch eigene Willensanstrengung errungen, bezw. ihm durch sacramentale und priesterliche Vermittlung verschafft werden.

Indem so das orthodoxe System die dogmatische Lehre zwischen die thatsächliche Offenbarung Gottes und den menschlichen Glauben einschob und verkannte, daß das Erlösungswerk Christi als solches unmittelbar den Glauben in allen Empfänglichen, denen es kund wird, erzeugt, und darum selbst Offenbarung, versöhnende Offenbarung ist, war die natürliche Folge die, daß im Rationalismus der Inhalt der christlichen Offenbarung prinzipiell und klar auf das reduciert wurde, was durch Belehrung mitgeteilt werden kann.

Dieses wohlverdiente Strafgericht ist nicht vergeblich gewesen. Heute reden auch die „Altgläubigen" mehr von Offenbarungsthatsachen, als von geoffenbarten Lehren. Möchte es nur noch zu größerer Klarheit darüber kommen, daß Offenbarungs-

thatsachen nicht einfach die sämtlichen in der Bibel „geoffenbarten"
— d. h. eben wieder lehrhaft mitgeteilten, überlieferten — That=
sachen sind, sondern nur die wirklich offenbarenden,
d. h. die glaubenweckenden Thatsachen, welche un=
mittelbar den Glauben und mittelbar den ganzen Bericht der
biblischen Berichterstatter erzeugt haben.

Die Erkenntnis, daß es so ist, wird immer allgemeiner.
Darum hoffen wir doch auf einiges Gehör, wenn wir uns be=
mühen, nicht eine Theorie, sondern die Grundthatsache
der Offenbarung, nämlich das Leben Jesu selbst so
reden zu lassen, daß es seine offenbarende und versöhnende Wir=
kung thut.

Nun ist aber vielen immer wieder das der Anstoß, daß
nach unsrer Darstellung das Drama der Erlösung und Versöh=
nung sich lediglich im Menschenherzen abzuspielen scheint, während
es als Vorzug der orthodoxen Lehre empfunden wird, daß sie uns
die Erlösung und die Versöhnung als ein rein objektives
Geschehen vor Angen stellt.

Die Antwort auf diesen Einwurf liegt in unsern positiven
Ausführungen. Jenen scheinbaren Vorzug erkauft das orthodoxe
System durch gänzliche Mißachtung der psychologischen und ethi=
schen Vermittlungen des Versöhnungsglaubens, durch Verendlichung
Gottes und durch Einschwärzung eines äußerlich mechanischen
Rechtsmaßstabs in das Gebiet der wahrhaft sittlichen Religion.
Hingegen der sogenannte Subjektivismus der ethischen
Versöhnungslehre, welche diese Klippen vermeidet, ist in Wahrheit
nüchterne Rücksichtnahme auf die objektive Wirklichkeit des Vor=
gangs der Versöhnung.

Niemand vermag streng im Rahmen der orthodoxen Lehre
zu zeigen, inwiefern es wirklich nach geschehener Satisfaktion
leichter sei, an Gottes Gnade zu glauben als vorher. Mußte
wirklich die ganze Strafe an einem vollgiltigen Stell=
vertreter vollzogen werden, mußte derselbe stellver=
tretend das ganze Gesetz erfüllen, dem er für sich
selbst nicht unterworfen war, und macht man mit dem Ge=
danken dieser juristisch gemeinten Stellvertretung vollen Ernst,

so muß man wohl oder übel den logischen Schluß ziehen, daß
Vergebung überhaupt nicht stattfinde, sondern
nach strengem Recht erfolgende Zurechnung einer fremden Leistung,
daß also der Mensch nach geschehener Satisfaktion überhaupt keiner
Gnade mehr bedürftig sei. Allein die praktische Anwendung dieses Schlusses hat ihre Schwierigkeiten. Auch der theologische
Laie, dem die schon von den Socinianern erhobenen und
bis heute unwiderlegten Einwände gegen die orthodoxe Satisfaktionslehre nicht bekannt sind, wundert sich billig stets aufs neue
darüber, daß die göttlichen Forderungen an uns trotz der vollzogenen „realen" Ablösung derselben sich fortgesetzt geltend machen
in dem Schuldgefühl, das jenem logischen Schluß nicht weichen
will, und uns die ebenfalls ungeschwächt fortdauernden Uebel des
Lebens oft genug als Strafen empfinden läßt. Und wen das
wundert, der beginnt zu zweifeln, ob denn die Satisfaktion, deren Geltung im allgemeinen gepredigt wird, auch
für ihn gelte. Aus diesem Zweifel finden allerdings viele
auch den Ausweg wieder — nur nicht mit Hilfe der Satisfaktionslehre, sondern unter thatsächlicher, wenn auch sehr oft unbewußter
Beiseitesetzung derselben. Entweder nämlich gerät der Zweifler
auf den Weg des **Bußkampfs**, der in gewaltsamer Reaktion
gegen die geflissentliche und leidenschaftlich fortgesetzte Steigerung
der Reue- und Angstgefühle zuletzt subjektive Gnadenempfindungen
zum „Durchbruch" kommen läßt. Oder beginnt der Angefochtene
selbständig zu suchen in der **Schrift** und findet statt einer
Lehre die **Person** des Erlösers, die ihn rettet. Oder wird
er von **andern, gereisten Christen** auf den richtigen Weg
des persönlichen Verkehrs mit Christus gewiesen. Oft auch sind diese
drei Wege so ineinander verschlungen, daß der, welchen sie ans Ziel
geführt haben, nur schwer Rechenschaft über sein Erlebnis geben
kann. Sei dem aber wie es wolle, jedenfalls wird gesagt werden
können, daß der rechte Weg in unsern Tagen nicht zum geringsten
Teile deshalb verhältnismäßig leicht zu finden ist, weil die orthodoxe
Satisfaktionslehre mehr nur in dem nach orthodoxen Lehrbüchern
erteilten, schnell vergessenen Jugendunterricht ihr Wesen treibt,
als in Predigt und kirchlichem Leben eine erhebliche Rolle spielt.

Ich habe schon manche Karfreitagspredigten anerkannt "posi=
tiver" Männer darauf angesehen, aber von der Satisfaktionslehre
wenig oder nichts darin gefunden. Sie predigten von der Liebe
und Gnade Gottes, die sich in der Liebe und Gnade des Ge=
kreuzigten offenbart, von dem sündlos heiligen, eingeborenen
Gottessohn, der Gemeinschaft macht mit den Sündern und Ge=
meinschaft mit ihnen hält, obgleich er weiß, daß ihn das den
bitteren Tod am Kreuz kosten wird, das alles aus Liebe zu den
Sündern und im Gehorsam gegen seinen himmlischen Vater,
welcher also die gleiche Liebe zu den Sündern hat und darum
den Gekreuzigten durch die Auferweckung auf immer zu dem ge=
macht hat, wozu er durch seinen Opfertod sich geheiligt hatte.
Sie predigten von dem Ernst des heiligen Gottes, der sei=
nem geliebten Sohn das Leiden und Sterben nicht ersparen kann,
weil er die Verwerflichkeit der Sünde durch ihre Auswirkung an
dem einzig Gerechten offenkundig machen und so durch den that=
sächlichen Verlauf des Erlösungswerks zugleich der Sünde das
Urteil sprechen, die Erlösung nicht ohne eine Sühne für die Sünde
der Menschheit verwirklichen will.

Das sind Gedanken, die an die orthodoxe Lehre anklingen
und von vielen ohne weiteres für orthodox genommen werden.
Sie sind es aber nur dann, wenn Gott in dem Erlösungswerk
als der überwiegend passive Teil geschildert wird, wenn die Ge=
horsamsleistung und das Strafleiden Christi als stellvertretend im
juristischen Sinn beschrieben, und in demselben Sinne die Aequi=
valenz seiner Leistung und seines Leidens mit dem, was alle
Sünder hätten leisten und leiden sollen, betont wird. Gerade
diese Begriffsverbindungen habe ich aber in den erwähnten Pre=
digten selten gefunden, und wo sie vorkamen, schienen sie mir mit
den praktisch fruchtbaren Hauptgedanken des Predigers keineswegs
organisch verwachsen zu sein. Vielmehr war meist Gott in seiner
heiligen Liebe, in seiner Gnade und in seinem Ernst als derjenige
hingestellt, der das Erlösungs= und Versöhnungswerk veranstaltet
und hinausführt. Und in den Ausführungen über den Gerichts=
ernst des heiligen Gottes, über Sühne und Opfer, stand nicht der
Gedanke der Abbüßung eines bestimmten Quantums von Strafe

oder der stellvertretenden Ableistung eines von den Sündern ge=
forderten Werks im Vordergrund, sondern die eigentliche Seele
der Predigt war die b i b l i s c h e J d e e der e t h i s c h e n Gemein=
s c h a f t zwischen Gott und Christus, Christus und den Sündern.
Wo diese Jdee herrscht, da ist die Möglichkeit des e t h i s c h e n
Gedankens der Sühne, des Lösegelds, des Opfers und der Stell=
vertretung und ebendamit der rechte Schlüssel zum e v a n g e l i s c h
christlichen Verständnis dieser biblischen Begriffe gegeben, welche
durch die im tiefsten Grund k a t h o l i s c h e , äußerlich juristische
Auslegung der Rückbildung der christlichen Kirche ins Judentum
und Heidentum dienstbar geworden sind. Auch der von L u t h e r
in seiner Schrift von der Freiheit eines Christenmenschen so schön
ausgeführte und in Predigten vielfach verwendete G e d a n k e d e s
T a u s c h s zwischen Christus und den Sündern bekommt einen
ganz andern Sinn, wenn man dabei statt an eine mechanische
Uebertragung von Schuld und Strafe, Verdienst und Lohn viel=
mehr an das aus ethischen Beweggründen erfolgende, freiwillige
Eingehen Christi in die tobbringende Gemeinschaft mit den
Sündern und der Sünder in die lebenbringende Gemeinschaft
Christi denkt. Denn so wird von vornherein klar, daß die reale
Wechselwirkung zwischen beiden durch das fortwährende, lebendig
wirksame Eintreten des einmal gekreuzigten Erlösers für seine
Gläubigen und durch den fortwährenden, persönlichen Verkehr
der einmal zum Glauben Erweckten mit dem Erlöser vermittelt
ist, daß also der Tausch nicht als opus operatum vor Gott
gilt, sondern weil er der folgenschwere Anfang eines fort=
dauernden, persönlichen Verhältnisses zwischen Christus und dem
Gläubigen ist.

Jn diesen Bahnen bewegt sich infolge des stillen Einflusses
der biblischen Texte die Predigt auch von Leuten, die sich von
der „Modetheologie" durch einen breiten Graben geschieden glau=
ben. Ueberhaupt wo man frei von dogmatischen Fesseln sich in
die Schrift vertiefen darf, kommt man wie von selbst in die Rich=
tung der ethischen Versöhnungslehre. Nur wo man in der Kate=
chisation die Versöhnungslehre dogmatisch zu entwickeln sucht und
den Gedankengängen eines orthodoxen Lehrbuchs zu folgen genötigt

oder willens ist, hört man vernehmlicher die alten Ketten der juristischen Satisfaktionslehre klirren.

Es wird aber gelingen, diese Ketten auch im kirchlichen Unterricht vollends abzuwerfen, sobald man einsieht, daß die juristische Versöhnungslehre nicht die einzig objektive Begründung unsres Heils vertritt, und daß die ethische Auffassung nicht dasselbe ist mit subjektivistischer Verflüchtigung der biblischen Versöhnungsidee.

Auch wir auf unsrem Standpunkt wissen wahrlich von einem objektiven Grund der Versöhnung zu reden, so gewiß als es für uns einen objektiven Grund des Glaubens giebt. Die Versöhnung und ebenso die Offenbarung können wir uns allerdings nicht denken ohne den Glauben. Aber den Glauben können wir uns nicht denken ohne den objektiven Grund, den er in der Person und dem Werk Christi hat. Es liegt uns ebenso wie den „Altgläubigen" alles daran, daß wir auf eine einzigartige Geschichte von abschließender und vollkommener Heilsbedeutung hinweisen können, die durch keine menschliche Sünde, durch keinen menschlichen Unglauben oder Kleinglauben ungeschehen gemacht oder in ihrem Wert und ihrer Kraft herabgemindert werden kann. Die Thatsache der geschichtlichen Person und des geschichtlichen Lebenswerks Christi, und nur diese Thatsache ist die den christlichen Glauben in allen Empfänglichen weckende, nur sie ist die offenbarende und versöhnende. Diesen Wert hat sie rein objektiv vor Gott, auch ganz abgesehen vom Glauben der einzelnen Menschen. Daß Gott es so ansieht, zeigt er auch, indem er allen gegenüber, so lang die Erde steht, immer nur dies Eine Mittel benutzt, um sich in der Welt zu offenbaren und die Welt mit ihm selber zu versöhnen. Insbesondere der Tod Christi ist rein objektiv betrachtet das vollkommenste Mittel der göttlichen Liebesoffenbarung und das Sühnemittel, durch das Gott in seiner Liebe und Gnade zugleich den Ernst zeigt. Er ist dieses Mittel, auch wenn es bei vielen vergeblich bleibt und auf noch mehrere bis jetzt überhaupt noch nicht angewendet worden ist. Denn angewendet wird es allerdings erst da, wo in wirksamer (die Empfänglichen zum

Glauben erweckender) Weise das Evangelium von dem Gekreu=
zigten gepredigt wird. Aber anwendbar ist es überall und wirk=
sam bei allen, die überhaupt gerettet werden können vor dem
zukünftigen Zorn. Der Tod Christi ist ferner rein objektiv
betrachtet ein stellvertretender Opfertod. Denn das im
Glauben freiwillig in den Tod gegebene Leben Christi ist eben
als jenes vollkommenste Offenbarungsmittel und Sühnemittel eine
für Gott wertvolle Gabe des Sohnes an den Vater, die Gott,
weil er sich offenbaren wollte, beständig bei den Menschen suchen
mußte, die aber doch keiner außer Christus darbringen konte,
die also Christus anstatt vieler gebracht hat. Kein Märtyrertod
eines anderu noch so frommen Menschen vermochte Gottes heilige
Liebe vollkommen zu offenbaren, weil das wirkliche Offenbar=
werden der göttlichen Gnade wie des göttlichen Ernstes schlecht=
hin abhängig ist von der ethischen Qualität dessen, der sich opfert,
d. h. von seiner Gottessohnschaft in dem früher entwickelten, reli=
giös sittlichen Sinn. Ein Mittel zur wirklichen Herzuführung
der Sünder zu Gott, ein Schutzmittel, unter dessen Bedeckung die
Sünder wirklich zu Gott nahen dürfen, also ein dem Gottesvolk
des Neuen Bundes Vergebung verbürgendes Sündopfer, ist nach
Gottes Urteil nur der Tod des eingeborenen Sohnes, weil nur
dieser Tod die objektive Bürgschaft dafür enthält, daß die Reue
aller wahrhaft an Christus Glaubenden aufrichtig, tiefgehend und
nachhaltig ist, und ihre auf Besserung ihres Lebens gerichteten
Anstrengungen nicht vergeblich sind vermöge der Gnadenhilfe dessen,
der durch seinen Tod ein für allemal Gemeinschaft mit ihnen
gemacht hat und auch in seiner Erhöhung derselbe bleibt. Kurz,
nur der Tod des Sohnes ist geeignet, die Gnade und den Ernst
Gottes wirksam zu offenbaren. Alles, was sündige Menschen
leisten, leiden und innerlich erleben mögen, kann, von der Seite
des in allem mitwirkenden Gottes betrachtet, höchstens als Ver=
heißung der kommenden Thatoffenbarung, von der Seite des
Menschen angesehen als Postulat einer solchen gelten, niemals
aber diese Offenbarung selbst verwirklichen.

Also die geschichtliche Person und das geschichtliche Werk
Christi, insbesondere sein Leiden und Sterben sind objektiv ein=

zig wertvoll für Gott, sofern sie das einzig wirksame Mittel
der versöhnenden Offenbarung der heiligen Liebe Gottes sind, oder
sofern sie einzig geeignet sind, den Glauben an Gottes vergebende
Gnade auf ethisch richtigem Weg in sündigen Menschen auf dieser
Welt zu erwecken und zu erhalten.

Dagegen ist es freilich verkehrt, dieses Mittel mit seiner
bereits vollzogenen, oder noch zu vollziehenden Anwendung zu
verwechseln. Denn wenn auch das vollkommene Mittel der
versöhnenden Offenbarung rein objektiv gegeben ist, wenn auch
der Mittler gekommen ist und beständig fortwirkt, so ist doch der
Erfolg seines Wirkens, die Versöhnung nicht ohne den menschlichen Glauben vorhanden, wie es auch sehr irreführend ist, von
einer Offenbarung zu reden, die rein objektiv außerhalb des menschlichen Subjekts (in einem Schriftkodex!) existieren würde. Anstatt
vieler hat Christus Gott das Rettungsmittel dargereicht, das sie,
die Sünder, nicht darreichen können. Aber nicht darf Christi
Leistung so beschrieben werden, daß es scheint, als erspare sie den
vielen auch die wirkliche, d. h. die ethisch richtige Anwendung
jenes Mittels, als wäre überhaupt die Leistung Christi ein Surrogat für die religiös sittliche Erneuerung, die mit den Sündern
vor sich gehen soll. Weiß man diesen Schein nicht zu vermeiden,
so ist die Lehre vom objektiven Heil einfach nicht das Korrelat
zu der evangelischen Lehre von der Heilsaneignung, sondern zu
der katholischen Lehre von der Kirche, die den Schatz des „Verdienstes" Christi verwaltet und ihn vermittelst der „Sakramente"
allen mitteilt, die anstatt vollkommenen Verdienstes die von der
Kirche vorgeschriebenen Surrogatleistungen vollziehen.

Wer das Versöhnungswerk Christi als die glaubenweckende
Offenbarung der heiligen Liebe Gottes und den christlichen Glauben als das auf Christus und sein Werk gegründete Vertrauen
auf diese heilige Liebe Gottes verstanden hat, wird die geschilderte,
katholisierende Objektivierung des „Verdienstes" Christi nicht mehr
für gesunden, biblischen „Realismus" halten, sondern die Realität,
zu deutsch die Wirklichkeit der Versöhnung an den Wirkungen
des geschichtlichen Werks Christi, an dem thatsächlich vorhandenen
Glauben der Versöhnten aufzuzeigen suchen. Der Beweis

dafür, daß das im Werk Christi dargereichte Rettungsmittel that=
sächlich nicht erfolglos bleibt, sondern seine Wirkung thut, ist die
Christenheit, die Gemeinde Christi auf Erden, die nicht
untergehen kann, „in welcher Christenheit" der durchs Evangelium
redende und wirkende heilige Geist Gottes und Jesu Christi „täglich
alle Sünden reichlich vergiebt." Hier ist die subjektive Er=
fahrung, daß Christus die versöhnende Offenbarung Gottes ist,
geschichtlich, also objektiv geworden. Hier sind Charaktere und
Persönlichkeiten, hier sind Früchte eines Gemeinschaftslebens, das
nur aus dem objektiven Grund des christlichen Versöhnungsglaubens
erklärlich ist. Hier kann es nie fehlen an solchen, die durch die
Offenbarung der Liebe Gottes selbst mit Gott versöhnt, andern
das „Wort von der Versöhnung" verkündigen und als „Botschafter
an Christi Statt" zu andern sprechen können: „Lasset euch ver=
söhnen mit Gott!" d. h. gründet euch mit eurem Glauben auf
den Grund, auf welchem wir stehen, so wird alles Mißtrauen
gegen Gott, alle Feindschaft gegen Gott und alle Furcht vor sei=
nem Zorn verschwinden.

Indem die Dogmatik diese Umstimmung sündiger
Menschen, die in der Christenheit thatsächlich vorliegt, zum
Ausgangspunkt nimmt, bewegt sie sich auf dem Boden der objek=
tiven Thatsachen. Sie sieht zuerst diese Wirkung an, die der Tod
Christi auf sündige Menschen ausübt. Sie zeigt sodann, daß er
diese Wirkung eben nur als höchste und vollkommene Offenbarung
der göttlichen Gnade und des göttlichen Ernstes ausübt. Sie
zeigt endlich, welchen Wert es für Gott hat, ein so wirksames
Mittel der Offenbarung zu besitzen.

In diesem Rahmen lassen sich alle berechtigten, religiösen
Motive der altorthodoxen Versöhnungslehre viel besser zur Gel=
tung bringen, als in dem hergebrachten Schema der Notwendig=
keit, Möglichkeit und Wirklichkeit einer Umstimmung Gottes.

Die Bedeutung der Sitte für das christliche Leben[1]).

Von

Professor Dr. Max Reischle
zu Gießen.

1.

Wenn wir nach der Bedeutung der Sitte für das christliche
Leben fragen, so schiebt sich uns die andere Frage dazwischen:
welche Bedeutung hat denn das Wort „Sitte" selbst?
Ist Sitte soviel als sittliches Leben? Manchmal gebrauchen wir
das Wort so ziemlich in diesem Sinn, z. B. wenn wir von Sitten=
lehre oder Sittengesetz reden, oder wenn wir einen Menschen als
sittenrein oder sittenlos bezeichnen. Aber dann machen wir doch
auch wieder einen scharfen Unterschied zwischen Sitte und sittlichem
Leben: wir sagen vielleicht von einem Menschen, daß er die Sitte
wohl kennt und genau befolgt, daß er durchaus „gesittet" sei,
aber wir weigern uns, ihn deshalb schon „sittlich" zu nennen. —
Ist hiernach etwa das Sittliche nur ein engerer Ausschnitt aus
dem weiteren Kreis der Sitte, das sittliche Haubeln nur eine be=
sondere Form der Befolgung der Sitte? Doch nicht ohne Weiteres!
Wir setzen jenes unter Umständen in direkten Gegensatz zur Sitte;
wir erklären etwa, daß einer zwar im Widerspruch mit der herr=
schenden Sitte, aber doch als sittlicher Mensch handle.

-----

[1]) Vortrag, gehalten auf der Provinzialkonferenz der evangelischen
Geistlichen Oberhessens am 7. August 1894.

Die „herrschende Sitte“: dieser Ausdruck führt uns auf einen festeren Boden. Am klarsten ist der Begriff „Sitte“ da ausgeprägt, wo wir von einer Volkssitte, etwa von deutscher Sitte und Art, von Dorfsitte, Standessitte u. dgl. reden. Hier erscheint die Sitte als eine in der Gemeinschaft herrschende objektive Macht[1]). Nur in diesem Sinn gebrauchen auch wir das Wort in unserem weiteren Zusammenhang.

Damit ist der Sprachgebrauch umgrenzt, aber es ist noch nicht bestimmt, was denn nun diese als eine objektive That= sache gegebene Macht ist. Sie steht als eine zwar sehr spür= bare, aber zugleich recht unfaßbare, schwankende und schwebende Größe uns gegenüber. Erst in neuerer Zeit hat man sich energisch bemüht, sie wissenschaftlich zu verstehen. Philosophen und Juristen haben dabei mitgewirkt: nachdem H. Lotze im sechsten Buch des Mikrokosmus seine sinnigen Beobachtungen über die Sitte angestellt hatte, hat R. von Jhering (Der Zweck im Recht. 2. Band. Lpz. 1883) auf viel breiterer Grundlage weiter gebaut und vor allem den reichen Stoff zu ordnen gesucht; weiter hat Wilh. Wundt in seiner „Ethik“ (Lpz. 1886. 2. Aufl. 1892) die Sitte und ihre Entwicklung unter den grundlegenden Thatsachen des sittlichen Lebens in den systematischen Zusammenhang der ethischen Untersuchung hereingezogen. Für unsere Zwecke genügt es, einige Hauptpunkte von dem Wesen und der Entwicklung der Sitte uns klar zu machen.

Daß die Sitte verwandt ist mit der Gewohnheit, darauf führt schon die Etymologie. „Sitte“ hängt zusammen mit dem Sanskritwort svadhâ = ἔθος = consuetudo (wovon coutumes und customs). Aber während wir den Begriff der Gewohnheit auch, oder sogar noch häufiger auf das einzelne Individuum anwenden — sie ist die bei ihm ständig oder gleichsam wohnhaft gewordene Handlungsweise —, reden wir von Sitte nur innerhalb einer

---

[1]) Den Vorlesungen Schleiermachers über die christliche Sitten= lehre hat der Herausgeber, L. Jonas, insofern mit Recht den Titel „Die christliche Sitte“ gegeben, als bei Schleiermacher der Begriff des Geistes als einer in der christlichen Gemeinschaft herrschenden objektiven Macht der leitende ist.

Gemeinschaft. — Ist sie also eine in einer Gemeinschaft ein=
gewurzelte Gewohnheit? also soviel wie der Brauch, die gemein=
same Gewohnheit? — In der That, auch diese ist schon eine in
der Gesellschaft herrschende Macht: sie wirkt einerseits vermöge
des Triebes, einem andern nicht etwas Außergewöhnliches, wo=
durch er sich über uns erhebt, zu gestatten, andererseits vermöge
des Nachahmungstriebs. Schon in den einfachsten Verhältnissen
übt auf Grund hievon die gemeinsame Gewohnheit eine Herrschaft
über den Einzelnen aus. Davon erzählt Gebhardt in seiner
Schrift „Zur bäuerlichen Glaubens= und Sittenlehre. Von einem
thüringischen Landpfarrer." 2. Aufl. Gotha 1890. S. 232 f.: „‚Das
ist bei uns nicht Mode‘ oder ‚das ist nun einmal bei uns Mode‘,
dieses Wort wirkt zauberkräftig nach der guten wie nach der schlech=
ten Seite. ‚Das ist bei uns nicht Mode‘, tönt es der neuen Nach=
barin entgegen, wenn sie eine heimische Unsitte geltend machen
will; ‚das ist nun einmal so bei uns Mode‘, heißt es aber auch,
so oft ein Hereingezogenes an irgend einen ortsüblichen Mißbrauch
rührt. So ziemlich auf dasselbe kam es hinaus, wenn die Leute
früher sagten: ‚Das ist mein Lebtag so gewesen oder so gehalten
worden‘. Noch viel häufiger freilich, als man die Eigenart des
Dorfes ausspricht, hält man dieselbe mit der That zäh fest und
läßt erbarmungs= und schonungslos Fremde dagegen anrennen,
bis sie auf das ‚Tölpel merk’s‘ achten lernen." — Eben hiermit
ist uns nun der Punkt gezeigt, wo die soziale Gewohnheit zur
S i t t e wird: sie macht sich als N o r m in der Gemeinschaft gel=
tend, sie erhebt den Anspruch, daß das Herkömmliche auch das
Richtige sei. In dem Maße als nicht nur das Schwergewicht
der langjährigen allgemeinen Uebung, das Gesetz der Trägheit der
Gewohnheit Geltung verleiht, sondern das gemeinsame Bewußt=
sein, „so ist’s richtig", wird sie zur Sitte.

Dieses gemeinsame Bewußtsein ist die innere Kraft, die
in ihr lebt. Wohl fehlt es, wie Lotze mit Recht bemerkt, dem
Ganzen unserer Sitte „an einer unzweideutigen theoretischen Ein=
sicht in die Gründe der verpflichtenden Geltung ihrer Forderungen"
(Mikrokosmus³ II, 397) Aber sie ruht doch immer wenigstens
auf einem Niederschlag von allgemeinen Anschauungen, von Wert=

urteilen, die von der Phantaſie feſtgehalten werden und ſich im
Gefühl in lebhaften Sympathien und Apathien reflektieren. Sie
ſind oft ſchwer zu fixieren; denn ſie liegen, wie Lotze es ausdrückt (ib. S. 402), „nicht wie einzelne leicht aufzuleſende Sätze
auf der Oberfläche unſerer Bildung, ſondern ſind auf's Tiefſte
mit dem Ganzen unſerer Weltanſicht verbunden". Mit „unſerer
Weltanſicht", daher beſonders auch mit religiöſen Ideen! Aber
auch dieſe treten bei der Sitte oft nicht klar in das Licht des
Bewußtſeins, ſondern ſchweben dunkel im Hintergrund. Oft ſind
es auch Reſte einer längſt überwundenen Religionsanſchauung,
alſo eines Aberglaubens, deſſen Nachwirkung noch in unbeſtimmten Gefühlseindrücken fortdauert, etwa in dem Eindruck: „das iſt
ein Greuel". — Aber ſo dunkel der Hintergrund der Sitte oft
auch ſein mag, ſchließlich tritt ſie immer zu Tage in dem ſehr
beſtimmten Urteil: das ſchickt ſich oder das ſchickt ſich nicht! das
iſt anſtändig oder unanſtändig! das gehört ſich oder gehört ſich
nicht! Und durch dieſes Urteil herrſcht die Sitte. — Ihre
Machtmittel, mit denen ſie jenem Urteil Nachdruck verleiht,
ſind geſellſchaftliche Mißachtung deſſen, der ſich ihren Normen nicht
fügt, üble Nachrede, unter Umſtänden auch eben dadurch empfindliche materielle Schädigung.

Jede Gruppe der menſchlichen Gemeinſchaft, jedes Volk, jedes
Dorf, jeder Stand bringt ſeine eigene Sitte hervor. Sie iſt der
unentbehrliche Kitt bei jedem menſchlichen Gemeinſchaftsleben,
wichtiger als äußere Satzungen. In ihr vor allem ſpricht ſich
der Charakter eines Volkes aus, wie ſich ſein Gemüt in ſeiner
Sprache, in ſeinem Dichten, in ſeinem Lied wiederſpiegelt. — Um
ſo wichtiger iſt die Sitte für die Entwicklung des menſchlichen
Gemeinſchaftslebens, als ſich uns, je weiter wir in der Geſchichte
zurückgehen, deſto umfaſſender der Herrſchaftsbereich der
Sitte darſtellt. Urſprünglich iſt das Recht nicht ſcharf unterſchieden von der Sitte: durch die Stammesſitte iſt dem einzelnen
ebenſogut geboten, die Intereſſen der Stammesgenoſſen unangetaſtet
zu laſſen, wie den Todten gegenüber die Pietätspflichten zu erfüllen
oder den Mord des Verwandten zu rächen, oder ſich in die Stammes-
ordnung innerhalb ſeines Stammes zu fügen. Auch die Sitt-

lichkeit hebt ſich urſprünglich nicht ſcharf von der Sitte ab.
Das ſittliche Gewiſſen iſt ſo eng verflochten mit dem Geſamt=
bewußtſein, daß der ganze Umfang deſſen, was die Sitte vor=
ſchreibt, auch ſittlich geheiligt iſt und die Möglichkeit eines Gegen=
ſatzes von ſittlichem Haubeln und Sitte noch gar nicht in den
Geſichtskreis tritt. Ja, auch die Religion erſcheint auf primi=
tiver Stufe nur wie ein Zweig der Volksſitte: der Kultus, der
urſprünglichſte Ausbruck für die Beziehung zwiſchen dem Menſchen
und der Gottheit, iſt Sache der Sitte. Dieſe beſtimmt die heiligen
Orte, die heiligen Zeiten, die heiligen Handlungen. Wohl iſt der
Fromme überzeugt, daß es ſo und nicht anders Gottesordnung iſt;
aber dieſe Gottesordnung iſt als ſolche dem einzelnen zugeführt
und verbürgt durch die Sitte, die ihm ſagt, was ſich gebührt.
Auch die Summe von Glaubensvorſtellungen erſcheint auf dieſer
Stufe nicht als Gegenſtand einer ſelbſtändigen Ueberzeugung: die
Sitte bringt es mit ſich, daß man ſo und ſo von den Göttern
halte; ſie bürgt durch ihre verpflichtende Autorität dafür, daß das
wahr iſt und daß man daran von Rechtswegen nicht zweifeln darf.

Wir können den Widerſchein dieſer urſprünglichen ungeſchie=
denen Einheit der Sitte noch in der Sprache beobachten. Der
hebräiſche Begriff מִשְׁפָּט umſaßt die Sitte, das geltende Rechts=
geſetz, das ſittlich Richtige und das kultiſch Korrekte; und daß in
Iſrael urſprünglich auch das ſittlich Gebotene unter den Begriff
der Sitte fiel, wird noch deutlicher durch Ausdrücke wie לֹא יֵעָשֶׂה
כֵן בְּיִשְׂרָאֵל oder מַעֲשִׂים אֲשֶׁר לֹא יֵעָשׂוּ (cfr. z. B. Gen. 20 9 34 7
II Sam. 13 12 [1]). — Ebenſo ſchließt das griechiſche Wort δίκη
nicht nur die herkömmliche Sitte in ſich, ſondern auch das Recht
mit dem Rechtsſtreit und der Rechtsſtrafe, das was ſich ſittlich
gehört und was ſich den Göttern gegenüber gebührt. Auch dem
Wort ἦθος, das beſonders in ſeinem Derivatum ἠθικός die Be=
ziehung auf den ſittlichen Charakter der Einzelperſönlichkeit auf=
genommen hat, verleugnet doch nicht ſeine Abſtammung von dem

[1] Vgl. hiezu Herm. Schultz, Die Beweggründe zum ſittlichen
Handeln in dem vorchriſtlichen Iſrael. Stud. u. Krit. Jahrgg. 1890.
S. 7—59.

Begriff des Herkommens und der Sitte. — Ebenſo iſt im Deut⸗
ſchen erſt von der Sitte der Begriff des Sittlichen abgeleitet.

Aber auf allen dieſen geſchichtlichen Gebieten zweigen ſich
immer mehr von der Einheit der Sitte die verſchiedenen Seiten
des Gemeinſchaftslebens ab, in dem Bewußtſein des Volkes wie
in der Sprache. Dazu, daß der Begriff des Rechts ſich ſcharf
von dem der Sitte abhob, hat das römiſche Volk das Meiſte ge⸗
than. Bei den Römern iſt der Gedanke des Rechts dadurch in
hellere Beleuchtung getreten, daß ſie nicht nur die Gebundenheit
des Einzelnen an die Gemeinſchaftsordnung ins Auge faßten,
ſondern das einzelne Subjekt als einen Träger von ſubjektiven
Rechten. Das ſein Recht beanſpruchende Subjekt lernte über der
ungeſchriebenen Sitte noch eine höhere Inſtanz anrufen, nämlich
ein mit geordneter Zwangsgewalt ſchlichtendes und richtendes Ge⸗
ſetz; und von dem, was der Einzelne dem andern nach Rechts⸗
geſetz ſchuldet, ſchied ſich nun das, was ihm nur durch die Sitte
geboten iſt. — Die Unterſcheidung des Sittlichen und des
Religiöſen von der Sitte aber iſt durch das Chriſtentum zur
Vollendung geführt: wohl hat ſchon in Griechenland die Dicht⸗
kunſt und die Philoſophie den Gedanken des Gewiſſensgeſetzes
klarer als zuvor erfaßt; wohl mußte auch in Rom von der
Grundlage der ſcharf umſchriebenen rechtlichen Verpflichtungen der
ſittliche Gebrauch der dem Einzelnen noch gelaſſenen Freiheit ſich
abheben; aber erſt damit, daß im Chriſtentum Religion und Sitt⸗
lichkeit ſelbſt ihren neuen vollen Gehalt bekamen, war die Los⸗
löſung beſiegelt. Die Religion ein perſönliches πιστεύειν εἰς Χριστόν,
εἰς θεόν, die wahre Sittlichkeit Liebe zum Nächſten, Schaffen der
Früchte des Geiſtes! Beides iſt ſo ſehr Sache der perſönlichen
Geſinnung und Willensrichtung, daß es nicht mehr bloß in einer
Sitte wurzeln kann: eine Sitte der Dienſtfertigkeit läßt ſich viel⸗
leicht denken, nicht eine Sitte der Liebesgeſinnung; eine Sitte der
Gebetsübung iſt möglich, nicht eine Sitte des kindlichen Glaubens
an Gott. — Wohl iſt auch Glauben und Liebe im Chriſtentum von
einer Gemeinſchaft getragen. Aber an Stelle der Sitte tritt in
ihr eine andere Macht, die des Geiſtes. Der Geiſt iſt nicht
Gewohnheit, ſondern ein Ergriffenſein der Perſönlichkeit in ihrem

Innersten; der Geist gebraucht nicht die indirekten Zwangsmittel, welche die Sitte benützt, sondern die in ihrem Innern überwältigte Persönlichkeit übt eine Macht auf lebendige Personen aus, mit denen sie in persönliche Berührung tritt. — Darum ist auch, wo der Geist des Herrn ist, Freiheit, nicht nur Freiheit vom geschriebenen Gesetz, sondern auch Freiheit von den ungeschriebenen und doch ebenso zwingenden Satzungen der Sitte. Der Geist des Glaubens und der Liebe will frei walten und mit seiner eigenen inneren Macht die Herzen überwinden; er läßt sich nicht in die Fesseln einer Sitte schlagen.

Damit aber steht das Problem, das in unserem Thema liegt, in seiner ganzen Schärfe vor uns. Die herausgestellten Merkmale des Begriffs der Sitte, die angezogenen historischen Erinnerungen sollten uns nur dazu dienen, dieses Problem hervortreten zu lassen. Es liegt darin: der Geist des Christentums ist erhoben über die Sitte; inwiefern soll nun doch die Sitte ihre Bedeutung für das christliche Leben haben? —

Auch da, wo der Geist des Christentums, d. h. der Geist Jesu Christi zu wirken begonnen hat, ist jedenfalls thatsächlich die Sitte nicht etwa entthront. Sie besteht fort als eine objektive Macht neben den Wirkungen jenes Geistes; dieser muß mit ihr rechnen und in manchfaltige Wechselbeziehungen treten. Um sie zu überschauen, müssen wir die Funktionen uns vergegenwärtigen, welche der Sitte auch da, wo Recht, Sittlichkeit und Religion über sie hinausgewachsen sind, doch noch zufallen.

2.

Auch da, wo der Geist Jesu Christi Liebe in den Herzen als die wahre Sittlichkeit fordert und wirkt, übt die Sitte ihre Macht vor allem als die Herrscherin über die äußeren Lebens- und Umgangsformen. Die Sitte ist, wie Jhering es hübsch ausdrückt, „die Grammatik des Handelns" (l. c. S. 28). So wie die Grammatik nicht den Gedankeninhalt schafft und regelt, sondern die Formen des Gedankens, so regelt auch die Sitte, wenigstens in erster Linie, die Form des Handelns. Schon die Ausdrücke: „es paßt sich, es schickt sich, es steht etwas wohl an, es

ift anftändig" erinnern an diese formale Seite der Sitte. Daher
berührt sich auch das Urteil der Sitte vielfach mit dem äftheti=
schen Urteil.

Es scheint ein peripherisches Gebiet zu sein, das damit die
Sitte für sich in Beschlag nimmt; aber jedenfalls ift es ein außer=
ordentlich weitgreifendes. Wir selbst dürfen uns nur einmal zum
Bewußtsein bringen, wie stark und mannchfach wir auch nur an
einem einzigen Tag vom Morgen bis zum Abend von den Normen
der Sitte abhängig sind. So sehr sind wir an das Joch ihrer
Herrschaft gewöhnt, daß wir es meist gar nicht mehr fühlen. Erst
wo wir die Sitte durch einen anderen verletzt sehen, tritt das
bewußte Urteil hervor, daß sich das nicht schickt, oder wo wir
selbst von ihr abweichen, empfinden wir es mit Unbehagen, daß
wir unter demselben Urteil stehen. — Bei der unendlichen Fülle
der Lebensformen, die der Sitte unterstellt sind, läßt sie sich nur
schwer klassifizieren. Doch gibt die folgende Einteilung, die
den Einteilungsversuch von Wundt teilweise modifiziert, wenig=
stens den Ueberblick über die Hauptgebiete der Sitte. Sie regelt
für's erste die Befriedigung der natürlichen Lebensbedürf=
nisse in ihren äußeren Formen. Die Sitte entscheidet, was sich
beim Essen und Trinken gehört. Sie sagt, was in der Kleidung
des Mannes anständig ist, was in der der Fran, und sie zieht
damit die Grenzen, innerhalb deren die leichter bewegliche Mode
ihren Tanz aufführt, nicht ohne daß sie dabei die Neigung be=
kundete, jene Grenzen der Sitte zu überspringen. Die Sitte be=
gleitet uns in unsere Wohnung; sie stellt ihre Ansprüche an deren
Ausstattung, an ihre Reinlichkeit, an ihre Abgeschlossenheit gegen
fremde Blicke. Die Sitte erstreckt sich überhaupt auf das ganze
Leben des Menschen als eines Naturwesens, und verlangt, daß
diese Naturseite des Menschen in gewissem Maße verhüllt werde. —
Für's zweite regelt die Sitte die Formen des menschlichen
Handelns innerhalb der festen Gemeinschaftskreise, in
benen wir alle stehen, besonders innerhalb der Familie, des Staates,
des Arbeits= und Erwerbsverkehrs. Zwar ift durch das Recht
ein großer Ausschnitt des menschlichen Handelns in allen diesen
Kreisen dem freien Walten der Sitte entzogen; aber überall bleibt

ihr doch noch ein weiter Raum übrig: wohl bestimmt bei uns das
Recht, was zu einer rechtsgiltigen Eheschließung gehört, aber die
Sitte zeichnet vor, in welchen Formen außerhalb des Standes=
amtes die Eheschließung gefeiert wird. Wohl fixirt das Recht
nach einzelnen Seiten das Verhältnis zwischen den Ehegatten und
zwischen Eltern und Kindern; aber die Sitte bestimmt zum weit=
aus größeren Teil die Formen des Haushalts der Familie. Die
Sitte zeichnet das Verhalten bei einem Todesfall in der Familie:
sie ist es in erster Linie, welche die Art der Bestattung, die Cere=
monien der Leichenfeier, die äußeren Zeichen der Pietät gegen den
verstorbenen Verwandten, wie das Tragen des Trauerkleides
u. dgl. [1] vorschreibt. Das Gesetz umgrenzt unsere Pflichten gegen
den Staat; aber die Sitte diktiert, in welchen Formen wir unsere
vaterländischen Feste feiern und der loyalen Gesinnung gegenüber
dem Staat und Monarchen Ausdruck geben. Im Arbeits= und
Erwerbsleben endlich ist zwar die Abgrenzung der Stände gegen
einander nicht blos aus der Sitte erwachsen und nicht blos von
ihr getragen; aber sie bringt das, was zum Teil aus anderen
Gründen entsprungen ist, in bestimmte Formen; sie regelt z. B.
die Standestracht, das Benehmen dessen, der einem bestimmten
Stand angehört, die Art seines Verkehrs mit Vorgesetzten und
Untergebenen. — Dies führt uns hinüber auf ein drittes Herr=
schaftsgebiet der äußeren Sitte, die Formen des Umgangs oder
des geselligen Verkehrs. Es sind die zahlreichen Formen der
Höflichkeit, die dabei in Betracht kommen: durch Zuwendung zu
dem, dem wir Beachtung schuldig sind, durch die Körperhaltung,
z. B. Verbeugungen, durch Geberden wie die des Grüßens, durch
Einräumen des Ehrenplatzes, durch Schweigen, wenn der andere
redet, durch zuvorkommende Frage, durch die Ausdrucksweise in
der Anrede und vieles andere haben wir in jedem Augenblick des
geselligen Verkehrs zu bekunden, daß wir wissen, was sich gehört.
Und die Voraussetzung dieser positiven Höflichkeitsbeweise im Ver=
kehr mit anderen ist der Anstand in der persönlichen Haltung:

---

[1] Gebhardt (l. c. S. 303) erzählt, daß in der bäuerlichen Etikette
sogar „das Weinen beim Begräbnis, ebenso wie andere Trauerzeichen, sein
Gesetz, seine stehenden Formen und bestimmten Stufen hat".

z. B. verbietet uns unsere gesellschaftliche Sitte ungezügelte Ausbrüche unseres Schmerzes, unserer Freude, unseres Zornes oder Aergers.

Alle diese Sitten sind in b e ftä n d i g e r, ob auch ganz leiser U m b i l d u n g begriffen: sie machen dem, der unter ihnen steht, den Eindruck des Feststehenden; aber beim Ueberblick über die Geschichte der Sitte nehmen wir starken Wechsel wahr. Und bei umfassender Umschau springt auch ihre r ä u m l i ch e B e - s ch r ä n k t h e i t ins Auge: wohl läßt sich ein Zug nach inter- nationaler Ausdehnung der Sitte, nach Nivellierung der verschie- denen Standesfitten, auch nach einer gewissen Vereinfachung [1]) der äußeren Sitte nicht verkennen. Aber auch an dem Gewand·der gemeinsam gewordenen Sitte werden in jedem Volk und jedem Stand immer wieder feinere Abänderungen, vielleicht auch bloße Zierraten angebracht, durch welche die örtliche Verschiedenheit doch aufrecht erhalten bleibt.

Der blos formale und partikulare Charakter der Lebens- und Umgangsformen verstärkt bei uns die Frage, die wir vorhin gegenüber der Sitte überhaupt erhoben haben: o b d e n n d i e s e s A e u ß e r l i ch e i r g e n d e i n e B e d e u t u n g f ü r d a s C h r i ft e n - l e b e n h a b e. Gilt nicht gegenüber jenen F o r m e n für das inhaltreiche chriftliche Leben unbedingt das paulinische πάντα ἔξεστιν (I Kor. 10 23)? gilt nicht gegenüber der räumlich und zeitlich b e s ch r ä n k t e n Sitte das univerfaliftische Wort: „Hier·ift nicht Hellene Jude, Beschneidung Vorhaut, Barbar Skythe, Knecht Freier, sondern alles und in allen Christus" (Kol. 3 11)?

---

　　[1]) Gerade bei Völkern auf niederer Kulturftufe finden wir oft die allerdetaillirtefte und komplizirtefte Ausbildung der Sitte, z. B. in den Grußformen. In unserer Mitte find es nicht die sog. gebildeten Stände, sondern es ift der Bauernstand, der die am feinften ausgeführte Sitte hat. Auf Grund seiner Erfahrungen in Thüringen bemerkt Gebhardt (l. c. S. 303), daß „der altmodische Bauer mit seinen Anschauungen, Formen und Vornahmen vielfach auf's lebhaftefte an den Adel, ja an die Hofleute der Fürften gemahnt". Und P. K. Rofegger sagt in seinen Schilderungen aus Steiermark (Hoch vom Dachftein 1891, S. 408): „Wer da meint, bei den Bauern gäbe es keine Höflichkeiten, Formeln, Aeußerlichkeiten und Phrasen, der meint etwas sehr Unrichtiges. Die Bauernetikette ift die ftrengste und umftändlichfte und gibt der spanischen Hoffitte nichts nach".

Aber die Geschichte der christlichen Kirche zeigt, daß
diese doch thatsächlich nie eine indifferente Stellung gegen diese äußere
Sitte eingenommen hat. Schon bei ihrer Missionsarbeit hat
sie es nicht gethan. Sie konnte es auch gar nicht; zunächst aus
einem Grund, der uns angesichts der jetzt bestehenden Lebensformen
ziemlich ferne liegt. Es ist eines der überraschendsten Ergebnisse
der geschichtlichen Erforschung der Sitte, daß bei einem immer
größeren Teil der äußeren Lebensformen sich herausstellt, wie sie
ursprünglich nicht etwa aus verständigen Erwägungen oder ästhetischen Gründen erwachsen sind, sondern aus religiösen Bräuchen
und Anschauungen: z. B. Sitten wie die des Leichenschmauses aus
dem Todtenkult, des geselligen Festmahls aus dem Opfermahl, des
Zutrinkens aus dem Gießen des Trankopfers, des Grußes aus
Gebetsformeln, die Sitten des Vermeidens gewisser Speisen aus
dem Gegensatz gegen überwundene Kulte, Sitte in Kleidung und
Körperschmuck aus kultischen Bräuchen [1]). Dieses Verflochtensein
mit religiösen Anschauungen und Bräuchen trat nun stets und tritt
noch heute der christlichen Kirche in ihrer Missionsarbeit entgegen.
Dieser religiös geweihten Sitte gegenüber gab und gibt es nur
drei Wege, entweder sie zu verpönen, oder sie zu bestätigen, aber
nun durch christlich-religiöse Anschauungen zu weihen, oder den
Zwischenweg, sie gewähren zu lassen, aber nur noch als profane
Ordnung. So hat schon Paulus das Mitmachen der Opfer-
bräuche bei einer Mahlzeit verpönt, die Verschleierung der Frauen
im Gottesdienst religiös bekräftigt, die gesetzlichen Lebensformen für
die Juden fortbestehen lassen, aber ihrer religiösen Würde entkleidet.
Aehnlich ist später die Kirche bei ihrer Missionsarbeit verfahren: verpönt hat sie Sitten wie die Verbrennung von Leichen, das Schlach-

---

[1]) B. Stade, Beiträge zur Pentateuchkritik. 1. Das Kainszeichen
(Zeitschr. für die alttest. Wiss., Jahrg. 14 [1894], S. 309): „Die Geschichte
des weiblichen Putzes ist nur von dem Gesichtspunkte aus zu schreiben, daß
sich absterbende kultische Bräuche in die Kreise der Frauen zurückzuziehen
pflegen und dort ihre kultische Bedeutung vollends abstreifen. Es gilt das
ebenso von der zum Schmucke angebrachten Tätowirung, wie von den
Schmuckgegenständen, die zu einem guten Teile nachweisbar ursprünglich
Amulette vorstellen."

ten von Tieren bei der Bestattung, das Tätowiren u. dgl.; gewähren
ließ sie Sitten wie den Leichenschmaus, mancherlei Bräuche in den
einzelnen Jahreszeiten, das Anzünden von Feuern in der Johannis-
nacht u. dgl.; religiös geweiht hat sie z. B. die Sitte der Beerdigung durch den Gedanken, daß der Herr selbst im Grabe gelegen,
durch christliche Zeremonien bei der Beerdigung, durch das Kreuz
auf dem Grab. — Es war eine historische Nothwendigkeit, daß
die Kirche so verfuhr, insbesondere auch daß sie möglichst viel von
der Volkssitte direkt aufzunehmen und christlich zu weihen suchte;
das Schicksal derjenigen Sitten, die verpönt oder als indifferent
nur geduldet wurden, hat der Kirche hierin Recht gegeben. Deun
von den nur geduldeten Sitten sind manche entartet, nachdem sie
entweiht waren; so ist der Leichenschmaus, ehemals eine heilige
Sitte, zur Unsitte geworden. Von den verpönten Sitten aber
haben sich viele zäh im Verborgenen erhalten, im Widerspruch mit
dem Christentum, getragen von einem Aberglauben, in dem sich
die Reste der alten Religion fortpflanzten. Sache des Volks
kounte das Christentum nur werben, wenn es sich gegen die vor-
gefundene Sitte in den äußeren Lebensformen nicht nur indifferent
oder negativ verhielt, sondern möglichst vieles von ihr christlich
weihte oder in christlichem Sinn umbildete. Dies Verfahren war
also nicht ein spezifisch katholisches, sondern es war schon durch
den religiösen Charakter eines großen Teils jener Sitte auf-
gedrängt.

Dazu aber kam noch ein anderer Grund, aus dem die Kirche
sich auch um die scheinbar so äußerlichen Vorschriften der Sitte
kümmern mußte. Als Bonifatius in Deutschland missionirte,
richtete er nach Rom Anfragen in ganz äußerlichen Dingen wie
etwa: ob roher Speck, ob das Fleisch von Dohlen, Krähen und
Störchen, von Bibern und Hasen, von wilben Pferden und Haus-
pferden gegessen werden dürfe. Er erhielt die Antwort, daß un-
gekochter Speck nur geräuchert zu verzehren [1]) und daß alle die
anderen schönen Dinge zu essen verboten sei [2]); immundum enim

---

[1]) Sancti Bonifacii opera ed. J. A. Giles. Vol. I, Epistolae p. 185.
[2]) l. c. p. 183.

est atque execrabile [1]). Ist es nur katholische Gesetzlichkeit, die
in jener Anfrage des Bonifatius und in der Antwort von Rom
zu Tage tritt? — Gewiß wirkt sie mit; und daß daraus ein
kirchliches G e s e tz gemacht wurde, ist ein Rückfall in alttestament=
liche Speisegesetze [2]). Aber darin, daß Bonifatius von christlichem
Standpunkt aus Bedenken gegen manche jener Sitten erhoben hat,
liegt doch ein berechtigter Gedanke: er erkannte, daß nur in einem
verfeinerten Gefühl, das sich von der natürlichen Rohheit bar=
barischer Sitten abwendet, das Christentum feste Wurzel schlagen
könne, daß darum eine Humanisierung der äußeren Lebensformen
mit der Einpflanzung des Christentums ins Volksleben Hand in
Hand gehen müsse.

Dieser Rückblick auf die Vergangenheit zeigt uns, welche
Bedeutung doch die Sitte als Herrscherin über die äußeren Lebens=
und Umgangsformen für das christliche Leben hat. Das Christen=
tum hat heute wie einst ein I n t e r e s s e daran, daß d i e S i t t e
in ihren Vorschriften die natürliche Rohheit abstreife.
Gewiß ist da, wo verfeinerte Formen herrschen, noch keineswegs
dem Geiste Christi die sichere Stätte bereitet; sie können sogar zu
einem Raffinement ausgebildet werden, das für die Einfachheit
des Evangeliums nicht mehr empfänglich ist, oder sie können einen
trügerischen Schein über ein gesellschaftliches Leben breiten, das
innerlich faul und dem sittlichen Gebot des Christentums völlig
zuwider ist. Aber doch gilt der negative Satz: wo die Sitte in
der Befriedigung der natürlichen Lebensbedürfnisse die rohe Natür=
lichkeit walten läßt, wo sie die Glieder der Familie oder des Volkes
auch nicht mehr zu äußerer Bezeugung der Pietät und Achtung
anleitet, wo sie in den Formen des Verkehrs dem einzelnen keine
Grenzen des Anstands und der Höflichkeit auferlegt, da kann der
Geist Christi nicht herrschen. Wo z. B. eine Dorfsitte nicht von
der Art ist, daß sie die jungen Burschen zu einem bescheidenen
Benehmen gegen ältere Leute oder Autoritätspersonen verbindet,
da hat ein Pfarrer auch mit seiner christlichen Seelsorge saure

---

[1]) l. c. p. 68.

[2]) Zacharias an Bonifatius: „Attamen, sanctissime frater, de omnibus e sacris scripturis bene compertus es". l. c. p. 183.

Arbeit. Die Barbarei iſt unverträglich mit dem Chriſtentum; und gegen dieſe wenigſtens kann die äußere Sitte einen Damm bilden.

Aber ſie kann noch mehr thun. Die Vorſchriften der äußeren Sitte können zwar die Liebe ſelbſt nicht gebieten; aber ſie können dadurch, daß ſie ein anſtändiges Benehmen verlangen und die äußeren Bezeugungen der Pietät, der Teilnahme für den Nächſten, der Dienſtfertigkeit, der Höflichkeit auferlegen, doch einen Abglanz der Liebe geben, die ſich nicht ungeberdig ſtellt und die ſich mit den Fröhlichen freut und mit den Weinenden weint, und dieſer Liebe ſelbſt Bahn brechen hilft. Das iſt pſychologiſch durch= aus verſtändlich. In der häuslichen Erziehung iſt jeder gute Er= zieher eifrig darauf bedacht, die Kinder an ein geſittetes Betragen und einen höflichen freundlichen Ton des Verkehrs mit Aelteren und unter einander zu gewöhnen. Denn er weiß, daß die Selbſt= beherrſchung, welche die gute Sitte ihnen auferlegt, eine Schule der ſittlichen Selbſtüberwindung für ſie iſt, daß die Bildung des Taktes und der Feinfühligkeit für den guten Ton auch der Ver= feinerung ihres ſittlichen Zartgefühls dient, daß ſie durch die äußere Gewöhnung an artiges und liebevolles Benehmen auch eine innere Freude daran und einen inneren Widerwillen gegen Rohheit und ungeberdiges Weſen gewinnen. Die Hineingewöhnung in gute Sitte iſt noch nicht die ſittliche Erziehung ſelbſt, aber ſie iſt ein Stück der „äſthetiſchen Erziehung“, die in den Dienſt von jener treten kann. Daſſelbe gilt auch für die ſoziale Pädagogik. — Eine noch kräftigere Bundesgenoſſin des Chriſtentums kann die äußere Sitte aber da werben, wo ihre Lebens= und Umgangs= formen direkt mit chriſtlichen Anſchauungen in feſte Verbindung gebracht, mit chriſtlichen Erinnerungen und Symbolen durchſetzt ſind. Die Sitte, ein „Geſegn' es Gott“ beim Dar= reichen von Speiſe und Trank zu ſagen, mit einem „Vergelt's Gott“ dafür zu danken, das Zimmer mit chriſtlichen Bildern aus= zuſchmücken oder einen chriſtlichen Spruch über die Hausthüre zu ſetzen, ein chriſtlicher Gruß, der in einer Gegend eingebürgert iſt, wie das „Grüß Gott! Behüt Gott!“, der Brauch, am Sonntag ſaubere Kleider anzulegen, die Sitte, dem neuvermählten Paar

Gottes Segen zu wünschen, die Sitte, Teilnahme am Leid der Nachbarn oder Dorfgenossen zu bezeugen, die Gräber zu schmücken, ein Kreuz auf ihnen aufzurichten — alles das kann, wo es wirklich lebendig erhalten und zum Bewußtsein gebracht wird, zu einem Band zwischen Volksleben und Christentum werden.

Aber so hoch die Bundesgenossenschaft einer humanisirten und christianisirten äußeren Sitte anzuschlagen ist, das Christentum muß sich doch hüten, sich an die Bundesgenossin zu verkaufen. Denn diese ist und bleibt doch wandelbar. Wenn man irgend eine noch so schöne Sitte als wesentlich für das Christenleben proklamiert, wie dann, wenn neue Lebensformen an die Stelle rücken? Stetig bilden sich ja solche unter dem Einfluß sozialer Bewegungen oder neuer Bildungselemente. Dann ist die Gefahr, daß im vermeintlichen Interesse des Christentums zäh die veraltete Sitte festgehalten und jenes selbst dadurch zu einer altmodischen Sache gemacht wird. Man findet auf dem Dorf nicht selten solche Christenleute, die als Christen gegen jede Aenderung alter Sitten meinen Front machen zu müssen und die in den Neuerungen nur das Zeichen des nahenden Weltendes schauen. Aber dadurch läßt sich der geschichtlich notwendige Fortschritt der Sitte nicht aufhalten; darum, wenn wir nicht wollen, daß mit der alten Sitte auch das Christentum in's Hintertreffen komme, dürfen wir den Bund zwischen beiden nicht zu unauflöslich machen.

Was folgt daraus für das praktische Verhalten des Geistlichen gegenüber diesem ersten größten Gebiet der Sitte, dem der äußeren Lebens= und Umgangsformen? In Predigt, Katechese, Jugenderziehung, Seelsorge muß der Geistliche auch ein Pfleger humaner und christlicher Sitte sein, eingedenk des Wortes: „Was wahrhaftig ist was ehrwürdig, was gerecht was keusch, was liebenswürdig was wohllautend . . . auf das nehmet Bedacht" (Phil. 4 8). Es ist durch das vorhin Gesagte nicht ausgeschlossen, daß er vor allem zu erhalten sucht, was an edler christlicher Sitte vorhanden ist. Denn wenn eine gute alte Sitte dahinsinkt, geht mit ihr doch immer ein Stück Volksgemüt verloren und die Volksseele wird erschüttert, oft in ihren innersten

Tiefen. Nur aus diesem Grund muß z. B. unsere evangelische Kirche energisch für die Sitte der Beerdigung eintreten. Denn mit dieser äußeren Form der Bestattungshandlung, mit Sarg und Grab und Friedhof ist eine Fülle von wirklichem Gemüt, von sinniger Dichtung, von echt christlichen Gedanken und Gefühlen verknüpft. Und hier handelt es sich zugleich um eine Sitte, die noch keineswegs durch den notwendigen Fortschritt der Wissenschaft und des sozialen Lebens als unhaltbar verurteilt ist, sondern nur durch eine künstlich geschürte Agitation angefochten wird. — Das E r h a l t e n aber kann nur dadurch geschehen, daß wir die gute Sitte stets n e u b e l e b e n: wir müssen die Gedanken und Gefühle, die sich ursprünglich an sie knüpfen, zum Bewußtsein bringen, sie mit neuen christlichen Gedanken und Motiven durchwirken und dadurch lieb und wert machen. D i e s e Pflege einer bestehenden Sitte ist viel wirksamer als kirchliches Machtwort gegen drohende Neuerung.

Aber das Neubeleben des Bestehenden ist nicht genug. Wir müssen auch den n e u e n L e b e n s - u n d V e r k e h r s f o r m e n, die sich im Fortschritt der Zeit anbahnen, klaren Auges in's Angesicht sehen und sie prüfen. Sind es inhumane Lebensformen, deren Einzug einen Rückfall in gröbere oder feinere Barbarei bedeutete, dann gilt es nur e i n e s: den Kampf gegen die einbrechende Unsitte. Sind es dagegen nur andere, an sich auch humane Lebens- und Verkehrsformen, die nicht nur künstlich gemacht, sondern durch die Veränderung der sozialen Verhältnisse und der Volksbildung unwiderstehlich herbeigeführt werden, so müssen wir auf die Krisis des Wechsels uns einzurichten suchen. So war z. B. unserer Kirche diese Aufgabe zugefallen, als die Civileheschließung an die Stelle der kirchlichen Eheschließung trat. Denn es handelte sich dabei nicht blos um eine Aenderung des Rechts, sondern auch der Volkssitte, die sich an die zuvor geltende Rechtsform geheftet hatte. Da durfte die Kirche sich nicht in fruchtlosem Protest erschöpfen; sondern sie mußte klar zeigen, daß und warum an der alten Sitte nicht der Bestand des Christentums hängt, sie mußte das, was an der alten Sitte Gutes war, hinüberzuretten suchen in eine neue Sitte, die an die neue Rechtsordnung sich anschloß. In derselben Weise müssen wir bei jedem notwendig geworbenen Wechsel der

Volkssitte vor allem die Klarheit des christlichen Urteils gegen=
über der neuen Sitte zu schaffen suchen, dann aber darauf aus=
gehen, sie mit christlichen Gedanken und edel menschlichen Anschau=
ungen in Verbindung zu bringen. Christliche Belehrung,
noch mehr aber festliche Weihe kann dazu beitragen, ebenso
christliches Vorbild. Christliche, aber auch edel weltliche Dich=
tung — man denke an Schillers Lied von der Glocke! — und
sonstige Kunst kann dabei mithelfen. Durch all das können wir
freilich nur die Anregung geben, daß auch die neue Sitte
wieder ausgesprochen christliche Formen sich anbildet. Machen
können wir es nicht. Das widerspräche dem Wesen der Sitte. —
Freilich dürfen wir uns nicht verhehlen: es treten uns besonders
im Arbeits= und Erwerbsleben unserer Zeit manche neue Lebens=
formen entgegen, die so phantasielos, so sehr und so ausschließlich
praktisch sind, daß sie sich auch gegen die direkte Verbindung
mit christlichen Gedanken spröde verhalten. Bei manchen alten
Sitten — z. B. bei manchen sinnreichen Zunftsitten — war diese
Verbindung leicht herzustellen; bei manchen neuen Lebensformen
werden wir darauf verzichten müssen, sie durch christliche Symbole
zu weihen. Sie können nur geweiht werden durch Glauben, Ge=
bet und Treue der Persönlichkeit, die ihr Tagwerk, auch den poesie=
losen Lohndienst der Pflicht, in Gottes Namen thut.

3.

Nur als Herrscherin in ihrem weitesten Reich, dem der äußeren
Lebens= und Verkehrsformen, haben wir bis jetzt die Sitte ins
Auge gefaßt. Aber sie begnügt sich nicht damit. Sie übt doch
auch auf den Inhalt des Handelns ihren indirekten Einfluß
aus und sie gibt diese Wirksamkeit auch nicht ab, wenn der Inhalt
des Handelns durch Rechtsgesetz und sittliche Gebote bestimmt wird.
Die Sitte ist hier thätig als Wächterin der bürgerlichen
Ehrbarkeit.

Wenn das Recht seine Urteile spricht und seine Strafen
verhängt, so begleitet dies die Sitte mit ihren Urteilen und
Strafen. Sie erklärt in vielen Fällen das rechtlich bestrafte Thun
zugleich für ehrenrührig; manchmal spricht sie aber auch da, wo

das Recht schweigt, ihr richtendes und strafendes Urteil, und bis=
weilen läßt sie dem durchs Recht Verurteilten seine Geltung in
der Gesellschaft [1]). In ähnlichem Verhältnis steht nun die Sitte
zur Sittlichkeit, auch zur christlichen: wenn auch die Sitte
die Gesinnung der δικαιοσύνη καὶ εἰρήνη und der ἀγάπη nicht durch=
setzen kann, so kann sie doch einen gewissen Kreis von Handlungen,
die in dem Gebot der Liebe eingeschlossen sind, auch ihrerseits
für passend oder schicklich oder besonders ehrwürdig erklären, noch
viel entschiedener aber einen Teil derjenigen Handlungen, die durch
das christliche Gebot ausgeschlossen sind, für unanständig und ehr=
los. Wir dürfen an einfache Thatsachen der Erfahrung denken:
wenn die Sitte auch ein ziemliches Maß von Selbstsucht ertragen
kann, so wird doch eine auffallende Verletzung der Pflicht, für
andere zu sorgen oder einem Notleidenden zu helfen, von ihr ge=
brandmarkt; der Geizhals gilt als ein unanständiger Mensch, mit
dem man nicht verkehren kann. Die Sitte läßt manches bedenk=
liche Mittel, sich Vorteil zu verschaffen, passiren; aber wenn sie
nicht ganz entartet ist, wendet sie sich wenigstens von der offen
zu Tage tretenden Unredlichkeit ab. Sie legt vielleicht dem Fleisch
keine strengen Zügel an; aber wo sich die Zuchtlosigkeit zu nackt
hervorwagt, findet die öffentliche Meinung ein σκάνδαλον in ihr.

Eine wirklich gründliche Richterin ist die Sitte bei diesen
ihren Urteilen niemals: sie sieht mehr auf die äußere Erscheinung
des Handelns als auf Gesinnung und Motive. Sie läßt sich
darum auch leicht durch irgend welche gesellschaftliche Vorzüge
bestechen: sie verzeiht dem Talentvollen, dem Hochstehenden, was
sie dem wenig Begabten oder Niederstehenden schwer anrechnen
würde. Die Sitte wird diese Mängel nie völlig überwinden; sie

---

[1]) Ein bekannter Jurist, Heinr. Dernburg, hat kürzlich in einer
Broschüre, betitelt „Die Phantasie im Recht" (Berlin 1894), den Gedanken
ausgeführt, daß die Phantasie „letztlich der Grund alles Rechts" sei, „das
belebende Element, durch welches es besteht". Umfassender müßten wir
wohl sagen, daß in der Sitte, die allerdings, wie wir uns überzeugten,
von Phantasievorstellungen und Werturteilen getragen ist, die Wurzel und
belebende Kraft des Rechts liegt. Ein Recht, das nicht aus der Sitte
herauswächst, oder in ihr wenigstens seinen Widerhall findet, ist unpopulär
und darum nicht voll wirksam.

will nun einmal nicht über den sittlichen Wert des Menschen ur=
teilen, sondern über seinen gesellschaftlichen Wert. Aber sie kann
sich doch in sehr verschiedenem Maß dem sittlichen Urteil annähern:
in dem einen Volk oder Dorf oder Stand ist sie irregeleitet und
stumpf, im anderen läßt sie sich von richtigen Normen leiten und
bekundet eine wirkliche Feinfühligkeit.

Nun ist es zweifellos, daß diese Sitte als Wächterin der
Ehrbarkeit ihren großen Wert für das sittliche, auch
für das christliche Leben einer Gemeinschaft und ihrer
Glieder hat. Hegel hat die Sitte als den objektiv gewordenen
sittlichen Geist gefeiert, als die substantielle Sittlichkeit, die höher
steht als das abstrakte Recht und die Moralität. „Wie die Natur
ihre Gesetze hat", sagt er, „wie das Tier, die Bäume, die Sonne
ihr Gesetz vollbringen, so ist die Sitte das dem Geist der Freiheit
angehörende (Gesetz). Was das Recht und die Moral noch nicht
sind, das ist die Sitte, nämlich Geist" (Hegel, Rechtsphilosophie
§ 151). Dies ist gewiß eine starke Ueberschätzung der Sitte. Sie
ist doch nur ein vergröberter Niederschlag des sittlichen Geistes,
als christliche Sitte des christlich=sittlichen Geistes, der im sittlichen
Gewissen einzelner christlicher Persönlichkeiten viel kräftiger und
reiner wirksam ist. Aber soviel bleibt richtig, daß dieser Nieder=
schlag von größter Bedeutung für das Herrschen des sittlichen
Geistes in einem Volk oder in einer Gemeinde ist.

Mit schrecklicher Klarheit drängt sich das auf, wo die Sitte
zum Widerspruch gegen die sittlichen Gebote des Christentums
entartet oder wo sie wenigstens schlaff geworden ist. Da fehlt
dem Appell des Geistlichen an die Gewissen der kräftige Wider=
hall. Wo z. B. in einer Gemeinde ein laxes Urteil der Sitte
über uneheliche Geburten oder über eheliche Untreue herrscht, da
muß der Geistliche erst mühsam kämpfend im Gewissen des Ein=
zelnen das sittliche Urteil zu begründen oder, soweit es sich noch
regt, gegen die öffentliche Meinung zu befestigen suchen. Dagegen
ist da, wo eine strenge Sitte waltet und unerbittlich ihr Urteil
spricht und ausführt, dem Geistlichen ein guter Baugrund gegeben;
sie ist ihm wenigstens ein παιδαγωγὸς εἰς Χριστόν.

Mehr als dies kann sie freilich nicht sein. Wo sie mehr

sein will, da wird sie nur zum Hindernis für das Wirken des Geistes Christi. Auch die ernsteste Sitte kann immer nur einen Ausschnitt aus dem, was das christliche Sittengebot uns als Ziel vorhält, durchsetzen. Sie bringt darum stets auch die G e f a h r mit sich, das christliche Sittlichkeitsideal zu v e r e n g e n und von seiner Höhe etwas abzumarkten. Auch die ehrbarste Sitte kann mit ihren eigenen Mitteln nichts weiter als eine äußere Ehrbar= keit herbeiführen, nicht aber einen Geist der Liebe und Heiligung pflanzen; dieser geht nur von lebendigen Personen aus, von der Person Jesu Christi und von denen, die Träger seines Geistes sind. So droht von Seiten der Sitte stets zugleich eine Ver= flachung und V e r ä u ß e r l i c h u n g der christlichen Sittlichkeit, eine V e r u n r e i n i g u n g durch fremde Motive. Ja das Motiv, das die Sitte in Bewegung setzt, kann sogar ein furchtbar gefährliches werden: wenn der Besitz der gesellschaftlichen Ehre das Höchste für einen Menschen ist, gelten ihm unter Umständen alle Mittel für erlaubt, nur um sie zu retten. Erschütternde Meineidsprozesse, die in der letzten Zeit in unserer nächsten Umgebung sich abspielten, haben es uns grell beleuchtet, daß das Bestreben, sich dem rich= tenden Urteil der öffentlichen Meinung zu entziehen, geradezu zu einer dämonischen Macht für einen Menschen werden kann.

Darum ist eine Sitte, hinter der nicht lebendige sittliche Per= sonen stehen, im Grunde doch morsch; sie wird bei dem Einzelnen durch den Ansturm der Versuchung zu Boden geworfen, sobald das Interesse der gesellschaftlichen Ehre ihre Befolgung nicht mehr fordert; sie wird auch in der Gesamtheit vor dem Einbrechen einer unchristlichen Macht, wie es die Welt= und Lebensauffassung der heutigen Sozialdemokratie ist, nicht Stand halten. Verlasse sich keiner von uns auf ihre Widerstandskraft! mache sich keiner die Hoffnung, durch äußere kirchliche und staatliche Zuchtmittel diese Sitte genügend stärken zu können! U n s e r e A u f g a b e ist es allerdings, die gute Sitte zu befestigen, wo wir nur können, die rechten Begriffe von bürgerlicher Ehrbarkeit und Anständigkeit aufrecht zu erhalten. Aber wir müssen sie stets auch zu reinigen und zu vertiefen suchen. Zu diesem Behuf haben wir in Predigt, Seelsorge, Katechese die Unzulänglichkeit eines ehrbaren Lebens,

das ſich nur nach der Sitte richtet, aufs klarſte auszuſprechen.
Das Vertrauen und der Stolz darauf tritt uns ja in der Seel-
ſorge, ſogar an manchem Totenbette, in kraſſer Weiſe entgegen.
Vor allem aber müſſen wir dadurch, daß wir Jeſum Chriſtum
ſelbſt und ſeine Kraft in unſeren Gemeinden lebendig machen,
chriſtliche Perſönlichkeiten zu bilden und ihrer Einwirkung auf
die Gemeindegenoſſen die Wege zu bereiten ſuchen. Nur durch Perſönlichkeiten kann auch die Sitte ſelbſt immer wieder mit dem
Geiſte Chriſti in Berührung gebracht und dadurch gereinigt und
emporgehoben werden. Und deſſen bedarf ſie bringend, wenn ſie
als Wächterin der äußeren Ehrbarkeit wirklich heilſam ſein ſoll.

4.

So bedeutſam die Sitte als Herrſcherin der äußeren Lebens-
und Verkehrsformen wie auch in der eben genannten Eigenſchaft
für das chriſtliche Leben iſt, ſo kann ſie doch in einer dritten
Funktion noch unmittelbarer dem Geiſte Chriſti dienen. Schon
bei dem erſten Gebiet ergab ſich uns, daß die Sitte zu einer chriſtlichen werden kann, wenn die Formen des täglichen Lebens mit
chriſtlichen Anſchauungen in Verbindung gebracht, mit chriſtlichen
Symbolen umgeben werden. Ebenſo wird auf ihrem zweiten Feld
die Sitte in dem Maß eine chriſtliche, als ihre Urteile über geſellſchaftlichen Anſtand in Annäherung an das chriſtlich-ſittliche Urteil
ſich befinden. Aber während in dieſen beiden Fällen die Sitte
ein notwendiges Produkt des natürlichen geſellſchaftlichen Lebens
iſt und nur chriſtianiſirt wird, gibt es noch einen Zweig der Sitte
unter uns, der ausſchließlich Werk und Werkzeug des chriſtlichen
Geiſtes iſt, die chriſtliche g o t t e s d i e n ſt l i c h e S i t t e.

Der religiöſe Geiſt des Chriſtentums, der als Glauben im
Herzen wohnt, ſoll und kann wohl unabhängig von aller Regelung
durch eine Sitte ſich äußern: in Glaubensthaten, in Glaubens-
worten des Gebets und des Bekennens, in Glaubensliedern. Wo
glaubensmächtige Chriſten ſind, laſſen ſie „das Wort Chriſti reichlich unter ſich wohnen; in aller Weisheit lehren und vermahnen
ſie ſich unter einander mit Pſalmen, Lobgeſängen und geiſtlichen
Liedern, in der Dankbarkeit in ihren Herzen Gott ſingend" (Kol.

3 16). Aber gerade wo der Geist mächtig ist, gilt die Forderung des Paulus: πάντα δὲ εὐσχημόνως καὶ κατὰ τάξιν γινέσθω (I Kor. 14 40). Auch der Geist des Christentums ist in Gefahr, ohne solche Ordnung zu verwildern, um so mehr, je gewaltiger er den natürlichen Menschen ergreift. Eine Ordnung aber bedeutet, daß eine S i t t e für die Aeußerungen des Geistes sich ausbildet. In diesem Interesse ist Paulus darauf bedacht gewesen, für die gottesdienstlichen Zusammenkünfte in Korinth und in seinen andern Gemeinden eine christliche Sitte einzubürgern. Sie war nötig, wenn der das sittliche Gewissen des Menschen erweckende und tröstende Geist Christi nicht in ekstatischer Erregung untergehen sollte. — Aber die gottesdienstliche Sitte hat zugleich eine fast entgegengesetzte Obliegenheit. Der Geist, der in Danken und Bitten und Ver= kündigen des Namens Christi hervorbrechen soll, würde vielleicht auch bei uns zu verwildern, aber jedenfalls z u e r l a h m e n u n d z u v e r s t u m m e n drohen, wenn nicht die christliche Sitte die Christen zu persönlicher Berührung mit andern Christen, zu regelmäßigem gemeinsamem Bekenntnis des Evangeliums in Bitten und Danken vereinigte. Die Sitte stellt auch dieses Zusammen= kommen zu gemeinsamer Erhebung und Erbauung unter die Form, die ihr nun einmal eigen ist, nämlich unter das gemeinsame Ur= teil: so gehört, so ziemt sichs für einen Christen, für eine Christen= gemeinde. Auf diese Weise kann, um einen neutestamentlichen Ausdruck (II Tim. 1 6) in anderer Verwendung zu = gebrauchen, die christlich=gottesdienstliche Sitte ein beständiges ἀναζωπυρεῖν, ein belebendes Wiederanfachen des in der Gemeinde waltenden Geistes vermitteln. — Die gottesdienstliche Sitte, die aus den genannten beiden Gründen erwachsen mußte, ist eine recht u m f a n g r e i c h e : ihr Werk sind nicht nur die regelmäßig wiederkehrenden gottes= dienstlichen Zusammenkünfte selbst, sondern auch alle die viel= gestaltigen ritus et ceremoniae, welche da und dort beim Gottes= dienst im Brauch sind, die allmählich fixirten Formen für die innere Einrichtung der gottesdienstlichen Räume, die Ordnung der festlichen Zeiten, besonders die eingreifende Ordnung des Sonntags.

Schon mit dieser letzteren Einrichtung greift aber die kirch= liche Sitte über die gottesdienstlichen Zusammenkünfte der G e =

meinde hinaus, in die Ordnung des täglichen Lebens hinein. Innerhalb dieses letzteren hat besonders die katholische Kirche eine große Zahl von gottesdienstlichen Uebungen als Sitte einzubürgern gesucht; die evangelische Kirche ist darin zurückhaltender gewesen. Doch hat auch sie nicht nur die regelmäßige Teilnahme am Gemeindegottesdienst, am Abendmahl, am Kirchenopfer, sondern auch außerhalb der Kirche das Heiligen des Sonntags, die Einrichtung von Morgen= und Abendgottesdiensten in den Häusern, das Tischgebet, das Beten des Vaterunsers beim Läuten der Mittags= und Abendglocke in den Gemeinden als etwas, was sich für evangelische Christen gebührt, einheimisch zu machen gestrebt. — Die christlich=religiöse Sitte in dieser Abzweigung berührt sich aufs nächste mit der christianisirten Sitte in den äußeren Lebens= und Verkehrsformen; aber sie unterscheidet sich von dieser doch dadurch, daß sie nicht nur die Formen des alltäglichen weltlichen Lebens mit christlichen Symbolen zu umkleiden, sondern innerhalb des täglichen Lebens ausgesprochen religiöse gottesdienstliche Uebungen einzuführen sucht.

Wir brauchen nach dem, was wir über das Bedürfnis einer geordneten Sitte für den Gemeindegottesdienst gesagt haben, ihren Wert nicht mehr besonders zu erweisen. Und ebenso drängt sich der Wert einer kräftigen religiösen Sitte im täglichen Leben unmittelbar auf. Jeder Geistliche in Stadt und Land weiß, welche Hilfe seinem Wirken gegeben ist, wo auch in den Häusern noch die Gewöhnung zum Gottesdienst, Heiligung des Sonntags und Gebetsübung herrscht; da ist sein Wort von der Kanzel oder am Krankenbett noch nicht wie der Klang aus einer fremden Welt, der nur zu schnell in dem weihelosen Tagesleben zu verhallen droht. Er hat es viel leichter in seiner Arbeit, wo die Sitte und damit die Macht einer öffentlichen Meinung ihn unterstützt. Aber eben deswegen ist er vielleicht manchmal geneigt, ihren inneren Wert zu hoch anzuschlagen.

So segensreich eine stark und reich ausgebildete gottesdienstliche Sitte ist, sie hat auch ihre zweifellosen Gefahren. Die Geschichte beweist, daß sie vor allem der Kanal gewesen ist, durch den allerlei Verunreinigungen des christlichen Glaubens hereingeströmt sind. Es liegt im Wesen der Sitte begründet, daß sie, wo sie sich bildet, den Anschluß an schon Bestehendes sucht. So war es ganz natürlich, daß die christliche Sitte der Urgemeinde zum Teil die gottesdienstliche Sitte der Synagoge herübernahm und daß auch Paulus manches davon in seinen heidenchristlichen Gemeinden einführte. So war es auch an sich natürlich, daß die Mission der späteren Kirche, z. B. unter den Germanen, getreu jenen bekannten Anweisungen Gregor's I. an die angelsächsischen Missionsorganisatoren, die Sitten der heidnischen Religion möglichst schonend in christliche Sitten umzubilden suchte. Aber die katholische Kirche hat auf allen ihren Gebieten diese Schonung in einem Umfange geübt, daß dem Hereinfluten heidnischer Vorstellungen und abergläubischer Bräuche Thür und Thor geöffnet war. Im kirchlichen Kultus mysteriöse Weihen und ein gottversöhnendes blutiges Opfer, Lustrationen und Exorcismen, sinnliche Darstellungen des Heiligen in Statue und Bild, des geistigen Gottesdienstes in Prozessionen, Weihrauch und Gebets= formeln, Erhebung alter Kultorte zu neuen hochheiligen Stätten, Fortsetzung heidnischer Feste und Festgebräuche; im täglichen Leben der Gebrauch von Orakeln, Zaubermitteln und Amuletten, Ver= suche auf Gott einzuwirken durch Gebetsübungen oder sonstige religiöse Leistungen — alles das verdankt der Macht der Sitte bis auf den heutigen Tag seinen Fortbestand in vielen katholischen Landen. — Uns Evangelischen droht zwar diese grobe heidnische Verunreinigung weniger. Wohl aber stellt sich bei starker Be= tonung der kirchlichen Sitte auch bei uns leicht eine Richtung auf einen äußerlichen Werkdienst ein, der zwar seine Ansprüche an den Christen macht, aber doch leicht abzumachen ist, und da= mit auch der Gedanke der verdienstvollen Leistung. Und durch beides droht die Reinheit und Innerlichkeit des evangelischen Glaubens Schaden zu leiden.

Eine andere Gefahr, die aufs engste damit zusammenhängt, ist die Beeinträchtigung der evangelischen Frei= heit. Die Geschichte zeigt uns, daß die stramme kirchliche Sitte zum guten Teil unter dem Druck des Gesetzes sich gebildet hat: vor allem das kirchliche Gesetz, das mit göttlicher Autorität

über die Gewiſſen herrſcht, hat die katholiſch-kirchliche Sitte begründet. Und wenn ſchon bei dieſer auch das **bürgerliche**
Geſetz mitwirkte, ſo war es auf evangeliſchem Boben ganz weſentlich die „chriſtliche Obrigkeit", die durch ihren direkten und indirekten Zwang zum Gottesdienſt, zur Beichte, zum Abendmahl,
zur Taufe, zur Konfirmation, zur kirchlichen Trauung eine kirchliche Sitte begründen half. Die Reformation hat die große That
gethan, daß ſie gegenüber der katholiſchen Auffaſſung der gottes-
dienſtlichen Ordnungen als lex divina den Begriff der nicht birekt
religiös verpflichtenden Sitte feſtſtellte, ſogar für ſo grundlegende
Ordnungen wie die des Sonntags[1]). Aber ſie hat nicht mit
gleicher Klarheit zwiſchen religiös-kirchlicher Sitte und zwiſchen
geſetzlich-bürgerlicher Ordnung zu unterſcheiden vermocht. — Auch
von denen, die h e u t z u t a g e die kirchliche Sitte hochſchätzen,
ſchauen manche noch ſehnſüchtig zurück nach dem verlorenen obrig-
keitlichen Zwang; manche greifen auch, da er doch unwiederbring-
lich verloren iſt, zu dem noch bedenklicheren Mittel, wenigſtens die
Grundordnungen der chriſtlichen Sitte, wie etwa den Sonntag,

---

[1]) Vgl. z. B. die Unterſcheidung von traditiones humanae und neces-
sarius cultus in Conf. Aug. Art. 26 u. 28; über den Sonntag Art. 28 § 53 ff.:
Quid igitur sentiendum est de die dominico et similibus ritibus templo-
rum? Ad haec respondent, quod liceat episcopis seu pastoribus facere
ordinationes, ut res ordine gerantur in ecclesia, non ut per illas . . . .
obligentur conscientiae, ut judicent esse necessarios cultus, ac sentiant se
peccare, quum sine offensione aliorum violant. Sic Paulus (I Kor 11 5 6)
ordinat, ut in congregatione mulieres velent capita, (I Kor 14 30) ut ordine audiantur in ecclesia interpretes ect. — Tales ordinationes convenit
ecclesias propter caritatem et tranquillitatem servare eatenus, ne alius
alium offendat, ut ordine et sine tumultu omnia fiant in ecclesiis (I Kor
14 40, cfr. Phil 2 14): verum ita, ne conscientiae onerentur, ut ducant res
esse necessarias ad salutem, ac judicent se peccare, quum violant eas sine
aliorum offensione; sicut nemo dixerit, peccare mulierem, quae in publi-
cum non velato capite procedit sine offensione hominum. — Wenn hier
auch durchweg von ordinationes die Rede iſt, ſo treten dieſe doch nicht
bloß durch die zuletzt beigezogene Analogie, ſondern überhaupt dadurch, daß
bei ihnen die direkt religiöſe, ebenſo aber auch die rechtliche Verbindlichkeit
ausgeſchloſſen und nur die Rückſicht auf „der andern Aergernis" verlangt
wird, unter den Charakter der kirchlichen S i t t e.

wieder direkt als lex divina der evangeliſchen Gemeinde darzuſtellen [1]). Und doch geben ſie damit leichten Kaufs ein weſentliches Stück evangeliſcher Freiheit preis. — Dieſe drohenden Gefahren mahnen zur maßvollen Schätzung der kirchlichen Sitte: vergeſſen wir nie die reformatoriſche Unterſcheidung von religiös=ſittlichem Gottes= gebot und kirchlicher Sitte! Erhalten wir uns das Bewußtſein, daß Kirchlichkeit noch nicht die Herrſchaft des Geiſtes Chriſti in einer Gemeinde bedeutet!

Und was folgt daraus für u n ſ e r e P f l e g e d e r k i r c h = l i c h e n S i t t e, zuerſt der Sitte, welche die O r d n u n g e n

---

[1]) In einer Rede, gehalten auf dem Stuttgarter Kongreß für Sonn= tagsfeier 1892 (erſchienen Stuttgart 1893, S. 4 f.) wehrt es Hofprediger S t ö c k e r mit Recht ab, daß man die Sonntagsfeier aus dem dritten Gebot ableite. Aber wenn er ſtatt deſſen auf die für uns verbindliche Schöpfungsordnung Gottes zurückgreift, welche den Sabbath in ſich ſchließe und welche, als eine uralte Ordnung, durch das dritte Gebot nur wieder in Erinnerung gerufen werde, ſo iſt die Frage, ob er nicht dieſe Schöpfungs= ordnung ſelbſt wieder als ein aus der Schrift, nämlich dem Schöpfungs= bericht zu entnehmendes geſetzliches Statut und damit direkt als lex divina auffaßt. Man muß dies faſt denken, da er der Augsburgiſchen Konfeſſion eine „ungenügende Durcharbeitung des Sonntagsbegriffs" vorwirft und „ein Mißverſtändnis" darin findet, daß ſie, wenn kein Aergernis dadurch gegeben werde, das Sonntagsgebot wie alle andern äußeren Ceremonialgeſetze zu brechen erlaube. Die Conf. Aug. verdient dieſen Vorwurf, der auch L u t h e r s Gr. Kat. treffen müßte, keineswegs. Allerdings hebt ſie, dem Zuſammen= hang entſprechend, nur die eine Seite des Sonntags, nämlich ſeine kirch= liche Bedeutung hervor; die andere Seite iſt ſeine ſoziale Bedeutung, auf welche der Gr. Kat. hinweiſt mit den Worten: „daß wir Feiertage halten ... erſtlich auch um leiblicher Urſach und Notdurft willen, welche die Natur lehret und fordert, für den gemeinen Haufen, Knechte und Mägde, ſo die ganze Woche ihrer Arbeit und Gewerbe gewartet, daß ſie ſich auch einen Tag einziehen zu ruhen und erquicken". Aber auch nach dieſer Seite hin iſt der Sonntag eine Ordnung, die wir als Chriſten, wie C a l v i n (Inst. ed. I; Ausg. im Corp. Ref. Col. 38) es ausdrückt, „non servili quadam necessitate, sed prout caritas dictaverit" zu beobachten haben. Von hier aus angeſehen gewinnt das „sine offensione aliorum" der Conf. Aug. den weiteren Sinn: ohne Verletzung der liebevollen Humanität. Als eine weitere Bedingung für die Erlaubnis der Sonntagsarbeit dürften wir vielleicht im Sinne des Gr. Kat. auch noch hinzufügen: „ohne Schädigung für die Pflege des eigenen inneren Lebens."

und Bräuche des gemeinsamen Gottesdienstes
regelt? Vor allem, daß es uns um ihre wirklich evangelische
Gestaltung zu thun sein muß. Sie sollen nichts anderes als dazu
dienen, den christlichen Geist des Gebets, das christliche ὁμολογεῖν
der Herzen und dadurch christliche Erkenntnis und christliche Lebens-
antriebe zu wecken und so zur οἰκοδομή beizutragen. Was darüber
ist, ist vom Uebel. Welche Folgerungen aus diesem Grundsatz
für die einzelnen Stücke unserer gottesdienstlichen Sitte zu ziehen
sind, diese Frage hat die Liturgik und Homiletik im systematischen
Zusammenhang zu beantworten. Evangelische Klarheit darin thut
uns not, ebenso in der Entscheidung darüber, welche Mittel
zur Pflege der gottesdienstlichen Sitte der evangelischen Kirche
zustehen: sie darf nicht durch kirchenregimentliche Gesetze und Verordnungen „gemacht“ werden. Gesetz und Statut ist wohl nötig,
um zu sammeln und zu läutern, was die Sitte gebildet hat.
Dorum muß es auch der Sitte die Freiheit lassen, ihre neubil-
dende Arbeit zu thun. Zu dieser kann der Geistliche nur Anregungen geben, und er muß mit seinem Gehör darauf lauschen,
welche Anregungen von der Gemeinde angeeignet werden und welche
ihr fremd bleiben. Der Zug zur einheitlichen gesetzlichen Regelung
der gottesdienstlichen Sitte droht heutzutage an manchen Orten
die Freiheit zur Fortbildung zu ersticken.

Dasselbe was für den gottesdienstlichen Brauch in der Kirche
gilt, trifft auch für die religiöse Sitte der Gemeinde
außerhalb der Kirche zu. Wir müssen darauf verzichten,
bei der Arbeit für die Erhaltung und Bildung religiöser
Sitte die Polizeigewalt zu Hilfe zu rufen[1]), nicht nur weil die
Verhältnisse von Kirche und Staat darüber hinausgeschritten sind,
sondern auch weil eine so begründete religiöse Sitte nicht stark

---

[1]) Daß bei der Aufrechterhaltung sittlicher Zucht und Ordnung,
z. B. unter der Jugend, die Polizeigewalt mitzuwirken berufen ist, will ich
damit keineswegs bestreiten. Auch daß die Obrigkeit die Sonntagsruhe als
eine sociale, sittlich geforderte Ordnung im Volksleben durchführt, ist ganz
normal. Dagegen ist es z. B. verfehlt, zu meinen, daß man mit Hilfe von
Polizeistrafen bei Eltern und Lehrherren die Sitte, ihre jungen Leute zum
Besuch der kirchlichen Katechese anzuhalten, wieder beleben könne.

genug ift, einem widerkirchlichen Geifte Stand zu halten. Aber
auch durch kirchliches Gefetz läßt fich eine kräftige religiöfe
Sitte nicht ins Leben rufen. Auch wenn eine fcharfe Zuchtübung
ihm Nachdruck verliehe, ließe fich dadurch nicht neues Leben fchaffen,
fondern höchftens beftehende äußere Ordnung aufrecht erhalten.
Sogar die katholifche Kirche hat erkannt, befonders in unferen
Tagen, daß fie, wenn fie eine religiöfe Sitte, z. B. die der regel=
mäßigen Teilnahme am Gottesdienft, der häuslichen Andachten,
der häufigen Gebete ꝛc. pflegen will, auch mit der Gewalt des
Beichtftuhls noch nicht auskommt, fondern fich an die Freiwillig=
keit wenden muß. Sie hat dabei freilich ein kräftiges Mittel:
fie gründet Bruderfchaften, deren Mitglieder fich zu be=
ftimmten religiöfen Leiftungen verpflichten; durch Verheißung von
Gnaden und Abläffen und durch ihre fonftige Macht über die
Gewiffen weiß fie viele zum freiwilligen Beitritt heranzuziehen.
Wir können nicht durch den Beichtftuhl und nicht durch Abläffe
und Gnaden wirken. Wohl aber ift, wie mir fcheint, auch uns
der Weg gewiefen, durch freiwillige Verbände in unferen
Gemeinden eine religiös=kirchliche Sitte zu erhalten und neuzubilden.
Wir können und follen wohl durch Predigt, Seelforge, Katechefe,
Einwirkung auf die konfirmierte Jugend dazu helfen. Aber nur
wenn es uns gelingt, in der Gemeinde der Erwachfenen Leute zu
fammeln, die für rechte Sonntagsfeier, für Hausandachten, für
chriftliche Vermahnung und Gewöhnung der Kinder mit eigener
Ueberzeugung eintreten und fich dazu verbinden, in ihrem Kreis
folches zu pflegen und perfönlich auf andere in derfelben Richtung
einzuwirken, können wir hoffen, eine kirchliche Sitte echt evangeli=
fcher Art zu bilden und in den Stürmen unferer Zeit zu erhalten.
In welchen Formen folche Verbände fich am beften organifieren,
ob in der Form von Sulze'fchen Hausväterverbänden oder von
evangelifchen Arbeitervereinen oder fonftwie, das kann nur der
frifche praktifche Verfuch lehren.

Auf die Praxis muß die Theorie hinweifen. Sie kann nur
die Ueberficht über die reichen Thatfachen und Aufgaben des prak=

tischen Lebens und die leitenden Gesichtspunkte für die praktische
Thätigkeit zu gewinnen suchen. Gerade bei unserem Gegenstand,
der ungreifbaren, vielgestaltigen, stets wechselnden Erscheinung der
Sitte ist klarer Ueberblick und einheitliches Urteil besonders schwer
zu erreichen. Aber ob wir nun die Sitte als Herrscherin über
die äußeren Lebens= und Umgangsformen, als Wächterin der bür=
gerlichen Ehrbarkeit oder als Pflegerin kirchlicher Ordnung und
religiöser Uebung ins Auge faßten, ein Gesichtspunkt ist doch,
wie ich hoffe, durch unsere vielgewundene Untersuchung hindurch
mit Klarheit überall hervorgetreten. Es ist der Gedanke: auch
die Sitte ist nur eine irdische Verkörperung, die der christliche
Geist sich anbilden muß; sie ist nicht dieser Geist selbst. Wohl
bedarf er ihrer als eines dienenden Werkzeuges: aber er selbst
muß sie beständig neubeleben und reinigen, wenn sie nicht zum
Hindernis des christlichen Lebens werden soll. Paulus sagt von
den χαρίσματα, den mächtigen Geistesgaben der ersten Christenheit,
daß sie aufhören müssen, wenn das Vollkommene erscheint. Das=
selbe gilt von der Sitte, auch der besten christlichen Sitte. Sie
wechselt und vergeht; sie ist ein Gerüst auf Abbruch an dem
Tempel Gottes im Geist. Ewig ist nur der Geist Christi, der in
dieser Sitte lebt und durch sie mit erhalten wird, der die Herzen
zu Gott erhebende und sie einigende Geist des Glaubens und
der Liebe.

Der Glaube an Christus.

„Welches sind in Jesu Person und Werk diejenigen Grundbestimmungen, die den von ihm geforderten Glauben rechtfertigen und erklären?"

Referat gehalten auf der 51. Versammlung der Schweizer Prediger=
Gesellschaft in Neuenburg am 29. August 1894

von

Paul Chapuis,
Pfarrer und Professor in Cherbres=Lausanne¹).

Fide sola . . .!

Nach der Ansicht zuverlässiger Geographen ergab eine häu=
fig angestellte Statistik, daß die christliche Religion auf unserer
Erdkugel die erste Stelle einnimmt; der Buddhismus ist ihr —

---

¹) Der Aufsatz, der uns Anfang Oktober 1894 zuging, ist inzwischen
in der Revue de théologie et de philosophie in Lausanne veröffentlicht
worden. Der ursprüngliche für die Uebersetzung vom Verfasser geänderte
Titel lautet: La foi en Jésus Christ ou quels sont dans la personnalité de
Jésus les conditions, qui autorisent et qui expliquent la foi qu'il réclame?
Weitere Ausführungen über den Gegenstand finden sich in des Verfassers
Schrift: La transformation du dogme christologique au sein de la théologie moderne. Lausanne 1893, Bridel, 125 S. (vgl. theol. Litteraturztg.
1894, Nr. 16). Anmerkung des Uebers.

Da man so gütig war, des Verfassers Arbeit für diese Zeitschrift
zu fordern, bemerkt er für die deutschen Leser, daß er natürlich im wesent=
lichen den Diskussionen Rechnung trug, welche das behandelte Problem bei
dem Protestantismus französischer Zunge erfuhr. Trotzdem wird man sehen,
daß der Verfasser den trefflichen und gründlichen Arbeiten der deutschen
Theologie außerordentlich viel verdankt. Es muß der Kürze halber genügen,
unter vielen Arbeiten — von den Werken Ritschls, Lipsius und Anderer
ganz zu schweigen — auf die in dieser Zeitschrift veröffentlichten Artikel
Kaftans, Herrmanns, Harnacks, Lobsteins rc. zu verweisen, die sich
nahe mit dem hier behandelten Gegenstand berühren.
Anmerkung des Verf.

der herkömmlichen Meinung entgegen — nicht um 40 Millionen
überlegen[2]). Doch der numerische Vorrang ist noch kein Be=
weis für seine größere Kraft. Die Perspektive wird bestimmter,
wenn wir uns von numerischen Schlüssen zu der sittlichen Be=
bentung jeder Religion wenden und auf den Widerhall achten,
den sie in der Geschichte der Menschheit fand.

Catya=Muni findet noch Arianer und Mongolen in seinem
Heiligtum, die er selbst für untauglich zu einer heiteren Kontem=
plation hielt, Christus hingegen sucht sich seine Jünger in allen
Rassen, von den tiefststehendsten bis zu den reich begabten. Der
Buddhismus macht trotz seiner Kapellen in Loudou und Paris,
trotz des Dalai=Lama, seinem menschgewordenen Gott, keine großen
Eroberungen mehr; allem Anschein nach wird er den Orient kaum
überschreiten: die Missionare des Nazareners aber versuchen nicht
ohne Erfolg seine Bollwerke zu stürmen. Das Evangelium hat,
wenn auch der Anschein dagegen spricht, an Ausbreitungskraft
nichts eingebüßt, es zeigt vielmehr gerade eine unendlich größere
Lebenskraft als alle andern Religionen der zivilisierten Welt. Auch
ein Mahomet und Brahma vermögen ihm die Hegemonie über
die Welt nicht abzustreiten. Jeder Fortschritt, alle wahre Kultur,
jede neue Höhe, die unsere Zivilisation erklimmt, ist das Werk
christianisierter Völker. Gern geben wir dem Geographen zu, daß
die Einschnitte in die Küsten des Mittelmeeres, seine Buchten und
unzähligen Baien den Verkehr der Völker begünstigten, bis schließ=
lich das großartige Becken das Werkzeug und Zentrum der frucht=
barsten Verkehrsentwickelung wurde, aber wer will anderseits leug=
nen, daß der Name Christi, seine Gedankenwelt, das Leben, das
sich in ihm entfaltete, ein dauernder, ja der fruchtbarste Faktor
der geschichtlichen Entwickelung von 19 Jahrhunderten ist, die
hinter uns liegen? Die logische Strenge, die uns für morgen
einen Sonnenaufgang zu prophezeien verbietet, will uns an der
Versicherung hindern, daß das Christentum das höchste Ziel
religiöser Entwickelung ist; aber es bleibt wahr, daß wir die Be=
ziehungen der sittlichen Kreatur zu dem, der das Gute zusammen=
faßt und in sich enthält, dem sie sich verpflichtet fühlt, unter keiner

[2]) Vgl. auch Luthardtsche Kirchenzeitung 1894, Nr. 52, Sp. 1267

vollkommeneren Form uns denken können, als im Christentum.
Bei der Prüfung einiger entgegengesetzter Tendenzen, die mit ihrem
Gift unsere zeitgenössische Kultur anstecken, fangen gewisse Leute
an, die getäuschten Hoffnungen eines Julian Apostata zu begreifen.
Ohne Chauvinismus oder Parteilichkeit darf man antworten, daß
mit der Vernichtung des Christentums, falls es ohne diese sittliche
Kraft weiterleben könnte, der leuchtendste und reinste Stern ver-
löschen würde, der jemals ihren Himmel erhellt hat.

So ist unser Gegenstand der denkbar tiefste gerade in seiner
Einfachheit; er steigt hinab zu den Quellen des geistigen Lebens.
„Ich glaube an Jesus Christus." Dieses Wort des
alten römischen Symbols faßt unser Thema zusammen. Zweifellos hat dieser Ausdruck von seiten derer, die ihren Glauben auf
solche Weise bekannten, seis im stillen Heiligtum oder im Welt-
getümmel, seis im Angesicht des Feindes oder in friedlicher Sammlung, mancherlei Wandlungen erfahren; das soll man in der
gesamten Kirche doch nicht vergessen. Der Täufling des Urchristentums, die Bischöfe und Patriarchen des 4. Jahrhunderts,
die Reformatoren, der Mann aus dem Volk und der vornehme
Herr, die Diplomaten im Hofkleid und im Priestergewand, die
Schüler J. F. Osterwald und A. Vinets — die bewußten
und unbewußten — alle haben mit dieser Formel die verschiedensten ja entgegengesetztesten Vorstellungen verknüpft. Aber in all'
diesen Gestaltungen und Mißgestaltungen, deren Verfolg im Lauf
der Zeiten eines der greifbarsten Probleme der Geschichte und der
Psychologie bietet, findet sich schließlich doch ein dauerndes und
wesentliches Element. —

Heute ist unsere Aufgabe, diese zentrale und primäre Thatsache zu analysieren und uns in dieser Stunde innerer Sammlung
von unseren ewigen Hoffnungen Rechenschaft zu geben. Es handelt
sich darum, das organische Band zu finden, das Christum als
Glaubensgegenstand mit dem inneren Phänomen, das wir gerade
christlichen Glauben nennen, verbindet. Es müssen die konstitutiven
Elemente der Person Jesu aufgezeigt werden, die dieses innere
Leben, die Gemeinschaft mit dem Erlöser, erzeugen.

Die einfachste aber auch zeitraubendste Methode zur Lösung

des Problems bestände darin, an der Hand der Psychologie und
der Geschichte die Natur des Glaubens zu finden, um dann zu
zeigen, wie der Erlöser diesem Bedürfniß entgegenkommt. Für
die Motive, die erklärt werden müssen, schlagen wir jenen Weg
nicht ein, wenn er auch im ersten Augenblick der gewiesene scheint.
Er würde eine Studie über den Glauben selbst voraussetzen, die
die ganze uns bewilligte Zeit in Anspruch nähme, während in
dieser doch vor allem die christologische Frage in den Vordergrund
treten soll. Sie steht auf der Tagesordnung der protestantischen
Theologie der letzten Jahrzehnte. Deutschland, der französische
Protestantismus und England haben ihr wichtige Arbeiten ge=
widmet; überall hat man das Gefühl, daß es sich um ein zen=
trales Problem handelt. Durch verschiedene Umstände haben sich
die diesbezüglichen Diskussionen gerade in der französischen Schweiz
außerordentlich zugespitzt. Aus diesem Gefühl heraus entstand
die Wahl des Themas für die schweizerische Predigergesellschaft.
Dieser Erwartung müssen wir entsprechen und die systematische
Behandlung des Gegenstands den praktischen Forderungen des
Augenblicks opfern. So können wir noch einige streitige und mit
Recht oder Unrecht vielverhandelte Fragen in unserem Rahmen
unterbringen, die nicht von mehr theoretischer Natur sind als unser
Hauptthema.

Wir untersuchen in allererster Linie die Stellung,
die Jesus selbst einnahm, wenn er sich als Gegenstand
des Glaubens bezeichnet. Dann weisen wir an der Hand der
verschiedenen Auffassungen, die die Natur des Glaubens in der
Geschichte fand, die Eigenschaften der Person Christi
nach, die diesen Glauben an den lebendigen
Heiland rechtfertigen und erklären. Um Mißver=
ständnisse und Irrungen zu vermeiden, sei im Voraus bemerkt,
daß unsere Aufgabe, sowie sie formulirt ist, durchaus nicht alle
Erklärungsversuche der Person des Erlösers zu diskutiren zwingt,
wohl aber und ausschließlich eine Bestimmung der Elemente in
der Person Jesu erheischt, die besonders geeignet sind, den Glau=
ben entstehen zu lassen und das „Leben im Glauben" zu fördern.
Das auf diese Weise eingeengte Problem ist wahrlich noch groß

genug. Wir würden Gott danken, wie wir sein Licht gesucht
haben, wenn diese Arbeit dazu beitrüge, die Diskussionen der
modernen Theologie zu klären, die nach unserer Meinung schon
mit Segen für die Kirche und das Verständnis des Evangeliums
gewirkt hat, wenn auch Viele immer noch sie fürchten und über sie
klagen.

I.

Jesus fordert von seinen Jüngern nicht einfach den Glau=
ben an Gott den Vater, sondern an seine eigene Person, die zum
Vater führt. Folge mir nach! so lautet sein Schlachtruf
und dieser Appell ist die notwendige Bedingung, die uns erst er=
laubt, sich auf seinen Namen zu berufen. Diese Behauptung
wird schwerlich auf Widerspruch stoßen; sie wird hinreichend durch
die evangelische Geschichte bezeugt und das Haubeln des Christen
in der Welt zeigt alle Tage, daß er sich in seinem Glauben dem
Vorrecht dieses persönlichen Einflusses hingiebt. —

Diese Seite des Evangeliums kennzeichnet am besten die
spezifische Originalität Jesu von Nazaret. Sie räumt dem Herrn
einen ganz besonderen Platz in der Gruppe der Religionsstifter
und =Reformatoren ein. Diese religiösen zum Teil schöpferischen
Genies wiesen mit den ihnen verliehenen Mitteln und nach Maß=
gabe des eigenen Verständnisses ihre Anhänger direkt auf die Gott=
heit oder das Gute hin. Mahomed pries Allah als den Großen,
Einzigen, Unergründlichen. Confucius verkündete das höchste Gut,
wie es der Moralist verstand, noch ganz durchtränkt von antiken
Bräuchen; Buddah stürzte sich in den Abgrund der Verzweiflung
und zog seine Anhänger nach. Sie alle waren nur Prediger und
Propheten auf dem Gebiet der Inspiration, die sie erfüllte; ihre
Persönlichkeit, mag sie noch so mächtig gewesen sein durch ihre
Lehre oder die sittliche Höhe ihres Charakters, verschwand hinter
dem Ziel, das sie verkündigten und verfolgten.

Man hat sich über die Absichten wie über den Charakter
Christi getäuscht, wenn man ihn, ob auch in einer höheren Rang=
ordnung und vielleicht als in der Geschichte einzig dastehend, den
Geistesriesen der Erdenwelt anzunähern versuchte. Einen Unter=

schied zu machen zwischen der von Christus gelehrten und gelebten
Religion und derjenigen, die ihn zum Glaubensobjekt macht, heißt
auf einen Irrweg geraten und auf das Verständnis seiner Person
verzichten. Somit opfert man eines der wesentlichsten Elemente
des ersten biblischen Zeugnisses, des synoptischen, von dem vierten
Evangelium gar nicht zu reden. Es bleibt nach diesem Verzicht
zweifellos eine sittliche Auffassung des Menschen und Gottes übrig,
der aber kurz gesagt, der Vorzug der Originalität mangelt. Jesus
war etwas ganz anderes als ein frommer Moralist und es ist
eine Form des Intellektualismus und nicht gerade die beste, die
übrigens zahlreichen Schulen und theologischen oder religiösen
Parteien eigen ist, wenn man die Lehre Jesu von seinem Leben
trennt wie zwei Kapitel, denen die nötige Synthese — der Person und des Werkes — fehlt. Diese Methode, so verbreitet sie
ist und so sicher sie das Ansehen eines Calvin und die Autorität
einer langen und — gestehen wir es nur — bequemen pädagogischen Praxis für sich hat, reißt die Rebe vom Weinstock und
läßt den Saft verloren gehen. Die Predigt Jesu ist nur ein
Reflex seiner Person; ihre tiefen Wurzeln hat sie weniger in dem
Boden der Tradition und den Reflexionen jüdischer Gelehrsamkeit als in der Erfahrung, der inneren Praxis seines Seelenlebens, das unauflöslich mit dem Vater verbunden war. Wenn
Jesus Prophet und Lehrer war — und was für ein Prophet
und Lehrer — war er doch vor Allem handelnd und zeugend.
Er ist Mittler zwischen Gott und dem Menschen. Das Christentum ist also in seiner wahren Bedeutung nicht die Lehre Christi,
die von ihm verkündigte Moral, nein, das Christentum ist die
ganze Person Christi als des Glaubensobjekts. —

Nach der Weise des Meisters, der uns kein Pergament
hinterließ — er gab uns Besseres durch seinen lebendig machenden
Geist — haben die apostolischen Schriftsteller jeder in seiner
Weise die Schätze ihres Glaubens und ihrer christlichen Erfahrung
uns aufgedeckt nach Maßgabe ihrer Fähigkeiten und mit Rücksicht
auf die geistigen Bedürfnisse, denen sie entsprechen mußten. So
haben sie uns Typen und Auffassungsweisen des Evangeliums
geliefert, die sie notwendiger Weise unter lehrhaftem Gesichtspunkt

in den Rahmen ihrer Auffassungsweise und ihrer allgemeinen
Ansichten unterbrachten. Die auf unseren Gegenstand bezüglichen
Ausdrücke, um nur diese zu zitieren πίστις ἡ εἰς Χριστόν oder ἐν
Χριστῷ, denen man bei Paulus begegnet, der johannische Aus=
druck ἐκ τῆς ἀληθείας εἶναι, im Grunde mit dem paulinischen syno=
nym, sind jedenfalls originell, ein eigener Besitz ihrer Verfasser
wie die Formeln, mittels deren sie reflektierend die evangelische
Botschaft wiedergaben. Aber wer wollte leugnen, daß, wenn sie
sich auch nicht unter dieser Form im Urevangelium studen, diese
Ausdrücke in ihrer Weise und in der einschneidendsten Weise ge=
rade das bezeichnen, was die Originalität der christlichen Religion
ausmacht? Im Sinne ihres Gründers ist sie nicht, wie wir noch=
mals betonen, ausgesprochenermaßen und in erster Linie eine Mo=
ral, wenn sie auch Prinzipien einschließt, die die Moral be=
stimmen, ebensowenig eine Lehre, wenn sie auch die einfachste und
tiefste „Theologie" erzeugt (im etymologischen Sinne des Wor=
tes), sie ist vor allem eine bestimmte Art zu leben, die
Offenbarung einer Persönlichkeit, die dieses vollkommene Leben
verwirklicht und mitteilt.

Wir berufen uns nicht zum Beweis dieser Behauptung auf
den Glauben, den der Herr von den Kranken fordert, die Heilung
von ihm verlangten. Dieser Glaube ist zweifellos zum Teil
nur Hoffnung und Vertrauen, das die Leidenden, bei ver=
schiedenen Beweggründen, zu ihm hatten. Aber bei solchen Ge=
legenheiten wie bei einigen kurzen Bemerkungen über die Macht
bergeversetzenden Glaubens, der doch so klein ist als das Senf=
korn, handelt es sich um gehorsame Zuflucht zu dem höchsten
Erbarmen; Christus erscheint dort mehr als Werkzeug göttlicher
Liebe denn als direkter und zentraler Gegenstand des Glaubens.
Man denke dagegen an die Stelle, die Jesus für sich in der
Bergpredigt, einem der unbestrittensten Teile der Evangelien, in
Anspruch nimmt und an die Rolle, die er spielen will. Mit
einzigartiger Kühnheit stellt er dort die Autorität seiner Person
und seiner Ueberzeugungen der verehrungswürdigen Tradition
von Jahrhunderten, dem mosaischen Gesetz selbst, entgegen. Ohne
sich wie ein Revolutionär gegen das heilige Gesetzbuch seines

Volkes zu empören, stellt er sich doch über dieses Gesetz mit seiner eigenen Autorität: „Ihr habt gehört, daß zu den Alten gesagt ist . . . ich aber sage euch". Und dieses „Ich", wie eine neue und niegehörte Stimme entdeckt es in den geheimen Neigungen des Herzens die Quellen der Sünde; es bringt ein in das Wesen des sittlichen Gesetzes und bestimmt das Gute. Der Menschensohn macht Anspruch auf die Macht der Sündenvergebung, auf die Herrschaft über den Sabbat, den die alten Bücher mit der Schöpfung in Beziehung setzten. So prophezeit und provoziert er diese geistige Revolution, die größte, welche die Geschichte zu verzeichnen hat und die schließlich das Christentum von dem alt= jüdischen Stamm loslösen sollte, aber nicht als einen Schößling, der seine Wurzeln in denselben Boden senkt, sondern geradezu als eine neue Schöpfung, deren Organ Christus selbst ist. — An diese Wurzeln denken wir bei allen Aussagen Jesu, die den Werth seines Ich als einer heilbringenden und zentralen Größe hervorheben, so wenn er von dem Vorrecht der um seinetwillen erduldeten Verfolgungen redet, wenn er die Mühseligen und Beladenen zu sich ruft, wenn er für sich eine Liebe verlangt, die mit allen Beziehungen bricht, alles Glück und allen Reichtum opfert. Um seinetwillen sollen seine Jünger ihr Leben zu verlieren bereit sein, ihm allein sollen sie folgen in dem täglichen Verzicht und dem vollkommenen sittlichen Gehor= sam. Diese Entsagung soll für uns eine Bereicherung mit sich führen. Ohne den Gedanken irgendwie zu ändern, ohne seine Schärfe zu mildern, ließe sich in allen Erklärungen dieser Art das Fürwort der ersten Person mit dem Namen Gottes ver= tauschen. Der Christ, würde die spekulative Philosophie sagen, erhebt sich hier zum Absoluten, zum absolut Sittlichen natür= lich, zu dem vollkommenen Gut, mit dem er sich identifiziert. Wir sagen, in der religiösen Sphäre bleibend, daß Christus, seiner vollkommenen Einheit mit dem Vater bewußt, eins mit ihm in gewollter Einheit, die frei zustande kam und täglich erobert wurde, den Vater durch seine Worte und Thaten offenbart. — Das Johannesevangelium, welches nun sein litterarischer und theo= logischer Ursprung sein mag, verlängert und präzisiert im Grunde

nur diese Reihe von Aussagen und persönlichen Ansprüchen, ohne
etwas wesentlich Neues zuzufügen. „Ich bin das L i c h t und das
L e b e n; niemand kommt zum Vater denn durch mich; habet
Glauben an Gott; habet Glauben auch an mich." Also der
Einigung mit Gott, die eben Glaube an Gott ist, soll nach Jesu
Forderung der Glaube an ihn und damit die Einigung mit ihm
folgen. Nicht als ob es sich hier um zwei parallele oder wenig
divergierende Linien handelte: es giebt nur einen Weg, der durch
die Einigung mit dem Sohn zur Einheit mit dem Vater führt,
dessen Offenbarer der Sohn ist, denn im christlichen Sinne kann
Gott nur erfaßt, r e l i g i ö s erfaßt werden durch Christum, dem
„Wiederschein seines Glanzes", dem „Abdruck seines Wesens" nach
dem Wort des alexandrinischen Verfassers des Hebräerbriefs.

Diese Beobachtung ist hier von größter Wichtigkeit. Ver=
gißt man sie, so kommt man in Gefahr, bei Jesus gerade das
Gefühl kindlicher Abhängigkeit zu übersehen, das eben so be=
merkenswert ist, als es oft auftritt. Man verkennt, um im
Schulausdruck zu reden, die Subordination und man erhebt den
Herrn zu einer absoluten Größe. In dieser Beziehung zum
Vater muß er immer betrachtet werden. Sie ist überall voraus=
gesetzt, in seiner sündenvergebenden Macht sowohl, die er in An=
spruch nimmt, wie in den charakteristischsten Aussagen über den
Wert seiner Person. Der Nazarener ist nicht Gott ὁ θεός, er
ist Sohn Gottes, er offenbart den Vater, lehrt ihn kennen und
in dieser Eigenschaft beansprucht er für sich in der Religion diese
einzigartige zentrale Stellung, die ihn über alle Propheten und
Weisen der Vergangenheit erhebt.

Hier liegt, wenn wir nicht irren, der spezifische und origi=
nale Zug der Religion Christi. Wenn unsere Beobachtungen den
konstatierten Thatsachen entsprechen, ist das Christentum nicht nur
einfach eine der historischen Formen der Gemeinschaft des Menschen
mit Gott; diese Form hat einen besonderen Charakter insofern,
als die Persönlichkeit ihres Stifters ihren Platz gerade im Objekt
des Glaubens nimmt.

Läßt sich dieser Anspruch rechtfertigen? Besitzt der Erlöser
spezifische Eigenschaften, die den Glauben an ihn erzeugen und

erklären? Um das Problem zu lösen, muß zuerst der Begriff des
evangelischen Glaubens selbst für sich beobachtet und ans Licht
gezogen werden, denn je nach der Strenge, mit der man ihn bestimmt, je nach der Anzahl fremder Elemente, die man ihm bei-
mischt, wird man auch für die gestellte Frage verschiedene Lösungen
finden.

II.

Die katholische Definition des Glaubens ist bekannt. Das
Konzil von Trient hat die Formel offiziell formuliert, wenn auch
nicht vergessen werden darf, daß die ersten Anfänge des Begriffs
viel höher hinaufreichen. Nach den Symbolen der römischen
Kirche hat der Glaube nichts von einem putare, existimare opi-
nari an sich, das sich doch mehr oder weniger auf moralische oder
logische Beweise stützte, er ist vielmehr ein credere vera esse, quae
divinitus revelata et promissa sunt atque illud imprimis a deo
justificari impium per gratiam ejus, per redemptionem, quae
est in Jesu Christo. Diesem Dekret des Tridentinums, das sich
in mancher Beziehung mit den klassischen Kontroversen des
16. Jahrhunderts berührt, lassen wir seine Bestätigung folgen,
die es 1870 durch das vatikanische Konzil erhielt: Fidem quae
humanae salutis initium est, ecclesia catholica profitetur, vir-
tutem esse supernaturalem qua . . . ab eo revelata vera esse
credimus, propter auctoritatem ipsius Dei revelantis.

Das Objekt des Glaubens ist also nach diesen Erklärungen
nicht direkt Christus, sondern die Gesamtheit des religiösen Wahr-
heitsbesitzes, wie sie hergestellt und zugelassen wurde kraft der
Autorität dessen, der sie offenbarte. Da also die offenbarte
Wahrheit ihrerseits nicht einer Erklärung, so doch einer Bürgschaft durch einen unfehlbaren Interpreten dessen, der sie offenbarte, bedarf, wird die Kirche in ihren Konzilien und durch ihr
sichtbares Haupt oberste Autorität. Der Glaube besteht also in
letzter Linie in der Annahme der kirchlichen Autorität, in der
Unterwerfung des eigenen Gefühls und der eigenen Erfahrung,
in der Unterdrückung der selbständig denkenden Vernunft unter
die Entscheidung der Kirche. Wir wollen diesem Opfer nicht

seinen Glorienschein nehmen; wäre hier der Ort, darüber zu dis=
kutieren, so müßte vor allem seine unsittliche Seite hervorgehoben
werden. Die menschliche Seele wird geopfert und nicht etwa
Gott, sondern dem Befehl der Kirche und in den Augen eines
Protestanten sind diese beiden Ausdrücke keineswegs identisch.
Bellarmin sagt sehr treffend: „Der Katholik verlegt den Sitz
des Glaubens in die Intelligenz." Durch den Glaubensakt, fährt
er fort, geben wir Gott unsere Zustimmung, obgleich er uns
als Glaubensgegenstand Elemente bietet, die wir nicht fassen
können. Die auctoritas proponentis stellt das Gleichgewicht her.
Mit einer übrigens durchaus notwendigen Strenge — ohne sie
würde der Katholizismus sich selbst verleugnen — ist er seinem
Prinzip treu geblieben. Père Didon in seinen 1892 in der
Madelainekirche zu Paris gehaltenen Vorträgen über den Glauben
an die Gottheit Christi[1]) entwickelt dieses Prinzip folgendermaßen:
„Handelt es sich darum, den Sinn, die Bedeutung eines Buches
zu bestimmen, ich meine kein Buch, was sich im Schaufenster
findet oder bei dem Modebuchhändler, sondern eines, das Je=
mandem gehört, das Eigentum eines Verfassers ist und ein Erbe
der Kirche, so muß man diesen Jemand, diesen Verfasser, diese
Kirche fragen. Mögen die Protestanten mich zu streng nennen,
ich behaupte doch, das Evangelium gehört nur der Kirche . . . .
Der einzig katholische Sinn dieser (auf die Gottheit Christi bezüg=
lichen) Stellen wird uns durch die Kirche gegeben, die ihn unermüdlich
der Welt gegenüber behauptet". — Unter diesem Gesichtspunkt
allerdings, von dem wir nur sprachen, weil sich Reste davon in
gewissen protestantischen Kreisen finden, hat unser Thema wenig
Bedeutung und Wert. Diese Motive, an Christus zu glauben,
rühren weniger von den Charaktereigenschaften Christi her, die
sich meinem Wesen aufdrängen um es zu beherrschen und zu über=
zeugen, als vielmehr von dem Verzicht einem fremden Willen
gegenüber. Dieser Wille stützt sich auch auf Motive, aber sie sind
mir indifferent; nur eins ist wertvoll, alle die Motive loszuwerden,
die man haben könnte. Ich glaube an Christum, weil es so

---

[1]) Paris librairie Plon 1894, S. 104.

geschrieben steht, und die Kirche, die mir zu glauben befiehlt, die
Heilswahrheit garantiert.

Kein Gebiet der Dogmatik also hat durch die Väter des
16. Jahrhunderts eine solche Umwälzung erfahren, als das Kapitel des Glaubens. Im Gegensatz zu ihren katholischen Oppo-
nenten betonen sie seinen sittlichen Charakter. Bellarmin selbst
konstatiert, daß seine Gegner den Sitz des Glaubens in den
Willen verlegen[1]). Ohne hier auf die für die drei reformatorischen Typen charakteristischen Differenzen in diesem Gebiet wie
in andern einzugehen, muß doch an einige Nachklänge dieser
„neuen Theologie" des 16. Jahrhunderts erinnert werden. Schon
1520 in seiner disputatio de fide infusa et acquisita betont
Luther den inneren, sittlichen Charakter des Glaubens, wenn er
z. B. sagt: fides acquisita sine infusa nihil est, infusa sine acquisita est omnia; und man weiß, mit welcher Energie und
welchem Verständnis der Wittenberger Held diesen Charakter des
Glaubens an Christus enthüllte. Dazu muß man seine Schrift
über „Die Freiheit eines Christenmenschen" lesen und sich der
Definition des Glaubens erinnern, die sich im Kommentar zum
Galaterbrief 1519 findet: fides in nomen domini est intelli-
gentia legis, finis legis et prorsus omnia in omnibus.

Zwingli, in so vieler Beziehung, seinen Gedanken und
seinen Handlungen nach von dem deutschen Reformator verschieden, ist doch hierin nicht weniger deutlich. In seiner „Darlegung des christlichen Glaubens", einer Institutio in ihrer Art,
und wie diese an den König Franz I. gerichtet, definiert er den
Glauben, nachdem er daran erinnert, daß er ein Geschenk Gottes
sei, als „das Vertrauen, kraft dessen sich der Mensch auf Gott
mit allen Seelenkräften verläßt, nur will und nur thut, was
Gott angenehm ist". Hier erscheint der Glaube keineswegs als
intellektueller Verzicht, wohl aber als der Hebel, der das christliche Leben stützt.

Das berühmte Kapitel endlich in der institutio Calvins,
das er diesem Gegenstand widmet, ist bekannt. Man wird

---

[1]) Vgl. G. B. Winer: Komparative Darstellung des Lehrbegriffs
der verschiedenen christlichen Kirchenparteien. Leipzig 1882, S. 141.

Calvin vielleicht vorwerfen, die Auseinandersetzung über den Glauben wenigstens in den letzten der von ihm selbst über= arbeiteten Ausgaben vor die Darlegung des Reuebegriffs gestellt zu haben. Hier liegt, unserer Meinung nach, sein Irrtum, dessen aber nur ein Calvin fähig war. Der Beweggrund nämlich ist keineswegs eine Art Rückkehr zu dem katholischen Begriff, der, unter seinem Gesichtspunkt ganz logisch, aus der fides das in- itium vitae christianae macht. Im Gegenteil: der Reformator ließ sich durch denselben Gedanken leiten, den das Dogma der Prädestination zum Piedestal seiner Dogmatik machte: der Mensch darf keinen Teil an dem Heilswerk haben, das Erbarmen=Gottes allein wird darin verherrlicht. Wie sehr seine Aussagen über den Glauben und dessen Analyse den genialen Stempel seines Geistes tragen zeigt auch das Folgende: „Diesen Namen (Glauben) haben sie," schreibt er anspielend auf die Theologen der Sor= bonne, „und verstehen darunter nur den Willen, der sich mit der evangelischen Geschichte im Einklang befindet; aber wenn man über den Glauben in theologischen Schulen disputiert und einfach sagt, Gott sei dessen Objekt, so führen sie die armen Seelen in leichtsinnigen Spekulationen irre. — Die Zustimmung, die wir Gott geben, kommt mehr aus dem Herzen als aus dem Hirn, entstammt mehr dem Affekt als der Intelligenz . . . Hier liegt der Hauptpunkt des Glaubens, daß wir nämlich nicht die uns vom Herrn dargebotenen Gnadenverheißungen für nur außer uns, nicht in uns wahr halten, sondern vielmehr sie uns zu eigen machen, wenn wir sie in unser Herz aufnehmen. — Wenn Gottes Wort nur auf das Gehirn wirkt, ist es noch nicht im Glauben angenommen; seine rechte Aufnahme ist die, daß es Wurzel in der Tiefe des Herzens faßt, um eine unbesiegliche Festung zu werden, die allen Anläufen und Versuchungen zu trotzen vermag [1])."

Das ist wirklich Glaube im evangelischen und protestan= tischen Sinn; er scheint uns wie eine Thätigkeit sui generis, die ihren Ausgangspunkt im Willen hat. Kann man sagen, daß die

---

[1]) Instit. chrét. Edition Baum, Reuss et Cunitz. Vol. IV livre III, Cap. 4 passim.

Reformatoren alle Irrtümer, die die Scholastik — um nicht noch höher hinaufzusteigen — in den Glaubensbegriff gebracht hatte, endgültig vernichtet hätten? Haben sie im Einzelnen alle Konsequenzen aus ihrem Prinzip zur Erneuerung der Dogmatik, speziell der Christologie[1]), zu ziehen verstanden? Gewiß nicht, aber es wäre unrecht, aus diesem Urteil einen Vorwurf zu machen. Auch der Mensch des 16. Jahrhunderts entrinnt dem allgemeinen Gesetz nicht, nach dem eine Wahrheit sich nur Schritt für Schritt erobern läßt. Die echteste Originalität, die charakteristischste Eigen-Ueberzeugung ist immer mit einem Glied an die Kette früherer Arbeit geknüpft. In dem eben erwähnten großartigen Kapitel Calvins finden sich auch Worte und Behauptungen, die zwar nicht im Widerspruch mit den ausgesprochenen Prinzipien stehen, sie aber doch der Gefahr einer Abschwächung und Verdunkelung aussetzen. So nennt der Genfer Reformator — und das gilt in gleicher Weise für seine Mitstreiter — oft den Glauben eine Erkenntnis; er spricht einmal von „dem Verstande, der das göttliche Versprechen erfaßt, um es durch den Geist in das Herz bringen zu lassen". Diese Definition hebt ebenso das intellektuelle Moment hervor, wenn sie den Glauben als „eine feste und gewisse Erkenntnis des guten Willens Gottes gegen uns bezeichnet, die auf dem Grunde der freiwilligen in Jesu gegebenen Verheißung ruhe, unserm Verstande enthüllt und in unsern Herzen durch den heiligen Geist versiegelt sei." Doch um Calvin nicht Unrecht zu thun, muß daran gedacht werden, daß unter „Erkenntnis", wenn es sich um Glauben handelt, nicht ein Begreifen zu verstehen sei, „wie es die Menschen sinnlich wahrnehmbaren Dingen gegenüber haben; denn jene Erkenntnis übersteigt so sehr alle menschlichen Sinne, daß bei ihr der Geist über sich selbst hinaus muß, um sie zu erreichen. Denn wie der Glaube sich nicht mit einem zweifelnden und schwankenden Meinen begnügt, so ist er ebensowenig mit einer ungestümen Erregung des Augenblicks zufrieden, sondern er erobert eine volle und end-

---

[1]) Vgl. Lobstein: La christologie traditionelle et la foi protestante. Paris, Fischbacher, 1894.

gültige Gewißheit, bei der man sich bewußt ist, gesicherte und ver=
standene Dinge zu haben.

In jedem Fall haben die Symbole der Reformation und
das Zeitalter der Epigonen aus Gründen, die uns die Geschichte
erklärt, dieses sekundäre Element der Erkenntnis im eigentlichen
Sinne mehr in den Vordergrund gerückt und jene Reste der schwer=
fälligen, von dem David der Reformationszeit abgelegten Sauls=
rüstung eifrig wieder zusammengesucht. Hier findet man die
logischen Begriffe der notitia und des assensus aus der vor=
reformatorischen Zeit wieder.

Nomen fidei, sagt die Augsburger Konfession, non significat
tantum historiae notitiam qualis est in impiis diabolo; sed significat fidem, quae credit, non tantum historiam sed etiam effec-
tum historiae, videlicet hunc articulum, remissionem peccatorum.

Die schweizerische Konfession sagt: „Der christliche Glaube ist
keine Meinung oder menschliche Ueberzeugung, sondern ein ge=
sicherter Seelenzustand, der eine beständige und klare Zustimmung
gewährt, der endlich mit voller Gewißheit, die Wahrheit Gottes,
die uns in der heiligen Schrift und den apostolischen
Symbolen dargeboten ist, versteht und umfaßt. Die
Seele hält sich an Gott als an das einzige, ewige, höchste Gut
und an Christum, das Centrum aller Verheißungen".

Der Heidelberger Katechismus hat besser als die eben=
angeführte Definition den Hauch des reformatorischen Geistes er=
halten und lehnt sich in der Ausdrucksweise ganz an Calvin an.
Auf die Frage: Was ist wahrer Glaube? antwortet er: „er ist
nicht allein eine gewisse Erkenntnis, dadurch ich alles für wahr
halte, was Gott uns in seinem Wort geoffenbart hat, sondern auch
ein herzliches Vertrauen, welches der heilige Geist durchs Evan=
gelium in mir wirkt, daß nicht allein Andern, sondern auch mir
Vergebung der Sünden, ewige Gerechtigkeit und Seligkeit geschenkt
ist von Gott aus lauter Gnaden, allein um des Verdienstes Christi
willen (1. Teil, 7. Sonntag, 21). Ist es erlaubt noch einen andern
Katechismus zu zitieren, der nicht unter die offiziellen symbolischen
Dokumente gehört aber der gerade hier in der Stadt Oster=
walds, wo er so lange herrschte, ja vielleicht heute noch sein

Szepter schwingt, nicht übergangen werden darf? Er sagt: „An Christum glauben heißt an den Sohn des lebendigen Gottes glauben und an seine Sendung in die Welt zum Heil der Menschen; es heißt vor allem, daß wir durch seine Mittlerschaft geheilt sein werden, wenn wir seine Lehre annehmen, der Sünde absagen und von Herzen die Vorschriften befolgen, die er uns gab." —

Wir haben Gott sei Dank seit Osterwalds Tagen einige Fortschritte zu verzeichnen. In unserem Schweizer Land französischer Zunge hat die innige Frömmigkeit der Erweckungszeit[1]), — wenn es ihr auch nicht gelang die eisige Theologie einer für die Kirche schlimmen Zeit ganz zu vernichten — haben dann von anderer Seite die Einflüsse Kants, Schleiermachers und Anderer dazu beigetragen, die versunkenen Schätze der Reformation wieder zu heben und die sittliche Seite des Glaubens mehr als je seit den Tagen Pauli zu betonen. Immerhin ist unser Verständnis der religiösen Grundthatsache noch viel zu sehr mit intellektualistischen Elementen durchsetzt, die es fälschen und paralysieren.

---

[1]) Man versteht darunter eine ausgedehnte religiöse Bewegung des französischen Protestantismus, die unter der allgemeinen Form des Pietismus die Kirche seit 1820 durchdrang. Es war eine Reaktion gegen die starre Orthodoxie im Anfang des Jahrhunderts, die wesentlich zur Belebung der Kirche beitrug. Auf theologischem Gebiet hat man, wenigstens im Anfang, nicht die Konsequenzen der Bestrebungen gezogen. Die Meisten haben vielmehr sich zu Verteidigern der traditionellen Dogmatik aufgeworfen und die Autorität der heiligen Schrift im Sinne der buchstäblichen Inspiration betont. Indessen ist erwähnenswert, daß einige Männer, die mit der Erweckungszeit vielfach in Beziehung standen, wie Alexander Vinet und der Anfang 1893 verstorbene Professor J. F. Astié edle Anstrengungen gemacht haben, um eine der religiösen Erfahrung, wie sie die Erweckungszeit in den Vordergrund rückte, mehr konforme Theologie zu haben, wie sie die Dogmatik der Vergangenheit nicht liefern konnte. (Vgl. zu diesem Gegenstand: aus der „Encyclopédie des sciences réligieuses" von Lichtenberger den Artikel „Individualismus" und „Vinet" aus der Feder Astiés. Ferner J. Cart: Histoire du mouvement religieux et ecclésiastique dans le canton de Vaud. — Lausanne, Bridel, 6 Bände. — Léon Moury: Le réveil religieux dans l'église réformée à Genève et en France [1810—50]. Paris, Fischbacher 1892. 2 Bde.) Anmerkung des Verf.

Allerdings erklärt sich dieser Mangel und findet darin seine Ent=
schuldigung. Die Reformation hat den Glauben an Christus, so=
weit er Gemeinschaft des Gläubigen mit dem Erlöser, Lebens=
änderung, geistige Wiedergeburt ist, in helles Licht gesetzt. Aber
zu Gunsten ihrer Auffassung von der Schriftautorität, die von den
größten Reformatoren vergeistigt und verklärt wurde, wie das ge=
wöhnliche Verständnis sie materialisierte, ließ sich der Protestan=
tismns nur zu gern zu einer Identifikation, mindestens zu einer
Verwirrung dieses Vertrauens auf den lebendigen Christus, das
Glaube ist, mit der der Schrift beizulegenden Glaubwürdigkeit, die
nicht Glaube ist, verleiten. Man hat den Glauben an Christus
auf das, was man — ungenau übrigens — Glaube an das heilige
Buch nennt, gegründet. Daraus resultiert, daß der Glaube an
Christus zweifellos — und dies ist der unvergängliche Schatz —
auf ein Vertrauen in seine Verheißungen hinausläuft, daß aber
auch gleichzeitig die Gesamtheit der Schriftthatsachen als funda=
mentale und unumstößliche Wahrheit zugelassen wird. Dieses
überall sichtbare Phänomen findet sich am ausgeprägtesten in der
confessio gallica von 1559, die dann 1571 confessio de la
Rochelle hieß. Die Objekte oder Glaubensartikel sind dort mit
einer übrigens staunenswerten theologischen Präzision formuliert. —
Bei einem solchen Verfahren, das leicht in Gefahr kommt
Glaube und Lehre zu verwechseln, die Korrektheit christlichen
Lebens mit der Korrektheit der Glaubenslehre, hat die Refor=
mation einfach die Methode und die Auffassung, wie sie sich im
3. und 4. Jahrhundert Bahn brach, übernommen und mit dieser
eine Identifikation der evangelischen πίστις mit der evangelischen
γνῶσις erstrebt. So gründete sie ganz logisch den Glauben auf
die Autorität. Die religiöse Revolution des 16. Jahrhunderts
hat diese Autorität entthront. Ihre berühmtesten Kämpen haben
uns, wie wir eben sahen, den wirklichen Sinn des Glaubens
zurückerobert, der „ein Willensakt ist, ein Vertrauen des von Gott
erfaßten und erleuchteten Herzens auf ihn" [1]. Trotz einiger Wider=
sprüche und mancher Bedenklichkeit ließe sich an der Hand ihrer

---

[1] Lobstein, a. a. O., S. 51.

Schriften zeigen, daß es sich wirklich um eine Eroberung des Prot=
stantismus handelt.

Unserer Meinung nach haben die den wahren Geist der Re=
formation, die im Sinn eines A. Schweizer, Ritschl, Lipsius
und Vinet, um der Toten zu gedenken, im Sinne eines Herrmann,
Kaftan, Harnack, Sabatier und Sekrétan[1]), um an Lebende
zu erinnern, sich bemühen, diesen Begriff zu reinigen und den
Glauben von allem Ballast und jeder seiner Natur fremden Zuthat,
mit welchen die Jahrhunderte ihn versehen haben, zu befreien.

Die moderne Theologie ist mit wenig Ausnahmen und mit
einer von ihrer Richtung abhängigen mehr oder weniger großen
Konsequenz christozentrisch, um diesen glücklichen, meines
Wissens von Harnack und Kaftan zuerst gebrauchten, Ausdruck
zu verwenden. Es handelt sich darum, zu wissen, ob der Glaube
nach der trefflichen Formulierung Lobsteins aufhören muß, ein
abstraktes System zu sein, um eine lebendige, der Erfahrung zu=
gängliche Realität zu werden, die berufen ist, auf das Bewußt=
sein eine geistige Diktatur, viel eindringlicher und gebietender als
die Autorität der Kirche und ihrer Tradition, auszuüben. Wir
müssen wissen, nochmals sei es betont, ob der Glaube, der das
einzige Mittel zum Eintritt in die Gemeinschaft mit dem Erlöser
bietet, als ein Bewußtseinsphänomen sui generis, jedem von dem
Hauch der Gerechtigkeit berührten Herzen zugänglich ist, ohne als
notwendige Bedingungen den Besitz fixierter Formeln intellektueller
und spekulativer Natur vorauszusetzen. Es fragt sich, wie Jesus
diesem Glauben, als sittliche Thätigkeit, Macht des Willens ver=
standen, entspricht und was dieser Glaube von Jesus, der ihn für
sich beansprucht, bevor er uns das Leben in Gott ermöglicht, zu
erfassen vermag.

III.

Muß an dieser Stelle, um ein einziges und schlagendes Bei=
spiel zu wählen, als eine der wesentlichen Grundbestimmungen der

---

[1]) Gestorben 23. Jan. 1895. In Betracht kommen hier besonders:
La civilisation et la croyance. Raison et christianisme. Beides Lausanne.
Payot.   D. Ü.

Person Christi, wie sie der Glaube erfaßt, die Prä=
existenz in Erwägung gezogen werden? Das eine Beispiel wiegt
alle andern auf, die man wählen könnte, und man könnte gewiß
andere wählen, um die Methode und ihren Wert zu prüfen. Es
hat noch den Vorzug, keine theoretische Hypothese zu sein, vielmehr
die lange Reihe von Arbeiten auf diesem Gebiet fortzusetzen und
sich auf positive Aussagen zu stützen.

Hat nicht der Theologe, der die Zierde dieser Stadt [1]) bildet
und ein Ansehen genießt, das ihm gleichermaßen seine Wissenschaft,
sein Charakter und seine persönliche Ueberzeugung verschaffte, in
einer zwar schon verjährten aber äußerst wichtigen Studie [2]) er=
klärt, daß die wesenhafte Gottheit Christi, unter der allein in
Godets Sprache seine ewige Präexistenz zu verstehen ist, dem
apostolischen Evangelium seine unumstößliche Begründung gebe,
also seinen originalen Heilswert, sein Existenzrecht und damit eine
wesentliche und notwendige Grundbestimmung des Glaubens an
den Erlöser? Ein anderer Gelehrter und treuer Schüler Godets,
Gretillat [3]), schrieb einmal: „Die persönliche Präexistenz Christi
gehört zum Glauben der Kirche", eine historisch ganz unanfechtbare
Behauptung und gültig für viele Jahrhunderte, unter die jedoch
nicht das apostolische nnd das gegenwärtige gehört, eine Behaup=
tung, die der Dogmatiker der Kenosis jedenfalls im Sinne eines
für den Glauben notwendigen Moments versteht. Und treten
wir aus dem engen Kreise der Theologie französischer Zunge
heraus und fragen deutsche und englische Meister um Rat, so
finden sich zahlreiche Stimmen zu Gunsten dieser Behauptung.
Dr. Fairbairn, um ihn allein zu nennen, hat ein Buch darüber
geschrieben [4]), dessen Originalität man für unseren Geschmack zu
sehr gelobt hat, denn es giebt uns keineswegs eine „Methode und
und ein Prinzip konstruktiver Theologie", sondern macht nur den

---

[1]) Neuenburg.

[2]) F. Godet: L'immutabilité de l'évangile apostolique. 7. Ver=
samml. der ev. Allianz. Basel 1879. Bd. 1.

[3]) † Anfang 1894. Dogmatiker der faculté libre in Neuenburg. Sein
Hauptwerk: exposé de théologie systématique.

[4]) The place of Christ in modern Theology. London 1893.

Rettungsversuch eines traditionellen Dogmas. Fairbairn kommt auf ganz anderem Wege zu demselben Resultat und macht aus der Trinitätslehre, in der die Präexistenz vorausgeschickt ist, den Eckstein des christlichen Gebäudes.

Gewiß haben die die Präexistenz betreffenden Bezeichnungen und Behauptungen einen hohen Wert, aber wir möchten doch das organische Band sehen, das die Präexistenz Christi mit dem Glauben an Christus verbindet. Hier liegt der Kernpunkt der Frage und um oft gemachte Verwechselungen nicht zu wiederholen, muß das Problem genau präzisiert werden. Es handelt sich bei unserem so formulierten Gegenstand nicht um ein Wissen, ob die Aussage der Präexistenz eine genügende oder nicht genügende Erklärung der Person des Erlösers bietet, es müßte vielmehr gezeigt werden, wie der Glaube und die wesenhafte Gottheit sich vermählen, der Glaube, nicht die lehrhafte Formel, wie das gläubige Leben, nicht die Theorie dieses Lebens die Präexistenz erfassen und sich davon nähren, wie diese Lehre oder Thatsache, falls man sie als solche gelten läßt, die Gläubigen heiligt, welchen Gehalt, welche Anregung, welchen Trost die Kirche und ihre Diener daraus zur Führung und Förderung des geistigen Lebens ableiten. Hier erwarten wir noch Licht und Antwort, die uns Niemand geben will. Doch Einiges hat man uns gesagt; man erklärt unter Anderem und wiederholt oft, daß die Präexistenz deshalb eine wesentliche Grundbestimmung des Glaubens an Christus sei, weil ohne sie die Liebe Gottes gering erscheine.

Godet schreibt[1]): Wenn Christus kein persönlicher Gott ist, bleibt es vielleicht wahr, daß ein Mensch, der vollkommene Zentralmensch sein Volk so liebte, daß er sich dafür opferte, zum Zweck, es seiner höchsten Bestimmung entgegenzuführen. Aber wo sehen wir etwas von der Liebe Gottes bei einem Opfer, das Einer unseres gleichen uns bringt? Was thut Gott von dem Seinigen (ἐκ τοῦ ἰδίου) hinzu? Ich sehe einen Bruder, der seine Brüder liebt, aber ich finde im Evangelium dann keinen Vater mehr, der seine Kinder liebt. Der Mensch strahlt in diesem Werke, nicht Gott!

---

[1]) A. a. O.

Und Gott, der in jenes Geschenk nichts von dem Seinigen legt,
nutzt es doch aus und will schließlich alles für sich in Anspruch
nehmen! Hätte der Knecht im Gleichnis recht, der seinen Herrn
verklagt ernten zu wollen, wo er nicht gesäet hat? Jesus im
Gegenteil giebt sich selbst hin und fordert alles nur für Gott.
Auf wessen Seite ist nun das Verdienst, wo liegt der Edelmut?
Ein solcher Heilsmodus knüpft mich an das Geschöpf mehr als
an den Schöpfer, wenn Christus nur ein Geschöpf ist. Der Mensch
ist es, der triumphierend aus dem Drama der Erlösung hervor=
geht. Die menschliche Natur, aus der eine so herrliche Frucht
hervorgeht, muß doch noch nicht so schlecht sein. Dann darf man
aber auch nicht von einem Glauben, der den Menschen mit Gott
verbinde, reden; dieser Glaube verbindet mich vielmehr mit einem
Menschen.

Denselben Weg in der Argumentation, wie Gobet, schlägt
Cordey ein, der Verfasser einer interessanten Studie über den
Glauben an die Präexistenz[1]), wenn er sagt: „Wieviel herrlicher
glänzt die göttliche Liebe, wenn der Sohn sich entäußert, . . .
wenn er etwas preisgiebt, was er vorher besaß, wenn er den
Menschen, um sie zu erkaufen, den bei ihm „von Anfang" exi=
stierenden Sohn schickt, der schon vor der Erschaffung der Welt
da war und vor dem Entstehen der Sünde, den Sohn, von dem
es heißt, „heute habe ich dich gezengt", seinen Sohn, an dem er
Wohlgefallen hat. Dieser Sohn ist viel mehr als ein Engel,
Prophet, Heiliger, vielmehr als alle Diener, die der Herr des
Weinbergs den ungläubigen Weingärtnern vorher gesandt hatte.
Sein Sohn, das heißt eine Offenbarung seiner selbst an sich selbst,
an ein anderes Ich, nicht der Erwählung, sondern dem Wesen
nach." „Ich sehe", fügt Cordey hinzu, „in dem Geschenk des
präexistenten Sohnes eine viel größere innere Beteiligung, ein
größeres Opfer des himmlischen Vaters, als wenn er eine neue,
wenn auch aus ihm stammende Schöpfung hervorbrächte; ich sehe
in diesem mitleidvollen Erbarmen etwas viel Herrlicheres, Persön=

---

[1]) La foi en la préexistence du Christ et son importance pour la
piété chrétienne. Paris, Fischbacher, 1893.

licheres, Direkteres, Stärkeres, eine Liebe, die nicht nur den höchsten
Wert offenbarender und erlösender Absichten hat, sondern die aus=
dehnungslose Unbegrenztheit der ewigen Liebe."

Solche Erwägungen haben nur Wert im Munde eines An=
hängers der ewigen Präexistenz; bei den anderen modernen
Arianern, die bis heute noch die Farben der Orthodoxie tragen
und aus Christus doch ein Geschöpf machen (Cordey neigt, wenn
wir nicht irren, doch ein wenig zu diesen, wenn er von einem
Sohn spricht, der „lange vor Anfang der Welt existierte") hat
das Argument wenig Gewicht, denn dieses vor der Zeit ge=
schaffene Wesen ist ein Geschöpf, ein Produkt göttlicher Thätig=
keit und nicht Gott selbst in seinem auch ewigen Sohne.

Zweitens ist hervorzuheben, daß alle diese Erwägungen über
die göttliche Liebe, wie sie aus ihrer Erdferne sich in der Selbst=
erniedrigung des ewigen Präexistenten offenbarte, in den Doku=
menten des apostolischen Zeitalters nicht anzutreffen sind. Wenn
dort die väterliche Liebe Gottes gepriesen wird, so geschieht es
keineswegs in Ausdrücken, die die Behauptungen einer spekulativen
Theologie als bewiesen vortragen. Das Opfer am Kreuz vielmehr
offenbart dieses summum, das denkbar Größte und Herrlichste.
Paulus schreibt: Darum preiset Gott seine Liebe gegen uns, daß
Christus gestorben ist, da wir noch Sünder waren, Röm. 5, 8).
Der Beweis liegt also in dem Kontrast zwischen der göttlichen
Liebe und dem Elend des Sünders, nicht aber wie Godet in der
zitierten Schrift behauptet, „zwischen dem Geschenk, das Gott uns
macht und dem eines Menschen durch Hingabe des eigenen Lebens".
Das Erbarmen neigt sich nicht nur auf die Seite seiner natür=
lichen Sympathie, wie in dem vom Apostel erwähnten Falle, auf
die Seite eines Menschen, der sich für einen anderen guten Menschen
opfert, sondern es umfaßt auch den Sünder, der gar keine An=
ziehungskraft auf das Opfer ausübt. Uebrigens verbessert sich
Godet in seinem Römerkommentar selbst, wenn er gerade über
diese paulinische Stelle sagt: „Als wir im Zustande der Ohnmacht
und Empörung waren, da gab uns Gott im Tode seines Sohnes,
den größten Beweis seiner Liebe zu uns".

Paulus, um ihn nochmals zu zitieren, ruft uns zu: „Gott

hat seines eigenen Sohnes nicht verschonet, sondern ihn für uns
in den Tod gegeben". Petrus erklärt, daß wir „teuer erkauft"
sind mit dem Blute Christi —. „Darin", sagt der greise Johannes,
„besteht die Liebe, nicht, daß wir ihn geliebt haben, sondern, daß
er uns geliebt hat und gab seinen Sohn zur Versöhnung für
unsere Sünden. Gebietet endlich Jesus nicht selbst, sein Leben
zu verlieren? Erklärt er nicht selbst: „Meine Liebe ist größer als
die Liebe dessen, der sein Leben läßt für seine Freunde?"

　　　Nach alledem scheint es uns schwierig, in der Präexistenz
den höchsten Beweis für die göttliche Liebe zu sehen. Jesus und
seine ersten Zeugen thaten das auch niemals; wir sahen eben,
wohin sie das maximum possibile verlegen: Keiner hat größere
Liebe! Das Argument der Präexistenz ist viel jüngeren jedenfalls
außerbiblischen Datums; deshalb ist es noch lange nicht wertlos!
Aber wo liegt sein Wert? Es hat Wert als Vorstellung. Es
hat etwas Ergreifendes an sich, dieses Schauspiel des himmlischen
Vaters, der eins ist und doch wieder nicht eins, der sich selbst
von seinem ewigen Isaak losreißt, und dieses dramatische Moment
liefert den Erwägungen über die Präexistenz ihre volle Kraft.
Wir fragen nicht, ob diese Erwägungen apostolisch sind; das viel=
mehr suchen wir zu erfahren, ob dieser Anthropomorphismus, der
sicher einer christlichen Absicht seiner Verteidiger entspringt, die
Majestät Gottes, den die Himmel der Himmel nicht zu fassen
vermögen und der Geist und Wahrheit ist, nicht verletzt.

　　　Können wir das behaupten? Nicht als Paradoxon, sondern
aus innerster Ueberzeugung? Die Prinzipien, auf denen die be=
kämpften Gedanken ruhen, scheinen mir, weit entfernt die gött=
liche Liebe zu verherrlichen und ins volle Licht zu setzen, vielmehr
sie zu verdunkeln. Gott ist Liebe, er will lieben, Jesus ist der
Sohn seiner Liebe, den er sendet und für die sündige Welt bahin=
giebt, um sie zu erlösen. Aber warum ruht Gottes Wohlgefallen
auf diesem Nazarener und seine unaussprechliche Liebe? Weil
dieser Nazarener seines „Wesens" ist, und ihm besonders nahe
verwandt und weil eine Zuneigung in erster Linie und mit mehr
Intensität sich auf die Söhne unserer Lenden richtet. Wäre also
in dieser Bezeichnung als „eigener" Sohn Gottes die Stimme des

Blutes zu erkennen? Wahrhaftig, solche Konsequenzen scheinen
uns doch gefährlich; sie erinnern mehr an gewisse Mythologieen,
als an Gottes Gnade, die mächtiger geworden ist als die Sünde.
Wie viel erhabener erscheint uns die Liebe Gottes zu seinem
einzigen Sohne, wenn man an die sittliche Gemeinschaft denkt,
die beide verband. Im Namen dieses Gehorsams läßt Gott das
Zeugnis seiner Liebe auf ihn herabkommen und ruft ihn zu seinem
Sohne aus in Kraft vermöge des Geistes der Heiligkeit durch die
Auferstehung von den Toten. Gewiß, Jesus hat sein Volk ge=
liebt, bis er sich dafür opfert, in der Absicht, es seiner höchsten
Bestimmung entgegenzuführen. Dieses Volk ist, wenn man Pau=
lus glauben will, das Volk Gottes, welches Gott in Gnaden an=
nimmt, wie den verlorenen aber reuigen Sohn, und für welches
der Vater im Himmel seinen Sohn ausrüstet und hingiebt, sein
heiliges Bild, das Gottes unermeßliche Liebe wiederspiegelt. —
Es wäre der Mensch, der triumphierend aus dem Erlösungsdrama
hervorginge, sagte man. Gewiß, aber der Mensch nur durch die
Gnade Gottes, dem allein Ruhm gebührt, der die Liebe ist, der
durch Jesus und vor Jesus einerntete, wo er nicht gesäet hatte,
aber der doch überall das heilige Recht hat, alles für sich in
Anspruch zu nehmen. — Uebrigens nach Bekämpfung der Er=
wägungen, welche die Größe Jesu, mit der wir uns identifizieren
sollen, in einem von dem unsern verschiedenen Wesen finden, suchen
wir immer noch das Band, welches die Präexistenz mit dem
Glauben verbindet. Dieser, welche Definition — außer der katho=
lischen — man ihm auch geben mag, erfaßt sein Objekt auf un=
mittelbare Weise; wie können wir nun, frage ich, diese im
Sinne unserer Gegner so wesentliche Gottheit anders auffassen
denn als ein spekulatives Anhängsel ohne direkten Einfluß auf
das gläubige Leben? Die Geschichte eines lebendigen Glaubens
bestätigt unsere Aussage; die Präexistenz erscheint nie in erster
Linie und nicht unter seinen wesentlichen Elementen. —

　　Man weiß zur Genüge, daß die erste evangelische Verkün=
digung nicht von ihr spricht; um sie dort einzuführen, muß man
sie als vorausgesetzt annehmen; und doch hat die erste populäre
evangelische Verkündigung, deren Wiederhall uns in den Evan=

gelien vorliegt, Gläubige gewonnen. Man denke an den Glauben der Kanaanäerin und des Hauptmanns von Kapernaum, an die gläubige Bitte des Schächers, den Ruf des Kerkermeisters, selbst die Bekehrung Pauli und man wäge den Anteil ab, den die Lehre der Präexistenz an der Bekehrung dieser Leute zu Christo hat; dort findet sich kein Platz für sie; sie fehlt sicher bei ihnen allen, fehlt in ihrem Glauben. Wenn der Heidenapostel auch später von der Präexistenz sprach, ist es dann unbesonnen, den Einfluß dieser Idee auf die entscheidende Stunde seines Lebens zu leugnen, als es Gott gefiel, ihm seinen Sohn zu offenbaren? Vielleicht wird man einwenden, daß dieser Glaube unvollkommen war, daß dennoch Jesus in zwei Fällen von den obenerwähnten nur von einem großen Glauben sprach, daß aber „der volle Wert des christlichen Heils erst dann vor den Augen der Welt offenbar wurde, als Christus ihr als das fleischgewordene Wort erschien" (Godet). Aber jenes innere Erfaßtwerden ging dem Bekannt= werden des johanneischen Prologs längst vorher; es begann in dem Augenblick, als die Betrachtung der Person Christi in einem Menschenherzen, seis nun ein Apostel oder Zöllner, den Eindruck göttlichen Erbarmens und göttlicher Liebe machte, wie sie in dem Propheten von Nazareth sich verwirklichte. Das volle Verständnis des Glaubens oder besser seine Deutung, seine Analyse darf und muß unvollkommen sein, ist es heut noch und wird es bleiben, solange wir nur δι᾽ ἐσόπτρου blicken. Das Phänomen aber bleibt, mit oder ohne Präexistenz, wie es wahr bleibt, daß die, welche nicht in die Geheimnisse der Formel H^{2}O eingeführt sind doch mit dem klaren Wasser, von dem dort die Rede ist, ihren Durst löschen können. Geben wir uns mit dem Senfkorn des Glaubens zufrieden, der doch Berge versetzt. Wenn dieser Hebel, bei so geringem Kraftmaß solche Macht besitzt, wie es der Sohn der Maria erklärt, so kann nichts Wesentliches fehlen, was zu einem ordentlichen Hebel gehört, wären wir doch sonst in der voll= kommensten Unwissenheit über alle mechanischen Gesetze. Daraus ziehen wir unseren ersten Schluß. Welche Meinung man über die Präexistenz Christi haben mag, wie man die wesenhafte Gottheit im Sinne des Athanasius oder der modernen Häresie der Kenose auch formuliert, in welcher spekulativen Muschel man eine große göttliche Thatsache auch unterbringen mag, wie man eine solche in Alexandrien oder Jerusalem verstand: das alles hat nichts zu thun mit den Hauptgrundlagen, die wir suchen und die die Grundbestimmungen des Charakters Christi bilden, soweit er Gegenstand des Glaubens ist, der seinen Namen trägt.

Von diesem Gefühl finden sich wohl auch einige Spuren bei einem Teil unserer Gegner. Cordey schreibt: „wenn auch die Präexistenz im höchsten Grad den Glauben und die Frömmigkeit interessiert, kann sie doch nicht für uns direkt ein Objekt der Erfahrung werden". Man fragt mit Recht, was denn der Glaube an ein Objekt, eine Thatsache bedeutet, die kein Gegenstand der Erfahrung ist, noch werden kann. Das ist ja gerade das unterscheidende Kennzeichen der πίστις im evangelischen Sinn, einen Kontakt, also eine Bewegung, ein Gefühl, eine Erfahrung heranstellen, die den Gläubigen mit dem was er glaubt oder nach Cordey mit dem Objekt des Glaubens verbindet, falls man überhaupt religiös gesprochen an eine Thatsache oder Idee glauben kann. Ohne das haben wir eine fides acquisita, informata, den Maulglauben, wie Luther derb sagt, höchstens eine sittliche Mutmaßung, eine spekulative, religiösen Prämissen entstammende Deduktion. Solange die Präexistenz das ist, ist sie auch nur einer großen wissenschaftlichen Hypothese ähnlich, unbestätigt und nicht zu bestätigen; bis zu dem Tag, der alle wahrgenommenen Thatsachen am besten erklärt, stellen wir sie wenigstens an ihren Platz, nicht unter die Grundbestimmungen des Charakters unseres Herrn, sondern unter die Erklärungsversuche, wie sie seine Riesengröße erzeugte.

Professor H. Bois[1]) aus Montauban verwirrt den Thatbestand noch mehr, den er verteidigen will. Nach ihm hätte Jesus auf Erden keine Erinnerung seines früheren Zustandes bewahrt. Wenn er dennoch manchmal davon spricht, so geschieht es, weil er über diesen Punkt Aufschluß von seinem Vater em-

pfing, der ihm dieses Geheimnis bekräftigte. Lassen wir zwei
Probleme bei Seite, welche diese Frage anregt. Daß der Herr,
der in allen Stunden seines Lebens die unaufhörliche Offenbarung
Gottes war, der beständig Inspirierte, der Menschensohn, der auf
der Erde im Himmel lebt, spezielle Offenbarungen gehabt haben
soll, ist zum mindesten zweifelhaft, daß diese Offenbarung in In-
struktionen solcher Art bestand, ist uns noch unwahrscheinlicher.
Aber welchen religiösen Wert konnte unter diesen Bedingungen
ohne irgend welche persönliche Erinnerung, als rein äußerliche
Mitteilung, ohne Berührungspunkt mit dem Gewissen solche
Spezialoffenbarung haben? Man sieht nicht, inwiefern sie bei
der Gemeinschaft des Sohnes mit dem Vater beteiligt ist, da eine
Gemeinschaft irgend welcher Art notwendig eine persönliche und
sittliche Assimilation der enthüllten Thatsachen voraussetzt; man
sieht überhaupt nicht, wie auf diese Weise die Präexistenz eine
der wesentlichsten Eigenschaften des Glaubens an den Erlöser
sein soll.

Wir glauben dennoch die Auseinandersetzung Bois' zu verstehen. Er versichert uns wirklich, daß „ein Appell an das
Mysterium, deren Gedanken sich widersprechen und die Gesetze der
Gedanken verletzt sind, ungerechtfertigt sei, aber zulassen, was
meine Vernunft überschreitet, was sie nicht erklären, nicht verstehen
kann, das ist Glaube". Wirklich? Aber was für ein Glaube?
Etwa der christliche? Dann wären alle, die ein bischen über allgemeine Probleme nachgedacht haben, gläubig. Denn wohin wir
unseren Blick richten, überall sehen wir nur unvollendete Linien.
Unsere ganze Wissenschaft bis zu der der Zahlen und Linien beginnt mit Postulaten, die streng genommen Glaubensakte sind.
Doch hüten wir uns diesen Glauben, der ganz allgemeiner Natur
ist, philosophisch, wenn man ihn so nennen will, mit dem evangelischen zu verwechseln, denn dieser gründet sich nicht auf die
Aussagen einiger über die Macht unserer vernünftigen Fähigkeiten
hinausragenden Eigenschaften, sondern auf eine Lebensgemeinschaft
mit dem Erlöser.

Man hat eingewandt und zwar immer unter dem Einfluß
derselben Verwirrung, daß in dem organischen Reich der Glaubens-

sachen, und gerade in der christlichen Domäne es mehr als ein
Prinzip gäbe, das wie die Präexistenz nicht Gegenstand der Er=
fahrung werden könne und man beruft sich auf die das ewige
Leben betreffenden Hoffnungen und analoge Dinge. Der Ein=
wurf ist täuschend, aber doch, wie wir glauben, irrig. Wenn der
evangelische Glaube sich direkt an eine Person richtet, und sich
unter der Form einer Gemeinschaft darstellt, eines Lebensaus=
tausches zwischen Christus und dem Gläubigen, so kann die Aus=
sage von der Schöpfung, der — bedingten oder unbedingten —
Unsterblichkeit kein direktes Objekt des Glaubens sein. Diese Aus=
sagen bilden vielmehr nach der Natur der Thatsachen Voraus=
setzungen oder Folgen dieses Glaubens.

Man kann vom strengwissenschaftlichen Standpunkt aus
sagen, das seien Hypothesen sittlicher Art, die zwar nicht in dem
Sinne sich bewahrheitend, dennoch am besten unsere geistigen
Bedürfnisse ausdrücken oder daß sie die wenigst unvollkommenen
Erklärungsversuche des Universums bilden. In diesem all=
gemeinen Sinn definiert der Hebräerbrief sehr gut den Glauben
und bezeichnet seine sittliche Bedeutung mit den Worten: „Eine
gewisse Zuversicht des, das man h o f f e t und nicht zweifelt an
dem, was man n i c h t s i e h t." Auf die Präexistenz angewandt,
stellt diese Definition die Frage, es handle sich darum, zu wissen,
ob der Glaube vom allgemeinen Gesichtspunkt aus und in spe=
zifisch evangelischem Sinn betrachtet, gebieterisch diese Folgerung
fordere, ob das Verlassen dieser Vorstellung seine Beschaffenheit
dem Fundament nach verletze. Man sieht nicht, daß die sitt=
liche Beschaffenheit des Herrn diese Aussage irgendwie fordert;
das umsomehr als die Heiligkeit Jesu auf sie zu gründen nichts
anderes hieße, als aus dieser sittlichen Eroberung einen Zwang
oder Gunst der Natur zu machen. Man käme so schließlich dahin,
die sittliche Natur der Heiligkeit zu leugnen. Selbst nach dem
Zugeständnis unserer Gegner ist die Präexistenz der Erfahrung
unerreichbar. Also nimmt sie ihre Stelle außerhalb der Domäne
des eigentlichen Glaubens.

Wir sehen nur ein Mittel, diesem spekulativen Begriff einen
Platz in den Grundbestimmungen des Charakters Christi, die den

Glauben, den er fordert, ermöglichen und erklären, anzuweisen. Dieses so häufig angewandte Mittel faßt sich in folgendem Syllogismus zusammen: Jesus Christus hat, was wir thatsächlich nicht bestreiten, seine Präexistenz gelehrt, zum mindesten davon gesprochen, selten vielleicht, aber in charakteristischen, von seiner Originalität zeugenden Worten. Diese Präexistenz begreifen wir zwar nicht, sie bleibt uns geheimnisvoll, überschreitet unser Verständnis und unsere Informationsmittel, aber wir nehmen sie als Glaubensartikel an, nicht wegen des nizänischen und chalzedonischen Konzils, sondern weil Jesus sie lehrte und wir, seine Jünger, uns unter seine absolute Autorität beugen. Durch solche Handlung führen wir keineswegs einen Akt blinder Unterwerfung aus, sondern einen Akt des Glaubens und gläubigen Gehorsams. Glaubensakt?! Ist es nicht vielmehr ein Auto-da-fé? Prüfen wir!

IV.

Einige Worte muß ich vorausschicken. Die Präexistenz sei ein Geheimnis; gut! Doch sei bemerkt, daß die neutestamentlichen Schriftsteller nichts davon wissen, nie eine ähnliche Argumentation versuchen. Sie behandeln die Präexistenz vielmehr als einen gangbaren Begriff und das ist natürlich, wenn man bedenkt, daß ihre Zeit und sie selbst eine vorzeitige Existenz auch anderen Wesen und Objekten als Christo zusprachen. So kennen sie nicht das Problem der Wesenseinheit von Vater und Sohn, das aus dem Nicaenum stammt und wissen noch nichts von den Spekulationen des athanasianischen Symbols. Erst von da ab wurde eine spekulative Wahrheit Objekt und Bedingung des christologischen Glaubens. In Nicäa erst wurden durch das Dekret alle der Kirchenlehre widersprechenden Gedanken für Häresie erklärt, so der Arianismus und viele analoge Versuche.

Jedenfalls, wenn die wesenhafte Gottheit ein Geheimnis ist und bleibt, warum müht man sich immer wieder ab, sie verständlich zu machen? Warum rollt man immer wieder von neuem den Sisyphusfelsen den Berg hinauf, wenn er weder unserer intellektuellen noch sittlichen Beschaffenheit ein neues Element liefert?

Gestehen wir vielmehr ein, daß wir an die Präexistenz glauben, nicht weil sie absurd ist, sondern kraft eines Glaubensbegriffs, der aus dem Glauben weniger einen sittlichen Akt als einen Verzicht auf den Gebrauch unserer Fähigkeiten macht: weil Christus es gesagt hat. Und was er uns gesagt hat, müssen wir zulassen. Ein in vieler Beziehung erhabener Gedanke, aber doch nur dem Anschein nach; dieser Akt, falls er überhaupt sittlich zulässig ist, ist kein Glaubensakt. Beim rechten Namen genannt ist es ein sacrificium intellectus, das nicht in erster Linie unserm geistigen Hochmut, sondern vor allem den Gaben, die Gott uns verliehen hat um sie zu gebrauchen, sich entgegenstellt. Wir stehen also vor einem ernsten und schrecklichen Dilemma. Um durch den Glauben an Christum, der allein hilft, erlöst zu sein, muß ich nach orthodoxer Meinung an Worte, Gedanken, Aussagen glauben, gegen die sich meine Vernunft im Innersten empört. Ich muß die Mittel, die Gott mir als Pfunde zur Benutzung übergab, vergraben, vernichten, wertlos machen. Weder meine arme Vernunft, die doch nun einmal Vernunft ist, noch mein Gefühl oder mein Gewissen weisen mich auf diesen Weg. Einerlei, wir müssen ihn gehen.

Führt die Autorität, die Christus über seine Jünger beansprucht und beanspruchen muß, in diesen Abgrund, zu diesem neumodischen Buddhismus? Die Pforte ist eng, sehr eng, die zum Reich Gottes führt. Ist es nötig, nein, ist es erlaubt, sie noch enger zu machen, eng auf eine ganz andere Weise als der Herr selbst meinte? — Man muß mit einem kühnen Ja antworten, wenn man mit ganzer logischer Unbefangenheit die Konsequenzen des Ansehens Christi im absoluten Sinn das Wort, wie wir sie eben auseinandersetzten, annimmt. Also alle Aussagen seines Mundes haben unerschütterlichen Wert. Man nehme die Evangelien, suche sich den reinsten Text, wenn man das für nützlich hält und mit dem Rest von Urteilskraft, den man behält, sage man uns: das müßt ihr glauben, hier ist Christus, nur Christus. In unseren Tagen giebt es Wenige, die sich hinter diesem Wall der absoluten Autorität verschanzen. Ich kenne keinen, der in diesem Verfahren konsequent wäre, aber ich kenne

viele, und es ist heute wohl die dominierende Tendenz in der
Kirche, welche diese Konsequenz verschmähen aber doch reden und
reden, als ob sie konsequent wären. —

Und was sagt Christus selbst?

Er selbst verwirft die absolute Autorität, die man ihm zu=
sprechen will, wenn er von den ihm gesetzten Schranken, sagen
wir es ruhig, von seiner Unwissenheit spricht. Diese bezieht sich
nicht nur auf die von einem Baum, der sich als unfruchtbar
erweist, erhofften Feigen, sondern auch auf ganz wesentliche That=
sachen, wie die Stunde der Vollendung des Gottesreichs, wo Gott
sein wird Alles in Allem. Diese Thatsache setzt doch eine er=
worbene und teilweise Erkenntnis voraus, also ein Stück des
Wissensbereichs, das dem Subjekt unbekannt, nur unvollkommen
bekanut oder einfach als traditionelles Erbe angenommen scheint.
Also besteht auf theoretischem Gebiet, das mit der sittlichen Er=
kenntnis nichts zu thun hat, die Möglichkeit des Irrtums. Wir
weigern uns, mit Gretillat zu behaupten, daß „die Heiligkeit
auch die intellektuelle Unfehlbarkeit involviere". Dann wäre ja
ein Fortschritt in der Heiligung Bedingung, wenigstens Garantie
der Wahrheit auch auf allen andern Gebieten. Die Erfahrung
ist dieser Behauptung durchaus nicht günstig. Wenn wirklich,
wie Gretillat behauptet, Irrtum ein Akt der Ueberstürzung beim
Ausspruch eines Urteils ist, würden wir seine Behauptung gern
unterschreiben. Aber in diesem Fall ist es nicht der Irrtum, es
ist die Ueberstürzung des Urteils, welches „sündig und ein
Symptom der Sünde" ist[1]).

Im Irrtum spielt noch ein anderes Moment mit: es ist die
Unzulänglichkeit der Erkenntnis einer Zeit, einer übernommenen
Tradition, die uns das als Wahrheit, Gesetz, Thatsache anzu=
nehmen zwingen will, was durch neue Fortschritte eines Tages
als unvollkommen erwiesen sein wird. Man darf in Urteilen
dieser Art keine sittliche Verbindlichkeit finden. Die Evangelien
zeigen uns, daß Jesus, von einem Weibe geboren, in einer end=
lichen Welt dem allgemeinen Gesetz unterlag. Es spricht von dem

---

[1]) Gretillat: Exposé de théol. systemat. IV, 2, S. 212.

Korn, das sterben muß, um seine Frucht zu bringen, während
die Botanik für diesen Umbildungsprozeß einen viel richtigeren
Namen hat. Es ist wahrscheinlich, ja sicher — wie sollte es auch
anders sein? —, daß der Herr über unzählige Dinge die Meinung
seiner Zeit teilte. Wenn seine wahre Größe vom sittlichen Ge=
sichtspunkt aus in seiner vollendeten Menschheit besteht, ist er
auch Kind seiner Zeit. Ueber den Ursprung der alttestamentlichen
Schriften teilte er die Ansicht seiner Zeit und nichts wäre ver=
kehrter, als ihn in irgend welchem Grade zur historisch=kritischen
Autorität stempeln zu wollen. Aus diesen Details lassen sich drei
verschiedene Konsequenzen ziehen. Entweder waren die Vor=
stellungen Jesu der Wahrheit adäquat und endgiltig richtig; dahin
müßten die Anhänger der absoluten Autorität Jesu kommen,
wenn sie logisch sein wollen. Oder der Herr hat sich in in=
differenten Dingen der Zeitansicht akkomodiert; das ist eine Kon=
sequenz des alten Rationalismus. Oder endlich, das Wissen des
Herrn war beschränkt. Jesus hat gelernt, war der Unwissenheit,
selbst dem Irrtum unterworfen. Auf diesem Gebiet also ist er
keine Autorität, er nahm sie auch nirgends in Anspruch. Die
Sündlosigkeit deckt sich nicht mit der intellektuellen Unfehlbarkeit
und verbürgt sie auch nicht.

Kämen wir zu demselben Resultat in dem Bereich, ich will
nicht sagen des Glaubens, aber der religiösen Glaubenslehre, das
heißt der Gesamtheit der die übersinnliche Welt betreffenden An=
sichten und Erklärungsversuche? Eine große Zahl angesehener
Historiker behaupten es; sie zitieren als Beispiele die Ansicht Jesu
und seiner Zeitgenossen über den Ursprung gewisser physisch=
moralischer Leiden, die man dämonischen Einflüssen zugeschrieben
hätte; ferner seinen mit der jüdischen Theologie übereinstimmenden
Glauben an eine zwischen Gott und den Menschen vermittelnde
Welt, wie ihn frühere Jahrhunderte der jüdischen Theologie ge=
liefert hatten. Als Beweis erinnere ich nur an Godets inter=
essante Studie über das Gleichnis vom reichen Mann und armen
Lazarus. Das Haupt der orthodoxen Schule erklärt uns dort,
daß die im Gleichnis herrschenden Vorstellungen fast ganz „der
rabbinischen Palette" entlehnt seien, eine Thatsache, die sich leicht

beweisen läßt. Man schließt daraus, falls man die Rabbinen als direkte Organe der Offenbarung gelten läßt und diese Offenbarung im intellektualistischen Sinn versteht, daß diese Vorstellungen, so interessant sie sein mögen, dennoch kein adäquates Bild von dem überirdischen Leben des Guten und Bösen zu liefern vermögen. Hätte vielleicht der Herr in bidaktischem Interesse und über eine Frage von sekundärer Wichtigkeit sich den geläufigen Begriffen akkomodiert, während er selbst sicherere und richtigere besaß? Hier liegt — und darin sind wir zweifellos alle einig — eine Frage vor, die den tiefsten Einfluß auf die sittliche Reinheit des Menschensohnes hat. Und, nebenbei gesagt, versetzt jene scharfsinnige Bemerkung Godets, die einen Einfluß der „rabbinischen Palette" auf die Lehre Jesu einräumt[1]), nicht gerade jener Theorie einen Hieb, die Christum zum vollkommenen Offenbarer in dem Sinne macht, als ob er uns eine adäquate, wo nicht vollständige Lehre über übersinnliche Dinge geboten hätte? Jedenfalls ziehen wir eine andere Lösung vor, die logisch dem erwähnten exegetischen Gesichtspunkt entstammt: Jesus hat wirklich die rabbinische Palette benutzt, weil er in diesem Punkt die Meinung der israelitischen Gelehrten teilte, ohne Schaden übrigens für den Fundamentalgedanken der unvergleichlichen Parabel. —

So finden wir uns mit Godet einem Resultat gegenüber, das die Autorität des Herrn beschränkt, zwar nicht in Sachen des Heilsglaubens, wohl aber in dem Bereich der Glaubenslehre und religiösen Doktrin. Nun frage ich, ob die Lehre der Präexistenz nicht auch in das Gebiet der einer Epoche geläufigen Glaubensanschauungen gehört, ob die „Palette der Rabbinen" keine Rolle dabei spielt? Man hat bemerkt, daß diese Auffassung unter die dem jüdischen Geist vertrauten Kategorien gehört. Welche Erklärung man ihr auch geben mag die Thatsache ist dokumentarisch zu gut bezeugt, als daß man sie ernstlich bestreiten könnte. Wenn der Herr sie auch bereichert und vergeistigt hat, wie so viele Gedanken seines Volkes, so gehörte sie ihm doch nicht als Eigentum an.

---

[1]) Vgl. Kommentar zu Lukas.

Doch wir sind mit unserer Argumentation noch nicht zu
Ende. Nicht ohne einiges Recht wird man uns einwenden, es
handle sich hier um ein Selbstzeugnis Jesu. Wir räumen das
ein und ignorieren diese uns als Herrnworte überlieferten Aus=
sagen durchaus nicht, aber wir verstehen sie anders, als unsere
Gegner. Diese nämlich halten sie für einen Ausdruck der wesen=
haften Gottheit des Erlösers im Sinne der klassischen Konzilien
und des Arianismus. Wir verstehen darunter einen bekannten
theologischen Begriff, durch den Jesus seine göttliche Erwählung
zu dem Werk ausdrückte, das er vollenden sollte. Ohne uns auf
Details einzulassen[1]), um unsere Arbeit nicht übertrieben lang zu
machen, sei es erlaubt, auf zwei in unsern Augen ausschlaggebende
Punkte hinzuweisen, welche Definition der Präexistenz nun auch
als die einleuchtendste erscheinen mag.

Die ganze auf diesen Gegenstand bezügliche Lehre Jesu
weist keinen einzigen Text auf, in dem diesem Begriff, meinet=
wegen dieser Thatsache, ein Hauptheilswert beigelegt würde, kein
einziger, der ihn zu einer Glaubensnotwendigkeit machte, oder zu
einer Bestimmung, deren Mangel eine Verkennung der Person
des Erlösers involvierte. Vielmehr steht die Präexistenz im
Hintergrund, gehört der Urüberlieferung nicht an und spielt nur
eine vorübergehende Rolle. Wäre das so, wenn sie in dem Heils=
werk Christi den Platz einnähme, welchen die Gelehrten der
späteren Jahrhunderte ihr angewiesen haben? —

Man sieht ferner nicht, welchen Wert diese Erklärung der
Person Christi, im dogmatisch=traditionellen Sinne verstanden, für
den Glauben besitzt, man sieht viel deutlicher, wie abschwächend
sie wirkt. Denn schließlich, wenn sie etwas anderes ist als eine
Aussage über den sich in Christo verwirklichenden Plan Gottes,
wenn sie wirklich in der Person des Erlösers ein von dem
unsrigen verschiedenes Wesen konstatiert, wenn sie die Erklärung
seiner sittlichen Größe, Fundament und Eckstein des Erlösungs=
werkes ist, so müssen wir überhaupt darauf verzichten, diese

---

[1]) Vgl. Chapuis: La transformation du dogme christologique.
Lausanne, Bridel.

Person und ihr Werk als unter unsere sittlichen Kategorien fallend
zu beurteilen. Die Heiligkeit und ihre Gründe müssen in dem
Stoff gesucht werden. Jene Aufforderungen, Christo nachzufolgen,
ihm ähnlich zu werden, die unsere Hoffnung waren, sie werden
Illusionen. Diese Heiligkeit, dieses einzigartige Leben, diese über
Sünde und Tod siegreiche Macht sind durch ein Element einer
Natur gebildet, die wir weder besitzen noch besitzen können.
Warum fordert man uns zu dieser Erneuerung, zu der gegen=
seitigen Durchdringung des Meisters und seines Jüngers auf,
wenn nur ein chemischer Prozeß, ein opus operatum darunter zu
verstehen ist? Wo bleibt die sittliche Macht des Evangeliums,
was ist nun ihre Beschaffenheit? Was wird aus dem Uebel und
wie soll man das Gute benennen?

Wir schließen daraus, daß die Präexistenz, auch bei der
denkbar günstigsten und historischsten Erklärung nur ein theo=
logisches Anhängsel sein kann; sie gehört nicht unter jene Fun=
damentalbestimmungen, die Glauben erzeugen und die Herzen
erneuern. Jesus ist für den Gläubigen Lebensautorität, sittliche
Autorität und niemals eine lehrhafte oder theologische, was er
auch nie sein wollte. Man verwechselt zu leicht die beiden Linien,
die zwar Berührungs= und Kreuzungspunkte haben, nichts desto=
weniger aber zu unterscheiden sind.

Diese Konfusion führt uns mitten in das Zentrum des dis=
kutierten Problems. Ihre Hauptquelle ist ein falscher Begriff von
Autorität, ihr Resultat eine Art Verfälschung des Glaubens,
wenigstens in seiner Definition und den daraus gezogenen Kon=
sequenzen.

V.

Zu leicht stellt man sich die Autorität als eine Macht vor,
die ohne Motive, wenigstens ohne leitende, durch Zwang wirken
will. Wie ein sausendes Räderwerk erfaßt sie den, der sich ihr
überliefern will und zermalmt ihn; ja, sie vernichtet das Sein.
Tertullian sagt: credo quia absurdum. Ich glaube, weil oder
obgleich ich nicht überzeugt bin. Ich glaube, und mein Glaube
wird ein Hilfsmittel für die Vernunft, dann ersetzt er sie,

schließlich erweitert er meine Erkenntnis. Die griechischen Philo=
sophen, Plato vor allem, gebrauchen das Wort πιστις in analogem
Sinn, wenn sie damit eine weniger sichere, als die durch Er=
fahrung und Syllogismus gelieferte Erkenntnis bezeichnen wollen.
Hier stoßen wir auch an das Wesen des katholischen, vom Griechen=
tum durchtränkten Prinzips, das bis auf unsere Tage seinen durch
Jahrhunderte wirkenden Einfluß ausübt.

Also die Autorität, wofern sie kein Tyrann ist, hat ihre
Motive, ihren Sporn, ihre Fühlfäden, die ihre Kraft ausmachen.
Diese wechselt mit dem Bereich, in dem sie wirkt. Auf intellek=
tuellem Gebiet ist das treibende Motiv der Syllogismus, anders=
wo das Zeugnis der Thatsachen und der Geschichte, hier die
Erfahrung, allein oder vereinigt; je nach dem Einzelfall wirken
diese Motive zwingend, wenn sie sich eines Individuums be=
mächtigen. Die Berechnungen und Beobachtungen, die den Weg
der Sterne entdecken, verpflichten unsern Geist bis zum Beweis
des Gegenteils. Auf religiösem und sittlichem Gebiet hat das
Raisonnement seinen Platz, aber es ist nicht das erste Moment.
Die den Willen erfassenden Argumente, das Gefühl, besser das
Gewissen, sind die Kräfte der Religion, wenigstens einer solchen,
deren Postulat die sittliche Freiheit ist. Es sind das die auf mein
Gewissen durch die Person Jesu erzeugten Rückschläge, die seine
Autorität über mich herstellen, in mir die Pflicht des Gehorsams
gegen ihn wachrufen und den im höchsten Sinn des Wortes ver=
nünftigen Charakter seiner Forderungen bestimmen.

Man hat sich auf die Bezeugung berufen, um eine Autorität
zu begründen. Diese ist jedenfalls bei der Bildung unserer Ueber=
zeugung, wie bei der unseres Wissens beteiligt. Aber auch hier
müssen die Gebiete geschieden sein.

Durch das Zeugnis der Reisenden sind wir der Existenz
eines gelben Flusses sicher. Die Belehrung durch glaubwürdige
Zeugen überhebt uns der eigenen Erfahrung: Ein ungeheurer Teil
unseres Wissens fließt aus dieser Quelle. Auf religiösem Gebiet,
besonders im Christentum, tragen sich die Dinge nicht ebenso zu;
zu der Bezeugung muß noch ein neues und unentbehrliches
Moment hinzukommen. Das Zeugnis durch Dokumente der christ=

lichen Geschichte, der in Jesu Christo die Welt erleuchtende
Strahlenglanz, stellt uns einer Thatsache, ja einer Unzahl von
Thatsachen gegenüber, die man analysieren, diskutieren, angreifen
und verteidigen kann. Wären wir historisch, wissenschaftlich von
der thatsächlichen Realität aller dieser Thatsachen durchdrungen,
wir hätten noch lange keine Religion, keinen Glauben. Damit
dieser entstehe, muß sich mit dem Zeugnis der Bücher und der
Menschen das des Geistes verbinden, eine Handlung, die den
heiligenden Einfluß dieser Thatsachen in unser Gewissen bringen
läßt, bis daß dieses unser Sein inspiriere, Leitstern unseres Lebens,
herrschende Autorität werde. Ohne diese Erfahrung, dies sich des
Zeugnisses bemächtigen, ist das Evangelium ein Nichts.

Beschließen wir diese Analyse durch eine letzte Erwägung,
die die nackte Thatsache von den gezogenen Konsequenzen unterscheidet. Denken wir wieder an den gelben Fluß; er existiert,
das weiß ich aus meinem Geographiebuch. Das ist die Thatsache.
— Die Folgerungen, die dieses Wissen präzisieren, beziehen sich
auf verschiedene Phänomene, die Gewalt des Stromes, die Analyse des Wassers 2c. — Auf christlichem Gebiet ist die nackte
Thatsache die Offenbarung Gottes in Christo, von der ich durch
die evangelischen Dokumente erfahre, die aber nur dann persönliche, sittliche Offenbarung wird, wenn es Gott gefällt, m i r
seinen Sohn zu offenbaren. Hier liegt die einfache religiöse Thatsache vor, die man ihrerseits in ihren Ursachen und Wirkungen
analysieren kann, wenn man sich mit Theologie beschäftigt.

Die Methode der Lehre Jesu oder, um uns nicht auf
materiell unwichtige Unterscheidungen zu steifen, die Natur des
Werkes Jesu bestätigt die eben vorgetragenen Ideen. Um seine
Autorität herzustellen, mit andern Worten den Glauben in den
Herzen zu erzeugen — was thut Jesus? Diskutiert er, reflektiert
er oder stellt er zwingende Lehrformeln auf? Nein, er wendet
sich an das Gewissen seiner Hörer, an ihr Wollen; er erregt die
innersten Gefühle, das tiefste Sehnen des Menschenherzens. Damit
wirkt er, auf diesem Herde entzündet er Funken und läßt sein
Licht leuchten.

Man achte z. B. auf seine Lehre über Gott. Darf man

überhaupt von einer Lehre reden? Ohne jede Philosophie, ohne
transzendente Spekulationen und abstrakte Formeln. Vater, Geist,
das ist alles. Dieser Name, diese Gewißheit sprudelt aus seinem
Herzen, wie klares Wasser aus dem Felsen. Er analysiert und
katalogisiert nicht. Seine Aussagen entspringen der Erfahrung,
der vollen Gemeinschaft mit dem Vater. Gott ist der Vater,
mein Vater, euer Vater! Jesus offenbart ihn, nicht unter der
Kategorie der Substanz, sondern unter der der sittlichen Vollkommenheit, die Liebe heißt, der einzigen überhaupt, die für eine
von Gott ergriffene Seele von Wert ist. Ich glaube, daß Jesus
das, was man dogmatisch eine Gotteslehre nennt, besessen hat,
überkommene Gedanken, die er sich aneignete oder neue originell
entwickelte Anschauungen über die Beziehungen des Endlichen zum
Unendlichen. Wertvolle Schätze allerdings, die man auch zu besitzen wünschte, denn sie kommen von dem, der vor Luther und
in seiner Vollkommenheit jene Vorschrift bethätigte: oratio, me-
ditatio, tentatio faciunt theologum. Aber trotzdem, man muß
sich zum Ruhme Gottes und zur Freude des Sünders dazu ent-
schließen: der Offenbarer, der Ausdruck des Geschenkes Gottes an
die Erbe, zeigt sich nicht als Philosoph, der Geheimnisse entdeckt
und Gedanken analysiert, sondern als ein Mensch, der menschliches
Leben lebt und es mit göttlichem erfüllt.

Diese Unterscheidung der Art nach — ich sage nicht dieser
Widerspruch noch weniger diese Indifferenz — zwischen dem
Glauben und den ihm entspringenden Gedanken, zwischen dem
christlichen Leben und der christlichen Lehre ist heutzutage prinzipiell
zugestanden. Die zeitgenössische Theologie hat in den letzten Jahren,
besonders im französischen Protestantismus das Studium dieser
durchaus nicht rein akademischen Frage wiederaufgenommen. Sie
rührt an die Lebensinteressen des Christentums.

IV.

Fide sola! Dieser Schlachtruf der Reformatoren hat noch
keineswegs in der evangelischen Kirche den herrschenden Platz eingenommen, der ihm gebührt. Beweis dafür die Verurteilung
Servets, die Spaltung, zu der die Abendmahlsstreitigkeiten

führten, Beweis . . . eine lange Geschichte aus alten und neuen
Tagen.

Wägen wir die Konsequenzen der Prinzipien ab. Wenn in
dem fide sola als alleinwirksamer Heilsbedingung eine Summe
von formulierten Lehren, der man unter logischer Zustimmung
oder gerade weil die Formel ein Geheimnis bleibt, anhängt, so ist
das Heil, das durch Christum dargebotene und geschaffene Leben
zum einem Teil abhängig von der Stellung unserer Intelligenz und
zum andern, und das ist der größte und wesentlichste von der
Richtung unserer sittlichen Kräfte. Unter einem anderen Winkel
sagt Père Dibon in seinen schon erwähnten Vorträgen dasselbe; dort erscheint es vielleicht als eine Ungeheuerlichkeit. „Unter
den Gläubigen giebt es solche, die nicht wissen, warum sie
glauben, und solche die ein Motiv dafür angeben können."
Paulus selbst sagt: Ich weiß, an wen ich glaube und wenn es
in der Kirche Leute giebt, die es nicht wissen, ist der Grund sehr
einfach: Weil sie nicht glauben.

Aus dieser Auffassung folgt, daß der Eintritt in das Gottesreich ein Minimum von Intelligenz verlangt und wenn diese Bedingung nicht gestellt werden darf, verlegt man die Bürgschaft für
diese sich aufdringende Wahrheit aus dem Individuum heraus.
Die sittliche Gewißheit genügt nicht, sagt man; die logische Evidenz ist auch nicht ausreichend. Man bedarf also einer höheren
Autorität außerhalb unser selbst, wie sie Fleisch wird in dem
Fürsten des Vatikans oder in einem unfehlbaren Dokument, dem
bewunderungswürdigsten und seitdem auch dem am meisten ge-
marterten Buche der Menschheit.

Wenden wir uns zu Jesus, dem Herrn der Schrift. Wo
und wann stellt er doktrinale Bedingungen? Dem reichen Jüng-
ling? Es genügt aber dem Herrn, um ihn zu lieben und sein
Herz durch einen Appel an das Gewissen zu erschüttern, einfach
die Regungen seines Herzens aufzudecken. Oder dem Schächer,
der Sünderin? Sie alle besaßen nur den Schatz eines reuigen
Herzens. Wenn man uns bei diesen Musterbeispielen daran
erinnern will, daß diese fide sola Erlösten die Privilegien der
mosaischen Religion genossen, daß der Herr stillschweigend diese

notwendigen Anfangsgründe übergehe, so erinnern wir an das
Bild der Samariterin, die in Garizim, nicht in Jerusalem an=
betete. — Man wünschte Zeit zu haben, unter diesem Gesichtspunkt
diese großen Krisen, die einen Paulus, Augustin, Luther zu den
Füßen Christi brachten, in ihre Elemente zu zerlegen. Man würde
sicher sehen, daß diese Bekehrungen, wie die vielen anderen, die
kein Aufsehen machen und nie bekannt werden, sich in dem pau=
linischen hülfeflehenden Wort zusammenfassen lassen: „Das Gute,
das ich will, das thue ich nicht und das Böse, das ich nicht will,
das thue ich". Für dieses Elend der Ohnmacht bedarf es anderer
Heilsmittel als die adäquatesten Formeln und die unergründlichen
Geheimnisse der sogenannten „wesenhaften Gottheit". Dazu ge=
hört ein Akt der Rettung, ausgeführt von dem, den wir Heiland
nennen und dem wir unsere Heilung überlassen. Ihm überlassen
wir sie! Das ist Glaube!

    Glaube! Wir sind in dem Ausdruck einig, aber bei der
Analyse macht man uns den Einwurf, dieser Glaube setze mit aller
Notwendigkeit eine gewisse Erkenntnis voraus, ohne die er nicht
existieren würde. Sagt nicht auch der Apostel, der Glaube komme
aus der Predigt (Röm. 10 17). Gerade hier muß man sich vor
ebenso häufigen wie verderblichen Verirrungen hüten. Trial[1])
in einem vortrefflichen Aufsatz, der allerdings einem Intellektualis=
mus, von dem der Verfasser schließlich wenig wissen will, zu viel Zu=
geständnisse macht, unterscheidet zwischen sittlich=religiösen Rea=
litäten, die sich als Thatsachen oder Ideen dem Glauben darbieten
und für den Glauben unentbehrlich sind u n d d e n Theorien, die
diese Thatsachen ergründen und erklären, die aber kein unmittel=
bares Bedürfnis des Glaubens sind.

    Darf man wirklich von I d e e n reden? Gewiß. Ohne über
Erkenntnistheorieen zu diskutieren, wissen wir alle, daß die unter
der Form des Urteils gegebene Idee mittels der Sprache das
Vehikel ist, das die Thatsachen, so wie wir sie erfassen, übersetzt
und unsern Eindrücken Formen verleiht; sie stellt die Beziehungen
zwischen uns und der äußeren sinnenfälligen Welt, so wie wir sie

---

[1]) Revue chrétienne: La situation religieuse. (Juni, Juli 1894.)

empfinden und uns vorstellen, her. Keine Thatsache gelangt ohne dieses Mittelglied zu unserer Kenntnis. Aber muß man nicht auch zwischen der Thatsache, genauer dem Phänomen, und den Uebertragungen, die es in unserer Idee erleidet, unterscheiden? Zum Beispiel: der Nomade sieht den blauen Himmel über sich und nennt diese Wölbung das Firmament. Der blaue Himmel ist die Thatsache. Wölbung und Firmament übersetzen nur den Eindruck in der Form eines Urteils. Sind diese Ideen der Thatsache adäquat? Wir wissen heute, daß die Wölbung nicht existiert, daß sie jedenfalls keine Festigkeit hat und der Fortschritt der Wissenschaft drückt in auderu Formen, in andern logischen Beziehungen dieses Phänomen aus, das doch da ist. Drei Elemente kommen also in Betracht: das Phänomen, der erzeugte Eindruck und die Uebertragung durch ein Urteil oder eine Idee. Es ließe sich sogar noch ein vierter Faktor hinzufügen: die Voraussetzungen, ohne die es weder Phänomen, noch Eindruck, noch Ideen gäbe. Bei unserem Beispiel gehörten zu diesen Postulaten unter anderen, die Existenz des gestirnten Himmels, das Vertrauen auf die Zuverlässigkeit unserer Sinne ꝛc.

Uebertragen wir diese kurze Analyse auf das religiöse Gebiet, was finden wir? Das Phänomen oder die Thatsache: Christus, der spezifische Eindruck, den er erzeugt und den wir Glaube nennen, endlich die Uebertragung dieses Eindrucks in formulierte Urteile, in Ideen. Man sieht in welchem Sinn wir hier der übertragenden Idee einen Platz sichern. Sie ist nicht Ursache, nicht Bedingung, sie ist sein Ziel, so lange es wahr ist, daß, wie überall der Grammatik die Sprache folgt, der Rhetorik die Prosa oder Poesie, der Theorie die Praxis, nicht umgekehrt. Wir schließen also mit der Behauptung, die sich von der Fassung Trials etwas unterscheidet und uns wichtiger, mindestens deutlicher zu sein scheint, daß man zwischen den Voraussetzungen des Glaubens, ohne die er nicht bestehen kann und den Auffassungen, Theorien und Wirkungen unterscheidet, die uns helfen ihn zu analysieren und ihm seinen Platz in der Universalordnung anzuweisen.

Einige Beispiele nur, um hoffentlich jeden Zweifel an unseren Gedanken zu vernichten. Es ist klar, daß wenn Gott nicht existierte,

der Glaube, das Band zwischen dem Menschen und seinem
Schöpfer, auch nicht da wäre. Die Voraussetzungen sind hier
also die Existenz Gottes und die des Menschen, wie der Schall
und das Licht schwingende Massen voraussetzen. Also existiert
der Glaube, und ist in Thätigkeit, ohne daß die Gläubigen von
Gott einen in allen Stücken identischen und übereinstimmenden
Begriff hätten.

Man kennt die treffliche Illustration, die A. S a b a t i e r
diesen Gesetzen angedeihen läßt, wenn er sagt: „In einer unserer
Kirchen ist eine große Menge zur Anbetung versammelt, vielleicht
sind auch ein paar alte Mütterchen dabei, die recht unwissend,
vielleicht auch abergläubisch sind; die Mittelklasse ist vertreten, die
eine Ahnung von Litteratur hat, Gelehrte und Philosophen, die
K a n t und H e g e l studierten, sind auch da und Theologieprofessoren,
bis ins Innerste mit kritischem Geist durchdrungen, fehlen eben=
falls nicht. Alle beugen sich im Geiste und beten an; alle sprechen
dieselbe in der Kindheit gelernte Sprache, alle wiederholen aus
dem Herzen und mit den Lippen: „I c h g l a u b e a n G o t t d e n
a l l m ä c h t i g e n V a t e r". Ich glaube nicht, daß es auf der Erde
ein rührenderes Schauspiel giebt, etwas, was dem Himmel näher
ist. Alle diese so verschiedenen Geister, die vielleicht unfähig
wären sich in der Sphäre der Intelligenz zu verständigen, haben
eine wirkliche Gemeinschaft unter einander, dasselbe Gefühl durch=
dringt und beseelt sie. Die sittliche Einheit, von der Jesus spricht:
„daß sie eins seien, wie wir es sind" ist für einen Augenblick auf
Erden verwirklicht. Aber glaubt ihr, daß dieses Wort „G o t t",
von soviel Lippen ausgesprochen, in diesen Geistern dasselbe Bild
entstehen läßt? Die arme Alte, die noch an die Bilder ihrer
großen Bibel denkt, sieht das Gesicht des Vaters mit weißem Bart,
und mit glänzenden, feuersprühenden Augen. Ihr Nachbar würde
über diesen Antropomorphismus lächeln. Er hat den deistischen
Begriff Gottes in seiner philosophischen Vorlesung vernünftig be=
gründet. Gerade dieser Begriff wird dem Schüler K a n t s un=
brauchbar erscheinen, der weiß, daß jede positive Idee von Gott
widerspruchsvoll ist, und um diesem Widerspruch zu entfliehen,
flüchtet er sich zu dem „Unerkennbaren". Für Alle aber besteht

das Dogma von Gott[1]). Wir unsererseits würden, etwas ab=
weichend von Sabatier sagen: Für uns existiert Gott unter ver=
schiedenen Vorstellungen und abweichenden Formeln.

Es ist jedenfalls sicher, daß zum Glauben an Christi Person
als notwendige Voraussetzung der Glaube an seine Existenz gehört
und die Ueberzeugung, daß er einen bestimmten Eindruck psycho=
logischer Natur erzeugte und erzeugt, der den Glauben an ihn
hervorruft. Daß aber zum Glauben an Christum zuvörderst eine
Reihe analytischer oder dogmatischer Aussagen angenommen werden
müssen, daß diese Aussagen Bedingungen eines wahren Glaubens
und dessen primäres Element sind, das bestreiten wir im Namen
der geschichtlichen Erfahrung, im Namen des Evangeliums, der
Gnade, ja im Namen der Natur des Heils selbst und der Sünde,
von der Christus befreit.

Im Namen der Geschichte! Man denke noch einmal an alle
Hülfeflehenden, an die geheilten Kranken, all' die Sünder, denen
der Herr vergab und bei denen er von einem „großen Glauben"
spricht. Wäre es möglich die Schlüsse zu präzisieren, die sie aus
der That des Herrn auf sich selbst ziehen, und die daraus folgende
Vorstellung, die sie sich von seiner Person machen — wie groß
wäre die Verschiedenheit! Wieviel verschiedene Bezeichnungen in
der Einheit derselben vertrauenden und dankbaren Liebe würden
sie dem „Sohne Gottes" geben, wie einige ihn nennen. Im Munde
des Hauptmanns unter dem Kreuz hätten sie vielleicht eine mehr
physiologischen und heidnischen Sinn, Petrus würde darin alle
messianischen Hoffnungen Israels zusammenfassen und Johannes,
dieser Adler, der in ätherischen Sphären schwebt, identifiziert ihn
mit dem Wort und der ewigen Offenbarung Gottes. Wo liegt
hier das Substratum, das Leben des Glaubens? In der Idee,
die es nach den Entwickelungen, den Individual= und National=
traditionen überträgt oder in der inneren Erfahrung, deren Ab=
glanz die Idee ist. Die evangelische Geschichte bietet uns, wenn
wir nicht irren, ein schlagendes Beispiel, wo sich die bekämpften

---

[1]) A. Sabatier: De la vie intime des dogmes. — Paris, Fischbacher.

Theorieen offenbaren. Nikodemus kommt bei Nacht zu Jesus,
um in ihm einen Gelehrten in göttlicher Wissenschaft, dessen Ur=
kunde seine Wunder sind, zu sehen. Und man weiß, wie der
Herr den forschenden Besucher von diesem Gedanken abbringt, um
ihm in einer unsterblichen Stelle den sittlichen Charakter des
Glaubens und seine wiedergebärende Kraft zu offenbaren.

Die Orthodoxie hat, nicht ohne gute Gründe aber mit Ueber=
treibung, wie wir gleich sehen, auf der Verbesserung der Glaubens=
lehre verharrt und so unbewußt die Natur des Heils und den
tragischen Charakter der Sünde gefälscht. Wenn das Uebel ein
einfacher Irrtum wäre, wenn es, wie Sokrates glaubte, nur in
der Unwissenheit läge, so wäre verständlich, daß eine klare Ein=
sicht in die Wahrheit, eine korrekte Dogmatik, für seine Heilung
wesentlich wäre. Aber so liegt die Sache nicht.

Das Wissen und das Gute sind keine der Unwissenheit und
dem Uebel genau korrelativen Ausdrücke mehr. Man denke nur
an die sittliche Lage unserer Civilisation; wie gebildet ist sie und
wie verderbt! die Sünde ist eine Rebellion, eine Empörung gegen
das Gute, d. h. gegen Gott und die Natur, die er uns gab.
Unser Wille, der sich schwach fühlt und selbst unfähig, sich zu
ändern, ist dafür verantwortlich. Wenn also das Heil durch
den Glauben an Christus eine wirksame Realität ist, muß es eine
Erneuerung des Willens schaffen, um von da aus seinen Einfluß
auf die Gesammtheit unseres Wesens auszuüben.

Wenn nun der Glaube, als Macht sui generis, in diesem
Punkt sich von der Lehre unterscheidet, darf man dann schließen,
daß diese indifferent ist? Jüngst hat ein Professor aus Montauban,
der sehr bereit ist, jeden um einer Kleinigkeit willen zu hängen,
unseren Gedanken auf einen Satz Zolas gebracht, den man bei
einer solchen Sache nicht erwartet hätte: „Ich glaube, daß nie=
mals die Auseinandersetzung¹) einer Idee verhängnisvolle Folgen
gehabt hat". Das ist ein arger Irrtum, den die Geschichte, hätte
man sie um Rat gefragt, als solchen beseitigt haben würde.

---

¹) L'exposé, unübersetzbar; es ist das Mitteilen eines Gedankens an
einen Andern, das Umsetzen, Verdichten einer Idee in die ausgesprochene
Gedankenform.   D. U.

Einst hat eine große theologische Schule aus Reaktion gegen
den Intellektualismus, von dessen Bekämpfung sie sich jetzt wieder
abwendet, laut die doktrinale Indifferenz verkündet. Nichts ist
weiter von unseren Gebauken und den Konsequenzen unseres Prinzips
entfernt. Ohne Doktrin stirbt die Religion, sie verliert sich in
mystischen Nebeln, die nicht mehr Licht und Wärme haben als
unsere grauen Herbstnebel. Man darf uns nicht der Vernachlässigung dogmatischer Arbeit anklagen, ohne von dieser wertvollen
Metaphysik zu reden, die an ihrem Platz und in ihrer Rolle eine
unentbehrliche Macht ist. Wer wollte, wenn möglich, unter dem
Vorwand, daß die Formel unwesentlich sei, die Theologie vernichten, wenn nicht gerade Jene, die in unbegreiflichem Widerspruch dieses Wissen verfluchen und die Formel anbeten — wenn
sie nur alt ist?

Nein, es liegt in der Natur der Dinge, daß der Geist die
Elemente des Glaubens zu präzisieren sich bemüht, wie die Erfahrungen und Thatsachen, die ihn erklären oder sich an ihn
knüpfen. Diese Arbeit ist notwendig und heilsam, besonders, wenn
sie aus dem Glauben selbst hervorgeht, ihn zu verstehen und ihn
in seiner Reinheit zu ergreifen sucht. Ebenso kann man leicht
eine gegenseitige Einwirkung des Glaubens auf das Dogma und
der Lehre auf den Glauben konstatieren. Es ist damit, wie mit
dem Wissen überhaupt. Je mehr es sich durch seine Anstrengungen
den Gesetzen nähert, welche die Phänomene regieren, um so besser
kann man daraus Konsequenzen und praktische Anwendungen ableiten. Aber das will noch nicht sagen, die Lehre erzeuge den
Glauben; sie kann ihn stützen, klären, sie erzeugt ihn nicht. Wie
die Lehre, d. h. die Glaubenserkenntnis mit den Zeiten und Individuen wechselt, wie sie sich ändert, um besser ihr Objekt zu
durchdringen, darf sie weder als wesentliche und permanente Be-
bingung, noch als integrirender Bestandteil des Glaubens aufrecht-
erhalten werden — bis zu dem Tag, wo man uns mit stützenden
Beweisen eine Autorität liefert, die uns die Wahrheit der ver-
teidigten Formeln verbürgt —, denn diese können nur dann Anspruch
auf unveränderliche Dauer machen, wenn sie vollkommen sind.
— Diesem Schluß gegenüber wiederholt man immer, als ob das

eine Lösung des Problems wäre, jedenfalls eine sehr leichte, daß
der Glaube den ganzen Menschen, also alle seine Fähigkeiten er=
faßt. Wer will es leugnen? In der Gegenwart kennen wir keine
Theologie, keine Psychologie, die atomistisch genug wären, anderes
zu behaupten; aber wenn es sich um eine Analyse handelt, liegt
die Frage ganz wo anders. Bereitwillig geben wir diesen er=
neuernden Einfluß des Glaubens auf unser ganzes Wesen zu.
Alle Flüsse gehen ins Meer, das sie mit ihrem Wasser erfüllen,
aber wo sind ihre Quellen? Unsere physischen Sinne tragen alle
in verschiedenem Grade und mit den verschiedenen ihnen angepaßten
Mitteln dazu bei, uns eine Kenntnis der äußeren Welt zu ver=
mitteln. Die psychologische Physiologie hat herausgefunden, daß
Gesicht und Gehör sich verbinden, daß der Tastsinn dabei mithilft.
Diese Organe helfen sich gegenseitig, ersetzen sich manchmal; aber
bleibt es deshalb nicht wahr, daß sie jedes ihre eigene Funktion
haben, ich möchte sagen ihre persönliche Arbeit, daß S e h e n und
H ö r e n zweierlei sind. Mit unsern geistigen Sinnen ist es nicht
anders. Verbindet sich der Glaube, der den ganzen Menschen
durchdringt in erster Linie, seinem Prinzip nach, mit der Intelli=
genz, dem Gefühl oder dem Willen? Alle bisherigen Erwägungen
gaben schon die Antwort. Mit dem W i l l e n verbindet sich der
Glaube, mit diesem schwachen, schlechten Willen, den gerade der
Glaube an Christus erneuern muß, um auf dieser Grundlage den
neuen Menschen zu bilden. Dieser Glaube wird im Gefühl vor=
bereitet, die Intelligenz analysiert und überträgt ihn, aber der
Glaubens a k t ist ein Willensakt. „Wir haben geglaubt und er=
kannt“, sagt Johannes. Credo ut intelligam!

Dieser s i t t l i c h e Charakter des Glaubens erhellt ebenso deutlich
z. B. aus dem neuen Testament, wie aus der psychologischen Analyse.

Jesus stellt den πιστός dem ἄδικος gegenüber, dem, der nicht
das Gute thut. Wenn das Wort Synonymen hat, so weisen diese
auf sittliche Eigenschaften: πιστὸς καὶ ἀγαθός (Matt. 25 23). Die
ἀπιστία und der ἄπιστος bezeichnen den Zustand und die Beschaffen=
heit derer, die Christum nicht erkennen wollen (Matt. 17 17,
Mark. 6 6), nicht derer, die ihn nicht kennen. Der Hebräerbrief
spricht (3 12) von einer καρδία πονηρὰ τῆς ἀπιστίας; der Titusbrief

nennt die ἄπιστοι mit dem μεμιαμμένοι (1 15) zusammen; die Apo=
kalypse redet (21 8) von δειλοί καί ἄπιστοι ꝛc. Ueberall ist das
sittliche Element, die Willensrichtung in den Vordergrund gerückt.
Man wird dieser Beobachtung nicht die zahlreichen johanneischen
Ausdrücke entgegenhalten, wo der Ausdruck ἀλήθεια geradezu
synonym mit πίστις gebraucht wird; er bezeichnet den Glauben
und seine Resultate: „aus der Wahrheit, aus dem Lichtsein".
Man weiß, daß es sich hier um die Erfahrungswahrheit handelt,
die aus der Gemeinschaft mit Christo hervorgeht und keineswegs
um theoretische und spekulative Aussagen.

Paulus, der mit Recht Apostel des Glaubens heißt, erreicht
auf diesem Gebiet eine Tiefe, die noch unübertroffen dasteht. Nach
ihm ist es die πίστις, welche die Identifikation des Gläubigen mit
seinem Herrn verwirklicht und nach seiner Meinung ist die wirk=
liche Erkenntnis Gottes nur in dieser inneren Gemeinschaft mög=
lich, sie setzt diese Gemeinschaft voraus, die kein einfaches äußeres
Band, sondern eine Wesensgemeinschaft ist. Weder eine Lehre
über Gott, noch der menschliche Verstand realisieren diese Gemein=
schaft; sie ruht ganz allein auf der Liebe Gottes und auf dem
Vertrauen, das der Mensch in diese Liebe setzt, sodaß der Glaube
in jedem Gläubigen das Leben Christi neu erzeugt. Ist es also nicht
ein sittliches Element, welches das Substrat des Glaubens bildet?

Wenn die Zeit uns erlaubte noch an den Ursprung des
Wortes zu erinnern, so käme man zu demselben Resultat. Nur
einige Bemerkungen hierüber seien mir gestattet. In dem primi=
tiven Sinn des Wortes πιστεύειν liegt das Bild eines Bandes,
eine Bedeutung, die man in dem Wort πεῖσμα (Seil, Tauwerk)
wiederfindet. Es liegt also der Gedanke einer Festigkeit (solidité)
zu Grunde, die man im sittlichen Sein Vertrauen nennt. In
juridischer Bedeutung sind πίστεις häufig juridische Beweise und
Aristoteles spricht einmal von einem vor Gericht geforderten
Zeugen, den er ἀληθινός nennt, der aber erst πιστός wird, wenn
seine Aussage von der Gegenpartei nicht bestritten werden kann.
Die philosophische Frage führt uns zu demselben fundamentalen
Element. Im logischen Sinne bedeutet das Wort das Zutrauen
zu der Richtigkeit eines Syllogismus. Sonst allerdings z. B. in

einigen Texten Platons ist das πιστεύειν mit dem εἰδέναι ver=
bunden oder vielmehr ihm entgegengesetzt, als eine Erkenntnisart
von weniger evidenter Gewißheit. In seinem „Gorgias" fordert
des Sokrates Schüler uns auf, die Götter zu erkennen (re=
connaître; νομίζειν) wie man mit Resignation eine unfaßliche
Macht erkennt, aber an die Frauen zu glauben. Aber gerade
in dieser Bedeutung giebt sich der Begriff, den man schon sittlich
nennen kann, die Idee des Vertrauens, kund, da die πιστεύειν genannte
Erkenntnisgattung eine Art Selbsthingabe, eine geglaubte That=
sache fordert, weil sie nicht mit gleicher Evidenz verfährt.

Durch die LXX ist das Wort in den helleniftischen Dialekt
übergegangen. Diese Männer wählten ihn unter anderem, um
alle Gedauken des Wortes אֱמוּנָה und die Synonyme derselben
Wurzel auszudrücken, die den Begriff Treue im subjektiven und im
objektiven Sinn, als Vertrauen also bezeichnen.

Diese nur zu kurze Untersuchung und die anschließenden Dis=
kussionen berechtigen uns, den Glauben zu definieren, nicht zwar
als einen einheitlichen Akt, wohl aber wenigstens und genauer als eine
Willensthätigkeit, die einen Stützpunkt außerhalb ihrer selbst sucht.
Der Glaube also läßt ein Bedürfnis ahnen, eine auszufüllende Lücke,
er wird aus unseren Elend geboren und setzt Reue voraus.

Alexander Vinet sprach sich in diesem Sinne aus, be=
sonders in der letzten Periode seiner religiösen Entwickelung, wie
sie besonders in seinen Vorträgen über den Glauben [1]) ihren
Niederschlag fand. Dort zeichnet er einen Menschen, der für wahr
hält, daß Gott seinen Sohn in die Welt schickte, um Sünder selig
zu machen. „Das kann", schreibt er, „vielleicht ein Geistes= und
Kopfglaube sein" (in unseren Augen darf es sich nicht mehr Glaube
nennen, sondern Glaubenslehren) [2]). „Es ist möglich, daß solch
ein Mensch auf Hörensagen hin oder durch Beweise diese Lehre

---

[1]) A. Vinet: Discours sur quelques sujets religieux.

[2]) Französisch croyances; der Ausdruck läßt sich am besten mit dem
neuerdings üblichen: „Glaubensgedanken" („=Lehren") wiedergeben; er be=
deutet die intellektuelle Arbeit in dem Gefühlsleben des Glaubens, schließt
also den Begriff des Dogmas unter Umständen ein, umfaßt aber ein
weiteres Gebiet.

annahm, wie er ihr Gegenteil angenommen hätte, ohne ihren Inhalt in Betracht zu ziehen oder sich für ihn zu interessieren, im selben Sinne etwa, wie er nach einwurfsfreien Argumenten überzeugt war, die Erde sei rund und drehe sich um die Sonne ... Wenn es Lente giebt, die auf solche Weise „glauben", dann hat ihr Glaube nicht mehr sittlichen Wert, als der eines Menschen, welcher an die Kugelgestalt der Erde und ihre Kreisbewegung um die Sonne glaubt; und da das menschliche Gewissen sich durchaus weigert einen Glauben ohne jeden sittlichen Wert als Heilsbedingung anzunehmen, so stehen diese beiden Menschenklassen, was ihr Heil anbetrifft, auf derselben Stufe und sind in derselben Lage. Es scheint nicht absurder zu sagen, daß ein Mensch, durch den Glauben an astronomische Wahrheiten, von denen wir oben sprachen, selig wird, als zu behaupten, er werde es durch einen Glauben an das Evangelium und das Kommen Christi, bei dem er seine ganze logische Kraft aufbietet. Der eine Glaube ist so viel und so wenig wert als der andere und wenn der zweite sich über den ersten erhebt, so thut er es nur, weil sein Gegenstand unbegreiflicher ist. Wie viele sieht man doch, besonders in der römischen Kirche, deren Glaubensverdienst in der Schwierigkeit des Geglaubten besteht, so daß man umsomehr Glauben, folglich auch umsomehr Anspruch auf das Heil hat, je unglaublicher der Gegenstand des Glaubens ist.

In einem Brief Vinets an Pfarrer Scholl, den großen waadtländischen Denker, faßt er seinen Gedanken noch schärfer zusammen: „Glauben Sie, lieber Freund, der Glaube ist seinem Wesen nach ein bestimmter sittlicher Zustand: eine Lebensform: Anders glauben heißt nicht glauben. Wenn der Glaube kein ganz einfacher Akt ist, den man zerlegen kann, ist er kein Glaube. Die größte Gewißheit des Gedankens über religiöse Gegenstände ist so wenig Glaube, daß er bei Einigen dem Unglauben sehr ähnlich sieht. Das ist sozusagen eine Erleuchtung von unten her, von oben muß man erleuchtet sein, das fühle ich immer mehr[1]). Es wäre leicht und vor allem von

---

1) Vgl. E. Rambert: A. Vinet. Histoire de sa vie et de ses

lebhaftem Interesse, an die im wesentlichen analogen Definitionen,
wie sie die Schriften Ritschls, Harnacks, Herrmanns,
Kaftans, ebenso wie die Werke Charles Sekrétans enthalten,
zu erinnern; doch die Zeit erlaubt es nicht mehr. Alle diese
Männer, so verschieden sie in vieler Beziehung sind, so verschieden
die Einflüsse auf ihren Entwickelungsgang und dessen Bedingungen
waren, sind sämtlich der Ueberzeugung, daß der Glaube eine
Willensthätigkeit ist, und das einzige Mittel, die Religion zu er=
fassen und in ihr zu beleben.

Es handelt sich also darum, zu zeigen, was Christus als
Objekt des christlichen Glaubens dieser Rene, die Befreiung sucht,
bietet, indem sie sich auf des Menschen Sohn stützt. Hier, in
Christo, erscheint die historische Thatsache, welche diesem Streben
begegnet und auf welche es sich stützt. Uebrigens geht aus unseren
Definitionen hervor, daß der Glaube im eigentlichen Sinne des
Wortes zum Objekt nur eine Person haben kann. Eine Idee,
eine Thatsache, eine Erkenntnis, und wäre es die adäquateste,
können ebenso wenig Heilung bringen, wie die wirksamste und

---

ouvrages. Lausanne, Bridel 1875. S. 442. Für die Diskussionen unserer
Tage ist es interessant in Vinets Schriften den Ausdruck dieses Gedankens
zu finden, der nach anderer Meinung den Hauptgehalt seines religiösen
Werkes in der letzten Periode seines Lebens bildete. Er hatte nicht mehr
die Zeit, alle Konsequenzen zu ziehen; es finden sich in seinen Schriften
unschwer Stellen, welche diesem Grundgedanken keineswegs konform sind;
nichts destoweniger bleibt er ein originaler Zug seiner Hauptarbeiten.

Interessant hierfür ist auch das Bruchstück eines Briefes an Tho=
mas Erskine vom 29. August 1856 (Lettres d'A. Vinet, Band 2.
Lausanne, Bridel, S. 362), dort heißt es:

Ich kann Ihnen gar nicht sagen, wie die Einförmigkeit, die in
unsern Predigten herrscht, mir gemacht, oberflächlich und ermüdend er=
scheint. Man trägt einen Rosenkranz von Dogmen vor, wie die Katholiken
den ihrigen abbeten, man ist aufrichtig, verfolgt eine Absicht (intentionné)
aber man ist nicht originell, nicht tief, nicht einmal überzeugend, wenn
Ueberzeugung etwas mehr ist als Voreingenommenheit. Wirklich, es
herrscht mehr Voreingenommenheit als Ueberzeugung bei uns; man predigt
immer gegen die Verdienstlichkeit der Werke und sieht gar nicht, wie man
ganz in diese verstrickt ist, wenn man durch Lehren erlöst zu sein be=
hauptet. Das ist ein opus operatum, wie jedes andere, vielleicht schlimmer
als manches andere.

beste Analyse der ärztlichen Verordnungen dem Kranken nützt, wenn er sich nicht entschließt, ihre Wirkungen zu probieren. Eine Person, eine wirkende Kraft, eine lebende und lebendigmachende allein kann dem kranken Willen aufhelfen, muß ihn durchdringen und umbilden. „Wir glauben nicht an das Christentum, wir glauben an Christum", sagt Vinet noch. „Was christlich wird in der Welt, kommt nicht durch das Christentum, denn dieses ist selbst nur eine Wirkung, es kommt vielmehr durch Christum. Die Beziehungen, die wir als Christen unterhalten, sind nicht intellektueller Natur, Beziehungen unseres Geistes mit einer Wahrheit, sondern Beziehungen von Person zu Person, Beziehungen zwischen uns Menschen und Christo dem Menschen und Gott."

Ohne hier an das Zeugnis der Erfahrung zu erinnern, die nicht gestattet unter dem Gesichtspunkt einer strengen Definition von dem Glauben an ein Buch, an eine Lehre zu reden, sondern nur an eine Person, verweisen wir nur auf Paulus, der diesen wesentlichen Punkt in den Vordergrund rückte. In seiner hebraisierenden Sprache findet man fortwährend die Worte ἡ πίστις ἡ εἰς Χριστόν oder ἐν Χριστῷ, ἡ πρός oder εἰς θεόν. Wenn er manchmal von der πίστις τοῦ εὐαγγελίου, redet, wenn die Synoptiker die Predigt des Herrn als εὐαγγέλιον zusammenfassen, der selbst nur den Glauben an sich, nie den an eine Formel verlangte, so weiß man zur Genüge, daß diese „frohe Botschaft" nicht in einer Reihe von Aphorismen besteht, sondern sich in der Person des Erlösers selbst einheitlich zusammerfaßt.

In ihm also müssen sich Elemente finden, die dem Glauben entgegenkommen, von biesem ergriffen werden können, Elemente der Erfahrung, die eine organische lebendige Beziehung herstellen, nicht nur ein Anhängen des Gläubigen (adhésion) an Jesum von Nazareth. Ein einziges Wort faßt diese Beziehung zusammen und erklärt sie vollständig. Jesus ist der Erlöser. Dieses Wort müssen wir noch analysieren.

VII.

Die alte Apologetik, die ihre Zeit in der Geschichte gehabt hat, wo das intellektuelle und sittliche Element im Vordergrund stand, ist von der unsrigen auch in der Definition des Glaubens durchaus verschieden: jedenfalls hat sie diese innere Seite der Sache zu sehr vernachlässigt.

Sie hat sich ganz ausschließlich begnügt, wenn auch nicht ihre moralischen Motive, so doch die Gründe ihres Glaubens in äußeren Thatsachen zu suchen, die vielleicht ganz interessant, lehrreich, nützlich sind, aber in das Zentrum des Heilswerks nicht einbringen. Man lese Hollaz, Osterwald oder einen seiner modernen Schüler und man wird finden, daß vor Allem die Wunder Christi und seine Auferstehung die zwei großen Säulen des Glaubens sind. Die Interpretation der Schrift scheint übrigens im vollen Maaße diese Methode gutzuheißen.

Stellt nicht Petrus in der Apostelgeschichte Jesum als einen Mann hin, dessen Sendung Gott legitimiert hat, indem er durch seine Hände Wunder, Thaten und Zeichen vollbrachte? Hier ist das objektive Moment des Glaubens, dem man das andere, ebenfalls objektive, hinzuzufügen pflegt, die Auferstehung nämlich als Beweis der Messianität des Herrn oder wie Paulus in höherem Sinne sagen würde: „erklärt zum Sohne Gottes mit Macht". Andererseits lese man nur die Rede Petri zu Ende und man findet das subjektive Moment des Glaubens: „Thut Buße und lasse ein Jeder sich taufen auf den Namen Jesu Christi zur Vergebung seiner Sünden und ihr werdet den heiligen Geist empfangen".

Die Wunder des Herrn, wie man sie auch im einzelnen beurteilen mag, haben unstreitig einen Einfluß ausgeübt. Hier lag wohl der Anknüpfungspunkt für den Glauben des Nikodemus, den übrigens Jesus selbst zu verbessern bemüht ist; der Blindgeborene und viele Andere kamen nur zu den Füßen Jesu, weil das Schauspiel seiner Macht sie lockte. Tausend Mittel wendet Gott an, um die Schlafenden zu wecken. Sein Erbarmen erniedrigt sich so tief, daß es selbst aus unseren Schwächen und unserer Dunkelheit ein Licht leuchten läßt. Der Aberglaube eines Weibes, das den Mantel des Propheten wie einen heiligen Talisman berührte, ist nicht verächtlicher als Pascals heiliger Dorn. Wenn man ernsthafte Untersuchungen über diesen Gegenstand an-

stellen wollte, würden die Gelegenheiten, welche die Wiedergeburt
eines Menschen veranlaßten, alle gelehrten Herren in Erstaunen
setzen. Ein rechter Trost für unsere armen Predigten und unsere
oft so elende Argumentation! Die wirkende Kraft kommt aus
einer höheren Welt und ist unendlich tiefer als wir in unserer
Schwachheit. Diese Thatsachen, Wunder oder andere Dinge, sind
nur der Tropfen, welcher das Gefäß überfließen läßt, nur der
Funke, der den dürren Strohhaufen in Brand setzt. In der Tiefe
einer Seele bereitet sich, oft unter Thränen, jenes geistige Zusammentreffen mit Christo vor.

In der Epoche jedoch, als der Mariensohn die galiläischen
Gefilde durchzog, war der beweisende Wert eines Wunders doch
schon ziemlich gering. Jesus selbst hält das Zeugnis Mosis und
der Propheten für wirksamer als die Auferstehung eines Toten.
In sehr vielen Fällen bemerken wir sogar, daß der Glaube dem
Phänomen vorhergeht und dessen Bedingung ist. Endlich und
vor allem sehen wir, von einigen bekannten Fällen abgesehen,
nicht, daß das Wunder häufig wahre Rene erweckt hätte. Die
Pharisäer glaubten mit allen ihren Zeitgenossen an das Wunder;
auch Andere noch als der Menschensohn hatten die Macht, Wunder zu thun; der Herr spricht sie ihnen nicht ab (Matth. 12 27).
Man sieht nicht, daß die Gegner Jesu dessen Wunder geleugnet
hätten; sie glaubten an Zeichen (prodigia) im gewöhnlichen Sinn,
aber an ihn glaubten sie nicht.

Jedenfalls ist beachtenswerth, daß in der Gedankenwelt der
Gegenwart, auf die wir doch hier Rücksicht nehmen müssen, der
aus dem „Uebernatürlichen im gewöhnlichen Sinn" abgeleitete
Beweis nicht zu denen gehört, welche Geist und Herz ergreifen,
welche den Glauben an Christus erklären und rechtfertigen.

Ganz anders schon liegt die Sache bei der Auferstehung
des Herrn. Sie spielt im Urevangelium nicht nur eine bedeutende Rolle, sie begründete sogar die urchristliche Gedankenwelt.
Die Kirche erwuchs aus dem Glauben an den Auferstandenen;
anders läßt sich ihre Entstehung gar nicht erklären. Und dieser
Glaube ruht auf Erscheinungen Jesu, den man für unwider-
bringlich verloren hielt. Sie sahen den Herrn, wie auch Paulus

ihn sah. Welcher Art diese Visionen auch sein mochten, jedenfalls
erfüllten sie die Jünger mit neuer Hoffnung, gaben ihnen den
verlorenen Mut wieder, erklärten oder verringerten ihnen das
Aergernis vom Kreuz. Der lebendige Christus schafft in ihnen
und um sie jenes geistige Leben, welches seinerseits das Wirken
des erhöhten Christus offenbar macht. Hier liegt die erste That=
sache vor, die an dieser Stelle einer Erklärung bedarf, um ihre
Beziehung zum Glauben, also ihren religiösen Wert aufzuweisen.

Wenn wir von dem Glauben an den Auferstandenen reden,
so wollen wir damit nicht die Erklärung der Auferstehungs=
thatsache zu den Grundbestimmungen des Charakters Jesu ge=
rechnet wissen. Welcher Art ist der Leib des Auferstandenen?
wie passen die evangelischen Berichte über die Auferstehungsthat=
sache zusammen oder nicht zusammen? Falls es sich um eine
Auferstehung im physischen Sinne handelt, sind dann die Erschei=
nungen, aus denen die ersten Zeugen die Wiederbelebung des im
Garten Josephs von Arimathia niedergelegten Leichnams folgerten,
als subjektive oder objektive Visionen zu fassen? Alle diese Fragen
gehen uns hier nichts an. Das sind Probleme der historischen
Kritik und der Physiologie, die mit den entsprechenden Methoden
erforscht werden müssen. Apologeten, die, voll Mut und Eifer
die christliche Sache zu verfechten, sie auf die unerschütterliche
Basis einer leiblichen Auferstehung des Herrn gründen wollen,
scheinen mir einen sehr gefährlichen Weg zu gehen. Der Glaube
hat durch sich selbst kein Mittel, sich über den Wert dieser Er=
klärung auszusprechen. Uebrigens erhält die historische Realität
der so definierten Auferstehung, mag sie auch beglaubigt sein wie
das Schriftstück einer Kanzlei und versehen mit allen offiziellen
Siegeln der Authentizität, erst dadurch und in demselben Maß
ihren religiösen Wert, als wir uns das Leben des Erlösers per=
sönlich aneignen.

Schon für die Apostel stammte jene Thatsache, soweit sie
den Glauben interessiert, nicht aus persönlicher Erfahrung. Keiner
von ihnen war Zeuge von der Oeffnung des Grabes. Jesus
zeigt sich ihnen in successiven Erscheinungen, was Paulus im
ersten Korintherbrief teilweise dokumentierte. Sie fühlen ein neues

Leben in sich erwachen. Die „Gegenwart Christi im Geist", wie Paulus sagt, richtet sie auf und das Vertrauen auf seine Kraft, die der Tod nicht brechen konnte, bildet die Nahrung ihres Glaubens. Sie empfinden die Wahrheit des Wortes: Ich gehe weg, aber ich komme wieder zu euch . . . es ist gut für euch, daß ich gehe . . .

Für den Glauben aller Zeiten hat die Auferstehung ihren religiösen Wert erst in dieser persönlichen Erfahrung des in uns lebendigen Christus, der uns, wie Paulus sagt, „in das himmlische Wesen versetzt hat (Ephef. 2 6). Dann erst kann man das Wort Hiobs wiederholen, das trotz der falschen Uebersetzung jedenfalls eine wertvolle Versicherung enthält: „Ich weiß, daß mein Erlöser lebt".

„Der Herr lebt; die Fortsetzung des persönlichen Lebens Jesu", sagte Lobstein, „ist für den Gläubigen auch Fortsetzuug der persönlichen Wirkung des Herrn. Sein Werk war mit seinem Tode weder vernichtet noch beendet. Dieser Tod war vielmehr die Bedingung und Grundlage der Ausbreitung seiner Heilsthätigkeit und ihrer siegreichen Vollendung. Das Bekenntnis zu dem lebendigen und erhöhten Christus ist kein theologischer Satz, noch weniger die mythologische Einkleidung einer Idee; nein es ist der Ausdruck des Glaubens selbst. Das Leben Jesu verlöschte mit seinem Beruf, aber in seinem Leben war das Leben Gottes selbst offenbar und handelnd. Sein Beruf ging auf die Verwirklichung des Planes Gottes der Welt gegenüber. Wer in diesem Leben und in diesem Werk den Grund seines Friedens findet, ist zur Gewißheit gekommen, daß diese Persönlichkeit für ihn lebte und wirkte[1]).

In dieser Richtung und auf dieser Höhe bildet die Auferstehung Christi, wie man nun auch die Berichte auffassen mag, die von ihr erzählen, eine wesentliche Grundbestimmung der Person Jesu. Der Glaube, der nach Hülfe ausschaut, braucht eine lebendige, thätige Hülfe und der beste, zugleich der einzig sichere Be-

---

[1]) Lobstein: „Der evangel. Heilsglaube an die Auferstehung J. Chr." In dieser Zeitschrift 1892, Heft 4.

weis des Sieges Christi über den Tod, so subjektiv er auch sein
mag, ist das Leben, das er in dem Gläubigen verbreitet.

Lautet nicht auch so das Zeugnis Pauli, um vom vierten
Evangelium nicht zu reden? Was antwortet er doch denen, die
die Glaubwürdigkeit seines Apostolats in Zweifel setzten, weil er
nicht Augen= und Ohrenzeuge Jesu gewesen war, die also damals
schon forderten, die Wahrheit des Evangeliums auf eine doku=
mentarische, äußere Tradition zu stellen? „Auch ich sah den
Herrn." Dieser Herr war aber nicht Christus nach dem Fleisch,
sondern nach dem Geist. In der Stunde seiner Bekehrung war
Paulus schwerlich mit der Gesamtheit der evangelischen Thatsachen
vertraut.

Wenn er später in seinen Briefen von „seinem Evangelium"
redet, versteht er darunter nicht etwa das irdische Leben Christi,
das ihm eine sichere Tradition und eine himmlische Belehrung
gegeben hätte.

Er bezeichnet diese frohe Botschaft vom Heil mit dem
Namen Christi, den er als den Erhöhten betrachtet, der sich ihm
bei der Krisis vor Damaskus offenbarte, der die Kräfte seiner
Person entwickelt, lenkt, in sich aufnimmt, der also sein Leben in
ihm offenbart.

Aus diesen Beobachtungen möchten wir einen uns sehr
wichtigen Schluß ziehen. Wenn das Christentum keine einfache
religiöse Philosophie ist, obwohl es eine solche einschließt, wenn
es eine historische Offenbarung Gottes durch Christus, die dem
Sünder entgegenkommt, ist, wenn die so verstandene Auferstehung
einen bedeutenden Platz unter den Grundbestimmungen des Cha=
rakters Jesu einnimmt, den Glauben an ihn erklärt, rechtfertigt,
legitimiert, so kommt es doch für den Gesichtspunkt der Apolo=
getik, wenn anders sie beweisend sein will, darauf an, sich nicht
an diesen oder jenen Einzelfall zu klammern, sondern die wesent=
liche Grundbestimmung oder Grundbestimmungen seiner Person zu
erfassen.

Ich schließe mit der Behauptung, daß die Auferstehung
des Herrn, deren Wert wir eben gekennzeichnet haben, aus apo=
logetischen Gründen nicht an den Eingang des Evangeliums,

unter die den Grund unseres Glaubens ausmachenden Beweise
gestellt werden darf, sondern vielmehr unter die Folgerungen gehört, die aus der christlichen Erfahrung fließen und die geistige
Wirksamkeit dieser Religion ausmachen. — Mit dieser Methode
ändert man, zum Teil wenigstens, nicht gerade die Begründung
der vorgebrachten Beweise, aber doch die Reihenfolge und die
Art, in der man sie vorbringt. Die Zeit, in der wir leben, die
Probleme, denen wir unsere Aufmerksamkeit zuwenden, die Natur
der gegen das Evangelium erhobenen Einwände rechtfertigen
wahrlich diese Aenderung unserer Taktik. Man muß zugestehen,
ob man es nun beklagt oder sich darüber freut, daß man schwerlich die Zustimmung und das innere Ueberzeugtsein unserer Zeitgenossen gewinnt, wenn man die Autorität Christi und den Glauben an ihn auf einem — im gewöhnlichen Sinne des Wortes —
übernatürlichen Phänomen begründet, so glaubwürdig dieses auch
sein mag. Mit der Auferstehung ist es gerade so wie mit den
Wundern im Allgemeinen und den Weissagungen. Es gab eine
Zeit, wo diese Phänomene, aus Gründen, die wir hier nicht zu
analysieren brauchen, die Rüstkammern der tüchtigsten Verteidiger
des Christentums bildeten. Wenn man dagegen· unsere heutige
intellektuelle und sittliche Lage überdenkt, wird der Zweifel, ob
jene Bedingungen Leute, die noch nicht überzeugt sind, gewinnen,
kaum zu unterdrücken sein. In unseren Tagen müssen jene Glau-
bens„bedingungen" sich selbst stützen samt ihren Beweisen. Alle
Beweise, die eine Berechtigung des Glaubens an Christum nachweisen wollen, müssen vielmehr auf einem Gebiet gesucht werden,
das einen tieferen und mehr experimentuellen Ausgangspunkt in
dem Bereich der Thatsachen und der das Gewissen rührenden
Eindrücke, ermöglicht.

VIII.

Versuchen wir diesen Weg! Wenn Jesus Gegenstand des
Glaubens in einer Religion geworden ist, die ihrem Wesen und
ihren Prinzipien nach als definitive angesehen werden muß, so
ist er die vollendete Verwirklichung des göttlichen Planes, das
Ziel der Geschichte, dem alles zustrebt, auf den alles hinausläuft.

Anders gefaßt: er ist zugleich der Mensch=Gott und der Gott=
mensch, zwei Namen, die man gern in Gegensatz bringt und die
doch zusammengehören. Diese Charakteristik ist, richtig verstanden,
troß der verschiedenen und oft widersprechenden Formen, die man
ihr gab, diejenige aller Zeiten. Sie entspricht den tiefen Bedürf=
nissen des Herzens; sie macht es erklärlich, daß die ganze Ge=
schichte des christlichen Gedankens, sich direkt oder indirekt um
eine Arbeit konzentrirte: in das Wesen der Person des Erlösers
einzubringen. Man thut unrecht, die Kämpfe und heißen Geistes=
schlachten, die vor dieser Festung geliefert wurden, leicht zu nehmen.
Jeder dieser Kämpfe entspricht, näher betrachtet, einer praktischen
Notwendigkeit und man versteht die dogmatische Entwickelung
alter und neuer Zeit wahrlich schlecht, wenn man in ihr nur die
Waffengänge theologischer Kampflust sieht. Die angewandten
Methoden, die versuchten Formeln können vielleicht merkwürdig
erscheinen; sie sind wie die unsrigen übrigens auch, dem Zeitgeist
verwandt, dem sie entstammen und der hier wie in der kantischen
Philosophie eine Anschauungsform, über die man nicht streiten
kann, ist. Es bleibt deshalb nicht weniger wahr, daß sie alle die
Person des Erlösers zu erfassen suchen.

Zuerst also behaupten wir, Christus ist der Mensch=Gott;
das soll keine prunkhafte Formel sein. Wenn man uns der Zwei=
deutigkeit anklagt, troß der Exaktheit, welche dieser Ausdruck zu
bieten scheint, so kann man sich auf die Dogmengeschichte berufen
und ihn als eine geschickte Akkomodation verstehen. Davon wollen
wir nichts wissen; wir erklären Jesum für den vollkommenen
Menschen, Mensch, so wie ihn Gott will, und Gott will eben den
Mensch=Gott (l'homme-Dieu).

Hegels Philosophie, ehrenden Angedenkens, wie bestimmte
Formen des alexandrinischen Gnostizismus, ließ die Thatsachen in
den Ideen aufgehen; sie floß alle Individualausprägungen und
hatte es nur mit Massen zu thun. Durch mehrere ihrer theo=
logischen Organe, obenan David Strauß, gab sie dem Ge=
danken Ausdruck, daß das menschliche Ideal, der Mensch=Gott,
sich nicht in einem Individuum realisiren kann, daß es vielmehr
das Produkt einer Raffe ist, vielmehr sein wird. Es ginge also,

vermittels eines unaufhaltsamen Fortschritts aus der Gesamtheit
der vollendeten Güter hervor, es wäre nicht hinter uns, sondern
vor uns, der Christus der Evangelien stände am Ende dieser Be=
rechnung nur als der mythische Ausdruck dieses hohen Strebens
(aspiration) da. Wir verweilen nicht lange bei dem Nachweis,
daß der menschliche Fortschritt keine gerade Linie ist, sondern eine
oft ausbiegende Kurve; seine treibenden Kräfte sind die genialen
Männer aller Art, die Zugabe aber der so verwirklichten Güter
ist bei dieser Rechnung von Soll und Haben, Elend und Ver=
brechen, und ich überlasse es Andern, welche Totalsumme bei
dieser Auffassung die schrecklichste wäre. Aus diesen Berechnungen
und Bemühungen müßte man auf den Bankrott der Menschheit
schließen und zu diesem Bankrott trieb der Hegelianismus. Denn
nachdem man einmal das Prinzip aufgestellt hat: was ist, muß
sein, kam man durch eine Art philosophischer Reue, für die
wir sehr dankbar sind, zu der Aussage des Pessimismus: alles
was ist, ist schlecht und das Leben verdient nicht gelebt zu
werden.

　　Wir glauben im Gegenteil, daß die Individualisation für
den Fortschritt der Geschichte notwendig ist und zu seinen uner=
läßlichen Gesetzen gehört. So verbreiten sich die zuerst in einem
Individuum, das selbst wieder Produkt einer langen Reihe von
Generationen ist und doch sein eigenartiges Gepräge hat, kon=
zentrierten Kräfte, allmählich durchsickernd, in der Gesamtheit. So
werden neue, die Menschheit erziehende Kräfte erworben.

　　In biesem Bereich, dessen ursächliche Verknüpfung wir hier
nicht aufsuchen wollen, war Jesus der Typus des Menschen
par excellence. Man verstehe uns nicht falsch! Wenn wir von
menschlichem Typus reden, verstehen wir darunter nicht den
Menschen irgend eines Landes, eines Breitengrades, eines Zeit=
raums, der aller erklärenden Attribute bar wäre und sich in dem
leeren Dunkel einer spekulativen Idee verlöre, wie der Gott des
philonischen Neuplatonismus, der ein Wesen ohne Attribute ist.
Nein, das ist gerade die Macht der Individualisation, daß sie in
begrenztem Rahmen ewiges Streben und ewige Vollendung bietet.
Jesus war Hebräer, Glied seines Stammes, das bis zu einem

von der Geschichte gegebenen Zeitpunkt dessen Vorstellungen teilte
und notwendigerweise seinem Werk das Siegel seines Milieus
aufdrückte. Wenn wir uns den Mariensohn in einer andern
Epoche, einer andern Umgebung denken könnten, so würden sich
— unter äußerlichem Gesichtspunkt betrachtet — die ewigen
Schätze seiner Persönlichkeit ganz anders darstellen, in neuen Farben und andern Umrissen.

Wenn wir behaupten, daß er der menschliche Typus par
excellence ist, meinen wir damit, daß er Alles besaß, was das
Wesentliche der Menschheit ausmacht. Das Ideal, welches er
darstellt, ist das Grundideal, das einzig zugängliche, das sich
in allen Gliedern der Menschheitsfamilie schon verflüchtigt hat.
Dieses Ideal ist nicht ein Ideal vollkommenen Wissens; das
bietet Jesus nicht, es existiert auch nicht und würde übrigens
gegen Uebel und Leiden wenig helfen. Es ist auch nicht das
Ideal der Schönheit oder der Macht. Platon, Phidias, Raphael,
Homer, Dante, Racine, Shakespeare — wir zittern bei der
Betrachtung dieser Größen, welche die großen Tage und die
großen Freuden der Menschheit bilden. Aber wir zittern noch
mehr — vor Jesus dem Galiläer! Wissen, hohe Kunst, alle
Talente und Kräfte, die das Genie ausmachen, bewundern wir;
sie sind uns leuchtende Strahlen von oben, aber können wir die
Bergesgipfel erklimmen, auf denen sie stehen? Sind wir dazu
verpflichtet?

Christum aber — ihn müssen wir erreichen, wie Er muß
auch ich werden! Seiner vollkommenen sittlichen Größe gegenüber können wir nicht, wenn wir des Menschennamens würdig
sind, kalt bleiben und in unserer Erbärmlichkeit uns wohl fühlen.
Phidias bewundere ich, ohne je daran zu denken, ihm zu folgen;
wenn ich an den Heiland denke, fühle ich, daß ich ihm folgen
muß. Das Ideal, welches er darstellt, blendet mich durch seine
Größe und zieht mich an, wie eine Pflicht, die ich erfüllen muß;
er wirft mir ja vor, daß ich nicht bin wie er, und er legt mir
die Verpflichtung auf, so zu sein. Ich sehe ihn gewaltig vor
mir, weiter von mir getrennt als der Sternenhimmel vom Meeres-
grund und dennoch sagt mir eine Stimme: auch wenn du den

Weg nicht kennst, jenen trennenden Raum mußt du durcheilen. Und woher jene Anziehungskraft, die uns wie eine Antithese vorkommt?

Weil Jesus das Ideal des Guten darstellt, das Ideal des gerechten Willens, ohne den jede andere mögliche Vollkommenheit sich ausnimmt, wie das Prunkgewand auf dem brandig gewordenen Körper; weil Jesus gerade an die Pforte unseres Gewissens klopft. Diese Thatsache erklärt nicht nur die Vollkommenheit des Christentums seinem Wesen nach, sondern den universalen der jeweiligen Zeitströmung enthobenen Reiz, den Christus ausübt. Jede andere Größe ist ein aristokratisches Vorrecht; die Erfüllung des vollkommenen Guten drängt sich Allen auf. Von der Höhe göttlicher Absichten aus angesehen, ist Er das Ziel der Geschichte und der Zweck unseres Geschlechts. Wert hat an uns allen nur die Willensrichtung; wenn Einer sagen konnte: Meine Speise ist die, daß ich den Willen meines Vaters thue und wenn dieser Vater Gott ist — zu wem spräche er nicht? Das ist es, was Christum zum Menschen unter den Menschen macht, zu dem Vollmenschen, oder, was gleichbedeutend ist, zu dem göttlichen, heiligen Menschen.

Wer von heilig spricht, denkt damit zugleich an Liebe und Gerechtigkeit, zwei göttliche Strahlen, die keineswegs entgegengesetzt sind, wie die juristische Sprache, die mit der des Evangeliums nichts zu thun hat, uns glauben machen möchte, sondern parallel laufen oder identisch sind. Gerechtigkeit ist das, was sein soll, was sein soll ist das Gute, und das Gute ist Liebe. Hat nicht der Aposteltheologe in einer Philosophie, die alle andern überragt, geschrieben, daß Gott die Liebe ist und schloß er nicht daraus, ohne daß wir seine Logik eines Fehlers zeihen könnten, daß die Kinder Gottes einander lieben sollen, selbst auf die Gefahr hin, eigenen Ruhm zu Schanden zu machen?

Jesus von Nazaret verwirklichte diese Liebe. In einer Welt, die sich gewöhnlich — wahrlich nicht notwendig — im Zustand der Selbstsucht befindet, hat er gezeigt, daß Nächstenliebe die erste Triebkraft sein soll. Er spricht davon, sein Leben zu verlieren, zu entsagen und aus diesem Verzicht macht er ein höchstes, oberstes Gesetz, als dessen Träger er sich zeigt, durch sein tägliches Auftreten sowohl als in seiner Lehre.

Von der andern Seite gesehen, schließt jene in der Liebe verwirklichte Heiligkeit begreiflicherweise den Gehorsam oder das Opfer, also den Schmerz, mit ein. Und Jesus erhellt mit dem Lichte seines Lebens dieses Grundgesetz der sittlichen Welt, das er zu erfüllen berufen ist.

Wenn wir diese Leidensseite des Christentums analysieren müßten, anstatt einfach von ihr als etwas Bekanntem zu reden, wären zwei wesentliche Seiten an ihr hervorzuheben.

Auf der einen Seite das persönliche Leiden, das man den Kampf gegen das Uebel nennen könnte. Welche Erklärung man auch für diesen bei Jesus Christus siegreichen Kampf bieten mag, jedenfalls muß man, um die Heiligkeit nicht zu leugnen, diese als erobert und erstrebt denken. Jede Eroberung fordert einen Kampf und man sieht es an manchem Zug der Geschichte des Evange= liums, um welchen Preis, durch welche Kämpfe, mit welchem Zagen, mit wieviel Thränen und heißen Gebeten er den Gipfel vollendeten Gehorsams erreichte. „Nicht handelte es sich für ihn darum", sagt Philipp Bribel sehr treffend, „rein und gläubig in einem entzückenden Paradiese mit duftenden Matten und spiegelklaren Wassern zu leben, er mußte den Kampf auf einem Schlachtfelde ausfechten, das mit grausigen Ueberresten besät war, die von den Niederlagen der armen, sündigen Menschheit zeugten; heilig leben mußte er in einer Welt, wo der Heilige nur ein Fremder, ein Unverstandener, ja ein verdächtiger Feind ist, verwirklichen mußte er ein Leben vollendeten Gehorsams in einer Lage, wo jedes Gehorchen ein blutiges Opfer scheint[1]).

Dieses Leiden, in der That, ist noch von einem andern be= gleitet. Der heilige Mensch darf kein Einsiedler sein, der nur für sein eigenes Heil sorgte. Das wäre, so seltsam es lautet, nur eine Form des Egoismus. Der heilige Mensch fühlt sich als Glied seines Volkes und mit diesem solidarisch. Er hat

---

[1]) Revue chrétienne (Paris) September 1892: „La foi en Jésus de Nazareth, peut-elle constituer la foi définitive?"

Brüder und Schwestern; ihre Interessen und ihr geheimes Sehnen trägt er in sich. Nichts Menschliches ist ihm fremd. „Die Sympathie hat ihr Daseinsrecht in der Konstitution des Universums; die That eines Menschen ist notwendig immer in gewissem Sinn eine That der ganzen Menschheit." Deshalb fühlt sich auch ein recht veranlagter Mensch sittlich gehoben durch jede edle That, und abgestoßen von jeder gemeinen, niedrigen Handlung, die irgend ein schlechtes, menschliches Wesen beging[1]. Diese Solidarität hat der Mensch-Gott durch seine absolute Sympathie in das hellste Licht gesetzt. Das Leid der Andern ist sein Leid, die Sünde seiner Brüder wie seine Sünde, obwohl man niemals ihn einen persönlichen Fehler sich vorwerfen sieht. Die heilige Liebe steigt in die Höhe und Tiefe, wo man ihrer bedarf. Das ist das wahre, stellvertretende, sühnende Leiden, zu dem er uns auffordert, da nach der Sprache Pauli, die man wohl mit Unrecht mystisch nennt und besser als realistisch bezeichnen könnte, der Christ mit Christo sterben muß, um mit ihm auferweckt zu werden (Röm. 4 ff.).

Was ist nun diese Heiligkeit, diese gehorsame Liebe anders als das Bild Gottes selbst? In Christo dem Mensch-Gott verwirklicht sich der Zweck der Schöpfung und man thut Recht daran, den Erlöser den Zentralmenschen zu nennen, auf dessen Kommen alle früheren Bestrebungen hinweisen und von dem jede heilige Thätigkeit ausgeht, die durch ihn Gott in Allem und in Allen zu verwirklichen strebt. Er ist es, den die Kinder der Reue grüßen, wenn sie auf ihrem Damaskuswege ihm begegnen, denn was er ist müssen auch sie sein, um ihre göttliche Kindschaft wahr zu machen. Man wird nicht bestreiten, daß diese sittliche Identität des Jüngers und des Meisters das Gegenständliche am Herrn ist, was seine Person zum Glaubensobjekt macht. Wir brauchen nicht an Belegstellen zu erinnern, die jeder kennt; es genügt, eine stark judaisierende Stelle der kanonischen Bücher in Erinnerung zu rufen: „Wer überwindet, dem will ich geben mit mir auf meinem Stuhl zu sitzen; wie ich überwunden habe und

---

[1] Charles Secrétan: La civilisation et les croyances (Lausanne, Payot).

bin gesessen mit meinem Vater auf seinem Stuhle" (Offbg. 3 21). Ist das nicht die durch Christus und wie Christus vergöttlichte Menschheit, weil er der Mensch-Gott ist?

Man antwortet uns, von dem so verstandenen Christus dürften wir wohl sagen: Wahrer Mensch! aber man verbietet uns, ihn Gott zu nennen, oder anders ausgedrückt, seine Heiligkeit mit seiner Gottheit zu identifizieren. Wir klammern uns nicht an ein Wort, sondern an die Sache und ebendeshalb versuchen wir im folgenden die Rechtmäßigkeit dieser Synonymie darzuthun, ohne über die Beziehungen zwischen Gott und dem Menschen schon an anderer Stelle Gesagtes[1]) zu wiederholen.

Godet macht uns folgenden Einwand: „Es ist streng logisch unmöglich, die Gottheit eines Wesens auf seine Heiligkeit zu be= schränken. Die Heiligkeit, die Liebe zum Guten, ist eine Eigen= schaft des Subjekts, das sie besitzt, nicht dieses Subjekt selbst. In diesem handelt es sich um anderes, als um die Bestimmung seines Willens. . . Etwas sein, ob Gott oder Mensch, heißt doch etwas anderes sein als heilig; folglich ist es ein Mißbrauch der Sprache und des Gedankens, einem Menschen statt seiner Heiligkeit die Gottheit zuzuerkennen[2])".

Und was sagt Corbey? „Die Gottheit Christi ist die Basis seiner Heiligkeit und nicht die Heiligkeit die Basis seiner Gottheit. Die Heiligkeit ist die hauptsächliche Offenbarung seiner Gottheit, sie ist aber nicht deren Substanz, und ihrer wesen= haften Natur nicht adäquat. Christus war auf Erden einziger Sohn Gottes, nicht nur weil er sich als solcher in seinem Leben bewies, sondern weil er als solcher geboren ist[3]).

Man kann sich schwerlich kategorischer ausdrücken. — Man erlaube uns bei einer so grundlegenden Frage neben dem Zeugnis bedeutender Männer, das wir soeben hörten, das Urteil eines Mannes zu zitieren, der meines Wissens die Metaphysik durchaus nicht verachtet und sogar etwas davon versteht. Man sagt uns, Heiligkeit und Gottheit ließen sich nicht unter einer Kategorie be=

---

[1]) Chapuis: La transformation etc.
[2]) Godet: L'immutabilité de l'évangile apostolique.
[3]) Corbey, a. a. O.

greifen; dazu meint Secrétan: Jede Gegenüberstellung des Mensch=
lichen und Göttlichen, wie eine Gegenüberstellung von Substanz
und Natur, ist nur eine Einbildung, welche die Vernunft nicht
erfaßt, welche das Bewußtsein verwirft und — welche Jesus auf=
deckt. Die Vernunft faßt weder menschliche noch materielle Sub=
stanz als verschieden von der göttlichen, denn die Substanz ist
eben das, was subsistiert. Das Bewußtsein möchte nicht zulassen,
daß es ein der Heiligkeit überlegenes Höheres giebt; die
göttliche Natur ist die Heiligkeit. Die „knechtische" Ein=
bildung müßte wohl erschrecken und das Vorurteil es eine
Lästerung nennen, wenn der Mensch zur Heiligung berufen ist,
wenn er sich vergöttlichen soll, und er könnte nur göttlich
werden, wenn er göttlicher Natur wäre. Schließlich so als
Knecht erscheinen, nach dem Ausdruck Pauli, heißt einfach als
Mensch erscheinen; wenn Christus nur ein Scheinmensch war,
wenn er eine von unserer ursprünglichen und rechten Natur dem
Wesen nach grundverschiedene Natur besaß, dann täuscht er uns
mit seinem Wort, er sei der Sohn des Menschen, das heißt, der
Mensch in der Sprache seines Landes; dann stellt er uns auch
eine uns unmögliche Aufgabe, wenn er verlangt, wir sollten ihm
ähnlich werden; solche Theologie ist doch mit der heiligen Schrift
unverträglich[1]).

Diese Argumentation erscheint uns unwiderleglich. Wir
fügen nur einige Detailbemerkungen hinzu, die die Beweisführung
klarer machen sollen. Man wirft uns einen Mißbrauch der Aus=
drucksweise vor, man will die Heiligkeit auf der einen, die Gott=
heit auf der andern Seite; hier eine der Eigenschaften des Seins,
dort das Wesen des Seins. Was ist dieses Wesen? Man wird
Gott den Absoluten, Ewigen, Allmächtigen, Unendlichen nennen.
Findet man das in dem Erlöser? Wenn man die sogenannte
Verschiedenheit der Personen aufrecht erhält, und wenn ich unsere
theologischen Gegner recht verstehe, so thun sie es, so fordert man
für Jesus ein persönliches Bewußtsein; falls man nun nicht in
eine Art trinitarischen Pantheismus verfällt, für den der Sohn

---

[1]) Secrétan, a. a. O.

im Vater absorbiert ist, glaubt man also, daß Jesus das Ab=
solute, der Ewige, Allmächtige, Unendliche ist? So hätten wir
zwei absolute Wesen, zwei Ewige, zwei Allmächtige, zwei Un=
endliche. Glücklich, wer diese Sprache versteht, uns erscheint sie
ebenso unbegreiflich als widerspruchsvoll.

Doch wir haben besseres; Christus gab uns eine andere
Gottesoffenbarung als diese. Die eben charakterisierte war unter
verschiedenen Formen schon vor ihm vorhanden; sie ist das Resultat
philosophischer Spekulation wie der reflektierten Eindrücke eines
Menschen, der dem Universum gegenübersteht. Paulus nannte
diese Erkenntnis „Gottes unsichtbares Wesen, das ist seine ewige
Kraft und Gottheit", die ersehen wird, „so man das wahrnimmt
an den Werken, nämlich an der Schöpfung der Welt". Dieses
Alles kann das Gefühl der Abhängigkeit, der Furcht erzeugen,
aber das Heil, das aus der Gemeinschaft des Menschen mit Gott
resultiert, wird nicht auf diesem Wege geschaffen. Christus
übrigens, den doch die Pastoralbriefe „Gott geoffenbaret im
Fleisch" nennen, zeigt uns keines dieser Attribute, von denen man
nicht sieht, wie sie uns vom Uebel erlösen sollen, um uns einen
Platz im Himmel anzuweisen. Gott, den der Mariensohn im
Fleische offenbart, ist also etwas anderes. Wenn Christus sagen
konnte: „Wer mich siehet, sieht den Vater", wenn er diese
Erklärung vor dem hohen Rate abgiebt, er der Nazarener, der
dem Tode entgegenging, wenn er zu solcher Betrachtung Gottes
in seiner Person die Sünder aus seiner Freundschaft aufforderte,
dann muß er doch sichtbare, greifbare Zeichen der Gottheit an sich
getragen haben. Und wo soll man diese anders suchen als in
jener sittlichen Vollkommenheit, die sein Wesen, das heißt eben
seine Gottheit, ausmacht?

Es scheint uns doch, wenn man von Mißbrauch des Aus=
drucks redet, sind wir nicht damit getroffen. Jesus selbst hat sich
dieses „Mißbrauchs" schuldig gemacht, wenn er seine Gottheit und
Heiligkeit identifizierte, wenn die Betrachtung seiner irdischen
Persönlichkeit, wie er selbst sagt, dem Schauen des Vaters gleichkam.

Uebrigens — ohne irgend Jemand verletzen zu wollen sei
es gesagt — die Trennung von Gottheit und Heiligkeit beleidigt

das Gewissen; fügt man noch hinzu, daß die sogenannte wesen=
hafte Gottheit die Basis der Heiligkeit ist, macht man also aus
der Heiligkeit ein Naturattribut statt einer sittlichen Errungenschaft,
so kommt man schließlich zum Ruin der Moral. Wie sollte man
denn die unaufhörliche Aufforderung des Evangeliums verstehen,
die uns ermahnt, uns mit Christo zu identifizieren, sein Leben zu
leben, zu sein wie er und durch ihn Söhne Gottes zu werden?
Nach dieser Seite des Gedankens müßte man also, was uns
keineswegs mißfallen würde, bei dem zu rettenden Sünder etwas
von jener wesenhaften Gottheit, die man zur Grundlage macht,
als vorhanden annehmen, als eine Bedingung zur Heiligkeit.
Anders verstanden würde das Evangelium zur Tantalusqual; man
machte Christum zum Lügner und die frohe Botschaft zu der
trügerischsten und verächtlichsten Kunde, welche jemals die Mensch=
heit vernahm.

Man hat versucht durch eine Deduktion aus dem christlichen
Bewußtsein die Identifikation der Heiligkeit und Gottheit als
eine Art sittlicher Unschicklichkeit zu erklären. So behauptet Pro=
fessor L. Thomas=Genf, die Heiligkeit sei demütig, sie stelle
nicht wie Jesus sein Ich, seine Persönlichkeit in den Vorder=
grund. Anders drückt sich Professor Orelli im „Kirchenfreund"
(10. August 1894) aus: „Je näher ein Mensch, ein Christ, dem
heiligen Gott kommt, um so innerlicher ist seine Gemeinschaft, um
so weniger wird er sein Ich zwischen Gott und den Menschen
drängen und der eigenen Person göttliche Autorität beimessen."

Also um die Demut Jesu handelt es sich. Offen gestanden
begreife ich den Einwurf nicht und streite nicht darüber; denn
wenn es in dem Strom der Zeiten eine Individualität gab, bei
der das Ich sich ganz hingab, sich verzehrte und opferte, so ist
es doch wohl das Ich dessen, der gehorsam war bis zum Tode
am Kreuz, der sein Leben opferte, der Gott und Menschen gegen=
über sich selbst vergaß und preisgab, nur um für seine Brüder
und deren Interessen zu leben. Hier gerade liegt der wesentliche
Charakter der Heiligkeit, soweit sie den Namen verdient; sie ver=
bindet sich mit der Liebe, dem ersten und letzten Wort des Evan=
geliums. — Zweifellos hat Jesus die Autorität seiner Person

und seines Ich in den Vordergrund gestellt, aber nicht sein
gemeines, selbstsüchtiges Ich, sondern den sittlichen Wert seines
Seins. Ist das Anmaßung? Trägt das Gute nicht seine
Autorität in sich? Hat man nicht auch die Jünger Jesu, die
schwerlich die höchste Vollkommenheit besaßen, das Licht der Welt
genannt und bilden sie nicht in der geistigen Welt eine Autorität,
die sich dem Gewissen aufdrängt, allerdings nur soweit, als ihr
Leben das des Heilandes als des Zentrallichtes widerspiegelt?
Und wenn diese Autorität sich zur Evidenz des Guten erhebt,
wenn die Strahlen, die sie wirft, helle Strahlen Gottes, ja Gott
selbst sind — wer wagt noch zu sagen, daß sie wie ein Lichtschirm
wirkt, oder daß sie eine unnütze Zwischenstellung zwischen Gott
und dem Menschen einnähme? Wir sehen vielmehr, daß dieser
Mensch der Weg ist, der zu Gott führt, weil sein Leben die Voll=
kommenheit Gottes zeigt und verkündet. Das Ich selbst, so
rein und groß es sein mag, vernichtet sich und vereinigt sich
mit Gott.

Wir würden lieber glauben, daß das transzendente Ich der
wesenhaften Gottheit das von Orelli gelöste Problem bildet.
Dieses Ich erdrückt uns, ohne uns die Augen zu öffnen; es zeigt
Farben für den Blinden, der nicht die Fähigkeit hat, sie zu er=
fassen. In Jesus sehen wir das göttliche Wort voller Gnade
und Wahrheit; wir sehen den Menschen, der nach seiner eigenen
Aussage Gott verwirklicht. In ihm also grüßt der Glaube den
Mensch=Gott, das Ziel und die Erfüllung der Geschichte.

Das sei genug. Doch vor dem Schluß sei noch der Hin=
weis auf die zweite normative Grundbestimmung der Person und
des Charakters Jesu gestattet.

Wir sagten, daß, wenn Jesus der Idealmensch oder, um
deutlich zu sein, der zu seiner göttlichen Bestimmung erhobene
Mensch ist, er auch als der Gott=Mensch bezeichnet werden darf.
Wir wollen mit dieser alten Formel nicht eine neue Sache decken.
Wir entlehnen sie der Geschichte, weil sie trotz der Definitionen
und Vorstellungen, die sie entstellen und oft entchristlichen, doch
eine Hauptthatsache darstellt. In Christo, den der Glaube grüßt
und erfaßt, haben wir, bei der vollkommenen Verwirklichung in

einem Menschen, doch zugleich, eine Gottesoffenbarung, wie sie
das menschliche Bewußtsein bedarf.

Eine Offenbarung Gottes! Ueber ihre Grenzen und ihre
Natur müssen wir uns noch verständigen.

Handelt es sich um eine Ins-Licht-Setzung des unendlichen
Wesens im Vollsinn des Wortes? Daran denkt Niemand, keiner
erhob solchen Anspruch vermöge des Prinzips, das Kant sagen
ließ, jede Definition Gottes sei widerspruchsvoll. Finitum non
capax infiniti. Das Absolute kann sich in keinem Moment der
Geschichte in eine Individualität einschließen, so mächtig diese
auch sein mag. Was die Menschheit auch stammeln mag: Ihre
Verzweiflungsrufe und ihre Spekulationen, die Hymnen der Vedas
und die Gesänge Israels, die Eindrücke eines Menschen, der über
der Natur oder durch sie und in ihr den sucht, der ist und von
dem der Mensch sich abhängig fühlt — alle diese Bemühungen
bieten zweifellos einiges Licht über den Ursprung der Religionen,
aber sie liefern noch keine eigentlich sittliche Erkenntnis Gottes.
In dieser Richtung offenbart sich das Erlösungswerk des Herrn
nicht. Wenn seine Apostel uns sagen, das Wort sei Fleisch geworden, die Gottheit wohne leibhaftig in Christo, so erheben
sie sich doch noch nicht zu dem Gedanken des Unendlichen, des
Gottes, „der in einem Lichte wohnt", um in ihrer Sprache zu
reden, „da Niemand zukommen kann". Solche Erkenntnis, falls
sie dieses Namens noch würdig ist, ist keine Religion und hat
keinen Einfluß auf sie, weil sie den nicht heilen kann, der doch
geheilt werden will. Der Seufzer des Glaubens verlangt eine
praktische Erkenntnis Gottes, die ihre Lebenserfahrung ist. Sie
erwirbt sich nicht durch Theorieen, noch durch Reflexion oder
Kontemplation. Sie verlangt eine That, die Folgen hat für die
Zukunft; erkennen in diesem Sinne heißt geradezu sein, Teil
nehmen an dem Geist, der Natur, den Absichten des angebeteten
Gottes. „Niemand kennt den Vater, denn der Sohn und wenn
es der Sohn will offenbaren." Und warum? Etwa weil der
Sohn besonderen, von der Menschheit unterschiedenen Wesens
wäre? Nein, sondern weil der Sohn Gott im johanneischen
Sinne der Durchdringung und lebendigen Erfahrung kennt.

Anders ausgedrückt: Die vollkommene Offenbarung Gottes
im Gottmenschen ist sittlicher Natur und richtet sich an das Ge=
wissen. „Ich und der Vater wir sind eins", nicht: wir
waren es, noch weniger: wir werden es sein, nein wir sind,
gerade in dem Augenblick, wo Jesus spricht und wo er noch bei=
fügt: Wer mich siehet, sieht den Vater. Und um welche Einheit,
welches Schauen handelt es sich? Eine mir unverständliche Natur=
einheit, in der man den Menschen Gott gegenüberstellt wie die
Antithese der These? Das nicht, sondern um die Einheit der
Willen, die sich durchdringen, um die Einheit, die Jesum sagen
ließ: Meine Speise ist die, zu thun den Willen des, der mich ge=
sandt hat; um die Einheit, welche die Wünsche des persönlichen
Ichs überragt, wenn dieses Ich uns von der Lebensquelle zu
isolieren strebt, um die Einheit, die triumphiert über das Seufzen
des Fleisches, über Furcht und Schmerz, über die Schrecken des
Todes und die Angst des Opfers, als es in Gethsemane aus=
rief: Nicht mein, sondern dein Wille geschehe.

Das ist der in dem Menschen durch vollkommenen Gehorsam
offenbarte Gott, geoffenbart, nicht als ein von außen an uns
herantretendes schwankendes Bild, sondern als die Durchdringung
des göttlichen in dem menschlichen. Und diese verwirklichte
Heiligkeit entfaltet sich in der Liebe dessen, der Liebe ist und ver=
zeiht. Das ist der Vater, wie er sich im Sohne offenbart, nicht
in ein paar lichtvollen Worten, sondern in einem Leben, wie es
sein soll. Und dieses Leben, wie es sein soll, ist göttliches Leben.

Das ist in unseren Augen der Christus des Glaubens. Er
entspricht den Bedürfnissen des Glaubens. Er sagt dem Glauben,
daß wir nur in Gott leben können, daß wir also Gott lieben
müssen. „Gott im Menschen lieben und den Menschen in Gott,
das ist die Moral, die einzige Moral und nichts als Moral.
Jedes wahre Moment in einer mehr vulgären Moral stammt aus
dieser; es ist leicht zu begreifen, wenn man daran denkt (penser),
obwohl es noch leichter ist, nicht darüber nachzudenken (songer).
Dieser unbekannte Reiz, die plötzlichen Thränen, jene Traurigkeit,
die wohlthuender ist als alle Freuden, jener geheime Trieb, der
uns gern bereit zu Opfern macht, deren wir uns nicht für fähig

hielten, — das alles ist Gott, der zu uns redet, auf den wir hören müssen, es ist Christus, der klopft, dem wir aufthun müssen. Aber wenn er lebt, dann sollen wir auch leben. Der natürliche Mensch wird nicht der Schauplatz des übernatürlichen Lebens sein, aber der Kranke soll geheilt, der wahre Mensch offenbar werden"[1]. Und dieser wahre Mensch ist Gott im Menschen; der wahre Mensch ist der mit Gott geeinte Mensch, sein lebendiges, vollkommenes Abbild.

Auf tausend Wegen sucht der Mensch dieses Ideal und sehnt sich nach ihm. Und wenn ihm auf seiner Wanderung der Mensch von Nazareth begegnet, der sein Sehnen erfüllt, dann ruft der Glaube sein göttliches Εὕρηκα. Wenn er Ihn gefunden hat, kann er die Tiefen des göttlichen Erbarmens fühlend ermessen, tastend sucht er noch das räthselhafte Warum der Dinge, aber seine Freude vollendet sich in dem Gebet, daß wir alle eins seien wie Er eins ist mit dem Vater. —

---

[1] Secrétan, a. a. O.

Die Weltanschauung Friedrich Nietzsche's.

Von

Dr. Fr. Nitzsch,
Professor der Theologie in Kiel.

———

Jeder Vertreter der Wissenschaft, auch der Ethiker, fühlt
sich verpflichtet, neuen literarischen Erscheinungen, die in sein Fach
einschlagen und wissenschaftlich geartet sind, Beachtung zu schenken.
Nun tritt aber jederzeit eine Anzahl von Schriften auf, die zwi=
schen den eigentlich wissenschaftlichen und den auf ein weiteres
Publikum berechneten — sagen wir feuilletonistischen — Produk=
tionen in der Mitte stehen.

Wie weit auch solche auf Seiten der Fachgelehrten Beach=
tung erheischen, darüber mag jeder sein individuelles wissenschaft=
liches Gewissen, die ihm vergönnte Muße und seine Geschmacks=
richtung entscheiden lassen. Nur in einem Falle haben auch solche
Bücher entschieden Anspruch auf unsere Aufmerksamkeit: wenn sie
nämlich, sei es mit Recht oder mit Unrecht, thatsächlich in weiten
Kreisen unserer gebildeten Zeitgenossen großes Aufsehen erregen.
Gelingt dies einem zeitgenössischen Schriftsteller, dessen Themata
eine unserer Spezialwissenschaften nahe berühren, so können wir
nicht umhin, zu seinen Ausführungen Stellung zu nehmen, sie
wenigstens nicht unbeachtet lassen. Ein solcher Schriftsteller ist
der in der Ueberschrift genannte. Vielen wird es mit ihm wie
dem Verfasser dieses Aufsatzes ergangen sein. Er erschien ihnen
trotz seiner hohen Ansprüche als ein bloßer Feuilletonist und,
nachdem sie ein paar Bogen von ihm gelesen, fühlten sie sich trotz

seines glänzenden Stiles so von ihm abgestoßen, daß sie ihn bei
Seite liegen zu lassen beschlossen. Das läßt sich aber nicht durch=
führen. Heutzutage, wo dieses feuilletonistische Subjekt immer
wieder zum feuilletonistischen Objekt wird, aber auch eine
wissenschaftliche[1]) Monographie über den Mann nach der
anderen erscheint, darf Niemand mehr sagen: ich kenne ihn nicht
und brauche ihn nicht zu kennen. Sogar die Führer der Sozial=
bemokratie, denen dieser Anarchist in Schlafrock und Pantoffeln
als fanatischer Aristokrat manche kräftige Fußtritte versetzt hat,
lesen ihn mit Wonne — wegen seiner Negationen und ätzenden
gegen unsere ganze Kultur gerichteten Kritiken; aber diese nicht
allein, auch nicht allein die große Schaar der übrigen Malkontenten
und der sogen. Décadents unter den Literaten, sondern auch viele
Andere, die, im Uebrigen charakterlos und schwankend, nur darin
entschieden sind, daß sie einem so sprachgewaltigen, gewandten
und originellen Stilisten, wie Nietzsche es ist, nicht widerstehen
können.

Solchen nun, die noch immer keine Zeit oder Lust haben,
ihn selbst zu lesen, aber doch einstweilen einen Vorgeschmack von
ihm zu gewinnen wünschen, will der Verfasser dieser Zeilen ver=
suchen, die Grundzüge eines Gesammtbildes von Nietzsche's
Lebensanschauung zu geben. Dabei stützt er sich aber im Wesent=
lichen nur auf diejenigen seiner Schriften, in denen seine eigen=
thümliche Weltanschauung bereits in voller Reife aus=
geprägt ist. Das sind die Schriften der achtziger Jahre und
die noch späteren, dagegen nicht seine früheren Schriften: die
unter den Titeln „Geburt der Tragödie", „Unzeitgemäße Betrach=
tungen" und „Menschliches, Allzumenschliches", in welcher letzteren
er allerdings, wie Ludwig Stein sagt, „die heutige Kultur
schon unsanft streichelt, aber noch nicht zerzaust und blutig krallt".
Er selbst datirt zwar sein System bis in seine ältesten Bücher
zurück, aber mit Unrecht, er täuscht sich darin. Erst in seiner
„Morgenröthe" (Gedanken über die moralischen Vorurtheile) vom

---

[1]) Vgl. z. B. die scharfsinnigen Abhandlungen: F. Nietzsche, ein
psychologischer Versuch von W Weigand, München 1893, und: F. Nietzsche's
Weltanschauung und ihre Gefahren, von Dr. Ludwig Stein, Berl. 1893.

Jahre 1881 „begegnet uns seine bewußte Umwerthung aller
moralischen Werthe", dann immer entschiedener in den Schriften:
„Die fröhliche Wissenschaft" vom Jahre 1882, „Also sprach Zara=
thustra" vom Jahre 1884, „Jenseits von Gut und Böse" vom
Jahre 1886, „Zur Genealogie der Moral" vom Jahre 1888,
endlich „Die Götzendämmerung" vom Jahre 1889. Daran
schlossen sich außer den Schriften gegen Wagner noch Heft IV
des „Zarathustra" vom Jahre 1891 und die zweite Ausgabe der
Genealogie der Moral vom Jahre 1892.

Nietzsche gibt sich für einen Philosophen aus, und
wir wollen über Namen nicht mit ihm streiten. Aber vorweg
hervorgehoben werden muß 1) daß die Form seiner Gedanken=
entwicklung eine von der bei Philosophen gewöhnlichen abweichende,
2) daß sein System lückenhaft ist, daß man darin nur Frag=
mente erblicken kann. Die Form, die er gewählt hat, ist die des
Aphorismus, d. h. es fehlen bei ihm im Allgemeinen ketten=
artig in sich zusammenhängende ausführliche Darlegungen und
Beweisführungen aus Einem Prinzip. Anstatt solche zu geben,
orakelt er lieber, d. h. er gibt stoßweise neue, oft ganz paradoxe,
aber geistreich formulirte Gedanken von sich, die er auch zu er=
läutern und zu begründen nicht ganz verschmäht, jedoch ohne
dialektische Vollständigkeit. Dieser Stil ist bequem und für Laien
oft bestrickend, aber nach deutschem Urtheil halb rhetorisch, nicht
streng wissenschaftlich philosophisch.

Was aber die sachliche Vollständigkeit betrifft, so finden
wir einigermaßen eingehend entwickelt nur anthropologische,
moralphilosophische, namentlich sozialphilosophische und ge=
schichtsphilosophische Ideen. Alles Uebrige — namentlich die
Metaphysik, die Logik und Erkenntnißtheorie, die Psychologie und
auch die Aesthetik — wird nur gestreift. Alles zwar, was nicht
nur eine Anschauung des menschlichen Lebens betrifft, sondern
zugleich einen Versuch darstellt, das Welträthsel zu lösen, ist
metaphysischer Art, und Nietzsche nimmt wirklich einen
Ansatz dazu, sein anthropologisches und moralisches Grundprinzip,
„den Willen zur Macht", auch zur Deutung des Wesens des
Universums, der Welt — zu verwenden. Aber er begründet

seine Hypothese nicht eingehend, er sagt: es gibt nur Eine Art der Kausalität. Wo Wirkungen vorliegen, sind es Wirkungen von Willen auf Willen. Auch alles mechanische Geschehen ist, insofern eine Kraft darin thätig wird, eben Willens= kraft, Willenswirkung, und zwar Wirkung des Willens zur Macht.

„Jedes Thier strebt instinktiv nach einem Optimum von günstigen Bedingungen, unter denen es seine Kraft ganz heraus= lassen kann und sein Maximum im Machtgefühl erreicht; jedes Thier perhorreszirt ebenso instinktiv alle Hindernisse, die sich ihm über diesen Weg zum Optimum legen könnten." Charakteristisch ist nun aber, daß Nietzsche seinen Satz auch auf das Gebiet des Unorganischen auszudehnen versucht. Es gibt, sagt er, eine Vorform des eigentlichen Lebens, eine primitive Form der Welt der Affekte, eine Art von Trieb= leben, in dem noch sämmtliche organische Funktionen synthetisch gebunden ineinander sind. Aus derselben Grundform des Willens zur Macht ist auch das gesammte menschliche Triebleben, als eine besondere Ausgestaltung und Verzweigung, zu begreifen (Jen= seits von Gut und Böse, S. 50f.).

Hier begibt sich Nietzsche auf das Gebiet metaphy= sischer Hypothesen. Aber die seinige ist nur gelegentlich und flüchtig hingeworfen. Ebenso beiläufig und sporadisch treten im Allgemeinen seine psychologischen Orakel auf. Zwar, da der „Wille zur Macht" ihm alles ist, so kann er nicht umhin, oft vom Willen zu reden. Aber alle anderen psychologischen Fragen werden nur gestreift, und selbst was er über den Willen sagt, ist aphoristisch und lückenhaft, ja ohne Folgerichtigkeit. Wir erfuhren, was das Denken betrifft, es sei nur ein Verhalten unserer Triebe gegen einander, und es sei eine Ingredienz des Willens — denn in jedem Willensakte gebe es einen komman= direnden Gedanken. Mit solchen Machtsprüchen wird das Problem vom Verhältniß von Wollen und Denken, das seit Aristoteles oft und gründlich behandelt worden ist, abgethan (Jenseits von Gut und Böse, S. 22f.). Bei der Lehre vom Willen wird unter Anderem die Willensfreiheit erörtert (ebendaselbst, Götzen=

dämmerung und Zur Genealogie der Moral, S. 44), freilich in
einer naiv-widerſpruchsvollen Weiſe. In den Schriften unter den
Titeln Götzendämmerung und Menſchliches, Allzumenſchliches (I, 47)
leugnet er die Willensfreiheit und geberdet ſich völlig determini-
ſtiſch. In der Genealogie der Moral hingegen (S. 44) erkennt
er Leuten ſeines Gleichen, den ſouveränen Indivi-
buen, einen freien Willen zu. Sie ſind frei geworden, ſind
Herru des freien Willens; mit ihrer Herrſchaft über ſich iſt ihnen
auch die Herrſchaft über die Umſtände und über die Natur, ja
über das Schickſal in die Hand gegeben.

Etwas näher, als auf pſychologiſche, iſt Nietzſche ſchon
in ſeinen erſten Schriften auf äſthetiſche Fragen eingegangen,
und er bildet ſich etwas darauf ein, daß er einen neuen Gegenſatz-
Begriff in die Aeſthetik eingeführt habe, den der apollini-
ſchen und der dionyſiſchen Art des zu künſtleriſchem
Schaffen erforderlichen Rauſches. Die Vorausſetzung bildet dabei,
daß überhaupt Kunſt nicht möglich ſei ohne den Rauſch. Der
apolliniſche Rauſch nun halte vor Allem das Auge erregt, daß es die Kraft der Viſion gewinne, wie es ſich beim
Maler, Plaſtiker und Epiker zeige. Im dionyſiſchen Rauſche
ſei dagegen das ganze Affektſyſtem erregt und geſteigert
(Götzendämmerung, S. 78). So in der Schauſpielerkunſt und in
der Muſik. Neben dieſer Konzeption verdient noch ein zweites Hauptmoment der Nietzſche'ſchen Aeſthetik hervorgehoben zu werden, ſeine Vorliebe für Henry Beyle, genannt Stendhal,
den er für den letzten großen Pſychologen erklärt. Stendhal
war aber in der Deutung des Schönen der Antipode Kant's.

Schön iſt, hatte Kant geſagt, was ohne Intereſſe
gefällt. Schopenhauer hatte dies ſich angeeignet und dahin
interpretirt, daß die äſthetiſche Betrachtung der geſchlecht-
lichen Intereſſirtheit entgegenwirke. Dieſes Loskommen vom
Willen hatte Schopenhauer als den großen Nutzen des
äſthetiſchen Zuſtandes geprieſen. Stendhal, eine nicht weniger
ſinnliche, aber glücklicher, wie Nietzſche ſagt (Gen. 108), als
Schopenhauer gerathene Natur, hebt eine andere Wirkung des Schönen hervor, indem er ſagt: Das Schöne iſt une

promesse de bonheur, das Schöne verspricht Glück. „Ihm scheint gerade die Erregung des Willens (des sogen. Jnter=effes, das Kant ausschließt) durch das Schöne — der That=bestand".

Schon im Bisherigen nun, also bei der Erwähnung derjenigen philosophischen Diszyplinen, welche N. nur berührt, nicht ein=gehend behandelt hat, ist uns einer seiner Hauptsätze begegnet, der Satz, daß thatsächlich und von Rechtswegen der Wille zur Macht die Alles bewegende Kraft sei. Ein deutlicheres Bild seines Systems können wir jedoch erst gewinnen, wenn wir auf seine Anthropologie, Moralphilosophie, Sozial=philosophie und Geschichtsphilosophie eingehen.

Es wird sich aber empfehlen, dies wenigstens zum Theil in der Weise zu thun, daß wir zunächst versuchen, in der Geschichte der Philosophie Anknüpfungspunkte zu suchen, also eine Schule oder Schulen, in die seine Lehre eingegliedert oder denen gegen=über seine Lehre als eine Abzweigung betrachtet werden kann. Zuvörderst liegt der Versuch nahe, Nietzsche als einen Jünger Schopenhauer's zu begreifen. Denn in seinen Schriften finden sich Stellen, die überströmen von Anerkennung dieses Philo=sophen, und sein Stichwort, demzufolge der Wille zur Macht das wahre Wesen der Menschennatur thatsächlich ausmacht und zugleich der Ausdruck des Jdeals ist, das er dem Menschen vorhält, erinnert unwillkürlich an Schopenhauer's Willen zum Leben. Aber es steht ebenso fest, daß er später sich ausdrücklich von Schopenhauer losgesagt, ja diesen verhöhnt hat (wenigstens dessen Aesthetik). Und was will der Anklang des Willens zur Macht an Schopenhauer's Willen zum Leben als Merkmal der Verwandtschaft bedeuten, wenn letzterer diesen als den Grund=fehler, Nietzsche dagegen jenen als den höchsten Vorzug und als das Merkmal der blühendsten Gesundheit der Menschen be=trachtet. Wirklich gemeinsam ist beiden im Wesentlichen nur der Kulturüberdruß, namentlich die Verurtheilung unserer jetzigen Kultur. Hingegen ist Nietzsche nicht, wie Schopenhauer, Pessimist, sondern Optimist. Insofern der Mensch auf Verwirk=lichung seines Jnstinktes und Triebes zur Macht angelegt ist, und

von dem enthusiastischen Philosophen gehofft und geglaubt wird,
daß die Züchtung des sein Prinzip anerkennenden und kräftig in's
Leben führenden Uebermenschen dereinst gelingen werde, erscheint
ihm diese Welt nicht als schlecht, sondern als gut. Man kann
daher vielleicht sagen, daß das Prinzip Nietzsche's durch das
Schopenhauer's angeregt ist; aber, da es zugleich in sein
Gegentheil verkehrt ist, kann man nicht einmal sagen, daß hier
eine Abzweigung vom Schopenhauer'schen Stamm vorliegt.

Sehen wir uns nun nach einem anderen Ausgangspunkte
um, so können wir zunächst auf den in der Geschichte der Philosophie verhältnißmäßig frühzeitig hervorgetretenen Skeptizismus verfallen. Diesen Ausdruck verstehen wir jedoch nicht etwa
im populären Sinne: als Bezeichnung des Zweifels an der
Berechtigung der durchschnittlich oder offiziell herrschenden religiösen, sittlichen und philosophischen Grundsätze. Vielmehr bedienen
wir uns des Wortes im technisch-philosophischen Verstande, in
welchem ein Zeitgenosse Alexanders des Großen, Pyrrho aus
Elis, der erste klassische Repräsentant der in Rede stehenden Richtung ist. Dieser erklärte, die Dinge seien unserer Erkenntniß
überhaupt unzugänglich; unsere Aufgabe sei es, uns des Urtheils
zu enthalten. Gemäßigter tritt der Skeptizismus im 18. Jahrhundert bei David Hume auf. Aber auch dieser verhält sich
nicht nur jeder Metaphysik gegenüber ablehnend, sondern hebt
auch die Sicherheit des Naturerkennens auf, indem er lehrt,
zwischen den Erscheinungen finde keine Kausalität statt.
Ebenso wird von den sogen. Positivisten (Ang. Comte
und Stuart Mill) nicht nur jede Metaphysik verworfen, sondern überhaupt alles Wissen für nur relativ erklärt; sie begnügen sich damit, Verbindungen der Erscheinungen durch Beobachtung festzustellen. Nietzsche nun beutet gelegentlich an,
daß er in dem Positivismus Comte's das Aufdämmern einer
richtigen Grundansicht erkennt, worin er sich freilich nicht gleich
bleibt. Entscheidend aber ist ein Abschnitt in der „Genealogie
der Moral", wo er ausdrücklich die modernen sich ganz frei
dünkenden Heroen der Wissenschaft, auch der Naturwissenschaft,
Hektiker des Geistes nennt und ausruft (S. 167): das sind

noch lange keine freien Geister, denn sie glauben noch an die
Wahrheit. Er hält ihnen als Vorbild den muhammedani-
schen Affassinenorden des Mittelalters vor, dessen Geheimlehre dahin
lautete: nichts ist wahr, und alles ist erlaubt. Als Aske-
tismus verspottet er das Werthlegen auf angebliche Wahrheit,
den Glauben an die Wissenschaft. Der Wille zur Wahrheit be-
dürfe selbst erst einer Rechtfertigung. Die angebliche Gesetzmäßig-
keit der Natur sei kein Thatbestand, sondern nur eine Sinn-
verdrehung (Jenseits von Gut und Böse, S. 28).

Kurzum weiter kann man in thesi den Skeptizismus gar
nicht treiben, als es Nietzsche gethan hat; aber wohlverstanden:
in thesi. In praxi ist er kein Skeptiker. An jener Stelle, wo
er gegen den Glauben der Vertreter der Wissenschaft an die
Wahrheit eifert, stellt er ihnen entgegen die Welt des Lebens
und der Natur, die Lebensgewißheit. Wer aber einen so unklaren Gedanken aussprechen kann, der bringt es auch fertig, trotz
ausgesprochenen Skeptizismus ein ganzes System von Orakel-
sprüchen zu promulgiren, die ebenso positiv, ebenso unbewiesen,
ebenso dogmatisch auftreten, wie die kühnsten Dogmen der Orthodoxie. Also auch den Pyrrhonismus können wir nicht als Ausgangspunkt der Philosophie unseres Philosophen betrachten.

Wir müssen aber noch einmal zum Skeptizismus Nietz-
sche's zurückkehren, um die interessanteste Spezies desselben in's
Auge zu fassen. Das ist die Leugnung der Objektivität der
Moral, der Objektivität der Gegensätze „gut und böse". Diese
Leugnung findet sich bei mancherlei Parteien und Sekten aller
Zeiten, aber nirgendwo so ausgebildet, wie bei Nietzsche. Sie
findet sich keimartig bei den Sophisten, schon ausgebildeter bei den
Skeptikern. Pyrrho lehrte, nichts sei in Wirklichkeit schön oder
häßlich, gerecht oder ungerecht; an sich sei Jedes ebensosehr und
ebensowenig das eine wie das andere. Carpokrates, ein
Gnostiker des 2. Jahrhunderts, sagte, gut und böse seien bloß
Bestimmungen nach menschlicher, subjektiver Willkür. Die Affas-
sinen mit ihrem Grundsatz „Nichts ist wahr, Alles ist erlaubt"
wurden schon erwähnt. Aber auch Spinoza sagt: was geschieht, hat ein Recht, zu geschehen. Gut und böse liegt nur in

unserer Vorstellung. Er will das Naturgesetz, und darnach ist
Alles oder nichts gut; gut und übel sind nur Weisen des Denkens
und bloße Vergleichungen. Am weitesten geht aber Nietzsche.
Nach ihm ist die Frage nach dem Guten eine Macht= und Nütz=
lichkeitsfrage. Den Gegensatz „gut und schlecht", der übrigens mit
dem Gegensatz „gut und böse" nicht zu verwechseln sei, leitet er
ab aus dem Pathos der Vornehmheit, aus dem Herren=
recht, Namen zu geben und Werthe zu schaffen. Schlecht heißt
ursprünglich der schlichte, gemeine Manu im Gegensatz zum vor=
nehmen. Das lateinische bonus ist zurückzuführen auf dúonus, wie
bellum und dúellum zusammengehören. Bonus ist also der Mann
des Zwistes, der Kriegsmann. Kurz die ursprüngliche aristo=
kratische Werthgleichung lautete: gut = vornehm = mächtig
= schön = glücklich = gottgeliebt. Erst die Juden und nach
ihnen die Christen haben sich die radikale Umwerthung erlaubt,
nach der sie sagen: die Elenden sind allein die Guten; die Armen,
Ohnmächtigen, Unterdrückten sind die einzigen Frommen, die Vor=
nehmen und Gewaltigen sind die Bösen. Mit den Juden beginnt
der Sklavenaufstand in der Moral, der durch das Christenthum
zum Siege des Pöbels über die vornehmeren Ideale der Herrn
geführt hat. Die Moral des gemeinen Mannes hat gesiegt.

Von Anfang an schon, ja gerade in prähistorischer Zeit
gab es zwei Stände: den der Befehlenden, der Herren, und den
der Gehorchenden, der Sklaven. In der ursprünglichen Herren=
moral kam nun der Wille zur Macht zum vollen Ausdruck. Die
Grundlage war eine mächtige Leiblichkeit und eine blühende Ge=
sundheit, die durch Krieg, Abenteuer, Jagd und Kampfspiele auf=
recht erhalten wurde. Von entnervender Geisteskultur war noch
nicht die Rede. Wer die Stärke hat, entschlägt sich des Geistes,
der ein Kennzeichen der Sklaven ist; er entschlägt sich namentlich
der schwächlichen sog. Moral, bejaht hingegen das Leben. Das
Leben aber ist wesentlich ungehemmtes Trieb= und Instinktleben,
Ueberwältigung des Fremden und Schwächeren, Unterdrückung,
Härte, Aufzwängung eigener Formen, mindestens Ausbeutung, ja
Grausamkeit. Leidensehen thut wohl, Leidenmachen noch wohler.
Jene „Uebermenschen" der Vorzeit, jene prachtvollen, nach Bente

und Sieg lüstern schweifenden blonden Bestien (er meint die
Arier) waren ganze Menschen, voll des edelsten Egoismus,
dessen Mangel Zeichen des Verfalls ist. Selbstsucht gehört
zum Wesen der vornehmen Seele. Die vornehmen Kul=
turen sehen im Mitleiden und in der Nächstenliebe etwas Ver=
ächtliches. Jener Herrenmoral steht nun gegenüber die Sklaven=
moral mit ihrem asketischen Ideal oder die Heerdenthiermoral.
Sie ist wesentlich Nützlichkeitsmoral, indem sie dazu dient,
den Zustand der Leidenden, der von den sog. Bösen, d. h. den
Gebietenden, herrührt, zu erleichtern. Hier herrschen angebliche
Tugenden, wie Mitleiden, Hülfsbereitschaft, Nächstenliebe, Geduld,
Demuth. Die Träger dieser niederdrückenden, aber auch ver=
geltungslüsternen Instinkte, die Nachkommen alles euro=
päischen und nichteuropäischen Sklaventhums, sie stellen den Rück=
gang der Menschheit dar. Ihre Helfershelferin ist die Priester=
Aristokratie, die ursprünglich zwar der ritterlichen Aristokratie näher
stand, allmählich aber in Gegensatz zu dieser trat und zuletzt der
Sklavenmoral den stärksten Rückhalt gab. Zur Weltherrschaft
ist sie durch das Priestervolk der Juden gelangt, deren Erbe aber
die Christen antraten. Christenthum ist freilich zugleich populari=
sirter Platonismus, mit Sokrates und Plato aber begann
auf griechischem Boden der Verfall. Herrliche Reste der ursprüng=
lichen Herrenmoral zeigen sich noch in der homerischen Zeit
im griechischen Adel. Aber mit dem „Hanswurst" Sokrates und
dem „langweiligen" Plato begann der Verfall, auch auf wissen=
schaftlichem Gebiete begann dieser nicht etwa erst mit dem Ale=
xandrinismus. Die Sklavenmoral oder das asketische Ideal hat
nun im zweitausendjährigen Kampfe gesiegt. Das Symbol dieses
Kampfes heißt: Rom gegen Judäa, Judäa gegen Rom. Letzteres
unterlag. Denn heute beugt man sich in Rom vor drei Juden
und Einer Jüdin: vor Jesus von Nazareth, seiner Mutter, dem
Fischer Petrus und dem Teppichwirker Paulus. Aber in der Ge=
schichte der Entwicklung der jetzigen entarteten Kultur gibt es
einige Lichtpunkte. In der Renaissance der Italiener lebte ein
gutes Stück griechischer Weltanschauung wieder auf, in der
Renaissance „gab es ein glanzvoll=unheimliches Wiederaufwachen

des klassischen Ideals, der vornehmen Werthungsweise aller Dinge".
Namentlich preist er einen Mann, den man sonst als das Scheusal
der Scheusale zu betrachten gewohnt ist: den Caesar Borgia.
Dieser im Ehebruch erzeugte Lieblingssohn Papst Alexanders VI.,
der Mörder seines Bruders Ludwig, seines Schwagers Alfonso
und Anderer, mit Meineid und anderen Verbrechen belastet, er=
scheint unserem Nietzsche als ein höherer Mensch, als eine
Art Uebermensch (Götzendämmerung S. 104), als ein allerdings
„tropischer" Mensch, den man aber nicht zu Gunsten der gemäßigten
Zonen und der mittelmäßigen Menschen diskreditiren dürfe (Jen=
seits von Gut und Bös, S. 119). Leider triumphirte aber nach
Nietzsche gegenüber der Renaissance wiederum Judäa, Dank
jener gründlich pöbelhaften (deutschen und englischen) Ressentiments=
bewegung, welche man die Reformation nennt (Geneal. b. Moral
S. 35 f.), „hinzugerechnet, was aus ihr folgen mußte, die Wieder=
herstellung der Kirche, — die Wiederherstellung auch der alten
Grabesruhe des klassischen Rom. In einem sogar entscheidenberen
und tieferen Sinne, als damals, kam Judäa noch einmal mit der
französischen Revolution zum Siege über das klassische Ideal:
die letzte politische Vornehmheit, die es in Europa gab, die des
17. und 18. französischen Jahrhunderts, brach unter den volks=
thümlichen Ressentimentsinstinkten zusammen, — es wurde niemals
auf Erden ein größerer Jubel, eine lärmendere Begeisterung ge=
hört! Zwar geschah mitten darin das Ungeheuerste, das Un=
erwartetste: das antike Ideal selbst trat leibhaft und mit un=
erhörter Pracht vor Auge und Gewissen der Menschheit, — und
noch einmal, stärker, einfacher, eindringlicher, als je, erscholl gegen=
über der alten Lügenlosung des Ressentiment vom Vorrecht
der Meisten, gegenüber dem Willen zur Niederung, zur Er=
niedrigung, zur Ausgleichung, zum Abwärts und Abendwärts des
Menschen die furchtbare und entzückende Gegenlosung vom Vor=
recht der Wenigsten! Wie ein letzter Fingerzeig zum anderen
Wege erschien Napoleon, jener einzelnste und spätestgeborene
Mensch, den es jemals gab, und in ihm das fleischgewordene
Problem des vornehmen Ideals an sich — man über=
lege wohl, was es für ein Problem ist: „Napoleon, diese

Synthesis von Unmensch und Uebermensch!" (Geneal. der
Moral 36.)

Aus dem Bemerkten ergibt sich nun zur Genüge das moralische
Ideal Nietzsches. Es fragt sich jedoch, ob es lediglich ein
theoretisches oder gar poëtisches Ideal sein soll, oder zugleich ein
praktisches, dessen Verwirklichung in Angriff genommen
werden soll. Diese Frage bejaht aber Nietzsche. Zwar will
er, was seiner Ansicht nach einmal dagewesen ist, nicht mit Haut
und Haaren wiederhergestellt wissen. Aber gezüchtet werden sollen
Uebermenschen oder Europäer von Uebermorgen der bezeichneten
Art. Es sprechen, meint er (Fröhl. Wissensch. S. 202 f.), alle
Anzeichen dafür, daß ein männlicheres, ein kriegerisches Zeitalter
anhebt. ... Dazu bedarf es für jetzt vieler vorbereitender, tapferer
Menschen. ... Seid Räuber und Eroberer, so lange ihr nicht
Herrscher und Besitzer sein könnt, ihr Erkennenden. Nur die an
Leib und Seele Gesunden, die stolzen, starken Glücklichen, die
echten Aristokraten können. dereinst einen höheren Typus Mensch
herausbilden. Eine solche gute und gesunde Aristokratie wird mit
gutem Gewissen das Opfer einer Unzahl Menschen hinnehmen, welche
um ihretwillen zu unvollständigen Menschen, zu Sklaven, zu Werk=
zengen herabgedrückt und vermindert werden müssen. ... Irgend
wann, in einer stärkeren Zeit ... muß er uns doch kommen, der er=
lösende Mensch. ... Dieser Mensch der Zukunft, dieser Anti=
christ ... dieser Besieger Gottes und des Nichts — er muß einst
kommen. ... Der Einzelne wagt einzeln zu sein (Jenseits von
Gut und Böse S. 227—239) und sich abzuheben. ... Eintreten
wird „ein ungeheures Zugrundegehen ... Dank den wild gegen
einander gewendeten, gleichsam explodirenden Egoismen, welche
... keine Schonung mehr aus der bisherigen Moral zu entnehmen
wissen. ... Das Individuum steht da, genöthigt zu ...
eigenen Künsten und Listen der Selbsterhaltung, Selbsterhöhung,
Selbsterlösung. ... Ein Volk ist nur der Umschweif der Natur,
um zu sechs, sieben großen Männern zu kommen". Wie die sogen.
Erkennenden es freilich im Einzelnen anfangen sollen, diese
Aristokratie von Uebermenschen heranzubilden, sagt uns unser
sogen. Philosoph nicht.

Ich habe diese Darlegung an die Beantwortung der Frage angeknüpft, ob Nietzsche's System sich aus dem Pyrrho= nismus ableiten lasse. Dafür fanden wir einige Anhaltpunkte, aber dieselben werden mehr als aufgewogen durch Anders= artiges. Einzelnes erinnert nun ferner an die Cyniker, an Rousseau, an Epikur, endlich an Darwin. Aber es kann nicht gelingen, die gesammte Philosophie Nietzsche's als eine Abzweigung von irgend einer dieser Schulen hinzustellen. Cynisches im weiteren oder populären Sinne findet sich bei ihm allerdings genug, dahin gehört z. B. die Art wie er von den Frauen spricht und von der Ehe sagt, durch sie sei das Con= cubinat corrumpirt, ferner seine Entschuldigung der Verbrecher. Aber im bestimmteren Sinne zeigt er nichts von der Art des Antisthenes oder Diogenes. Zwar fordert Antisthenes Rück= kehr zur Einfachheit des Naturzustandes, und Diogenes von Sinope stellte den Grundsatz der Naturgemäßheit auf — in einer an Rousseau erinnernden Weise; auch Nietzsche findet den Idealmenschen in der blonden Bestie der Urzeit, aber Letzterer meint weniger die Einfalt des Naturmenschen, als die Zügel= losigkeit, den rücksichtslosen Egoismus, die wilde Herrschsucht und die orgiastische Genußlust. Er nennt Rousseau eine Mißgeburt, Idealist und Canaille in Einer Person. Nach Rousseau ist Egoismus etwas Unnatürliches, nach Nietzsche etwas Natürliches und Berechtigtes. Nach Rousseau herrschte im glücklichen Natur= zustande das Mitleid, nach Nietzsche die Grausamkeit. Die demo= kratischen Instinkte Rousseau's mußten einem Nietzsche zuwider sein. Nach Nietzsche gab es von Anfang an im Normalzustande zwei Stäube, Herren und Knechte, Reiche und Arme, Starke und Schwache. Nach Rousseau war dieser Gegensatz eine Folge falscher Kultur. Nach Rousseau ist der Trieb der bloßen Begierde Sklaverei, nach Nietzsche gehörte sie zum Herrnrecht. Nach Rousseau ist der Souverän das Volk; Nietzsche da= gegen stellt, wie er sagt, der Lügenlosung vom Vorrecht der Meisten die furchtbare und entzückende Gegenlosung vom Vor= recht der Wenigsten gegenüber. Mehr Aehnlichkeit hat er mit Epikur. Denn er tritt ein für schrankenlose Genußsucht, nament=

lich für den „Selbstgenuß in allen Aeußerungen eines unersätt=
lichen Lebens — bis zur Vernichtung und Selbstzerstörung im
Jubel zügelloser Triebe und Begierden". Aber Selbstbeschrän=
kung durch Herrschaft über die Triebe behufs Erhaltung der
Lust will zwar Epikur, aber nicht Nietzsche. Ohnehin ist der
höchste Ausdruck für das, was Nietzsche für erstrebenswerth
hält, nicht das Glück, sondern die Macht einer Lebensfülle, die,
wenn sie ausströme in mächtigem Thun, meist sogar der Weg
zum Unglück sei (Geneal. der Moral 110). Endlich ist noch ein
Wort über Nietzsche's Verhältniß zu Darwin zu sagen. Denn
sein Wille zur Macht berührt sich einigermaßen mit dem von
Darwin so bezeichneten Kampfe um's Dasein, und in der That
äußert sich Nietzsche über Darwin (Götzendämmer. S. 82),
den er freilich für einen zwar achtbaren, jedoch mittelmäßigen
Geist erklärt. Uebrigens drückt er sich so aus, als ob Darwin
vom Kampf um's Leben redete, was immerhin eine willkürliche
Wortvertauschung ist. Den angeblichen Kampf um's Leben aber er=
klärt Nietzsche für eine bloße Ausnahme, stellt der Schule Dar=
win's den Satz entgegen, dieser Kampf laufe, wo er vorkomme, nicht
zu Gunsten, sondern zu Ungunsten der Starken aus, leugnet,
daß die Gattungen in der Vollkommenheit wachsen, und behauptet,
die Schwachen würden vermöge ihrer größeren Zahl und Klugheit
über die Starken immer wieder Herr. Ein fernerer Unterschied besteht
darin, daß Nietzsche überhaupt nur in Bezng auf die Menschheit
von jenem Kampfe redet. Kurz — von einem wesentlichen Ein=
flusse Darwin's auf Nietzsche ist nichts zu verspüren.

Es ist bis zu einem gewissen Grade gelungen, Nietzsche's
Ideen durch Vergleichung seiner Aussprüche mit denen früherer
Philosophen, mit denen er sich irgendwie berührt, in's Licht zu
stellen. Ein Punkt aber, der bei ihm sehr in der Vordergrund
tritt, ist dabei noch kaum zur Sprache gekommen: der sog.
Individualismus Nietzsche's. Gekennzeichnet muß der=
selbe um so mehr werden, als der Ausdruck an sich sehr viel=
deutig ist. Ich will versuchen, durch Distinktionen diese Vieldeutig=
keit unschädlich zu machen. Auszuschließen ist nun hier einerseits
der nothwendige Individualismus des Künstlers und andrer=

seits der logische oder erkenntnißtheoretische Individualismus,
d. h. der Nominalismus, der darin besteht, daß man die Realität
des Allgemeinen leugnet, also nur Einzelwesen als real anerkennt.
Schließen wir dieses beides aus, so bleiben drei Arten übrig:
1) der uninteressirte, neutrale Individualismus; 2) der Aristo=
kratismus; 3) der subjektivistische, egoistische und persönliche In=
dividualismus. Der uninteressirte, neutrale Individualismus ist
das Gegentheil der Forderung der Staatsomnipotenz. Nach ihm
soll jeder Einzelne so unbeschränkt sein wie nur irgend möglich,
aber nicht nur ich, auch nicht nur andere bevorzugte Ein=
zelne oder Stände, sondern eben alle. Hier ist das Extrem der
Anarchismus, die völlige Aufhebung der Staatsordnung und der
aus der Staatsgemeinschaft fließenden Schranken. Ganz anderer
Art ist der aristokratische Individualismus. Dieser will nicht,
daß alle als bloße Exemplare der Gattung erscheinen, sondern
er will die Alleinherrschaft weniger Bevorzugten, denen noth=
wendig eine zu bloßem Gehorsam bestimmte Masse gegenüber=
steht. Das Merkmal der Auserwähltheit kann dabei sinnlich,
äußerlich und physisch bestimmt sein, so daß die physisch Stärksten
oder Reichsten oder der Abstammung nach Edelsten bevorzugt
werden. Die Grundlage kann aber auch eine geistige sein, so
daß die Herrschaft der Genialen herauskommt. Endlich drittens
kann der Individualismus ganz subjektivistisch, ganz egoistisch und
ganz persönlich, nämlich auf die eigne Person zugespitzt sein.
Nietzsche nun huldigt bald der zweiten, bald der britten Art des
Individualismus, einigermaßen auch der ersten. „Ihm wurde mit
der Gründung des Staates, die eine dauernde Kultur ermöglichte, die
Krankhaftigkeit des Menschengeschlechts besiegelt" (s. W. Wei=
gand, F. Nietzsche, München 1893). Die der Wildniß, dem
Kriege, dem Herumschweifen, dem Abenteuer glücklich angepaßten
Halbthiere fanden sich nach seiner Ansicht zu ihrem Unglück zu=
letzt in den Bann der Gesellschaft und des Friedens eingeschlossen.

Auch in der idealen Zukunft, die einst eintreten wird, soll
das Band und der Zwang der Zucht wieder reißen. Der Ein=
zelne wagt einzeln zu sein und sich abzuheben, die Egoismen
explodiren: das Individuum steht da.

Das klingt anarchiftifch; aber Nietzsche's Anarchis=
mus ift nur ein halber, insofern er ariftokratifch gemeint
ift. Nur die an Leib und Seele Gesunden, die stolzen, starken
Glücklichen, die echten Ariftokraten können dereinst einen höheren
Typus Mensch herausbilden... Die Gesellschaft darf nicht um der
Gesellschaft willen da sein, sondern nur als Unterbau und Gerüst,
an dem sich eine ausgefuchte Art Wesen zu ihrer höheren
Aufgabe und überhaupt zu einem höheren Sein emporzuheben
vermag. Ein Volk ift ja nur der Umschweif der Natur, um zu
sechs, sieben großen Männern zu kommen. Dabei legt er hin und
wieder auch auf Gesundheit des Leibes Werth. Aber darin
bleibt er sich nicht gleich; er huldigt vielmehr nach vielen seiner
Orakel dem Kultus des Genies, dem Ariftokratismus der Ge=
nialität. Allein auch darin bleibt er sich nicht gleich; vielmehr
schlägt sein Ariftokratismus oft um in Autokratismus.

Dazu aber treibt ihn sein Größenwahnsinn. Daß sogar
wirkliche Genies zum persönlichen Individualismus geneigt
sind, ift vollkommen begreiflich. Im Bewußtsein des inneren
Reichthums ihrer Persönlichkeit als einer neuen Ausstrahlung der
Natur selbst fühlen sie sich stark genug zur Selbstherrlichkeit ohne
Unterwerfung unter konventionelle Regeln, die sie durch das, was
unmittelbar in ihnen lebt, überbieten und korrigiren, sodaß sie
ihrerseits die Gemeinschaft leiten und bereichern können.
Durch Bescheidenheit pflegen sie sich nicht auszuzeichnen, aber
soweit sie wirkliche Genies sind, geberden sie sich doch auch nicht
leicht hochmüthig. Männer wie Goethe waren sich ihrer Ge=
nialität wohl bewußt, aber sie waren nicht aufgeblasen. Tiefer
Stehende verfallen infolge ihrer Begabung, die eine relative ift,
von ihnen selbst jedoch für eine absolute gehalten wird, dem
Größenwahnsinn und hiermit dem Extrem des persönlichen In=
dividualismus. Zu ihnen gehört Nietzsche. Dieser erklärt
seinen Zarathustra für das tiefste Buch, das die Menschheit besitze,
und nennt es „ein Buch, so tief, so fremd, daß sechs Sätze daraus
verstanden, d. h. erlebt haben, in eine höhere Ordnung der Sterb=
lichen erhebe". Ja er erblickt in allem Werden nur die Sehnsucht
der Natur und der Geschichte nach seiner eigenen Persönlichkeit,

nimmt alſo an, daß auf ihn hin die Welt erſchaffen ſei. „Er empfindet ſich als Verkörperung des Willens zur Erhöhung der Menſchheit" (ſ. Weigand, a. a. O. S. 102). „Mit größen= wahnſinniger Gelaſſenheit ſtellt er ſich einer ganzen Welt gegen= über" (ebend. S. 80). Er proklamirt in ſolchen Ausſprüchen nicht mehr ein allgemeines oder doch allen Bevorzugten zu= ſtehendes Recht zum Individualismus, ſondern er ſchickt ſich an, mittelſt feines perſönlichſten Individualismus alle anderen In= dividualitäten zu knechten.

Eine Kritik nun der ſog. Philoſophie Nietzſche's iſt nicht ſchwer, ſobald man ſich Raum oder Zeit dazu nehmen darf. Aber nöthig iſt ſie eigentlich nicht. Mindeſtens praktiſch genommen iſt ſein ganzes Syſtem eine einfach lächerliche Utopie. Denn angenommen, er wollte nicht — autokratiſch oder monar= chiſtiſch — Alleinherrſcher ſein, ſondern nur — als Ariſtokrat — die Herrſchaft allen Genies vindiciren: ſelbſt das wäre utopiſtiſch; denn „Genies laſſen ſich nicht züchten" (ſ. Ludwig Stein, F. Nietzſche's Weltanſchauung, Berl. 1893, S. 95). Sich ſelbſt kann er aber nicht vervielfältigen, zumal da er erklärt, Eheſtand und Philoſophenſtand ſchlöſſen ſich aus, ſondern nur theoretiſche Anhänger und Bewunderer werben durch Empfehlung ſeiner Schriften. Dieſe jedoch ſind eigentlich nur der Spiegel eines dichteriſchen und phantaſtiſchen Traums. Eine augenblickliche äſthetiſche Begeiſterung für ein Gemälde, welches Weſen wie Nietzſche's „blonde Beſtien" darſtellt, iſt wohl begreiflich. Aber hier iſt der Dichter, vor den Wagen der Philoſophie geſpannt, wie ein wildes Pferd durchgegangen und hat die Philoſophie um= geworfen. Seine Berührungen mit verſchiedenen früheren Philo= ſophen ſind zahlreich. Dennoch kann man ihn nicht für einen bloßen Eklektiker erklären. Seine Schwärmerei für die wilden Inſtinkte der Urzeit ſtempelt ihn zu einem Romantiker, ſein Antinomismus zum Libertin, ſeine Protektion der Selbſtſucht zu einem Egoiſten, ſein Haß gegen alles Demokratiſche zum Ariſto= kraten oder Autokraten, ſein Urtheil über den Staat zum Anar= chiſten. Sein Syſtem iſt alſo romantiſcher, libertiniſtiſcher, egoiſtiſcher, ariſtokratiſcher, beziehungsweiſe autokratiſcher Anarchismus.

Die Selbständigkeit der Religion.

Von

Professor Lic. E. Troeltsch.

Die Ausführungen, welche die kürzlich von mir in dieser
Zeitschrift veröffentlichten Aufsätze über die Stellung des christlichen Frömmigkeitsprinzips innerhalb der wissenschaftlichen Umwälzungen der letzten Jahrhunderte gegeben haben, beruhten sämtlich auf der nicht weiter begründeten Voraussetzung, daß die
Religion ein im Zentrum selbständiges, aus eigener Kraft sich
entwickelndes und gestaltendes Lebensgebiet sei, daß man sich
darauf beschränken müsse, ihrem souveränen Gange zu folgen und
ihren Inhalt nie zurechtmachen oder nach Belieben erzeugen könne,
daß man vielmehr in solchen kritischen Zeiten nur die Frage nach
dem wirklichen, wesentlichen Gehalte der bestehenden Religion und
nach dessen Zusammenbestehbarkeit mit den wahrhaft vordringenden,
aus der Konsequenz der Gesamtentwickelung sich ergebenden
wissenschaftlichen Denkrichtungen stellen dürfe. Es gilt nicht zu
beweisen, daß der Inhalt beider sich deckt. Das können sie überhaupt nicht, weil sie verschiedener Art sind. Sie berühren sich
nur in einer Reihe von Punkten; aber freilich möglicher Weise
so, daß sie sich an diesen Punkten ausschließen. Wenn diese
Punkte auf beiden Seiten unablösbar zur Sache gehören, kann
der Konflikt für die bestehende Religion tödlich werden. Nur
das kann daher die Frage sein, ob die Zersetzung unserer Religion
durch die neue Wissenschaft ein Anzeichen ihrer beginnenden Selbstauflösung darstelle und eine neue Regung des religiösen Geistes
zu erwarten sei, oder ob diese Zersetzung sich nur auf ihre bis-

herige Gestaltung beziehe, ihr wesentlicher Gehalt aber mit jenem
Umschwung verträglich und einer entsprechenden Verjüngung fähig
sei. Beides ist an und für sich möglich und für beide Verläufe
giebt es Beispiele in der Religionsgeschichte; insbesondere, wenn
wir ein Recht hätten, die christliche Frömmigkeit als die höchste
und endgiltige Gestalt des Glaubens anzusehen, dürften wir von
ihr eine Beweglichkeit und Anpassungsfähigkeit erwarten, die ihr
in allen großen Umwälzungen des Denkens und Lebens eine Verjüngung ermöglichte. Deshalb habe ich in der ersten Gruppe der
erwähnten Aufsätze, den beiden Skizzen des durch die neue Wissenschaft geschaffenen Standes des Natur- und des Moralproblems,
in Anlehnung an verschiedenartige Forscher und Denker zu zeigen
gesucht, daß die von manchen hieraus gezogenen Konsequenzen
eines dogmatischen oder skeptischen Materialismus sowie einer rein
empirisch-utilitaristischen Wohlfahrtsethik nur einen Schein des
Rechtes für sich haben und bloße Seiten- und Irrwege der Denkbewegung darstellen, daß hingegen die Wahrheitsmomente, von
denen diese Irrwege ausgehen, erst in einer idealistischen Grundanschauung ihren rechten Ort finden. Dabei war nicht sowohl
an ein bestimmtes idealistisches System gedacht als an die die Erfahrung verarbeitenden Elemente einer idealistischen Anschauung
von dem Verhältnis zwischen Geist und Natur und von dem
zwischen Imperativ, Zweck und Entwickelung in der Moral. Von
hier aus blieben der philosophischen Systembildung die verschiedensten Wege noch offen, ja die Möglichkeit eines zusammenfassenden
Abschlusses und einer Entwickelung des Gesamtbestandes aus
Einem Grundprinzip könne geradezu bestritten werden. Jene Ergebnisse müssen haltbar sein, wenn überhaupt irgend eine Wahrheit der Religion möglich sein und diese nicht vielmehr irgendwie
als ein Produkt anfänglicher Entwickelungsstufen illusionistisch verstanden werden soll. Aber damit ist über die Zusammenbestehbarkeit einer bestimmten, unserer geltenden, Religion mit der wissenschaftlichen Entwickelung noch nichts ausgemacht. Ich habe daher
in der zweiten Gruppe die auch von einer idealistischen Grundanschauung und einer allgemeinen Anerkennung der Religion
aus zu erhebende Frage zu beantworten gesucht, ob innerhalb

der Entwickelung der Religion die von uns als abschließende und
erschöpfende Selbstoffenbarung Gottes betrachtete christliche Frömmig=
keit mit den großen, überall herrschenden und durch den Erfolg
gerechtfertigten Denkrichtungen zusammenbestehen könne, aus denen
verschiedene sehr bedeutende Denker ihr direkt oder indirekt ent=
gegenstehende Abschlüsse zu ziehen sich genötigt glaubten. Es
handelt sich hierbei einerseits um die fortschreitende Immanenzierung
des Gottesbegriffes und des Weltzusammenhanges, die nur eine
innerlich wirkende Einheit und Folgerichtigkeit der alles in sich
tragenden Energie, aber keinen dualistischen Supranaturalismus
und keine anthropomorphe Willkür kennt, andererseits um die eng
damit zusammenhängende Historisierung der natürlichen und geistigen
Wirklichkeit, der alles geworden, werdend und vergehend, alles
im Flusse der Relativität begriffen erscheint, welche deshalb jede
Annahme einer absolute Wahrheiten und Werte begründenden
geschichtlichen Erscheinung von vorneherein unwahrscheinlich findet
und vor allem in einem tatsächlich aller historischen Bedingtheit
unterstehenden Phänomen keine Nötigung zu jener an sich un=
wahrscheinlichen Auffassung finden kann. Ich glaubte dem gegen=
über, wiederum in Anlehnung an sehr verschiedene Denker, aus=
führen zu dürfen, daß jene Immanenz, soweit ihre Annahme auf
berechtigten Motiven beruht, die innere Lebendigkeit und Selbst=
unterscheidung Gottes von der Welt, den inneren Supranaturalis=
mus, nicht ausschließen zu müssen scheint, und daß diese Histori=
sierung, soweit sie nicht durch willkürliche Vorurteile sich bestimmen
läßt, ein innerhalb der Gesamtentfaltung der menschlichen Ge=
schichte zu seiner Zeit sich vollziehendes Erschließen der göttlichen
Lebens= und Liebestiefe, die Offenbarung einer endgiltigen Wahr=
heit nicht unmöglich mache, endlich daß die Eigenart des christlichen
Frömmigkeitsprinzipes gegenüber aller nichtchristlichen Frömmig=
keit trotz aller historischen Bedingtheit und aller Analogien diese
Anerkennung für sich fordern könne. Bei alledem tritt nun freilich
die außerordentliche Bedeutung jener erwähnten Grundvoraus=
setzung hervor. Die Frage war nie nach der Religion selbst,
sondern immer nur nach ihrem Verhältnis zu anderen Größen
und nach der Wahrscheinlichkeit, ob in der gegenwärtigen Krisis

eine Behauptung und Verjüngung der uns als abschließend gel-
teuden Religion zu erwarten sei oder ob ihre Selbstauflösung die
Hoffnung auf eine neue Phase religiöser Entwickelung uns nahe
legen müsse. Diese Voraussetzung bedarf nun freilich einer Erläuterung, und Leser, welche sich für die vorausgehenden Aufsätze
interessiert haben, dürfen eine solche fordern. Nicht bloß, weil
diese Voraussetzung eine von Freunden und-Feinden der Religion
vielfach bestrittene ist, sondern vor allem, weil sie eine maßgebende
Gesamtanschauung von großer Bedeutung und wichtigen Folgen
enthält. Ich werde daher im Folgenden versuchen, in ähnlicher
Weise wie bisher das zur Orientierung und Einsicht Nötige über
diese Voraussetzung zusammenzustellen. Dabei muß freilich hervorgehoben werden, daß Neues über diese Sache nicht zu sagen ist,
und daß die wichtigsten Hauptgesichtspunkte schon seit langem und
vermutlich auch auf lange Zeit hinaus von der wissenschaftlichen
Arbeit erschöpft sein dürften. Ihr Schwerpunkt liegt jetzt in der
positiven Religionsgeschichte. Aber gerade diese bedarf der Klarheit über die leitenden Grundgedanken. Bei dem Interesse, das
sie überall beansprucht und erregt, ist eine erneute kurze Zusammenfassung von Wert, und das umsomehr, als die Religionsgeschichte immer mehr die Basis jeder theologischen Arbeit wird
und mit ihren Methoden den ganzen Körper der traditionellen theologischen Wissenschaft durchwuchert und innerlich verwandelt hat.
Dabei ist vor allem auf die Ursprünge, Konsequenzen und Zusammenhänge des religionswissenschaftlichen Grundgedankens hinzuweisen, welche gewöhnlich bei seiner Verwendung durch die Theologen verwischt worden oder unbewußt geblieben sind. Es ist ja
eine begreifliche, aber der Klarheit nicht förderliche Sache, daß
die Theologen bewußt oder unbewußt der Neigung oder Nötigung
unterliegen, die von ihnen aus der Gesamtwissenschaft entlehnten
Gedanken und deren ursprüngliche Motive zu verdecken, damit die
möglichste·Isolierung oder der „spezifische" Charakter der Theologie
gewahrt bleibe. Insbesondere ist die religionsgeschichtliche Methode
bald die heimliche Geliebte der Theologie, zu der sie sich vor der
Oeffentlichkeit in ein möglichst loses Verhältnis stellt, bald der
gefährliche Gegner, dessen Ueberlegenheit man nicht anerkennen

darf, dem man aber stillschweigend soviel Waffen abborgt, als
man nötig zu haben glaubt, um seine übrigen Waffen unschädlich
zu machen, und als man gebrauchen kann, ohne sich selbst zu ver=
wunden.

I.

Die in jener Voraussetzung enthaltene Anschauung von der
Religion ist in ihren Grundzügen selbst ein Erzeugnis der modernen
wissenschaftlichen Bewegung und war vorher völlig unbekannt.
Wie die moderne Wissenschaft aus den Bestrebungen des 17. und
18. Jahrhunderts erwuchs, so ist auch sie mit ihr erwachsen und
zwar langsam und mühsam genug. Das Altertum kannte sie
nicht, weil es einerseits die an politische Verhältnisse und alte
Naturgrundlagen gebundene Religion nicht in ihrer Selbständig=
keit empfand und weil es andererseits nur einzelne von einander
in Entstehung und Verlauf unabhängige, gleichberechtigte Volks=
religionen kannte. So hat es in seiner religiösen Endkrisis es
nur zu einer Mischung aller Religionen und einer pantheistischen
Begründung dieser Mischung gebracht. Die Religionswissenschaft
des Heidentums kann nur pantheistischer Synkretismus der autoch=
thonen Einzelreligionen sein. Das kirchliche, katholische wie
protestantische, Christentum kannte sie ebenfalls nicht, weil es von
der übernatürlichen und einzigartigen, allem andern wie Wahrheit
der Lüge gegenüberstehenden göttlichen Mitteilung der Religions=
wahrheiten überzeugt war; es konnte sich mit einer teleologischen
Geschichtsphilosophie begnügen, welche die vollkommene Religion
der Protoplasten in dünnem Faden bis zu ihrer vollkommenen
Wiederherstellung durch Christus fortlaufen ließ und alle nicht=
christlichen Religionen als sündig verderbte, aber pädagogisch
wirkende Reste der urständlichen Religion erklärte. Es gab nur
Eine Religion, das Christentum, das übrige war nicht Religion,
sondern eine phantastische und sündig verderbte Auswirkung der
natürlichen Anlage zum Denken einer letzten Ursache und zur
Achtung eines Sittengesetzes. Erst als die aufkeimende mechanisch=
mathematische Naturwissenschaft und die beginnende historische
Kritik und Vergleichung den kirchlichen Supranaturalismus theo=
retisch und die grauenvollen Religionskriege den Anspruch der

einzelnen Religionen auf absolute, übernatürliche Wahrheit praktisch
zweifelhaft gemacht hatten, suchte man sich wissenschaftlich über die
Gesamterscheinung der Religion klar zu werden. Man ging, wie das
der einzige wissenschaftliche Weg ist, vom Einzelnen auf das Allgemeine, von der einzelnen in ihrem Anspruch fraglich gewordenen
Religion auf den Kern der Gesamterscheinung, von der übernatürlichen besonderen auf die natürliche allgemeine Offenbarung zurück
in der Meinung, daß das Allgemeine als das der menschlichen
Vernunft Eingeborene das Wahre sein müsse und die Täuschungen
nur an der Verworrenheit des einzeln aufgefaßten Besonderen
haften könnten. Es war der Weg, den man auf allen Gebieten
einschlug, in den Naturwissenschaften wie in der Rechtswissenschaft
und der Ethik. Daß man dabei mit ziemlich grober Analyse sich
nur an die metaphysischen und moralischen Hauptlehrsätze hielt,
teilte man mit der bisherigen theologischen Behandlung der Sache.
Daß man das Allgemeine für die unveränderlich überall vorhandene und höchstens verdeckte Wahrheit hielt, war der verzeih-
liche Irrtum einer sich zuerst an den Allgemeinheiten wieder
orientierenden und zurechtfindenden Wissenschaft. Daß diese Anschauung meist nur in der Form sehr verwickelter Kompromisse
mit der traditionellen Theologie durchgeführt wurde und daß dabei
der Inhalt der Religion zunächst sehr verkümmerte, tut der Tatsache keinen Eintrag, daß der Gedanke einer Zusammenschließung
des ganzen religiösen Lebensgebietes und die Begründung seiner
Wahrheit auf die allgemeine Grundtendenz desselben angestrebt
wurde. Den nächsten großen Schritt tat Kant, indem er die
zeitgenössische Metaphysik der allgemeinen apriorischen Wahrheiten
zertrümmerte und den Ausgangspunkt aller wissenschaftlichen
Orientierung in die Analyse des menschlichen Bewußtseins und die
Kritik seiner Erkenntniskräfte verlegte. Damit war für die Religion eine viel größere Selbständigkeit gegen die Metaphysik, die
Erkenntnis ihres zunächst eigentümlichen, praktischen Charakters
gewonnen und der Weg zu einer eindringenderen psychologischen
Analyse eröffnet. Der Grundgedanke der bisherigen Wissenschaft,
die Einheit des religiösen Lebensgebietes und die Begründung
seiner Wahrheit auf die Zusammenfassung seines allgemeinen Ge-

haltes, war aber hierbei ausdrücklich beibehalten und ganz in der
Weiſe der Aufklärung durchgeführt, nur daß dies Allgemeine nicht
mehr in einigen Lehrſätzen, ſondern in der Vorausſetzung der
praktiſchen Moral gefunden wurde. Die moraliſtiſche Einſeitigkeit
dieſes Religionsbegriffes wurde von den poetiſch und myſtiſch an-
geregten Geiſtern der großen Litteraturepoche, von der intuitiven
Religionsphiloſophie eines Hamann, Herder, Jacobi, Schleiermacher, Fries und den Romantikern ſehr raſch korrigiert. Viel
wichtiger aber war noch, daß der Gedanke der Einheit des religiöſen Lebens in engem Zuſammenhang damit erweicht und belebt wurde durch den alle Gebiete durchdringenden Entwickelungs-
gedanken. Damit kam innerhalb der Einheit die Lebendigkeit und
Beſonderheit zur Geltung, damit wurde die Möglichkeit einer
wirklichen Erforſchung der Religion erſt gegeben. Die Zerſtörung
der aprioriſtiſchen Metaphyſik, die Verlegung des Ausgangspunktes
in die Bewußtſeinsanalyſe, der von der Poeſie nicht ohne Mitwirkung pietiſtiſcher Einflüſſe angeregte Sinn für das unableitbar Urſprüngliche, Myſtiſche und Intuitive und die Anwendung des Entwickelungsgedankens haben ſie aus den rohen
Anfängen der Aufklärung erſt entbunden. So iſt es begreiflich,
wenn jene Männer in dem Glauben eines prinzipiellen Gegenſatzes gegen die Aufklärung ſtanden, obwohl ſie doch die charakteriſtiſche Grundvorausſetzung von der Einheit des Phänomens
mit ihr gemein hatten. Wenn aber jener Periode die Wieder-
anbahnung des alten Supranaturalismus zugeſchrieben und ob
ihrer Polemik gegen die Aufklärung ihre eigene Befangenheit in
dem Immanenzgedanken verziehen wird, ſo iſt das die Geſchichts-
konſtruktion der theologiſchen Legende. Die Durchführung jener
die Aufklärung unendlich vertiefenden Gedanken iſt das eigentlich
Epoche-Machende an Schleiermachers Reden über die Religion,
die freilich durch ihre konſtruktive Gezwungenheit, ihren phantaſtiſchen Subjektivismus und ihren völligen Mangel an hiſtoriſchem
Sinn verraten, daß es ſich nur erſt um die erſten genialen Verſuche eines Verſtändniſſes handelt. Uebrigens hat natürlich die
ſiegreich durchdringende Energie des Entwickelungsgedankens auch
an anderen Orten, ſo z. B. bei Herder, Fries, Carlyle zu einer

analogen Behandlung der Religion geführt, nur dann freilich oft
ohne die von Kant, Schleiermacher und verwandten Denkern
ausgegangene Vertiefung und Bestimmtheit des Verständnisses der
Religion. Schleiermacher ist nur einer unter vielen. Seitdem
giebt es erst eine Religionsphilosophie, die nicht eine philosophische
Behandlung der Objekte der Religion ist, sondern eine solche der
Religion selbst als eines eigenständigen, in sich zusammenhängenden
und nach bestimmten Gesetzen sich entwickelnden Lebensgebietes.
Damit ist auf die Religion dieselbe Behandlung angewendet, wie
sie gleichzeitig auf Grund derselben Gedankenbewegung auf andere
Lebensgebiete angewendet worden ist. Es sei nur an die historische
Rechtsschule, die Sprachphilosophie Humboldts, von modernen
Werken an die Ethik Wundts, die Rechtsphilosophie Jherings,
die Sozialwissenschaft Schäffles, die Kunstphilosophie Carrieres
u. a. erinnert.

Die Hauptaufgabe war von hier aus, den historischen Stoff
mit diesen Ideen wirklich zu durchdringen und zu gestalten. Das
hat zuerst der große Polyhistor und Dialektiker Hegel geleistet,
der in seiner Religionsphilosophie sowohl den Entwickelungstrieb
des Ganzen scharf hervortreten ließ als auch ein höchst fein-
sinniges Verständnis für die treibenden Ideen der einzelnen Er-
scheinungskomplexe bekundete. Aber dieses äußerst einflußreiche
Werk bedeutete doch zugleich eine Verschiebung der Methode und
hat durch seine Bedeutung als erste große Leistung dieser Verschiebung eine allgemeine, heute noch nachwirkende Verbreitung
gegeben. Auch positivistisch angehauchte Religionsforscher wie
Goblet d'Alviella und Renan kommen zuletzt auf Hegel'sche
Ideen hinaus. Sie scheinen noch heute vielen für die unendlich
verzweigte und von rein historischen Gesichtspunkten ausgehende
Detailarbeit das beste einheitliche Band zu liefern. Wie sein
Lebenswerk überhaupt die Intellektualisierung der romantischen
Philosophie war, so glaubte er auch das romantische Verständnis
der Religion auf das Verhältnis des Menschen zu der in ihm
sich aktualisierenden Idee der logischen, sich selbst bewegenden Ein-
heit des Universums zurückführen zu dürfen und erblickte in der
Religionsgeschichte die sich stufenweise, durch die Gegensätze hin-

durch zum Bewußtsein ihrer selbst erhebende Entfaltung der Einheitsidee. Ganz abgesehen von der hierbei naheliegenden intellektualistischen Verkennung der Religion war hier die Gefahr gegeben, den religiösen Prozeß als rein menschliche Denkbewegung aufzufassen und alle Begründung der Religion in ihrem göttlichen Faktor fallen zu lassen. So ist es geschehen, daß man die Religion nur als primitive Form der philosophischen Gedankenbewegung würdigen zu können und allen Ueberschuß hierüber, namentlich den Glauben an eine Begründung in der lebendigen Selbsterschließung der göttlichen Persönlichkeit, für Illusion erklären zu müssen glaubte. War aber hiermit die Bahn einer illusionistischen Erklärung bereits betreten, so fand der empiristische, materialistische und skeptische Gegenschlag gegen die romantische Philosophie die Wege geebnet, die nunmehr auch jedes spekulativen Rückhaltes beraubte Religion vollends in das Gebiet primitiver Täuschungen zu verweisen. Es ist in der Tat sehr wohl verständlich, wie die Anwendung des Entwickelungsgedankens auf die Religion in einem rein immanenten und zugleich intellektualistischen Sinne diese Konsequenzen nach sich ziehen konnte, und wie eine überwiegend naturalistische Auffassung desselben vollends nur eine illusionistische Erklärung übrig ließ. Mit der Wiedererhebung idealistischer Anschauungen zu breiterem Einflusse, der Hervorhebung einer mehr idealistischen Fassung des Entwickelungsgedankens, der neukantischen Einschränkung des Empirismus und Freigebung der Idealbildung ist aber auch der Widerspruch gegen diese Wendung der ursprünglichen Konzeption wieder schärfer hervorgetreten und die Aufgabe — nicht ohne Verdienste der Theologen — wieder zu ihren kantisch-schleiermacher'schen Ausgangspunkten zurückgeführt worden.

Die in diesem Kampfe zu Tage getretenen wichtigen Problemstellungen werden später zur Sprache kommen müssen. Auch von den verschiedenen Spielarten, welche man der Auffassung von dem eigentlich Konstitutiven in der Religion gegeben hat, mag nachher als von gegenüber der Grundidee der Methode gleichgiltigen Dingen die Rede sein. Hier gilt es nur das Hauptergebnis dieser ganzen Behandlung der Sache hervorzuheben. Die Religion

ist ein einheitliches Phänomen, das im Zusammenhang mit dem
geistigen Gesamtleben, aber nach eigenen Gesetzen sich bewegt,
das allen anderen Lebensgebieten gegenüber eine relative Selbständigkeit behauptet, dessen Wahrheitsgehalt aus ihm selbst herausgesucht
werden muß und das seinen vollen Inhalt in seiner geschichtlichen
Bewegung und Besonderung erst empfängt und offenbart. So
viele schwere und wichtige Fragen sich daran anschließen, so genügt es hier doch, darauf hinzuweisen, daß sich deren Behandlung
entsprechend der ganzen Grundanschauung um zwei Probleme konzentriert, um das der Religionspsychologie und das der Religionsgeschichte. Die erstere sucht den Ort, den Ursprung und
die Bedeutung der Religion im menschlichen Bewußtsein und kann
eben damit allein dasjenige beibringen, was über die Wahrheitsfrage
der Religion überhaupt ausgemacht werden kann, ohne damit aber
die etwaigen spekulativen Bemühungen um das Objekt der Religion
ignorieren zu wollen. Wie diese selbst abhängig sind von der
Schätzung des geistigen Lebens, so kommen sie jedenfalls immer
erst in zweiter Linie. Die zweite sucht Gesetz und Zusammenhang
in den geschichtlichen Besonderungen der Religion und die Grundlage für einen Wertmaßstab zur Beurteilung dieser Besonderungen.
Dabei ist nur hervorzuheben, daß die gesamte neuere Forschung
die Religionspsychologie nicht mehr in der abstrakt-individualistischen
Weise der Aelteren behandelt, welche von dem modernen, zugleich
sehr stark poetisch und philosophisch angehauchten Subjekt ausgingen, sondern entsprechend der inzwischen erfolgten Erweiterung
des historischen Gesichtskreises die verschiedenartigsten, insbesondere
auch die elementaren und unentwickelten religiösen Zustände sowie
die sozialen und kultischen Erscheinungen der Religion heranzieht.
Die individual-psychologische Methode ist, wie Ihering sagt, zur
historisch- und sozial-psychologischen fortgebildet. Freilich ist auch
schon die Gefahr eingetreten, daß man sich mehr an unentwickelte
und verkrüppelte Zustände hält als an die entwickelten und durch
Differenzierung näher bestimmten, in denen naturgemäß die Eigentümlichkeit der Religion erst schärfer und klarer hervortritt, und
daß man die äußeren kultischen, rechtlichen und vorstellungs-
mäßigen Formen der Religion, die stets eine Veräußerlichung und

oft nur der verſteinerte Niederſchlag der Religion ſind, mit dem
lebendigen Inhalt verwechſelt, der in ihnen niemals aufgeht und
oft nur ſehr unvollkommen zum Ausdruck kommt.

Es ergiebt ſich von ſelbſt, daß in dieſer ganzen Anſchauung
ſchwerwiegende Konſequenzen enthalten ſind. Die einzelne, die
eigene, Religion tritt aus ihrer Iſoliertheit heraus in den Zuſammenhang einer größeren Einheit. Der nackte Unterſchied
zwiſchen wahrer und falſcher, natürlicher und geoffenbarter Religion verſchwindet: die einzelnen Erſcheinungen der Religion be-
meſſen ſich nicht mehr bloß nach ihrer logiſchen, philoſophiſchen und
hiſtoriſchen Möglichkeit, ſondern nach ihren religionsgeſchichtlichen
Analogien und den hiermit angezeigten Geſetzen des religiöſen
Lebens. Es ſind dieſe Konſequenzen, welche Max Müller unermüdlich ſeinem empiriſtiſchen und ſupranaturaliſtiſchen engliſchen
Publikum predigt, wobei deren Verbindung mit ſeiner etwas
romantiſchen Sprachphiloſophie für uns nebenſächlich iſt. Die
wichtigſte Folge iſt aber, daß hierbei überhaupt nicht von der
Vorausſetzung einer Normalreligion oder eines beſtimmten End-
ziels ausgegangen werden darf, ſondern daß man entſprechend dem
Laufe der Geſchichte die verſchiedenen Religionsbildungen zunächſt
für ſich ſelbſt zu verſtehen ſuchen muß, aus deren treibenden Ideen
ſich zwar eine ungefähre Erkenntnis der Entwicklungsrichtung ergiebt, die aber die Frage nach der normalen Religion vollkommen offen laſſen, weil jede höhere ſich ſelbſt dafür ausgiebt.
Man muß wenigſtens hypothetiſch den Anſpruch der eigenen Religion auf Vollkommenheit beiſeite laſſen und darf ſie nur als das
Mittel der Anempfindung an fremde benützen. Erſt aus der
Vergleichung der zunächſt rein als Tatſachen hingenommenen
Einzelreligionen kann ſich die Frage nach der relativ tiefſten und
reinſten oder gar nach der vollkommenen und endgiltigen Religion
erheben. Ja es muß zunächſt ſogar die Frage offen bleiben, ob es
überhaupt eine ſolche geben kann, ob nicht der ganze Prozeß
vielmehr in eine Mehrzahl paralleler, verſchiedene Seiten aus-
lebender Bildungen ausmünde oder ob nicht eine menſchliche
Geſamtkultur einen Synkretismus aller Religionen erzeugen werde.
Theologen wie Schleiermacher, Al. Schweizer u. a.

haben ſich dieſe Konſequenzen noch verborgen; nicht weil ſie von
der fertigen Vorausſetzung des Chriſtentums als der Normal=
religion ausgingen, ſondern weil ſie dieſe Bedeutung des Chriſten=
tums im Vergleich mit anderen Religionen als ſo ſelbſtverſtändlich
anſahen, daß ſie unwillkürlich die ganze Religionsentwickelung auf
jenes hin konſtruierten. Auch Bieberman war ſo überzeugt von
der Identität der zu ihrem Vollgehalt entwickelten Vernunft mit
dem Chriſtentum, welche ja nicht anders kann als in der letzten
Erſcheinung ſich am tiefſten zu offenbaren, daß er die Frage gar
nicht aufwarf, warum er ſein Deſtillationsverfahren auf die chriſt=
liche Dogmatik und nicht auf die einer anderen Religion anwende.
Dieſe Selbſtverſtändlichkeit iſt uns heute erſchwert, nicht bloß weil
die große außereuropäiſche Religionsentwickelung inzwiſchen näher
in unſeren Geſichtskreis gerückt iſt oder weil das Chriſtentum über=
haupt als eine komplexe Erſcheinung mit ſtarkem Einſchlag der
beſten griechiſchen Gedanken zu erklären verſucht wird, ſondern
vor allem, weil die hiſtoriſierende Betrachtung ſelbſt im Chriſten=
tum zunächſt nur ein, wenn auch noch ſo großartiges, Phänomen
neben anderen Phänomenen von gleichem Anſpruch zeigt.

Hingegen wurde die hier vorliegende Gefahr ſehr ſcharf er=
kannt von derjenigen Theologengruppe, welche eine zeitgemäße
Reſtaurierung der altkirchlichen Dogmatik erſtrebt und deshalb vor
allem die Anerkennung der ausſchließlichen und unmittelbaren
Göttlichkeit und Alleinwahrheit des Chriſtentums als Ausgangs=
punkt fordert, von wo aus ſie die anderen Religionen als Er=
zeugniſſe der natürlichen Ausſtattung der Menſchen und von Gott
pädagogiſch auf jenes hingeleitet anerkennt. Die Gewißheit jenes
Ausgangspunktes ſoll die innere chriſtliche Erfahrung gewähren,
welche durch das ſchlechthin übernatürliche Wunder der Bekehrung
auch die Uebernatürlichkeit der dieſes Wunder bewirkenden Fak=
toren, der chriſtlichen Offenbarung und ihrer Schrifturkunde, ver=
bürgt, die mit der Wunderhaftigkeit des Ganzen der praktiſchen
Erfahrung auch die jedes mit ihm verknüpften theologiſchen Details
ſichert. Zugleich ſei aber hiermit allein auch der wiſſenſchaftlichen
Anforderung genügt, daß man zur Beurteilung einen Wertmaßſtab
beſitzen müſſe, während die angebliche Vorausſetzungsloſigkeit der

rein historischen Religionsphilosophen zugleich eine Selbsttäuschung und die Entziehung der notwendigsten logischen Prämisse ihrer Aufgabe sei. Allein so stark man auch immer wieder von jenem Appell an die innere Erfahrung und von der Einfachheit jenes Gedankenganges ergriffen wird, so ist es doch unmöglich, aus einem so vieldeutigen und mit solchen anderer Art völlig unverglichenen inneren Erlebnis so ungeheuer wichtige Sätze über die historische und sonstige Wirklichkeit herauszuspinnen, während man doch sonst Tatsachen, die auch anderweitig zugänglich sind, nicht ausschließlich nach ihrem subjektiven Eindruck zu bestimmen pflegt. Ebenso unstatthaft ist es, im Namen der Unmöglichkeit einer allgemeinen Voraussetzungslosigkeit gerade die Annahme einer ganz bestimmten, sehr fraglichen Voraussetzung zu fordern. Es ist vielmehr die Eigentümlichkeit der Geschichte, daß die Wertmaßstäbe zu ihrer Beurteilung in und mit ihr selber erwachsen und aus der Zusammenfassung ihrer offenbaren Tendenzen gewonnen werden müssen. Einen zum Voraus fertigen Maßstab verlangen ist reine Sophistik, und ob es überhaupt einen absoluten Maßstab gebe, das ist ja gerade selbst eine fragliche Sache.

Aehnliche Bedenken gelten zum Teil gegen die Theologen der Ritschlschen Schule, welche zwar die Religion als ein Ganzes und Einheitliches aufzufassen pflegen und gerade um die Hervorhebung der Eigenart der Religion bedeutende Verdienste haben, welchen aber diese Verselbständigung der Religion überwiegend nur die Brücke zur Isolierung des Christentums gegenüber der Philosophie ist, und die einmal bei jenem angelangt, die anderen Religionen nicht schnell und gründlich genug wieder los werden können. Auf Grund des Gemeindeurteils und, durch dieses vermittelt, der persönlichen Erfahrung ist die geschichtliche Erscheinung Jesu als der Inbegriff aller erlösenden Wahrheit, als Aeußerung Gottes selbst, und damit selbstverständlich als absolute Wahrheit bezengt, während die anderen Religionen mit soviel Irrtum, Rätseln und Unsicherheit behaftet sind, daß man ohne Jesus schließlich nur beim Atheismus enden würde. Allein dieses Werturteil der Gemeinde an und für sich ist durch nichts, weder durch die Innigkeit seiner Ueberzeugung noch durch die Kraft seiner Gemein-

ſchaftsbildung noch durch die Zahl ſeiner Bekenner, vor dem Ver-
dachte der Uebertreibung geſchützt und muß ſich mindeſtens erſt im
Kampfe mit ähnlichen Werturteilen anderer Gemeinſchaften be-
währen. Das iſolierte Einzelne an ſich kann ſich niemals als unbedingte Wahrheit wiſſenſchaftlich bezeugen, am allerwenigſten,
wenn man auf die Wunderbeglaubigung verzichtet; es iſt immer
der Rückgang auf ein Allgemeineres dazu nötig. Aus dem Bedürfnis, die für einen ſolchen Standpunkt nötige Wunderbeglaubigung zu erſetzen, erklärt ſich auch die zunächſt ſo befremdliche,
künſtliche Verabſolutierung des Hiſtoriſch-Poſitiven gegenüber
der allgemeinen Natur des Geiſtes, die gequälte Uebertreibung
des Abſtandes des chriſtlichen Sittlichkeitsideales von nichtchriſtlichen Idealen und der Sicherheit und Gewißheit des chriſtlichen
Glaubens gegenüber anderen Ueberzeugungen. Die Einzigartigkeit
des·hiſtoriſchen Faktums und die ausſchließliche Begründung auf
das Eine Geſchichtsfaktum im Gegenſatz zu jeder Begründung in
dem inneren Weſen des geiſtigen Lebens ſoll nur den älteren
Supranaturalismus erſetzen und doch den Zuſammenhang mit
der rein wiſſenſchaftlich-hiſtoriſchen Methode aufrecht erhalten.
Wenn ferner Reiſchle dieſe Poſition dadurch wiſſenſchaftlich zu
ſtützen meint, daß auch er die Religionsphiloſophie an einen vorher
fertigen Maßſtab, an einen Normbegriff, logiſch gebunden wiſſen
will und dazu das uns allen innerlich vertraute und zugleich ſich
ſelbſt als Norm behauptende Chriſtentum wenigſtens probeweiſe
empfiehlt, von dem man erſt im Falle der Undurchführbarkeit
dieſer Beurteilungsweiſe abgehen ſolle, ſo iſt das ein überaus
künſtlicher Umweg, um an das Ziel zu kommen, und zugleich eine
Verkennung der Natur des Normbegriffes. Das Richtige an
ſeinen Ausführungen hat ſchon Th. Ziegler darauf beſchränkt,
daß die eigene Religion für jeden zunächſt das unentbehrliche
Mittel der Anempfindung an fremde Religionen iſt. Das ſchließt
aber gar nicht aus, daß man ſo zum Verſtändnis anderer Religionen gelangt die Normativität der eigenen hypothetiſch in Frage
ſtelle. Kaftan hingegen ſucht von ſeiner poſitiviſtiſchen Bekämpfung der Allgemeinbegriffe aus zu helfen, indem er zwar von
der Erſcheinung der verſchiedenen Religionen ſich den Begriff des

weſentlich in der Religion Geſuchten geben läßt, aber vermöge
der Ungleichartigkeit der nur äußerlich und nominaliſtiſch zum
Allgemeinbegriff „Religion" zuſammengefaßten Erſcheinungen die
Möglichkeit zu eröffnen glaubt, daß die nichtchriſtlichen Religionen
nur menſchliche Poſtulate, die chriſtliche dagegen göttliche Mitteilung ſei. Daß dieſe Möglichkeit Wirklichkeit ſei, geht dann
aus dem inneren, keinem Menſchen erfindlichen Werte des chriſtlichen Heilsgutes hervor. Ganz abgeſehen von den für alle Theologie töblichen Konſequenzen jener poſitiviſtiſchen Erkenntnistheorie,
von ihrer doch nur ſehr mangelhaften Durchführung, bei welcher
nichtchriſtliche und chriſtliche Religion als Suchen und Finden
aufeinander bezogen werden und das Chriſtentum ſelbſt ohne weiteres als einheitliches Prinzip behauptet wird, vor allem bleibt
jene Würdigung des Chriſtentums eine ganz unbegründete Willkür,
die jede andere Religion ebenſo für ſich in Anſpruch nehmen
könnte. Für die nichtchriſtlichen Religionen die Feuerbachſche
Theorie, für die chriſtliche dagegen die ſupranaturaliſtiſche Offen-
barungstheorie zu verwenden, iſt ſogar ein geradezu gefährliches
Experiment, bei dem nur ſehr wenigen die Wahrheit des Chriſtentums in irgend einem Sinne beſtehen zu können ſcheinen wird.
Es ſind das eben alles nur Verſuche, das Chriſtentum den Konſequenzen des religionsphiloſophiſchen Grundgedankens zu entziehen,
und wer ſelbſt eine Zeit lang dieſe Iſolierungsmittel dankbar
benützt hat, um ſich aus theologiſchen Nöten zu retten, weiß nur
allzu gut, wie ſehr hier der Wunſch der Vater des Gedankens iſt.
Erwähnt ſei nur noch, daß Herrmann die ganze Grundanſchauung
ſelbſt verwirft, weil ſie die Religion zu etwas Natürlichem d. h.
mit Naturnotwendigkeit im Bewußtſein Geſetzten mache. Das iſt
aber nur eine etwas paradoxe Form, in welcher ſich ſeine ein-
ſeitig moraliſtiſche Auffaſſung der Religion einen ſcharfen Ausdruck zu ſchaffen ſucht, während ſie durch die Anknüpfung der
Religion an die allgemeine Erſcheinung des Sittengeſetzes tatſächlich die Einheitlichkeit des religiöſen Phänomens anerkennt. Von
hier aus wird dann freilich wieder höchſt charakteriſtiſch die Iſolierung des Chriſtentums verſucht, inſoferne nur das Chriſtentum
wahrhaft ſittliche Religion und ebendamit allein übernatürlichen

Ursprungs sei, da ja das Sittliche das völlig Uebernatürliche, die
phänomenale Kausalität des Seelenlebens durch eine intelligible
Tat Durchbrechende sei.

Eine weitere wichtige Konsequenz besteht darin, daß die
Religionen zunächst nur aus sich selbst, aus ihrem eigenen Wollen
und Besitzen verstanden, und nur an einander nach der ihnen
gemeinsamen Tendenz und Gleichartigkeit bemessen werden wollen,
daß das Maß ihrer Wahrheit zunächst nur in ihrer erlösenden,
befreienden und erhebenden Kraft gefunden werde, daß das rein
Tatsächliche, Unableitbare, Schöpferische und Souveräne in ihrem
Wesen voll anerkannt werde. Der Tatbeweis der Energie, der
Beweis des Geistes und der Kraft ist alles. Es giebt keine
fremden Maßstäbe ihrer Wahrheit und ihrer Reinheit, sondern
sie entwickeln in einer unberechenbaren, rein schöpferischen Fülle
überwältigender Erscheinungen im beständigen Kampf mit hinder-
lichen Mächten der Selbstsucht, der Stumpfheit und der
Phantastik ihren Inhalt und ihre Zielrichtung aus sich selbst.
Vorausgesetzt, daß die Religion in der Tat ein selbständiges
Lebensgebiet und nicht die Begleiterscheinung eines anderen sei, ist
das nur selbstverständlich.

Dieser Umstand wird von allen denjenigen unterschätzt, welche
von dem in der Religion enthaltenen Moment metaphysischer
Wirklichkeitsaussage ausgehend die philosophische Entfaltung und
Begründung des Gottesbegriffes für die Hauptaufgabe der Religionsphilosophie halten, und den so gefundenen Gottesbegriff
als die objektive Norm an die beweglichen und flüchtigen, von
mancherlei Motiven getriebenen Gestaltungen der Religion anlegen,
ihn mit dem einer bestimmten normativen Religion oder mit der
Quintessenz aller für identisch halten oder bei ernstlicherer Berücksichti-
gung der geschichtlichen Entwickelung ihn als die Zusammenfassung
der durch alle Stufen der Religionsgeschichte hindurch zur höchsten
sich bewegenden Selbstentfaltung Gottes ansehen. Hierin hatte
schon die Verschiebung des religionsphilosophischen Grundgedankens
bei Hegel ihren Hauptanlaß neben der allgemeinen panlogistischen
Auffassung der Metaphysik. So kommt es, daß für viele die
Religionsphilosophie in einer philosophischen Entwickelung des

normativen Gottesbegriffes aufgeht, zu der dann die Behandlung
der wirklichen Religionen in dem Verhältnis eines Anhanges oder
der kritiſchen Nutzanwendung oder beſtenfalls des Nachweiſes ſeiner
geſchichtlichen Aktualiſierung ſteht. Daher ſtammt auch die Ver=
wirrung in dem Gebrauch des Wortes „Religionsphiloſophie“, in
welcher die einen jene philoſophiſche Entfaltung und Begründung
des Objektes der Religion, d. h. des Gottesbegriffes, ſehen, wäh=
rend wir in ihr eine philoſophiſche Behandlung der tatſäch=
lichen, lebendigen Religionen ſelbſt fordern. In jene erſte Klaſſe
gehören außer der Religionsphiloſophie Hegels und Schellings
alle die von Pfleiderer in ſeiner vortrefflichen Geſchichte der
Religionsphiloſophie unter der Kategorie der nachhegelſchen Speku=
lation behandelten Philoſophen und Theologen. Ich erinnere bei=
ſpielsweiſe nur an die vielgeleſenen „Grundzüge der Religions=
philoſophie“ von Lotze, an E. v. Hartmann, an die deutſchen
Theologen Biedermann und Pfleiderer, an die engliſchen Hege=
lianer John Caird und Edward Caird, von denen die drei
letzteren ſich um möglichſte induktive Bewährung des ſpekulativen
Gottesbegriffes an der Religionsgeſchichte bemühen. Noch jüngſt
hat Rud. Seydel die Forderung einer Normal= und Ideal=
religion nachdrücklich erhoben, was ſich nach ihm nur durch philo=
ſophiſche Feſtſtellung des Gottesbegriffes erreichen läßt.

Der Irrtum dieſer Denker beſteht nicht in der oft vor=
geworfenen Verwechſelung des philoſophiſchen Wiſſens um die Welt=
einheit mit dem praktiſchen religiöſen Glauben. Sie heben zum Teil
ausdrücklich hervor, daß der Fromme zu Gott ſich anders verhält
in der Religion als in der Wiſſenſchaft. Vielmehr ſuchen ſie nur
für das auf die Selbſtausſage der Religion geſtellte Objekt eine
aus der Ueberlegung aller Zuſammenhänge ſich ergebende Beſtäti=
gung und Norm, eine Befeſtigung und Begrenzung für das von
ihr vorausgeſetzte und in ihrer Beweglichkeit unſicher ſchwankende
Objekt. Allein gerade das iſt es, was teils unmöglich iſt, teils
im Widerſpruch zu dem wirklichen Weſen der Religion ſteht. Die
Unmöglichkeit liegt darin, daß alle Spekulation, deren Recht und
Notwendigkeit ich gar nicht beſtreiten will, niemals weiter kommt,
als für die Elemente der Erfahrung in der natürlichen und

geistigen Wirklichkeit einen einheitlichen Grund logisch zu postulieren,
dabei aber immer nur ganz allgemeine, unsichere und vieldeutige
Grenzbegriffe gewinnt, welche wohl ein gewisses Korrelat zur reli=
giösen Gottesvorstellung bilden, die aber im Vergleich zu der
lebendigen Fülle und Bestimmtheit dieser außerordentlich dürftig
und schwankend sind. Will man aber gerade die Tatsache der
Religion und ihres letzten Zieles als Element in jenen Ansatz des
zu lösenden Problemes aufnehmen und entnimmt man ihr wesent=
liche Züge zur Bestimmung jener Einheit, so ist eben die Speku=
lation mit abhängig von der Tatsächlichkeit der Religion und
findet nicht diese in jener, sondern jene in dieser ihre Norm. Man
muß dann schon sehr sicher nachgewiesen haben, daß eine bestimmte
Religion wirklich die abschließende Vollendung aller Tendenzen der
religiösen Anlage sei, wenn man ihr die maßgebende Richtung für
die Bestimmung jener Einheit entnehmen will, oder man muß die
Bestimmtheit der einzelnen Religionen in dem Abgrund jener
metaphysischen Allgemeinheiten versenken. Meistens fehlt das erste
und geschieht das zweite. Beides ist in gewissem Grade bei den
großen Werken Pfleiderers und E. Cairds der Fall. Nament=
lich ist das „genetisch=spekulative" Verfahren Pfleiderers, die ein=
zelnen christlichen Hauptbegriffe aus der religiösen Gesamtbewegung
in gerader Linie erwachsen zu lassen und sie so in ihrer Gesamt=
heit sowohl als die treibende Kraft der Gesamtentwickelung wie als
den Inbegriff der spekulativen Welterkenntnis darzustellen, in hohem
Grade bedenklich, wie das auch schon Biedermann bemerkt hat.
Es kann also von einer Bestätigung und Normirung der Gottes=
idee einer Religion durch eine von ihr unabhängige Spekulation
nicht die Rede sein. Allein eine solche Bestätigung durch die Ein=
sicht in den Zusammenhang der Wirklichkeit und des göttlichen
Wesens ist auch für die Religion gar nicht zu verlangen, denn sie
wäre das Ende aller Religion. Gott hat jene Einsicht, aber ihm
schreiben wir auch keine Religion zu. Für den Menschen aber,
der die Einheit und Notwendigkeit des Wirklichkeitszusammenhangs
schon deshalb nicht erkennen kann, weil er nur ein Minimum von
ihm — und auch dieses noch lückenhaft — erfährt, ist gegenüber dem
Unendlichen allein dasjenige Verhalten möglich, das wir Religion

nennen, die demütige und ehrfürchtige, die hoffende und vertrauende
Hingabe an die verschiedenen aufblitzenden Spuren seiner Offen=
barung. Der große bange Schauer vor dem allen Verstand und
alle Phantasie Uebersteigenden, das Entsetzen und die schweigende
Furcht vor dem Unergründlichen, die Unterwerfung des Willens
unter etwas, das man glaubt, weil man es nur teilweise sieht, die
sehnsüchtige Hingabe an das, was uns von dem Unerforschlichen
ermutigend und stärkend entgegentritt, alles das gehört ganz wesent=
lich zur Religion. Man braucht Jacobis Dualismus zwischen
Herz und Verstand nicht zu teilen, wenn man sein Wort durchaus
richtig findet, daß ein erkannter Gott gar kein Gott sei. Die
metaphysischen Religionsphilosophen haben auch nur deshalb Reli=
gion, weil sie ihrer Religionsphilosophie nicht recht trauen oder
doch die Unbestimmtheit der von ihnen entwickelten Idee noch em=
pfinden. In dem Maße, als sie wirklich alle Zusammenhänge er=
kannt zu haben glauben, schwindet auch fühlbar die Wärme und
die Kraft ihrer Darstellung. Starke religiöse Wirkungen gehen
von solchen Büchern nicht aus. Damit soll nicht gesagt sein,
daß der Gottesbegriff der Religionen gar keine spekulative Behand=
lung zuließe und daß die subjektive religiöse Gewißheit sich nicht
auch darüber zu vergewissern suchen dürfe, ob ihrem Glauben nicht
unübersteigliche Hindernisse in den Tatsachen und Verhältnissen
der Wirklichkeit entgegenstehen. Aber davon kann keine Rede sein,
daß die philosophische Behandlung des Gottesbegriffes dazu dienen
könne, irgend eine Religion als die absolute und endgiltige zu be=
weisen, man fange das nun so oder so an. Es ist auch bei dieser
Behandlungsweise unmöglich, die Konsequenzen des religionsphilo=
sophischen Grundgedankens zu umgehen. Die Religionen sind in
allererster Linie reine Tatsachen und spotten aller Theorien. Nur
sie selber geben die wesentliche Auskunft über sich. Alles andere
kommt erst in zweiter Linie.

II.

Es leuchtet ein, daß eine Grundanschauung, die in solchen
Konsequenzen sich auswirkt, von großer Bedeutung für unsere ganze
religionswissenschaftliche und theologische Arbeit ist. Sie wird von

den Gläubigen selbst meist nur mit Einschränkungen geteilt, sie
wird mit aller Energie von den Ungläubigen bestritten. Um so
wichtiger ist es, sie wissenschaftlich zu begründen, d. h. als beste
Erklärung der wirklichen Erscheinungen zu erweisen. Ich halte
mich dabei zunächst an die erste, oben bezeichnete Gruppe von
Problemen. Was lehrt die Religionspsychologie? Was ist die
Religion selbst, von deren Behandlungsweise bisher nur die Rede
war, in ihrer allgemeinsten psychischen Erscheinung?

Diese Frage, an welche sich bereits eine ganze theologische
Scholastik mit endlosem Nüancieren und Verbessern, Bekämpfen
und Wiederaufnehmen gewisser Schlagworte angeschlossen hat, ist
einfach genug zu beantworten, wenn man sie von aller Verquickung
mit ontologischer und psychologischer Metaphysik, von allen apolo-
getischen oder religionsfeindlichen Seitenblicken freihält. Sie ist
genau dasselbe, was alle anderen Erlebnisse des Bewußtseins auch
sind: eine Verbindung von Vorstellungen mit begleitenden Gefühlen,
aus denen mancherlei Willensantriebe erwachsen. Eine, wenn auch
noch so einfache, Vorstellung ist immer der Ausgangspunkt, an den
das übrige sich anschließt, nicht ohne mancherlei Rückwirkungen
auf die Vorstellung. Es ist das nur ein komplizierterer Fall der
einfachsten psychischen Elementarerscheinung, die allem Bewußtsein
in allen seinen Bildungen zu Grunde liegt: die einfache Empfindung von einfachen Gefühlen der Lust und Unlust beantwortet,
woraus dann Willenserregungen erwachsen, ist das einfache, in
Wirklichkeit aber stets schon in Komplikationen auftretende Grund-
phänomen. Keine Empfindung ohne mitschwingende, wenn auch
ganz leise Gefühlsbegleitung und Willenserregung. Keine Gefühls-
und Willenserregung ohne vorausgehende, wenn auch noch so
schwach bewußte Empfindung. Aus diesen Elementen, deren Zurück-
verfolgung ins Unbewußte uns hier nicht interessiert, baut sich der
Inhalt der bewußten Psyche auf. Die Empfindungen verbinden
sich zu Vorstellungsbildern und die erregten Gefühle und Willensimpulse ergeben in ihrer Resultante die hieran angeschlossenen,
aber nicht immer auf bestimmte Anlässe einzeln zurückführbaren
Zustände der Stimmung und Gesinnung. Diese Grundelemente
und ihren Zusammenhang hat Wundt in seiner Psychologie und

seinen Essays vortrefflich dargelegt. Wenn man unter Intellekt die Fähigkeit, Objekte aufzunehmen, und unter Wille die allgemeine Fähigkeit versteht, auf diese Objekte mit Gefühlen und Impulsen des Handelns zu antworten, so sind Intellekt und Wille die Komponenten jeder Funktion. Intellekt und Wille sind immer zusammen und überall hat der Intellekt die logische Priorität. Die Religion ist nur ein komplizierter Einzelfall dieser allgemeinen Grundfunktion, ein Inbegriff von Vorstellungen mit meist sehr komplizierten Gefühlserregungen und Willensfolgen. Der Inhalt der Vorstellungen kann dabei ein ungeheuer verschiedener sein, Gefühle und Willensimpulse können die verschiedenste Färbung und Richtung annehmen. Das Ganze bleibt immer das Gleiche: die Vorstellung übermenschlicher, zu verehrender Mächte oder Wirklichkeiten, die ihrer Bedeutung entsprechend von starken Gefühlen begleitet ist, aus denen sich mancherlei Willenshandlungen kultischer und meist auch moralischer Art ergeben; das Ganze in Tradition und Sitte herrschend über eine Mehrzahl von Menschen und dementsprechend in allerlei äußeren Formen sich verfestigend. Man hat dem durch den Hinweis auf den Buddhismus entgegnen wollen, der bekanntlich von keiner solchen Vorstellung einer Gottheit ausgeht. Allein abgesehen davon, daß dies nur von dem ursprünglichen und auch da nur von dem philosophischen Buddhismus gilt, so liegt doch vor Augen, daß diese ganze Richtung durchaus von Vorstellungen ausgeht und nur aus der Umbildung erklärbar ist, welche die brahmanische Philosophie der indischen religiösen Vorstellungswelt gegeben hat. Die Vorstellung der endlos wechselnden, in rastloser Wanderung auch die Seelen in ihre Gesetze des Wechsels verstrickenden Phänomenalität ist der alles beherrschende Ausgangspunkt, und, soferne diese Lebensrichtung religiösen Charakter hat, d. h. den Menschen auf das hinter jener Phänomenalität liegende, in der Askese erreichbare, süße, selige Nichts hinweist, hat auch die Vorstellung dieses Nichts und der Ordnung, in der die Möglichkeit einer Rückkehr aus der Weltunrast und dem Weltleid zur Ruhe begründet ist, eine von E. v. Hartmann sehr richtig hervorgehobene Analogie zur Gottesvorstellung. Gerade diese Vorstellung aber ist die Schöpferin des buddhistischen religiösen Fühlens und Handelns. Sofern es sich

aber um die ſkeptiſchen Betrachtungen buddhiſtiſcher Metaphyſiker
handelt, die auch das Daſein des Buddha und der Erlöſung als
Illuſion bezeichnen, haben wir es mit keiner Religion mehr zu
tun, ſondern mit deren Umſchlag in prinzipiellen atheiſtiſchen
Illuſionismus. Wenn ferner Bender den Kultus vor dem Glau=
ben an die Götter, denen er gewidmet iſt, erörtert, ſo ſoll dies
nur ein Mittel ſein, den eudämoniſtiſchen Charakter des letzteren
ſcharf zu beleuchten. Seine daran anſchließende Theorie der Prio=
rität von Gefühlen und Bedürfniſſen vor der Gottesvorſtellung iſt
aber lediglich Hypotheſe und Erklärung der erſtmaligen Entſtehung,
deren Güte oder Schlechtigkeit uns hier nicht intereſſiert. Es muß
nur gegen die beliebte Vermiſchung von Hypotheſe und Tatſache
Einſpruch erhoben werden. Jene Hypotheſe mag vielleicht auf uns
unbekannte Zeiten zutreffen. Ueberall, wo wir Religion kennen,
und zwar ſchlechterdings überall geht ihr im Einzelnen die Tra=
dition einer Gottesvorſtellung voraus, auf welche die ſtärkſten Rück=
wirkungen von Bedürfnis und anderen Dingen erfolgen mögen, die
aber doch unbedingt ſtets das prius iſt.

Es iſt nun natürlich die Frage, woher dieſe Vorſtellung mit
ihren Folgen entſteht. Dazu iſt aber ein tieferer Blick in die
Struktur der Pſyche nötig, die Vorſtellungen verſchiedener Art und
Herkunft enthält und ſomit eine beſtimmtere Lokaliſierung des reli=
giöſen Erlebniſſes geſtattet. Es handelt ſich hierbei nicht um ge=
ſonderte „Organe“ oder „Vermögen“, wie das manchmal dargeſtellt
worden iſt und Anlaß zu mancherlei Einwänden gegeben hat. Es
iſt ſtets die ganze Seele tätig, aber ſie betätigt ſich an verſchie=
denem Stoffe und mit verſchiedenem Verhältnis der in jeder
Funktion zuſammen auftretenden Momente. Die Beachtung dieſer
Unterſchiede ergiebt eine genauere Beſtimmung des Ortes der
Religion, von wo aus ſich dann erſt die endgiltige Frageſtellung
bezüglich ihres Weſens gewinnen läßt.

Es iſt hierbei zunächſt nicht die Rede von den verbindenden
und verknüpfenden Funktionen, die immer in irgend einem Grade
und zum Teil ſchon vor dem Bewußtwerden des einzelnen Phä=
nomens oder Gedankens tätig ſind. Es iſt nur nötig, dieſe
formalen Funktionen von dem tatſächlichen Inhalt der Seele ſcharf

und klar zu unterscheiden. Die beiden wichtigsten unter ihnen erfordern aber allerdings, da sie mannigfach mit der Religion in
Verbindung gebracht worden sind, vor der Analyse jenes Inhaltes
einige Beachtung. Es sind die logische Verknüpfung nach den Gesetzen des Widerspruchs und des Grundes, welche je nach der Ausbildung dieses verknüpfenden Triebes mit verschiedener Stärke und
Sorgfalt arbeitet, und die assoziative Verknüpfung auf Grund der
Erinnerung, in welcher die Phantasie mit ihren verschiedenen Be-
tätigungen begründet ist. Bezüglich der ersteren ist es von entscheidender Wichtigkeit auch in unserer Frage, im Auge zu behalten,
daß diese logischen Verbindungen immer nur Gegebenes ordnen
und klären, aber niemals Inhalte erzeugen. Die Logik trennt,
was der naiven Meinung verbunden scheint, verknüpft, was ihr
getrennt scheint, und baut eine wissenschaftliche Weltanschauung auf,
die sich aber von der naiven nur durch das größere Maß der auf
die richtige Verbindung und Verhältnisbestimmung verwendeten
Sorgfalt unterscheidet und welche wie diese an die Tatsächlichkeit des natürlichen und geistigen Daseins gebunden bleibt. Sie
ist in ihrer Verknüpfungsweise abhängig von der tatsächlichen
Beobachtung des wirklich Zusammenseienden und des wirklich aus-
und miteinander Folgenden, ist daher den größten Schwankungen
unterworfen, ist eine andere auf dem Gebiete der Naturwelt und auf
dem der Geisteswelt. Sie ist in ihren Kombinationen bestimmt durch
die Richtungen, welche die Werte der einzelnen Objekte der Auf-
einanderbeziehung geben und daher mitabhängig von dem gefühlten
Wert der Dinge und den inneren Wandlungen dieser Werte. Gemeinsam ist ihr in allen diesen Formen nur das Streben nach
Notwendigkeit der Verknüpfung und eben damit nach Einheit und
Zusammenhang. Weil sie von dem Gesamtdatum der Wirklichkeit
nur einen verschwindenden Ausschnitt zur Bearbeitung hat, und
weil dieser Ausschnitt selbst in rastloser innerer Bewegung und
Verwandelung begriffen ist, kommt sie niemals zur Ruhe und niemals zum Ganzen. Weil sie aber zum Ganzen streben muß, verwechselt sie gerne den Trieb nach Einheit mit dem Besitz der Einheit. Wer an einzelnen Tatsächlichkeiten und Werten hängen
bleibt, ohne sich um deren Kombinierbarkeit mit anderen Tatsachen

zu bekümmern, ist ein beschränkter Denker von engem Horizont
ober ein eigensinnig an bestimmte Eindrücke sich festklammernder
Gemütsmensch. Wer über der zu gewinnenden Einheit des Zu=
sammenhangs die liebevolle Versenkung in die einzelnen Tat=
sächlichkeiten zurückstellt und zum Zweck reinlicheren Abschlusses
sich um die aus den Werten erwachsenden Direktiven wenig küm=
mert, ist ein vorschnell und einseitig abschließender Intellektualist.
Immer handelt es sich nur um das mutmaßlich richtige Verhältnis
der Inhaltlichkeiten des Daseins, nie um die positive Erzeugung
solcher. Alle großen philosophischen Systeme unterscheiden sich nur
dadurch, daß sie verschiedene Momente jener zum Ausgangs= und
Zielpunkt ihrer Verhältnisbestimmungen machen. Auch die Kritik
der reinen Vernunft ist nur ein solches Werk des Tatbestände
kombinierenden und in ihr richtiges Verhältnis setzenden Scharf=
sinnes, nicht die Grundlage, sondern ein Erzeugnis des Denkens,
das auch in ihr an die tatsächlichen Inhalte des Lebens gebunden
bleibt. Nur insofern vermag das Denken produktiv zu erscheinen,
als es oft genötigt ist, für verschiedene in der unmittelbaren Er=
fahrung getrennte Dinge eine höhere, nicht unmittelbar erfahrbare
Einheit, einen nicht weiter nachweisbaren Grund zu postulieren.
Aber diese Postulate müssen sich entweder experimentell verifizieren
lassen, oder sie müssen zu irgend einem der großen Inhalte des
Lebens in unlösbarer Beziehung stehen. Einen selbständigen neuen
Inhalt erzeugen sie nicht. So hat man oft die religiöse Vor=
stellung auf ein derartiges aus dem Kausalitätstrieb erwachsenes
Postulat zurückführen wollen. Aber in keinem uns bekannten Falle
ist jemals die Religion so entstanden, sie entsteht, soweit wir zurück=
gehen können, überall an einer bereits überlieferten Vorstellung.
Und was sie ist, ist sie nicht durch die Befriedigung des Denk=
bedürfnisses in jener Vorstellung, sondern durch ihren eigenen in=
haltlichen Wert, durch ihre Verflechtung mit allem idealen Sinn
des Daseins, mit der Sehnsucht des Herzens und der Empfindung
eines unendlich Uebermenschlichen. Alle ihre Helden und Pro=
pheten haben sich um Einheit und Grund spurwenig gekümmert,
sondern mit vollster Gleichgiltigkeit gegen diese Fragen nur in dem
unmittelbar erlebbaren und erfahrbaren Inhalt gelebt. Daß die

religiöſe Vorſtellung, einmal vorhanden, das kauſale Bedürfnis entweder unmittelbar mitbefriedigt oder ihm einen letzten Endpunkt darbietet, iſt natürlich. Aber daß die bloße Vorſtellung einer Ur= ſache das ganze Phänomen der Religion erzeuge oder doch einmal ganz am Anfang erzeugt habe, iſt undenkbar. So unendlich wichtig das logiſche Denken für die Auffaſſung aller Dinge und auch für die des religiöſen Lebens ſelbſt iſt, es iſt doch nicht ſein Grund, ſein einfacher Urſprung. Inſoferne jedoch dieſe Erklärungstheorie durch Vereinigung mit anderen ſich zu verſtärken ſucht, wird ſie ſpäter noch behandelt werden müſſen.

Auch in zweiter Hinſicht ſind einige die Religion betreffende Punkte hervorzuheben. In der aſſoziativen Erinnerung und der Hervorrufung von Verwandtem durch Verwandtes iſt es begründet, daß ein aus irgendwelchem Anlaß entſtandenes Gefühl Vorſtellungen hervorrufen kann, die einem ähnlichen, entgegengeſetzten oder zu= fällig mit ihm verbundenen Gefühl einſtmals als Anlaß und Grundlage gedient hatten. Der Durſt ruft die Vorſtellung des letzten guten Trunkes hervor. Man weiß, wie ungeheuer oft Aehnliches ſtattfindet und ein wie großer Teil des Seelenlebens in derartigen, von keiner direkt entſprechenden Wirklichkeit hervor= gerufenen Vorſtellungen träumend, hoffend und fürchtend verläuft. So kann der Schein einer vollſtändigen Umkehrung des oben bezeichneten Grundverhältniſſes von Wahrnehmung und Gefühl, Intellekt und Wille eintreten. Bekanntlich hat man auf dieſe Weiſe auch die religiöſe Vorſtellung zu erklären verſucht als Vor= ſtellung einer menſchenähnlichen Macht, die in geſteigerter Kraft uns von Uebeln zu befreien vermag wie ein Menſch dem andern es leiſten kann, ſo daß die Erweckung von allerhand Bedürfnis= gefühlen die Vorſtellung einer ſolchen Macht erzeugen und immer mehr ſteigern könne. Dieſer Erklärungsverſuch, der die Religion wenigſtens in engſte Verbindung bringt mit den genießbaren und fühlbaren Inhalten des menſchlichen Lebens und daher ihrem wirklichen Weſen jedenfalls näher kommt als der vorhin erwähnte, wird uns ebenfalls noch ſpäter beſchäftigen. Hier iſt nur zu entgegnen, daß er der Selbſtausſage aller ächten Religion vollſtändig wider= ſpricht und auch höchſtens auf die urgeſchichtliche Entſtehung derſelben

zutreffen könnte, da in dem Bereich der Geſchichte das nachweislich nicht ihre Entſtehung iſt. Zuerſt wollen wir daher ſehen,
ob die Religion nicht ihrer Selbſtausſage entſprechend unter den
unmittelbar und rein tatſächlich gegebenen Inhalten des Seelenlebens ihren Ort hat.

Zuvor iſt hier jedoch noch einer anderen Bedeutung der
Phantaſie für die Religion zu gedenken, die auch da, wo man
dieſe nicht in der oben bezeichneten Weiſe zu erklären unternimmt,
volle Beachtung verdient. Die Phantaſie iſt nämlich nicht blos
der zufällige Ablauf von allerhand irgendwie veranlaßten Aſſoziationen, ſondern iſt zugleich durch die Aſſoziation beſtimmter
Bilder und Eindrücke mit dem idealen Inhalt des menſchlichen
Gemütes das Ausdrucksmittel eben dieſes Inhaltes. Alles
menſchliche Denken, Sprechen und Bilden iſt ausſchließlich an
Bilder aus der ſinnlich erfahrbaren Wirklichkeit gebunden und
nur an und in dieſer Sinnlichkeit wird zugleich die Idealwelt
aufgenommen, erfahren und verwirklicht. So werden notwendig
diejenigen ſinnlichen Bilder und Eindrücke, welche als Medien
jener Erfahrungen gedient haben oder die mit ihnen irgend eine
Verwandtſchaft beſitzen, zu bald wechſelnden und ſtets neu ſich
ergänzenden, bald bleibenden und unablöslichen Werkzeugen für
die Selbſtvergegenwärtigung, Darſtellung, Wiedererweckung und
Mitteilung jener idealen Erlebniſſe. So enthält alle Kunſt und
Poeſie neben ihrer rein äſthetiſchen Formwirkung die gewaltigſten
Ideen, die auf andere Weiſe überhaupt nicht ausſprechbar ſind
und wird dadurch zu einem der mächtigſten Mittel der Gemütsbildung. So verleugnet die abſtrakteſte Sprache der Philoſophie
nicht ihre Herkunft aus den kindlichen Metaphern der ſymboliſierenden Phantaſieſprache. So iſt auch für die Religion ihr
ganzer idealer Inhalt geknüpft an die Bilder und Medien, durch
welche er an das Gemüt kam oder mit welchen die betreffenden
Erlebniſſe irgend eine Analogie haben, die ſo innig mit dieſem
Gehalte verknüpft ſind, daß ſie als unentbehrliche Symbole der
religiöſen Sprache und Darſtellung einverleibt werden. Himmel,
Licht, Erlöſung, Schöpfung, Vatergott, Gotteskind ſind ſolche
Bezeichnungen, die nur der Theologie Begriffe ſind, die in Wahr

heit aber ſolche Symbole der religiöſen Phantaſie ſind und in kein
Syſtem ſich einfangen laſſen. Es wird ſpäter hieran erinnert
werden müſſen.

Mit dieſen Bemerkungen über die formalen oder verknüpfenden
Funktionen ſind derart bereits Bemerkungen verbunden worden,
welche erſt für einen ſpäteren Zeitpunkt der Unterſuchung bedeutſam
werden. Zunächſt handelt es ſich aber noch um den Inhalt der
Seele, den ſie derart bearbeitet, um die Elemente, die ſie derart
verknüpft, die freilich niemals als ganz einfache, unzuſammen=
geſetzte Elemente vorkommen und beſonders im hiſtoriſchen Ent=
wickelungsſtadium der Menſchheit ſchon ziemlich komplizierte ſind,
die aber im Gegenſatz zu den bisher bezeichneten Verknüpfungs=
funktionen den Charakter der inhaltlichen Gegebenheit tragen.
Dieſe ganze Maſſe zerfällt nun aber gleich beim erſten Blick in
zwei bei gleichem formellem Charakter, doch deutlich verſchiedene
Sphären, in Wahrnehmungen und Vorſtellungen einer Sinnen=
welt und in ſolche einer Idealwelt. In der erſten ſtehen wir
der ſtrahlenden, tönenden, undurchdringlich feſten, körperlichen
Welt der Dinge gegenüber, die unſere Sinne uns zeigen, die wir
durch richtige Kombination ihrer Elemente zu verſtehen und damit
zu beherrſchen verſuchen; in der letzteren finden wir die dem inneren
Leben Sinn und Halt, dem äußeren Form und Ziele gebenden
Ideen des Schönen, des Guten und des Göttlichen, welche nur
an der ſinnlichen Welt entſtehen und nur in ihr auszuwirken
ſind, die aber doch deutlich von ihr unterſchieden ſind und ein
ſelbſtändiges Daſein führen. Ueber den erſten Punkt iſt hier
nichts weiteres zu bemerken, über den letzteren aber ſind freilich
mancherlei andersartige Anſichten verbreitet. Diejenigen, welche
überhaupt nur eine entwickelungsgeſchichtliche Erfüllung der leeren
Pſyche aus der ſinnlichen Außenwelt annehmen und welche ſie
dementſprechend nur durch die an dieſe angeſchloſſenen Wert=
gefühle regiert ſein laſſen, haben die Ideen der Idealſphäre aus
der ſinnlichen abzuleiten und derart Moral und Aeſthetik auf die
rein ſinnliche Erfahrung zu begründen verſucht, während ſie die
Religion als ein veraltetes, aus kindlicher Perſonifikation der
Natur hervorgegangenes Phänomen anſehen. Aller ideale Beſitz

des Geiſtes ſei ſo aus ſeiner Welterfahrung erwachſen und er-
ſcheine nur bei der geſchloſſenen und einfachen Geſtalt, die er in
der Vererbung durch zahlreiche Generationen angenommen hat, als
ein auf ſich ſelbſt beruhendes Urdatum des Bewußtſeins. Allein
das iſt ein Grundirrtum, der auf der vollſtändigen Verkennung
der einheimiſchen unableitbaren Kräfte und Zwecke des Geiſtes
beruht, der gerade den Geiſt ſelbſt völlig ignoriert, welcher doch
auch für ſeine Theorie der phänomenalen Erfahrung und ihrer durchgängigen Beziehbarkeit und Beherrſchbarkeit die Vorausſetzung
bildet. Iſt aber der Geiſt und ſeine logiſche Natur die Vorausſetzung aller Erfahrung und Erfahrungsbearbeitung, ſo iſt es doch
nichts Auffallendes, daß er außer ſeiner bloßen Geiſtigkeit und
ſeiner logiſchen Natur auch die anderen idealen Triebe als ſelbſtändige und unableitbare Anlagen in ſich enthalte, die ihm erſt
Inhalt und Leben geben. Dabei bleibt der Zuſammenſetzung durch
Entwickelung und Vererbung immer noch ihr berechtigter Spielraum. Man braucht dieſe zum Beiſpiel in J. St. Mills Three
essays on religion entwickelte Poſition nur ernſtlich durchzudenken,
um die ſchreiende Inkonſequenz zu entdecken und zu empfinden,
wie unableitbar hierbei die ideale Welt wird, auch wenn ſie wie
hier nur auf eine kühle, verſtändige Ethik der Geſamtwohlfahrt
reduziert wird. Aber auch ein großer Teil der unter uns verbreiteten
idealiſtiſchen Anſchauungen ſteht unſerer Auffaſſung entgegen.
Sie laſſen zwar jene Idealwelt in einheimiſchen Kräften des
Geiſtes, in idealen „Anlagen“ begründet ſein, betrachten ſie aber
als ein lediglich in der kauſalen Reihenfolge der Entwickelung aus
dieſen Anlagen herausgeſponnenes, entwickeltes und verwickeltes
Erzeugnis der Tätigkeit des Geiſtes ſelbſt. In der ſinnlichen
Sphäre ſtehen wir vor einem reinen Faktum, das dem Geiſt gegeben iſt, in der Idealwelt ſehen wir ſein eigenes Erzeugnis, das
er rein aus ſich, aus ſeinen eigenen keimhaften Anlagen in den
mancherlei Lagen vermöge einer ſtrengen pſychiſchen Kauſalität
gebildet hat. Und doch handelt es ſich hier nach der Ausſage
Aller um Erfahrung und Wahrnehmung unſinnlicher, vom Menſchen
unabhängiger, nicht dem Individuum, ſondern dem Geiſte überhaupt
geltender Geſetze, um Ideen, die bei aller Mitbeſtimmung durch

bie gegebene Lage und burch menfchliches Nachbenken unb An=
wenden boch an allen ihren großen Quellpunkten ohne Reflexion
unb Grübeln, ohne Ableitung unb berechenbare Notwendigkeit aus
ben Tiefen bes Lebens hervorbrechen, unb welche jeber fich auf
fie fammelnbe Menfch in feinem Innern wie eine zwingenbe,
von ihm unabhängige Wirklichkeit empfinbet, um eine Wechfel=
wirkung mit einer unfinnlichen Welt, bie in beftänbiger innerer
Bewegung uns trägt unb aus ben Tiefen unferes Lebens alle
großen Ueberzeugungen hervorbrechen läßt, um eine volle Analogie
mit ber finnlichen Wahrnehmung. Es genügt boch nicht, keim=
hafte Anlagen anzunehmen unb burch entwickelungsgefchichtliche
Kombination unb Erweiterung berfelben bie Ibealwelt entftehen
zu laffen, welche aus jenen kleinen Elementen für fich allein nicht
erklärbar ift, fonbern in fortwährenber Berührung unb Vertiefung
wahrhaft neue Impulfe erfährt; unb nimmt man einmal in ben
Keimen einen Zufammenhang mit einer ber Wirklichkeit zu Grunbe
liegenben Gefamtvernunft an, fo muß man bas wohl auch in ber
Fortentwickelung vermuten. In ber Verkennung biefes That=
beftanbes äußert fich m. E. eine fatale Folge kantifcher Theorien,
bie für Kant felbft auf bem Stanbpunkt feiner Freiheitslehre
weniger bemerkbar war, bie aber bei Weglaffung ober Umbilbung
biefer Freiheitslehre empfinblich hervortritt. Die Welt ber inneren
Erfahrung war ihm genau fo rein phänomenal wie bie ber äußeren
unb baher in gleicher Weife bem rein mechanifchen Kaufalitäts=
begriff unterworfen. Da es fich aber in ber Außenwelt immer
um räumliche unb bamit fubftanziell gebachte Körper hanbelt, fo
fchwanb hier ber Gebanke niemals, was biefen auf uns phäno=
menal wirkenben Körpern für eine transfubjektive Befchaffenheit
eignen möge. Die in ber inneren Erfahrung wirkenben Ibeen
aber finb unräumlich unb fubftanzlos, fie erfcheinen nur in kaufaler
Zeitfolge, unb fo trat hier bie Frage zurück, was in biefen Ibeen
als transfubjektive Wirklichkeit auf uns wirken möge. Sie blieben
bas in kaufaler Zeitfolge aus bem Subjekt herausgefponnene
Erzeugnis feiner Anlagen unb Verhältniffe. Die mit ber kanti=
fchen Theorie verbunbene abfolute Trennung von Wefen unb
Phänomenalität unb bie Auslieferung aller Phänomenalität, ber

äußeren wie der inneren, an ein mechaniſches Kauſalgeſetz hat
bei vielen zur Verkennung deſſen geführt, was den Menſchen in
lebendiger Wechſelbeziehung zeigt zu einer ihn umgebenden un=
ermeßlichen Wirklichkeit, einer ſinnlich und unſinnlich ihn umfaſſenden,
erzeugenden und tragenden Wirklichkeit.

Sehen wir ſo die Inhalte der Seele aus verſchiedenen
Sphären oder Momenten der Wirklichkeit herſtammen, ſo erſcheint
auch die gemeinſame pſychiſche Grundfunktion, die Verbindung
von Wahrnehmung und Gefühl, beidemale in verſchiedener Weiſe,
d. h. mit einer dem Gegenſtand entſprechenden Verſchiedenheit in
dem Verhältnis ihrer beiden Komponenten. In der ſinnlichen
Sphäre erſcheint ſie als ſinnliche Wahrnehmung und ſinnliches
Gefühl, wobei aber infolge der allgemeinen Gleichheit und Deut=
lichkeit der Wahrnehmung, ſowie der Unbeteiligtheit des tieferen
Weſens der Perſönlichkeit die begleitende Gefühlsreaktion ſehr
zurücktreten, leicht abgetrennt und bis zum bloßen Intereſſe an
der Richtigkeit der Wahrnehmung oder gar zur Unbewußtheit
herabſinken kann. Es handelt ſich daher hier um etwas vergleichs=
weiſe Objektives, vom Subjekt Abtrennbares, wie das ja auch in
den Naturwiſſenſchaften, die dieſe Sphäre wiſſenſchaftlich verarbeiten,
zu Tage tritt. In der unſinnlichen Sphäre hingegen handelt es
ſich um ideale Wahrnehmungen geiſtiger Wirklichkeiten und ideale
Wertgefühle mit den entſprechenden Willensantrieben, um In=
tuition und Enthuſiasmus, wie es in der halb mythologiſchen
Weiſe helleniſchen Denkens Platon ſo großartig gezeigt hat und
wie es ſeit ihm von einer langen Reihe von Forſchern und Denkern
immer wieder dargeſtellt worden iſt. Hier haben wir es
nicht zu tun mit einer dem inneren Weſenskern des Menſchen
fremden und unverſtändlichen, rein phänomenalen Naturwelt, ſon=
dern mit der ſeinem innerſten Weſen verſtändlichen, ſich ſelbſt
bejahenden, den ganzen unmittelbar empfindbaren Gehalt und Sinn
des Lebens ausmachenden Inhaltlichkeit des Geiſtes. Daher finden
wir dieſe Ideen trotz ihrem Zuge zur Allgemeinheit und Not=
wendigkeit doch überall in der engſten Beziehung zur perſönlichen
Individualität, in tiefſter Verflechtung mit dem Sehnen und
Streben des Subjektes, in unablösbarer Begleitung energiſcher,

den ganzen Menschen ergreifender Gefühle, in relativer Abhängigkeit von dem Eingehen und der Hingabe des Willens, der sich
für sie bilden und sammeln muß, sich ihrer Motivation stets von
neuem und immer hingebender unterstellen muß, wenn sie das
vielspältige und an der zerstreuenden Sinnenwelt herangewachsene
menschliche Wesen dauernd ergreifen sollen. Daher kommt die
scheinbare Undeutlichkeit und Ungleichheit der Ideen, die sich von
der Gleichheit und Deutlichkeit der sinnlichen Wahrnehmung so
scharf unterscheidet, daher ihre Berufung auf die von ihnen erweckten Wertgefühle und Willensimpulse. Der Zusammenhang
dieser Erkenntnis mit dem seinem Wesen nach der sittlichen Entwickelung unterstehenden Willen hat ferner die Folge, daß sie nur
in der sittlichen Entwickelung des menschlichen Geschlechtes und in
der persönlichen Einzelentwickelung allmählich wachsen können,
während die Wahrnehmung der Sinnenwelt im Prinzip immer
die gleiche ist. Das Anschauungsbild des Baumes untersteht einer
viel geringeren Entwickelung als die Idee der Liebe oder der Wahrhaftigkeit. Daher hat man versuchen können, diese Sphäre als
rein praktische oder als die der „Werturteile" zu bezeichnen und als
solche vollständig in sich abzuschließen, wobei man nur gern vergißt, daß diese praktischen Wertempfindungen sich immer auf eine
zuvor gegebene Idee beziehen müssen und daß sich diese Ideen-
welt nicht willkürlich abschließen läßt, sondern notwendig das
Denken auffordert, ihren verschiedenen Gestaltungen das richtige
Verhältnis unter sich und zu den sonstigen Tatsachen der Wirklichkeit auszufinden. Tatsächlich geraten diese verschiedenen Gestaltungen, wie sie verschiedenen Stufen und Arten angehören, oft
genug unter sich in lebhaften Kampf, und ebenso oft stoßen sie
mit einer erweiterten, zurückgebliebenen oder irregeleiteten Erkenntnis der Tatsachen in Natur und Geschichte hart zusammen. Aber
der Unterschied beider Erkenntnissphären ist allerdings von Be-
bentung. Können in der rein phänomenalen sinnlichen Sphäre
die Vorstellungen fast ganz abgetrennt werden von ihrer Gefühlsbegleitung und beruht ihre Evidenz eben auf dieser von aller subjektiven Gefühlsverschiedenheit ablösbaren Gleichheit und Deutlichkeit, so können die Ideen niemals von den sie begleitenden

Wertgefühlen und Willenserregungen abgelöst werden und beruht
ihre Evidenz nicht bloß auf ihrem Vorhandensein im Geiste überhaupt, sondern besonders auf ihrer den Geist erhebenden und
leitenden Macht, der man sich hingeben muß, wenn man die
Keime dieser Ideen nicht vertrocknen lassen will. Ihre praktische
Unentbehrlichkeit und ihre positiven Leistungen für das geistige
Leben sind ein Bestandteil ihrer Evidenz und die Grundlage zur
Bemessung ihres jeweiligen Wertes. Der Vorteil der leichter zu
erweisenden Evidenz in der ersten Sphäre gleicht sich für die
schwerer zu gewinnende, in persönlichem Durchleben erst voll zu
erarbeitende Evidenz der zweiten dadurch aus, daß wir es in
jener mit einer fremden, uns undurchdringlichen, rein faktischen
Phänomenalität, in dieser aber mit dem unmittelbar verständlichen
und unsern Daseinswert bestimmenden eigenen Leben des Geistes
selbst zu tun haben. Die weiteren Fragen nach dem genaueren
Verhältnis jeder Sphäre zu der ihnen entsprechenden transsubjek-
tiven Wirklichkeit und die nach dem mutmaßlichen Verhältnis dieser
beiden Wirklichkeiten zu einander, sowie schließlich die Frage nach
dem Verhältnis der in ersterer geltenden phänomenalen Kausalität
zu der ideellen Motivation des sich innerhalb gewisser Grenzen
selbst bestimmenden Willens, alles das können wir als philosophische Detailfragen hier bei Seite lassen. Hier interessiert uns
nur die Tatsache, daß die Religion nach ihrer unabänderlichen
Selbstaussage sich in dieses Gebiet der idealen oder unsinnlichen
Erkenntnis stellt und zunächst auch alle Eigentümlichkeiten dieser
Erkenntnisart zeigt. Daher haben auch Ethik, Aesthetik und Religionsphilosophie in fast allen Systemen seit Kant die parallelen
Disziplinen gebildet, in welchen der ideale Inhalt des geistigen
Lebens nach seiner Genesis und seinem Gehalte entfaltet wird.

Damit ist freilich die Sache nicht erledigt, vielmehr tritt erst
jetzt der Punkt heraus, der bei den meisten modernen Forschungen
über die Religion die Hauptschwierigkeiten dargeboten hat. Die
religiöse Intuition unterscheidet sich nämlich sehr wesentlich von
der ästhetischen und moralischen. Die beiden letzteren beziehen sich
auf Ordnungen und Gesetze, die als solche dem Geiste immanent
sind, die in ihrer spezifisch menschlichen Gestalt nur in die beson-

dere Form der menschlichen Geistesanlagen eingehen. Dagegen bezieht sich die Religion, wenigstens die naive und wirkliche Religion des täglichen Lebens, auf eine für sich seiende Wesenheit, auf etwas vom bloßen Prinzip des geistigen Lebens Unterschiedenes, etwas in sich Geschlossenes und irgendwie „Persönliches", das als unterschiedene Wesenheit dem frommen Subjekt gegenüber steht und in welchem jene Ordnungen und Gesetze nur Formen und Ausflüsse seines Wirkens sind. Es ist deutlich, daß der Glaube an eine solche Wesenheit — um bei den höheren Religionen stehen zu bleiben — eine Reihe von Schwierigkeiten bietet, die der an jene Ordnungen nicht enthält und in seiner konkreten Bestimmtheit über das unmittelbar Erfahrbare hinausgeht. Jene Ordnungen sind wenigstens bruchstückweise in tatsächlicher Herrschaft über die Wirklichkeit erkennbar und gehören unmittelbar zur eigensten Natur des Geistes, diese Wesenheit äußert sich als solche nirgends in der Wirklichkeit und ist mit soviel bestimmten Vorstellungen umkleidet, daß sie nicht als ein einfaches Datum der Seele angesehen werden kann. Jene wurzeln im Geiste überhaupt, gleichviel ob sie hier mehr und dort weniger zur Herrschaft gelangen, sie sind gegen das Individuum gleichgiltig; diese kann als Persönliches gegen das Persönliche nicht so gleichgiltig sein, sondern wird von jedem in einem speziellen Sinne auf sich bezogen. Jene können leicht als unendlich und völlig übermenschlich und doch ebenso leicht als des menschlichen Geistes eigene Natur gedacht werden; diese scheint bei jedem Versuch, mit ihrer Unendlichkeit Ernst zu machen, in unlösbare Schwierigkeiten und Widersprüche sich zu verwickeln und nur durch eine Art Zauberei in den Menschen hineinkommen zu können. Die hierin angezeigte Sonderstellung der religiösen Vorstellung hat sich immer in allen möglichen theologischen Schwierigkeiten geltend gemacht; sie wurde mit vollem Bewußtsein erfaßt, seit die allgemeine Wendung des Denkens und der Lebensstimmung zur Immanenz in den weitesten Kreisen sich durchgesetzt hat. Die Folge hiervon ist deutlich und liegt vor Augen. Man suchte die Religion zu reduzieren auf den Glauben an solche Ordnungen und Gesetze. Der in ihr liegende Glaube an einen unendlichen idealen Sinn des Daseins schien in der Erfahrung jener Ord-

nungen ſeinen feſten Kern zu haben. Die ganze klaſſiſche deutſche
Philoſophie hat ſich in irgend einem Grade dieſer Folgerung hin-
gegeben, auch auf das Denken der Theologen hat ſie großen Einfluß gehabt. Die Glaubenslehre von Strauß zieht ihr Ergebnis,
ſoweit das Chriſtentum in Frage kommt, und für viele faßt ſich
noch heute ihr Denken über die Religion in dieſe Ergebniſſe zuſammen. Sie ſind die Durchſchnittsanſicht idealiſtiſcher Denker
über die Religion, wie man z. B. bei Wundt ſehen kann. Die
„ethiſchen Modernen" unter den niederländiſchen Theologen haben
dieſe Anſicht auf den Gipfel geführt; ihre bekannteſte Vertretung
haben ſie in dem höchſt intereſſanten und lehrreichen, aber nach
ſeinem Ergebnis etwas dürftigen Werke von Rauwenhoff gefunden. Neukantiſche Philoſophen haben ihr eine von aller Spekulation und Metaphyſik unabhängige Geltung zu ſichern verſucht.
Natürlich war man damit zu einer Religion gelangt, die nur das
Wahrheitsmoment der naiven Religion ſein ſollte, die nicht die
wirkliche Religion iſt, ſondern ſein ſoll und werden wird. Man
mußte erklären, wie es zur wirklichen bisherigen Religion kam,
worin die relative Notwendigkeit ihrer bisherigen Geſtalt liegt.
Man hat das zunächſt aus der natürlichen Entwickelung des Vor-
ſtellens zu erklären verſucht, das bei ſeiner anfänglichen Gebundenheit an natürlich ſinnliche Bilder den idealen Sinn und Grund
der Welt, die ideale Grundeinheit des Geiſtes nur in vorſtellungs-
mäßiger und anthropomorpher Form zu faſſen mußte, das aber
im Fortſchritt zur reinen abſtrakten Erkenntnis begriffen ſei. Die
wirklichen Religionen haben in dieſer Roheit und Sinnlichkeit der
Vorſtellung ihren Grund, ſie drücken den in der Einzelvernunft
ſich aktualiſierenden Gehalt der Allvernunft nur inadäquat aus.
Es liegt aber auf der Hand, daß dieſe Erklärung günſtigſten
Falles das Phänomen nur zum Teil erklärt. Dieſes enthält einen
weit über die bloße vorſtellungsmäßige Verſinnlichung des idealen
Vernunftgeſetzes hinausgehenden Ueberſchuß. Es haftet an der
Vorſtellung einer für ſich ſeienden Weſenheit vor allem, weil nur
ſo eine lebendige Wechſelbeziehung zu jener Idealwelt möglich iſt
und nur ſo eine in dieſer Beziehung zu gewinnende Stärkung und
Erhebung des ſchwachen und endlichen Gemüts zu gewinnen iſt;

weil uur eine solche dem Beten und Flehen, dem Sehnen und Streben der von jener Idealwelt so entfernten Seele zugänglich ist. So kam man dazu, die Erklärung aus der praktischen Wurzel zu versuchen. Der Mensch hat das Bedürfnis, den idealen Ge- halt seines Wesens, ja überhaupt den Sinn und Zweck seines Lebens nicht in tobten, gleichgiltigen Gesetzen des Geistes über- haupt zu erkennen, sondern will sie als lebendige persönliche Mächte verehren, die ihm allen Sinn des Lebens persönlich verlebendigen und garantieren, und welche den schmerzlichen Abstand des indivi- duellen Zustandes vom Geistesideal zu überwinden im Staube sind, die ihn eben damit zugleich beschützen gegen die grausame Not des Lebens und den Unverstand der Natur. So sind die Götter aller Religionsstufen nur das personifizierte Ideal des menschlichen Geistes; so kommt es, daß die Gottheit überall nach dem Bilde des Menschen geschaffen ist. Es ist bekanntlich das Verdienst Feuerbachs, diesen oft gestreiften Gedanken systematisch durch- geführt und damit das Verständnis der Religion von dem Gebiet des Intellektuellen auf das des Praktischen übergeführt zu haben.

Diese Erklärungen heben das spezifisch Religiöse auf in den Glauben an die idealen Ordnungen des Daseins, wie er in ein- fachen Urdaten des menschlichen Gemütes begründet ist und als Glanbe nur bezeichnet wird, weil jene Ordnungen nur in teilweiser und nicht in voller Herrschaft über die Wirklichkeit erfahren werden. In der Tat hat dieser Glaube nahe Verwandtschaft mit dem religiösen Glauben, aber doch nur dann, wenn diese Ordnungen tatsächlich das den Menschen und die ihn umgebende Welt wirk- lich Beherrschende sind, wenn sie ihn als das leitende Gesetz und der Sinn der Gesamtwirklichkeit umgeben, in die er und seines- gleichen als Teilchen mitverfaßt sind. Ist dem aber so, dann enthält diese Auffassung immer noch einen verdünnten Rest der an- geblich wegerklärten und als primitive Täuschung erwiesenen Eigenart der Religion. Es ist ganz unmöglich, eine alles beherr- schende Ordnung ohne ordnende Vernunft, einen alles in sich tragenden Gedanken ohne denkendes Subjekt sich gegenüberzustellen. In der Tat sollen auch hier nur die Schwierigkeiten des gewöhn- lichen theistischen Gottesbegriffes aus logischen Gründen beseitigt

werden, aber in Wirklichkeit setzt doch das fromme Gemüt diese
Ordnungen, sowie es sich auf sie bezieht, immer in irgend einer
Weise als etwas von ihm selbst Unterschiedenes, über ihn Ueber-
greifendes, für sich Seiendes, wenn es sie auch nicht direkt anthro-
pomorph denkt, und es kann sich nicht enthalten, mit Sehnen und
Hoffen, demütiger Resignation und hingebender Bewunderung zu
dieser Allvernunft sich zu erheben, auch wenn es sie nicht durch
Bitten bestimmen zu wollen wagt.   Das hat Rümelin (Reden
und Aufsätze II) sehr fein gegen Strauß geltend gemacht.   Der
scharfsinnigste Bestreiter jedes selbständigen Inhalts der Religion
neben dem Erleben der Allgesetze, E. v. Hartmann, wird doch
überall, wo er von der Religion und nicht vom Gottesbegriff
redet, gezwungen, ganz und gar auf Sprache und Anschauungs-
weise der theistischen Frömmigkeit, d. h. der darüber hinaus in
Gott eine selbständige Wesenheit erfahrenden Frömmigkeit zu reden,
wie denn überhaupt zwischen seiner Beschreibung des „Heilsprozesses"
und seinen pessimistischen und monistischen Voraussetzungen eine
ungeheure Kluft besteht.   Das zeigt nur, daß der Glaube an solche
Ordnungen zwar dem religiösen Glauben eng verwandt ist und
ihn zu seiner Grundlage fordert, daß dieser aber immer noch einen
Ueberschuß über jenen enthält, eben die in der Selbstaussage der
Religion liegende Beziehung auf eine unendliche oder nach Maßgabe unseres Verständnisses unendliche Macht, in welcher Beziehung immer der praktische Charakter der Religion als Streben
nach einem höchsten Gut unausrottbar mitgesetzt ist.   Deshalb wird
auch von den Atheisten, welche durch keine eigene Theorie an dem
unbefangenen Verständnis des historischen Phänomens der Religion gehindert sind, jene Fassung der Religion immer nur als eine
äußerste Verdünnung, als ein letzter apologetischer Rettungsversuch
bezeichnet, der die charakteristische Eigentümlichkeit der Religion,
die praktische Selbstbeziehung auf eine lebendige Gottheit geopfert
habe oder zu opfern versuche, um den Glauben an eine ideale
uns umfangende Macht überhaupt zu retten.   Die Verschiedenheit
der Religion von einem solchen moralisch-ästhetischen Glauben wird
nun aber vollends dadurch ganz deutlich, daß ihre enge und un-
lösliche Verbindung mit solchem Glauben erst auf den höchsten

Stufen der religiöſen Entwickelung rein und ſcharf heraustritt, daß dagegen auf niederen Stufen der religiöſe Glaube gegen das eine oder das andere oder gegen beide zugleich völlig neutral ſein kann. Keine Kunſt der Analyſe kann in allem religiöſen Verhalten ein ihm zu Grunde liegendes Verhalten zum Guten oder zum Schönen erblicken, und wo beides mitenthalten iſt, da iſt es doch keines= wegs der ausſchließliche oder hauptſächliche Inhalt. Der Verſuch, das trotzdem nachzuweiſen, iſt die ſchwächſte Stelle der Religions= philoſophie Rauwenhoffs, und mit dieſem Verſuche iſt auch ſein ganzes Unternehmen geſcheitert. Dagegen fluden wir immer eine Beziehung auf eine überragende Macht, in deren Händen unſer Heil oder Unheil liegt, ein Verhängnis oder ein Schickſal, an welches unſer ſchwaches Leben gebunden iſt. Auch bei uns tritt, wo das Vertrauen auf die Gottesvorſtellung nicht wiſſenſchaftlich erſchüttert iſt, hinter und über allem Ethiſchen und Aeſthetiſchen eine Beziehung auf die Gottheit zu Tage, in der wir lediglich unſere Schwäche und unſer Elend mit Furcht und Zittern oder mit Hoffen und Zutrauen empfinden. So ergiebt ſich aus dieſen Verhandlungen als deutliches Reſultat, daß die Religion that= ſächlich und immer ein von der Erfahrung bloßer idealer Ordnungen unterſchiedenes Erlebnis iſt und ihren Schwerpunkt in dem hat, was ſie überall ſelbſt zu ſein behauptet, in der Beziehung auf eine übermenſchliche Weſenheit, in der der Sinn und das Schick= ſal unſeres Lebens beſchloſſen iſt. Es kann nur die Frage ſein, ob dieſe Selbſtausſage Vertrauen verdient oder ob ſie, und damit die Religion ſelbſt, eine irgendwie zu er= klärende Selbſttäuſchung iſt.

Es iſt begreiflich, daß die Erklärung der Religion als Illuſion da nicht rund und entſchloſſen unternommen werden kounte, wo man ſie mit dem Glauben an jene Ordnungen der Allvernunft zu vermiſchen unternahm. Wo aber dieſer Glaube reduziert wurde auf die bloße Ueberzeugung von Zielen und Idealen der menſchlichen Gattung, die keine Macht und keine Herrſchaft über die außermenſchliche Wirklichkeit haben, ſondern nur in jener ſelbſt exiſtieren, da war die Notwendigkeit gegeben, die Religion rein aus Illuſion zu erklären. Das war bei Feuerbach der

Fall, der die Hegel'ſche Allvernunft ſich nicht mehr als außer-
und übermenſchliche Weſenheit zu denken vermochte, ſondern ſie
nur im menſchlichen Subjekt entdecken konnte. Das iſt bei allen
dogmatiſchen und ſkeptiſchen Empiriſten der Fall, welche die Idealwelt nur im Menſchen zu finden wiſſen, von ihrer Herrſchaft über
die Natur nichts zu entdecken vermögen und daher deren Hypo-
ſtaſierung nur für reine Phantaſie erachten können. Sie müſſen
dieſe Idealwelt ſelbſt als ein Erzeugnis des Geiſtes erklären, das
ihm aus ſeinen Welterfahrungen erwächſt, und reduzieren ſie demgemäß auf das Ideal einer die möglichſte Einzelwohlfahrt garan-
tierenden Geſamtwohlfahrt. Hier iſt die Religion als der Glaube
an eine dieſe Ideale in ſich enthaltende, in der Welt durch-
ſetzende und dem Menſchen hierin ſein Heil gewährende Macht
natürlich Illuſion, und zwar bietet zur Erklärung dieſer Illuſion
gerade das charakteriſtiſche Merkmal der Religion, der Glaube
an Mächte und Hilfe, ſcheinbar das beſte Mittel. Die religiöſe
Illuſion ſetzt als weltbeherrſchende Wirklichkeit und als fördernde,
dem Menſchen zugängliche Macht gerade das, was er für ſich
erſtrebt und ſelbſt erarbeiten ſoll. Der unaustilgbare Wunſch,
nach Realiſirung ſeiner Ziele iſt der Urſprung der religiöſen Vorſtellung mit allem, was ſich an ſie anſchließt, und die Verſchiedenheit der Religionen erklärt ſich aus der Verſchiedenheit der Bedürfniſſe und Ideale. Die Religion iſt nicht, wie ſie es ſein will,
ein Urdatum des Bewußtſeins. Das kann an ſich nicht ſein, nicht
weil, wie Bender meint, bei einem ſolchen ſich beruhigen un-
wiſſenſchaftlich wäre, ſondern weil der mit einem ſolchen Urdatum
geſetzte Gedanke ein in ſich unmöglicher und aller Sinnenerfahrung
widerſprechender wäre. Sie muß ein Erzeugnis irriger Ver-
knüpfungen des Erfahrungsinhaltes ſein. Sie erweiſt ſich in der
Tat als eine Verbindung kindlich falſcher Naturerklärung und
durch Unluſtgefühle erregter Phantaſievorſtellungen, die nach
dem Bilde menſchlicher Kraft eine Abhilfe gegen die mannigfache
Unluſt des hinter ſeinen Wünſchen oder Idealen zurückbleibenden
Menſchen gewähren ſollen. Von hier aus iſt dann die Religionsgeſchichte auf dieſen Geſichtspunkt hin mannigfach bearbeitet worden.
Insbeſondere hat man einen außerordentlichen Fleiß auf die

älteften oder mutmaßlich älteften Religionsformen verwendet, in
denen natürlich biefer Urfprung der Religion am fchärfften hervor=
treten müßte. Da man nach der Theorie des revival and sur-
vival bei den fog. Wilden eine annähernde Erhaltung des Ur=
zuftandes annehmen zu dürfen glaubte, fo hat man ihnen befondere
Aufmerkfamkeit gefchenkt und fie ganz befonders für das Ver=
ftändnis der Religion herangezogen.

Obgleich biefe Theorien von ganz unhaltbaren philofophifchen
und metaphyfifchen Vorausfetzungen ausgehen, fo hat doch die
illufioniftifche Erklärung der Religion aus Wunfch und Bedürfnis
eine Reihe fehr wichtiger Beobachtungen zu Tage gefördert und vor
allem das religiöfe Phänomen in feinem Nerv, dem praktifchen
Charakter, gepackt. Und wer felbft einiges Gefühl für die Schwierig=
keit der Gottesvorftellung in jeder Geftalt und für ihren Wider=
fpruch gegen die brutale und fürchterliche Weltwirklichkeit hat,
wird fich von ihr mitunter angewandelt finden. Jedenfalls beherrfcht
fie im weiteften Umfang heute das Nachdenken über die Religion.

Nun muß man fich vor allem darüber klar fein, was für
ein ungeheurer Satz hiermit in pfychologifcher Hinficht ausgefprochen
ift. Ein in der uns zugänglichen Wirklichkeit immer an einer
vorausgehenden, überlieferten Vorftellung entftehendes und hieran
Ausgangspunkt und Halt findendes Phänomen foll urfprünglich
biefen Ausgangspunkt erft felbft erzeugt haben; jedes Bewußtfein
darum foll verfchwunden fein. Die Meinung der edelften und
hervorragendften Menfchen, daß jener Vorftellung ein Urdatum
des Bewußtfeins zu Grunde liege und daß die an der überlieferten
Vorftellung erwachende Frömmigkeit durch fie zur Erfahrung eben
biefes gleichen Urdatums geführt werde, foll Selbfttäufchung fein.
Die Religion beruht auf keinem inhaltlichen Urdatum des Bewußt=
feins, fondern ift ein fekundäres Produkt falfcher Verknüpfung,
die fich nur mit der Zeit zu dem Glauben an ein folches Urdatum
verfeftigt hat.

Der urfprüngliche pfychologifche Vorgang foll fich vollftändig
verkehrt haben. Als Folge kaufaler Beziehung und ftarker Ge=
fühle foll einft die Vorftellung entftanden fein, welche jetzt als
Träger und Grundlage aller Beziehungen fowohl wie aller von

ihr ausgehenden Gefühle erscheint. Es ist das nicht gerade unmöglich, aber es müssen sehr starke Gründe für die Wahrscheinlichkeit der Festwurzelung dieser Umkehrung aufgewiesen werden,
wenn sie glaublich erscheinen soll.

Vor allem ist festzustellen, daß kein ernsthafter Denker die
Religion rein und ausschließlich aus Wünschen entstanden meint.
Natürlich, denn eine rein willkürliche Wunschgestalt würde sich
kaum die kürzeste Zeit gehalten haben. Es mußte immer wie
heute die Vorstellung einer Macht vorangehen, an welcher Wünsche
und Bedürfnisse ihren gegebenen Rückhalt schon vorfanden. Man
hat solche Anhaltspunkte in der personifizierenden animistischen oder
mythologischen Naturbetrachtung, im Seelenglauben überhaupt und
in der Ahnenverehrung insbesondere zu finden geglaubt. Die
Anthropologen und Mythologen haben hierüber eine große Zahl
höchst interessanter Beobachtungen gemacht. Wir können hier
davon absehen, daß alles dieses nur Hypothesen über einen direkt
unerforschbaren Ursprung sind und daß bei all diesen Erscheinungen,
wo sie uns bekannt sind, der Gedanke des Göttlichen überhaupt
schon vorher vorhanden war, wir können ferner davon absehen,
daß die hiermit herangezogenen Religionsspuren keineswegs in
ihrem Sinne und ihrer inneren Meinung wirklich verstanden sind,
und daß auch ihre Stellung in der religiösen Entwickelung, namentlich bei den sog. Wilden, keineswegs sicher zu beurtheilen ist.
Mögen die Anfänge immerhin wenigstens ähnlich gewesen sein,
so haben wir in dieser unwillkürlichen Personifikation doch immer
die Vorstellung, an welche sich das religiöse Bedürfen erst angeschlossen hat, und hätten in diesen kindlichen Vorstellungen den
Anfang der nicht abreißenden geschichtlichen Tradition des Gottes-
glaubens, an welcher bei jedem immer und überall die Religion
erst erwacht. Diese nicht bewußt erschlossene, sondern unwillkürlich, mit unbewußter Notwendigkeit gebildete Vorstellung wäre der
Keim aller religiösen Ueberlieferung, in ihr wurzelte das historische
Prinzip der Religion, wie Fechner es in seiner vortrefflichen
Schrift über „Die drei Motive und Gründe des Glaubens" nennt.
Nun sind aber diese kindlichen Vorstellungen schon längst von einer
genaueren Naturkenntnis widerlegt worden und bis auf wenige

Reste verschwunden, jedenfalls in jeder höheren Religion ganz in den Hintergrund getreten. Wenn sich die Religion trotz dieser Verflüchtigung ihres nächsten Objektes gehalten hat, so kann der Grund nur darin liegen, daß entweder in der Entwickelung der Religionen das ihr die Objekte darbietende Kausaldenken fort= schreitet und zwar jetzt in bewußter Weise oder daß die einmal von der primitiven religiösen Vorstellung erregten Gefühle und Befriedigungen zu einer unwillkürlichen Umbildung der Götter= vorstellung geführt haben. Das erstere ist nach Ausweis der Tat= sachen nicht oder doch nur ganz sekundär der Fall; es tritt meist erst als nachträglicher Beweis auf. Die Theorie des eudämonisti= schen Illusionismus hat ja gerade darin ihren Vorzug, daß sie diese Klippe einer Erklärung aus Reflexion und Spekulation um= geht und der praktischen Unmittelbarkeit der Religion gerecht werden will. Es kann nur das Zweite der Fall sein. Es würde also die Behauptung der Religion auf Rechnung der Bedürfnis= gefühle kommen, wenn auch nicht ihr Ursprung; die Bedürfnisse würden sich an die überlieferte objektive Grundlage klammern und sie den fortgeschrittenen Verhältnissen unwillkürlich anpassen. Frei= lich darf man auch das unwahrscheinlich finden. Die allgemeine tatsächliche Herrschaft der Gottesvorstellungen, die abgesehen von einzelnen philosophischen Individuen eine vollständige ist, läßt sich doch schwer aus den bloßen Nachwirkungen animistischen Denkens und der Belebung und Umwandelung dieser Reste durch über= mächtige Wünsche erklären. Man wird vermuten dürfen, daß schon in der unwillkürlichen Notwendigkeit der ersten Entstehung religiöser Vorstellungen etwas anderes mit im Spiele war als die bloße Kindlichkeit der Naturauffassung und daß dieses andere mit derselben unwillkürlichen Notwendigkeit in der weiteren Behaup= tung der religiösen Vorstellungen wirksam ist. Wenn man dann aber jener Theorie damit zu Hilfe kommen wollte, daß man in allen religiösen Vorstellungen ein fortdauerndes und sich stets ver= tiefendes Element unwillkürlicher Annahme irgend einer kausalen Macht anerkännte, dann wäre gerade in der religiösen Vorstellung eine unabgeleitete, nicht aus Schlüssen hervorgehende, sondern Schlüsse erst veranlassende Idee eines Unbedingten anerkannt.

Man käme dann zur Anerkennung dessen, was Schleiermacher das absolute Abhängigkeitsgefühl nannte, und würde hierin den dauernden und zuvor gegebenen Grund aller weiteren religiösen Gefühle anerkennen müssen.

Aber halten wir uns einmal an diese Bedürfnisse, von denen man dann freilich nicht sagen kann, daß sie den Gottesglauben erzeugten, sondern daß sie ihn am Leben erhielten und vertieften, so müssen wir doch bekennen, daß mit der Hervorhebung dieses Faktors oder des praktischen Prinzips, wie es Fechner nennt, noch nicht allzuviel entschieden ist. Diese Bedürfnisse sind fast durchaus allgemeine und unausrottbare, sie sind in dem idealen Zuge der menschlichen Seele begründet, die nicht bloß Stillung des Hungers und Durstes, Schutz vor Wetter und Feinden, sondern vor allem Autorität und übermenschliche Grundlage für ihren idealen Besitz, einen Sinn des Lebens und der Welt begehrt. Die Befriedigung dieser Bedürfnisse durch die Religion ist daher auch stets das Hauptargument aller Gläubigen gewesen. Wenn man dem gegenüber auf die mancherlei Hemmungen durch die Religion, ihre grausame Intoleranz und ihre fortschrittsfeindliche Beharrlichkeit hinweist, so sind diese Schädigungen, wie auch Mill anerkennt, nicht notwendig mit ihr verknüpft. Zeller weist darauf hin, daß man dasselbe auch von dem Staat und dem Rechte sagen könnte. Die Unentbehrlichkeit der ächten religiösen Postulate ist von Zeller und Fechner lebendig geschildert worden. Siebeck führt einen ausführlichen, vortrefflichen Nachweis, wie in ihnen die innerweltliche, an sich immer unbefriedigende Wirklichkeit durch unentbehrliche Güter der Ueberweltlichkeit ergänzt und erst zu einer menschenwürdigen wird. Mill hat mit dem charakteristischen Gleichmut des empiristischen Engländers den Nutzen der Religion untersucht, wie man etwa den Nutzen des Repetirgewehrs für die Armee oder der Carbolsäure für die Medizin untersucht, und hat dabei zwar ihren Nutzen zur Autorisation des Sittlichen, ihre Bedeutung für Erziehung und Sitte ganz erheblich unterschätzt, aber auf die in ihr dem Individuum gegebene Gewißheit von einem Sinn und einem idealen Ziel der menschlichen Gattungsarbeit glaubte auch er nicht verzichten zu können, und eine Religion,

welche das leiſte, glaubte er auch von ſeinem Standpunkt aus
anſtreben zu müſſen. Religion in dieſem Sinne halten auch Comte,
Feuerbach und Jobl für unentbehrlich. Aber das iſt nur die
äußerſte Verdünnung des religiöſen Bedürfniſſes; wo es un=
gebrochen zur Geltung kommt, poſtulirt es gerade die Befaſſung
der irdiſch=menſchlichen Welt in einer höheren Macht, die eine
Erreichung dieſer Ziele in der Welt erſt möglich macht, da durch
ſie auch die außermenſchliche Welt einem vernünftigen Sinne unter=
ſteht. Sollte nun ein ſo allgemeines, ſo unaustilgbares und mit
dem Wesenskern des Menſchen ſo eng verbundenes Bedürfnis nicht
auch etwas ganz Normales ſein, und ſollten die Vorſtellungen,
in denen es zur Ruhe kommt, der Wahrheit der Dinge nicht
ebenſo nahe kommen, wie jene Bedürfniſſe dem innerſten Zuge
der menſchlichen Seele entſtammen? In der Tat, es können nicht
beliebige, zufällige und vorübergehende Wünſche ſein, auf denen
ein ſo allgemeines, ſo zähes, immer neu ſich belebendes Phänomen
beruht wie die Religion. Sind aber jene Bedürfniſſe notwendige
Forderungen des menſchlichen Weſens, ſo ſind ſie doch viel eher
als Weg zur Wahrheit denn als Weg zur Illuſion zu bezeichnen,
wenn wir uns nicht überhaupt der troſtloſen Anſicht von der
Sinnloſigkeit der Welt anſchließen wollen. Erwägungen dieſer
Art haben daher auch bei einer ganzen Reihe kritiſcher Denker ſich
geltend gemacht. Albert Lange iſt vielen ein Vorbild geworden,
auf dieſe Weiſe an irgend etwas der menſchlichen Sehnſucht Ent=
ſprechendes zu glauben. Der feinfühlige, die ganze Poeſie und
Herrlichkeit der Religionen ſo tief empfindende Renan hat ſo
ſeinen ſkeptiſchen Neigungen ein Gegengewicht gegeben. Mit
eleganter Leichtigkeit hat Bender von hier aus Weſen und Wahr=
heit der Religion konſtruiert, beſonnener und ernſthafter Th. Ziegler.
Unter den Theologen haben Ritſchl, Kaftan und Lipſius dieſen
Weg beſchritten, wenn ſie ihn dann auch wieder durch die Idee
einer Offenbarung durchkreuzt haben, welche die beiden erſteren
freilich auf das Chriſtentum beſchränken. In freier Anlehnung
an dieſe Theologie entwickelt Siebeck den Grundgedanken ſeiner
Religionsphiloſophie, freilich ohne eine derartige Iſolierung des
Chriſtentums.

Indessen ist diese Theorie der Postulate doch sehr merk=
würdig. Darnach wären wir genötigt, aus tiefstem Triebe unseres
Wesens die Vorstellung einer alles in sich tragenden Allvernunft
zu bilden, welche alle Eigenschaften hat, direkt und unmittelbar
in dem endlichen Geiste sich zu offenbaren, die es aber vorzieht,
sich bloß von ihm erschließen und postulieren zu lassen, so
daß die Menschen es niemals unmittelbar mit ihr selbst, sondern
nur mit einer von ihnen erschlossenen Vorstellung über sie zu tun
hätten. Wer die Postulatentheorie nicht bloß oberflächlich einmal
streift, sondern mit ihr Ernst macht, wird über diesen seltsamen
Umweg staunen. In der Tat ist die ganze Postulatentheorie
überaus einseitig und kurzsichtig. Die Hauptfrage ist dabei ver=
gessen. Sind die religiösen Bedürfnisse wirklich solche, welche an
der natürlichen und geschichtlichen Wirklichkeit als solcher entstehen
und den Glauben an übermenschliche Mächte zum religiösen Glauben
machen und fortbilden können, oder sind umgekehrt jene religiösen
Bedürfnisse in ihrem letzten Kerne aus der bloßen Weltlage, aus
dem bloßen Kampf mit der Natur und der bloßen Bildung so=
zialer Gemeinschaften gar nicht erklärbar? Sind sie nicht Bedürf=
nisse nach etwas, das man erst erfahren haben muß, um es zu
bedürfen, sind sie nicht etwa begründet in einer irgendwie ge=
arteten Erfahrung von dem Objekte, das den Gedanken an einen
letzten idealen und unendlichen Sinn des Daseins erst erweckt und
im Kampfe mit den widerstrebenden Trieben der Selbstsucht, der
Sinnlichkeit und des Eigenwillens den besseren Teil des mensch=
lichen Willens mit immer neuen Kräften an sich zieht? Man darf
hier doch nicht bloß an barbarische Kultakte und Zauberformeln,
an Wettermacher und Wahrsager, Fetische und Amulette denken,
bei denen man nie weiß, wie weit sie den pathologischen Er=
scheinungen der Religion angehören und bei denen man nicht in
die Seelen der Frommen hineinblickt, sondern an unser eigenes
Erwachen zur Frömmigkeit und an diejenigen Stimmungen, die
sich erst in einer entwickelten Litteratur tiefer und zarter aussprechen.
Es ist doch die reine Oberflächlichkeit, in dem religiösen Ideal
nur das Kulturideal erblicken zu wollen. Was der Fromme sucht,
ist vor allem ein Grund und eine Wurzel seiner Existenz, damit

er nicht allein ſei in einem grauenvollen Wirrwarr aller möglichen
Dinge, eine Gewißheit über den Sinn und die Vernunft ſeines
und des Geſamtlebens, eine Gemeinſchaft mit der Quelle alles
Lebens, in der ſeine von allem bloßen Weltleben ſchließlich nicht
zu befriedigende innerſte Sehnſucht zur Ruhe komme. Daß da,
wo der Glaube an eine ſolche Macht beſteht, auch alles Kultur=
leben mit ſeinen Wünſchen und Bedürfniſſen, ſeinen Nöten und
Hemmungen auf ſie bezogen wird, iſt natürlich. Aber jeder tiefe
und energiſche Glaube ſteht nachweislich überall in einer gewiſſen
Spannung gegen die Kultur, nicht weil er aus Verzweifelung an
eigener Kraft die Verwirklichung ihrer Ziele ſelbſt unterläßt und
der Hilfe der Götter zuſchiebt, ſondern weil er überhaupt etwas
anderes und höheres will. Auch die ethiſchen Güter der Religion
beſtehen nicht in einer bloßen Garantie für Durchführbarkeit der
univerſellen ſittlichen Menſchheitsgemeinſchaft oder in unmittelbarer
Hilfe zur Erreichung dieſes Ziels in dem einen oder dem anderen
Leben, ſondern in der Durchleuchtung und Durchdringung des
ganzen Menſchen mit dem Urquell des Guten ſelbſt, in welcher
der letzte Zweck alles Sittlichen, die Reinheit des Herzens und
die Seligkeit der Liebe alles Geiſtigen zu einander, erfahren wird.
Daher erkennt auch Siebeck einen „beſtimmten Faden innerhalb
des Geflechtes an, welches den hiſtoriſchen Entwickelungsprozeß
der Kultur ausmacht, einen ſolchen nämlich, in deſſen Daſein und
Fortſpinnen der Zuſammenhang des Weltlaufes mit einer über=
weltlichen Wirklichkeit ſich innerhalb der Menſchenwelt in der für
die Menſchen möglichen und notwendigen Weiſe des Hervortretens
und des Ausdruckes kundgebe.“ Wenn Bender und Kaftan her=
vorheben, daß die Gottesvorſtellung meiſt direkt den religiöſen
Gütern entſpreche, ſo ſagt das doch ebenſogut, daß das religiöſe
Bedürfen von dieſer Gottesvorſtellung erregt ſei, als es das um=
gelehrte beſagen kann. Dieſe Frage iſt jedesmal nach den geſchicht=
lichen Tatbeſtänden zu entſcheiden und dieſe letzteren zeigen keines=
wegs eine durchgängige Abhängigkeit der Religion von den Kultur=
fortſchritten. Die Naturreligionen halten trotz allem Bedürfnis die
Völker im Banne der Natur feſt, und wenn ſie ſich zum ſpiritua=
liſtiſchen Pantheismus ſublimiert haben. Die chriſtliche Welt der

Innerlichkeit und des Gemütes iſt erſt von der chriſtlichen Gottes=
idee geſchaffen worden. Es iſt allerdings richtig, daß Gottesidee
und religiöſe Güter beide an gewiſſe Stufen der geiſtigen Ent=
wickelung gemeinſam gebunden ſind und daß deshalb im Allgemeinen
die geiſtige und religiöſe Entwickelung parallel gehen. Aber hierbei
iſt die Gottesvorſtellung nicht ſowohl an die Gütervorſtellung als
an den Bewußtſeinszuſtand überhaupt gebunden; über die bloßen
Kulturgüter geht ſie immer noch mit einem gewiſſen Ueberſchuß
hinaus. Es iſt ferner ganz richtig, wenn man daran erinnert,
daß das Bewußtſein der Grenzen der Kraft und die Erfahrungen
der Not die Religion mehr als etwas anderes beleben, daß die
Not beten lehre. Aber beten heißt nicht Gott erfinden, ſondern
zu einer Macht ſich zurückwenden, der man im Alltagstreiben nur
zu leicht ſich entzieht. Die Not lehrt den Menſchen um Abhilfe
bitten, aber dadurch allein hat ſie noch nie eine Frömmigkeit ver=
tieft und belebt, ſondern nur dadurch, daß ſie den Menſchen zu
ſich ſelbſt rief und in ſein Inneres einzukehren nötigte.

Finden wir ſo in der Analyſe des religiöſen Bedürfniſſes
immer ein Objektives mitgeſetzt, von dem es ausgeht, ſo beſtätigt
ſich das auch noch nach anderen Seiten. Dem religiöſen Wunſche
wird ſeine Erfüllung durch das Phantaſiebild einer dazu fähigen
Macht gewährt. Dieſes Phantaſiebild muß natürlich aus der Er=
fahrung genommen ſein, und es iſt ſelbſtverſtändlich, daß es nur
dem Vorbild des Menſchen entnommen ſein kann. Nun haben
aber alle Religionen, denen wir etwas tiefer in das Herz ſehen
können, in dieſer Vorſtellung einer übermenſchlichen, aber
menſchenähnlichen Macht doch immer noch einen tieferen Kern,
die Ahnung oder die beſtimmte Ausſage eines Unendlichen, Un=
bedingten oder, wie man es genannt hat, eines Abſoluten. Das
aber iſt nicht von uns der Wirklichkeit entnommen und von der
Phantaſie dem Wunſch geliehen, ſondern iſt ein unwillkürliches
in allem religiöſen Gefühl mitgeſetztes Urdatum des Bewußtſeins,
das ſich freilich nur unter beſtimmten Umſtänden fühlbar geltend
macht. Daher hat auch Feuerbach in ſeinem „Weſen des Chriſten=
tums“ zur Erklärung dieſes Charakters des religiöſen Objektes.
aufs ſchärfſte betont, daß das Ideal der menſchlichen Gattungs=

vernunft eben etwas Abſolutes und Unendliches ſei. Aber dieſer
abſurde Gedanke erklärt ſich bei Feuerbach daraus, daß er
von der Hegel'ſchen Vernunft herkam, deren Subjektloſigkeit mit
Recht anſtößig fand und ſie einfach auf das menſchliche Subjekt
beſchränkte. Wenn man den Menſchen zuvor zum Gott macht,
iſt es keine Kunſt, Gott zum Menſchen zu machen. Die modernen
Poſitiviſten und Empiriſten machen freilich weniger Federleſens
mit der im religiöſen Objekt enthaltenen Idee des Unendlichen.
J. St. Mill beachtet dieſes Element in der Gottesvorſtellung
gar nicht und beſchäftigt ſich nur mit der anthropomorphen Gottesvorſtellung des gemeinſten Supranaturalismus, wie er in der
deiſtiſch-utilitariſchen Dogmatik Paleys einen für England ſo
charakteriſtiſchen Ausdruck gefunden hatte. Weil es in der Erfahrung nicht vorkommt, gilt es ihnen als nicht vorhanden und jene
Idee ſelbſt als eine Täuſchung. Es iſt ihnen aber noch niemals gelungen, die Entſtehung jener Idee von irgend etwas abzuleiten,
auch wenn man etwa den Glauben an ihre praktiſche Bedeutung
für uns auf eudämoniſtiſche Illuſion zurückführen könnte. Hier
kommt vielmehr nur die Schwäche jedes rein empiriſtiſchen oder
phänomenaliſtiſchen Standpunktes zum Ausdruck. Dazu kommt
nun noch ein mit dem bisherigen eng zuſammenhängender zweiter
Umſtand. Das religiöſe Gefühl erſchöpft ſich keineswegs in der
Luſt über die durch die Gottesvorſtellung anticipierte Befriedigung
ſeiner Bedürfniſſe, in dem Genuß des religiöſen Gutes und in
der Sehnſucht nach ihm. Die Götter ſind keineswegs bloß die
freundlichen Spender alles Begehrten und Unentbehrlichen. Es
tritt vielmehr das ganz entgegengeſetzte Gefühl der Furcht, namentlich auf niederen Religionsſtufen, viel mehr hervor und auch auf
allen höheren iſt bei ernſter Frömmigkeit die Hoffnung und die
Sehnſucht immer überwogen von der Ehrfurcht. Das iſt noch
nicht ohne weiteres eine Widerlegung des Illuſionismus, wie
Holſten meinte, aber doch der reinen Wunſchtheorie, und ein
ſchlagender Beweis der an ſich ſelbſtverſtändlichen Tatſache, daß
vor allem Wünſchen und Begehren eine ſelbſtändige und ſtarke Vorſtellung übermenſchlicher Mächte vorhanden ſein mußte. Daher
hat auch Feuerbach in ſeiner materialiſtiſchen Periode, in ſeinem

„Weſen der Religion", als er den Glauben an die Unendlichkeit
und Göttlichkeit der Subjektivität in der menſchlichen Gattung
aufgegeben hatte, das objektive Element der Religion in den von
der Natur und ihren großen Gewalten ausgehenden ſchreckens=
vollen Eindrücken geſucht. Hierin wurzele der Glaube an über=
menſchliche Mächte, und der Eudämonismus des Wunſches knüpfe
hieran zunächſt nur in der Form an, daß es ſich um Abwehr
des Grolls und Zornes, der Furchtbarkeit und Laune der Götter
handle, bis die erſtarkte Sehnſucht die Schreckensgötter in freund=
liche Erfüller menſchlicher Wünſche verwandelt habe. Aber die
hiermit für den Anfang anerkannte Priorität der Vorſtellung
göttlicher Mächte findet doch ebenſo noch heute ſtatt, wo zwar
nicht eine unberechenbar ſchreckliche und launiſche, aber doch un=
ermeßliche, alles menſchliche überſteigende, unendliche Macht den
Beziehungspunkt alles menſchlichen Sehnens und Bedürfens dar=
bietet. Das erſte Gefühl, das ſie erweckt, iſt Ehrfurcht und Er=
gebung, wie denn auch die Ehrfurcht der Grundbegriff der
Religionsphiloſophie iſt, die Goethe in der wunderlichen pädago=
giſchen Provinz ſeiner Wanderjahre entwickelt. Die Furcht vor
eingebildeten Geſpenſtern würde niemals das Phänomen der Re=
ligion hervorgebracht oder bis auf heute vererbt haben, wenn nicht
in jener Furcht etwas ſteckte, was über die Vorſtellung ſolcher
Geſpenſter hinausgeht und ſich in anderen Formen weiter ent=
wickelt hätte. Feuerbach erkennt das an und ſucht es damit zu
erklären, daß er in jener Ehrfurcht die unwillkürliche und als
Poeſie unvermeidliche Perſonifikation des Allzuſammenhanges der
Natur enthalten glaubt, die uns von allen Seiten in Freud und
Leid bedingt. Aber hiermit iſt der Gedanke eines Unbedingten
und Unendlichen nur möglichſt abgeſchwächt und bei Seite ge=
ſchoben, aber nicht erklärt und abgeleitet. Er bleibt auch ſo immer
noch ein Erreger religiöſer Stimmungen und Gefühle. Die poeſie=
loſen Empiriſten vollends, welche die Seele nur als ein Bündel
von Bewußtſeinserſcheinungen und die Welt nur als ein ebenſo
zuſammenhangsloſes Bündel von Phänomenen dieſer Seele kennen,
haben mit der Idee einer Einheit auch die eines Unendlichen ver=
loren und kennen daher auch in der Religion nichts als den ge=

meinſten anthropomorphen Eudämonismus, der freilich einigermaßen aus urſprünglichen Furchtvorſtellungen ableitbar iſt, der
aber nicht das ganze wirkliche Phänomen der Religion in ſich
enthält.

Die illuſioniſtiſche Erklärung führt ſo die Theorie einer Umkehrung des urſprünglichen pſychologiſchen Grundverhältniſſes in
der Religion gar nicht wirklich durch. Sie muß ſelbſt als Ausgangspunkt eine unwillkürliche Vorſtellung von lebendigen Mächten
anſetzen, an welche ſich zunächſt Furchtempfindungen anknüpften
und Verſuche, das zu Fürchtende abzuwenden. Erſt hieraus konnte
der religiöſe Eudämonismus entſtehen. Aber auch deſſen Behauptung wäre nicht denkbar, wenn nicht eine fortlaufende unwillkürliche Vorſtellung, die dem Menſchen eine ſich immer mehr zuſammen-
faſſende, herrſchende und urſächliche Macht zeigt, ihm Aufmunterung
und Anhaltspunkte darböte. Damit iſt zur Erklärung des religiöſen
Phänomens überall eine unwillkürliche Vorſtellung vorausgeſetzt.
Als reine Wunſchvorſtellung, die nur von dem erſten animiſtiſchen
Geiſterglauben einmal in Bewegung geſetzt worden wäre, würde
ſie ſich nie behauptet haben. Bender konſtruirt zwar, um die
Behauptung einer ſolchen Wunſchvorſtellung zu erklären, ein allgemeines pſychologiſches Geſetz, das an der Grenze des Könnens
eine helfende Macht zu poſtulieren zwinge. Aber das iſt einer der
ſkrupelloſeſten Mißbräuche des viel mißbrauchten Wortes und
lediglich eine Verdeckung der Unmöglichkeit, die Dauer und Allgemeinheit der Religion von hier aus zu erklären. Da iſt die Behauptung der radikalen Illuſioniſten viel konſequenter, die in der
Religion dann auch einen leicht zu beſeitigenden egoiſtiſchen Irr-
wahn ſehen. Aber eben die Leichtigkeit ſeiner Beſeitigung macht
es ihnen ſo ſchwer, die Dauer und Macht des Phänomens begreiflich zu machen, ſo daß ſie immer zum reinen Wunſche eine
unwillkürliche Vorſtellungsbildung zu Hilfe nehmen müſſen. In
dieſer Unwillkürlichkeit der Vorſtellungsbildung ſteckt nun aber der
Kern des Problems.

Dieſe vorausgehende Unwillkürlichkeit der Vorſtellungsbildung,
die in ihrer Verbindung mit Gefühlserregung und Willensbeſtim-
mung das religiöſe Phänomen darſtellt, bildet die Grundlage der

Erklärungstheorie, welche Zeller in seiner schönen Abhandlung
über „Ursprung und Wesen der Religion" entwickelt (Vorträge und
Abhandl. II). Die Religion ist aus beidem gleichmäßig zu er=
klären, aus der Bildung der Vorstellungen über letzte Ursachen
und aus dem Bedürfen und Sehnen des menschlichen Herzens.
Das letztere findet in jenem Ausgangspunkt und Halt, das erstere
in diesem Wärme, Lebendigkeit und Kraft. Beides ist zugleich so
tief und unwiderstehlich in der menschlichen Natur begründet, daß
hieraus nicht die Konsequenz des Illusionismus gezogen werden
kann, sondern nur die Forderung einer fortschreitenden Vertiefung
und Reinigung, die alle Unvollkommenheiten der ursprünglichen
Formen immer mehr abstreift. Diese Theorie zieht das Ergebnis
der Verhandlungen, welche die spekulative und die illusionistische
Erklärung der Religion hervorgerufen hatten, und kehrt auf Grund
einer unbefangenen Würdigung des Tatbestandes zu dem Glauben
an die Wahrheit der Religion zurück, die zu tiefe und notwendige
Wurzeln hat, zu allgemein und unentbehrlich ist, um als Anfangs=
gestalt der Spekulation oder als vom Wunsche festgehaltener Irr=
wahn erklärt werden zu können. Allein auch sie bleibt bei der
Anschauung stehen, welche die Religion rein als menschliches Er=
zeugnis zu erklären versucht und sie aus der Welterfahrung durch
Schlüsse und Postulate nach und nach über der gemeinen Wirk=
lichkeit der Dinge sich erbauen läßt. Sie führt die Vorstellungs=
bildung auf das rohe unbewußte und allmählich sich läuternde
Kausaldenken zurück, das zuerst in roher Personifikation der Natur=
erscheinungen, dann nach Gewinnung des Begriffes einer Seele
in einem geistigeren Animismus und Spiritismus sich betätigt,
von da zur Zusammenfassung einzelner natürlicher und geistiger
Wirklichkeitsgebiete unter die Begriffe unkörperlicher, verursachender
Mächte fortschreitet und zuletzt zur Idee einer einheitlichen, alles
Geistige und Natürliche gleich beherrschenden Energie sich erhebt.
An diese Vorstellungen schließen sich erst rohe und äußerliche Ge=
fühle der Furcht und Hoffnung und die entsprechenden Kulthand=
lungen an, dann die Befriedigung geistigerer und sittlicherer Be=
dürfnisse und moralische Gebote, schließlich die Seligkeit eines
mit dem Sinn und Willen der Allvernunft einigen und hieran für

Leben und Handeln sich stärkenden Gemütes. Wie das erste dem notwendigen und völlig berechtigten Zuge des Denkens entstammt, so ist das zweite die Befriedigung des tiefsten und wahrsten Lebensbedürfnisses, beides somit eine zunehmende Annäherung an die Wahrheit, aber beides eben damit zugleich ein rein menschliches Erzeugnis, eine Verarbeitung der Erfahrung, die roh und barbarisch beginnend zur höchsten und reinsten Klarheit und Seligkeit führt. Ganz ähnlich ist der Gedankengang des Religionshistorikers der freien Brüsseler Universität, Goblet d'Alviella, dessen Hibbert= Lektures l'Idee de Dieu d'après l'anthropologie et l'histoire eine vorzügliche Zusammenfassung des gegenwärtigen Standes religions= geschichtlicher Studien sind. Das Ganze ist eine Widerlegung des Illusionismus, aber doch keine Bestätigung der Selbstaussage der Religion, die vielmehr auch hier bloß teils auf der Unwillkürlich= keit des Denkaktes, teils auf der Ueberspringung des Mittelgliedes beruht, mit der ein durch Vererbung und Tradition gefestigtes als unmittelbar eigenes Erlebnis angeeignet wird. Allein bei dieser ganzen Theorie ist die auch von Zeller anerkannte Unwillkürlich= keit der Vorstellungsbildung nicht zu ihrem vollen Rechte gekommen. Der historische Vorgang, der ihm als Muster bei seiner Theorie vorschwebte, ist dem Geschichtsschreiber der griechischen Philosophie die Entstehung des Monotheismus der griechischen Philosophen. Aber nur diese Art von Monotheismus ruht auf Reflexion, ganz ähnlich wie die philosophische Religiosität der Gegenwart. Dagegen alles, was diesem Monotheismus vorangeht, die. ganze Natur= personifikation, die animistische Geisterverehrung, die Befassung ganzer Naturgebiete unter göttliche Wesenheiten, die Entsinnlichung und Vergeistigung der Gottheit auf Grund der Scheidung zwischen Leib und Seele, alles das vollzieht sich vollständig unwillkürlich, ohne jede bemerkbare Reflexion, und erzeugt demgemäß wirkliche Religion. Erst später hat die Reflexion den Grund dieser verschie= denen Naturgottheiten im inneren Wesen der Natur selbst gesucht Ganz ähnlich ging die Entwickelung des Monotheismus in Indien von statten, der dort ebenfalls Philosophie und nicht Religion war und ist. Derjenige Monotheismus aber, welcher allein zur Volks= religion geworden ist, der der israelitischen Propheten, ist ohne jede

Kauſalreflexion allein aus dem Eindruck der Unvergänglichkeit des
ſittlichen Geſetzes gegenüber allen partikularen, ſcheinbar noch ſo
ſiegreichen Volksreligionen entſtanden, wie das Kuenen, Smend
und Wellhauſen ſo ſchön geſchildert haben. Es iſt doch auch
nicht ſo ganz leicht und einfach, die Ausſagen aller Frommen von
einer direkten und wirklichen Beziehung auf Gott als bloße aus
der Ueberſpringung der hiſtoriſchen Mittelglieder entſtandene Selbſt=
täuſchung zu erweiſen. Das iſt mit der Verabſolutierung irgend
einer augenblicklichen Religionsform und mit der einfachen Zurück=
führung derſelben auf eine göttliche Lehroffenbarung zweifellos der
Fall. Aber bei dem einfachen frommen Erlebnis der Gottesgemein=
ſchaft iſt es doch ſchwer gegen den Einſpruch aller Frommen zu
behaupten. Die Verweiſe auf ähnliche Selbſttäuſchungen, wie
etwa die vorkopernikaniſche Anſchauung von der Sonne, beziehen
ſich doch auf ganz andersartige Dinge. Ferner hat die Unwill=
kürlichkeit jener Annahme urſächlicher Mächte doch nicht ſowohl
darin ihren Grund, daß die Reflexion unbewußt bleibt, als darin,
daß das Erſchloſſene ſchon vor dem Schluß da war, die Ahnung
oder der Trieb nach einem Uebermenſchlichen und Unbedingten vor
der Anknüpfung an beſtimmte Erſcheinungen. Es iſt auch hier
das Denken nicht produktiv. Es vermittelt nur die Anknüpfung
der Ahnung eines Göttlichen an die Wirklichkeit und kann eben
deswegen ſo völlig unwillkürlich und unbewußt ſich vollziehen, da
es nur ein Gegebenes zu einem anderen Gegebenen in ein Ver=
hältnis brachte. Zeigte ſich im bisherigen die Unterſchätzung der
Unmittelbarkeit und Unwillkürlichkeit der religiöſen Vorſtellungs=
bildung, ſo kommt andererſeits bei den von jener Vorſtellung er=
regten und befriedigten Bedürfnisgefühlen der Unterſchied der nicht
an der Sinnenwelt und der ſozialen Sittlichkeit allein entſtehenden
religiöſen Güter von den Kulturgütern nicht zu ſeinem Recht.
Davon war ſchon oben die Rede. Der auch von Zeller ſcharf
hervorgehobene allgemeine Parallelismus der geiſtigen Geſamt=
entwickelung und der religiöſen Entwickelung beweiſt keineswegs
die Identität beider, ſondern nur die Gebundenheit der religiöſen
Erfahrung an die von der allgemeinen Geiſtesſtufe dargebotenen
Medien. Innerhalb der hiermit gezogenen Grenzen kann aber das

verschiedenartigste Verhältnis zwischen Kulturgütern und religiösen
Gütern, zwischen wissenschaftlichem Denken und religiösem Erleben
stattfinden. Die große mystisch-orgiastische Tendenz auf eine Erlösungsreligion neben der Staatsreligion, welche die hellenische
Welt seit dem 9. Jahrhundert durchströmt, die große religiöse Bewegung des römischen Weltreiches entstammt keiner Vorstellung kul-
tureller Güter und keiner bloßen Verneinung derselben, und das
Christentum sowohl wie die Reformation sind in ihrer Entstehung
unabhängig von den daneben hergehenden Kulturbewegungen. Und
schließlich gilt auch, gegenüber dieser Vereinigung legitimer Ver-
nunftschlüsse und legitimer Gefühlspostulate, was von den letzteren
schon gesagt wurde. Es wäre doch ganz unbegreiflich, daß die so
erschlossene und postulierte Allvernunft, in der wir leben, weben
und sind, sich uns nicht als solche direkt fühlbar machen wollte,
sondern sich lediglich erschließen ließe. Wir behalten also ein Recht,
in jener Unwillkürlichkeit der religiösen Vorstellung noch etwas
mehr zu suchen als einen unbewußt und verborgen gebliebenen
Schluß und ein gleiches Postulat.

Diese Unwillkürlichkeit läßt sich nur erklären, wenn man der
Bildung der religiösen Vorstellung eine ideale Wahrnehmung
oder Erfahrung im oben erörterten Sinne zu Grunde legt. Das entspricht der durchgängigen Selbstaussage der Religion, die bei aller
Tiefe und Innigkeit des Heilsbegehrens doch die Erfüllung ihrer
Wünsche nur auf die Zukunft bezieht, während sie in der Gottheit ein unmittelbar Gegenwärtiges zu erfahren meint. Das entspricht der Tatsache, daß die Religion immer nur an dem Medium
der religiösen Tradition entsteht, die zum Glauben nicht durch
heftiges Begehren und Bitten, sondern durch ein eigentümliches
inneres Erleben wird. Hieraus allein erklären sich auch die großen
Erscheinungen der Mystik auf fast allen Religionsgebieten, d. i. der
alle klare Wirkung auf Vorstellen, Fühlen und Wollen zurück-
haltenden Beschränkung des religiösen Vorganges auf sich selbst.
So kommt es, daß die Mystiker auch je und je die besten Förderer
des religionsphilosophischen Problems gewesen sind, wenn sie dabei
auch freilich die historischen Vermittelungen und Bedingtheiten dieser
Gotteserfahrung zu unterschätzen pflegen. Wie in der Wechsel-

beziehung mit der Welt der sinnlichen Organisation durch eine unbewußte Seelentätigkeit das Bild der Sinnenwelt entsteht, so
würden wir hier in Wechselwirkung mit demselben Nicht-Ich durch
eine unbewußte Seelentätigkeit die Erfahrung der Gottheit als
des Inneren oder als des waltenden Sinnes dieser Welt machen.
Und zwar fände beides zugleich in und mit einander statt, die
Gotteserfahrung nur an der sinnlichen Welt und die sinnliche Welt
nur in Beziehung auf eine Gotteserfahrung. Es erschiene uns dieselbe Welt beidemale in verschiedener Weise, menschlich für Menschen.
Dabei wäre aber ein erheblicher Unterschied zwischen den beiderlei
Erfahrungsweisen, wie das oben bereits geschildert ist. Schwankt
schon unsere bewußte Aufmerksamkeit gegen die Sinnenwelt ganz erheblich, so wäre die Hingabe an jene Gotteserfahrung noch von
viel eingreifenderen Bedingungen abhängig. Sie wäre gebunden
an die Sammlung der Aufmerksamkeit, die aus der Zerstreuung
der Sinnenwelt und ihres Begehrens und Treibens bei sich selbst
einkehren müßte, wozu die Leiden und Nöte des Lebens vor allem
wirksam sind, sie wäre ferner gebunden an die Hingabe des Willens,
der nur allmählich dem ihr einwohnenden idealen Zwange sich
unterwirft, und an die damit ermöglichte öftere Wiederholung des
Erlebnisses, das nur von leisen Anfängen zu einer vollen Macht
über das Gemüt gelangen kann. Hierin wäre denn auch die
Möglichkeit des atheismus practicus sowohl als des atheismus
philosophicus gegeben, welcher letztere übrigens oft nur ver-
schämte Religion ist. Aus der Art der Gottesidee erklärte sich
schließlich alle Gefühlserregung und alle Sehnsucht, in ihr das
Heil des Lebens zu erfahren, und es erklärte sich zugleich, wie
dies Bedürfen die Wiederholung des Erlebnisses erleichterte.
Aus derselben Art erklärte sich ferner, wie sie teils unmittelbar
durch sich selbst den Kausalitätstrieb befriedigt, teils in dem an
das religiöse Erlebnis sich anschließende Nachdenken ihm bald
roher und phantastischer, bald strenger und reiner einen Anhalts- und
Zielpunkt gewährte. Die Religion beruhte somit auf Erfahrung
und baute in einer Summe einzelner Erfahrungen sich auf, indem
sie einesteils in der lebendigen Selbstbewegung der uns tragenden
Gottheit und andererseits in der Reaktion der menschlichen Seele

begründet mit dem Fortschritt des geistigen Gesamtlebens eine
immer tiefere Erschließung der Gottheit erlebte und diese Er-
schließungen nicht ohne Mitwirkung menschlicher Thorheit, Schwachheit und Sünde zum traditionellen Besitze verfestigte. Sie würde
auf Offenbarung beruhen in dem Sinne einer inneren Erfahrung,
wie die Erfahrungen des Guten und des Schönen, und gäbe
dadurch dem gewöhnlichen Offenbarungsglauben einen Anhalt, der
erst von der allgemeinen Ueberzeugung einer Begründung der Religion in der Gottheit aus dazu kommt, einzelne Lehren und Ein-
richtungen als göttliche Offenbarungen zu bezeichnen, während dieser
Offenbarungsglaube ohne jenen unwillkürlichen, stillen Koeffizienten ein grober Selbstbetrug wäre. So scheint diese Hypothese
das Phänomen der Religion erklären zu können, während die
illusionistischen Erklärungen nicht mit ihr fertig werden und die
Erklärung aus bloßem notwendigen und berechtigten, aber doch
rein menschlichen Denken und Wünschen zwar ihre Dauer und
Allgemeinheit, aber nicht ihre psychologische und geschichtliche Wirklichkeit erklärt. Diese Hypothese ist daher auch von den verschiedensten Seiten und in dem verschiedensten genaueren systematischen
Zusammenhang aufgestellt worden. Ich erinnere nur an Otto
Pfleiderer, Rud. Seydel, Biedermann, die beiden Dorner,
den schon zu sehr vergessenen Weiße und an den schönen Aufsatz
von J. Köstlin in den Stud. und Kritik. von 1889. Auch die
erste Konzeption der Schleiermacher'schen Reden mit ihrer Betonung der Anschauung vor dem Gefühl gehört hierher. Die
Art, wie ich sie hier vertrete, unterscheidet sich von den meisten
genannten Versuchen nur dadurch, daß ich von keinem bestimmten
philosophischen oder sonstigen System ausgehe, sondern nur von
einer im allgemeinen idealistischen Grundanschauung aus die psychologischen und geschichtlichen Erscheinungen der Religion rein für
sich zu analysiren versuche, etwa in dem Sinne, wie es Dilthey
in seiner bisher erschienenen Einleitung zu einer „Einleitung in
die Geisteswissenschaften" andeuten zu wollen scheint [1]. Nur finde

----

[1] Die letzten Ausführungen lehnen sich in ihrer speziellen Form
an Erinnerungen an, die mir von dem Kolleg über Religionsphilosophie
meines Lehrers G. Claß in Erlangen verblieben sind. — Eben nach

ich auch bei Dilthey die irreführenden Konsequenzen einer kanti-
ſierenden Grundanſchauung nicht vermieden, inſoferne auch bei ihm
das Bewußtſein als der Erzeuger der ſinnlichen wie der idealen
Welt erſcheint, während es doch ganz überwiegend das Erzeugnis
der Einwirkung von beiden iſt. Die kantiſche Theorie weiſt den
ſubjektiven Anteil an der Art auf, wie die Wirklichkeit uns erſcheint und ſchränkt unſere Ausſagen über die transſubjektive Be-
ſchaffenheit dieſer Wirklichkeit dadurch in engere Grenzen ein,
aber ſie ändert nichts an der Tatſache, daß das menſchliche Bewußtſein nur ein Teilchen einer unermeßlichen es erzeugenden
und nährenden Wirklichkeit iſt, der gegenüber ihm nur bei reifer
ſittlicher Durchbildung eine relative Selbſtändigkeit zukommt. Die
Unterſchätzung dieſes Umſtandes hat zu manchen metaphyſiſchen
und pſychologiſchen Ungeheuerlichkeiten geführt, iſt aber insbeſondere tötlich für das Verſtändnis der Religion.

Damit ſind wir freilich nur bis zum Begriffe einer ganz
unbeſtimmten Gotteserfahrung gelangt, die noch ferne iſt von der
konkreten Beſtimmtheit der geſchichtlichen Religionen. Das ſtimmt
aber mit der Wirklichkeit inſofern ganz überein, als das religiöſe
Erlebnis in ſeinem aktuellen Charakter auch nur eine ſehr un-
beſtimmte, durch keine direkte Vorſtellung bezeichenbare Erfahrung
iſt. Die Beſtimmtheit wirkt nur nach aus den Medien, an welchen
dieſe Erfahrung entſteht, und befeſtigt ſich in dem Erinnerungs-

_____

Abſchluß meiner Darſtellung kommt mir noch eine höchſt leſenswerte
und tüchtige Jnaug.-Diſſ. der Berliner philoſ. Fak. von G. Wobber-
min 1894 über „Die innere Erfahrung als Grundlage eines moraliſchen
Beweiſes für das Daſein Gottes" zur Hand. Sie geht ebenfalls weſentlich von Dilthey aus und ſucht in den pſychologiſchen Grundelementen
der Religion die objektiven transzendenten Grundlagen auf, wie ich das
ebenfalls verſuche. Wenn er dabei mit Rauwenhoff auf das Sittliche
ſich ſtützt, ſo ſcheint mir das freilich eine einſeitige Verkennung des Tat-
beſtandes und jener Neigung zu entſpringen, die alles Jdeale, zur Anerkennung und Verehrung Zwingende als ſittlich bezeichnet. Auch ein
Beweis für das Daſein Gottes iſt die ganze Studie nicht, ſondern ein
Beweis für das Vorhandenſein objektiver Momente in der Religion, die
daher nicht mit Kaftan, Bender u. a. als Begleiterſcheinung der Kultur
bezeichnet werden dürfe. Ich erinnere zugleich an den immer noch recht
beachtenswerten F. H. Jacobi.

bilbe, das von dem religiösen Erlebnis sich ablöst. Wir bedürfen nun aber auch noch einer Erklärung dieser bestimmten religiösen Vorstellungen, in denen die Religion sich verfestigt. Diese Erklärung ergiebt sich, wenn wir beachten, daß die Gottesanschauung niemals rein für sich stattfindet, sondern immer nur durch das Medium der uns umgebenden und auf uns wirkenden Wirklichkeit. Für uns vollzieht sie sich hauptsächlich durch das Medium der überlieferten Gottesvorstellung, daneben aber wirken noch unzählige andere Dinge und Erfahrungen sekundär zur Erweckung des religiösen Gefühls, was freilich von den Theologen gerne unterschätzt wird. Daher entsteht auch innerhalb dieser Grenzen bei jedem eine individuell eigenartige Gottesanschauung. Wo aber noch keine so festen Traditionen vorliegen oder eine bisher nur schwach entwickelte Gottesvorstellung dem religiösen Erleben die Richtung giebt, da treten die an zweiter Stelle genannten Momente in den Vordergrund. In dem Erinnerungsbild, das dem aktuellen religiösen Prozesse folgt, verknüpft sich die Gottesanschauung mit dem Medium, an dem sie entstand. Daher kommt die unendliche Fülle vorstellungsmäßiger Bezeichnungen und Vergegenwärtigungen der Gottheit, worunter unzählige nur vorübergehende, der momentanen Aussprache dienende Bezeichnungen sind, während andere Medien dem Bewußtsein durch ihre Wichtigkeit für das Leben oder durch die Tiefe ihres Gehaltes so stark sich einprägen, daß sie unablösbare und dauernde Vermittler werden. So ist für das Christentum die Persönlichkeit Jesu das dauernde Medium. Andere Bezeichnungen ergeben sich daraus, daß der an sich unaussagbare Inhalt des religiösen Erlebens sich zu verdeutlichen und zu bestimmen sucht durch Verwendungen von Analogien des menschlichen oder des Naturlebens, die mit dem hier Erfahrenen eine gewisse Verwandtschaft haben. So ist die Gottesidee der Propheten und Jesu an das Symbol der Vaterliebe gebunden. Derart kommt es, daß schlechterdings alles, wie es als Erregungsmittel und Ausdrucksmittel der religiösen Erfahrung dienen kann, so auch zum dauernden Symbol und Vehikel der Gottesanschauung werden kann. So können alle denkbaren Erscheinungen der Natur am Himmel und auf der Erde, in Gebirg

und Feld, in Flüssen und Meeren, in der Pflanzen= und der
Thierwelt, alle denkbaren Ereignisse des menschlichen Lebens, Ge=
burt und Tod, Traum und Hellsehen, große Herrscher und ab=
geschiedene Ahnen, Krankheit und Gefahr, alle richtigen oder
falschen Anschauungen über Mächte, Kräfte und Gesetze im Weltall,
alle Erfahrungen des Schönen und des Sittengesetzes zur Er=
regung der religiösen Erfahrung wirken und zu Vehikeln der
religiösen Vorstellung werden. Es ist die Bedeutung der symbo=
listrenden Phantasie, die hier zu ihrer Geltung kommt. Ich
erinnere hier nur an die schönen Ausführungen von Rauwen=
hoff und Lipsius. Ihre armseligen oder gewaltigen, ver=
worrenen oder klaren, barbarischen oder erhabenen Bilder ver=
knüpft die Phantasie unlösbar mit der Gottesanschauung, wobei
übrigens überall ein engerer Kreis von Vorstellungen durch die
schon bestehende Tradition als Richtung gebender Kern wirkt. Es
ist bekannt, wie überall bei einer gewissen Höhe der Religions=
stufe die großen himmlischen Lichtgottheiten das Zentrum der
religiösen Bilderwelt werden und die Richtung der Vorstellungen
bestimmen. Nur wer diese Bedeutung der Phantasie in der Re=
ligion versteht, vermag ihre Wirkung und ihr Leben zu verstehen.
Die Dogmatik ist überall erst eine Versteinerung der Religion,
oder das Herbarium ihrer getrockneten Vorstellungen. Die großen
Genieu wissen nichts von ihr, erst ihre Erben machen sich an
das Geschäft der Systematisirung und ziehen in ihren Lehren
Jesu oder Theologien Luthers ihren Helden dogmatische Zwangs=
jacken an. Die lebendige Religion aber wirkt durch gewaltige
und herzbezwingende, erhebende und niederschmetternde, rührende
und entzückende Bilder der Phantasie, bei denen die Gefahr eines
üppigen und geschmacklosen Luxurierens ja auch niemals vermieden
worden ist. Das reinste und gewaltigste Erregungsmittel ist
freilich das sittliche Bewußtsein und seine Erfahrungen. Wo
immer das Sittliche sich zu einer selbständigen Erkenntnis des
Sein=Sollenden herausdifferenziert hat, da tritt es mit der Religion
in die engste Verbindung und wird ihr wichtigstes Medium. Der
Zug zum Unbedingten im Sittlichen und der in der Religion
zieht sich gegenseitig an und die sittlichen Zwecke werden aus

Gütern des innerweltlichen ſozialen Lebens zu dem Gute der
innigſten Gemeinſchaft des gereinigten Herzens mit dem Urquell
des Guten. Etwas ganz ähnliches iſt mit den äſthetiſchen Jdeen
der Fall, die nur auf wenige Menſchen rein und tief genug
wirken, um die gleiche Bedeutung für die Religion zu erhalten.
Aber Goethe hatte ganz recht, wenn er ſich den Zutritt zu der
Gottheit auf dieſem Wege nicht verbieten laſſen wollte. Daß die
äſthetiſchen Jdeen der griechiſchen Plaſtik ſeine Empfindung be=
herrſchten, war der Grund der in den mittleren Jahren ihn be=
herrſchenden „heidniſchen" Frömmigkeit. So bedürfen wir keines
irgendwie konſtruirten „Weſens" der Religion, weder des abſoluten
Abhängigkeitsgefühls (in dem Sinne pſychologiſcher Metaphyſik,
den Schleiermacher damit verbindet), noch der moniſtiſchen und
panlogiſtiſchen Erhebung des endlichen zum unendlichen Geiſte,
noch der ethiſchen Selbſtbehauptung oder irgend etwas derartigen.
Wir achten die unendliche, keiner Definition ſich fügende Mannig=
faltigkeit des Lebens; wir behaupten nur, daß dasjenige, was
wir als Religion empfinden können, auch irgendwie der Kern
der uns unverſtändlichen, nur in Außenformen überlieferten oder
bekannten primitiven und barbariſchen Frömmigkeit geweſen ſein
müſſe, wobei übrigens auch der ſpäter noch zu erwähnenden
pathologiſchen Verbildung der Religion gedacht werden muß. Es
iſt eine eigene und ſehr lohnende Aufgabe, aus den älteſten Re=
ligionsſpuren und aus den großen ethnographiſchen Werken die
in dem barbariſchen Religionsweſen enthaltenen Elemente eines
idealen Glaubens zu ſammeln. Man darf dieſe nur nicht mit
Rauwenhoff durchaus als ſittliche bezeichnen wollen, als ob
alles was den Charakter einer Anerkennung durch ſich ſelbſt ver=
pflichtender d. h. eben idealer Mächte trägt, dadurch ſittlich wäre.
Das Sittliche iſt doch nur ein Moment in der Anerkennung einer
durch ſich ſelbſt geltenden Wirklichkeit. Alles und jedes hat zur
Erregung des religiöſen Gefühls gedient und iſt zum Symbol
deſſelben geworden. Je tiefer die Religionen und ihr geiſtiger
Nährboden ſtehen, um ſo bunter, zerſplitterter und dürftiger ſind
ihre Erregungsmittel und die Symbole des Göttlichen; je höher
ſie ſtehen, um ſo mehr ſind beide um die größte Erſcheinung

des seelischen Lebens, um die des Gewissens, gruppiert und eben
damit an einzelne Persönlichkeiten geknüpft, um so einheitlicher
und überragender wird aber auch die Tradition gegenüber einer
spontanen, relativen Neuerzeugung. Die ganze so entstehende
religiöse Vorstellungswelt wird zunächst nirgends einen festen und
geschlossenen Begriff des Göttlichen hervorbringen, sondern nur
die Empfindung eines undefinierbar Großen und Gewaltigen, das
an Symbole und Bilder geknüpft ist und nur Keuschheit und
Reinheit in diesen Symbolen verlangt. Es werden dagegen die
praktischen, hieran anknüpfenden Funktionen des Kultus, des Gebetes, der Sitte gewisse strengere Formen annehmen und die
Träger der Ueberlieferung sein. Nur sehr vergeistigte Religionen
werden das Bedürfnis einer begrifflichen Ordnung ihres Gedanken-
inhalts empfinden und dabei das notwendige Uebel der Dogmatik
nicht umgehen können, ja gerade in dem hieran anknüpfenden
Doktrinarismus ein neues und eigentümliches Phänomen des
religiösen Lebens erzeugen.

Schon diese Ausführungen weisen darauf hin, daß die Erregung des religiösen Gefühls nichts völlig individuelles, in jedem
einzelnen durch neue Medien sich erzeugendes ist. In der ganz
ungeheuren Masse der Fälle ist die individuelle Frömmigkeit nur
ein Erwachen der Frömmigkeit an den von anderen überlieferten,
in langer Kette zurückgehenden Medien der Gottesanschauung.
In den meisten ist sie eine ganz überwiegend reproduktive,
indem sie an den überlieferten Medien die an diesen erstmalig auf-
gegangene Frömmigkeit nacherlebt. In nur ganz wenigen Fällen ist
sie überwiegend original und produktiv, geht an neuen Medien
eine neue überwältigende Erkenntnis des Göttlichen auf und schafft
sich an neuen Analogien einen urwüchsigen Ausdruck, um ihre
Gläubigen um die neue Idee zu schaaren und ihnen zur Nach-
erzeugung der mit ihr gesetzten Frömmigkeit die neuen Symbole
mitzuteilen. Daneben sind aber auch die mannigfachen, individuellen Eigentümlichkeiten nicht gering zu achten, welche in ihrer
Summe eine wichtige Richtung des Gemeingeistes ausdrücken
können und in Zeiten religiöser Krisen vermehrte Bedeutung erlangen. Zugleich ist zu beobachten, daß dieser Unterschied zwischen

einer überwiegend produktiven und einer überwiegend reproduktiven Gottesanschauung mit dem Höhengrade der Religionen sich ver=schärft. Auf niederen Religionsstufen, wo das religiöse Gefühl noch von geringer Tiefe ist und allseitig erregt werden kann, finden viel mehr Schwankungen und Ungleichheiten der Vorstellungen statt und liegt das Band der Gemeinschaft weniger in der Macht der spezifischen Frömmigkeit als in den sozialen und politischen Abgrenzungen. Zur Ueberlieferung und Sitte, die freilich auch hier den Stamm bilden, treten hier noch leicht allerhand Varia=tionen hinzu, da es sich bloß noch um die einfachsten religiösen Erregungen handelt. Dagegen ist in allen höheren Religionen die Frömmigkeit viel stärker an bestimmte maßgebende und große Grundgedanken gebunden, die mit Aufgebot großer Kraft erst innerlich angeeignet werden müssen und der Selbständigkeit des einzelnen verhältnismäßig geringen Raum übrig lassen. Vollends die auf bestimmte Persönlichkeiten zurückgehenden Religionen be=kunden eben damit, daß die Aneignung der von ihnen ausgehenden Frömmigkeit viel zu große Hingabe fordert, um ihren Gläubigen noch Anlaß und Kraft zu eigener Tätigkeit zu lassen. Es ist das leicht verständlich, denn je höher eine Religion steht, um so mehr erfordert sie eine eigenartige, tief und fein organisierte Per=sönlichkeit, die der Quellpunkt neuer Ideen werden kann, und um=somehr verzehrt sie alle Fassungskraft des Gläubigen in dem Nach=erleben dieser Frömmigkeit. Eine nähere Ausführung dieser Grundgedanken giebt der ehrwürdige Unitarier James Martineau in seinem schönen Buche: The seat of authority in religion. Damit stehen wir bei dem heute mit Recht so vielfach betonten sozialen Charakter der Religion. Er hat seinen Grund nicht bloß in dem an alle wichtigen Kulturtätigkeiten sich anschließenden sozialen Trieb überhaupt, auch nicht in der von Lipsius mit Recht hervorgehobenen eigentümlichen Verstärkung des sozialen Triebes in der Religion, die das von ihr anerkannte Höchste auch von allen anderen oder doch von dem ganzen eigenen Lebens=kreise anerkannt wissen will, weil es sonst das Höchste nicht wäre, sondern vor allem in der entsprechend der Höhe der Religion schwindenden produktiven Kraft des Einzelnen. Die Höhe der

Religion ſteigert den Anſpruch an individuelle Selbſthingabe, an
eigenes tiefſtes Erleben, mindert aber eben damit die produktive
Kraft. So verſtärkt ſich der Gemeinſchaftstrieb in der Religion
noch über das Maß das gewöhnlichen ſozialen Triebes hinaus
und überbietet die natürlichen ſozialen Motive der Gemeinſchafts=
bildung.

Das alles betrifft aber hauptſächlich nur die vorſtellungs=
mäßige Seite der Religion, die inſoferne die wichtigere iſt, als
ſie das objektive Element, den Träger, das Gerippe derſelben
bildet, als ſie im religiöſen Erlebnis die logiſche Priorität hat.
Ihr Weſen iſt nicht, daß ſie vor allem Befriedigung oder Be=
ziehungspunkt des Denkbedürfniſſes wäre. Das ſind alles erſt
Dinge, die lange nachher eintraten und denen nur geſtaltender,
aber nicht erzeugender Einfluß zukommt, wo ſie überhaupt zu
nennenswerter Stärke ſich entwickeln. Ihr Weſen iſt vielmehr,
daß der Menſch lebt im Glauben an die Realität der übermenſchlichen
oder überſinnlichen Macht. Eben deshalb iſt in dieſem Glauben
unmittelbar der mächtigſte Gefühlseindruck mitgeſetzt, der für
das praktiſche Leben der Religion das eigentlich Wichtige und Be=
herrſchende iſt. Dieſer Gefühlseindruck ergiebt ſich ſchon ganz von
ſelbſt aus der Natur der religiöſen Vorſtellung, indem die Er=
fahrung einer das eigene Leben und die Natur in irgendwelchem
Umfang beherrſchenden Macht alle Gefühle der Sorge und der
Hoffnung für das eigene Geſchick oder das des eigenen Volkes
erwecken muß; er enthält aber darüber hinaus noch eine ganz
eigentümliche Färbung ſpezifiſch religiöſer Gefühlsergriffenheit, die
ſchauervolle Empfindung eines unergründlichen, aber halb offen=
baren Myſteriums. Daß dieſer Reiz des Myſteriums, der den
Menſchen auch zu den furchtbarſten Göttern wie den Schmetter=
ling zu der Flamme zieht, in den barbariſchen Religionen nicht
mitempfunden ſei, vermag nur die doktrinäre Engherzigkeit zu be=
haupten. Nirgends zeigt ſich die Kahlheit der bloßen Schemati=
ſierung des Gefühls in Luſt= und Unluſtgefühle kläglicher als bei
der Religion, und Alb. Réville, deſſen ſeiner Religionsgeſchichte
vorausgeſchickte Prolégomènes die Grundgedanken deutſcher Forſcher
mit franzöſiſcher Klarheit und Feinheit ausführen, hat mit vollem

Recht hervorgehoben, daß das religiöſe Gefühl überhaupt nichts einfaches ſei, ſondern zwiſchen den beiden Grundtönen der Scheu und des Zutrauens mit einer ungezählten Maſſe von halben und Viertelstönen hin und her vibriere. Achtung, Verehrung, Furcht, Entſagen, Schrecken, aber auch Bewunderung, Freude, Vertrauen, Liebe, Ekſtaſe wogen in ihm in tauſendfacher Miſchung durch= einander; und wo wir hinter alles dieſes zurückgehen, treffen wir immer noch jenes jeder Analyſe und Beſtimmung widerſtrebende Gefühl des Zuges zum Myſterium, das uns zeigt, daß die Sinnen= welt und der Menſch nicht alles iſt und das uns ahnen läßt, daß es im Himmel und auf Erden mehr Dinge giebt als wir uns träumen laſſen. Erſt ſehr hoch entwickelte Religionen erreichen eine be= ſtimmtere Färbung des religiöſen Gefühls entſprechend ihrer be= ſtimmteren Geſtaltung der Gottesidee, aber auch hier iſt es von einer vollen Einheitlichkeit und eindeutigen Beſtimmtheit noch weit entfernt, wie das die Erbauungslitteratur der Chriſten überreich bezeugt. Es iſt deshalb ſehr leicht, zu zeigen, daß es ſich in der Religion um die eudämoniſtiſche Richtung auf menſchliches Wohl und Glück oder auf Heil und Frieden der Seele handle, und ebenſo leicht zu zeigen, daß Furcht vor der Uebergewalt der Natur, der Unberechenbarkeit des Geſchickes und der Zukunft, den Schrecken des Gewiſſens und der Zielloſigkeit des Lebens den Hebel reli= giöſer Erregungen bilde. Aber das ſind alles nur Teilerſcheinungen eines viel größeren und reicheren Ganzen, das bei richtigem Ver= ſtändnis primitiver menſchlicher Zuſtände auch in dem Religions= weſen wilder Völker die bloße Furcht und Hoffnung überragt. Beide ſind nur einzelne Erſcheinungen der Selbſtbeziehung der Menſchen auf jene Mächte, in der vor allem ein praktiſches Ver= hältnis überhaupt geſetzt iſt, in der ſie aus ihrer Schwäche, Ge= brechlichkeit, Endlichkeit und Sünde heraus eine geordnete Beziehung, eine Vereinigung ſuchen. Alledem liegt, wie Réville ſagt, ein zum Abhängigkeitsgefühl hinzutretendes besoine de synthèse zu Grunde, ein Trieb nach Ordnung und Sicherung des Verhältniſſes, ſei es in ſtumpfer Unterwerfung, ſei es in freudiger Hingabe. Das liegt noch vor jedem einzelnen Fürchten und Wünſchen und bleibt in ihm mitenthalten, auch wo dieſes ſich noch ſo ſehr in den

Vordergrund drängt und der einzige konkrete Ausdruck jener
Empfindung zu sein scheint. Erst in höher entwickelten Reli=
gionen und bei größerer Differenzierung des menschlichen Geistes
kommt es besonders zum Bewußtsein und zur Aussprache. Hier,
in diesem aus dem Gefühlseindruck hervorgehenden besoin de
synthèse, ist der Ort der Wünsche und der Sehnsucht, die so überaus
stark und in so unendlich verschiedenen Formen von der Religion
erregt werden und die dann auch auf die genauere Ausprägung
und das Hervortreten der einzelnen Züge der Götter einen so
starken Einfluß üben. Hierin liegt die lebendige und unausrott=
bare, immer von neuem den Menschen anziehende Kraft und
Wirkung der Religion und die ebenso unausrottbare, zuweilen
jedes andere Interesse übersteigende Rückwirkung des Menschen
auf die Gottheiten, die diese Gefühle in ihm erregen. Hierin ist
der Trieb zur Wiederholung des religiösen Erlebnisses, zur Hin=
gabe und Unterwerfung unter dasselbe begründet, die Möglichkeit,
daß die Religion eine wahrhaft bestimmende Macht über den
Menschen sei und nicht bloß eine vorübergehende Erregung ge=
wisser Gedanken. Hier ist insbesondere der Grund des Kultus,
der die wichtigste Erscheinungsform der Religion bildet, in dem
sie sich von Anfang an konzentriert, um erst nach und nach
über den kultischen Dienst hinauszugreifen und ihre verschiedenen
Inhalte von ihm abzulösen zu selbständigerer und umfassenderer
Geltung. Der Kultus ist die Rückwirkung der Menschen auf die
Gottheit, die feierliche Verwirklichung und Betätigung eines ge=
ordneten Verhältnisses zu ihr, wobei das religiöse Gefühl vor sich
und anderen zum Ausdruck drängt und zugleich auf die Gottheit
seinerseits zurückzuwirken versucht. Es ist bekannt, wie unendlich
verschieden der Kultus auf verschiedenen Stufen sich gestaltet.
Die naive anthropomorphe Gottesvorstellung erzeugt auch einen
naiven anthropomorphen Kultus mit Beschwörungen, welche die
Götter bestürmen oder schmeichelnd überreden, mit Opfergaben,
welche die Götter speisen, tränken und stärken und zum Verzicht
auf drohende Gefährdung oder zu freundlicher Hulderweisung
bewegen wollen, mit allerhand symbolischen Handlungen, Be=
wegungen und Bekleidungen, welche dem religiösen Gefühle den ver=

ſchiedenartigſten, alle Stimmungen bezeichnenden Ausdruck ver-
leihen. Auch hier hat die ſymboliſierende Phantaſie ein reiches
Feld, indem ſie allerhand Dinge und Handlungen, Farben und
Töne, Zeiten und Orte, die mit irgend einer Färbung des
religiöſen Gefühls irgend eine Verwandtſchaft haben, zu Aus-
drucksmitteln und Einwirkungsmitteln geſtaltet, woneben aber
auch die ganz naiv realiſtiſch gedachte Einwirkung ihren breiten
Umfang hat. Auf höheren Stufen der Vergeiſtigung und Ver-
ſittlichung zieht der Dienſt der Götter das Leben und Haubeln
in größerer Ausdehnung an ſich, und es ſondert ſich von dem
Dienſt in der Beobachtung ihrer Gebote der eigentliche Kultus
als ſpezieller Gottesdienſt aus, aber auch hier immer noch in der
Ueberzeugung, durch Bekundung der Verehrung und Unterwerfung,
durch Entſagungen, Weihungen und Sühnungen den Göttern
einen wirklich wohlgefälligen, verſöhnenden und gnädig ſtimmenden
Dienſt zu weihen, und unter weitgehender Uebernahme der Kultus-
formen früherer Stufen, die jetzt nur ſymboliſch umgedeutet und
dem übermenſchlichen und überendlichen Weſen der Götter an-
gepaßt werden. Aber auch bei vollſtändiger Erhebung der Gottheit über die Welt, bei dem das Individuum auf die Gottheit
unmittelbar und rein innerlich beziehenden Erlöſungsglauben, iſt
die gemeinſame Anbetung und Verehrung immer von dem Bewußtſein begleitet, daß durch dankbare Verſenkung in die Heilsgnade,
durch Sündenbekenntnis, Lob und Preis der demütig feiernden
Gemeinde der Gottheit etwas zuwachſe und daß das menſchliche
Verhalten für ſie nicht gleichgiltig ſei, auch wenn man ſie nicht
in irgend einer Weiſe zu beeinfluſſen gemeint iſt. Hierbei tritt
zugleich noch eine andere Seite des Kultus hervor, der ſoziali-
ſierende Einfluß, der auch hier mit der Vertiefung und näheren
Beſtimmung der Religion wächſt. Er iſt nicht ganz ſo groß wie
der des religiöſen Glaubens, aber intenſiver. Der ideelle Einfluß-
bereich des Glaubens iſt immer größer als der tatſächlich um den
Kultus ſich ſchaarende Kreis, aber dieſer letztere wird dafür auch
tiefer ergriffen. Niedere Religionsſtufen zeigen wie in ihren Vorſtellungen ſo in ihren kindlich einfachen Kulthandlungen eine
größere Beweglichkeit und Vereinzelung, nur der Ahnenkult ſammelt

eine kultische Gemeinschaft. Sobald aber die Götter dem Menschen
weiter entrückt sind und vermöge ihres bestimmteren Inhaltes sich
nicht bloß auf Grab und Herd, sondern auf das Voll beziehen, ent=
steht das Bedürfnis nach genauerer Kenntnis und fehlloser Besorgung
der Kulthandlungen, die vertretungsweise für die Gesamtheit voll=
zogen werden und von den Familien, Lokal= und Stammkulten
sich ablösen. Hierin wurzelt die Entstehung des Priestertums,
das die politische und soziale Gemeinschaft zugleich als religiöse
erscheinen läßt und durchbildet. Die überweltliche Erlösungs=
religion, welche die Gesamtheit in jedem einzelnen unmittelbar
mit der Gottheit verbindet und über die Welt erhebt, macht zwar
derartige Vermittelungen und Vertretungen überflüssig und schließt
jede weltliche Einwirkung auf die Gottheit aus, indem sie statt
dessen das Opfer des Herzens und den Wandel vor Gott fordert,
aber sie bietet ein auf die Gesamtheit zielendes ethisches Heilsgut
dar, das nur die Gesamtheit in dankbarer Feier und demütiger
Versenkung beantworten kann, und stellt so hohe Anforderungen
an die Gemütserhebung und innere Reinigung, daß die aus der
gemeinschaftlichen Anbetung, seelsorgerlichen gegenseitigen Eröffnung
und gemeinsamen Hingabe an die Gnade sich ergebende Stärkung
und Befeuerung der Herzen ihr doppelt unentbehrlich ist. In
diesem letzteren Sinne hat sogar der die Götter in das Nichts
versenkende ursprüngliche Buddhismus eine Art von Kultus nicht
entbehren können. Es ist nicht nötig, des weiteren zu wiederholen,
was Siebeck hierüber besonders fein ausgeführt hat, gegen den
nur zu bemerken wäre, daß im Kultus die Idee einer Wirkung
auf Gott durch die der Gemeinschaft nicht sowohl aufgehoben und
ersetzt als verwandelt und vergeistigt wird. Es genügt hier viel=
mehr, hervorzuheben, daß der Kultus in beiderlei Hinsichten als
Beantwortung der göttlichen Gnade wie als Betätigung der reli=
giösen Gemeinschaft notwendig und unabtrennbar zu jeder leben=
digen Religion gehört. Nur in der Fähigkeit, einen Kultus zu
begründen, bekundet sich ächte und von ungebrochener Ueber=
zeugung getragene Religion. Der Hartmann'sche Kultus, der
nur die Betrachtung des eigenen Handelns als göttlichen Wirkens
ist, bedeutet eben darum nichts anderes, als daß seine Religion

keine Religion iſt. Das gleiche iſt mit aller rein philoſophiſchen
Religion der Fall, die ſich kein Herz zur Lebendigkeit ihres Gottes
faſſen kann.

Glaube und Kultus ſind die Seele der Religion, ſoferne ſie
inneres Erleben ſind, ſie bilden die Form und den Körper, ſoferne
ſie in Vorſtellungen, Lehren, Riten, Liturgien und Gottesdienſten
ſich darſtellen. Auf dem erſteren beruht ihre innere Wirklichkeit,
auf dem zweiten ihre Fortpflanzung, Zuſammenhaltung und Feſtig=
keit. Nur als ſoziale Erſcheinung iſt ſie eine geſchichtliche Macht.
Es iſt aber noch eine andere wichtige Folge der Soziali=
ſierung der Religion zu beachten. Schon im Einzelleben unter=
ſcheidet ſich der aktuelle religiöſe Prozeß von dem nach ihm ver=
bleibenden Erinnerungsbild und von der ihn hervorrufenden Tradition.
Bildet der Fromme nicht ſeinen Willen zur Hingabe und damit zur
häufigen und immer innerlicheren Wiederholung des Prozeſſes,
ſo bleibt er an dieſem Erinnerungsbild der Gottheit oder der
kultiſchen Handlung haften, das an ſich tobt und unlebendig alles
phantaſtiſchen und egoiſtiſchen Mißbrauches, der intellektuellen Be=
arbeitung und der rein verſtandesmäßigen Aneignung, der werk=
heiligen und ritualiſtiſchen Verknöcherung fähig iſt. In noch viel
höherem Grade iſt das innerhalb der religiöſen Gemeinſchaft der
Fall, welche zwar einerſeits die Frömmigkeit wunderbar belebt
und verſtärkt, aber andererſeits den Glauben doch nur als zu
Vorſtellungen und Riten verdichtetes Erinnerungsbild beſitzt und
deren Tradition an ſich nicht Religion iſt, ſondern erſt im ein=
zelnen Religion erzeugen will. Hiermit ſind alle die Gefahren
der Verwechſelung von Religion und äußerem Führwahrhalten
oder kultiſchem Handeln, der Verſelbſtändigung der liturgiſchen
oder lehrhaften Tradition, der Verknöcherung und Materialiſierung,
der Herrſchſucht und des Fanatismus ganz von ſelbſt gegeben.
Die Religion kann ſo zum Werkzeug machtbegieriger Herrſchſucht,
zum Spiel eines tiftelnden Verſtandes, zum Stoff einer märchen=
frohen Phantaſie werden. So kommt es, daß die Religion, die
als ſubjektive das Zarteſte, Freieſte, Beweglichſte und Unausſprech=
lichſte iſt, als objektive d. h. als Sammlung aller Formen, in
denen ſie ſich Ausdruck gegeben und zu einer der Pflege und Er=

haltung der Religion gewidmeten Rechtsgemeinſchaft organiſiert
hat, das Starrſte, Zäheſte, Unfreieſte und Erbarmungsloſeſte wird,
was wir keunen. Wir alle wiſſen, welchen reichen Segen der
Erbauung und Stärkung wir der kirchlichen Organiſation des
Chriſtentums verdanken, aber auch mit welcher erdrückenden Wucht
der Unveränderlichkeit, mit welcher ertödtenden Starrheit der
Formel und welcher leidenſchaftlichen Intoleranz ſie auf unſer
geiſtiges Leben drückt. Sehr lebhafte Eindrücke dieſer Art waren
es, die den verehrungswürdigen Rothe zu der Meinung bewogen,
daß jede Organiſation der Religion zu bloß religiöſen Zwecken
ein Zeichen der Unvollkommenheit und mangelhaften Durchbildung
des Geſamtlebens ſei und unvermeidlich die Nachteile aller Ver=
äußerlichung der Religion mit ſich bringe. Dagegen würde bei
voller Durchbildung und Reife der menſchlichen Geſellſchaft die
Religion keiner beſonderen Organiſation mehr bedürfen, ſondern
den ſtillen Untergrund alles Handelns bilden. Er hat das in die
Hegel'ſche Form der Aufhebung aller Geſittung in den Staat
ausgeſprochen und zugleich mit dem bibliſchen Chiliasmus kom=
biniert und dadurch Gelegenheit gegeben, in jeder Ethik dieſe
Häreſie umſtändlich zu widerlegen. In Wahrheit ſteckt aber in
ſeinen Ausführungen einer der richtigſten und tiefſten theologiſchen
Gedanken, die man nur von ihrer etwas abſtrakten Form zu be=
freien braucht. Freilich iſt ſein Ideal nicht erreichbar und viel=
leicht nicht wünſchenswert, aber ſeine Anſchauung bezeichnet den
Punkt, an welchem vor allem Vorſicht und Selbſtzucht nötig iſt,
wenn die Religion nicht aus einem Segen zu einem Fluch für
die Menſchen werden ſoll.

Dieſe Grundbegriffe ſind es, welche ein einheitliches Ver=
ſtändnis der Religion in ihrem eigenen Sinne ermöglichen und
die ganze ungeheure mannigfaltige und ſcheinbar ſo widerſpruchs=
volle Wunderwelt der Religion auf einfache Wurzeln zurückführen.
Es ſind das freilich nur Konſtruktionen, die zum Verzweifeln grob
und ſpröde erſcheinen gegenüber der endlos bewegten und alles
vermiſchenden Wirklichkeit, die kein Einzelnes in ſeiner Reinheit
zeigt und keine einfachen Wirkungen kennt, ſondern alles mit ein=
ander verſchmilzt und das ſo Verſchmolzene wieder in allerhand

Kreuzungen sich entgegengesetzt, deren eigentliches Wesen in den tausendfachen Uebergängen und Wechselwirkungen, in den Ver= wirrungen und Durchquerungen liegt. Allein solche künstlich ge= bildete Grundbegriffe sind in allen Wissenschaften nötig, um ein ein= faches Grundelement für die mannigfachen Verzweigungen der wirk= lichen Welt zu finden, und bei voller Klarheit über ihre doktrinäre Starrheit und Künstlichkeit unschädlich. Sie sollen ja nicht an Stelle der Wirklichkeit treten, sondern diese nur erklären. Daher ist auch die Aufgabe mit der Auffindung eines solchen allge= meinen Grundbegriffes nicht zu Ende, vielmehr soll von hier aus dann erst die konkrete Wirklichkeit neu verstanden werden. Das ist auch in der Religionswissenschaft so. Das allgemeine Grund= element soll nur dazu dienen, die konkreten Erscheinungen besser zu verstehen und das einheitliche Band der einzelnen Erscheinungs= komplexe zu finden. Daher entstehen von hier aus erst die schwersten und tiefsten Probleme der Religionswissenschaft, die Aufgabe des Verständnisses der einzelnen Religionen in ihrer inneren Einheit, die Wissenschaft von den Einzelreligionen, die nicht bloß alles Detail derselben sammelt, sondern dahinter noch das zu fassen weiß, was die organisirende Seele, die geistige Triebkraft der einzelnen ist. Der Ansatz, der vom Bisherigen hierzu überleitet, liegt klar zu Tage. In jeder einer religiösen Gemeinschaft zu Grunde liegenden produktiven Gottesanschauung ist ohne Reflexion, aber tatsächlich ein einheitliches praktisches Ganzes der Lebensstimmung und =gesinnung, ein eigentümliches Grundverhältnis von Gott, Welt und Mensch gesetzt. Der naiven Religion als solcher ist es niemals bewußt, in ihren Bildungen kommt es niemals rein und unvermischt zum Ausdruck, aber es ist doch das gestaltende Prinzip all der zahllosen einzelnen Akte, der Formen, Riten und Institutionen, das die wissenschaftliche Reflexion herauszufühlen vermag. Damit stehen wir bei dem, was Schleiermacher die eigentümliche Bestimmtheit des Gottes= bewußtseins, Hegel und Biedermann das religiöse Prinzip, Lipsius das religiöse Grundverhältnis, Ritschl die praktische Grundanschauung von dem Verhältnis zwischen Gott, Welt und Mensch genannt hat. Es ist auf niederen Religionsstufen, wo die

Religion nur leichte aber um so mannigfaltigere Furchen in die
Seelen zieht, noch nicht zu fassen oder doch wenigstens nur in
ganz unbestimmter, alle gleichartigen Religionen mitumfassender
Allgemeinheit. Erst bei höheren und bestimmteren Religionen
und insbesondere bei den großen Welt= und Erlösungsreligionen
erhebt sich diese Aufgabe. Hier genügt es nun aber keineswegs
sich auf den historischen Quellpunkt zu beschränken. Die An=
fänge sind grundlegend, aber nur Keime, deren ganzer Inhalt erst
aus der Gesamtentwickelung übersehen werden kann. Dabei zeigt
sich dann auch, wie unendlich verschieden die Elastizität und Ent=
wickelungsfähigkeit der einzelnen religiösen Prinzipien ist. Die
elastischesten stellen die schwersten und tiefsten Aufgaben. So er=
giebt sich aus der allgemeinen Grundlegung eine Fülle der größten
Aufgaben, welche die feinste und schärfste historische Divination
erfordern und zugleich eine ungemeine Gelehrsamkeit voraussetzen,
ohne daß doch diese für sich allein etwas helfen könnte. Die
Frage nach den Prinzipien der Religionen ist das eigentliche Ziel,
ihre Beantwortung der schönste Lohn der durch allen Wirrwarr
sich mühsam hindurcharbeitenden religionsgeschichtlichen Analyse, die
Blüte und die Quintessenz aller Religionswissenschaft. Es ist eines
der nicht allzu zahlreichen Ruhmesblätter in der Geschichte der
Theologie, daß sie auf einigen Gebieten, dem der israelitischen Reli=
gionsgeschichte und der christlichen Dogmengeschichte diese For=
derungen nicht bloß aufgestellt, sondern in nicht unbeträchtlichem
Grade zur Verwirklichung gebracht hat.

Damit sind die Hauptfragen der Religionspsychologie er=
schöpft. Die genaueren Einzelfragen nach dem Verlaufe des reli=
giösen Lebens und seinen Beziehungen zu verschiedenen anderen
geistigen Anlagen, nach seinem Verhältnis zu Kunst und Sitte,
Recht und Staat und anderes derart brauchen nicht weiter aus=
geführt zu werden. Sie sind in einer Reihe einzelner Werke
z. B. bei Rauwenhoff, Pfleiderer, Kaftan, Siebeck, Lip=
sius, A. Réville, v. Hartmann u. a. vortrefflich behandelt
worden, wie denn überhaupt unsere zur psychologischen Analyse
neigende Zeit in dieser Kunst eine große Feinheit erlangt hat.
Ich fasse daher nur das Resultat zusammen. Es ist nichts

anderes als die Bestätigung des in der Einleitung zu Grunde
gelegten Satzes, daß die Religion etwas im Zentrum völlig selb=
ständiges, auf dem Zusammenhang des Menschen mit der über=
sinnlichen Welt Beruhendes sei. Wir sehen sie in der innerhalb
der einzelnen Religionskreise erwachenden und in der diese Kreise
begründenden Frömmigkeit überall auf einer grundlegenden Gottes=
anschauung oder Gotteserfahrung beruhen, sei sie nun mehr re=
produktiv oder mehr produktiv. Sie steht zwar in engem Zu=
sammenhang mit dem geistigen Gesamtzustand überhaupt, sie kann
mannigfach beeinflußt, begrenzt und geleitet werden, wir erkennen
aber doch überall, wo sie innerlich lebendig und aktuell ist, eine
rein tatsächliche, unableitbare Beziehung auf die sich erschließende
Gottheit, in der alles Sein und Leben beschlossen ist und die sich
bald mehr ursprünglich, bald mehr durch das Mittel der Ueber=
lieferung offenbart. In diesem etwas erweiterten und von der
spekulativ monistischen Begründung abgelösten Sinne ist der Satz
vollkommen richtig, den Biedermann als Bestimmung des reli=
giösen Vorganges aufgestellt hat und den E. v. Hartmann mit
noch stärkerer Anspannung seines monistischen Charakters von ihm
übernommen hat, daß alle Frömmigkeit bestehe in Offenbarung
und Glaube und dieses Wechselverhältnis das Grundelement aller
religiösen Erlebnisse sei, der überwiegend produktiven sowohl als
der überwiegend reproduktiven. In derselben Weise modifiziert
auch Siebeck den Biedermannschen Begriff der Offenbarung
oder religiösen Erfahrung, nur macht er diesen Begriff eines die
Religion erst begründenden Objektiven leider nicht zur Grundlage
seiner Religionsphilosophie, sondern sucht ihn als einen in dem
Erweis der Denknotwendigkeit der religiösen Postulate mitgesetzten
zu behandeln, da die Offenbarung eben das Kundwerden der so
postulierten überweltlichen Güter sei. Damit ist aber das grund=
legende Moment zu einer Folgerung gemacht. Der von Siebeck
gefürchtete Zirkel, daß man um der Erlösung willen an eine
Offenbarung und um der Offenbarung willen an die Erlösung
glaube, existiert nur für die Postulatentheorie und bekundet nur
die Unzweckmäßigkeit, von ihr aus das Verständnis der Religion
zu suchen. Wenn Hartmann dagegen daraus den Satz von der

„funktionellen Identität der Offenbarung und des Glaubens" ab=
leitet, so ist das gerade nicht, wie er meint, eine Aussage der
religiösen Erfahrung, die sich aufs äußerste dagegen sträubt, bloß
ein Erleiden der göttlichen Selbstbewegung oder mit dieser identisch
zu sein, sondern eine philosophische Korrektur der religiösen Er=
fahrung, in welcher Hartmann selbst die Möglichkeit einer
„Selbstdetermination" durch die religiöse Erfahrung und damit
auch die Möglichkeit eines ablehnenden Verhaltens anerkennt.
Der zwischen Determinismus und ethischer Freiheitslehre schwan=
kende Begriff der Selbstdetermination ist die Hülle, welche das
Schwanken zwischen einem absoluten Monismus und einem philo=
sophisch geläuterten Theismus bei Hartmann verbirgt. .Das
metaphysische Grundverhältnis aber, das eine Offenbarung Gottes
an den menschlichen Geist und eine relative Selbständigkeit des
letzteren ermöglicht, die Grundkonstitution der ganzen Wirklichkeit,
die eine Fülle konkreter Endlichkeit im Unendlichen darbietet, ge=
hört zu dem Unerforschlichen, das wir ruhig verehren dürfen.

Jemehr wir aber derart alles Leben der Religion auf die
reine Tatsächlichkeit der Offenbarung und auf die praktische Energie
des von ihr erweckten Glaubens begründen, um so dringender regt
sich der Wunsch, daß doch jener subjektiven Vergewisserung auf
religiösem Wege auch noch eine andersartige Vergewisserung
über das Vorhandensein des religiösen Objektes zur Seite treten
möge, damit wir uns der Furcht vor Selbsttäuschungen endgiltig
erwehren können.   Daher haben alle höheren Religionen, bei denen
sich ein wissenschaftliches Denken aus der anfänglichen Vermischung
religiösen Glaubens und kindlicher Metaphysik herausdifferenziert
hat, diese Forderung hervorgerufen und nach Befriedigung dieses
Bedürfnisses gestrebt.   Diese Versuche liegen uns in einer langen
und stolzen Reihe philosophischer Tradition vor, und es wäre wunder=
liche Vermessenheit, zu glauben, daß diese Denker alle nur einem
Wahne nachgejagt hätten, und als würfe die berühmte kantische
Behandlung der Gottesbeweise diese Versuche in das Nichts zurück,
während sie sich ja nur gegen die rationalistische Verwertung der
angeborenen Denknotwendigkeit des Absoluten kehrt. Nun ist es
freilich unmöglich, das Objekt der Religion auf außerreligiösem

Wege zu erreichen. Man kann den Ton nicht ſehen und das Licht nicht hören, ſo viel Mühe man ſich geben mag. Aber was man erwarten kann, iſt eine indirekte Befriedigung dieſes Bedürfniſſes. Wenn nämlich das Objekt der Religion vorhanden iſt, dann muß die Welt ſo beſchaffen ſein, daß dieſes Objekt in ihr Raum und Möglichkeit hat, ja daß es zu ihrem Verſtändnis gefordert wird; oder richtiger, da ein Ueberblick über alle Weltzuſammenhänge den Menſchlein unſeres Planeten nicht im entfernteſten möglich iſt, es muß in unſerem winzigen Erfahrungsbereiche Spuren geben, welche eine Größe beſtätigen oder verlangen, die ungefähr in einigen Hauptpunkten dem in der Religion erfahrenen Objekt entſpricht. Natürlich wird ſo nicht der Gott der Religion gefunden, ſondern nur eine wiſſenſchaftliche Hypotheſe, und natürlich kann dieſe Hypo= theſe in ihrer Allgemeinheit und Ungenauigkeit und mit ihren vielen offen bleibenden Fragen vollends nichts dem Gottesglauben einer beſtimmten Religion genau Entſprechendes ſein. Sie kann viel= mehr nur ganz im Allgemeinen das Objekt andeuten, das in ſeiner inneren Lebendigkeit und ſeinem weſentlichen Gehalte ſich nur in den einzelnen Religionen erſchließt und auch hier ſo, daß es nur ſeinen ſpezifiſch religiöſen Gehalt erſchließt und nicht eine wiſſen= ſchaftliche Erkenntnis gewährt. Wir haben alſo keinen Beweis, ſondern eine indirekte Beſtätigung zu erwarten, und dieſe Beſtäti= gung bezieht ſich nicht auf den Gottesbegriff einer beſtimmten Religion, ſondern auf die den ſchärfer herausdifferenzierten und tiefer erfaßten Religionen gemeinſame Tendenz. Daß für die Be= ſtimmung der letzteren das religiöſe Phänomen des Buddhismus nicht in Betracht kommen kann, wird ſpäter zu erläutern ſein. Von einer Hypotheſe, die auf ein ſo unendlich lückenhaftes Material angewieſen iſt, kann man nicht mehr verlangen. Das aber leiſtet ſie wirklich und hat ſie geleiſtet in den verſchiedenen großen Syſtemen, deren bedeutendſte und ꝏieſſte alle auf eine derartige Hypotheſe hinauslaufen und die nur dieſe Hypotheſe meiſt nicht deutlich genug von dem religiöſen Motive unterſchieden haben, das ſie zunächſt zu deren Aufſuchung veranlaßt hat. Der Empirismus und Skeptizismus hat dieſen Denkverſuchen gegenüber ſtets nur die Bedeutung eines oft höchſt nützlichen und nötigen Korrektivs,

aber an ihre Stelle zu treten vermag er nicht, er iſt immer nur
eine Reaktionserſcheinung. Er kann den Geiſt nicht zur Begleit=
erſcheinung einer Materie herabſetzen, die nur in ihm exiſtiert, und
eine Einheit leugnen, die er eben in dem auf ihre Leugnung ge=
richteten Nachdenken betätigt. Auch die kantiſche Philoſophie iſt
nur eine Modifikation und eine beſtimmtere Begrenzung des Aus=
gangspunktes für jene Haupthypotheſe, und ſeine Polemik gegen
die Gottesbeweiſe iſt nur eine Station in der Differenzierung des
wiſſenſchaftlichen Denkens von der Religion, aber keine Aufhebung
jener Hypotheſe innerhalb der ihr zuſtehenden Grenzen. Die Tat=
ſache der Wechſelwirkung der einzelnen Wirkungszentren überhaupt,
auf welche Lotze beſonders energiſch hingewieſen hat; die Auf=
einanderbeziehung des natürlichen und geiſtigen Lebens, die in den
ſog. Trieben und Inſtinkten auch bei aller etwaigen Vererbung
beſonders deutlich hervortritt und die E. v. Hartmann in ſeinem
Unbewußten nachdrücklich verfolgte; die übereinſtimmende logiſche
Geſetzmäßigkeit im Denken und in der Außenwelt, deren Begrün=
dung in einer beiden übergeordneten logiſchen Vernunft Hegel ſo
ſcharf betonte, die Würde des Sittlichen und ſeine Vollzugs=
möglichkeit, die auf Kant den tiefſten Eindruck gemacht haben und
von denen das letztere Moment namentlich durch Fichte aus=
gebeutet wurde; die an einer Reihe von Stellen unwiderleglich
hervortretende immanente Teleologie, die ſelbſt Mill anerkannte
und die gegen die wichtigſten Einwürfe von Hartmann in ſeiner
Schrift über den Darwinismus ſcharfſinnig verteidigt wurde;
die äſthetiſche Ahnung einer inneren harmoniſchen Aufeinander=
beziehung des Geiſtes und der Natur, die Kant in ſeiner Urteils=
kraft analyſierte und womit er auf Goethe eine ſo tief erleuch=
tende Wirkung ausübte; ſchließlich die im Zuſammenhang mit dem
Bisherigen bedeutungsvolle Tatſache der Einſchließung einer Idee
des Unbedingten in jedem Denkakte, der Kant nur den Wert
eines Exiſtenzbeweiſes für das Wolff'ſche ens realissimum ab=
ſprach: alles das nötigt zur Hypotheſe einer einheitlichen unendlichen
Energie, in der alles aufeinander bezogen iſt und in der die Natur
ein Verwirklichungsmittel geiſtiger Werte iſt. Man wird mit Hegel,
Lotze und Fechner dazu fortſchreiten dürfen, dieſe Energie als

für ſich ſeienden Geiſt zu beſtimmen, jedenfalls enthalten die moniſtiſchen Syſteme einſchließlich des konkreten Hartmann'ſchen
Monismus ebenſo viel Schwierigkeiten als die Behauptung einer
für ſich ſeienden, von der Welt ſich unterſcheidenden Geiſtigkeit
dieſer Energie.

Ich darf hier auf die ausgezeichnete Darſtellung verweiſen,
welche Zeller dieſen Ueberlegungen und ihrem Reſultate in der
Einleitung ſeines bereits erwähnten Aufſatzes gegeben hat.

Freilich überſchreitet dieſe Hypotheſe die Erfahrung und
mündet in ein immer ſchwankendes, vieldeutiges Phantaſiebild aus,
deſſen Eigentümlichkeit es iſt, die in der Erfahrung getrennten Erſcheinungen zur Einheit zuſammenzufaſſen und dieſe Einheit doch
nur als ſublimierte und ungeheuer erweiterte, aber doch neben anderem oder allein ſtehende Einzelheit denken zu können. Hierin
haben die endloſen Zwiſtigkeiten zwiſchen Monismus und Theismus, alle die bekannten Schwierigkeiten der Gottesvorſtellung ihren
Grund. Aber irgend etwas muß doch dieſem Phantaſiebild entſprechen. Freilich ſtimmt dieſe Hypotheſe nicht überall glatt, indem ſo manche Tatſache des Gegenteils, der brutalen Unvernunft
und des ſinnloſen Uebels gegen die anderwärts hervortretende ver-
nünftige Zweckmäßigkeit zu ſtreiten ſcheint, ſo daß nur der ver-
nünftige und gütige, aber beſchränkte Demiurg Mills oder das
unſelige, aber logiſche Abſolute Hartmanns gefolgert werden zu
dürfen ſcheint. Allein beide Gedanken widerſtreben ſo ſehr der
notwendigen Einheit oder der Geiſtigkeit des Abſoluten, daß ſie
undurchführbar ſind; insbeſondere brechen in dem Hartmann'ſchen
Abſoluten die peſſimiſtiſchen Elemente des Unbewußten und die
optimiſtiſchen der vernünftigen Geiſtigkeit immer wieder auseinander.
Wir werden bei unſerer Kenntnis eines nur ſo geringen Aus-
ſchnittes den überwiegenden Spuren der Vernünftigkeit vertrauen
dürfen. Nehmen wir zu dieſem wiſſenſchaftlichen Ergebnis das
religiöſe Erlebnis hinzu, ſo ſtützen ſich beide gegenſeitig. Das bedeutet aber eine weitere, außerordentliche Steigerung der Wahrſcheinlichkeit für die Exiſtenz des religiöſen Objektes. Auf dieſe
gegenſeitige Stützung zu verzichten, halte ich für ſehr bedenklich.
Zwar macht es immer den Eindruck einer edlen Großherzigkeit,

wenn Theologen ganz und gar auf jeden „Gottesbeweis“ verzichten zu wollen erklären und ſich lediglich dem Ernſte ihrer ſittlichen und religiöſen Erfahrung anvertrauen. Allein ſie gleichen
der Sibylle, die ruhig ſechs ihrer koſtbaren Bücher verbrennt und
den Reſt noch für koſtbar genug hält, um den Preis des Ganzen
dafür zu fordern. Das imponiert, bringt uns aber doch um einen
koſtbaren Schatz. Wir können auch von einer rein religiös begründeten Gewißheit leben, aber wir ſind doch ungleich mehr
der bangen Furcht vor Selbſttäuſchung ausgeſetzt, als wenn wir
jene Vermehrung der Wahrſcheinlichkeit in Betracht ziehen. Mehr
als Wahrſcheinlichkeit kann aber menſchliche Wiſſenſchaft als ſolche
nicht erreichen. Die Gewißheit iſt immer Sache des Glaubens.
Alle die einfache, unmittelbare Erfahrung überſchreitende Erkenntnis beruht nur auf Wahrſcheinlichkeit, deren Grad freilich ſehr verſchieden ſein kann, und enthält ſomit einen Koeffizienten des
Glaubens, wie Fechner ſehr richtig bemerkt. Die religiöſe Gewißheit unterſcheidet ſich, wiſſenſchaftlich betrachtet, von anderer
Erkenntnis nur durch einen größeren Spielraum der Wahrſcheinlichkeit und einen größeren Koeffizienten des Glaubens. Die hier
erreichte Wahrſcheinlichkeit genügt aber auch, uns in der Ueberzeugung zu befeſtigen, daß wir in der Religion ein Wirkliches erfahren und nicht einer Prellerei des Bewußtſeins unterliegen. Was
dies Wirkliche in ſeinem inneren Weſen ſei, das kann aber nur
die Religion ſelbſt offenbaren. Damit iſt auch die von Zeller
geltend gemachte Schwierigkeit erledigt, daß die Religion im Falle
der Nicht-Uebereinſtimmung mit dem philoſophiſchen Gottesbegriff
unmöglich, im Falle der Uebereinſtimmung aber überflüſſig zu
werden ſcheine. Es beſteht eben zwiſchen beiden nur ein Verhältnis der Berührung, das ſehr verſchiedene Grade größerer oder ge-
ringerer Nähe haben kann, daß aber niemals zum Verhältnis
eines reinen Gegenſatzes und niemals zu dem einer reinen Identität
werden kann.

Der Ursprung der urchristlichen und der modernen Mission.

Von

Karl Sell[1]).

Durch Warneck ist die Vergleichung der apostolischen und modernen Mission auf die Tagesordnung gekommen[2]). Mit Recht. Jeder evangelische Geistliche, der über Mission spricht, vertieft sich in das Bild der neutestamentlichen Mission, sucht dort die Musterbilder für alle späteren Zeiten und findet in dem ausdrücklichen Missionsbefehl Christi die Rechtfertigung der heutzutage von Niemanden außer von den absoluten Feinden des Christentums und der Sklavenemanzipation abgelehnten Heidenmission. Andererseits staunt man über die nun am Ende des 19. Jahrhunderts sichtbar werdenden Erfolge der modernen Mission und freut sich, daß sie trotz des unvergleichlichen Vorzuges der apostolischen Zeit dennoch numerisch so viel größer sind als die jener.

Sucht man für den Unterschied der Weltstellung der Mission in jener und in unserer Zeit ein schlagendes Bild, so bietet sich wie von selbst dar: Paulus auf dem Markt in Athen und der „Religionskongreß" zu Chikago im vorigen Jahre. Dort sucht der Bote Christi vorsichtig Anknüpfungspunkte bei den Weisen Griechenlands, hier in einem Gebiet, wo vor anderthalbhundert Jahren Missionare der Brüdergemeinde den ersten Grund zur

---

[1]) Vorträge im Bonner Ferienkurs 1894.

[2]) Vgl. besonders G. Warneck, Die apostolische und die moderne Mission. Eine apologetische Parallele, 1876 und den Artikel Protestantische Missionen in Herzog's Realencyklopädie², Bd. 10, geschrieben 1881, auch besonders erschienen.

Zivilisation gelegt haben, tagen inmitten einer christlichen Nation, großmütig von ihr zu Gast geladen, die Vertreter aller Religionen der Welt und bemühen sich in friedlicher Aussprache um den Preis der größten Gesittung. Wie sehr sich gerade hier der Dünkel der verschiedenen uralten heidnischen Religionen gezeigt hat, sie haben sich dennoch dem Prinzip gebeugt, das unser Heiland in die Welt gebracht hat, daß man eine Religion an ihren Früchten erkennt.

Bei der Vergleichung von urchristlicher und moderner Mission kommt der Protestant von selbst auf die Frage: Was ist die Ursache, daß die Reformation, die doch die Bibel wieder ent= deckte, nicht sofort die Missionsaufgabe begriff? Warum that sie nicht was doch die älteste Christenheit that? War doch gerade eben eine neue Welt mit ihren „Heiden" entdeckt worden! An überseeischem Sinn fehlte es den deutschen Kaufleuten in Augsburg und Nürnberg, geschweige den Hansaleuten nicht, und Holländer und Engländer schufen im Reformationsjahrhundert ihre Seemacht, begründeten ihre Kolonieen? Die katholische Kirche wurde durch die überseeischen Entdeckungen und Eroberungen zu großen Mis= sionsunternehmungen geführt, warum nicht die Kirche des lanteren Evangeliums? Die eschatologische Stimmung der Reformatoren, die ein baldiges Ende dieser bösen Welt erwarteten, entschuldigt sie auch nicht, denn diese Stimmung war in der apostolischen Zeit noch viel allgemeiner.

Die Antwort ist: Die Reformationskirche dachte nicht an die Missionsaufgabe, weil sie aus tieferen Gründen die geogra= phische Grenze der Christenheit für erreicht und die Arbeit an den mitten in der Kirche sitzenden Heiden und Papisten für wich= tiger hielt als an denen draußen.

Wer hat also den Umschwung zur modernen Mission her= beigeführt? Das ist eine geschichtliche Frage. Die gleiche Frage aber, wie die nach dem Anfang der modernen Mission, muß man vom rein historischen Standpunkt auch erheben bezüglich der apostolischen Mission.

Da es nicht möglich ist im evangelischen Sinne von Mission zu reden ohne die urchristliche zu berühren, so wird mir die Auf=

gabe, die Entstehung dieser beiden Phänomene geschichtlich zu er=
klären. Dabei will ich eine Bemerkung nicht unterdrücken, die natür=
lich kein Vorwurf ist: daß die geschichtliche Betrachtung dieser Gegen=
stände, auch wo sie nicht rein populär ist, viel zu sehr von den uns
praktisch geläufigen Gesichtspunkten, wie von Vorurteilen, beherrscht ist.

Man sieht das neue Testament nicht nur, sondern die ganze
Kirchengeschichte viel zu sehr mit den Angen eines Christen
unserer Tage an. Wer die Reformation wirklich verstehen will,
darf sie nicht mit den Augen der Aufklärung oder des Pietismus
ansehen und von der gesamten Kirchengeschichte muß man ab=
strahiren können, wenn man den originalen Sinn des neuen
Testaments erfassen will.

Man stellt im Zeitalter der vergleichenden Religionsgeschichte
die christliche Mission insgemein leicht in eine Parallele zu den
anderen missionirenden Religionen vor ihm und nach ihm, dem
Buddhismus und dem Islam.

Unterschiede und Aehnlichkeiten sind schlagend. Der Budd=
hismus beginnt in Indien als Räsonnement, als Popularphilo=
sophie und Moral — er führte zur Gründung eines Mönchsordens
und endigt in einer stocksteifen Hierarchie. Der Islam geht aus
von einer Offenbarung, führt zur Bekehrung mit Gewalt und
vollendet sich in einem theokratischen Militärabsolutismus. Das
Christentum geht aus von einer Offenbarung, wendet sich an die
persönliche Ueberzeugung, gründet eine ihre hierarchischen Formen
stets neu modifizierende Kirche und endigt mit der Weltherrschaft
eines die Geister verknüpfenden und versöhnenden Glaubens.

Es gab vor ihm noch eine zweite missionierende Religion,
nämlich das Judentum[1]), aber das ist in dieser Eigenschaft vom
Christentum völlig aufgesogen worden. Nachdem dem Schoße der
jüdischen Volksreligion die christliche Weltreligion entstiegen, hat das
Judentum eine ähnliche Rückbildung erlebt, wie sie der Katholizis=
mus erfuhr, von dem der Evangelismus sich getrennt hatte, eine
Rückbildung zur reinen Volksreligion. Das Wort „Mission", das
wir ohne weiteres auf die urchristliche Bekehrungsarbeit anwenden,

---

[1]) Matth 23 15.

kommt in dem von uns jetzt gemeinten prägnanten Sinne: Ausbreitung des Chriftentums durch beliebige Sendboten, im neuen
Teftament überhaupt nicht vor. Das dem lateinischen missio ent-
fprechende griechiſche Wort ἀποστολή wird nur viermal gebraucht,
und jedesmal in dem engeren Sinne von „Apoſtolat". (Apg 1 25
Röm 1 5 I Kor 8 2. 5 Gal 2 8.)

Und wie ist es mit der bezeichneten Sache, mit der Chriften-
pflicht, allen Nichtchriften das Evangelium zu bringen? Die
Antwort ift weniger einfach als man ſich vielleicht vorftellt, wenn
wir den Text des neuen Teftaments nicht in dem uns geläufigen
erbaulichen Sinne, fondern im ſchlicht hiftorifchen nehmen.

Gehen wir von dem in den urchriftlichen Quellen genügend
bezeugten Sachverhalt aus.

Die Ausbreitung des Chriftentums in der erften Zeit erfolgte
in zwiefacher Weife, durch eigens ausgefandte Boten und durch
die unwillkürliche Selbftausfaat des Evangeliums.

Aber dabei ift zu bedenken, daß es ſich bei diefer Ausbreitung
des Evangeliums nicht handelte um das, was wir jetzt eine Kirche,
oder auch nur eine Gemeinde nennen, auch nicht um die Stiftung
des Reiches Gottes wie man heutzutage fagt.

Von einer Kirche im jetzigen Sinne des Wortes, einer
organifierten Glaubensgemeinschaft mit Bekenntnis, geiftlichem
Amt, Sakramenten und einer gegen den Staat und die bürgerliche
Gemeinde abgegrenzten Verfaffung und Lebensordnung weiß das
neue Teftament nichts, von einer Gemeinde im heutigen Sinn,
der ſich felbft regierenden lokalen Teilkörperfchaft einer größeren
Kirche oder von einer völlig freien Gemeinde auch nicht, und von
einem Reiche Gottes, das ein Menfch gründen, ftiften, bauen
helfen foll, ift im neuen Teftament ebenfowenig die Rede. Was
wir dort finden, das ſind zu den beiden erftgenannten Dingen nur
entfernte Vorftufen und das „Reich Gottes" ift ganz etwas anderes
als was unfere Predigten meift fo nennen. Wir müffen von allen
uns geläufigen Vorftellungen abfehen, wenn wir das Urchriften-
tum gefchichtlich verftehen wollen.

Was finden wir wenn wir die urchriftliche Miſſion ins
Auge faffen?

Wir finden die geschichtliche Gestalt Jesu Christi als eines wirklichen Boten des lebendigen Gottes, eine Gestalt von so bestimmt erkennbaren menschlich und geschichtlich durchaus indivi= duellen Zügen, wie es jemals eine auf Erden gegeben hat, eine Persönlichkeit, die so viel größer und einzigartiger ist, als alle ihre späteren gleichfalls erkennbaren Nachwirkungen in der Geschichte, daß sie darum noch heute als wirkliche geschichtliche Individualität geschaut werden kann mit einer Sicherheit, die jeden Zweifel ausschließt.

Um diesen Meister sehen wir geschaart eine verhältnißmäßig kleine Zahl von Schülern und dankbaren Anhängern, die es selber erlebt haben, daß Er ihnen als auferstandener Herr erschienen ist und die Ihn darum für den zum Himmel erhobenen König eines zukünftigen Reiches, für den Mitregenten Gottes halten. Der Welt gegenüber weisen sie als auf das Siegel ihrer Verbindung mit dem Himmel hin auf die in ihnen lebendige neue Geistes= und Willenskraft, den heiligen Geist, der zeitweise die Schranken ihres natürlichen Wissens und Könnens erhöht, Wunder wirkt und ihnen einen ständigen Verkehr mit ihrem Herrn ermöglicht, so daß Er sie seinen Willen lehrt, an seine Werke erinnert und ihnen eine unaussprechliche sieghafte Gewißheit ihres künftigen himm= lischen Erbes gewährt. Die dieses Geistes teilhaftig geworden sind, leben in einer höheren Welt, das Irdische liegt unter ihren Füßen.

Dennoch werden keineswegs Alle, die so glauben und stehen Missionare, sondern nur bestimmte Leute haben die Aufgabe, das zu verbreiten, was wir jetzt „Christentum" nennen würden und wofür das neue Testament eigentlich keinen Ausdruck hat [1]). Diese Thatsache wird ausgedrückt durch die Worte Evangelium und Apostel.

Das Christentum ist Evangelium, d. h. eine als Botschaft von Gott selber birekt ausgehende und überall um Gehör werbende Freudenkunde: die von dem ganz nahen Reiche Gottes und dem als dessen sicherer Bürge erschienenen Christus. Verständlich ist das Alles zunächst nur innerhalb des Judentums.

---

[1]) Etwa „Weg", Apg 9 : 16 17 18 25 19 9 22 4 24 14 (Hebr 10 20 Joh 14 6 ?).

Hier ist ein Gott, der mit einem Volk in einem persönlichen Verhältnis, einem Verhältnis wie Paulus einmal von sich und seinen Liebsten sagt „des Gebens und Nehmens" steht, hier ein Volk, dessen höchste Hoffnung war eine irdische Herrschaft Gottes über seine Getreuen, die diese zu makellosem heiligen Wandel vor ihm verpflichtete. Diese Hoffnung soll nun in Erfüllung gehen, aber anders als Israel es sich gedacht hatte. Kein Gewaltherrscher sollte plötzlich wie aus dem Himmel erscheinen, Israel sammeln, die Feinde schlagen, Jerusalem zur Weltstadt machen, den Lauf der Jahreszeiten ändern, den Satan besiegen. Sondern: der geborene Sohn Gottes ist als jüdischer Rabbi erschienen, er sammelt durch sein Wort und seine Werke aus der Mitte seines Volkes den heiligen Rest der Auserwählten Gottes, den man daran erkennt, daß er sein Herz öffnet der von Ihm gegebenen Erklärung des altheiligen Gesetzes aus seinen tiefsten göttlichen Lebenswurzeln heraus, wie es den Propheten vorschwebte. Die also Geworbenen erklären sich bereit zur innigen Hingabe an Gott, dem sie alle ihre Angelegenheiten fraglos anheimstellen, sie verzichten darauf, irgend etwas Eigenes als für sich allein zu besitzen, sie verzichten auf jede irdische Leidenschaft und Sorge, vor allen Dingen darauf, sich gegen Unrecht und Beleidigung irgendwie zu wehren, sie verharren in völliger Dienstbereitschaft gegen Jedermann. Sie haben keinen Herrn auf Erden, sie haben Weib und Kind als hätten sie sie nicht, und wenn sie Sklaven wären so wäre ihr Herr ihnen an Gottes Statt. Sie sind frei von Allem. Denn der König des Weltalls, der über den Sternen sitzt[1]), ist ihr Vater. Solche Gesinnung, das ist die veränderte Sinnesweise, die μετάνοια, die mit einem Worte bezeichnet wird als Gerechtigkeit[2]). Und sie ist die Vorbereitung auf noch größere Dinge. Der Anfang der größeren Dinge war der Glaube an

---

[1]) Das entspricht etwa dem neutestamentlichen ἐν τοῖς οὐρανοῖς.

[2]) Die Aufforderung zur Sinnesänderung, die mit den Wörtern „Buße", „Reue" unrichtig wiedergegeben wird (Mc 1 15 Matth 3 17) mußte notwendig die Frage hervorrufen, wie denn nun der Sinn geändert werden solle? Darauf antwortete die Gerechtigkeitslehre, in der menschliches Thun und göttliche Hülfe oder Gabe verbunden sind (Matth 5 3—20).

Den, der dem Johannes dem Täufer die Heroldsverkündigung der
Metanoia aus dem Munde genommen hatte und nun Diesem und
Jenem die Ueberzeugung einflößt, daß „Er es sei", nämlich der=
jenige, durch den Gott Alles zurecht bringen werde[1]). Das war
nämlich der Eindruck, den Jesus auf Empfängliche machte: Er,
der im Glauben Wunder thut, der uns hinweghebt über uns
selbst, dessen Rede in unserer Seele ein Licht aufgehen läßt, daß
wir meinen, wir können damit die ganze Welt erleuchten[2]), der ist
der Punkt, an dem Gott leibhaftig eingreift in die Welt, er ist
der Anfang der verheißenen großen Enthüllung Gottes selbst. Im
Zusammenhange jüdischer Gedanken ist das der Glaube an Jesus
als den Christus, den Messias, ein Glaube der umsomehr erst
allmählich erwachsen konnte, als ja die also Gläubigen dabei völlig
„umlernen" mußten. Das Gewisse, von dem dieses Umlernen
ausging, war die Persönlichkeit Jesu. Mit der Sinnesänderung
und dem Glauben an die Person Jesu, daß Er alles das sei,
wofür Er sich ausgeben werde[3]), war verbunden die Verheißung
des vorhandenen Reiches Gottes, das sich bereits ankündigte in
den herrlichsten Wunderthaten, den Heilungen der von Dämonen
Besessenen, und der wirkungskräftigen, die Seelen thatsächlich be=
freienden Sündenvergebung (Absolution) und in dem freudigen
Mute der Gläubigen, Alles hinzugeben, um dafür mehr als Alles
zu erwerben[4]). Aber damit war dies Reich nur im Anbruch,
es war noch nicht volle Weltwirklichkeit und es kann es nicht
sein, denn seine Gestalt ist überirdisch, überschwänglich und doch
bezwingt es alles Irdische, es ist die bereits vorhandene über uns
schwebende, aber erst hinter den Trümmern dieser gesamten irdischen
Welt hervorgehende ganze vollkommene Gotteswelt: ein Zusammen=
hang der Dinge, der nur Gott gehorcht und nicht mehr dem Satan[5]).

---

[1]) Diese johanneische Selbstbezeichnung 8 24 58 verbunden mit dem,
was Matth 17 11 von dem Vorläufer des Messias gesagt wird dient hier
nur zum kurzen Ausdruck der überwältigenden Erscheinung Jesu.

[2]) Matth 5 14.

[3]) Das ist die primäre psychologische Form des Glaubens an eine Person.

[4]) Matth 13 44 46.

[5]) Die Transscendenz des Himmelreiches, Gottesreiches, das erst mit
dem Ende des gegenwärtigen Aeon erscheint, halte ich für einstimmige

Dieſe drei Dinge Sinnesänderung, Glaube, Anwart=
ſchaft auf das Reich Gottes, umfaßt das Evangelium.

Dies Evangelium braucht Boten. Der es zuerſt gebracht
hat, wird einmal (Hebr 3₁) ſelbſt Gottes Sendbote ἀπόστολος
genannt. Daran ermißt man, was ein ſolcher Bote iſt: ein ebenſo
von Chriſto Bevollmächtigter zur vollkommenen höheren Gotteskunde,
wie es Chriſtus war von Gott aus. Aber der Sohn Gottes iſt
mehr als ein Bote Gottes, in ihm iſt etwas von göttlicher Wirk=
lichkeit ſelber, um ſo mehr braucht er zuverläſſige, von ihm be=
glaubigte Geſandte, die ein überführendes, perſönliches und durch
wunderwirkende Kräfte ſich bethätigendes mündliches und Thaten=
zeugniß von Ihm und ſeiner Sendung ablegen, ausrichten. Das
ſind die Apoſtel.

Seither habe ich eigentlich nur dies Wort erklärt. —

Eine „Geſchichte der urchriſtlichen Miſſion durch die Apoſtel"
läßt ſich nicht geben, dazu iſt die Ueberlieferung zu lückenhaft.
Sind uns doch auch die analogen Erſcheinungen der antiken Welt,
die man zur Vergleichung heranziehen kann, die herumwandernden
Philoſophen und Sophiſten nur in einigen Beiſpielen bekannt, von
den wandernden „Phariſäern" wiſſen wir nur aus einer angezogenen
Stelle des neuen Teſtaments.

Der Ausgangspunkt für das Verſtändniß der urchriſtlichen
Miſſion iſt die Ueberlieferung über den Apoſtel Paulus,
die uns in ſeinen eigenen Briefen vorliegt, den zweifellos älteſten
Schriften des neuen Teſtamentes, 23—33 Jahre nach Chriſti Hin=
gang zum Vater geſchrieben.

Von hier aus werden wir von ſelbſt zu den älteſten ge=
ſchriebenen Evangelien, der Apoſtelgeſchichte und den anderen
Schriften des neuen Teſtaments geführt.

Paulus, wie er uns in ſeinen Briefen entgegentritt, ein Mann
von helleniſtiſcher Bildung und wunderbarer Doppelſeitigkeit des
Weſens, iſt der Apoſtel der Heiden, aber nur Einer unter vielen
Apoſteln (Röm 11₁₃). Die Zahl der Apoſtel iſt keine beliebig
ſich vermehrende oder fortpflanzende Beamtenſchaft, wie etwa

_____

neuteſtamentliche Lehre. Das ſchließt ſeine prinzipielle Ankunft auf Erden
in der noch verhüllten Geſtalt des Menſchenſohnes Matth 12₂₈ nicht aus.

jetzt die Paſtoren, ſondern ihre Zahl iſt beſchränkt. An der Spitze
der Apoſtel ſteht Petrus ¹). Eine beſondere Gruppe darunter bilden
die „Brüder des Herrn" ²). Unter ihnen ragte Jakobus hervor ³).
Drei Männer, die dieſen beiden Gruppen angehören, gelten als
die „Säulen" ⁴), weſſen? Doch wohl des Gottesbaues der ἐκκλησία;
unter ihnen wird in dieſer Gedankenverbindung Jakobus zuerſt
genannt. Durchaus erkannte Petrus nicht bloß ihre Sendung an,
ſondern auch ſeine eigene Unterordnung: ihrem Urteil unterwirft
er ſich mit ſeinem eigenen Evangelium⁵). Es giebt außerdem einen
weiteren Kreis von Apoſteln⁶). Da auch Apoſtel, Sendboten der
Gemeinden, vorkommen (Phil 2 ₂₅), ſo müſſen die Apoſtel im ab=
ſoluten Sinne Sendboten Jeſu Chriſti ſelber ſein. Wenn der
heilige Geiſt ſie beruft, ſo muß dieſe Berufung dieſelbe Bedeutung
haben wie die Berufung durch Jeſus ſelbſt, denn ſie gehen immer
den Propheten voran⁷). Zu ihrer weſentlichen Thätigkeit gehört
das Herumreiſen, wobei ſie ſich auch von ihren im gleichen Glauben
ſtehenden Frauen begleiten laſſen können⁸) und mit ihnen den
Unterhalt von den Gemeinden empfangen⁹): dieſer Apoſtolat iſt
nicht ein hervorragender Rang in der Gemeinde, ſondern eine
διακονία, ein Dienſt, ein Amt ¹⁰). Sein Inbegriff iſt das Evangelium.
die Verkündigung einer ganz beſtimmten frohen Botſchaft. Dies
Evangelium kann nur eines ſein, das Evangelium von Chriſto,
d. h. die Nachricht, daß Gott ſeinen als Davids Sohn auf Erden
geborenen Sohn durch die Auferweckung als ſolchen legitimiert¹¹)
und im Glauben an ihn, d. h. in der vertrauensvollen und gehor=
ſamen Zuflucht zu ihm als dem Herrn allen, die ſich dieſes Glaubens
unterwinden, die Rettung verheißt vor dem künftigen Zorngericht
und die Teilnahme am künftigen Reich¹²).

---

¹) Gal 1 ₁₈ I Kor 15 ₅.   ²) I Kor 8 ₆.
³) Gal 1 ₂₀ 2 ₉ ₁₂.   ⁴) Gal 2 ₉.
⁵) Gal 2 ₂. Dieſes Urteil kann ſich nicht auf den Inhalt des Evan=
geliums beziehen, das Paulus von Chriſtus empfangen hat Gal 1 ₁₂, ſondern nur auf das was Paulus von ſich aus in deſſen Dienſt thut.
⁶) I Kor 15 ₈.   ⁷) I Kor 12 ₂₈.   ⁸) I Kor 9 ₅.
⁹) I Kor 9 ₄ ₅ vgl. mit 9 ₉ ff.
¹⁰) II Kor 4 ₁ I Kor 12 ₅ vgl. mit I Kor 12 ₂₈.
¹¹) Röm 1 ₁—₆.   ¹²) Röm 5 ₉ II Theſſ 1 ₅.

Der Apostolat ist also Reiseprebigt des Evangeliums im un=
mittelbaren Auftrag Christi.

Dieser Apostolat bewegt sich auf zwei Gebieten. Paulus ist
betraut mit der Verkündigung des Evangeliums unter den Heiden
d. h. unter dem Teil der Menschheit, der nur eine natürliche an=
geborene Offenbarung Gottes besitzt, aber keine geschichtliche[1]), und
der infolge dessen der Gewalt und dem anbetenden Dienst der
Naturkräfte verfallen ist. Sein gleichberechtigter Genosse dabei
war Barnabas (Gal 2 9). Paulus hat sich damit auf ein Gebiet
begeben, das auch Christus nicht betreten hat[2]), der nur den Dienst
an den Juden versah, die kraft der göttlichen Verheißungen durchaus
den ersten Anspruch auf das Evangelium haben. Zu seinem Amt
hat ihn Gott gleichzeitig mit der ihm zu Teil gewordenen Offen=
barung des Sohnes Gottes durch eine sein Leben ihm verbürgende
Erscheinung berufen in Gestalt eines ausdrücklichen Auf=
trages[3]). Ja für dieses Werk ist er auserwählt und geboren.
Ausgerüstet ist der Apostel mit besonderen Gaben des Geistes und
der Wunderkraft, also mit besonderen Gaben der Erkenntnis (auch
von Geheimnissen, die bis dahin allein Gott gewußt hat)[4]); er
redet mit Zungen, hat Gesichte, erlebt Verzückungen, verrichtet
Wunder, was alles aber auch sich bei den anderen Aposteln
findet. Das schließt nicht aus, daß er ein ihn nie ganz verlassendes
schweres körperliches Leiden hat, das direkt hinderlich in seinen
Beruf eingreift und sich dadurch als eine Schickung vom Satan
geweist. Die Pflichten des Apostellebens sind die einer absoluten
Vorbildlichkeit in Dienstwilligkeit, Uneigennützigkeit, Gebuld, Un=
ermüdlichkeit, der möglichsten Aehnlichkeit mit Christo[5]). Dazu
gehört nicht eigentliche Armut, aber doch das Leben von der Hand
zum Mund. Es ist eine besondere Leistung des Paulus, worauf
er stolz ist, daß er nur zeitweise von seinem Recht, sich von der
Gemeinde erhalten zu lassen, Gebrauch macht[6]). Irgendwelches

---

[1]) Röm 1 18 ff.   [2]) Röm 15 8.
[3]) Röm 1 5 vgl. mit Gal 1 11 12 15 16 I Kor 15 8.
[4]) II Kor 12 12 12 6 1 Röm 11 25.
[5]) II Kor 11, 12.
[6]) I Kor 9 12 18 vgl. mit Phil 1 25.

Gebieterrecht in der Gemeinde steht ihm nicht zu, aber bei dem richterlichen Verfahren der Gemeinde über einen Sünder stimmt er als erster ab (1 Kor 5 4).

17 Jahre lang nach seiner Bekehrung in Damaskus hatte Paulus diesen Dienst gethan in Arabien, Syrien, Cilicien, nach= dem er nur die persönliche Bekanntschaft von Petrus und Jakobus in Jerusalem gesucht hatte, aber mit den Gemeinden in Judäa nicht bekannt geworden war, da führte ihn eine Offenbarung nach Jerusalem zu dem Zwecke, um die Weise seiner evangelischen Ver= kündigung vor den Leitern zu rechtfertigen. Er hatte den geborenen Heiden die Beschneidung und die Beobachtung des jüdischen Ge= setzes nicht auferlegt. Daraus waren Schwierigkeiten erwachsen. Eine Partei in Jerusalem machte geltend, daß nur durch die Be= schneidung, das Zeichen des alten Bundes, der Weg zum Christen= tum gehe. Paulus aber hielt fest an seinem Grundsatz und erlangte dessen Anerkennung für alle Christen und die Heiden. Zu deutlich sprachen Pauli Erfolge für das Recht seiner Praxis, für welche er sich, wie es scheint, auf eine Offenbarung nicht be= rufen konnte, die er vielmehr aus dem Gesamtsinne der alt= testamentlichen Schrift folgerte. Aber auch seitens der anderen Apostel gab man die seitherige Praxis nicht auf und entschied darum, daß beide Teile bei ihrer Weise bleiben sollten, sich aber die Einen auf die Juden, die Anderen: Paulus und Barnabas auf die Thätigkeit unter den Heiden beschränken sollten. Damit war die Heilsnotwendigkeit der Beobachtung des alttestamentlichen Gesetzes von den Uraposteln nach Pauli Meinung überhaupt ver= neint, aber was er daraus folgerte, daß es nur noch höchstens national verbindliche Sitte sein könne, wurde in der Folge doch nicht anerkannt[1]). Das führte zu dem bekannten Konflikt mit Petrus, der weder die Anerkennung des Petrus durch Paulus hinderte, noch die in der regelmäßigen Sammlung aller paulinischen Gemeinden für die armen Heiligen zu Jerusalem[2]) ausgesprochene Würdigung dieser Muttergemeinde der Christenheit als ihres geistigen Mittelpunktes. Denn die Sendung von Gaben nach

---

[1]) Gal 1, 2.
[2]) Gal 2 10 I Kor 16 1—4 Röm 15 20.

Jerusalem wird als ein heiliger Tempeldienst aufgefaßt (λειτουργία II Kor 9 12) [1]). Mittlerweile aber versuchten in den von Paulus gegründeten Gemeinden in Galatien, Korinth und Ephesus falsche Brüder, die zu den jüdischen Christen gehörten, die sich auf Jakobus beriefen und behaupteten, die eigentlichen Apostel zu sein, weil von Christus selbst auserwählt, die wahren Missionsjünger, sein Werk zu stören und die Beobachtung des ganzen Gesetzes von allen Christen zu verlangen. Das ist der judenchristliche Gegen=apostolat, der von den Aposteln zu Jerusalem nicht autorisiert gewesen sein kann, dem sie aber vielleicht auch nicht kräftig genug entgegengetreten sind [2]). Paulus hielt bis an's Ende ihnen gegen=über steif an seinem Evangelium, scheint aber einen teilweisen großen Abfall erlebt zu haben [3]). Den Inbegriff aller Gläubigen, die in Christo sind, das Inspirationsgebiet des heiligen Geistes nennt Paulus die ἐκκλησία τοῦ θεοῦ oder τοῦ Χριστοῦ, die Volks=gemeinde Gottes, das Gottesvolk und als rein ideale Größe den „Israel Gottes" (Gal 6 16 Röm 9 6). Diese Christensammlung, die er auch im Bilde eines Leibes mit mancherlei Gliedmaßen und Verrichtungen schildert, an dem Christus das Haupt ist [4]), ist eben darum nicht sein Verdienst, er ist kein „Kirchengründer". Aber auch die Hausversammlungen führen den Namen ἐκκλησίαι [5]). Sie nehmen damit Teil an dem Vorrecht, das seiner Zeit Gott Israel gegeben hat, sein Volk zu sein. Das natürliche Israel ist diesem Berufe großenteils untreu geworden, dafür hat Gott einen Ersatz bei den Heiden gefunden, die nun in die von Israel gelassene Lücke eintreten, bis zum Schlusse Gott ganz Israel noch bekehren und so alle seine Verheißungen auch dem Buchstaben nach in ursprünglicher Weise erfüllen wird [6]). Das Ende besteht in der Rettung des Gottesvolkes vor dem Gericht bei der Wiederkunft

---

[1]) Die auch von Warneck angedeutete (apostol. u. moderne Mission S. 41) Vermutung, daß in Jerusalem eine Art Unterstützungskasse für Liebeswerke bestanden habe vgl. später Ignatius an die Röm. προκαθημένη τῆς ἀγάπης vermag ich weiter nicht zu beweisen.

[2]) S. bess. II Kor 10, 11, 12.   [3]) II Tim 1 15.
[4]) I Kor 12 Kol 1 18.   [5]) Röm 16 4 5.
[6]) So scheint mir die Beweisführung Röm 9 zu verstehen zu sein.

Chriſti, wo ſie als Auferſtandene oder Verklärte ſein Weltrichter=
amt teilen werben, Zeugen ſeines Sieges über alle Weltmächte ſind [1]).

Für jetzt ziemt allen Gläubigen ein Leben in der möglichſten
Enthaltung von allem Irdiſchen, in Geduld und Friedfertigkeit
nach Außen, in ſtrenger Sittenreinheit und nie zu erbitternder
Liebe nach Innen. Die Liebe bezieht ſich auf die Mitgenoſſen der
Hoffnung.

Das Bereich, dem Paulus dieſe Botſchaft zu bringen hatte,
war die ganze Völkerwelt (Röm 1 6). Sie fiel ihm weſentlich zu=
ſammen mit dem römiſchen Reich. Im Römerbrief kann er berichten, daß er ſeinen Beruf ausgerichtet habe auf einer Bogen=
linie, die von Jeruſalem bis nach Illyrikum reicht und wir können
als ihre Punkte bezeichnen Galatien, Bithynien, Aſien, Mace=
bonien, Achaja. Wenn der zweite Timotheusbrief (3 17) von einer
Gerichtsverhandlung zu reden ſcheint, bei der alle Heiden das
Evangelium hören, ſo kann das kaum auf einen anderen Ort als
die Reichshauptſtadt gehen. Durch dieſes Reichsgebiet hat er das
Evangelium getragen, indem er es, die Hauptpoſtſtraßen des Reichs
verfolgend, an den wichtigſten Punkten, beſonders in den Provin=
zialhauptſtädten verkündigte, von wo er auf ſeine ſelbſtändige
Weiterverbreitung rechnete[2]). Auch hier will er nicht möglichſt
viele Gemeinden gründen, ſondern nur das Evangelium überall
hören laſſen. Er legt alſo eine Etappenſtraße des Evangeliums
durch das Reich. Die mannigfaltigen Schickſale, die er dabei gehabt, ſeine Mühen und Leiden leſen wir aus II Kor 11 heraus.
Die Apoſtelgeſchichte hat davon nur das geringſte berichtet und
ihre Reiſebeſchreibung, wo ſie nicht Augenzeugen benutzt, kann
nicht als unbedingt zuverläſſig gelten. Ihre anſchaulichen Schilderungen werden aber auf irgendwelchen Ueberlieferungen beruhen.
So daß Paulus, wo er kann, Anknüpfung bei den heidniſchen Proſe=
lyten des Judentums ſucht in den Synagogen. Der große Feind des

---

[1]) I Theſſ 4 15—17 15 19 I Kor 15 23—27 I Kor 6 2 3.

[2]) Knotenpunkte der Reichsſtraßen ſind folgende in Kleinaſien und
Macedonien beſuchte Städte: Perge, Antiochia (Piſidien), Ikonium, Lyſtra,
Derbe, Philippi, Theſſalonich, Berrhöa vgl. Ramsay, The church in the
roman empire before 170.

jüdischen Gesetzes, als welchen man ihn jüdischer Seits später ver=
klagte, konnte er nur geworpen sein durch diese Ueberführung der
Proselyten in das christliche Lager. Die „Trennung der Missions=
gebiete" verbot das nicht, denn auch das war Heidenbekehrung.
Aber auch anbere Wege schlug er ein, als Arbeiter auf seinem
Handwerk sehen wir ihn in Tessalonich, als wandernder Philsoph
in Athen ein Publikum finden. Einmal ist die Rede von einem
Hörsaal den er benutzt (Apg 19 9).

Fast nirgends reist er allein. Das kann mancherlei Gründe
haben, vorwiegend gewiß den, daß ein doppeltes Zeugniß mehr
gilt. Vielfach scheinen aber auch die Reisebegleiter die zu sein, die
die Reisekosten bestreiten[1]). Die Gaben der Unterstützung sind
persönliche Gaben und werden persönlich überbracht[2]), sie sind, wie
die Ueberführung der Kollekte nach Jerusalem durch eine förmliche
Gesandtschaft zeigt, ein eigentliches religiöses Opfer. Daran Theil
zu nehmen ist eine Ehre. Sie drücken aus die Gemeinschaftlich=
keit alles Besitzes der κοινωνία[3]). In ihnen vollendet sich die
διαχονία (Röm 15 26). Wie die Missionspredigt des Paulus be=
schaffen war, wissen wir nicht. Wir kennen wohl aus seinen
Briefen seine oft spitzfindige Dialektik, den Hymnenschwung seiner
Gebete, seine theologischen Gedankengänge, aber nicht seine Er=
zählungen, sein Darbieten der „Milch" für die Unmündigen.
Nur daß ihm seine ganze Thätigkeit eine priesterliche Verrichtung
ist (Röm 15 16). Er ist mit ganzer Person dabei und die per=
sönlichen Beziehungen sind es, die seine Briefe durchklingen wie
bei keinem Menschen des Altertums sonst. Mehrere Dutzend Leute
lernen wir daraus kennen und für jeden Einzelnen hat er ein bezeich=
nendes Wort. Auch einige höher stehende Personen sind darunter,
ein Rechtsgelehrter[4]), ein Stadtkämmerer[5]), vermögende Leute in
größerer Anzahl.

---

[1]) Act 17 10 14 15.   [2]) Phil 2 25.

[3]) Daß es sich bei κοινωνία um eine Gemeinsamkeit des Besitzes
irdischer oder überirdischer Güter handelt, scheint mir aus Röm 15 26 I Kor
1 9 10 16 II Kor 8 4 Gal 2 9 hervorzugehen und danach auch Act 2 42 zu
erklären.

[4]) Tit 3 13.   [5]) Röm 16 23.

Wenn die Apostelgeschichte, die ein Menschenalter nach Pauli Tod geschrieben sein wird, da schloß, wo sie jetzt endet, dann müßte er das Ziel seines Lebens in Rom erreicht haben und wäre nicht mehr nach Spanien gekommen, was in seinem Plane lag [1]). Den Weg nach Spanien von Rom aus würde er vermutlich, da er an die griechischen Sprachinseln sich wird gehalten haben, über Marseille genommen haben. Die sehr bestimmte Nachricht von I Clem Rom 5, daß er bei seiner „Heroldpredigt im Morgen- und Abendland bis zum Ziel des Abendlandes gelangt sei", kann in einem in Rom geschriebenen Briefe eigentlich nur auf Spanien gehen; aber jede andere Nachricht hierüber fehlt.

Was hat sein Apostolat erreicht? Am kürzesten ausgedrückt: die Begründung einer großen Christenfamilie aus Hellenen, Römern und Barbaren, die überzeugt ist, daß über ihren Häusern Gottes Auge offen steht und Christus bei ihnen einkehrt als heiliger Geist, sobald sie sich zum Gebet zusammen finden. Sie sind die Ableger der ersten Gemeinde zu Jerusalem, aber völlig selbständig von ihr, so wie die griechischen Kolonien vom Mutterlande. Christus hat das Evangelium den Juden gebracht, getreu den Verheißungen der Väter, er, Paulus, den Heiden, damit schließlich ganz Israel eingehe in das Volk Gottes, das ist Pauli Missionstheologie, die so antijüdisch anhebt und so vollkommen theokratisch endet [2]. Welches sind ihre geschichtlichen Voraussetzungen?

Die älteste Kunde bieten die synoptischen Evangelien. Verglichen mit Paulus' Briefen sind sie sekundäre Quellen, denn, zweifellos später abgefaßt, setzen sie bereits eine gewisse vorangegangene evangelische Litteratur voraus. Da der in ihnen enthaltene Stoff 30—60 Jahre lang im Umlauf gewesen ist, kann es nicht fehlen, daß er alteriert worden ist. Wir müssen darauf gefaßt sein, in den Evangelien eine im Verhältnis zu Paulus abgeblaßte Erinnerung zu finden. Das mag in vielen Dingen so sein, aber in zweien ist es nicht so: betreffs der Person und der Lehre Jesu. In beiden Fällen finden wir hier die allein mög-

---

[1]) Röm. 15 23.
[2]) Röm. 9.

liche Erklärung des Paulinismus. Allein das unerfindbare Bild des Herrn in seiner menschlichen Persönlichkeit erklärt die Geister=bewegung, die Paulus so mächtig ergreift, allein in den Worten Jesu, wie sie in mehr oder weniger ursprünglicher Form über=liefert sind, liegt der Schlüssel zu jener weltverachtenden unjüdi=schen Ethik und Religion des Paulus. Erst hier enthüllt sich die ursprüngliche Bedeutung des Apostolats.

Jesus trat auf als Prophet und Wunderthäter und sammelte um sich eine Art von Schule, einen vertrauteren Hörerkreis, von teil=weise wechselndem Bestand, darum auch von wechselnder Größe. Für einen Rabbi mochte das genügen. Aber Er war der Sohn Gottes, in dem sich alle Verheißungen erfüllen sollten, die Gott ja diesem Volk gegeben. Das drückt Er aus durch die Bezeichnung des Gesamtinhaltes seiner Lehre und seines Wirkens als εὐαγγέλιον. Für wen ist diese Botschaft bestimmt?

Wir heute antworten getrost: für alle Mühseligen und Be=ladenen, und das ist richtig im absoluten Sinn aber nicht aus=reichend im geschichtlichen Sinn. Kraft welches göttlichen Rat=schlusses ist denen die Botschaft bestimmt?

Darauf antwortet meines Erachtens die Auswahl von 12 Jüngern. (Ihre Namen sind nicht ganz übereinstimmend überliefert Matth 10 Mark 3 Luk 6 Apg 1.)

Allgemein anerkannt ist die Beziehung dieser Zwölf auf die zwölf Stämme Israels [1]). Aber man zog nicht die volle Consequenz aus diesem Gedanken, wenn man diesen engeren Hörerkreis nur als den Anfang einer künftigen Gemeindebildung auffaßte. Jeder Schritt Jesu muß eine so zu sagen theokratische Bedeutung haben, der Ausführung eines göttlichen Ratschlusses dienen. Die noch vor=handenen Aeußerungen, die wie erratische Blöcke in der urchristlichen Ueberlieferung liegen, auf die man später wenig achtete, geben darüber befriedigende Auskunft Matth 10 6 und Matth 19 28. Jesus sendet hier die zwölf von ihm gewählten Boten unter Verbot der Heiden=straßen und Samariterstädte „zu den verlorenen Schafen vom Hause Israel" und verheißt ihnen an der anderen Stelle, daß sie

---

[1]) Vgl. der Kürze halber Weizsäcker, Das apostolische Zeitalter S. 24.

in der „neuen Welt", wenn der Sohn des Menschen auf seinem
Königsthrone sitzen wird, gleichfalls auf zwölf Thronen sitzen werden
und die zwölf Stämme Israels richten. Diese Worte können
nur eine religiös symbolische Bedeutung haben. Denn zwölf
Stämme, zu denen sie hätten hingehen können, gab es in keiner
erreichbaren Nähe, und da sie weder nach Alexandria noch nach
Babylon in die Diaspora zogen, bemühten sie sich auch gar nicht
um die buchstäbliche Ausführung des Befehls. Die Worte be=
zeichnen nur ihre Botschaft als eine an ganz Israel, an das
ganze von Gott auserwählte Volk. Nach späterer rabbinischer
Theologie, die man mit Vorsicht zum Verständnisse des originalen
Sinnes des neuen Testamentes benutzen darf, wird es eine Haupt=
aufgabe des Messias sein, die verloren gegangenen zehn Stämme
aus der Zerstreuung zu sammeln und so Israel wieder her=
zustellen[1]). Im neuen Testament gehört dahin der Ausdruck von
der Aufrichtung des „verfallenen Zeltes Davids" Apg 15 16 und
des Reiches Israels" Apg 1 6. Indem Jesus diese Aufgabe an=
greift, zeigt er sich als Messias. Er thut es aber im Einklange
mit der ganzen von ihm vollzogenen Vertiefung und Verklärung
des Messiastums, wenn Er dieses Volk der zwölf Stämme zwar
im ethnographischen Bereich des Judentums sucht, aber nicht
äußerlich in der Vollzahl aller beschnittenen Juden, sondern unter
denen, die auch geistig vorbereitet sind. Aus der Metanoia die
Er verlangt, soll ein seiner Abstammung nach israelitisches, aber
auch innerlich wahrhaft israelitisches, d. h. Gott angehöriges
heiliges Zwölfstämmevolk hervorgehen. Zu diesem sind die Apostel
gesandt. Sie sollen es suchen und sammeln. Dem entspricht
auch die andere ihnen beigelegte Thätigkeit im messianischen König=
reich. Sie werden auf zwölf Thronen sitzend ebenso richten wie
der Menschensohn. Dieser richtet die Weltvölker und zwar nimmt
er sie an, je nachdem sie sich verhalten haben gegen seine Brüder,
d. h. die gläubigen Hörer seines Wortes[2], sie werden die einzelnen
Stämme richten, d. h. über die Würdigkeit der Gläubigen selber

---

[1]) Schürer, Geschichte des jüdischen Volkes II, 452. Weber, Sy=
stem der altsynagogischen Theologie 340, 346, 350.

[2]) Matth 25 40.

zu befinden haben. Sie haben also die Stellung von Stamm=
vätern, von Stammfürsten. Der „Menschensohn" richtet - die
Menschen, Israel wird von seines Gleichen gerichtet.

Das Alles muß in einem erhaben bildlichen Sinne gemeint
sein, der aber für Jesus zugleich der unmittelbar buchstäbliche
Sinn ist. Wir dürfen ja im Denken und Sprechen Jesu schlechter=
dings nicht die theokratisch=israelitische Form und den gemäß der
prophetischen Bedeutung dieser Form überschwänglich viel reicheren
pneumatischen Inhalt von einander trennen[1]).

Schon bei Paulus ist diese Gedankenverbindung, die völlig

---

[1]) Bei der hier angedeuteten Auffassung, die ein Versuch ist, die echt=
menschliche in allen Evangelien bezeugte Art Jesu zusammenzuschauen mit
seiner ewigen, d. h. sich über alle Geschichte erstreckenden Bedeutung, die
gleichfalls in seinem Bewußtein lebte („hier ist mehr denn Salomo" Matth
12 49, „des Menschen Sohn ist Herr auch über den Sabbath", Mark 2 77
„Christus ist Davids Herr, nicht Davids Sohn" Matth 22 44) fällt die viel=
erörterte Frage nach dem Partikularismus oder Universalismus des Ur=
christentums hinweg. Sie ist die Frage erst einer zweiten Generation.
Für Jesus handelte es sich weder um Judenchristentum noch Heidenchristen=
tum, ja im strengen Sinne des Wortes auch nicht um „Christentum".
Er wollte keine neue Religion stiften, sondern die Verheißung Gottes von
der vollkommenen Theokratie verwirklichen und zwar nach dem prophe=
tischen Gesichtspunkt nicht als eine Gottesherrschaft über die sämtlichen
leiblichen Nachkommen Abrahams, sondern über diejenigen, die Gott selbst
dazu auserwählt hat, eine Gottesherrschaft über das auserwählte Volk
Gottes. Wer dieses auserwählte Volk Gottes sei, darauf kam es an.
Natürlich suchte Jesus es unter Israel dem Fleische nach, aber die pro=
phetische Hoffnung eröffnete die Aussicht, daß sich auch andere anschließen
würden und nach den letzten Parabeln wurde es Jesu deutlich, daß viel=
fach Andere an die Stelle von Israel treten würden. Diese Anderen sind
auch von Gott berufene. Die Alternative Judenchristentum und Heidenchristen=
tum gehört durchaus der apostolischen Zeit an und sie ist von der Kirche bald
vergessen worden. In dieser ist nicht der paulinische „Universalismus"
durchgedrungen, denn für Paulus war die ganze alttestamentliche Oekonomie
nur ein göttliches Provisorium, sondern es fand eine Herübernahme des
ganzen alten Testaments in die christliche Gedankenwelt statt in einem über=
nationalen Sinne, indem man die Christen als solche, unangesehen ihren
ethnographischen Ursprung, als das die alttestamentliche Oekonomie fort=
setzende Volk Gottes ansah, davon aber die Juden ausdrücklich ausschloß. Die
Kirche hat also wieder anders gedacht wie Paulus und anders wie Christus.

zu seiner Missionstheologie stimmt, nicht erwähnt, vermutlich weil
die Vorbedingungen des Verständnisses dafür bei seinen Lesern
fehlten. Auch er beschränkt die Rettung auf das „Israel
Gottes", das sich zusammensetzt aus (gläubigen) Juden und
gläubigen Heiden. Es ist also nur noch ein ideales Israel.
Damit aber verliert sich die Bedeutung der Gliederung in zwölf
Stämme.

Der Ausdruck Jesu bezeichnet demnach die Sendung nicht „bloß
zu den Juden" sondern zu allen Auserwählten Gottes aus den
Juden. Wenn er dabei Heiden und Samariter ausschließt, so
geschieht das nicht nach jüdischem Nationalvorurteil, sondern
im theokratischen Sinn: jene sind die von Gott zunächst aus
seinem Volke Ausgeschlossenen. Denn daß das Volk des Messias
auf einer birekten Auswahl durch Gott beruht, ist seine bestimmte
Lehre [1]). Die Zwölfzahl drückt dann symbolisch die Vollzahl
dieses erwählten Volkes aus. Die notwendige Konsequenz dieses
Standpunktes war, daß, nachdem die Mehrzahl der jüdischen Lands-
leute die Messiasbotschaft abgelehnt hatten, der Gedanke eines Er-
satzes für sie auftaucht, wie die Parabeln der letzten Erdentage
des Herrn beweisen.

Ich will nicht beanstanden, daß die spätere Christenheit von
ihrem Standpunkte aus manches in diesen Aeußerungen stärker
accentuiert haben mag. Jesus prophetischer Blick bestand ja nicht,
um mich so auszurücken, im Vorausschauen der Physignomien
seiner Erlösten, sondern im Erfassen des gesammten göttlichen
Ratschlusses. Die paulinische Missionstheologie hat also nichts
neues erfunden, sondern Jesu Gedanken nur formulirt und dadurch seinen Sieg vorbereitet. Die große Erwählungslehre des
Paulus ist die ihres nationalen Beisatzes entkleidete Fortsetzung
des theokratischen Gedankens: der Messias ist nur da für
Gottes Volk.

Steht diese Bedeutung der Sendung der zwölf Jünger fest,
dann nimmt auch die einzige Stelle, wo Jesus den Namen des
volkes nennt: ἐκκλησία, eine andere Bedeutung an, als wenn man

---

[1]) Matth 22 14 24 31 25 34 Mark 13 27 Luk 18 6.

sie für eine „katholische Enclave" hält[1]) Matth 16,18. Simon Petrus hat das erste Christusbekenntnis ausgesprochen, da erklärt ihn der Herr für das Fundament, auf den das Haus des ἐκκλησία der Volksversammlung Gottes gebaut werden soll. Es ist richtig, daß das Bild vom Gottesbau später anders angewendet wird. Da ist Christus der Grundstein (I Kor 3,12) und es handelt sich um den Unterschied der Baumaterialien: Stein, Gold, Silber, Heu und Stroh, während Matth 16,18 um den Unter= schied der Personen der ersten und späteren Bekenner. Hierauf weist aber auch das Bild von den „Säulen". Die Stelle 16,18 hat also einen ganz unverfänglichen Sinn. Die Aussendung dieser zwölf Schüler als Missionare bei Lebzeiten Jesu ist so einhellig bezeugt und weicht so sehr von dem späteren Apostolat ab, daß sie m. E. nicht anzuzweifeln ist. Mit der dabei gehaltenen Aus= sendungsrede[2]) sind dann später gesprochene Worte verbunden worden. Sie mutet den Aposteln, die bis jetzt noch kein offenes Messiasbekenntnis abgelegt haben, keine andere Lehre zu, als die sie seither geglaubt: das Himmelreich ist nahe! Einzig diese Bot= schaft wird ihnen aufgetragen. Was werden sie also gesprochen haben? Die Sprüche, die Jesus ihnen gesagt, die die Bereitschaft dafür beschreiben. Zum Erweise der Wahrheit werden ihnen aber dieselben Vollmachten gegeben, mit denen Jesus sein Heroldsamt ausrichtet: Kranke heilen, Tote auferwecken, Dämonen austreiben[3]).

Diese Botschaft ist nur vorbereitend, denn wer sie an= nahm, den mußten die Apostel auf ihren Lehrer hinweisen und auf die Zeichen der Zeit. Für die Boten selbst war sie eine Probe ihres Glaubens und ihrer Befähigung zu dem zugedachten Beruf. Die Aussendung, in der sich Jesus selber so zu sagen vervielfältigte, war aber auch notwendig, wenn Er seine Mission ausrichten wollte.

Die Vorschriften für ihren Auszug empfehlen sich als historisch durch ihre bei der späteren Mission nicht mehr buchstäblich be= folgte Altertümlichkeit. Sie sollen zwar reisen, aber ohne den Anschein von Reisenden, ohne doppelten Rock, Wanderstiefel, Reise=

---

[1]) Handcommentar v. Holtzmann u. A. I, 192.
[2]) Matth 10 Luk 9.   [3]) Luk 9; Matth 10.

tasche, Stock u. s. w. Sie sollen vorsprechen nur bei denen,
die sie nach vorheriger Erkundigung würdig erachten. Dann
aber bringen sie mit ihrem Gruße den Frieden ins Haus, von
den Unwürdigen kehrt ihr Friede zurück, sie verfallen also dem
Gericht. Diese Aussendung ist der Beginn der Mission, denn sie
besteht in dem persönlichen Zeugnis auf Grund eigenen Glaubens.
Der älteste Bericht des Markus erzählt die Aussendung je zwei
und zwei. Ich vermute auch hierin eine uralte Notiz, die sich
erklärt nach dem öfter im Neuen Testament wiederholten Spruch=
wort von den zwei oder drei Zeugen, die jede Sache feststellen
sollen [1]). Die Ankunft eines Gottesgesandten auf Erden konnte
nur auf persönliche Versicherung zuverlässiger Leute hin ge=
glaubt werden und darum kam es zunächst auf Charakter und
Wandel dieser Zeugen an, der sich erst bei einem gewissen Auf=
enthalt im Hause erkennen ließ, auf bescheidenes Auftreten, Genüg=
samkeit, lautere Zutraulichkeit und Vorsicht [2]). Die Führung der
Apostel mußte der Hauptbeweis ihrer Botschaft sein.

Im Rahmen dieser Auffassung wird auch die von Luk 10
berichtete Aussendung von 70 Jüngern keine Schwierigkeiten
machen. Daß es überhaupt einen weiteren Apostelkreis außer den
Zwölf gab, wissen wir von Paulus. Man hat den Bericht über diese
70 diskreditirt, indem man die Zahl auf die 70 Heidenvölker
deutete und daraus auf unhistorischen Universalismus riet. Aber
es liegt viel näher, in Analogie zu den 12 Stammvätern an die
70 Aeltesten des Volkes Israel zu denken, die auch den Herrn
schauen (Ex 24). Zu den Heiden werden sie ja gar nicht ge=
sendet, sondern nur als Vorboten in die Orte, die Jesus besuchen
wird. Ihre Sendung ist keine aus eigenem Recht, sondern sub=
sidiär für Jesus. (Die ihnen gelingenden Krankenheilungen bis
zur Dämonenaustreibung überraschen sie selbst!)

Alle drei Evangelisten berichten (auch der jetzige unechte Schluß
von Mark 16 sowie der andere des Codex Parisiensis) von einem direk=
ten eigentlichen unbegrenzten Missionsbefehl des auferstandenen
Herrn.

---

[1]) V Mos 19 15 Matth 18 16 I Tim 5 19.
[2]) Matth 10 16. Schlange und Taube!

Die Erörterung dieser schwierigen Frage kann ich hier natür=
lich mit einigen Bemerkungen nicht erschöpfen. Ich deute nur
ihre Umrisse an.

Bei Matthäus (28 16—20) giebt der auferstandene Herr in
Galiläa den elf Jüngern den Befehl, zu allen Völkern zu gehen
und sie zu seinen Jüngern zu gewinnen durch die Taufe auf den
Namen des Vaters und des Sohnes und des heiligen Geistes und
durch die Unterweisung in allen ihnen gegebenen Geboten[1]).

Die Taufe ist, wie wir aus Paulus sehen, das allgemeine
Bundeszeichen der frühesten Christenheit, die Vorbedingung für den
Empfang des heiligen Geistes. Sie muß also auf Jesu Einsetzung
irgendwie zurückgehen. Die Taufe auf die heiligen drei Namen ist
aber sonst im Neuen Testament nicht erwähnt. Der Befehl, zu allen
Völkern zu gehen, der eine feierliche Aufhebung der früheren be=
schränkten Sendung ist, widerspricht nicht dem Sinne des historischen
Jesus. Die Aussendung zu den Völkern aber hat nicht den Zweck,
wie die lateinische und deutsche Uebersetzung glauben macht, die
Völker insgesamt zu Zuhörern des Wortes zu machen, sondern
sie durch Taufe und Unterweisung, d. h. auf Grund ihres Glaubens
zu seinen Schülern zu machen, wodurch sie die Anwartschaft auf
das Reich Gottes erhalten. Glaube und Taufe sind immer Sache
für die Einzelnen, es sollen also aus den Völkern die Einzelnen
ausgesondert worden, die zum Reiche Gottes geschickt sind. Die
„Völler" sind nur der Bereich, innerhalb dessen sie gesammelt
werden sollen. Diese gehören dann kraft ihrer Auslese durch die
Apostel zu dem von ihnen repräsentierten Gottesvolk. Der wahr=
scheinliche Sinn von πάντα τὰ ἔθνη ist der theokratische: die
Heiden. Zu den „Heiden" wie nach dem früheren Auftrag zu
den „Juden" werden also die Apostel gesendet. Dabei wird
ihnen Christi unsichtbare Gegenwart bis ans Ende der Welt ver=
heißen, wo Er sichtbar das Reich Gottes bringt. Der Apostolat

---

[1]) Der Bericht ist zweigliedrig wie auch Bulg: euntes docete omnes
gentes baptizantes eos in nomine etc., docentes eos servare omnia etc.,
bei Luther, der nach Bulg. übersetzt aus Gründen sprachlichen Wohlklanges
dreigliedrig: lehret, taufet, lehret halten. Aber der Gedanke ist im Grund=
text einheitlich: μαθητεύσατε πάντα τὰ ἔθνη.

der 12 Stämme (jetzt symbolisch — da Einer fehlt!) bleibt, sein Wirkungskreis wird nur ausgedehnt, das ist der Sinn dieses Wortes.

Aber dieser Befehl ist zunächst von den Aposteln nicht ausgeführt worden, das zeigt die Apostelgeschichte wie die Berufung des Paulus zum Heidenapostolat.

Hier liegt also ein Rätsel, das seiner Lösung noch harrt [1]). Denn der doppelte Bericht der Lukasschriften über die Aufträge, die der auferstandene Herr den Jüngern vor seiner Heimkehr zum Vater gab, läßt sich nicht ohne weiteres vereinigen und so als eine Ausführungsverordnung des Matthäusbefehles nachweisen.

Im **Evangelium** des Lukas verheißt der Herr zu Jerusalem vor seinem Scheiden in Bethania den Jüngern, daß sie in Kraft des heiligen Geistes allen Völkern die Sinnesänderung zur Sündenvergebung d. h. zur Taufe verkündigen würden. Das stimmt mit dem Inhalt des Auftrags von Galiläa überein. In der **Apostelgeschichte** dagegen befiehlt er ihnen auf einem Berge bei Jerusalem, in Jerusalem den heiligen Geist abzuwarten, weist ihre Frage, ob er dann das Reich für Israel wieder aufrichten werde, zur Ruhe und sagt ihnen voraus, daß sie seine Zeugen sein werden in ganz Judäa, Samaria und bis ans Ende der Erde. Das Lokal ist hier etwas anders, die Anspielung auf die Taufe fehlt und dagegen wird ihr Weg durch die Welt beschrieben.

Von größter Wichtigkeit ist, daß Jesus die Frage nach dem

---

[1]) Mit dieser Schlußfolgerung beabsichtige ich nicht, einer bestimmten Erklärung auszuweichen. Ich denke vielmehr auch an die Möglichkeit, daß der Taufbefehl, wenn er in der überlieferten Form kein Wort des auferstandenen Herrn sein sollte, was nach dem Angeführten fraglich bleiben muß, dennoch zu den von dem heiligen Geist empfangenen Befehlen der ältesten Christenheit gehört haben könnte, die man leicht als „Erinnerung" an frühere Worte des Herrn auffassen konnte. (Vgl. die ganze Theologie hierüber Joh 14 16—18 14 26 16 26.) Bei der in der Gemeinde angenommenen Gleichwertigkeit der überlieferten Worte des Herrn mit den neu geoffenbarten (ἀποκάλυψις Gal 1 12) konnten diese die gleiche Autorität beanspruchen. Aber in die wissenschaftliche Diskussion kann man m. E. diese Vermutung nicht einführen, da wir von diesen ganz wunderbaren Dingen, die sich in der ältesten Christenheit offenbar ereignet haben, keine Vorstellung mehr bilden können. Wohl aber darf man sein Urteil suspendiren.

Zeitpunkt der Aufrichtung des Reiches verbietet. Man braucht das nicht als Eintragung aus späterer Zeit zu bezeichnen, denn auch Paulus I Theff 5 ₅ weist sie ab. Sie hüllt den ganzen Auftrag in ein prophetisches Dunkel, in dem nur ihre Pflicht ihnen vorleuchtet. Die Frage der Heidenbekehrung wird zu einer Frage der Zeit.

In dem in fast allen griechischen Handschriften fehlenden Schluß des Markus ist der Missionsauftrag in die Worte gekleidet: „Gehet hin in die ganze Welt und verkündet als Herolde das Evangelium aller Kreatur". Hierin liegt vielleicht nicht eine unhistorische Uebertreibung sondern eine, jüdischen Quellen entstammende Wendung. Denn in rabbinischer Sprache werden die Heiden „Kreaturen" genannt[1]).

Die johanneische Apokalypse, jedenfalls eines der ältesten Bücher des neuen Testaments, liefert den Beleg zu der Auffassung der 12 Stämme als des idealen Namens für die Vollzahl der Auserwählten Gottes. Auf den 12 Thoren des himmlischen Jerusalem, das von da auf die Erde wiederkommen wird (Cap 21) stehen die Namen der 12 Stämme geschrieben und die Mauer hat 12 Grundsteine mit den Namen der Apostel des Lammes. Im Lichte dieser Stadt werden die Nationen der Erde und ihre Könige wandeln und ihr huldigen. Ihre Thore stehn offen, aber nur die Reinen werden hinein gehen und deren Namen im Lebensbuch des Lammes stehen. Das heißt doch ohne Bild, daß der Zugang zu dem Gottesvolk allen, aber unter Bedingungen geistlicher Art und nur nach göttlicher Auswahl offen steht. Die 24 Aeltesten auf den Thronen Apok 4 ₄ u. ö. wage ich nicht als eine Verdoppelung der 12 Apostel zu deuten, dagegen ist die zahllose Menge 7 ₉ aus allen Völkern und Sprachen, die zu den von vornherein versiegelten zwölf Stämmen hinzutreten als Erlöste des Lammes, offenbar die erlöste Heidenschaar.

Ueberall in der Hülle national jüdischer Bilder ist der Geist einer Gnadenhoffnung auch für die Heiden.

---

[1]) Vgl. Fabricius, Salutaris lux evangelii. Hamb. 1731, S. 44 wo auf Otho lexicon rabbinicum 213 verwiesen wird.

Diese ganze urchristliche Strömung nur ex eventu der paulinischen Mission zu erklären, scheint mir unthunlich, sie muß beruhen auf einer direkten Weisung des Herrn oder die logische Konsequenz seines persönlichen Verhaltens sein, denn sonst hätte „der Geist" den Gemeinden nicht sagen können was er ihnen gesagt hat.

Die erste Missionsgeschichte ist die Apostelgeschichte. Dieses etwa 30 Jahre nach Pauli und wohl auch Petri Tod geschriebene Buch zeichnet die Ausbreitung des Evangeliums durch die von Gott berufenen Apostel und Anderen von Jerusalem bis nach Rom, also „bis ans Ende der Erde". Neben der direkten Mission schildert sie die unbeabsichtigte Verbreitung des Evangeliums. Und gerade diese wirkt die größten Dinge. Der ganze Verlauf der erzählten Geschichten ist eine Kette von Erweisungen des heiligen Geistes und der göttlichen Vorsehung die durch Wunder, Eingebungen, Propheten, Entrückung, Gesichte, Offenbarungen, Engel und bestellte Menschen, Kap. 2, 4, 5, 8, 9, 10, 11, 12, 13, 15, 16, 19, die Ereignisse regieren. So ist die Apostelgeschichte eigentlich die erste Geschichte der Kirche unter der Leitung des heiligen Geistes von einem den Ereignissen zeitlich fern stehenden Erzähler, der drum vieles anderes darstellt als wir es aus älterer Quelle wissen. Auch hier ist Paulus der eigentliche Heidenapostel, aber Petrus und der Evangelist Philippus haben vor ihm Heiden getauft. Die erste aus Helenen und Juden gemischte Gemeinde in Antiochia, die der „Christianer", ist durch einen providentiellen Zufall entstanden. Zwischen Christi Himmelfahrt und seine bevorstehende Wiederkunft tritt die Zeit des Heidenevangeliums. Paulus arbeitet wenn auch auf getrenntem Gebiete, doch im vollen Einklang mit den älteren Aposteln. Die ganze Gesetzesfrage, die nach seinen Briefen eine so große Rolle in seinem Leben spielt, ist wie verschwunden: die Gemeinde zu Jerusalem hält an gewissen Bestimmungen fest, aber nur als an einer väterlichen Sitte, der sich Paulus gelegentlich wieder unterwirft. Paulus ist hier „den Juden ein Jude, den Heiden ein Heide", aber nicht der Christ, der das Judentum wie das Heidentum als eine überwundene Sache hinter sich sieht und nur in den Verheißungen des Alten Testaments das Evangelium liest.

Von größter Bedeutung ist die an den Aufang gestellte Schilderung des Gottesvolks in Jerusalem unter Leitung des heiligen Geistes und der Apostel: das einzige ausgeführte Bild christlichen Gemeindelebens, das wir besitzen. Es zeigt, was der heilige Geist aus einfachen Leuten machen kann[1]). Dagegen er= fahren wir über die eigentlichen Gemeindegründungen des Paulus wenig.

Die Reden der Apostelgeschichte, nach antiker Weise aus der Kenntnis der Situation, aber wohl nach bestimmten Ueber= lieferungen vom Verfasser entworfen, sind keine eigentlichen Missionsreden, sondern bereiten die Mission nur apologetisch vor. (So besonders Pauli Rede auf dem Markte in Athen.) Neben den Aposteln spielen auch eine bedeutende Rolle die anderen Geistesträger: Evangelisten, Propheten, bischöfliche Presbyter. Das ganze Lebenswerk des Paulus wird zerlegt in Missions= reisen, die von dem Mittelpunkt der Heidenchristenheit Anti= ochia ausgehen, wie Petrus den Mittelpunkt in Jerusalem hat und von da Visitationsreisen unternimmt. Abgesehen von dem besonderen Quellenwert des in ihr verarbeiteten Tagebuchs ist sie Geschichtsquelle ersten Ranges für die Zeit ihrer Abfassung, deren Glauben sie wiederspiegelt: durch einige wenige gottbegei= sterte Menschen ist das Evangelium durch das ganze Reich ver= breitet und Christus als der auch diese Welt regierende Herr erwiesen. Eine einheitliche Christenheit ohne Spaltung in Lehre und Leben ist verbreitet über die Erde, das Evangelium hat be= reits gesiegt. Dankbar blickt diese Christenheit auf ihre Väter zurück: an den Aposteln und ihren Gehülfen ist alles ideal. Das ist die gleiche zuversichtliche Gewißheit, die wir bei Clemens Ro= manus finden und in den andern jüngeren Schriften des neuen Testamentes.

Aus den katholischen Briefen und den johanneischen Schriften empfängt man nicht mehr den Eindruck, daß es sich

---

[1]) Es wäre nicht richtig, das ein „Gemeindeideal" zu nennen, es ist vielmehr die Vorstellung, die die spätere Christenheit von ihren Anfängen gehabt hat. Es verhält sich vielleicht zur Wirklichkeit so wie Tacitus Ger- mania zum wirklichen Leben unserer Altvordern anno 70 p. Ch.

um eine Mission des Christentums in einer ihm fremden Welt handle, sondern um seine Behauptung in der von ihm bereits geistig überwundenen Welt, die eben darum ihrem Ende ent=gegengeht. Der den Namen des Petrus tragende erste Brief ist kein Brief eines Gemeindegründers, sondern ein Trostschreiben in Verfolgung von Gemeinden teilweise paulinischer Gründung. Diese aber sind ihm Mitglieder der Diaspora, des Gottesvolkes in der Zerstreuung, der Christen, das an die Stelle des von Gott ver=worfenen alten Israel getreten ist. Der Brief des Jakobus tritt auf als ein Schreiben an die gesamte Christenheit, die zwölf Stämme in der Zerstreuung, erlassen von dem Knecht Gottes und Jesu Christi, der doch in diesem Gottesvolk an erster Stelle stand (Gal 2 9). Im ersten Johannesbrief wird die Glau=bensgewißheit als der Sieg bezeichnet, der die Welt überwunden hat [1]). Wenn auch das Wort „Welt" hier nicht in geographischem Sinne gemeint ist — so zeigt er uns doch eine ganz andere Situation der Christenheit als die Zeit des Paulus, wo die Apostel ein θέατρον, ein seltenes Schaustück für Welt, Engel und Men=schen waren (I Kor 4 9), wo aber der Sohn Gottes der „Retter der Welt" genannt wird (I Joh 4 15), ist es auch im geographischen Sinne gemeint. Den gleichen Ausdruck finden wir im Munde der Samariter von Jesu gebraucht im vierten Evangelium [2]).

Einerlei von wem es herrühre, das „pneumatische Evan=gelium" gehört jedenfalls in diesen geistigen Zusammenhang. Es gewährt sehr wichtige Bestätigungen der früheren Evangelien in vielen Punkten: Die Auswahl und die Sendung der zwölf Apostel wird erwähnt, ausdrücklich auch die des Judas, es faßt den Apostel als einen durchaus abhängigen Diener 13 16, es läßt die Apostel gesendet sein, um durch ihre Worte den Glauben zu wecken 17 20, es trägt dem Vorrange des Petrus Rechnung. Es läßt die Rettung allein von den Juden kommen 4 22 und von da zunächst zu den Samaritern gehen, es berichtet als von einem bedeutungsvollen Anfang von der ersten Berührung Jesu mit gottesfürchtigen Hellenen oder Hellenisten 12 20, was beweist,

---

[1]) I Joh 5 4.   [2]) Joh 4 42.

wie auch nach Johannes Meinung der Uebergang zu diesen erst
allmählich gemacht wurde, es läßt auch die Hindeutung Jesu als
des von Gott gesendeten Hirten auf andere Schafe außerhalb
dieses (Tempel?)= Hofes nur wie eine Weiffagung aufleuchten 10 16,
genau so wie die parabolische Hindeutung auf die Heidenberufung
bei den Synoptikern.   Dennoch ift das Gefamtbild ein anderes.
Die Sendung der Apostel in die Welt fteht gleich der Sendung
Chrifti vom Vater in die Welt (17 18 20 21), fie find feine eigent=
lichen Stellvertreter auf Erden.   Er verleiht ihnen unmittelbar
nach der Auferstehung mit dem heiligen Geifte die Vollmacht
Sünden zu vergeben und zu behalten, die der Menschensohn, fo
lange er auf Erden war, fich vorbehalten hatte.   Die Jünger
scheinen einesteils viel tiefer unter dem Herrn zu ftehen, der
in einer verhüllten Glorie dahinwandelt, andererseits ftehen fie
doch wie Fürften in dem Königreich das nicht von diefer Erde
ift neben ihm (Joh 17 22 18 36).   Das ift genau die Stellung,
die in den Synoptikern ihnen verheißen ift.   Aber hier scheint
es schon Wirklichkeit.   Das kommt daher, daß in der Gegen=
wart, da Johannes schrieb, bereits im Prinzip eine die Welt
überdauernde Gemeinde gegründet war.   Jetzt ift wieder wie zu
Anfang Christus allein ἀπόστολος, der Abgesandte Gottes,
(Hebräerbr 3 1) der nicht bloß unsichtbar die Welt beherrscht,
sondern fühlbar in die Weltgeschicke eingreift.   Die Zeit der
großen Miffion ift vorbei, die Zeit der Kirche beginnt.

Man beschreibt die älteste Christenheit gern als ein Aggre=
gat von „souveränen Gemeinden" und denkt fich dabei unter
diesem Worte fo etwas wie die „Gemeinden unterm Kreuz", die
mit ihrer Bibel in der Hand vogelfrei daftehen, höchstens durch einen
Synodalverband kontroliert.

Aber diese Vergleichung trifft nicht die Sache.   Viel näher
liegt die mit der Diaspora des Judentums, die, wenn auch
ohne rechtliche Formen, einen geistig außerordentlich innigen Ver=
band hat mit dem gemeinsamen Mittelpunkt Jerusalem.   So
die älteste Christenheit.   Wohl hatte auch fie die Bibel des Alten
Testaments als ihr heiliges Buch, aber nicht fie ift ihr Mittel=
punkt.   Sie lebt in der Einheit des heiligen Geiftes und

setzt die gemeinsame Hoffnung auf das himmliche Reich, das mit der dem=
nächstigen Parusie erscheinen wird. Die Christen sind die Kolonisten
einer fremden höheren Welt in dieser Welt, in diesem Fremd=
lings= und Heimatsgefühl sind sie eins und das ist ihre Stärke.

Und wie konnten diese Leute ihre eigentlichen Väter so völlig
vergessen, daß wir über alle die vielen Apostel und Evangelisten,
die sie hatten, nichts wissen, von den wenigsten nur die Namen?
Die Anklage ist ebenso berechtigt und unberechtigt wie die, daß
wir den Verfasser der homerischen Gedichte und des Nibelungen=
liedes nicht kennen. Genug, diese Gedichte sind da!

Die überwältigende Realität einer nicht mehr zu unter=
drückenden christlichen Religionspartei das ist am Ende des ersten
Jahrhunderts der Erfolg der Mission. Eine „Kirche", eine
„Weltkirche" ist das noch lange nicht. Auch der sogenannte
„Katholizismus" ist noch lange nicht da. Sein Grundsatz ist die
Apostolizität der Kirchenverfassung. Ehe diese kam, mußte
zuvor die Notwendigkeit der „Verfassung" überhaupt begriffen
sein und dazu braucht es mehrere Menschenalter. Aber die Mission
ändert ihre Gestalt, sobald es überall in der Welt Gemeinden
gibt. Sie wird nun zur Ausbreitung des Gemeindeglaubens,
der Gemeindeordnung, zur fidei propagatio. Die direkte „Sen=
dung" durch den Herrn oder den „Geist" hört auf. An die
Stelle der Apostel aber treten die theologischen und philosophi=
schen Wanderlehrer, wie Justin und viele andere Apologeten es
waren. Aber auch der Apostolat hat in verringertem Umfang
noch fortbestanden. Die Lehre der zwölf Apostel zeigt sie uns
Kap. 9 4 ff. als Wanderprediger, die jeder nur zwei Tage von einer
Gemeinde unterhalten zu werden den Anspruch haben. Verlangt
Einer mehr als Zehrung bis zum nächsten Nachtquartier, so ist
er ein falscher Prophet. Sie sollen also in freiwilliger Besitz=
losigkeit rastlos durch die Welt ziehen. Eusebius h. eccl. III 37
und V 10 ed Heinichen bestätigt dieses Bild. Er nennt solche
Leute „Evangelisten" und es mögen ihrer leicht je ein Dutzend
auf einen einzigen aus der Zwölfzahl der großen Apostel ge=
kommen sein, aber die Ueberlieferung schweigt von ihnen.

Den Unterschied dessen, was die große Mission schuf von

der späteren Kirche möchte ich ſo bezeichnen. Es ist die ecclesia, das Gottesvolk, an die jede Gemeinde im beginnenden zweiten Jahrhundert glaubt und die ſie in ſich ſelber zu repräsentieren glaubt, eine ideale Größe, ein geistiges Luftgebilde, das über jeder Ortsgemeinde ſchwebt — ſo wie heute vor einem Patrioten das Bild ſeiner „Nation" — aber ſie iſt doch etwas ſehr reales, denn ſie exiſtiert für den alle ſeine getrennten Glieder zu einem Ganzen verbindenden Herrn und ſie verkündigt ſich durch den Geiſt, der alle dieſe Glieder regt. Das Gottesvolk iſt auf Erden und doch eigentlich im Himmel. Die Kirche dagegen, wie ſie uns unter demselben Namen am Ende des Jahrhunderts begegnet, iſt eine erſt auf dem Wege der Lehre, der Aemter und der hei=ligen Handlungen zu Stande kommende Organisation. Ihr Modell iſt im Himmel, die Ausführung durch Menſchen aber iſt die Hierarchie auf Erden.

Man hat ſich unwillkürlich gewöhnt, den Missionsbefehl des Herrn von uns aus zu verſtehen, als das Eingangswort der Kirchengeschichte und ihn dann ſo gedeutet, als weise er die Kirche an, ſich einſtweilen häuslich einzurichten auf Erden bis Er in nicht abſehbarer Zeit ſelber erſcheinen werde.

Es war meine Aufgabe, ihn von vorne her zu verſtehen aus der vorangehenden Lehre und dem Werk des Heilandes. Der gewaltige Bau, der ſich über dem Glauben erhub, den der Herr in die Welt geſandt hat durch ſeine perſönlichen Boten, wäre nicht, wenn Gott ihn nicht gewollt hätte und Chriſtus ihn nicht beſeelte. Aber was den Aposteln vorſchwebte war keine Welt=kirche, ſondern das Weltende und jede Kirche wird zur Schlacke, wenn in ihr das Feuer erliſcht jener Glaubensglut, die täglich zu beten vermag mit den Chriſten des anhebenden zweiten Jahrhunderts:

„Kommen möge die Gnade und vergehen dieſe Welt."
(Lehre der zwölf Apoſtel ed. Harnack 10₆.)

II.

Die Miſſion hat die Kirche gegründet und über ein Jahr=tausend iſt dann die Kirche ſelbſt die Miſſion geweſen. Die hierarchiſche Organiſation hat ſich .in der Welt behauptet, die

Welt sich unterworfen und ihre „Mission" dadurch erfüllt, :daß sie ihr das Evangelium predigte als die da berufen ist, über die Völker der Erde geistig zu herrschen bis ans Ende.

Warneck hat die Missionsgeschichte richtig periodisiert: apostolische, mittelalterliche, moderne Mission. Er hat aber die Grenzen dieser Perioden nicht genau angegeben. Ich würde sagen: apostolische, katholische, moderne Mission. Die katholische ist die Kirchenmission: Mission, die von der organisierten Kirche ausgeht, durch welche diese Kirche sich selber vervielfältigte. Sie nennt sich selbst fidei propagatio, die Verbreitung des Glaubensgehorsams gegen die Kirche auf Erden, mit einem Mißwort heißt sie „Propaganda". Sie kommt zu Stande einfach auf dem Weg der Selbsterhaltung der Kirche und ihr Produkt ist das Christentum der ganzen Erde bis ins vorige Jahrhundert.

Auch die evangelische Kirche hat nach ihrer Losreißung von Rom an keine andere Mission gedacht. Wiederherstellung des Christentums innerhalb der alten Kirche, Aufstellung einer verbesserten Kirchenform, aber mit demselben Material von Gliedern wie zuvor, war ihre nächste historische Aufgabe. Ausbreitung des Evangeliums über fremde nichtchristliche Gebiete kam ihr nicht in den Sinn.

So hat die Verbreitung des Christenthums in der neueren Zeit zunächst den größten Aufschwung genommen in der katholischen Kirche durch die Jesuiten, bis die moderne evangelische Mission, die katholische weit überflügelt hat. Denn die „moderne" Mission ist die evangelische. Sie hat die Grundgedanken der apostolischen Mission in zeitgemäßer Gestalt wieder aufgenommen. Warneck hat ihren Ausgangspunkt nicht genau angegeben. Er denkt etwa an das Jahr 1792, doch weist er auf ihre Vorläufer im ganzen vorigen Jahrhundert, ihre Bahnbrecher im 17. hin.

Ich glaube, ihr Anfang läßt sich ganz genau ansetzen und viel früher, aber es ist freilich ein Anfang geblieben.

Zuvor aber eine Bemerkung über die Geschichte des Wortes „Mission".

Weder im mittelalterlichen Latein, noch in den romanischen Sprachen der gleichen Zeit hat es die jetzige prägnante Bedeutung von: Ausrichtung des besonderen Berufes der Bekehrung. Es bedeutet im Lateinischen neben dem nächsten Sinn „Verschickung", „Gesandtschaft", „Entlassung" noch einen „Auftrag", in der Rechts=sprache die Cession, die Zuweisung von Einkünften, ja „Einkünfte" und „Aufwendungen" schlechthin. Ebenso ist es im Altfranzösi=schen, Provencalischen, Spanischen ¹). Erst seit dem 16. Jahr=hundert erhält das Wort missio den religiösen Sinn, so viel ich sehe durch die Jesuiten. Der Jesuitismus ist das Unternehmen, dasjenige vom Protestantismus, was für die katholische Kirche assimilirbar ist, ihr einzuimpfen. Die wichtigste Waffe des Pro=testantismus in seinen Anfängen war aber das allgemeine Priester=tum, die Selbstmündigkeit des im Besitze des Evangeliums befind=lichen einzelnen Christen. Dieses allgemeine Priestertum kann die katholische Kirche natürlich innerhalb ihrer Schranken nur heben in Gestalt eines Priestertums für die Allgemeinheit, eines von den besondern Grenzen des lokalen Amtes und Sitzes freien beweglichen Priestertums, das jederzeit zur Verfügung des Hauptes der Kirche steht und in Form der levée en masse der Laien unter priesterlicher Führung wie das Zentrum sie darstellt. Jenes gewann sie im Jesuitenorden und der prägnante Sinn des Wortes „Mission" scheint mir direkt aus dem Wortlaut des 4. Gelübdes zu stammen, das die „Professen" des Jesuitenordens abzulegen haben: ut quocunque eos Christianae rei causa sive ad fidelium sive ad infidelium terras placuisset mittere, nullo postulato viatico ac sine ulla recusatione parerent etc. ²).

Sofort beginnen nun die „Missionen", die Aussendung der Jesuiten zu den verschiedenen Geschäften der inneren und äußeren Mission, die missiones per agros et oppida Bekehrungsreisen unter den katholischen Christen, castrenses, Lagermissionen, d. h. Militärseelsorge, navales, Flottenseelsorge ꝛc. Die Aussendung zu den Heiden wie zu den Ungläubigen ist nur eine Seite ihrer gesamten Mission, d. h. ihres Auftrages, jedes dem Papste unter=worfene Gebiet nach seinem Willen zu pastoriren.

---

¹) Vgl. Du Cange und die betreffenden Wörterbücher der roma=nischen Sprachen.

²) Historia societatis Jesu I, 56.

So werden die Väter der Gesellschaft Jesu zur individuali=
sirten Vervielfältigung des allgemeinen Hirtenamtes des pontifex
maximus; das ist ihre unermeßliche Bedeutung, die nur an der
sonstigen hierarchischen Organisation noch eine Schranke findet.
Nach Vorgang der Jesuiten gründete Vincenz von Paul 1624
die Kongregation der Priester der Mission, die eigentlichen inneren
Missionäre von Frankreich.

Das Wort Missionar für Glaubensboten im engeren Sinn
ward dann in katholischen Kreisen besonders gebräuchlich durch die
einflußreichste Missionszeitschrift des vorigen Jahrhunderts Lettres
édifiantes et curieuses écrites par quelque missionaires de la
compagnie de Iesus, Paris 1717—1776 und auf deutsch=evan=
gelischem Gebiet durch die von A. H. Francke seit 1710 [1]).

Die moderne Mission, um sofort eine Definition voran=
zustellen, ist 1) Einzelmission, Aussendung zur Bekehrung Einzelner,
sie ist 2) Verbindung von Mission und Civilisation, Hereinziehung
der Bekehrten in den Kreis der christlich civilisirten Menschheit,
sie ist 3) darauf bedacht, die bekehrten Völker bei ihrem Volks=
tum und ihrer Sprache zu erhalten. Von diesen Merkmalen findet
sich bei der apostolischen Mission nur das erste, bei der katho=
lischen finden sich vorübergehend alle, aber sie sind ihr nicht
wesentlich, da sie es nur auf Kirchengründung als eigentlichen
Zweck absieht, die moderne Mission aber hat bis zur Entfaltung
ihrer ganzen Kraft eine lange Entwickelungszeit durchgemacht.

Ich zeige ihren Anfang und die Stadien ihrer Weiterent=
wickelung bis zu ihrer vollen Entfaltung um die Wende unseres
Jahrhunderts!

Ihr Anfang liegt an dem charakteristischen Wendepunkt der
mittelalterlichen Entwickelung, wo zuerst das persönliche Christen=
thum als Seligkeit im Glauben und Liebe ohne Vermittelung der
Kirche rein aus dem Wort der Schrift und der Eingebung des

---

[1]) 1. Herrn Bartholmäus Ziegenbalg's rc. ausführlicher Bericht,
wie er nebst seinen Kollegen das Amt des Evangelii unter den Helden
führe". 2. Erste und andere Kontinuation des Berichts der K. dänischen
Missionarien in Ostindien u. s. f.

Geiftes auftritt in dem heiligen Franziskus [1]). Er ift auch
der erfte wirkliche Nachfolger der Apoftel gewefen, in feiner
Schülerausfendung scheint sich die evangelische Geschichte zu wieder=
holen. Diefe joculatores Domini, die glückfeligen Büßer von
Affifi, die Troubadoure Gottes, was find sie anders als im roman=
tischen 13. Jahrhundert die — wiedererftandenen „Evangeliften"?
Franziskus unternahm zwischen feinen Evangeliftenreifen auch
Heidenmiffionsreifen aus der einfachen Ueberzeugung von der Un=
wiederftehlichkeit des von ihm verkündigten Evangeliums. Seine
Miffion in Marokko 1214—1215 folgt dem Siege der spanischen
Kreuzritter über die Almohaden auf dem Fuß, über feinen Auf=
enthalt in Syrien und Egypten zwischen 1219—1220, der durch
Augenzeugen erhärtet ift, find die Berichte gleichfalls spärlich.
Von ihm datirt die „innere Miffion" in der mittelalterlichen
Kirche, an der sich die nach dem Beispiel der Minoriten erft
in einen Bettelorden verwandelten Dominikaner gleichmäßig be=
teiligten. Bettelmönche find die erften apoftolischen Miffionare,
die nun ausgefandt werden in die fernften Länder: 1245 Domini=
kaner in die Mongolei und nach Perfien, Franziskaner nach der
Tartarei durch den Papft, 1253 Franziskaner zu den Mongolen
durch Ludwig dem Heiligen. Marco Polo war auf feiner Reise
zu Kublai Khan von einer franziskanischen Miffion begleitet, die
der mongolische Herrscher sich ausgebeten hatte; 1272 gingen
Dominikaner nach China und bereits 1306 gab es dort eine blühende
Kirche mit einem Erzbischof, Kirchen und Klöftern [2]). Das erfte
Miffionsfeminar schuf der wunderliche, große Raymundus Lullus,
der an die friedliche Ueberwindung des Islam mit den Waffen
der Wiffenschaft und der Liebe glaubte und die orientalischen
Sprachftudien im Intereffe der Miffion in Paris, Oxford, Sala=
manka veranlaßte.

---

　　[1]) Siehe jetzt, nachdem K. Hafe, den h. Franz wieder entdeckt hatte
(die Studien von Renan find fpäter); Sabatier, Vie de S. François
d'Assise, 1893.
　　[2]) Man findet die näheren Nachweife hierüber am bequemften in den
neueren Werken über das Zeitalter der Entdeckungen z. B. Peschel,
Sophus Ruge. S. auch Hirth, China and the roman Orient 1885.

Diese Anfänge erstarben im folgenden Jahrhundert, aber das Zeitalter der Entdeckungen, die Begründung der gewaltigen portugiesischen und spanischen Kolonialreiche gab ihnen neuen Schwung. Wie den Anlaß zur Umsegelung Afrikas die mittel= alterliche Sage von dem Priester Johannes gab, dem irgendwo im Osten oder Süden fortlebenden Apostel, so war auch Kolumbus vorwiegend von religiösen Motiven geleitet. Er berief sich vor dem König von Spanien auf Missionsweissagungen der Propheten, die er zu erfüllen gekommen sei[1]), trat selbst in den entdeckten Ländern als Missionar auf. Unter den von den spanischen Ent= deckern früh mißhandelten Eingeborenen der neuen Welt trieben Franziskaner und Dominikaner wirkliche Mission, vergebens suchte der Dominikaner Las Casas sie vor dem Loose der Sklaven zu bewahren. Im Bunde mit der Kolonialmacht Portugal unter= nahmen die Jesuiten ihre ersten Missionsreisen, gestützt auf den Glauben, daß Jesus ein Recht auf jede Menschenseele habe. Kirch= lich war dieser Glaube gegründet auf die im Jahr 1493 von Papst Alexander VI., den Statthalter Christi, vorgenommene Teilung der ganzen noch zu entdeckenden Erde zwischen Spaniern und Portugiesen. Die Jesuitenmission, das sollte man nicht leugnen, beginnt mit Franz Xaver in wirklich apostolischem Sinne, aber der dem Orden von seinem Stifter her eingepflanzte Zug kirch= licher Diplomatie und Politik läßt sie bald auslaufen in der Her= stellung eines äußerlichen Kirchentums, das durch die weitgehendsten Accomodationen an heidnisches Wesen und Unwesen den östlichen Kulturvölkern annehmbar gemacht worden. Die blühendste Kirche, die die Jesuiten in einem keiner europäischen Macht irgendwie untertanen Reiche schufen, ist die seit 1622 in blutiger Verfolgung bis auf wenige Reste untergegangene von Japan. Das am meisten charakteristische Missionsunternehmen der Jesuiten ist ihre christ= lich=soziale Republik in Paraguay[2]), die das höchste zeigt, was diese Mission erreichen kann, die Völker dem Kreuze nur unterwerfen will, ohne sie zugleich zu freien Menschen zu machen.

---

[1]) Navarrete Coleccion de los viajes y descubimientos etc. I², 392, II, 407.

[2]) Gothein, Der christlich=sociale Staat der Jesuiten in Paraguay, in Schmoller's Staatswissenschaftlichen Forschungen V.

Der große Generalstab der katholischen Missionsthätigkeit wurde 1622 die Kardinalskongregation de propaganda fide. Sein Zweck ist die Rückeroberung der ganzen Welt unter den Gehorsam des Statthalters Christi. Wir verfolgen diese Mission, die nur in ihren Anfängen apostolischen Geist hat, nicht weiter, sie entspricht genau dem Wesen der im 16. Jahrhundert erneuerten Kirche. Sie ist nicht wählerisch in ihren Mitteln, wenn sie auch, abgesehen von seltenen Inquisitionsversuchen, Gewaltmittel ausdrücklich verschmäht. Auch um die Zivilisation hat sie sich reblich gemüht. Aber sie glaubt ihr Werk gethan mit der Aufnahme der „Völker" in die Kirche, deren Heranbildung zu christlich freier Individualität liegt außerhalb ihres Zweckes. Wo das eintritt ist es nicht die Frucht ihrer Arbeit.

Die Reformation, obwohl in den Gesichtskreis ihrer Führer die Entdeckung der neuen Welt fiel, hat nichts für die Mission gethan. Das hat Warneck ein für allemal bewiesen[1]). Der tiefere Grund dafür, daß sie den geographischen Gesichtskreis des abendländischen Kaisertums nicht übersah, scheint mir die Erwählungslehre der Reformationszeit zu sein. Nach ihr liegen Türken und Tartaren, Heiden und Juden, auch nicht ganz ohne ihre Schuld, bei vielfach hohen Vorzügen ihrer Sittlichkeit, ein für allemal unter der Herrschaft des Teufels[2]). Von der neutestamentlichen Erwählungslehre, die die beiden Gedanken verbindet: nur Gottes Auserwählte erben das Reich, aber es gilt diese Auserwählten überall zu suchen, hielt die reformatorische Lehre zunächst nur den ersten Teil fest. Das gab ihr eine unbezwingliche Stärke im Kampf, gewaltige Zuversicht angesichts des baldigen Weltendes, es trieb sie an, die Christen zu retten, die unter dem Joch des Papsttums dem Teufel verfielen, aber machte sie auch taub und blind gegen die Heidennot. Die Reformation mußte der evangelischen Mission vorangehen wie die Makkabäerzeit der des Urchristentums.

Wo der geographische Gesichtskreis sich durch Kolonialerobe-

---

[1]) Herzog, Realencyklopädie³ Bd. 10, S. 37 ff.
[2]) Vgl. z. B. Luther E. A. 44 126 288 65 193.

rungen oder =gründungen erweiterte, da kam es auch zur Mission
seitens der heimischen Kirche, d. h. zur Verpflanzung des
heimischen Kirchentums unter die Heiden, beispielsweise in
den holländischen Kolonieen auf den Molukken, Ceylon, Formosa,
Java, Sumatra durch holländisch ostindische Kompagnie (1602),
aber das ist Kirchenmission, nicht moderne.

Deren protestantischer Anfang ist vielmehr die heroische
Indianermission von John Eliot, in dessen Missionsberichten
meines Wissens zuerst als das eigentliche Missionssubjekt statt der
Kirche das „Reich Christi" erscheint[1]. Will man ihn in seinem
Zivilisationswerke mit seiner bis ins Kleinste gehenden Gesetz=
gebung nicht den Jesuiten vergleichen, so möchte ich ihn einen
Oberlin und zugleich einen Moses der Indianer nennen, der die
Leute ebensowohl beten lehrte, wie den Acker bauen, Körbe flechten,
sich waschen, kämmen und die Läuse nicht mit den Zähnen zu
zerbeißen. Seine Pionier= und Missionsarbeit gab den Anstoß
zur Gründung der ersten englischen Missionsgesellschaft (Society
for promoting and propagation of the gospel). Ich übergehe
andere große Indianerapostel angelsächsischer Abkunft, um zu zeigen,
wie die Heimat des modernen Missionsgedanken zum größeren
Teile Deutschland ist.

Dort fand im 17. Jahrhundert ein nur theoretischer Kampf
in Schriften über Recht und Pflicht der Mission statt[2]. Gegen
den papistischen Vorwurf der sträflichen Vernachlässigung dieses
Werkes, half man sich mit der Berufung auf die Bibel, die nur
von einem Auftrag die Kirche zu pflanzen an die Apostel wisse,
im Uebrigen aber jeden Hirten anweise bei seiner Heerde zu bleiben.
Den Missionsfreunden im eigenen Lager, deren Reihe beginnt
mit Balthasar Meisner († 1626) und Georg Calixt († 1656),
machte man die für katholisch gehaltene Anmaßung zum Vor=

---

[1] Christian common wealth or the rising Kingdom of Jesus Christ,
glorious manifestation of the gospels progress among the Indians of New
England. 1652. Das Reich Christi ist in Wirklichkeit theokratische Republik.

[2] Vgl. W. Größel, Missionsgedanken in der lutherischen Kirche
Deutschlands im 17. Jahrhundert in Warneck's Allgemeiner Missionszeit=
schrift 1894, Heft 9.

wurf, als gebe es jetzt noch einen evangelischen Apostolat, teils wies man und vom Standpunkte des korrekten Luthertums nicht mit Unrecht auf den chiliastischen sektirerischen Hinter=grund der Missionsideen hin. Ich muß auf die Beleuchtung dieser letzten Seite hier verzichten. In der That verdankt die Mission immer wieder dem Chiliasmus wesentliche Förderung [1]).

Der Vorschlag des österreichischen Freiherrn Justinian Ernst von Welz zur Gründung einer Jesusliebenden Gesellschaft, die unter anderem auch die Aussendung von missionariis unter den Heiden zur Aufgabe haben sollte, dem er einen Apell an die christ=lichen Gewissen vorausgeschickt hatte, der in den drei Fragen gipfelte:

1. Ist es recht, daß wir evangelischen Christen das Evangelium für uns behalten und dasselbe nirgends suchen auszubreiten?

2. Ist es recht, daß wir allerorten soviel studiosos theologiae haben und geben ihnen nicht Anlaß, daß sie anderwärts in dem geistlichen Weinberg Christi arbeiten helfen? . .

3. Ist es recht, daß wir Christen auf allerlei Kleiderpracht 2c. so viel Unkosten werden, aber zur Ausbreitung des Evangelii noch bisher auf keine Mittel bedacht gewesen? — dieser Vor=schlag fand sofort die grimmige Widerlegung der Superintendenten Joh. Heinrich Ursinus (1664), der diesen verdammlichen Weg als eine „Lästerung wider Moses und Aaron", als selbsterwählte Gottseligkeit, Leutebetrügerei münzerischer und quäkerischer Geister verwarf. „Solchen Hunden und Säuen" wie die (von ihm auf=gezählten) Wilden in Asien und Amerika solle man Gottes Heilig=tum nicht verwerfen.

Es mußte erst die Herrschaft der lutherischen Orthodoxie völlig gebrochen sein, wenn die Mission praktisch werden sollte. Der überall als Kritiker der Orthodoxie auftretende Spenerische Pietismus nahm auch die Heidenmission unter seine pia desideria auf; aber erst der Hallische Pietismus griff die ersten großen Unter=nehmungen im Stile der modernen Mission an. Den Anlaß dazu gaben, wie bekannt, die kgl. dänischen Kolonialunternehmungen in

---

[1]) Zeugnisse des Eifers für die Mission gesammelt in G. Arnold Unparteiischer Kirchen= und Ketzergeschichte II, Buch XVII, Kap. 15 (zu den Jahren 1600—1688).

Westindien, Afrika und Ostindien. Dabei hatte er einen lebhaften Anwalt in dem größten Denker jener Zeit, in dessen produktivem Kopf sich fast alle Tendenzen dieses und des kommenden Jahr=hunderts kreuzten, an dem Vater der Aufklärung, Leibniz[1]), der in seinen beiden ersten Denkschriften über die Gründung der (nach=maligen) Berliner Akademie die Ausbreitung des wahren Christen=tums besonders in China als einen ihrer entfernteren Zwecke ins Auge faßte[2]). A. Hermann Francke, mit dem Leibniz in Kor=respondenz stand und der durch die außerordentliche Verbindung eines nimmermüden religiösen Enthusiasmus mit kühler geschäfts=mäßiger Ueberlegung einer jeden Konjunktur an Ignatius erinnert, hat in seinen hallischen, vom Geiste des Pietismus belebten Anstalten für innere Mission, d. h. für die Rettung der Ver=wahrlosten, für die Anbahnung einer realistischen, utilitarischen Pädagogik und die Bibelverbreitungssache auch der Mission den erforderlichen Rückhalt geschaffen. Aus seiner Schule kamen die Missionare Ziegenbalg und Plütschau, er rief den ersten deutschen Missionssammelverein ins Leben und schuf die Missionspresse.

Wir fragen, woher kommt es, daß nun auf einmal der auch von gläubigen evangelischen Christen erhobene Einwand, es gebe keinen Beruf zur Mission, keine Sendung mehr gleich der der Apostel, hinfällig geworden ist? Die Antwort lautet: es kommt von der in der Schule des Pietismus gelehrten Erweckungs=theologie, die in dem subjektiven von Gott gewirkten Entschluß der Bekehrung, der Hingabe an Gott, zugleich den Auftrag zu

---

[1]) Vgl. neben dem unten angeführten z. B. seine Briefe an den Biblio=thekar des Königs von Preußen Maturin Veissiere la Croze. Opera ed Dutens V.

[2]) Zweite Denkschrift vom 25. Mai 1700. Wer weiß, ob nicht Gott eben deswegen die pietistische, sonst fast ärgerliche Streitigkeiten unter den Evangelischen zugelassen, auf daß recht fromme und wohlgesinnte Geistliche, die unter Churf. Durchlaucht Schuz gefunden dero bey handen seyn möchten, dieses capitale werk fidei purioris propagandae beßer zu befördern und die aufnahme des wahren Christenthumes bey uns und außerhalb, mit dem wachsthum realer Wissenschaften und vermehrung gemeinen Nuzens, als funiculo triplici indissolubili zu verknüpfen. Leibniz Werke ed. O. Klopp, I Bd. 10 soo.

empfangen glaubt zu jeder Thätigkeit, deren man sich mächtig weiß, und dem Glauben an die Kraft des Gebetes, göttliche Weisungen für alle Fälle solchen Berufes erhalten zu können[1]). Dieser Glaube an die in Gebeten zu empfangende Inspiration wurde die eigentliche Triebkraft des Hallischen Pietismus, für die der Spener= sche nur eine Vorstufe ist. Dazu kommt die Begründung der Gebetsgemeinschaft, die allen gemeinsamen Unternehmungen den Rückhalt schuf. Es ist äußerlich geurteilt, wenn man diese nur als eine Form „erbaulicher Geselligkeit" auffaßt, sie ist in Wirklichkeit was der religiöse Inhalt aller großen Ordensstiftungen, war: die Begründung einer Gesellschaft der „Auserwählten", der „Heiligen".

Mit demselben Rechte, mit dem einst Franziskus die Befehle Jesu an seine Jünger auf sich bezog, konnte nun der gläubige Evangelische auch die sämmtlichen apostolischen Aufträge für sich in Anspruch nehmen. Wenn Spener die Anteilnahme der Laien an gewissen Funktionen des geistlichen Amtes als „allgemeines Priestertum" empfahl, so konnte man beim trägen Beharren der offiziellen Kirche auf ihren einmal ererbten Aufgaben auch einen „allgemeinen Apostolat" behaupten. Das geschah um so zu= versichtlicher, als man in dem Fortgang dieser Unternehmungen innerer und äußerer Mission das eigentliche „Reich Christi" er= kannte, für das zu wirken jedes Christen Pflicht ist. Unter der Fahne des Reiches Gottes, des Reiches Christi hat der Pietismus die endgültige Emancipation vom kirchlichen Amte begonnen. In Francke's Haus wurde in dem jungen Grafen Zinzendorf „durch die tägliche Gelegenheit, Nachrichten aus dem Reiche Christi zu hören, Zeugen aus allerlei Ländern zu sprechen, Missionare kennen zu lernen" der Eifer für die Mission geweckt. Er hat eine weitere Vorbedingung für die große moderne Mission geschaffen.

Zinzendorf repräsentirt jene Gestalt des Pietismus, die die wichtigsten Motive der religiösen Aufklärung in sich auf= genommen hat. Der Kern der religiösen Aufklärung, wie sie in

---

[1]) Vgl. z. B. Mittheilungen aus dem Briefwechsel Plütschau's mit Francke bei Kramer, A. H. Francke II, 90 ff.

Leibniz auftritt, ift nämlich die Verbindung der natürlichen
Religion mit der offenbarten, der natürlichen Moral mit der
chriftlichen. Der Weltmann Zinzendorf, zu einem Teil ein
chriftlicher Sokrates[1]), machte den Pietismus nicht blos welt= und
hoffähig, ſondern auch weltwirkſam. Er wurde der Begründer
einer neuen Kirche, ſogar wenn man das Wort Religion in dem
katholiſcherſeits üblichen Sinne nimmt, nach Döllinger[2]) einer
neuen Religion, die die alleinige Anerkennung des Heilandes
zum Mittelpunkte hat.

Seine Brüdergemeinde ift ein völlig freier Verein von über=
zeugten Gläubigen, die unter der Leitung des Herru ſelber ſtehen,
ein von ihm biszipliniertes, werbendes Volk Gottes, deſſen Auf=
gabe die Weltmiſſion ift, die Inthroniſation des Lammes. Wußte
ſie ſich aber berufen zur Sendung in die ganze äußere Chriſtenheit,
aus der ſie die auserwählten Liebhaber Jeſu ſammeln ſollte, ſo
konnte ſie nicht anders als auch eine Heidenmiſſionskirche werden[3]).
Sie ift die Kirche, die den in perſönlicher, unmittelbarer menſch=
licher Lebendigkeit gedachten Heiland in den Mittelpunkt ftellt, ſo
wie es im Mittelalter Suſo und manche Gottesfreunde gethan
hatten. Dieſe neue Jeſusreligion entfremdete einen weiteren
namhaften Teil der Bildungswelt der Orthodoxie. Der klaſſiſche
Zeuge dafür ift der junge Goethe, der das bibliſche Chriſtentum
allein in der Herrenhutiſchen Form ſchmackhaft ſand.

Erft im Laufe ſeiner Bahn trat die Miſſion in den Geſichts=
kreis Zinzendorf's: bei ſeinem Beſuch in Kopenhagen 1731.
Dann aber wurde ſie der Anlaß zum Ausbau einer ſelbſtändigen
Kirche. 1732 gingen die erften „Brüder" nach Weftindien und
Grönland, zu den Negerſklaven und Eskimos. Von größter Be=
deutung für die Miſſion ward die Vereinfachung des Evan=
geliums. Dieſem Zweck dient Zinzendorf's Heidenkatechis=

---

[1]) Vgl. ſeine Wochenſchrift Le Socrate de Dresde 1725 u. 1726,
ſpäter auch deutſch herausgegeben.
[2]) Vortrag über die Religionsſtifter. Akademiſche Vorträge III.
[3]) Verlaß der allgemeinen Synode 1869 § 13: „Es wird nie eine
Brüderunität geben ohne Heidenmiſſion oder eine Brudermiſſion, die nicht
Sache der Kirche als ſolche wäre".

muß 1740, der mit aller europäischen Theologie bricht. Zu seinen frühesten Unternehmungen gehört die Indianermission, die er durch schlesische „Schwenkfelder" 1733 in Pennsylvanien begann, mit merkwürdigen Erfolgen unter diesen „lebendigen Teufeln". Er selbst war wie 1739 in Westindien, so 1741 in Pennsylvanien. Der große deutsche Indianerapostel Zeisberger ist sein Schüler. Es folgten dann noch bei Zinzendorf's Lebzeiten die Missionen in Holländisch-Guyana unter den Buschnegern, an der Goldküste, unter den Hottentotten in der holländischen Kapkolonie, sowie die Begründung von Herrenhutischen Kolonieen in Südrußland. Die Brüdergemeinde sammelt Gemeinden aus Bekehrten und erzieht sie zu wirtschaftlicher Selbständigkeit, sie ist Pionier-Mission und kolonisierende Mission. Sie wird nie zu einer Volksmission. Da liegt ihre Grenze.

Bekanntlich ist die Bekanntschaft mit „Brüdern" auf der Ueberfahrt nach Amerika unter Nitschmann's Führung epochemachend geworden für die Brüder Wesley, die Begründer des Methodismus. Dieser Methodismus hat die englische Gesellschaft aus dem Schlaf eines satten Deismus und selbstgerechten Weltsinnes aufgerüttelt und so den Boden für die Unternehmungen des praktischen Christentums in der ganzen angelsächsischen Welt erst geebnet. Er hat z. B. die Volkspredigt wiedergefunden, die Erweckungspredigt im großen Stil, wie im Mittelalter die Franziskaner sie geübt. Er hat auch selbst mit großem Erfolg Mission getrieben, aber das Alles steht an Bedeutung zurück hinter dem religiösen Grundgedanken, den er aufstellt: Es kann eine Stunde der Bekehrung für Jeden geben, und es ist Pflicht des selbst Bekehrten, Anderen dazu zu helfen. Die Konsequenz dieses Gedankens ist die Ueberspringung aller amtlichen Ordnungen der organisierten Kirche, die sich ausspricht in Charles Wesley's Worten: „Seelen zu retten ist mein Beruf", „die ganze Welt ist meine Pfarrei".

Darin liegt religiös betrachtet nur ein Rückgang auf den von Luther ausgesprochenen Gedanken, besonders in den Jahren 1520 bis 1523 [1]): „Wenn ein Christ ist an dem Ort, da keine Christen sind, da

---

[1]) E. A. 22 147.

darf er keines anders Berufs, denn daß er ein Christ ist inwendig be=
rufen und gesalbet; so ist er schuldig den irrenden Heiden oder Unchristen
zu predigen und zu lehren das Evangelium aus Pflicht brüderlicher
Lieb, ob ihn schon kein Mensch dazu beruft", woraus man aller=
dings einen „allgemeinen" Apostolat folgern kann. Luther hat den
Gedanken später fallen lassen, in methodistischen Händen ist er zum
Ersatz aller kirchlichen Ordnungen durch eine „Heilsarmee" geworden.
Für die Mission aber hat er die Bedeutung, daß nun die Frage
nach dem Beruf zur Mission, den die katholische Kirche nur in
dem höchsten Hirtenamt der Kirche und seinen Delegirten findet,
nun protestantischer Seits beantwortet wird mit der all=
gemeinen Christenpflicht zur Mission. Der Missionsbefehl
kann nun als ein Auftrag an alle Christen angesehen werden,
die es wirklich sind, vorausgesetzt, daß sie die erforderlichen
Fähigkeiten haben. John Wesley hat auch zuerst seine Stimme
gegen die Sklaverei erhoben, und der Methodismus überhaupt ist
eine der mächtigsten Demonstrationen für die niedern Stände, für
die Arbeiter, für das Volk geworden. Die Barmherzigkeit gegen
die Armen, die in der Reformationszeit nur den Arbeitslosen,
Alten und Kranken gilt, die eigentliche Liebe zum niedern Volk
ist nun in England erwacht. (Man beachte dem gegenüber, wie
das Volk im 17. Jahrhundert in Shakespeare's Dramen, im
18. in Hogarth's Kupferstichen geschildert ist.)

Noch fehlen aber zwei Elemente zur vollen Entfaltung
der modernen Mission. Eine Notwendigkeit wird deren Eintreten
seit Mitte des Jahrhunderts um so mehr, als die Aufhebung des
Jesuitenordens vorübergehend das katholische Missionswesen an
der Wurzel traf.

Wenn es der evangelischen Christenheit auch allmählich däm=
merte, daß sie eine Pflicht der Mission habe, so bedurfte es doch
noch der weiteren Einsicht, daß es ein Recht aller Menschen auf
das Evangelium gebe.

Die ganze abendländische Christenheit auch über die Re=
formationszeit hinaus hatte es nicht anders gelernt, als daß Stand,
Besitz und äußere Stellung ebenso ein göttliches Verhängniß
sind wie Geburt, Geschlecht und Sprache. Demgemäß waren die

Rechte verschieden ausgeteilt. Jetzt beginnt das Einfordern der Rechte des Menschen und damit die Humanitätsbewegung, sowohl die gebildete, die in Deutschland ihre schönste Blüte erreicht, wie die revolutionäre, die in Frankreich die alte Staatsordnung umwirft, mit Rousseau. Rousseau entdeckte auch in den niedern Klaffen den „Menschen", er sand sogar in dem von der Kultur möglichst verschonten Naturkind, im „Wilden", den wahren, unverbildeten Menschen. Eineu Augenblick schienen die Südseeentdeckungen von James Cook diese Ansicht zu bestätigen. Die Deutschen Forster, Bater und Sohn, die ihn auf seiner zweiten Reise begleiteten, glaubten auf den Freundschaftsinseln dieses irdische kulturlose Menschenparadies gefunden zu haben. Als diese Täuschung zerrann, der die Welt einige der schönsten Jdyllen verdankt (wie Paul und Virginie), blieb doch die Frage nach der sittlichen und humanen Natur der Wilden zurück, die seither von der Mehrzahl der Gebildeten verneint, nun ebenso allgemein bejaht wurde. Nicht die nur als Zufälligkeit angesehene Religionszugehörigkeit eines Menschen, sondern seine humane Qualität sollte nun den Maßstab für die Behandlung abgeben, die er verdient.

Auch der Humanitätsgedanke mußte ein Wegbereiter für die Miffion werden. Daß man das Beste, was man selbst besitzt, die vollkommene Religion, allen Menschen schulde als ihr Recht, das wird nun ein Hauptgedanke der Missionsschriftenpropaganda.

Die Humanitätsepoche ist beseelt von der Stimmung des Optimismus, und mit diesem Optimismus streitet die Annahme eines radikalen Bösen im Menschen. Aber der Optimismus hat auch eine religiöse Seite: den Glauben an eine durch keine Unwürdigkeit des Menschen begrenzte Güte Gottes. Dieser religiöse Optimismus und nicht mehr der Erwählungsgedanke wird nun aber die Grundstimmung der erweckten, mehr oder weniger pietistischen, methodistischen, herrenhutischen oder philanthropischen Kreise in Deutschland, Schweiz und England, die das Missionswerk mit ihren Sammlungen und Gebeten tragen.

Wir haben gesehen, wie Pietismus und Aufklärung, Herrenhutertum und Methodismus und Humanitäts=

bewegung alle zusammen wirken mußten, um die große Ent=
faltung der modernen Mission vorzubereiten, um die in der herr=
schenden Kirchenlehre und den kirchlichen Ordnungen der evangelischen
Christenheit gelegenen Hindernisse zu überwinden, und wir stehen
nun im Beginne der bewußten allgemeinen Missionsbewegung
des Protestantismus am Ende des 18. Jahrhunderts.

Bis dahin gab es evangelische Missionen in Lappland, Grön=
land, in einigen Gegenden von Nord= und Südamerika, auf den
westindischen Inseln, an der Käste Koromandel, auf einigen Inseln
des indischen Meeres, an der Südspitze von Afrika, aber keine
regelrechte Vorbildung der Missionare, noch weniger Ueber=
setzungen der Bibel, nur einen engen Kreis von Missionsfreunden,
die das Werk unterstützen. Die Kolonialregierungen ohne Aus=
nahme aber sind ihm ungünstig gesinnt.

Und heute: ein Blick auf eine beliebige Missionskarte zeigt
die Verbreitung der Missionsstationen über die Erde. Wichtiger
aber ist: die Mission ist überall anerkannt als das wichtigste
Feld der Zivilisation, als pflichtmäßige Aufgabe aller
Kirchen, sie ist in ihrem äußeren Bestand gesichert durch ein wohl=
organisirtes freiwilliges Vereinswesen. Die Vorbildung der
Missionare ist gesichert durch vorzügliche Seminare und Anstalten,
die Leitung der Mission ruht nicht in den Händen von kirchlichen,
durch politische und weltliche Rücksichten gehemmte Zentralbehörden,
sondern bei einem Generalstab von völlig unabhängigen Gesell=
schaftsvorstehern. Sie ist keine Sache einer Kirche, sondern der
gesammten freien evangelischen Christenheit.

Zu dieser Entfaltung wurde der Anstoß gegeben, wie all=
gemein zugestanden ist, im Jahre 1792, als der ehemalige Schuster,
jetzt Baptistenprediger William Carey, auf einer allgemeinen
Baptistenversammlung zu Kettring in Northtampton durch eine
Predigt über Jes. 54 s mit dem Thema „Erwarte große Dinge von
Gott und unternimm große Dinge für Gott" — wie zu einem feier=
lichen Kreuzzug in der Heidenwelt zur Gründung einer baptistischen
Missionsgesellschaft aufrief. Darauf folgte 1795 die Londoner
Missionsgesellschaft, 1799 die englisch kirchliche Missionsgesellschaft,
die schottische, 1810 die erste große amerikanische u. s. f., durch das

ganze Jahrhundert hindurch immer neue. Heute zählen wir 205 selbständige evangelische Missionsgesellschaften und Unternehmungen, von denen vor 1792 nur fünf existiert haben. Der Geist, der, von manchen Einzelheiten abgesehen, im großen und ganzen diese Arbeit durchweht, ist — mutatis mutandis sei es gesagt! — derselbe, den Melville Horn in seinem 1794 ausgegangenen Brief über Mission gerichtet an die „protestantische Geistlich= keit der britischen Kirche" aussprach: „Es ist nicht Calvinis= mus, es ist nicht Arminianismus, sondern es ist das Christentum, was der Missionar zu lehren hat; es ist nicht das Kirchentum der englischen Staatskirche, es sind nicht die Grundsätze der prote= stantischen Dissenters, die er weiter zu verbreiten hat; sein Ziel ist die Ausbreitung der Einen allgemeinen Kirche Christi. Es ist nicht die Weitsinnigkeit der Grundsätze, sondern die Weitherzig= keit der Liebe, welche ich dem Missionar empfehle. Es muß ihm unendlich mehr daran liegen, Christen aus den Heiden zu machen, als sie zu bischöflich Gesinnten, oder zu Dissenters, oder zu Methodisten zu machen! Statt mit Eifersucht den Erfolg anderer Kirchenparteien zu betrachten und denselben als ein Hindernis unseres eigenen Erfolges anzusehen, sollten wir uns freuen, zu hören, daß Christus gepredigt und Seelen gerettet werden."

Die Geburtsstätte der modernen Mission in ihrer vollen Ent= faltung, wenn auch längst nicht ihre Heimat mehr, ist also England.

Das kommt einfach her von der seegewaltigen Stellung Eng= lands, in dessen Hauptstadt die sämtlichen Weltverkehrsstraßen zusammenlaufen[1]). Dort konnten zuerst die allerwärts vor= handenen Vorbereitungen ihre Wirkung thun. Aber diesen Vor= zug der Vorbildlichkeit für das ganze moderne Missionswesen be= hauptet England noch durch ein letztes Moment, worauf die moderne Mission beruht.

Im Jahre 1804 wurde in London die britische und aus= ländische Bibelgesellschaft gegründet. Damit tritt neben die absichtliche Sendung persönlicher Boten die Ausbreitung des Wortes in Gestalt keimkräftigen Samens wie in der Zeit des

---

[1]) Ebenso wie Rom der Mittelpunkt der apostolischen Mission ward.

Evangeliums. An der Bibelmission, der Mission mit der Bibel in der Hand, hängt noch etwas Anderes.

Der Zweck der Bibelgesellschaft ist die möglichste Verbreitung der Bibel oder ihrer Teile ohne jede Zuthat in allen Sprachen der Erde. Das kommt der Missionsarbeit aufs höchste zu gut. Und nun wird das eigentliche Agens der Mission, das auf katho= lischem Gebiet die Kirche ist, das Wort Gottes. Die evange= lische Christenheit sendet nicht sich selber aus, sondern durch ihre Bibelboten das Evangelium selbst, das dieser Bibelbote nur auslegt um den Pflegling so zum Schüler Gottes selber zu machen. Ich schweige hier von den Schwierigkeiten, die daraus erwachsen[1]). Im Ganzen betrachtet ist aber dies der mächtigste Vorzug der modernen von der urchristlichen Mission. Jene hatte nur inspirirte Zeugen, die sich nicht selbst vervielfältigen, diese hat das Wort Gottes, das selber immer wieder Inspiration schafft.

Weiter aber, indem die Uebersetzung der Bibel in die jedes= malige Volkssprache die erste Aufgabe der Missionare wurde, gibt die Mission den Völkern eine Schriftsprache, sie schafft sie vielfach erst und sie wird so zum gewaltigsten Mittel der Erhaltung der Völker. Der Missionar bereitet damit den Boden für eine jedem Volke einheimische Kultur. Er erstrebt den Verkehr aller Menschen mit Gott dem Vater in ihrer Muttersprache, das übersetzte Wort Gottes wird zu einem persönlichen Wort des Vaters zu seinen Kindern. Daß jedes Volk der Erde zu Gott mit Kindermund sprechen darf „Abba", das ist auch ein unermeßlicher Vorzug der modernen vor der katholischen Mission, die mit Gott Latein redet.

Alle diese Vorgänge erklären innerlich die moderne Mission, nicht auch äußerlich. Ich habe auch nur die wichtigsten inneren Bedingungen gezeichnet.

Von keineswegs unerheblicher Bedeutung sind noch folgende andere:

1. im vorigen Jahrhundert hat sich unterm Einfluß der

---

[1]) Sie werden sich voraussichtlich im nächsten Menschenalter sehr vermehren.

Aufklärung die Emanzipation der Laien von der Kirche vollzogen und damit die Begründung einer „gebildeten Gesellschaft", die die Trägerin der öffentlichen Meinung ist, eine bedeutende Kontrol=behörde auch für alle religiösen und kirchlichen Unternehmungen;

2. die Begründung einer wissenschaftlichen Sprachforschung, von der alle Fortschritte der Ethnologie abhängen;

3. die Anerkennung der Grundsätze der Toleranz und Reli=gionsfreiheit, die im 19. Jahrhundert in allen christlichen Staaten, außer Rußland, durchgeführt sind, wurde vorbereitet.

Von den führenden Männern aber, von den Häuptern der Erweckung in der Heimat und von den Helden der christlichen Liebe draußen, deren Kraft die Gedanken verwirklichte, mußte ich schweigen.

Und das alles traf nun zusammen in der Zeit, da die amerikanische Unabhängigkeitserklärung und die französi=sche Revolution den politischen und sozialen Zustand der Welt umgestaltete, da die Entdeckung der Dampfkraft die riesenhafte Entwicklung des ganzen Verkehrswesens herbeiführte und die Welt=industrie schuf, da durch die Vollendung der geographischen Welt=entdeckung die eigentliche Weltgestalt wissenschaftlich festgestellt war — da ist es kein Wunder, daß aus diesem Zusammentreffen der modernen Mission mit einer neuen Epoche der Weltgeschichte auch die „Weltmission" wurde.

Das moderne Missionswerk, wie es als schönste Frucht jenes Bundes von Humanität und Christentum, der am Ende des vorigen Jahrhunderts geschlossen worden ist, in unserem Jahrhundert ge=trieben wird, und das anspornend und vorbildlich bewußt und unbewußt auch auf die katholische Mission wirkt, besteht also in der von der evangelischen Christenheit in allen ihren einzelnen Denominationen unternommenen Sendung des Evangeliums an alle Völker ohne Unterschied zur Rettung möglichst vieler Seelen, durch Mitteilung nicht einer Kirchenlehre, sondern des unverkürzten Wortes Gottes in der Bibel zur Begründung einer nationalen christlichen Kultur bei allen Völkern, die sich dadurch bereinst zu einer christlichen Menschheit zusammen schließen können. —

Ich komme zum Schluß.

Die Stadien, die der Missionsgedanke paffirt hat, sind:

1. Einzelne Apostel werden zu Einzelnen entsendet in der Völkerwelt: Evangelisation, urchriftliche Mission;

2. die Kirche geht zu allen Völkern: Kirchenmission, katho=
lische Mission;

3. Einzelne gehen im Namen der Kirche überall hin: Pionier=
Mission katholischer und evangelischer Vorboten der modernen
Mission;

4. Entsendung aller dazu durch innere Gaben berufenen Christen
überallhin zur Herbeiführung der chriftlichen Kultur= und Glaubens=
einheit unter allen Menschen: moderne Mission.

So hat die Geschichte in wechselnder Weise den neutesta=
mentlichen Missionsbefehl ausgelegt und angewandt.

Wenn der Missionsbefehl ein Wort des auferstandenen
Christus ist — und mir scheint er in einer oder der anderen
Weise dafür gelten zu dürfen, dann ist er ein Wort so zu sagen
vom Himmel her, er ist für uns auf Erden eine Weissagung,
ein prophetisches Wort. Das Wesen aller Prophetie, die wir
kennen, ist, daß ihre Worte einen ewigen Sinn enthalten in einer
zeitlich verständlichen anwendbaren Form. Nur was sofort anwend=
bar ist auf die Zeit, wo es gesprochen ward, kann auf sie wirken
und nur was seine zeitliche Anwendbarkeit ändert, kann der Welt
einen ewigen Sinn übermitteln. Der ewige Sinn des angeführten
Wortes ist die Bestimmung des Evangeliums für alle Menschen,
es wurde aber zuerst nur als die Sammlung eines Gottesvolkes
aus allen Weltvölkern verstanden, nachher als die versuchte
Verkirchlichung aller Nationen, es läuft in seinem jetzigen Ver=
stande hinaus auf die Gewinnung aller Einzelnen für Christus,
die sich wollen gewinnen lassen zur Teilnahme am künftigen
Reiche der Herrlichkeit.

Studien zur Geschichte der protestantischen Theologie im 19. Jahrhundert [1]).

Von

Otto Ritschl.

———

In den letzten Jahren sind mehrere Werke veröffentlicht worden, welche die Geschichte der protestantischen Theologie im 19. Jahrhundert behandeln [2]). 1890 erschien die „Geschichte der deutschen Theologie" von Nippold (Handbuch der neuesten Kirchengeschichte III, 1), 1891 „Die Entwicklung der protestanti= schen Theologie in Deutschland seit Kant und in Großbritannien seit 1825" von O. Pfleiderer, 1894 die hinterlassenen Vor= lesungen Franks unter dem Titel „Geschichte und Kritik der neueren Theologie, insbesondere der systematischen seit Schleier= macher". Vergleicht man diese Werke mit dem zum ersten Male 1856 erschienenen von Karl Schwarz, „Zur Geschichte der neuesten Theologie", so enthalten jene bis an die Schwelle der Gegenwart heranreichenden Darstellungen wohl einen bedeutend reicheren Stoff; aber hinsichtlich der Auffassungsweise und Behandlungsart kann doch kaum behauptet werden, daß eins von ihnen einen wirklichen Fortschritt gegenüber jener älteren Leistung bezeichne. Pfleiderer

———

[1]) Die folgenden Ausführungen sind, abgesehen von der Einleitung, ein Abdruck der Vorträge, die der Verfasser bei dem theologischen Ferien= curs zu Bonn im October 1894 gehalten hat.

[2]) Ich nenne hier nur die umfangreichsten Werke, da es mir gar nicht auf eine Literaturübersicht ankommt, sondern nur auf Material, an welchem der gegenwärtige Stand der geschichtlichen Betrachtung der Theologie in diesem Jahrhundert erkannt werden kann.

erhebt selbst nicht den Anspruch, im Einzelnen Neues zu bieten. Er will nur einen „leichteren Ueberblick über die leitenden Grund= gedanken und Richtungslinien in der Entwicklung der Theologie unseres Jahrhunderts" gewähren (S. VI). Nippold ist viel zu sehr Staatsanwalt und Vertheidiger in einer Person, als daß es ihm hätte gelingen können, ein ruhiges und sachliches historisches Urtheil zu gewinnen. Frank sieht es von vorn herein nicht nur auf Geschichte, sondern mehr noch auf Kritik ab. Diese Kritik ist aber alles andere, nur keine historische Kritik. Alle drei sind ferner gegen ihre Sympathien und Antipathien nachgiebiger, als es einer objectiven Geschichtsdarstellung zuträglich ist. Ihre Werke lassen sich überdies in Beziehung auf exacte Methode mit manchen neueren Geschichtswerken über andere Zeitalter nicht in eine Reihe stellen. Insofern liegt in ihnen aber ein deutlicher Hinweis darauf vor, wieviel für die Erforschung der Theologie dieses Jahrhunderts noch zu thun übrig ist. Namentlich wird die Einzelforschung noch viel zu leisten haben, ehe es in der Zukunft einmal möglich sein wird, eine Geschichte der Theologie dieses Jahrhunderts zu schreiben, die auf der Höhe der mit Recht gepriesenen Geschichtswissenschaft unserer Tage stände. Andererseits wird es nicht nur zulässig, sondern unvermeidlich sein, mit anderen Fragestellungen die Arbeit zu fördern, als mit den zum großen Theil auch heute noch ge= läufigen, die wesentlich aus den Parteikämpfen um die Mitte dieses Jahrhunderts und aus einer durch Hegel'sche Gedanken beein= flußten Geschichtsauffassung herstammen.

Auf den folgenden Blättern sollen nun hauptsächlich einige Fragen aufgeworfen und zur Discussion gestellt werden, die immer= hin einmal an den vorliegenden Stoff gerichtet werden können. Die Antworten, die ich auf sie zu geben versucht habe, gelten mir selbst vorerst zum Theil nur als vorläufig. Wenn andere mich mit stichhaltigen Gründen eines Besseren belehren sollten, so würden sie sich vielleicht nicht nur um mich, sondern auch um die Erkenntniß des Gegenstandes selbst verdient machen. Ich glaube eben nicht, daß die bisherige Auffassung von Schleiermacher's Theologie als gesichertes Wissen gelten kann. Ebenso scheint mir die Geschichte der speculativen Theologie, zu der, wie ich meine, auch die sog. Vermittlungstheologie sich nur als eine spätere Phase verhält, in ihren Zusammenhängen noch nicht genügend aufgeklärt zu sein. Zur Förderung dieser beiden Fragen hoffe ich im Folgenden einige Beiträge, oder vielleicht auch nur Anregungen geben zu können.

1. Wenn die Theologie dieses Jahrhunderts nicht nur in den oben genannten neueren Werken, sondern auch sonst als ein eigenes Gebilde für sich betrachtet wird, so scheint mir, um das Recht dieser Anschauung zu begründen, zunächst die Frage einer Antwort zu bedürfen, wodurch sie sich denn von der Theologie des ihr vorangehenden Zeitalters unterscheidet. Ich glaube nicht fehlzugreifen, wenn ich als das wesentlich unterscheidende Merk-mal den Gedanken der Gnade Gottes hervorhebe, der den führen-den Geistern des vorigen Jahrhunderts im Ganzen unverständlich, fremd, ja manchen geradezu unheimlich war. Gewiß fehlte er auch damals nicht überhaupt. Es braucht nur an Zinzendorf und andere Vertreter des Pietismus erinnert zu werden, denen er durchaus geläufig war. Doch waren solche Männer damals nur die Wortführer von geistigen Unterströmungen; im Ganzen herrschte vielmehr ein sehr naives Vertrauen auf die menschliche Vernunft, in der man alles, was die Menschheit Gutes, Reines und Edles besaß und anerkannte, umfaßt und unerschütterlich geborgen dachte. Diese Stimmung der Aufklärungszeit ist nun aber wieder der überwiegenden Menge von Theologen in diesem Jahrhundert be-fremdlich, ob sie gleich in weiten Schichten unseres Volkes noch immer lebendig ist und sich noch immer in geistigen Leistungen äußert, die trotz ihrer uns ganz offenbaren Mängel doch nur mit Unrecht für lediglich verwerflich angesehen werden. Die Theologen-welt dieses Jahrhunderts erkennt dagegen im Großen und Ganzen den Gedanken der göttlichen Gnade, die sich in der Erlösung der Sünder durch Christus erweist, als den obersten Gesichtspunkt der christlichen Weltanschauung an, und die verschiedenen theologischen Lehrbildungen versuchen nur, eine jede in ihrer Zunge, jener reli-giösen Wahrheit zu dem entsprechendsten Ausdruck zu verhelfen. Soweit diese allgemeine Einhelligkeit reicht, ist sie ein wichtiges Band von geistiger Gemeinschaft, das man nicht leichtfertig unter-schätzen sollte, zumal es nun schon seit etwa drei Generationen

Bestand behalten hat und voraussichtlich auch ferner zur Aus=
gleichung der vorhandenen Gegensätze beitragen wird.

Wenn es sich nun weiter fragt, wie denn im Anfange dieses
Jahrhunderts die neue religiöse Stimmung entstanden ist, die ihren
Ausdruck in der Anerkennung der Gnade Gottes gefunden hat,
und durch die die überwiegend ethische Haltung der Aufklärungs=
zeit gar bald zurückgedrängt worden ist, so kann eine erschöpfende
Antwort, wie auf alle ähnlichen, so auch auf diese Frage nicht
gegeben werden. Da die geheimsten Gründe alles geistigen
Werdens unserer Forschung immer unzugänglich bleiben, so können
wir auch stets nur mehr oder weniger wichtige und auffallende
Momente im Verlauf der Ereignisse aufzeigen, in deren Zusammen=
treffen und Fortschritt sich unserer Auffassung ein geistiger Um=
schwung vergegenwärtigt. Als die allgemeine Bedingung eines
solchen wird uns aber regelmäßig eine allmählich sich heraus=
bildende gemeinsame geistige Disposition erscheinen, durch welche
größere Kreise zur Aneignung neuer Gedanken geneigt werden.
Wieweit nun im vorliegenden Falle die Disposition für die An=
erkennung der göttlichen Gnade mit den bereits erwähnten Unter=
strömungen des Aufklärungszeitalters zusammenhängt, ist wohl
schwerlich genau und sicher auszumachen. Daß sie aber in den
beiden ersten Jahrzehnten unseres Jahrhunderts bei vielen Menschen
kräftig geworden ist, dafür liegt der offenbare Grund in den er=
schütternden Erfahrungen und gewaltigen Eindrücken, die die da=
maligen Schicksale des deutschen Volks mit sich geführt haben.
Einen bemerkbaren Ausdruck fand diese neu belebte religiöse Stim=
mung in der Jubelfeier der Reformation, deren Geistesart man
sich nun doch mit größerem Recht verwandt fühlen durfte, als das
18. Jahrhundert, obgleich auch dessen geistige Leistungen nicht
ohne die Voraussetzung der Reformation denkbar sind. Aber all=
gemeine geistige Dispositionen schaffen als solche niemals zu=
sammenhängende theologische Gesammtanschauungen. Sondern sie
sind nur der Boden, auf welchem diese mehr oder weniger Ein=
gang und Beifall finden. Die wirksame theologische Production
selbst ist dagegen stets das Werk von Einzelnen, die den Beruf
für diese Arbeit in sich tragen und ein meist ganz unwillkürliches

Verständniß für die in der Gesammtheit gerade herrschenden oder
eben aufkeimenden Stimmungen haben.

Alle anderen Theologen seiner Zeit, ob sie wie Reinhard und
Knapp, Schwarz und de Wette, Claus Harms und Daub
in ihrer theologischen Arbeit demselben religiösen Ziele zustrebten
oder nicht, überragt nun ohne alle Frage Schleiermacher. Er
ist es, dessen Anregungen jene anderen selbst zum Theil ihre reli=
giöse Richtung verdankten. Und seine Einwirkungen sind auch
fernerhin von sehr erheblicher Bedeutung und Tragweite gewesen.
Nach den bisherigen Bemerkungen wird es wohl nicht auffallend
sein, daß es gerade der Gedanke der göttlichen Gnade ist, als
dessen theologischen Vertreter ich Schleiermacher vor anderen
gewürdigt wissen möchte. Aber kann denn auch diese Auf=
fassung wirklich begründet und durchgeführt werden? Wird
Schleiermacher's theologische Wirksamkeit thatsächlich richtig ge=
deutet und erschöpfend begriffen, wenn er als der Apostel der seit
mehreren Menschenaltern nicht gebührend gewürdigten Gnade Gottes
verstanden werden soll? Scheint doch in seinen Reden, durch die
er zuerst Epoche gemacht hat, der Begriff der Gnade überhaupt
zu fehlen. Und sind es doch Wahrheiten ganz anderer Art, deren
Erkenntniß mit anscheinend viel besserem Grund auf ihn gemeinig=
lich zurückgeführt wird. Andererseits aber steht er ja auch in=
mitten der philosophischen Bewegung seiner Zeit, als ein Vertreter
der von Schelling begründeten Identitätsphilosophie. Daß er
dazu im Grunde Pantheist gewesen sei, gilt den meisten Kritikern
als ausgemachte Wahrheit. Wie also soll ihm ein religiöser Ge=
danke besonders am Herzen gelegen haben, der nach dem eben be=
merkten wohl gerade nicht in kräftiger Ausprägung bei ihm ver=
muthet werden dürfte?

Ich kenne solche Argumente wohl. Sie stammen von
Philosophen und philosophirenden Theologen her, die alle anderen
auch nur immer darauf hin beurtheilen, welchen Standpunkt philo=
sophischer Erkenntniß sie vertreten, und wieweit sie den philo=
sophischen Maßstäben entsprechen, nach denen jene Kritiker gewisse
Grundfragen stets zuerst entschieden wissen wollen, bevor sie auch
den eigentlich theologischen Gesichtspunkten eine geschmälerte Be=

rechtigung zugestehen. Insbesondere scheint mir das herkömmliche
Urtheil über Schleiermacher stark beeinflußt zu sein durch die
Charakteristiken und Kritiken von Strauß[1]), dem ja auch sonst die
Theologie manches Danaergeschenk verdankt. Verhält es sich aber
so, dann wird man wohl bei unbefangenen Theologen auf Miß=
billigung nicht gefaßt zu sein brauchen, wenn man jenes Urtheil
über Schleiermacher auch einmal stark in Zweifel zieht, und den
Versuch unternimmt, eine andersartige Würdigung dieses großen
Theologen zu erreichen.

Liegen denn wirklich stichhaltige oder gar zwingende Gründe
vor, die Richtigkeit der ausdrücklichen Erklärungen zu beanstanden,
in denen Schleiermacher[2]) es ablehnt pantheistisch zu lehren und
für diese Unterstellung vielmehr stringente Beweise von seinen
Gegnern fordert? Und behauptete[3]) er ferner diesen gegenüber
thatsächlich mit Unrecht, daß er in seiner Glaubenslehre keine specula=
tiven Deductionen, sondern lediglich dogmatische Ausführungen in
dem von ihm festgestellten Sinne des Worts gegeben habe? Zunächst
wird auf gewisse Ausführungen in den Reden über die Religion
hingewiesen, in denen Schleiermacher für den Pantheismus ein=
treten soll, und nach denen man dann auch meint seine Dogmatik
auslegen zu sollen. Ich habe aber bereits vor 7 Jahren, ohne
bisher widerlegt zu sein, die Ansicht durchgeführt[4]), daß die Reden
über die Religion absichtlich einen fremden Standpunkt einnehmen,
nämlich den der gebildeten Verächter der Religion, an die sie
Schleiermacher gerichtet hat. Diesen Zeitgenossen wollte er die
Religion in ihrer Eigenart bekannt und vertraut.machen, und zwar
in der bestimmten Form, in der sie nach seiner Meinung überhaupt
religiös sein oder werden könnten. So construirte er auf Grund
des von ihm vorausgesetzten Kunstsinns der Verächter eine Welt=
anschauung, die jene zu einer bestimmten Religion ausprägen sollten,
von der er aber das Christenthum deutlich unterschied. Jene

---

[1]) Vgl. z. B. Pfleiderer a. a. O. S. 109. Frank a. a. O. S. 128.
[2]) Sämmtliche Werke I, Bd. 2, S. 597, 599.
[3]) Ebenda S. 607 f.
[4]) Schleiermacher's Stellung zum Christenthum in seinen Reden
über die Religion. Gotha 1888.

aesthetische Zukunftsreligion setzt allerdings eine pantheistische Weltanschauung voraus, das Christenthum aber, zu dem sich Schleiermacher selbst bekennt, führt er auf den geschichtlichen Christus
zurück, in dessen Erscheinung er den Charakter seiner Gottheit und
die denkbar höchste Offenbarung Gottes anerkannte.

Versteht man in diesem Sinne die Reden, die sonst überhaupt
unverständlich bleiben, so werden auch die Voraussetzungen hinfällig,
unter denen man theils die hinterlassenen Vorlesungen Schleiermacher's über Dialektik und philosophische Ethik, theils den ersten
Theil seiner Glaubenslehre in dem von ihm selber abgelehnten
Sinne zu deuten in Versuchung sein kann. Zunächst hat Schleier-
macher gar nicht die Absicht, in der Dialektik seine Weltanschauung
zu entwickeln. Er treibt dort vielmehr ein wesentlich kritisches
Geschäft. Soweit es nicht lediglich logische Untersuchungen sind,
die er anstellt, ist er nur darum bemüht, die Grenzen und die
Regeln zu ermitteln, unter deren Anerkennung das menschliche
Denken zum wirklichen Wissen werden kann. So bestimmt er den
Gottesbegriff als den transcendentalen terminus a quo, und den
Weltbegriff als den transcendentalen terminus ad quem, inmitten
derer das reale Wissen möglich und wirklich wird. Die beiden
Grenzbegriffe sind also immer nothwendig, wenn ein wirkliches
Wissen überhaupt zu Stande kommen soll. Denn das Sein Gottes,
sowie wir in uns und in den Dingen, nicht aber außer der Welt
und an sich darum wissen, ist stets die Voraussetzung dafür, daß
wirkliches Wissen möglich wird. Und der Idee der Welt als der
Totalität des vielheitlichen Seins nähert sich stets das Wissen, indem
es unter jener Voraussetzung von einer Erkenntniß zur andern fortschreitet. Dem Umfang nach sind Gott und Welt einander gleich,
übrigens stehen sie nur mit einander in Correlation. Denn identisch sind sie keineswegs, und kein anderes Verhältniß kann zwischen
ihnen gesetzt werden, als das des blosen Zusammenseins beider.
Den Pantheismus lehnt Schleiermacher vielmehr wiederholt [1]
ab, ja er begründet es ausdrücklich, weshalb das religiöse Bewußtsein die pantheistische Idee niemals als seinen Ausdruck

---

[1] Dialektik, S. 116. 168.

gelten laffen könne. Uebrigens ift fich Schleiermacher des lebig-
lich formalen Werthes der durch das reine Denken erreichbaren
Vorstellungen von Gott vollkommen bewußt. Absolutes, höchste
Einheit, Identität des Idealen und Realen bezeichnet er selbst als
bloße Schemata. Daß dagegen der eigentliche Inhalt des Gottes-
gedankens niemals dem speculativen Denken, sondern immer nur
dem Gefühl als dem unmittelbaren Selbstbewußtsein entstamme,
das ist auch in der Dialektik die selbstverständliche Voraussetzung.
So muß denn auch das religiöse Intereffe, sagt Schleiermacher,
das Verhältniß von Gott und Welt näher zu bestimmen versuchen,
„und es hat ein Recht zu fordern, daß man es gewähren lasse;
aber wie es nothwendig der Ursprung alles Anthropoeidischen ist,
so sind seine Productionen dieser Art durchaus nur als mittelbare
Darstellungen für das Denken und Wissen nicht eher zu setzen, bis
sie den Regeln gemäß, welche wir hier vom unmittelbaren Intereffe
des Denkens aus gefunden haben, gestaltet sind" (S. 168). Also
die von der Dialektik ermittelten formalen Bedingungen des wissenschaftlichen Erkennens gelten auch für die Theologie. Aber inhaltlich macht dieser die Dialektik keine Concurrenz. Sie leitet nur
den Theologen an, Anthropomorphismen zu berichtigen, in deren
Form seinem Denken zunächst der religiöse Stoff durch das fromme
Gefühl gegeben ist.

Auch die philosophische Sittenlehre steht in keinem Widerspruch zu der aus ihren eigenen Quellen zu entwickelnden Theologie. Schleiermacher beruft sich umgekehrt sogar gelegentlich
auf die Christlichkeit seiner Philosophie (§§ 297. 303). Aber jenes
Werk ist im Grunde überhaupt gar keine eigentliche Ethik, sodaß
schon hierdurch jede Concurrenz mit der Theologie ausgeschlossen
ist. In Wirklichkeit ist es vielmehr nichts anderes, als eine
Theorie der menschlichen Cultur¹), und zwar ein wahres Meister-

---

¹) Dieser Ausdruck trifft richtiger die Sache, als der von Schweizer,
dem Herausgeber der philosophischen Sittenlehre, in seiner Anmerkung zu
deren § 60 gewählte Ausdruck „Philosophie der Geschichte". Denn von
einer solchen erwartet man doch, daß sie auf das concrete geschichtliche
Material in seiner zeitlichen Entwicklung eingeht. Das geschieht aber in
jenem Werke gar nicht.

ftück fyftematifcher Architektonik. Die Lehnfätze aus der Dialektik, die der philofophifchen Sittenlehre vorangeftellt werden, enthalten diefelben Gedanken, die auch in der Dialektik vorgetragen werden, nur in befferer Ordnung und mit einer platonifirenden Wendung des Identitätsgedankens. Sachlich kommt aber Schleiermacher auf daffelbe heraus, was er in der Dialektik mit der Gottesidee als dem terminus a quo meint, wenn er nun das mit dem höchften Wiffen identifche höchfte Sein als die Grundlage vorausfetzt, die gedacht werden müffe, damit überhaupt ein wiffenfchaftliches Wiffen erreicht werde. Thatfächlich vermag er freilich doch nicht, wie er meint, aus jenem höchften Sein die empirifchen Gegen= fätze zu deduciren, die in der Welt vorhanden find, und die er in Wirklichkeit auch nur aus deren empirifcher Betrachtung abftrahirt hat. Daher könnte diefe Einleitung in das Syftem der Sitten= lehre einfach fehlen, ohne daß der hohe Werth des Werkes felbft gefchmälert würde.

Sind alfo die philofophifchen Hauptwerke Schleiermacher's gar nicht der Art, daß aus ihnen feine Weltanfchauung erhoben werden kann, fo fehen wir uns, um feine Grundüberzeugungen zu ermitteln, vielmehr in erfter Linie auf feine theologifchen Lei= ftungen, und zwar namentlich auf feine Glaubenslehre hingewiefen Aber gerade die formale Anlage diefes Werks erfchwert in manchen Beziehungen die Einficht in den Zufammenhang der Weltanfchau= ung Schleiermacher's. Bekanntlich haben nach deffen Anficht dogmatifche Sätze ihre Eigenthümlichkeit darin, daß fie den in dem frommen Selbftbewußtfein des Chriften gegebenen Inhalt zum Ausdruck bringen und entwickeln. Als unmittelbares ift diefes Selbftbewußtfein gleichbedeutend mit dem Gefühl. Aber infofern wird es von Schleiermacher ftets als bewußtes Gefühl gedacht. Damit ift nun von vornherein auch ein gegenftändliches Moment in dem chriftlichen Selbftbewußtfein gefetzt. Denn bewußt ift ein Gefühl doch nur dann, wenn fein Inhalt zugleich der Gegenftand eines Gedankens ift. Dazu kommt, daß Schleiermacher das Gefühl von den andern Geiftesfunctionen ftets nur vorübergehend ifolirt, wenn er nämlich deffen principiellen Unterfchied vom Denken und Wollen klar zu machen verfucht. Wenn er dagegen

ben jeweiligen Inhalt des Gefühls betrachtet, so benkt er dieses
in steter Verbindung mit den beiden anbern geistigen Wirkungs=
weisen. Denn seine psychologische Grundansicht ist die Annahme[1]),
daß die Seele in ihren verschiedenen Aeußerungen immer ganz
enthalten ist, daß also bei jeder ihrer im einzelnen Moment vor=
herrschenden Bethätigungen im Minimum wenigstens auch ihre
beiden andern Functionen betheiligt sind. Und so ist das Gefühl
einmal der Grund von Gedanken und Strebungen, in die es sich
ergießt, ferner begleitet es aber auch stets alles Denken und
Wollen, wenn die eine oder die andere dieser geistigen Wirkungs=
weisen jeweilig in der Seele überwiegt, und endlich vermittelt es
in jedem Falle den Uebergang vom Denken zum Wollen und
vom Wollen zum Denken. Andererseits erkennt Schleiermacher
ein Werden und eine Entwicklung des frommen Gefühls sowohl
in der Stufenfolge der geschichtlichen Religionen als auch im
Fortschritt eines menschlichen Einzellebens an. Daß aber solche
inhaltlich gemeinte Veränderungen des Gefühls möglich sind, dazu
liegt der Grund in dem Wechselverkehr der Menschen mit der
Welt, der namentlich die Denkthätigkeit in Anspruch nimmt. So
besteht der bestimmte Inhalt des menschlichen Selbstbewußtseins
in irgend einem zeitlichen Moment auch aus gegenständlichem
Wissen, und ohne daß solches in dem Selbstbewußtsein mit dem
Gefühl verbunden ist, würde auch dieses gar keinen bestimmten
Charakter haben, sondern nur ganz verschwommen sein können.
Schon die Verschiedenheit der vielen wirklichen Religionen erklärt
sich nur aus dem mit dem Gefühl verbundenen objectiven An=
schauungsstoff, der im Wissen von der Welt gegeben ist. Fehlte
dieser, so könnte man vermittelst des frommen Gefühls allein nur
zum stumpfen Quietismus als einer lediglich formalen und in=
haltsleeren Religion gelangen. Das Gefühl als solches aber hat
bei aller Religion die Bedeutung, daß es den mit ihm verbundenen
und aus ihm hervorgehenden Gedanken die subjective Qualität
einer lebendigen religiösen Ueberzeugung verleiht, indem es als
die innerlichste und eigentlich transscendentale Function der Seele

---

[1]) Psychologie, Sämmtliche Werke III, Bd. 6, S. 66.

deren eigne Bedingtheit durch das transscendente überwelt
Sein ausfagt, und sich fo als das Organ der Offenbaru
Gottes darstellt. Welcher Art indessen in jeder Religion die
Gefühl anerkannte schlechthinige Abhängigkeit, und welcher
der Gedanke von Gott ist, von dem man sich in dieser B
abhängig fühlt, das ergiebt sich aus dem Verhältnis zwi|
Gott und Welt, welches zugleich mit jenem Gefühl durch
Denken gesetzt wird, und welches das entsprechende Wollen
Thun der frommen Menschen zur nothwendigen Folge hat.

Nun ist Schleiermacher in seiner Glaubenslehre stets
peinlichster Gewissenhaftigkeit von dem christlichen Selbstben
sein ausgegangen. Allein dieses Verfahren schien ihm wir
dogmatische Sätze zu verbürgen. Daß er aber von dieser Gr
lage aus auch zu Erwägungen und Schlüssen objectiver Art
bringt, indem er das Selbstbewußtsein zum Weltbewußtsein
erweitern läßt, ist einmal nach seinen eignen Voraussetzu
deshalb unanfechtbar, weil es ohne Weltbewußtsein auch
concretes Selbstbewußtsein giebt. Ferner bleiben jene Sätze
die Beschaffenheit der Welt zugleich immer durch die dogmatis
Grunderkenntnisse bedingt, die als solche religiöse Aussagen
frommen Selbstbewußtseins sind. Dadurch unterscheidet sich
diese ganze Gattung von Sätzen und Lehren von aller phi|
phischen Speculation, die eben nicht in einem durch das Fü
bedingten Denken, sondern in dem reinen Erkennen besteht.

Wenn nun Schleiermacher in seinen Reden deutlicher
in seiner Glaubenslehre für das richtige Verständniß einer j
positiven Religion die Kenntniß von beren Grundanschau
fordert[1]), durch welche alle anderen Gedanken und Anschauu
derselben Religion beherrscht sind und mit ihr und unter eina
zusammenhängen, fo wird man, um seine religiöse Weltansc
ung zu bestimmen, in seinem Sinne auch nach der Grundansc
ung fragen müssen, durch die der Kreis seiner eignen religi
Gedanken beherrscht ist. Natürlich kann dies keine der theologi|
Theorien sein, deren er so manche in seiner Dogmatik aufge

---

[1]) Reden über die Religion, herausg. von Pünjer, S. 273 ff.

hat, und an denen der Blick der Forscher gewöhnlich hängen
bleibt. Sondern es kommt auf den durchschlagenden religiösen
Gedanken an, der alles andere umschließt und begrenzt, und dessen
grundlegender Charakter sich nachträglich daran erweisen muß,
daß alle einzelnen Lehren seiner Dogmatik dadurch vollständig
erklärt werden können. Insofern ist es wichtig, daß Schleier=
macher die Religion als das Gefühl der schlechthinigen Ab=
hängigkeit definirt. Wie nun aber diese Abhängigkeit gefühlt oder
gedacht oder sonst dem Frommen bewußt werden soll, das ist für
die jetzt zu entscheidende Frage ganz nebensächlich. Durchschlagend
ist es dagegen, daß die schlechthinige Abhängigkeit jedenfalls als
Thatsache behauptet wird, und zwar sofern sie nicht nur für jedes
einzelne fromme Subject, sondern auch ganz allgemein für die
gesammte Welt gelten soll. Wenn aber alles in der ganzen
Welt von Gott schlechthin abhängig ist, so ist auch Gott un=
zweifelhaft der Grund und die Ursache von allem, er ist es, der
alles in Abhängigkeit von sich erhält, der die Welt geschaffen hat,
regiert und schließlich zu dem von ihm gewollten Ziele führt.
Und zwar trifft alles dieses auf Gott in so ausschließlicher Weise
zu, wie das in einem frommen Subject vorausgesetzte Abhängig=
keitsgefühl schlechthinig ist. Also Schleiermacher ist durchaus
Determinist. Diese Grundstimmung drückt sich schon aus in den
Einwendungen, die er in seinen ersten literarischen Productionen
gegen Kant's transscendentalen Indeterminismus erhoben hat.
Und der Determinismus ist auch die Voraussetzung, unter der in
den Monologen die wahre Freiheit gefeiert wird. Er ist über=
haupt das Rückgrat der ganzen Gefühls= und Gedankenwelt
Schleiermacher's. Aber diese deterministische Weltansicht ist
keineswegs etwa das Erzeugniß philosophischer Erwägungen und
Schlüsse, sondern sie ist Schleiermacher mit dem innersten
Charakter seiner religiösen Persönlichkeit selbst gegeben. Das
beweist die Form, in der seine Vorstellungen von der Allwirk=
samkeit und der absoluten Causalität Gottes ihren consequenten
Abschluß gefunden haben. Denn dieser wird eben in nichts an=
derem erreicht, als in der Annahme von der Wiederbringung
aller. Wie wichtig für Schleiermacher dieser Glaube gewesen

iſt, das kann man freilich aus ſeiner Glaubenslehre nicht erkennen.
Hier fordert er nur gleiches Recht für die Lehre von der end=
gültigen Rettung aller Menſchen neben der andern Anſicht von
der ewigen Verdammniß der Verworfenen. Aber der Grund für
dieſe maßvolle Vertretung ſeiner Privatüberzeugung iſt der kirch=
liche Charakter, den er der chriſtlichen Lehre in einer Dogmatik
gewahrt wiſſen will. Wo er dagegen durch ſolche äußeren Rück=
ſichten nicht gebunden iſt, und ſeine eignen Ueberzeugungen frei und
ohne Rückhalt ausſpricht, da bekennt er ſich ſelbſt ganz offen und
ſehr nachdrücklich zum Glauben an die Apokataſtaſis. Dafür liegt
ſchon ein Zeugniß aus Schleiermacher's früheſter theologiſcher
Epoche vor. In der Rhapſodie über die Freiheit[1]) ſagt er:
„Meine Theodicee beſteht in einem einzigen Schluß, worin die
Weisheit und Güte Gottes den Oberſatz, und ſeine Allmacht und
Vorſehung den Unterſatz abgiebt". Dann entwickelt er die Anſicht,
die äußern Zuſtände nach dem Tode führten in unendlicher Dauer
alle Seelen zu demſelben Ziel, nur auf verſchiedenen Wegen. Nun
läßt er ſich in dieſem dialogiſchen Theil ſeiner Schrift von einem
Freunde den Einwand machen, daß in dem kürzeſten Wege des
einen Menſchen ein ungerechtfertigter Vorwurf gegenüber dem langen
Lauf eines anderen liege, und antwortet darauf: „Mein Lieber, es
kommt mir mit Ihren beiden Menſchen vor, wie mit Ihren beiden
Kindern, da ſie leſen lernten; der eine lernte ſehr leicht die Buchſtaben
kennen, der andere ſehr ſchwer, aber dafür begriff dieſer die Verbindung
derſelben ſehr ſchnell, woran jener ſehr lange zu arbeiten hatte".
Denſelben Gedanken entwickelt Schleiermacher in der ſieben=
ten Predigt ſeiner erſten Sammlung: „Die Schrift läßt uns, wenn
wir treulich das Unſrige thun, nach dieſem Leben einen glücklichen
Zuſtand hoffen, zugleich zeigt ſie uns, daß züchtigendes Unglück
derer wartet, die ſich hier nicht wollten vom göttlichen Geiſte re=
gieren laſſen; wenn jenes Gute uns nur als eine überſchwängliche
Belohnung für dasjenige dargereicht würde, was keinen Lohn ver=
dient, und dieſes Uebel nichts wäre, als eine ewige überſchwängliche
Strafe für Fehler, die auch uns Begünſtigten ehedem nicht fremd

---

[1]) Dilthey, Leben Schleiermacher's. Anhang. S. 34.

waren: mit welchem widerstrebenden Herzen würden wir eine Glückseligkeit hinnehmen, die nur ein unbilliges Gnadengeschenk des Höchsten wäre! Ist aber das Loos, welches jedem zu Theil wird, genau nach seinen Bedürfnissen abgemessen: dann, und nur dann können wir das, was uns zu Theil wird, ruhig hinnehmen, über= zeugt, daß andere zu gleichem Endzweck einer ganz anderen Hülfe benöthiget sind. So können wir uns demnach ohne alle Bedenk= lichkeit selbst von Seiten unserer zartesten und uneigennützigsten Gefühle der Leitung des Himmels überlassen und der Weisheit und Liebe Gottes um so sicherer und fester vertrauen, weil wir wissen, daß er zugleich überall ein gerechter Gott ist."

Endlich gipfelt Schleiermacher's Abhandlung über die Er= wählung vom Jahre 1819 in der Lehre von der Wiederbringung. Er nimmt in der wärmsten Weise Partei für die strengste Form der reformirten Erwählungslehre. Er weist alle Einwendungen gegen diese Anschauung klar und bestimmt zurück. So lehrt er auch auf's Entschiedenste die Praedestination zur Verdammniß. Aber diese erklärt er dann doch nur als eine Entwicklungsstufe und bricht damit jenem dogma horribile seinen Stachel aus, indem er nun die Wiederbringung alles Verlorenen behauptet. So wird ihm der Unterschied der gläubig und der ungläubig Sterbenden nur zum Unterschiede zwischen der früheren und der späteren Auf= nahme in das Reich Christi. Das Motiv für diese Lehre ist ihm aber wieder die Rücksicht, daß den Begnadigten und Seligen die Seligkeit durch den Gedanken getrübt werden müßte, daß andere Menschen ewig davon ausgeschlossen seien. „Oder könnten sie", sagt[1]) Schleiermacher, „etwa selig sein, wenn sie das Mitgefühl für alles, was ihrer Gattung angehört, verlieren müßten?" Nur bei dieser Ansicht, heißt es weiter, „findet der Verstand Ruhe, wenn er die ursprüngliche und entwickelte Verschiedenheit der Menschen mit der Abhängigkeit aller von der göttlichen Gnade, die göttliche Kraft der Erlösung mit dem, was aus dem Widerstand der Menschen entstehen kann, endlich die Unseligkeit der Ungläubigen mit dem in ihrer Erinnerung haftenden Wort der Gnade zusammen=

---

[1]) Sämmtliche Werke I, Bd. 2, S 479 f.

denken ſoll. Und indem ich mich zu dieſer Anſicht bekenne, ſtelle
ich es als ein Zeichen meiner Unparteilichkeit auf, daß ich nicht
behaupte, die calviniſche Theorie dränge uns zu derſelben ſtärker
hin, als die lutheriſche."

Man muß anerkennen, daß es eine einheitliche und geſchloſſene
Reihe religiöſer Grundgedanken iſt, die in der Anſchauung der abſoluten prädeſtinatianiſchen, aber auf die Wiederbringung aller
abzielenden Gnade Gottes vorliegt. Daß wir nun aber darin auch
die religiöſe Grundanſchauung Schleiermacher's ſelber vor uns
haben, erweiſt ſich dadurch, daß ihr nicht nur keine Lehre der
Dogmatik widerſpricht, ſondern daß aus ihr alle, und auch diejenigen Anſchauungen der Glaubenslehre ſich erklären, die ſo oft
Befremden erregt haben und meiſtens leichthin als abſonderliche
Theologumena Schleiermacher's beurtheilt worden ſind. Zunächſt
iſt die Lehre von der abſoluten Cauſalität und Allmacht Gottes,
die auch die Auffaſſung vom Wunder in ſich ſchließt, nichts anderes
als die conſequente und jede Vorſtellung von einer Willkür Gottes
ausſchließende Anwendung der deterministiſchen Grundanſicht. Nur
wird nach den allgemeinen Regeln der Dialektik jede anthropo-
morphiſtiſche Vorſtellung abgeſtreift, und auch der Naturmechanismus
in ſeiner ſchlechthinigen Abhängigkeit von Gott als ein Mittel gewürdigt, wodurch neben anderen die beſtimmten göttlichen Zwecke
mit der Welt durchgeführt werden. Ferner iſt die conſequente
Ablehnung jeder nur im Entfernteſten denkbaren manichäiſchen
Auffaſſungsweiſe lediglich bedingt durch die religiöſe Anſchauung
von Gottes ausſchließlicher Cauſalität. Und daraus erklärt ſich
Schleiermacher's Anſicht von der Sünde. Dieſe iſt ebenſo wie
die Freiheit eine Größe, die ihre Bedeutung nur im geſchichtlichen
Verlauf der Weltentwicklung hat, für die aber im Bereich der göttlichen Teleologie ſelbſt kein Raum vorhanden ſein kann. Deßhalb
aber konnte der Urſprung der Sünde in gewiſſem Sinne ebenſo
von dem göttlichen Willen abgeleitet werden, wie die Prädeſtination der Verworfenen zu einer auch nur als vorübergehend gedachten Verdammniß.

Und daß nun die göttliche Cauſalität nicht im Mindeſten
pantheiſtiſch gedacht wird, ergiebt ſich daraus, daß ſie ſtets auf

ben überweltlichen Zweck der endgültigen Rettung und Seligkeit aller geschaffenen Geister gerichtet ist. Von diesem Ziel der Welt erfährt der Mensch aber nichts aus dem Lauf der Natur und der außerchristlichen Geschichte. Noch weniger wird er durch die hier wirksamen Kräfte, die vielmehr sämmtlich nur Stoff dazu sind, durch die höchste Kraft als ihr Organ angeeignet zu werden, befähigt, der Gaben theilhaftig zu werden, deren Verleihung eben das hauptsächliche Mittel zur Verwirklichung des letzten göttlichen Zwecks mit der Welt ist. Dagegen ist in dem geschichtlichen Christus und seinen bleibenden Wirkungen ein neues Gesammtleben in die Welt eingetreten, in welches alle die hineingezogen werden müssen, die zur Seligkeit und zum kräftigen Gottesbewußtsein gelangen sollen. Denn hierin besteht der Zustand des Menschen, in dem zugleich mit den aus ihm hervorgehenden Wirkungen die natürliche Anlage der Menschheit sich vollendet, und mit welchem überdies die richtige Erkenntniß der Absichten Gottes mit der Welt gegeben wird. Denn Gott ist die Liebe, und der Grundtext der ganzen Dogmatik[1]) ist das Wort des Erlösers bei Joh 1 14. Die Liebe Gottes aber zeigt sich in den Thaten seiner Allmacht. Deren größte ist das Werk der Erlösung von der allgemeinen Unkräftigkeit des menschlichen Gottesbewußtseins und der damit verbundenen Unseligkeit. Sie ist die Vollendung der Schöpfung, auf die hin der ganze bisherige Gang der Weltgeschichte angelegt war, und deren Fortgang darin besteht, daß das neue Gesammtleben sich immer weiter verbreitet. In diesem Zusammenhang wird dem frommen Christen die Weisheit und Liebe Gottes als der Grund der ganzen Welt offenbar, und die Lehre von dieser Liebe Gottes steht mit Absicht an dem Schluß der Dogmatik, weil sie überhaupt das denkbar Höchste ist. Aus ihr soll man auch die vorangestellte Lehre von Gottes absoluter Causalität verstehen, die zunächst nur als ein unausgefüllter Rahmen gemeint[2]) war, dessen eigentlicher Gehalt erst durch den Gedanken der göttlichen Liebe gegeben wird. So stellt sich die Glaubenslehre als ein Werk aus

---

[1]) Sämmtliche Werke I, Bd. 2. S. 611 f.
[2]) A. a. O. S. 608.

einem Guſſe bar. Sie steigt von den allgemeineren Vorstellungen
in einer Klimax[1] zu bem höchsten Gedanken empor, um in dieſem
den letzten Schlüſſel zu geben, der das fromme Verständniß für
alle übrigen Lehren öffnet. Und da die Liebe Gottes endlich in
Chriſtus ſich den ohnmächtigen Süubern zuwendet, um ſie ohne
alles eigene Verdienſt zur Seligkeit und zur Vollkraft ihres Chriſten-
ſtandes zu führen, ſo iſt die ganze Glaubenslehre nur eine einzige
Verkündigung der Gnade des Höchſten, die als ſolche ſeit der
Offenbarung durch Chriſtus in der Welt wirkſam und erkennbar iſt.

Es iſt vielleicht nicht zufällig, daß, indem Schleiermacher
den Gedanken der Gnade ſeit langer Zeit zum erſten Mal wieder
als die Grundlage der ganzen chriſtlichen Weltanſchauung geltend
gemacht hat, ihm dies nur in durchaus determiniſtiſcher Form
möglich war. Erſcheint es doch faſt wie ein dogmengeſchichtliches
Geſetz, daß, wenn ganze Menſchenalter hindurch die Theologie
und die kirchliche Praxis hauptſächlich mit dem Gedanken der
menſchlichen Freiheit oder gar des menſchlichen Verdienſtes gearbeitet hat, der hierdurch endlich hervorgerufene Rückſchlag, je
gewaltiger er iſt, um ſo ſicherer auch in prädeſtinatianiſchen[2]
Wendungen erfolgt. Man denke an Paulus, an Auguſtin, an
Luther und Calvin. Für keinen von dieſen iſt die Prädeſtination,
an die ſie glauben, ein zufälliges Theologumenon, ſondern ſtets
eine theils beſeligende, theils ehrfürchtiges Grauen vor Gottes
Majeſtät erweckende Wahrheit. Auch Schleiermacher reiht ſich
jenen Männern an, nur daß er bei ſeiner ſyſtematiſchen Conſequenz, die in formaler Hinſicht allerdings wohl durch den Iden-
titätsgedanken der zu ſeiner Zeit herrſchenden Philoſophie gebildet
ſein mag, die dualiſtiſche Annahme eines doppelten Abſchluſſes der

---

[1] A. a. O. S. 611.
[2] Es iſt bemerkenswerth, daß Schleiermacher den Ausdruck
„Vorſehung", weil er nicht chriſtlichen Urſprungs ſei, durch die ſchrift-
mäßigen Ausdrücke „Vorherbeſtimmung, Vorherverſehung" erſetzt wiſſen
will. „Denn dieſe", ſagt er, „ſprechen viel klarer die Beziehung jedes einzelnen Theils auf den Zuſammenhang des Ganzen aus, und ſtellen das
göttliche Weltregiment als eine innerlich zuſammenſtimmende Anordnung
dar." Der chriſtliche Glaube, § 164, 3; S. 510f.

Weltentwicklung nicht ertrug, und dieser Aussicht durch die Lehre von der Wiederbringung zu entgehen versuchte. Aber mit der biblischen Begründung dieser Anschauung sah es freilich nicht zum Besten aus, und noch mehr widerstritt der Ansicht, für die bisher nur zuweilen Sectirer eingetreten waren, die kirchliche Lehre. Auch Schleiermacher's Auffassung von der Sünde, von der Trinität, und von manchen andern Dogmen hatte keine Stütze an der kirchlichen Tradition. So kam es, daß, wie sehr auch seine mit ihm gleichgestimmten Zeitgenossen im Allgemeinen einen starken, wenn auch keineswegs deutlichen Eindruck von seiner religiösen Richtung gewannen und daraus selbst den Muth schöpften, die göttliche Gnade als die Grundlage der ganzen Theologie zu betonen, die Theologie Schleiermacher's selbst sich doch nur zu einem eklektischen Gebrauch zu empfehlen schien. Vielen ging er nicht weit genug in dem doch von ihm erneuerten Supranaturalismus. Wie hoch man ihm auch das Verdienst anrechnete, den Rationalismus erfolgreich bekämpft zu haben, so meinten doch manche der neuen Supranaturalisten, wie Claus Harms[1]), daß er nur auf halbem Wege stehen geblieben und zur vollen Erkenntniß der Wahrheit noch nicht vorgedrungen sei. Bei den meisten Theologen freilich fand seine Lehre, daß der Sitz der Religion das Gefühl sei, begeisterten Anklang. Nur gründeten viele auf diese Erkenntniß psychologisch unhaltbare Constructionen. Auch die Behauptung der schlechthinigen Abhängigkeit hat großen Eindruck gemacht. Indessen hielten es manche für nothwendig, daneben auch der menschlichen Freiheit in dem religiösen Grundverhältniß einen gewissen Spielraum zuzusprechen. Das war freilich eine Verschlimmbesserung, die vom Standpunkt Schleiermacher's aus einfach widersinnig ist. Am wichtigsten sind aber dessen christologische Lehren geworden und seine Auffassung von der Erlösung. Seit Luther hatte bis dahin Niemand so entschieden, wie er, die centrale Stellung der Person und des Werkes Christi in der ganzen Dogmatik behauptet. Dadurch vor allem hat er die Theologie der nächsten Generation beeinflußt. Daß endlich die Erlösung wesent-

---

[1]) Herzogs R.-E., 2. Aufl., Bd. 5, S. 617.

lich als eine That der ſpontanen göttlichen Liebe zu verſtehen ſei, und daß auch die Verſöhnung ihr Objekt nicht an Gott, ſondern an den in ihrem Sündenzuſtand unſeligen Menſchen habe, iſt eine freilich ſchon durch frühere Theologen[1]) vorbereitete Anſchauung, die aber unter Schleiermacher's Einfluß eine beträchtliche An= zahl ganzer und halber Vertreter gewonnen hat. Durchaus ab= lehnend verhielten ſich dagegen faſt Alle zu einer der wichtigſten Einſichten Schleiermacher's, daß nämlich Dogmatik und Philo= ſophie zwei ganz verſchiedenartige Gebiete des menſchlichen Geiſtes= lebens ſind.

2. Mehr Glück als mit ſeiner Glaubenslehre hatte Schleier= macher zuvor ſchon mit ſeinen Reden über die Religion gemacht. Es iſt zweifellos, daß dieſes Werk dem Rationalismus recht er= heblich Abbruch gethan und vielen der Beſten in unſerm Volk die Freude an der Religion und ein gewiſſes Verſtändniß für deren Werth und Weſen wiedergegeben hat. Aber eine klare Einſicht in die Eigenart des Chriſtenthums haben bei ihrer ganzen Anlage und Tendenz die Reden Schleiermacher's nicht zu er= wecken und zu fördern vermocht. Sie haben mehr einen allgemeinen Eindruck hervorgerufen, und mit den in ihnen enthaltenen äſthetiſchen Elementen kamen ſie dem Zuge der Zeit entgegen. Geradezu irreleitend war namentlich die Parallele, die Schleiermacher zwiſchen der Religion und der Kunſt gezogen hatte. So konnte man auf Vorſtellungen der Art gerathen, als ob die Objekte der Religion in derſelben Weiſe angeſchaut und genoſſen werden ſollten, wie diejenigen der Kunſt. Die Folge war, daß durch die Reden einer ſentimentalen äſthetiſchen Frömmigkeit Vorſchub geleiſtet wurde, wie ſie Schleiermacher ſelber durchaus nicht vertrat und begünſtigte. Denn ſeine Predigten beweiſen es, daß er keines= wegs in ſchöngeiſtigem Genießen, ſondern in der Demuth und im Gottvertrauen das Weſen der chriſtlichen Frömmigkeit erblickte.

Bemerkbare Spuren jenes äſthetiſchen Einfluſſes der Reden

---

[1]) Schleiermacher ſelbſt bezeichnet einmal Töllner, der in der Auffaſſung der Erlöſung einer ſeiner Vorgänger war, als einen Theologen, „der zu zeitig ſcheint vergeſſen zu werden“. Sämmtl. Werke I, Bd. 2, S. 482.

zeigt neben andern Elementen merkwürdiger Weise die Theologie
von de Wette. Seine kritischen Bestrebungen lassen freilich diesen
Theologen, der zugleich die besten Traditionen der Kant'schen
Weltanschauung bewahrte und namentlich ein eifriger Gegner der
Identitätsphilosophie und ihrer Verwendung in der Theologie
war, als einen klaren, scharfen und nüchternen Denker erscheinen.
Direct bezeugt auch ein ihm treu verbundener Schüler [1] „seinen
Zorn und seinen Haß gegen alle weibische Theologie, Empfindelei
und unprotestantische Weichheit und Thatlosigkeit". Aber angeregt
durch Schleiermacher's Reden [2] und bestochen durch die um-
ständliche und gesuchte psychologische Theorie von Fries, hat de
Wette sich der damals so weit verbreiteten ästhetischen Auffassung
der Religion [3] in einem höheren Grade anempfunden, als es
einer homogenen Ausbildung seines dogmatischen Urtheils und
einer überzeugungskräftigen Gestaltung seiner theologischen Anschauungen ersprießlich gewesen wäre. Dennoch steht seine auf
der umfassenden Anerkennung der göttlichen Gnade beruhende und
von einer kräftigen evangelischen Frömmigkeit getragene Weltanschauung trotz jenes ästhetischen Beiwerkes in einem so unver-
kennbaren Gegensatz zu der romantischen Spielerei mit dem christlichen Gedankenstoff, und namentlich zengen seine christologischen
Ansichten [4] bei einer gewissen Verwandtschaft mit denjenigen
Schleiermacher's von einer so gediegenen theologischen Einsicht,
daß er sich mit diesem Mitarbeiter und Gesinnungsgenossen [5],
dem er selbst in der biblischen, namentlich in der alttestamentlichen
Wissenschaft unstreitig überlegen war, auf das Erfreulichste ergänzte.

Auch noch ein anderer, weit einflußreicherer Führer des
geistigen Lebens im Anfange dieses Jahrhunderts verdankt den
Reden Schleiermacher's entscheidende Anregungen. Das ist der
Philosoph Schelling. Allerdings nimmt man für gewöhnlich an,
daß dessen Identitätsphilosophie vielmehr von Schleiermacher,

---

[1] Lücke bei Nippold a. a. O. S. 54.
[2] De Wette, Ueber Religion und Theologie, S. 69.
[3] A. a. O. S. 69, 77.
[4] A. a. O. S. 118 f.
[5] Dogmatik I, 3. Aufl., S. IV.

wenn auch mit Modificationen, übernommen und vertreten worden
sei. Die Richtigkeit dieser Beobachtung wird jedoch eingeschränkt
durch das, was bereits über die begrenzte Bedeutung des Jdentitäts-
gedankens für Schleiermacher bemerkt worden ist. Andererseits
ist dessen Einfluß auf Schelling bisher noch niemals gebührend
gewürdigt worden. Allerdings ist es bekannt[1]), wie hoch Schelling
im Jahre 1801 die Reden über die Religion zu schätzen begann,
deren Verfasser er mit den ersten Originalphilosophen auf eine
Linie gestellt wissen wollte. Daß aber Schelling seit dem Jahre 1803
mit Vorliebe auch christlichen Gedankenstoff in den Bereich seiner
Jdentitätsspeculationen hineinzuziehen unternahm, scheint mir direct
durch den Eindruck der Reden Schleiermacher's auf ihn bedingt
zu sein. Wen anders als diesen meint er, wenn er sagt[2]): „Preis
denen, die das Wesen der Religion neu verkündet, mit Leben und
Energie dargestellt und ihre Unabhängigkeit von Moral und Philosophie behauptet haben! Wenn sie wollen, daß Religion nicht
durch Philosophie erlangt werde, so müssen sie mit gleichem Grunde
wollen, daß Religion nicht die Philosophie geben oder an ihre
Stelle treten könne. Was unabhängig von allem objektiven Vermögen erreicht werden kann, ist jene Harmonie mit sich selbst, die
zur inneren Schönheit wird; aber diese auch objektiv, es sei in
Wissenschaft und Kunst, darzustellen, ist eine von jener blos subjektiven Genialität sehr verschiedene Aufgabe." Indem nun Schelling selbst diese Aufgabe ergreift, beginnt er über den historischen
Charakter der Theologie zu speculiren, der ihm auf einmal von
ganz besonderer Wichtigkeit ist. Dabei arbeitet er zunächst mit
Mitteln, die ihm Schleiermacher's Reden dargereicht hatten.
Er eignet sich in einer gewissen Modification geradezu einen Hauptgedanken[3]) dieses Werkes an, daß nämlich „in dem Christenthum
das Universum überhaupt als Geschichte, als moralisches Reich
angeschaut wird, und daß diese allgemeine Anschauung den Grund-
charakter desselben ausmacht" (S. 170). Während indessen Schleier-

[1]) Dilthey, Leben Schleiermacher's I, S. 442.
[2]) Vorlesungen über die Methode des akademischen Studiums.
Zweite, unveränderte Auflage, S. 150.
[3]) 5. Rede, S. 293, bei Pünjer S. 279.

macher fortfährt, das Christenthum sei nach außen und innen
durch und durch polemisch gegen alle Irreligiosität, bleibt Schelling
nur dabei stehen, daß es „seinem innersten Geist nach und im
höchsten Sinne historisch sei" (S. 172). Und damit gewinnt er
den Gedanken einer successiven Offenbarung in der Geschichte, deren
Wesen darin bestehe, daß die „höchste Religiosität", der esoterische
christliche Mysticismus, „das Geheimniß der Natur und das der
Menschwerdung Gottes für eins und dasselbe" halte (S. 175).
Dieser vermeintliche Inhalt des Christenthums mit dem, was er
Schelling einzuschließen scheint, wird diesem nun zum Hebel der
vorgeblich historischen, in Wirklichkeit speculativen Construction des
Christenthums. Dessen erste Idee ist der „menschgewordene Gott,
Christus als Gipfel und Ende der alten Götterwelt". Das wahre
Unendliche kam in's Endliche, „nicht um dieses zu vergöttern,
sondern um es in seiner eigenen Person Gott zu opfern und dadurch zu versöhnen" (S. 180). Seitdem führt der von Christus
verheißene Geist, „das ideale Princip", das Endliche zum Unendlichen zurück, „und ist als solches das Licht der neuen Welt"
(S. 181). Während also „die Versöhnung des von Gott abgefallenen Endlichen durch seine eigene Geburt in die Endlichkeit"
der erste Gedanke des Christenthums ist, so wird dessen „ganze
Ansicht des Universums und der Geschichte desselben" in der Idee
der Dreieinigkeit vollendet (S. 184). Bezogen auf die Geschichte
besagt aber diese, „daß der ewige, aus dem Wesen des Vaters
aller Dinge geborene Sohn Gottes das Endliche selbst ist, wie es
in der ewigen Anschauung Gottes ist, und welches als ein leidender
und den Verhältnissen der Zeit untergeordneter Gott erscheint, der
in dem Gipfel seiner Erscheinung in Christo die Welt der Endlichkeit schließt und die der Unendlichkeit oder der Herrschaft des Geistes
eröffnet" (S. 185).

In diesem Entwurf haben wir das Programm der speculativen Theologie, aufgestellt von dem Urheber der pantheistischen
Identitätsphilosophie unter Anregung der Reden über die Religion.
Wie verschiedenartig diese Weltanschauung von derjenigen Schleiermacher's ist, das vermag man nur zu ermessen, wenn man das
von Schelling keineswegs übersehene entgegengesetzte Interesse

beider erwägt, des einen an der christlichen Frömmigkeit als einer
Sache der persönlichsten Ueberzeugung, des andern an einer Erkenntnis, welche sich leichthin über die von Kant entdeckten und
auch von Schleiermacher anerkannten Grenzen der reinen Vernunft hinwegsetzt und die Beziehungen Gottes zu der Menschheit
mit derselben Methode zu ergründen bestrebt ist, welche Goethe
bei der Erforschung der Natur vortreffliche Dienste leistete. Wenn
aber Schelling zum Zweck dieser Speculationen die beiden christlichen Dogmen von der Trinität und von der Menschwerdung
Gottes aufgriff, die ihm zugleich die Versöhnung des Endlichen
mit dem Unendlichen bedeutete, so verdankt er diese Anschauung
freilich Schleiermacher. Auf die Idee der Dreieinigkeit hatte
er sich dagegen von Lessing[1]) führen lassen (S. 184), von dessen
wenigen Andeutungen über diesen Punkt er rühmt, sie seien vielleicht das Speculativste, was jener überhaupt geschrieben habe.
Was Schelling aber gerade an diesen beiden Dogmen werthvoll
war, das ist die Möglichkeit, sie in seinen gar nicht auf religiösem
Boden erwachsenen Speculationen gebrauchen zu können. Von der
Idee der Dreieinigkeit sagt er geradezu, es sei klar, „daß sie nicht
speculativ aufgefaßt, überhaupt ohne Sinn ist" (S. 192). Einen
höheren Mangel an Verständniß für den religiösen Inhalt des
Christenthums bezeugt jedoch ein anderer Ausspruch, daß die biblischen Bücher „an echt religiösem Gehalt keine Vergleichung mit
so vielen anderen der früheren und späteren Zeit, vornehmlich den
indischen, auch nur von ferne aushalten" (S. 199). Uebrigens
anticipiren diese methodologischen Vorlesungen Schelling's manches, was man gewöhnlich als das Eigenthum von D. Fr. Strauß
zu betrachten pflegt.

Es ist für die Entwicklung der Theologie in diesem Jahr-
hundert verhängnißvoll geworden, daß in ihr die speculativen
Grundgedanken desjenigen Philosophen, dessen Competenz zu einem
Urtheil über das Christenthum durch die letzten Mittheilungen
wohl einigermaßen in Frage gestellt werden dürfte, durch verschiedene
Mittelglieder hindurch einen erheblichen Einfluß gewannen. In-

---

[1]) Die Erziehung des Menschengeschlechts, § 73.

dessen konnte es trotz Schellings offenbarer Verkennung des re=
ligiösen Elements in dem Christenthum eine Zeit lang wohl so
scheinen, als ob die speculative Methode, von einer zugleich durch
evangelische Frömmigkeit und hohen sittlichen Ernst ausgezeichneten
Persönlichkeit in die Theologie selbst eingeführt, in derselben Richtung
wirksam werden möchte, die Schleiermacher mit zielbewußter
Sicherheit eingeschlagen hatte. Der Standpunkt wenigstens, den
Daub in seinen Theologumena und in seiner Einleitung in die
Dogmatik, diesen großartigsten Erzeugnissen der gesammten specula=
tiven Theologie, vertrat, beweist unter mancherlei Berührung mit
den Bestrebungen Schleiermacher's ein tiefes Verständniß für die
wesentlichen Grundzüge des Christenthums.

Die subjektive Religion beruht nach Daub auf dem Trieb
nach Seligkeit, dessen Gegenstand das absolut Beständige ist, und
der am vollkommensten in der Andacht befriedigt wird[1]). Die
subjektive Religion selber bestimmt aber Daub gerade so, wie
später Schleiermacher, als ein Bewußtsein der Abhängigkeit von
Gott, die der Mensch im Gefühl anerkennt, indem er sie in seiner
Demuth und Andacht, in seiner Bewunderung, Verehrung und
Anbetung Gottes zu erkennen giebt. Hierin besteht die Frömmig=
keit, die insbesondere Vertrauen, Liebe und Dankbarkeit gegen
Gott ist[2]) und die Sache des ganzen Lebens sein soll. „Der
Glaube an Gott in der Religion ist zugleich ein Handeln des
Menschen in diesem Glauben und ein Glauben in ihrem Handeln,
ein ihr gesammtes Thun und jede einzelne freie That begleitendes
Glauben[3])". Die Religion weiß nichts von einem Glauben ohne
Liebe und von einer Liebe ohne Glauben (S. 142). „Mit der Re=
ligion ist es wie mit der Tugend: wer sie wirklich hat, spricht
nicht davon, und wer davon spricht, verlangt entweder nur ihren
Schein oder giebt damit, wenn er selbst ihr noch nicht ganz ab=
gestorben ist, sein gefühltes Bedürfnis derselben zu erkennen"
(S. 159). Um der Religion selber willen bedarf es nun keiner

---

[1]) Einleitung in die Dogmatik, S. 22.
[2]) Ebenda S. 88. Theologumena S. 296, 335.
[3]) Einleitung S. 123.

Wissenschaft von ihr. Aber dem im Ganzen unausrottbaren Triebe der menschlichen Natur, sich der Religion zu ergeben, geht ein oft überwiegendes Streben zur Seite, sich ihr zu entziehen, und dies besteht in der „ausschließenden Lust" des Menschen „an ihm selber und an allem, was er zu genießen und aus eigener Kraft zu wissen, zu denken, zu erforschen und zu verüben vermag (S. 162). Hierin äußert sich das Böse seiner Natur oder seine Selbstsucht, und gegen deren leicht ansteckende und schnell um sich fressende Wirkungen ist die Wissenschaft von der Religion oder die Theo= logie als ein Gegengift nothwendig (S. 164). Doch sollen deren Vertreter, die Theologen, nicht als solche unmittelbar durch sich selber, sondern mittelbar durch die Religion und deren Diener, die Religionslehrer, Geistlichen und Priester, dem Aberglauben und Unglauben wehren und die Gemeinden für den Glauben lebendig erhalten (S. 174). Denn dasjenige, wodurch die Religion an die Menschen gebracht wird, ist nicht eigentlich ein Lehract, sondern ein Act der Religion selber (S. 116). Es ist zwar Lehre, aber als solche Evangelium, und es ist als göttliche Kraft nicht der Menschen Werk, sondern „das Wort Gottes selbst durch Menschen an sie" (S. 125).

Soweit können wir den Entwicklungen Daub's einen gut begründeten Zusammenhang durchaus religiöser und gegen specula= tive Interessen noch völlig gleichgültiger Gedanken entnehmen. Aber auch die Grundlage der Speculation, welche in der als noth= wendig aufgezeigten Dogmatik geübt werden soll, ist noch rein religiöser Art. Denn der Glaube wird als die ausschließliche Grundlage des theologischen Erkennens behauptet (S. 106). Wäh= rend die Religion für sich selbst der Theologie gar wohl entbehren könnte, so bedarf doch die Theologie der Religion als ihrer noth= wendigen Voraussetzung. „Ein religiöser Mensch muß der sein, der ein Theolog werden will" (S. 112). Die Theologie nähert sich „erst dadurch ihrer Vollendung, daß sie die zur Religion ver= klärte Wissenschaft, und der Theolog erst dadurch seiner Bestimmung, daß er . . . . . . den lebendigen Glauben an Gott, unbedingtes Vertrauen auf ihn und freie Liebe zu ihm und allen Menschen, nach dem Beispiel der Apostel, in sich zu erhalten und zu be=

wahren strebt" (S. 121). Unter diesen Voraussetzungen ist es nun
Daub's speculativer Grundgedanke, daß das Bewußtsein von Gott
in der Religion keinen zeitlichen Ursprung habe, sondern daß es
eine ewige Offenbarung Gottes durch sich selber an die Menschen
sei (S. 63 f.). Und die hiermit zugleich gegebene Ansicht, daß die
Religion als solche das Göttliche in der Welt, und daß sie als
eine potenzielle Anlage allen Menschen angeboren ist, um in ihnen
durch die religiöse Erziehung und Unterweisung erhalten oder an=
geregt oder geweckt, kurz actuell wirklich zu werden, bedingt einmal
Daub's entschiedenen Widerspruch gegen die Annahme einer natür=
lichen Religion in dem Sinne, als ob die Menschen eine solche
aus sich selbst heraus producirten, andererseits ist sie der Grund
dafür, daß Daub in dem Christenthum die vollkommene Offen=
barung Gottes selber anerkennt. Während nämlich im Allgemeinen
das Bewußtsein der Menschen von Gott, die ewige Offenbarung
in ihnen, einem Gradunterschiede von Stärke oder Schwäche unter=
liegt, so ist in dem Christenthum Gott selbst unter dem symbolischen
Begriff des Vaters der offenbare, unter dem des Sohnes der
geoffenbarte und unter dem des Geistes der sich offenbarende
Gott (S. 65 f.). Wegen dieses unmittelbar göttlichen Inhalts ist
die christliche Religion vorzugsweise als die geoffenbarte zu be=
greifen, indem in ihr „das mit dem Glauben an Gott verknüpfte
Erkenntniß" am Vollkommensten hervortritt. So aber erscheint
als das eigentliche Correlat der Offenbarung nicht sowohl der
Glaube, als das zugleich mit diesem in dem Gottesbewußtsein
gesetzte Erkennen.

Das Bewußtsein von Gott ist nämlich entweder Glaube
oder Wissen (S. 103). „Nur weil und wenn die Ueberzeugung,
daß Gott sei, im Gemüth des Menschen vorherrscht vor dem
Erkenntniß, wer Gott sei, wird das Bewußtsein von Gott, im
Unterschied vom Erkenntniß Gottes, als Glaube begriffen und
bezeichnet". In seiner Eigenschaft als Erkenntniß ist aber das
Bewußtsein von Gott der bestimmteste und vollendetste Gedanke
der menschlichen Vernunft von Gott und dem göttlichen Wesen.
Wie nun der Glaube ohne dieses Wissen blind ist, so würde dieses
ohne jenen leer sein. Also beide bedingen sich gegenseitig. „Ohne

Gott auf irgend eine Weise und in irgend einem Grade zu erkennen,
kann der Mensch nicht an ihn glauben, und umgekehrt: ohne an
Gott zu glauben, kann er ihn nicht erkennen" (S. 104). Demnach
scheinen die religiöse und die speculative Seite des Gottesbewußt=
seins, indem sie sich gegenseitig voraussetzen, in einem völligen
Gleichgewicht zu stehen. Und das ist nach Daub's Meinung auch
wirklich der Fall, wo das Gottesbewußtsein die Form des mensch=
licher Gemüthes und Geistes hat. Denn in der subjektiven Sphäre
ist es bald Glaube, bald Erkenntniß, je nachdem die Stärke der
Ueberzeugung vom Sein Gottes oder die Klarheit des Wissens
vom Wesen Gottes überwiegt. Abstrahirt man jedoch von dieser
Subjektivität, und denkt man das Bewußtsein von Gott nicht mehr,
wie unter dem subjektiven Gesichtspunkt, blos als Moment, sondern
als Princip der Religion, so erreicht man die Idee von einem
Wissen, welches kein menschliches, sondern göttliches oder absolutes
Wissen ist. Ein solches hat aber Christus gehabt, der nach der
Lehre der Christen als Mensch zugleich Gott war und daher auch
der absolut Wissende, in dem Gott ewig offenbar ist, gewesen
sein muß (S. 105). Als der Allwissende und Allmächtige, der
der Wissenschaft und Kunst der Menschen nicht bedurfte, ist Christus
auch allein der Gottweise oder der Theosoph gewesen (S. 210).

Aber dieses Ergebniß, das Daub aus seinen Voraussetzungen
folgerecht gewinnt, macht er doch für die Dogmatik nicht fruchtbar.
Bei seiner Geringschätzung der historischen Zweige der Theologie
fragt er nicht, wie man nach den bisherigen Mittheilungen über
seine Gedankenbildung erwarten sollte, nach dem von Christus
selbst herrührenden Wissen von Gott. Sondern, soweit er über=
haupt an dem geschichtlichen Christenthum Interesse nimmt, kommen
für ihn vielmehr nur dessen überlieferte Dogmen in Betracht, als
ob in diesen direct das zum Glauben gehörige Wissen gegeben
wäre. Die speculative Arbeit aber, die er in der Dogmatik an
dem Dogma geübt wissen will, und die er selbst in seinen Theologumena an den wichtigeren christlichen Lehrstücken geübt hat, ist
ihm „ein sehr bestimmtes Forschen in dem Urbewußtsein Gottes
und unserer Abhängigkeit von ihm, oder in der der menschlichen
Vernunft inwohnenden Idee der Gottheit, betreffend insbesondere

das Verhältniß der Vernunft zu dieser Idee und das des Menschen zu Gott selbst" (S. 328). Insofern ist es auch unerläßlich, daß der Theolog philosophire. „Denn nur speculativ, nicht empirisch, nicht historisch, literarisch u. dgl. kann das theologische Erkenntniß von dem absoluten Grunde der Religion, von ihrer Wahrheit und Göttlichkeit sein" (S. 342). Dennoch soll die Philosophie selbst nicht als Hülfswissenschaft der Dogmatik gelten. Denn „sowenig die Dogmatik auf die Philosophie, als wäre diese ihr Fundament, gegründet oder gebauet werden kann, ebensowenig vermag die Philosophie Materialien darzubieten oder zuzuführen, woraus sie auch nur zum Theil erbauet werden könnte" (S. 370). Vielmehr ist die Philosophie nur eine nothwendige Vorbereitungswissenschaft für die christliche Dogmatik. „Gegeben ist mittelst der Bibel der Dogmatik ihr Gegenstand, die christliche Religion, als ein System von Glaubenswahrheiten oder Dogmen, welches Gott selbst zu seinem Urheber habe, und in welchem jedes Dogma als eine unmittelbar durch Gott selbst geoffenbarte Wahrheit enthalten sei" (S. 371 f.).

Man kann nicht verkennen, daß in diesen Darlegungen Daub's die religiösen Motive und die speculativen Postulate als nahezu gleichwerthige Größen erscheinen, ohne doch durch die sichere Richtung auf ein bestimmtes Ziel mit einander innerlich verbunden zu sein. Für einen consequenten Denker konnte eine solche schwebende Lehrweise unmöglich die letzte Entscheidung bleiben, und zu einer solchen mußten ihn doch mehr und mehr von beiden Seiten her die von ihm aufgeworfenen Fragen drängen. Konnte sich also die Wagschale dereinst nur nach einer Seite neigen, so wäre es an sich nicht undenkbar gewesen, daß die bei Daub unstreitig vorhandene tiefe Einsicht in das eigenthümliche Wesen des Glaubens und der Frömmigkeit das Uebergewicht gewonnen hätte. Wäre dieser Fall eingetreten, so hätte Daub vielleicht neben seinem Zeitgenossen Schleiermacher ein Reformator der Theologie werden können. So aber verfiel er, indem ihn die Consequenz seiner an das Dogma gefesselten speculativen Neigung zur Hegel'schen Philosophie hinüberführte, der einst[1] von ihm selbst getadelten „Systemsucht", d. h.

[1] Einleitung in die Dogmatik, S. 306.

dem nach ſeiner Meinung auf Arbeitsſcheu zurückzuführenden Fehler, der Dogmatik die ihr fremde Form einer von ihrem Bearbeiter fleißig ſtubirten Philoſophie zu geben. Indem alſo Daub in die Reihe der Marheinete, Göſchel und Roſenkranz trat, vergrub er ſein Pfund, deſſen urſprünglicher Reichthum indeſſen noch immer zu erfreuen und zu erheben vermag, wenn man dem Eindruck der beiden Werke ſich hingiebt, deren einem ich in der Wiedergabe der principiellen Gedanken Daub's gefolgt bin.

Die Hegel'ſche Philoſophie hat auf die durch ſie gebildete Generation der deutſchen Jugend einen relativ günſtigen Einfluß, allerdings nur formaler Art, ausgeübt. In dem Zeitalter der Romantik war es ſegensreich, daß jenes Lehrſyſtem ſeinen Jüngern eine ſtrenge Zucht des Denkens aufnöthigte. Dazu erweckte und pflegte dieſe Philoſophie univerſale Intereſſen und ging hierin allerdings mit der Romantik Hand in Hand. Solchen Vorzügen ſtehen andererſeits empfindliche Nachtheile gegenüber, die in der Anwendung der Hegel'ſchen Speculation auf die Religionswiſſen-ſchaft vor allem den Betrieb der Dogmatik getroffen haben. Denn die Arbeit, welche die Hegelianer der ſyſtematiſchen Theologie zugewendet haben, führte nur zur Neubelebung und Kräftigung der von Schleiermacher kaum erſt erſchütterten intellectualiſtiſchen Richtung. Zunächſt gewann dieſe in einer anſpruchsvollen, wenn auch kurzlebigen Scholaſtik weitreichende Geltung. Dauerhafter und weniger durchſichtig ſind aber die, wenn auch durch andere Ein-flüſſe gebrochenen, ſo doch faſt die geſammte Theologie in den mittleren Jahrzehnten dieſes Jahrhunderts durchdringenden Ein-wirkungen Hegel's geweſen, die namentlich eine verſtändnißvolle Würdigung der Theologie Schleiermacher's erſchwert oder oft gar verhindert haben.

Wie für Schelling, ſo war auch für Hegel und ſeine älteren Schüler das altkirchliche Dogma der werthvollſte Theil der geſammten chriſtlichen Ueberlieferung. Indem man dieſe Lehren ſpeculativ zu reproduciren unternahm, unterlag man aber nur dem Zuge der Wahlverwandtſchaft mit ſolchen Theologen der alten Kirche, die nach dem Vorgang verſchiedener Gnoſtiker die πίστις zur γνῶσις emporzuheben für nothwendig hielten. Indem man ſich

nun wieder ganz dieselbe Aufgabe stellte, beseitigte man in dem
Glauben gerade das, was ihm vor Allem eigenthümlich ist. Was
die christliche Frömmigkeit auszeichnet, das erklärte man gering=
schätzig als Sache des Gefühls, in dem man eine minderwerthige
Form des geistigen Lebens sehen zu müssen meinte. So behielt
man die ihres lebendigen Inhalts entleerten religiösen Vorstellungen
übrig. Diese sollten nun zum Begriff umgestaltet werden, der nach
Hegel's Anleitung als „die wesentliche und vollkommenste Form
der Religion" ausgegeben wurde [1]. Erschien dieses Exercitium ge=
lungen, so proclamirte man die Theologie und die Philosophie für
identisch [2]. Und in dem so erreichten absoluten Wissen schmeichelte
man sich, alle Gegensätze, und namentlich den vielberufenen zwischen
Supranaturalismus und Rationalismus „überwunden" zu haben.
Nun galt der Glaube mit dem Wissen und dieses mit jenem als
versöhnt, und so schien „die Aufgabe und das wahre Bedürfniß
unserer Zeit" gelöst [3]. Aber diese vermeintliche Versöhnung und
Aufhebung des Gegensatzes zwischen Wissen und Glauben in einer
vorgeblich höheren Einheit war nur eine heutzutage sehr durchsichtige
Selbsttäuschung. Die Aufgabe, die wirklich gelöst, und der Erfolg,
der wirklich erreicht war, bestand nur darin, daß man das Dogma
in die Formen der Hegel'schen Speculation hineingegossen hatte.
Und der Ruhm, diese Leistung sehr kunstreich vollbracht zu haben,
ist allerdings der Dogmatik Marheineke's nicht abzusprechen.
Es war dies freilich nur der vorübergehende Triumph einer selbst=
bewußten Scholastik, die thatsächlich weder dem Wissen noch dem
Glauben in ihrer beider berechtigten Ansprüchen Genüge that.

Wie grundlos vor Allem die Meinung war, daß man den
Gegensatz von Rationalismus und Supranaturalismus aufgehoben
habe, das beweist zunächst das kräftige Weiterleben des Supra=
naturalismus. Wenn man heutzutage freilich von diesem als einer
bestimmten theologischen Richtung redet, so stellt man sich vielfach
darunter eine dem gleichzeitigen Rationalismus innerlich verwandte

---

[1] Marheineke, Dogmatik, § 5.
[2] Rosenkranz, Encyklopädie der theologischen Wissenschaften,
2. Aufl., S. XI.
[3] Marheineke a. a. O. S. XXV.

Denkweise vor, die von diesem nur durch ein mehr oder weniger
äußerliches Festhalten an der biblischen Offenbarung unterschieden
sei. Gewiß trifft diese Ansicht auf die Apologeten des vorigen
Jahrhunderts zu, die die damals auskommende und vordringende
Neologie bekämpften. Sie stimmt aber nicht mit dem Sprachgebrauch
überein, dessen man sich zum Theil noch bis in die Mitte dieses
Jahrhunderts bedient hat. Es darf daran erinnert werden, daß
Sartorius[1]) im Jahre 1825 Männer wie Ammon, Bretschneider, Planck, Schleiermacher, de Wette als Supranaturalisten anerkennt und außer sich selbst auch Augusti, Daub,
Marheineke, Sack und Tholuck dazu rechnet. Zugleich zählt
er nur noch Röhr, Wegscheider und Schultheß zu den Ratio-
nalisten. Um dieselbe Zeit will Schleiermacher[2]) nicht als
„ideeller Rationalist", wie man ihn genannt hatte, sondern als
„reeller Supranaturalist" bezeichnet werden. Sehen wir also von
der Phrase ab, daß die beiden entgegengesetzten Richtungen durch
eine angeblich höhere aufgehoben und überwunden worden seien,
so scheint man, bevor die Althegelianer diesen Mythus aufbrachten,
und die Vermittlungstheologen ihn von jenen übernahmen, den
Gang der Entwicklung vielmehr so angesehen zu haben, daß der
Rationalismus allmählich begonnen habe, dem Supranaturalismus
zu unterliegen. Und diese Anschauung hat auch vielmehr ein
historisches Recht für sich, als jene andere. Soweit nämlich der
Rationalismus überhaupt überwunden wurde, geschah dies lediglich
durch das siegreiche Vordringen des Supranaturalismus. Thatsächlich ist er aber nur in der Theologenwelt, und in dieser doch
auch nicht vollständig, überwunden worden. Uebrigens behielt er
namentlich in den Kreisen des liberalen Bürgerthums einen breiten
Spielraum und dehnte sich in diesem noch immer weiter aus.

Im Anfang der zwanziger Jahre dieses Jahrhunderts galten
Männer, wie de Wette, Schleiermacher, G. Chr. Knapp,
Fr. H. Schwarz, Theremin, Chr. Fr. Schmid, Augusti und
alle, die noch weit mehr als diese auf die vor der Aufklärungszeit

---

[1]) Beiträge zur Vertheidigung der evangelischen Rechtgläubigkeit, S. 47.
[2]) Zweites Sendschreiben an Lücke. A. a. O. S. 652f.

allgemein anerkannte kirchliche Tradition zurückgriffen, als Supra=
naturalisten. Sie unterschieden sich ja mannigfach von einander,
und eine weitere Klärung der theologischen Verhältnisse wurde
vielfach als Bedürfniß empfunden. Bemerkenswerth ist in dieser
Hinsicht die Klage von de Wette[1]): „Große wunderbare Er=
eignisse und gewaltige Erschütterungen haben nun die Welt zur
Andacht und Begeisterung gestimmt. Man fühlt die Leere des
vorigen Lebens und die ewige Gültigkeit und die stärkende und
erhebende Kraft des christlichen Glaubens. Alles sehnt und drängt
sich nach einem neuen höheren religiösen Leben. Aber die Klarheit
des Bewußtseins ist noch nicht da, und die entgegengesetztesten
Ansichten und Bestrebungen thun sich kund. Viele wollen uns
ganz wieder zu dem Alten zurückführen. Andere wollen Neues
bilden. Es fehlt an einer einstimmigen festen durchgebildeten Theo=
logie, alles liegt in ihr noch im Chaos, sie kann sich noch nicht
beherrschen, geschweige denn, daß sie dem Zeitalter, wie sie sollte,
die Bahn des religiösen Lebens vorzuzeichnen vermöchte." Anderer=
seits sah es Schleiermacher ahnungsvoll voraus, daß die von
ihm selbst wieder begonnene supranaturalistische Auffassung des
Christenthums in Richtungen einmünden würde, die er niemals
billigen konnte. Als er im Jahre 1821 die dritte Auflage seiner
Reden besorgte, bemerkte er, man möchte es gegenwärtig „eher nöthig
finden, Reden zu schreiben an Frömmelnde und Buchstabenknechte,
an unwissend und lieblos verdammende Aber= und Uebergläubige".

So standen, als kaum der Supranaturalismus das Ueber=
gewicht unter den Theologen zu haben begann, bereits unter seinen
Vertretern wieder Trennungen in Aussicht. Und Gründe dazu
waren auch genügend vorhanden. Einmal der keimende Gegensatz
zwischen der seit einigen Jahren in Preußen eingeführten Union
und dem hiergegen reagirenden lutherischen Confessionalismus, der
namentlich in einigen außerpreußischen deutschen Ländern immer
breiteren Boden gewann. Wie in diesen, so nahmen aber auch
in Preußen die Männer zu, die einen engeren Anschluß an die
Lehrweise des alten Protestantismus wünschten, und die Alt=

---

[1]) Religion und Theologie, S. 151.

hegelianer leisteten diesen Bestrebungen mit ihrer Art, das Dogma zu verarbeiten, Vorschub. Andererseits erfuhren nicht wenige hoffnungsvolle Männer der jungen Generation gerade damals sehr nachhaltige Eindrücke von der sog. Erweckung. Durch solche Erfahrungen wurde in manchen überhaupt erst ein lebendiges Interesse an dem Christenthum angeregt, dessen Wahrheit sich gerade den meisten von ihnen in streng supranaturalistischer Form erschloß. Indem aber besonders diese Theologen den Gedanken der göttlichen Gnade mit warmer Ueberzeugung ergriffen, unterschieden sie sich doch von dessen älteren Vertretern, wie Schleiermacher und de Wette dadurch, daß sie zugleich auch auf die Kehrseite des Gnadenbewußtseins, auf ein möglichst intensives Gefühl von der Sünde nachdrücklich Gewicht legten. So modificirte sich im Vergleich mit der zuerst wieder von Schleiermacher neubelebten Religiosität die fromme Grundstimmung unter dem Einfluß der Erweckung, und nach dem Abblühen der für diese noch weniger als für Schleiermacher's religiöse Einwirkungen zugänglichen Hegel'schen Richtung wurde jene Art der Frömmigkeit in dem Bereich des Supranaturalismus mehr und mehr allgemein.

Einen starken Einschlag der durch die Erweckung erzeugten religiösen Stimmung empfing auch diejenige theologische Richtung, die nach der von de Wette bezeugten Verwirrung im Anfang der zwanziger Jahre sich zuerst consolidirte und etwa zwei Jahrzehnte hindurch in Preußen wenigstens entschieden das Uebergewicht behauptete. Das ist die sog. Vermittlungstheologie, die sich im Jahre 1828 in den Theologischen Studien und Kritiken das Hauptorgan ihres weitreichenden Einflusses schuf. Sie ist recht eigentlich die Theologie der 11 Jahre zuvor in Preußen eingeführten Union. Dies ist auch das Hauptmoment ihres Zusammenhanges mit Schleiermacher. Denn wenn auch dieser Lücke, Nitzsch und Sack namentlich als seine Freunde bezeichnet [1]), und wenn auch andere von deren Gesinnungsgenossen mit ihnen zusammen stets eine hohe Verehrung gegen jenen kundgaben und in manchen Dingen seinem Einfluß dauernd zugänglich blieben, so war doch Schleier-

---

[1]) Vgl. die beiden Sendschreiben an Lücke.

macher als Theologe im Grunde ein einsamer Mann, dem von seinen Zeitgenossen am nächsten immer noch Schwarz und de Wette standen. Aber schon Twesten's Dogmatik läßt erkennen, wie viel mehr als Schleiermacher selbst die Vermittlungstheologen auf die alte Dogmatik zurückgriffen und sich innerlich durch sie gebunden sahen. Sie sind Supranaturalisten in einem noch ganz anderen Sinne als jener. Sie sind die eigentlichen Orthodoxen im vierten und fünften Jahrzehnt des Jahrhunderts. Der Maßstab der Orthodoxie war eben damals noch ein viel freierer, als er es später wurde, wenn auch bedeutend enger, als zu der Zeit, in welcher Schleiermacher seine großen Gedanken concipirte. Heterodoxien galten noch als das gute Recht eines jeden Theologen. Diese Anschauung gab man Schleiermacher unbedenklich zu, und man regelte danach auch das eigne duldsame Verhalten unter einander. Allerdings ließ man sich gegenseitig nicht leicht ohne Rüge die besonderen Heterodoxien durchgehen. Doch störten solche ganz sachlich gehaltene Auseinandersetzungen niemals das gute Einvernehmen der gesammten Gruppe. Anderen gegenüber handhabte man freilich gern die von Schleiermacher aufgestellte Häresientabelle, nur daß man sie bereicherte und namentlich den Sabellianismus und den Pantheismus hinzuzufügen nicht vergaß. Diesen letzten Vorwurf erhob man nicht mit Unrecht gegen die speculative Theologie und Philosophie aus der Hegel'schen Schule, zu der man sich in einem deutlichen Gegensatz wußte. Dennoch erkannte und bestritt man nur einzelne Schwächen dieser speculativen Theologie. Im Grunde hatte man selbst zu starke Einwirkungen von Hegel erfahren, und man hatte selbst zu große Neigung zum speculativen Denken, als daß es zu einem wirklichen Bruch mit jener Weltanschauung hätte kommen können. Ja man bewegte sich völlig in den von der Hegel'schen Schule aufgebrachten Problemen und Fragestellungen. Um davon loszukommen, hätte man Schleiermacher folgen müssen, der die Dogmatik mit der speculativen Philosophie unvermischt halten wollte. Das war aber gar nicht in dem Sinne der in manchen Punkten doch auch von ihm beeinflußten Vermittlungstheologie.

Wir haben schon gesehen, daß die Hegel'sche Richtung ihre

Hauptaufgabe darin erkannte, den Gegensatz von Glauben und
Wissen in einer höheren Einheit aufzuheben und so zu überwinden.
Dieses Ziel der wissenschaftlichen Arbeit wurde nun einfach von
der Vermittlungstheologie übernommen. Und es hat gerade in
diesem ihren Namen, dessen Ursprung [1]) und Bedeutung auf's Engste
mit der Entstehung und ferneren Entwicklung der Studien und
Kritiken zusammenhängt, seinen beredtesten Ausdruck empfangen.
Wie oft hat Ullmann in diesem Sinne die Vermittlung als das,
was noth thut, in den programmatischen Artikeln gefeiert, an denen
jene Zeitschrift in ihren früheren Jahrgängen so reich ist! „Ver=
mittlung", sagt er[2]), „ist die wissenschaftlich vollzogene Zurück=
führung relativer Gegensätze auf ihre ursprüngliche Einheit, wodurch
eine innere Versöhnung derselben und ein höherer Standpunkt ge=
wonnen wird, in dem sie aufgehoben sind, der wissenschaftliche
Zustand, der als Resultat aus dieser Vermittlung hervorgeht, ist
die wahre gesunde Mitte." „Der gewöhnliche Rationalismus und
der ältere Supranaturalismus sind allerdings unvereinbar, aber
die Vernunft, auf welche jener, und die Offenbarung, auf welche
dieser zurückgeht, sind in ihrem wahren Verhältnisse nicht entgegen=
gesetzt, sondern wesentlich zusammenstimmend" (S. 47). Beide
Richtungen haben in ihrer Einseitigkeit nachtheilige Wirkungen,
aber jede hat auch ihr Verdienst gehabt (S. 56). „Sollen nun
im Fortgange der Wissenschaft jene beiden Systeme, sofern sie
Einseitigkeiten sind, überwunden und in ein Höheres aufgelöst
werden, so wird es nur geschehen, wenn wir das Unbefriedigende
beider meidend, aber ihre begründeten Anforderungen befriedigend,
den ursprünglichen Zusammenhang von Offenbarung und Vernunft,
Glauben und Wissen, von dem sie sich losgerissen haben, in einer
vollkommeneren, wissenschaftlich durchgebildeteren Weise wieder=
herstellen" (S. 57). Nicht anders steht es nach Ullmann mit der
Vermittlung des Realismus und des Idealismus. Diese ist „die
gleichmäßige Entwicklung und gegenseitige Durchdringung des ge=
schichtlichen und philosophischen Elementes in der wissenschaftlichen

---

[1]) Vgl. Kattenbusch, Von Schleiermacher zu Ritschl, 2. Aufl., S. 54 f.
[2]) Studien und Kritiken, 1836, S. 41 ff.

Behandlung des Christenthums. . . . . Ebenso liegt für die Gegensätze oder falschen Einseitigkeiten der Verstandestheologie, des Mysticismus und Practicismus die wahre Ausgleichung darin, daß auf gesunde Weise jene höhere Theologie ausgebildet wird, die alle wohlbegründeten Forderungen und Interessen befriedigt (S. 49). „Die Aufgabe der Theologie ist gerade, daß Glauben und Wissen zusammenkommen und sich harmonisch durchdringen" (S. 53). Sie wird erreicht in der Gewißheit, daß „Offenbarung und Vernunft in ihrem innersten Wesen eins seien", daß die Vernunft „nothwendig zum Glauben, zur Anerkennung göttlicher Offenbarung und deren Vollendung in Christo hinführe, die Offenbarung aber in ihrem Grunde und in allen ihren Bestandtheilen vernünftig sei, daß das Denken im Glauben seinen wahren Inhalt und Abschluß, der Glaube aber im Denken seine Bewährung finde". Die wahre Mitte, die so erreicht wird, ist „das positive Ergreifen der ganzen Wahrheit und die möglichst vollständige Ausbildung derselben nach allen Seiten." Als „höchste volle allseitige Wahrheit des göttlichen Lebens in der Menschheit" ruht sie in Christo, der „in seiner vollen gottmenschlichen Persönlichkeit, in der ungetrübten, un= verkürzten Fülle seines Wesens, im höchsten Sinne die wahre Mitte ist, der Vermittler zwischen Gott und Menschheit, der Mittelpunkt der Weltgeschichte, der unerschöpfliche Quellpunkt aller höheren Lebens= und Geistesentwicklung" (S. 57 f.).

Man erkennt aus diesen Mittheilungen, daß Ullmann die wissenschaftlichen Mittel, mit denen er die christliche Weltanschauung bearbeitet wissen will, der Hegel'schen Speculation verdankt, wenn auch seine religiösen Anschauungen selbst aus anderen Quellen stammen. Dazu kommt aber noch ein charakteristischer Zug an der erstrebten Vermittlung, den allerdings andere Theologen in den von ihnen erhobenen Ansprüchen deutlicher als Ullmann hervor= treten lassen. Das ist die Vielseitigkeit der Vermittlung, mit der sich das Bewußtsein verbindet, daß die Leistungsfähigkeit in diesem Gebiete ein besonderer Vorzug der ganzen theologischen Gruppe sei. „Die sog. vermittelnde Theologie", sagt[1]) Schöberlein, „achtet

---

[1]) Princip und System der Dogmatik, S. 447.

es für ihre Aufgabe, den Ertrag von allen Bildungselementen der
Zeit für die freiere urd tiefere Ausgeſtaltung der kirchlichen Theologie zu verwerthen." Anſpruchsvoller drückt [1] Dorner denſelben
Gedanken aus: „Unſere Zeit hat vor anderen die Gabe, das was
ſonſt zerſtreuet oder ſcheinbar feindlich auseinanderliegt, in ſeiner
Zuſammengehörigkeit zu erkennen und die Elemente der Wahrheit,
die ſich bisher hervorgebildet haben, in Ein Bild zu vereinigen".
Virtuos hat Dorner ſelbſt dieſe Vielſeitigkeit bewährt, indem er,
um den Begriff des Böſen zu beſtimmen [2], nach einander den
phyſiſchen, den intellektuellen, den äſthetiſchen, den juriſtiſchen, den
ſubjektiv moraliſchen und den religiöſen Geſichtspunkt aufbietet,
um jeder dieſer Betrachtungen die zur Geſammterkenntniß zu ab-
birenden Wahrheitsmomente zu entnehmen. Uebrigens verweiſe
ich nur noch auf Lange's Dogmatik, der Niemand den Preis der
Vielſeitigkeit abzuerkennen verſucht ſein wird.

Dieſes Streben nach Vielſeitigkeit iſt nun offenbar ein Erbtheil der romantiſchen Bildung, deren Einfluß die meiſten Vermittlungstheologen auch in manchen anderen Beziehungen nicht
verleugnen. Die Romantik hat ja das Verdienſt, eine Menge
bisher unbeachtet gelaſſenen geſchichtlichen Bildungsmaterials zugänglich gemacht und in den Bereich des äſthetiſchen und wiſſenſchaftlichen Intereſſes hineingezogen zu haben. Zugleich mit dieſen
Beſtrebungen erwuchs jedoch eine Fähigkeit der Anempfindung, die
zwar zur Förderung der Geſchichtswiſſenſchaft erheblich beigetragen
hat, die aber doch in anderer Beziehung nicht durchaus als ein
Vorzug erachtet werden kann. Denn durch ſie insbeſondere iſt das
ſchon erwähnte Streben nach Vielſeitigkeit bedingt, das bei vielen
Theologen der Schärfe und Concentration ihres Denkens geſchadet
hat. Andererſeits hat es aber auch wohl einen gewiſſen Mangel
an Selbſtvertrauen erzeugt, der immerhin der Vermittlungstheologie
nicht abgeſprochen werden kann. Im Unterſchiede von der Hegel-
ſchen Speculation und von dem lutheriſchen Confeſſionalismus
beweiſt nämlich jene Richtung eine faſt allzu große Beſcheidenheit.
Seit Müller ſein großes Werk über die Sünde nur als einen

---

[1] Syſtem der chriſtlichen Glaubenslehre, II, S. 641 f.
[2] Ebenda § 76.

„Bauſtein zu einer künftigen neuen Theologie“ bezeichnet hatte [1]), wird dieſer gewiß ſehr maßvolle Ausdruck zum auszeichnenden Lobestitel, mit dem man die wiſſenſchaftlichen Leiſtungen der Geſinnungsgenoſſen anzuerkennen pflegte [2]). In derſelben Weiſe liebte man das eigene Zeitalter als eine Periode des Ueberganges zu charakteriſiren, und Ullmann ſprach [3]) einmal begeiſtert ſeine Hoffnung aus auf einen „anderen Luther, der gepflegt im mütterlichen Schoße reiner Frömmigkeit und genährt mit allem Marke der Wiſſenſchaft den Glauben mit der Speculation, die Theologie mit der Kirche verſöhnen und dieſe zu ihrer rechten Stellung im öffentlichen Leben hinführen wird“. Wie gering ferner manche dasjenige ſchätzten, was binnen einem Menſchenalter von der vermittelnden Theologie ſelbſt geleiſtet war, das beweiſen die weniger klaren, als ſchwülſtigen Deſiderien, mit deren Ausdruck die Gründung der Jahrbücher für deutſche Theologie [4]) von einem anonymen Redactionsmitgliede zu rechtfertigen verſucht wurde, und die mannigfaltigen, an Ausſtellungen und Wünſchen reichen Beiträge zur dogmatiſchen Methodologie, welche dieſe Zeitſchrift nach und nach von verſchiedenen Federn gebracht hat.

Wenn alſo mancherlei Zeugniſſe von einem Gefühl der eignen Unſicherheit vorliegen, das von gewiſſen Wortführern der Vermittlungstheologie ſelbſt keineswegs verſchwiegen wurde, ſo kann es auch nicht Wunder nehmen, daß ſolche abſichtliche oder unabſichtliche Ausdrücke von Beſcheidenheit von andern nur allzu ernſt genommen wurden, und daß zielbewußtere theologiſche Gruppen mehr und mehr über die Vermittlungstheologie zur Tagesordnung übergingen. Das geſchah aber, ſeit auf die politiſche Revolution die allgemeine Reaction folgte, vor allem von Seiten der allmählich erſtarkenden confeſſionaliſtiſchen Richtung. Dieſe hat ja, wie wir ſchon ſahen, mit der Vermittlungstheologie die gemeinſame Wurzel

---

[1]) Die chriſtliche Lehre von der Sünde, 1844, Bd. 1, S. V.
[2]) Ullmann in den Studien und Kritiken. 1848. S. 45. Liebner, Dogmatik, Bd. 1, S. XIX, S. 7.
[3]) Studien und Kritiken, 1835, S. 959.
[4]) Jahrbücher für deutſche Theologie, Bd. 1, 1856. Nr. 1: Die deutſche Theologie und ihre Aufgaben in der Gegenwart.

im Supranaturalismus der zwanziger Jahre und theilt mit ihr
gleichfalls die durch die Erweckung hervorgerufene religiöſe Stim=
mung. Sie unterſcheidet ſich von jener aber durch einen anderu
kirchenpolitiſchen Standpunkt, durch die damit zuſammenhängende
empiriſtiſche Faſſung des Kirchenbegriffs und durch die Vorliebe
für die juriſtiſchen Elemente der kirchlichen Ueberlieferung. Nicht
umſonſt ſind in ihren Anfängen in Preußen neben Hengſtenberg
ihre Führer die Juriſten Gerlach und Stahl geweſen. Daß aber
dieſe neue Orthodoxie der älteren Vermittlungstheologie mit zu=
nehmendem Erfolge den Vorrang ſtreitig machte und binnen einem
ferneren Menſchenalter das entſchiedene Uebergewicht über ſie davon=
trug, liegt nur in der Conſequenz der geſammten Entwicklung, die
die ſupranaturaliſtiſche Theologie einſchlug, indem ſie von Schleier=
macher und de Wette abweichend immer mehr an die altproteſtan=
tiſche Lehrbildung ſich anlehnte.

Dieſe Entwicklung ſelbſt wird anſchaulich, wenn wir uns die
Art des wiſſenſchaftlichen Intereſſes vergegenwärtigen, das man
ſeit Anfang des Jahrhunderts gerade mit dem Betriebe der dogma=
tiſchen Theologie verband. Das allgemeine Ideal der wiſſenſchaft=
lichen Darſtellungsform für die Dogmatik wurde nämlich deren
ſyſtematiſche Anlage und Gliederung, die man jedoch in anderem
Sinne erſtrebte, als ſie etwa Calvin oder Schleiermacher oder
Ritſchl geleiſtet haben. Schon in der älteren Zeit war für das
Ganze einer dogmatiſchen Lehrdarſtellung neben Ausdrücken, wie
summa, corpus, syntagma auch die Bezeichnung systema von
Mareſius, Wendelin, Calov und Quenſtedt gebraucht worden.
Aber wie dieſer Sprachgebrauch die Anwendung der Localmethode
nicht ausſchloß, ſo bildete doch nur die ſog. analogia fidei das innere
Band der einzelnen Lehrſtücke, und für deren äußere Anordnung
galt der Grundſatz: methodus est arbitraria. Immerhin ſind
damals nur die beiden ſchon aus der Zeit der Scholaſtik ſtammen=
den Typen der ſog. analytiſchen und ſynthetiſchen Methode zur
Verarbeitung des Lehrſtoffs verwerthet worden. Größere Freiheit
begannen erſt einige Aufklärer ſich zu geſtatten. Zugleich waren
doch ſchon einige von dieſen darauf bedacht, ſolchen freieren Ent=
würfen die Form eines abgeſchloſſenen Ganzen zu geben. So

unternahm es Steinbart[1]) die chriſtliche Lehre als ein Syſtem
im engeren Sinne vorzutragen, indem er alle einzelnen Theile ſeiner
Weltanſchauung dem Begriff der Seligkeit als dem Grundprincip
unterordnete. Damit griff er durch die That dem Anſpruch vor,
der bald überhaupt an jede Wiſſenſchaft geſtellt wurde, die als
ſolche angeſehen werden ſollte. Denn Reinhold und mehr noch
Fichte brachten den Grundſatz[2]) zur Geltung, daß jede Wiſſenſchaft, vor Allem freilich die Philoſophie, nothwendig von einem
einzigen Princip ausgehen müſſe. Indem alle anderen Wahrheiten
aus dieſem zu deduciren ſind, ſoll ein wiſſenſchaftliches Syſtem zu
Staube kommen. Auch Schelling und Hegel übernahmen dieſe
Anſicht, und zuerſt führte Daub ſie in die Theologie ein. Er
widerſprach dem Satz von der Willkür der Methode[3]) und erhob
die Forderung[4]), daß die Theologie ein Syſtem ſein müſſe, deſſen
einzelne Theile ex ipso toto enascuntur, nec igitur cohaerent
solum et coalescunt, sed connatae etiam sunt et concrescunt.
Zwar widerſprach Schleiermacher in ſeiner Dialektik jener Zu-
muthung der zeitgenöſſiſchen Philoſophie (§ 77, Anm.), und in ſeiner
Glaubenslehre verfuhr er gerade entgegengeſetzt. Doch hat auch
er in ſeiner philoſophiſchen Ethik dem herrſchenden Vorurtheil
Tribut gezollt. Seit Daub aber jene Parole ausgegeben hatte,
fahndeten nicht nur die ſpeculativen, ſondern auch andere Theologen,
die ſich an den alten Lehrbegriff anlehnten, nach einem Grundprincip der Dogmatik, durch deſſen Verwerthung ſie deren ſyſtematiſchen Charakter verbürgt ſahen. Der erſte, der in dieſer Weiſe
die in der lutheriſchen Kirche als weſentlich geltenden Lehren zu
einem Ganzen zu verbinden ſuchte, Auguſti, hält es noch für
nöthig, ſeine „neue Conſtruction" ausdrücklich zu rechtfertigen[5]).
Dabei erklärt er, wie nach ihm viele andere, die üblichen Pro-

---

[1]) Steinbart, Syſtem der reinen Philoſophie oder Glückſeligkeits-
lehre des Chriſtenthums, 2. Aufl., 1780.

[2]) Vgl. Lotze, Geſchichte der deutſchen Philoſophie ſeit Kant, 1882, S. 38.

[3]) Einleitung in die Dogmatik, S. 310.

[4]) Theologumena, S. 17.

[5]) Auguſti, Syſtem der chriſtlichen Dogmatik nach dem Lehrbegriffe
der lutheriſchen Kirche, 1809, S. III.

legomena der Dogmatik eher für eine Unvollkommenheit, als für
einen Vorzug (S. VI). Sein Grundgedanke selbst aber ist die
Lehre von der Erbsünde (§ 29), da die Theologie überhaupt eine
medicina mentis sei[1]). Auch Bretschneider bezeichnet dieselbe
Lehre als das materiale Princip der Dogmatik[2]). Aber hierbei
ist man fernerhin nicht stehen geblieben. Man hat freilich bis auf
Kähler die Lehre von der Rechtfertigung durch den Glauben nicht
als das Princip der eignen Dogmatik geltend gemacht, wiewohl
es bald allgemein üblich wurde, sie als das Materialprincip des
Protestantismus hinzustellen[3]). Doch hatte dies nur erst historischen
Sinn, sofern man die methodischen Ansprüche an die eigne Dogmatik
auch in die Beurtheilung der reformatorischen Theologie eintrug.
Indem es aber galt, ein geeignetes Princip für die eigne System=
bildung zu wählen, ist mehr und mehr eine doppelte Möglichkeit
in den Vordergrund getreten. Es fragte sich nämlich, ob man
die Lehre von der Trinität oder die von der Menschwerdung
Gottes dem dogmatischen System zu Grunde legen sollte. Dafür
wurde maßgebend einmal der Vorgang Oetinger's, der, nachdem
die Heilsordnung schon durch die Reformatoren genügend aus=
geprägt worden sei, nun vielmehr die Aufmerksamkeit der Theo=
logen auf die sog. objektiven Lehren des Christenthums gelenkt
wissen wollte[4]). Andererseits wissen wir bereits, daß Schelling,
theils durch Lessing, theils durch Schleiermacher angeregt, die
Lehren von der Trinität und von der Menschwerdung vor allen
andern ausgezeichnet hat. Diese Schätzung ging durch Daub's
Vermittlung in die speculative Theologie über. Während aber
deren eigentliche Vertreter, wie Marheineke, nach Hegel's Vor=
gang die Trinitätslehre der von der Menschwerdung formal über=
ordneten, so kehrt sich bei den Vermittlungstheologen diese Ordnung
um[5]). Die Christologie in der Form der Logoslehre oder die

---

[1]) Vgl. dazu Daub, Einleitung in die Dogmatik, S. 164 (f. o. S. 510).
[2]) Bretschneider, Handbuch der Dogmatik, 2. Aufl., Bd. 1., § 9.
[3]) Vgl. A. Ritschl, Ueber die beiden Principien des Protestantismus.
Gesammelte Aufsätze, S. 234 ff.
[4]) Vgl. Dorner, Entwicklungsgeschichte der Lehre von der Person
Christi, 2. Aufl., Bd. 2., S. 1037.
[5]) Auch in der historischen Arbeit zeigt sich der Wechsel des Interesses.

Speculationen über den Gottmenschen werden zum dogmatischen Princip, das trinitarische Dogma aber bestimmt die Auslegung der in der Menschwerdung erfolgten Selbstmittheilung Gottes an die Menschheit. Zuerst hat Kling 1834 in der Tübinger Zeitschrift für Theologie die Lehre von dem Gottmenschen als das christliche Grunddogma zu erweisen unternommen. Seitdem ist in den meisten Dogmatiken in den mittleren Jahrzehnten des Jahrhunderts das speculative Problem des Gottmenschen der Mittelpunkt, der alle andern Entwicklungen beherrscht. So begegnen sich die vermittelnden und einige confessionelle Dogmatiker wieder mit Schleiermacher, unter dessen offenbarem Einfluß jedenfalls Kling und seine nächsten Nachfolger der Christologie vor der Trinitätslehre den formalen Vorrang zuerkannt haben. Nur wurde der ganze Charakter der Gedankenbildung in dem Maße ein anderer, als Schleiermacher die Christologie sowohl unabhängig von philosophischen Speculationen als auch durchaus selbständig gegenüber dem trinitarischen Dogma entwickelt hatte. Dieser beiden Hülfsmittel meinten aber die späteren Theologen nicht entbehren zu können. Und wenn einmal einer von ihnen, wie Lücke[1]), unter dem deutlichen Einfluß von Schleiermacher seine Bedenken gegen eine immanente Trinitätslehre zaghaft genug vortrug, so waren doch vielmehr die Entgegnungen von Nitzsch[2]) und Weiße[3]) der überwiegenden Sympathie bei den andern Gesinnungsgenossen sicher. Andererseits hat gerade Nitzsch in seiner Arbeit an der Christologie sich mehr als die meisten andern in den Spuren von Schleiermacher bewegt und dessen Andeutungen einer ethischen Auffassung der Person Christi reicher entwickelt und bestimmter geltend gemacht

---

Der Hegelianer Baur schreibt eine große Geschichte der „christlichen Lehre von der Dreieinigkeit und Menschwerdung Gottes", und der Vermittlungstheologe Dorner eine „Entwicklungsgeschichte der Lehre von der Person Christi".

[1]) Lücke, Fragen und Bedenken über die immanente Wesenstrinität u. s. w. Sendschreiben an Nitzsch, Studien und Kritiken, 1840, S. 63 ff.

[2]) Nitzsch, Ueber die wesentliche Dreieinigkeit Gottes. Studien und Kritiken. 1841. S. 295 ff.

[3]) Weiße, Zur Vertheidigung des Begriffs der immanenten Wesenstrinität. Studien und Kritiken, S. 345 ff.

Hierin sind ihm auch Ullmann, Schenkel und Beyschlag ge=
folgt. Andere verbinden aber mit der auch ihnen geläufigen ethischen
Würdigung Christi gewagte Constructionen, wie sie einmal in den
Theorien von Rothe, Dorner und Martensen sich um den
Gedanken bewegten, daß der Gottmensch das Centralindividuum
der Menschheit sei, und wie sie andererseits in der Kenotik von
Liebner und anderen ihren Ausdruck fanden.

Der kenotischen Theorie wurde mehr noch als bei den Ver=
mittlungstheologen Beifall und Anhang unter den Confessionalisten
zu Theil, von denen sie zuerst Thomasius vertrat. Auch dessen
dogmatisches Hauptwerk stellt in den Mittelpunkt der gesammten
Erörterung das christologische Dogma und folgt darin den bisher
betrachteten Ansprüchen an eine systematische Lehrbildung. Je mehr
aber die confessionellen Theologen in dem auch von Thomasius
erstrebten Anschluß an die alte Dogmatik fortschritten, um so weniger
Gewicht begannen sie auf die bisher geltenden Bedingungen des
systematischen Verfahrens zu legen. So konnte es einmal kommen,
daß Hofmann und später Frank und andere, ähnlich wie
Schleiermacher, das subjectiv christliche Bewußtsein zum Aus=
gangspunkt ihrer dogmatischen Entwicklungen wählten. Anderer=
seits war es nur consequent, daß Philippi allen selbständigen
theologischen Bemühungen um die Erkenntniß der christlichen Wahr=
heit Fehde bot und lediglich die Norm der Dogmatik des 17. Jahr=
hunderts gelten ließ. So hat er sowohl Dorner Pantheismus
vorgeworfen[1]), als auch alle speculativen Versuche, die Christologie
und von dieser aus die gesammte Dogmatik neu zu gestalten, einfach
abgelehnt. Mit seinem Widerspruch auch gegen die Kenotik[2]) hat
er indessen bei seinen Gesinnungsgenossen weniger Glück gehabt,
als mit seinem Kampf gegen die Versöhnungslehre, die der hervor=
ragendste Vertreter der confessionellen Theologie, Hofmann, unter
Schleiermacher's Einfluß und in wesentlicher Uebereinstimmung
mit vielen Vermittlungstheologen vorgetragen hatte. Philippi
aber glaubte durch seine dogmatische Leistung die reine Lehre

---

[1]) Kirchliche Dogmatik, IV, 1., S. 355.
[2]) Er nennt a. a. O. S. 370: die Kenosis „eine bis auf die neuere
Zeit unerhörte Lehre".

wiederhergestellt zu haben, nachdem die Erneuerung der Theologie von Schleiermacher über Göschel, Stahl, Thomasius stufen= weise fortschreitend seinem eignen Standpunkt entgegengekommen sei [1]). Und in dieser Weise hat sich auch wirklich, wie Philippi richtig erkannt hat, die Entwicklung der Theologie vollzogen. Sie hat sich auch gar nicht anders vollziehen können, seitdem bereits Twesten und andere ältere Vermittlungstheologen nicht anders wie die Althegelianer der alle rechtmäßige Pietät in sich einschließen= den Freiheit entsagten, die Schleiermacher und de Wette gegenüber den Lehrurkunden des protestantischen Alterthums ge= übt hatten.

Diese Entwicklung hat nicht aufgehalten werden können durch die sog. liberale Theologie, die das ganze Jahrhundert hindurch doch stets nur als Unterströmung in den theologischen Kreisen wirksam war. Es war auch wesentlich nur der gemeinsame Gegen= satz gegen die immer mehr sich steigernde und vordringende ortho= doxe Richtung, der die verschiedenen Richtungen des Liberalismus mit einander verband. Theils Nachwirkungen des Rationalismus, theils solche von Schleiermacher, theils die Richtung der ge= mäßigten Junghegelianer, theils ästhetische Weltanschauungen, theils streng wissenschaftliche, insbesondere historisch=kritische Be= strebungen, und insgesammt alle Bemühungen, jeden kirchlichen Lehr= zwang abzuwehren, werden ja unter dem Namen des theologischen Liberalismus zusammengefaßt. Dazu ist dessen Abgrenzung von der linken Seite der Vermittlungstheologie fließend. Er kann zum Theil selbst als Vermittlungstheologie auf nicht supranaturalistischer Grundlage charakterisirt werden, namentlich soweit liberale Theo= logen sich überhaupt an der dogmatischen Arbeit betheiligt haben. Ungleich bedeutender sind freilich deren Leistungen in den geschicht= lichen Zweigen der Theologie. Aber der theologische Liberalismus bildet eine andere Entwicklungsreihe in der Geschichte der Theologie dieses Jahrhunderts, deren Erörterung nicht mehr im Bereich der von mir mitzutheilenden Studien lag.

---

[1]) Kirchliche Dogmatik, IV, 1, S. 327; IV, 2, S. 207, 216, 226.